国家民委《民族问题五种丛书》之五
中国少数民族社会历史调查资料丛刊（修订本）

广西瑶族
社会历史调查

（九）

广西壮族自治区编辑组
《中国少数民族社会历史调查资料丛刊》修订编辑委员会

民族出版社

图书在版编目（CIP）数据

广西瑶族社会历史调查.9/《中国少数民族社会历史调查资料丛刊》修订编辑委员会编.—修订本.—北京：民族出版社，2009.5（2019.1重印）

（国家民委民族问题五种丛书．中国少数民族社会历史调查资料丛刊）

ISBN 978－7－105－08771－6

Ⅰ．广…　Ⅱ．中…　Ⅲ．瑶族—民族历史—社会调查—广西　Ⅳ．K285.1

中国版本图书馆CIP数据核字（2009）第064675号

民族出版社出版发行

http：//www.mzcbs.com

北京市和平里北街14号　邮编100013

北京龙跃印务有限公司印刷

各地新华书店经销

2009年5月第1版　2019年1月北京第2次印刷

开本：787毫米×1092毫米　1/16　印张：30.5　字数：805千字

印数：2001—2500册　定价：90.00元

ISBN 978－7－105－08771－6/K·1617（汉782）

该书如有印装质量问题，请与本社发行部联系退换

（总编室电话：010－64212794；发行部电话：010－64211734）

国家民委《民族问题五种丛书》
总修订编辑委员会

《中国少数民族社会历史调查资料丛刊》修订编辑委员会

国家民委《民族问题五种丛书》

修订再版总序

国家民委《民族问题五种丛书》，包括《中国少数民族》、《中国少数民族简史丛书》、《中国少数民族自治地方概况丛书》、《中国少数民族语言简志丛书》、《中国少数民族社会历史调查资料丛刊》，记录了中国55个少数民族从起源至21世纪初的历史发展进程，涵盖政治、经济、文化、社会等方方面面的内容，荟萃了大量原始的、鲜活的、极其珍贵的资料，是一部关于中国民族问题的大型综合性丛书，是中国民族问题研究的重大项目和重大出版工程。

新中国成立后，党和政府高度重视民族问题和民族工作。少数民族地区的社会改革和社会主义建设逐步展开。为了摸清少数民族的社会历史状况，抢救行将消失的宝贵的历史文化资料，1953年，全国人大民族委员会和中央民族事务委员会组织进行全国性的民族识别调查，1956年又开始少数民族语言、少数民族社会历史调查。在三次大规模的系统调查的基础上，中央民委从1958年开始组织编写《中国少数民族简史》、《中国少数民族语言简志》、《中国少数民族自治地方概况》三种丛书。“文化大革命”期间，中央民委机构撤销，此项工作被迫中断。1978年国家恢复民族工作机构，中央民族事务委员会改为国家民族事务委员会。1979年，国家民委决定继续组织编写以上三种丛书，并增加编写《中国少数民族》和《中国少数民族社会历史调查资料丛刊》两种丛书，定名为《民族问题五种丛书》。《民族问题五种丛书》的编辑出版列入了全国哲学社会科学“六五”规划的重点科研项目。

《民族问题五种丛书》共计402本，一亿多字，该项目自1958年启动至1991年基本完成，历时30多年，涉及全国19个省、市、自治区及中央有关单位400多个编写组，1760多人参与，分别由全国30多家出版社出版。纵观历史，像这样全面系统地调查研究、编辑出版介绍各个少数民族的丛书在中国前所未有；横看世界，像这样由政府部门组织为国内各少数民族著书立说实属罕见。

盛世修史、修志，这是中国的传统。由于《民族问题五种丛书》编辑出版时间长，涉及地区广，出版单位分散以及受当时环境条件局限，难免存在一些不足：一是体例版本不统一；二是有些解释不准确；三是新中国成立以来特别是实行改革开放以来，少数民族和民族地区所发生的变化和取得的成就没有得到充分的反映。为适应民族工作发展和民族问题研究的需要，为满足广大读者的需求，国家民委决定从2005年开始对《民族问题五种丛书》进行修订再版。

这次修订再版的总体原则是“基本保持原貌，统一体例、版本，增加新内容”，统一由民族出版社出版发行。其中：

《中国少数民族》的修订，旨在原版的基础上，适当调整结构，更新有关数据和资料，吸收最新研究成果；增加各少数民族在改革开放以来各方面的发展成就。

《中国少数民族简史丛书》的修订，本着“适当修订、适量续修”的原则，对有明显错误的内容、观点、表述进行更正，对新中国成立以来特别是改革开放以来各少数民族的发展史实予以补充。

《中国少数民族自治地方概况丛书》的修订，力求更加全面系统地反映各民族自治地方的历史、地理、经济、文化、社会的基本情况和实行民族区域自治的历程、成就和经验，新编1987年以后成立的16个民族自治地方的概况。

《中国少数民族语言简志丛书》的修订，旨在改错，增补新的研究成果，增写《满族语言简志》，并合订为6卷本。

《中国少数民族社会历史调查资料丛刊》的修订，主要是尊重史实，修正错误，增加注释。

《民族问题五种丛书》的修订再版工作，得到了中央有关部门和各有关地方的高度重视及社会各界的广泛支持。中国社会科学院、中央民族大学、中央党校、中南民族大学、西南民族大学、西北民族大学、黑龙江社会科学院、黑龙江大学、黑龙江民研所、云南社会科学院、贵州大学、云南大学、四川大学、新疆大学、新疆师范大学、内蒙古大学、哈尔滨学院、吉林民研所、广西民族大学、广西艺术学院、广西博物馆、广西民研所、甘肃省委党校、凉山大学、中国教育部语工委、云南语工委等单位的民族学、社会学、人类学、语言学的专家学者以及长期在民族地区工作的同志共1000余人积极参与了修订工作，各有关省、自治区、直辖市的各级民族工作部门做了大量的组织协调工作。谨此，表示诚挚的谢意。

我们相信，经过大家的共同努力，修订再版的《民族问题五种丛书》，将以更全面、更完整、更科学的面貌呈现在广大读者面前。

李德洙

2007年8月

出版说明

《中国少数民族社会历史调查资料丛刊》，是国家民委民族问题五种丛书编辑委员会编辑的《民族问题五种丛书》之一。

本《丛刊》的资料搜集和编辑整理工作，是在党和政府的领导下，各有关地区和单位集体进行的。早在解放初期，国务院民族事务委员会和各有关少数民族地区，为了开展民族工作，就曾组织民族研究方面的学者和民族工作者，对当地少数民族的社会历史情况进行过调查。1956 年，全国人大民族委员会和国务院民族事务委员会，秉承党中央指示，进一步组织了若干调查组，对各少数民族的社会和历史进行了大规模的调查研究。1958 年，在国务院民族事务委员会和中国科学院哲学社会科学部的领导下，中国科学院民族研究所、中央民族学院和各少数民族地区的有关单位，在编写《少数民族简史》、《少数民族简志》、《民族自治地方概况》三套丛书的过程中，又做了必要的调查。现将历次调查的少数民族社会历史资料，由各有关单位分别加以整理，编辑出版，这对我国少数民族社会历史的科学研究工作，具有重要的参考价值。

需要说明的是，这些社会历史调查资料，大多是 50 年代和 60 年代初期的材料，由于当时条件的限制，不准确和不全面之处在所难免，希望读者指正。

国家民委民族问题五种丛书编辑委员会
《社会历史调查资料丛刊》编辑组

修订再版说明

《中国少数民族社会历史调查资料丛刊》是国家民委《民族问题五种丛书》之五，内容包括了20世纪50年代中央访问团收集的资料，全国人大民委、中央民委等组织民族社会历史调查以及民族识别等工作所搜集到的资料，20世纪80年代以后由各省、自治区陆续分别出版，全套社会历史调查资料丛刊共有84种145本。这些资料集中记录了我国少数民族社会历史的基本情况，是民族研究和民族工作中的重要参考资料，受到了各方面的欢迎和好评。

《中国少数民族社会历史调查资料丛刊》问世以来，民族自治地方社会和文化发展取得了长足进步，各方面情况有了不少变化，为了进一步发挥这些历史调查资料的作用，促进各民族“共同团结奋斗，共同繁荣发展”，国家民委决定修订、再版《中国少数民族社会历史调查资料丛刊》，并将其列为国家民委重点科研项目。

本次修订再版，在尊重史实，基本保持原貌，统一体例、版式的总原则下，主要是订正错误，并以修订注释的形式增补新的人口数据和地方行政隶属的变化情况。另外，原书中统计数据存在的问题较多，但因无资料可查核，部分只能保持原貌，仅供参考。《崩龙族社会历史调查》、《新疆牧区社会历史调查》不再单独出版。新增《吉林省朝鲜族社会历史调查》、《土家族社会历史调查》、《四川木里藏族自治县藏族纳西族社会历史调查》、《广东海南少数民族社会历史调查资料汇编》4本。修订本合计为86种147本。

《中国少数民族社会历史调查资料丛刊》的修订再版工作，得到有关省、自治区、直辖市领导的重视和关心，得到了中央民族大学、云南大学、广东民族研究所等有关部门的大力支持。我们对关心、支持修订再版工作的各级领导、有关部门、专家学者以及所有热心参与此项工作的同志，表示诚挚的谢意！

《中国少数民族社会历史调查资料丛刊》修订编辑委员会

2007年12月

目录

第一　调查材料部分

第二　古代情歌部分

第三　宗教神唱部分

第一　调查材料部分

大瑶山瑶族三个乡的社会经济调查①

我们选择了能代表上中下的三个典型乡，进行土地调查，作为研究少数民族地区的土地改革的参考。

1953 年 12 月 15 日组织了工作组，调查了三个典型乡（滴水、六段、三角），其中两个是瑶族聚居乡（滴水、六段），一个是瑶汉族杂居乡（三角）。现将三个乡社会经济情况综述如下：

一、各阶层土地占有情况与特点

（一）占有（附调查表）

（二）特点

1. 大量土地集中在地主手里，且田宽质好。根据调查的三个乡的情况，共有地主 16 户（瑶族地主 15 户、汉族地主 1 户），地主占有土地面积为三个乡土地（水田）总面积的 22%，地主每人平均占有土地与贫雇农每人平均占有土地对比，是非常悬殊的。从这一点看，地主是占有大量土地，同时多集中于田洞的好田，且有 71% 以上的土地出租。以六段乡杨柳屯地主莫全文（瑶族）为例，他家 6 人占有水田 58 亩 8 分 3 厘，每人平均占 9 亩 8 分 5 厘。其中出租 49 亩 7 分，收租1460斤；每年请长工 1 人，短工 435 个；此外还对佃户进行无偿的劳动剥削；全家 4 人能劳动，但没有参加，只有附带劳动 1 人。其他地主都是如此。

2. 农民土地很分散，且多属岭冲梯田。土质贫瘠，大部分不能用牛犁，多以人工来挖。如将军屯 15 户贫农都没有 1 架犁。又如贫农莫扶同，4 亩 8 分田，分布在能伦、提荡、西六、卜加和古费等 7 个岭冲，平均每处田距离 8 里以上。因此贫农土地亦有部分出租，如田

---

① 1952 年，设立大瑶山瑶族自治区（县级），驻金秀乡，辖原荔浦县的团结、六定、三角、六秘、江燕、甲江、六段、天二、六粒、金田、和平等 11 乡；原蒙山县的车田、岭祖、蒲水、林高、高源、立龙、六干、古朴等 8 乡；原宣武县的新村乡；原家县的青山、六巷、白头、大登等 4 乡和天峒区的天峒、平道、滴水、镇中、桂田等 5 乡；原桂平县的双化、岭马、新村、瓦厂、木山等 5 乡。

1955 年 8 月，县名改为大瑶山瑶族自治县。1957 年，大瑶山瑶族自治县的木山乡划归桂平县管辖。

1966 年更名为金秀瑶族自治县，一直延续至今。

永财（汉族）全家5人，占有土地4亩8分，全部出租，又佃入6亩8分。由此可见租佃关系复杂。

3. 田少山多。大瑶山水田较少而山地特别多，如调查的三角乡两个重点屯，水田125.66亩，山地则有1529.9亩。山地地权亦多属统治阶级所有，一般贫苦的农民都要向他们租种，而这些地多是种不长久的，经营最好的能耕种5年便不能种了，又另开挖荒山为熟地。

滴水、六段、三角乡阶级关系统计表

1954年1月1日

成分	数目＼族别	瑶族 茶山瑶	盘瑶	山子瑶	汉族	合计	百分比	备考
雇农	户数	4		5	14	23	6.3%	1. 三乡总户数：383户。
	男	4		9	17	30		2. 三乡总人口：16 178人。
	女	3		8	13	24		3. 其他栏有2户属小手工
	小计	7		17	30	54	3.3%	业，有1户属小土地出租者。
贫农	户数	64	60	37	34	195	50%	
	男	157	112	70	75	414		
	女	140	104	69	59	372		
	小计	297	216	139	134	786	48.6%	
中农	户数	69	40	3	15	127	33.2%	
	男	132	112	8	49	301		
	女	145	114		36	295		
	小计	277	226	8	85	596	36.8%	
富农	户数	19	1			20	5.48%	
	男	45	3			48		
	女	51	3			54		
	小计	96	6			102	6.3%	
地主	户数	15			1	16	4.4%	
	男	27			5	32		
	女	38			5	43		
	小计	65			10	75	4.6%	
其他	户数				3	3	0.52%	
	男				3	3		
	女				1	1		
	小计				4	4	0.2%	

各阶级土地占有情况调查表

1953 年　月　日

成分	民族	户数	人口				土地占有									占%	每人平均
			男	女	小计	占总%	自耕				出租	总计					
							水田	旱禾地	山地	小计	水田	水田	旱禾地	山地	小计		
雇农	汉族	4	5	4	9			2		2			2		2		
	小计	4	5	4	9	0.83		2		2			2		2		0.2
贫农	汉族	17	27	22	49		5	28.1		33.1	1	6	28.1		34.1		
	茶山瑶	64	151	144	295		305.3	97	31.7	434	0.4	305.7	97	31.7	434.4		
	盘瑶	21			88		24.13	9.5	10.5	44.13	5.1	29.23	9.5	10.5	49.23		
	山子瑶						6			6	4.6	10.6			10.6		
	小计	102	178	166	432	40	340.43	134.6	42.2	517.23	11.1	351.53	134.6	42.2	528.33	20.5	1.22
中农	汉族	13	42	48	90		25.5	36.4		61.9	9.5	35	36.4		71.4		
	茶山瑶	69	138	56	194		527.3	127.8	34.4	689.5	81	608.3	127.8	34.4	770.5		
	盘瑶	14			77		30.43	14	12.8	57.23	24.5	54.93	14	12.8	81.73		
	小计	96	180	104	361	42.7	533.23	178.2	47.2	808.63	115	698.23	178.2	47.2	923.63	35.85	2
富农	茶山瑶	19	45	51	96		340.1	26.2	8.1	374.4	149.3	489.4	26.2	8.1	523.7		
	盘瑶	1	3	3	6			3	4.5	27.5	20	20	3	4.5	27.5		
	小计	20	48	54	102	9.4	340.1	29.2	12.6	401.9	169.3	508.4	29.2	12.6	550.2	21.8	5.5
地主	汉族	1	5	5	10		15.25			15.25	8.1	23.35			23.35		
	茶山瑶	15	27	38	65		147.1	9.5	1.3	157.9	390.95	538.05	9.5	1.3	548.25		
	小计	16	32	43	75	6.9	162.35	9.5	1.3	173.15	399.05	561.4	9.5	1.3	572.2	22	7.6
总计					979		1 426.11	353.5	103.3	1 882.1	694.45	2 119.56	353.5	103.3	2 576.36		2.38

二、剥削关系及方式

剥削方式：主要有地租、高利贷、雇工、打油火四种，在各种方式中又有不同的方法。

（一）地租剥削

1. 一种是对半分，或主一佃二（多属水田）；一种是定租制，不管有收无收，都要交租（多属山地）。

2. 种树还山。在批地时除头年交地租（或批头钱）外，第三年就要种上杉木，一般是一丈高后就还给山主，如长得不匀又要罚钱，如赵为福（盘瑶）批苏扶免（茶山瑶）3亩地交租300斤，第三年种上杉木，因只种活100多株，而被罚去东毫①36元。

3. 超经济剥削。除议租时佃户要弄酒请山主喝之外，在分租的时候，亦要有酒肉款待山主，山主每年还要勒索佃户的猪肉和鸡鸭，以及无偿劳动。如全家秀（茶山瑶）每年到佃户家收租，一次就要猪肉100斤；全世雄（茶山瑶）每年也要剥削佃户的300斤猪肉。此外居住在山主的土地上，每年除交1斤鸡及2毫4银子外，佃户做盘王要交15斤猪肉；招郎或讨媳妇都要向山主缴纳50斤猪肉、50斤酒。

（二）高利贷剥削

1. 用田做抵押。农民向地主借钱或借谷，利息一般在50%，同时地主首先要看农民的田好才借，否则不借或少借。其目的是通过放高利贷，把农民仅有的一些好田夺归已有（这是地主占有好田的来源之一），因此借钱时都要用田做抵押。如借债户种田，放债户则要平分，而所借款的利息仍然照算。

2. 借债时的额外剥削。农民向地主借债，地主首先叫农民为他做一些无偿劳动，此种情况很普遍，多是农忙时期。

3. 打工还债、养猪还利。如赵如仁（盘瑶）借苏扶油（茶山瑶）100斤谷加5利（50斤利），因没法还就要25个工，每工4斤谷作为还本。另外帮养1头猪（苏扶油的猪本），一年得80斤肉还利，这种现象也相当普遍。

（三）雇工剥削

雇长工每年一般是200斤谷左右，有的甚至只换饭吃，如滴水屯覃九、余崇富帮地主打了十多年长工，如今还没有老婆。短工则是1斤10两米一天。

（四）打油火

茶山瑶中的地富阶级，对盘瑶所进行的剥削，如交五月租和盘瑶每年吃水、打柴、钓鱼、打鸟和捡猪菜等，都要交1斤鸡及2毫4东毫，并经常到盘瑶地区勒索酒肉吃喝，如苏道运（茶山瑶）一年就有4个月在盘瑶地区敲诈勒索。此外还有各种罚款，如庞妹留（盘瑶）的母亲种地时，走往三片背的牛路过，被苏扶免（茶山瑶）罚去12元东毫，理由是踏

① 东毫：民国时期广东铸造的一种银币，后流入广西使用。下同。

坏了龙脉；陆以平全屯（盘瑶）闹一次鱼被罚去120元东毫；黄金能（盘瑶）的祖母，因到地主控制的老山去砍一担干柴，被罚去40元东毫。像这样的情况是很多的。

三、政治情况及民族关系

瑶族中的统治人物（瑶头）多属于地主阶级，1930年国民党政府“开化”瑶山之后，这些人又与国民党勾结起来，在土匪暴乱时又与土匪一道，对贫苦农民进行剥削压迫，因此瑶族人民对他们是非常痛恨的。如六段乡的8个地主，其中7个是坏瑶头，都当过伪乡长、村长等职，匪乱时又当匪连长、副官等。滴水乡地主全乡升（茶山瑶）任国民党伪县参议员及土匪连长。全家庆（茶山瑶）任匪队长，现仍在押（地主多是三位一体）。

干部情况。三个乡的干部是在区域自治运动中培养出来的，在普选运动中又经人民民主选举，一般都是较贫苦的农民，积极为贫苦农民办事，很受群众欢迎，在群众中有一定的威信。同时他们都受过地主的压迫，因此对地主有一定的阶级仇恨。在这次调查中特别积极，成为今后土地改革的骨干队伍。

民族关系。解放前民族隔阂是很深的，这主要是坏瑶头（地主）以民族面目出现，对其他瑶族进行压迫。但解放后经过剿匪、成立区域自治、订立民族团结公约与普选一系列的运动，各族人民觉悟提高了，一致认识到过去的不团结是少数坏瑶头（地主）造成的。如蒋秀明说：“茶山瑶不是完全坏的，他们与我们山子瑶一样，也是受坏瑶头有钱有势的人压迫剥削，以前我们把穷人也看作坏人，这是很不对的。”现在民族关系已趋于正常，民族仇恨已转化为阶级仇恨，如现正在劳改的坏瑶头，各族群众都要求公审。

四、各阶层对社会改革的意见

贫苦农民普遍而迫切要求土改，说：“汉区个个分了田，都努力生产，我们这里连阶级都不划（因在普选时曾宣传取消原来所划的阶级），空讲发展生产，怎能到社会主义呢?”如苏扶山讲：“现在虽然解放了，但我们穷人还是穷的，富还是富的，不搞土改就是这两块烂田，再加工加肥也是空的。”蒋秀明说：“毛主席说各民族一律平等，我们连手掌一样大的田都没有一块，和他们（地主）比怎么平等?”蒋寿天也说：“政府天天问我们有什么要求，我们都反映了很多了，总不见答复。我们无田种，一世也翻不了身，希望政府分一点田给我们种。”盘文美、冯有能则说：“就是没土改，给我们算算账，斗一下也消口气”。

中农一般是赞成土改的，如六段苏文光说：“土改我们中农是分不到什么东西的，租进的田就分一点出去给贫雇农也不要紧，只要站稳立场，永远跟贫雇农一起走就行了。”田永才说：“上级让我们搞土改我们就搞”。但也有些是无所谓的。汉族蒋新贵说：“瑶山没有改革，就是分两块田我们也不想要，我愿意种我的地还好。”

富农怕讲剥削，怕群众向他们算剥削账，我们借些谷子或银毫给他们，利息都是很轻的。

地主怕土改，怕斗争，所以有些愿将田献出来买服人心。如苏金明（茶山瑶）屡次向乡政府和我们工作同志要求说：“我种不得这么多，我不要了，我愿匀一部分来给贫雇农种。”地主莫铨文老婆陶女云（茶山瑶）则暗中制造空气说：“瑶山土改不土改还不是一样，改就是分我这两块田，别的东西你们要不到，现在盘瑶一点田也没有，以后土改还不是分给盘瑶，你们（茶山瑶）又不是得不到。”苏道宿（茶山瑶）怕土改后没有衣服穿，所以现在大量缝制衣服，大吃大喝。

五、对自治区社会经济情况的看法

根据大瑶山自治区目前土地占有、租佃关系和阶级关系情况来看，土地大量集中在人口很少的地主手里，而占人口绝大多数的农民却占有很少土地。农民租地主的土地来种，受到残酷的剥削，因而地主和农民的阶级矛盾是很明显的。从这里就可以肯定自治区的社会经济是封建社会经济，今天为了贯彻执行总路线，必须消灭封建社会制度，把地主土地所有制变为农民土地所有制。

［说明］大瑶山瑶族三个乡的社会经济调查，系根据1954年1月原广西省人民政府民族事务委员会编印材料整理而成。

大瑶山瑶族家庭经济与自然屯经济典型调查

一、荔浦县金秀瑶族自治区永宁乡茶山瑶家庭经济调查①

（一）苏显庭（金秀村茶山瑶）

1. 人口情况

家有7口人。老妈70岁，尚到山上种香草，不种收获时没有份，今年已去了半个月。有两个小儿，一个在家，一个去桂林学医，衣食由乡政府供给。一个儿媳，一个女儿，连妻子在内，能劳动者4人。苏显庭自己间或做三四趟的香草生意，来回于金秀、运江、江口。其母原生11男4女，因杀婴仅留3男1女。

2. 住屋及牲口

房子是瓦盖砖砌。鸡瘟死余3只，猪2头，宰时少许出卖，大都是留作招待亲友或炼食用油，与一邻家共养1头牛。

3. 生活情况

一年每人两套衣服，棉衣、棉被俱全，且有被褥，自己能打草鞋，近年妇女也学会做鞋供给全家，不需外买。主产稻谷与副产香草、竹笋等，主副产品收入之比约为一比二，生活颇富裕。每年鸟盒装鸟可获几千只，能抵猪肉50斤，皆盐腌之，备作下酒。苏本人每餐平均喝酒半斤。因一小孩去桂林读书，母亲饭量不多，所以每日连猪食仅需米8斤，全年算上生意盈利，可剩1000多斤，被匪强抢400斤，借出500斤。借出除外，今年实剩100斤左右。其全年收支如下：

收入部分：主产禾400余把，每把9斤谷，计谷3600斤，按六折算计米共2160斤；副产香草800斤，1斤香草2斤米，计米1600斤；笋干340斤，每斤笋3斤米，计米1020斤；猪肉100斤，1斤肉6斤米，折米共600斤；做生意收入人民币70万元（旧币，下同），可购大米900斤。五项折大米总计6280斤。

支出部分：食类，米1天8斤，全年共计2880斤；酒每天1斤，全年360斤，1斤酒折

---

① 永宁乡，即今金秀瑶族自治区金秀镇。1951年2月由永宁乡和崇义乡合并成立金秀瑶族自治区，归修仁县管辖。1951年8月修仁县撤销并入荔蒲县，金秀瑶族自治区属荔蒲县。1952年5月28日，则正式成立大瑶山瑶族自治区，属平乐专区管辖。

米半斤，计米180斤；猪肉平时1月3斤，全年需36斤，1斤肉折米6斤共计大米216斤；过节肉全年30斤，折大米共180斤；猪油1月2斤，全年需24斤，1斤油折米6斤，共计144斤；生盐每月3斤，全年共计36斤；1斤盐折米4斤，共计米144斤；待客全年需米100斤，全年食类支出折成大米总计为3940斤。衣类，单衣每人1年两套，全家共14套，1套折大米50斤，共计700斤；被子，每人有上下被可用6年，全家共7床，1床约折米100斤，平均每年计米110斤；棉衣，每人1件可用5年，全家共7件，1件折米约70斤，平均每年计米70斤。全年衣类折成大米支出共计880斤。工具及费用，锄头共有7把可用6年，每把折米20斤，平均每年为23斤；镰刀用6年，1年折米为40斤；学费1年41万元，当时米价13万元1担，折大米约350斤。工具及费用年支出折成大米为413斤。全年食类、衣类、工具及费用支出折成大米总计为5233斤，连被土匪抢去的400斤在内，共计支出为5633斤。

收支与债务结算比较

收支差：

收：6280斤

支：5633斤

余：647斤

债务：借出500斤

4. 贸易情况

苏显庭在香草收成时节，常自挑到运江、江口卖，价格悬殊，每担挑70斤，卖后换盐回金秀零销，来回需六七天，除每日需伙食用费成本税项外，大都有所赚。下面是他供给的情况，来回一趟盈利16万余元，唯此种情形亦不多，故今年8月止才赚到70万元。

货名	数量	江口价	金秀价	较差	税额
香草	100斤	20万	16万	12万	5%（1.4万）
	实挑70斤	19.6万	11.2万	8.4万	5%（0.98万）
盐	100斤	17万	40万	23万	5%（0.85万）
	实挑70斤	11.9万	28万	16.1万	5%（0.595万）

货物税收5%，按江口价运费，来回六七天，每天需12斤米，共需80斤左右，折合人民币64 000元。如此算赚得数如下：

运费64 000元，税收15 750元，合计79 750元，差价合计245 000元，赚166 000元。

（二）刘召先（金秀村茶山瑶）

1. 人口情况

全家6口人。刘召先夫妇、父母、两个弟弟。刘召先原是六拉村苏姓，上刘家门，本家亦是茶山瑶。两夫妇年约30岁，父母各50岁，两个弟弟年幼。

2. 住屋及牲口

房屋够住，砖砌瓦盖，猪两头，鸡11只，狗1条，与两邻家共养两头牛，牛用耙田。

鸡瘟多，每年长大仅数只，过节用。年尾宰猪，请亲族吃一餐外，出卖数十斤。

3. 一年活动

正月　初一至十五不出工，女做女活，过十五下田踩禾稿根，修田基。

二月　挖竹笋并烘干。

三月　修田基，耙田。

四月　换工插田。

五月　种香草，砍柴火。

六月　继续种香草，粮食缺，外出做生意。

七月　继续种香草，做生意。

八月　守鸟盆，砍香菇木。

九月　剪禾把。

十月　砍香信木。

十一月　采香信。

十二月　开荒。

4. 节礼

正月初一至十五送礼走亲戚。二月祭社。三月扫墓。四月换工过节，买酒肉请帮工亲族共饮。五月端午。七月中元节，初一、初七、十四皆肉食。冬至日备酒肉颇丰。

5. 经济生活

刘三年不缝衣服，妻制两套新衣，其他 4 人每人一套，全家有两件旧棉衣，三床旧棉被，冬天烤火，没蚊帐。

特产比田产收入大，为田产的150%。小杉树十多根，山中设鸟盆装鸟，年获千数百只雪鸟做菜食。蔬菜采自山上或自种不外卖。每年食半干半稀的饭和省用的结果，全部收支比较尚欠大米 210 斤。今年共借入债 200 斤，每次借债皆是三五十斤，不用利。

（1）全年收入统计

主产：田禾，240 把，每把按 9 斤谷计，共2160斤，按 7 折折成米，共计大米1512斤。岭禾 30 斤，按 7 折折成米，共计大米 21 斤。主产合计大米1523斤。

副产：香草 500 斤，1 斤香草 2 斤大米，共计1000斤。竹笋 140 斤，1 斤笋 3 斤米（或半斤盐）共计 420 斤。香菇 3 斤，1 斤香菇 30 斤米，共计 90 斤。红薯 100 斤，折成大米 30 斤。棺木板收入折米 100 斤。香信 15 斤，1 斤香信 20 斤米，共计 300 斤。

副产年收入折成大米2220斤。

另做香草生意 300 斤，得米 300 斤。

全年总收入折成大米共得4053斤。

（2）全年支出统计

食物：米，1 天 7 斤 5 两，全年总计2580斤。食盐，每月 6 斤，全年约需 70 斤，按 1 斤盐 4 斤米算，共计米 280 斤。香油，每月两斤，全年 24 斤，1 斤油折米 3 斤，共计 144 斤。鸡食，全年约需米 240 斤。猪食，每天 12 两米，全年约需 240 斤。猪肉，全年过年过节送礼等需 50 斤，折成大米 300 斤。

食物支出折米合计3784斤。

衣服 6 套，折米 350 斤，缝制 6 套衣服需米 42 斤。棉衣 2 件，可穿 5 年，平均每年折米 24 斤。被子 3 床，用 6 年，平均每年折米 40 斤。

衣被年支出折米共456斤。

另有锄头1把，折米18斤。

全年总支出折成米总计4258斤。

借贷与收支比较：收入大米4053斤，支出4258斤，超支205斤。每年借入200斤，借出15斤，实际负债190斤。

6. 劳动价值

就其水田收获来计算，一人耕10把禾，锄田、耙、铲，踩等工共要6天，剪禾及晒谷、收仓要2天，合8个工。1把禾约有9斤谷，共90斤谷，折米约65斤，每工可得米8斤。

（三）全扶聂（金秀村茶山瑶）

本人49岁，一家5口人，妻52岁，大女24岁，是养女，次子20岁，小儿17岁。全年田产约能出200余把禾，1把约等于9斤，全年约能出2200至2500斤谷，折米约1200斤。其中200把是自己田所产，40把是租龚道云的田所得，这40把谷子是近两三年才租来种的，田租约等于产量的1/3。

岭顶的公地可自由种，个人所种多为红薯、苞米、旱禾。红薯年产约1000斤，苞米2担，老山各自有主，各人自种。全扶聂有两个山，子女留在家中种田，这两个山有香信、香草、竹笋、杉木。香信年收入约10斤。11月放木，翌年尚不能收成，再过一年才能收成，香信（花菇）约24 000元1斤，得款后多作添置衣服之用。香草500斤，1斤香草约能换2斤米，500斤可换1000斤米。每年一家5口都添置衣服两套，但均无棉衣，冬日则加盖破衣多件以御寒，全家5口共有3张棉被。竹笋年产100至300斤，约能换400余斤米，多挑到平南卖给汉人，卖后买盐吃。至于杉木砍伐无定时，长至三四尺围就砍，并非年年能砍，有时能砍3根，约百余斤米或几十斤米一根不等。

此外，和其他人伙种公家山，种芋头、苞米，收获后分享，苞米约能分1担多，芋头100斤，红薯200斤。

家畜：养有猪2头，1大1小，多用芋头及米混杂喂，大的多拿去出卖，小的自己家吃，先将肥肉炼油，约得8~10斤，一年全家食油约二十四五斤。猪长至六七十斤卖出后，得钱就买布、米、油等什物。鸡鸭没有饲养。女人亦打草鞋，多为家人自用，年打二三十对，约出卖10对，1斤米1对，约得10斤米。

一家5口，一日吃5斤米，每天3餐，晨起吃软饭，午吃稀粥，晚吃软饭。1月共需150斤米，1年需1800~2000斤左右。

收入：米粮1200斤，香草折米1000斤。猪折米300斤（1头猪60斤，每斤5000元，米10万元1担）。竹笋折米400斤（换盐），香信折米250斤（换衣服）。红薯1000斤（做菜及杂粮用）。苞米200斤（做菜及杂粮用）。

支出：

米粮、香草、猪三种收入可得2500斤米，全家年需2000斤，尚余500斤作为添置衣服、买什物、菜油等用。

（四）刘道银（刘村茶山瑶）

刘道银30岁，永宁乡刘村人，全家4口人，哥一，外甥一，妻一（2人劳动）。

全年收入谷子20石，折米1820斤，每斤米800元，合计人民币约1 456 000元。香草300斤，每斤15万元，合计款45万元。竹笋80斤（干笋），每斤约值币4800元，合计款376 000元。红薯400斤，每斤200元，共计款8万元。全年总收入折款合计2 362 000元。

全年支出：米1500斤，每斤800元，计币120万元。油30斤，每斤800元，计币21万元。盐60斤，每斤500元，计币30万元。菜10斤，每斤2500元，计币款万25 000元。零用全年72万元。衣着计币约10万元。全年合计支出计币2 555 000元。超支193 000元。

（五）刘胜川（刘村茶山瑶）

刘胜川60岁，永宁乡刘村人，全家7口人。夫妻、二子、二媳、一孙。5人劳动。

全年收入20石谷，折米2160斤，每斤米值币800元，共计192 800元。年收苞谷500斤，每斤值币300元，共计15万元。香草62工，年收400斤，每斤1500元，计60万元。冬菇年收200斤，每斤9000元，共计币180万元。竹笋年收360斤，每斤4800元，共计1 728 000元。红薯每年收200斤，每斤200元，共计币4万元。全年总收入计币6 246 000元。

全年支出：米2620斤，每斤8000元，共计2 096 000元。油30斤，每斤8000元，共计24万元。盐100斤，每斤5000元，共计50万元。茶10斤，每斤20 500元，共计205 000元。零用100万元，衣着15万元，教育费用70万元。全年支出总计币4 531 000元。全年收支相抵剩余715 000元。

说明：

（一）冬菇培植情况，普通砍伐以长3丈、围大1尺至1尺2寸之木，置于老山丛林，3年后春夏采摘，每16斤可得干冬菇1斤，名曰香信。冬日采摘每8斤可得干冬菇1斤。如在菌伞表皮出现白色彩纹者曰花菇。目前在金秀每斤香信约值9000元，冬菇每斤12 000元，花菇每斤约2万元。

（二）香草在金秀之种植情况，一般在崖旁树荫处选择适当的地点，挖土4次，从2月到7月，插种香草短枝，至12月则可采取生草。收获过程，用竹夹夹生香草放置露天一日，再用生柴生火烤一天一夜，烤干后放露天一日，用竹绳捆好出售。20斤生香草可得干香草1斤，1斤干香草在金秀值1500元，在平南值8000元，在柳州值12 000元。

二、象县东北乡进忠村红冲屯板（盘）瑶调查[①]

（一）户口数

全屯都是板（盘）瑶，14户，70人。

（二）土地情况

开荒种田有110斤谷种，最多的一家有25斤，其余都是10斤、8斤或3斤、5斤，有

① 今广西壮族自治区来宾市金秀瑶族自治县天峒乡镇冲村红冲小组。

一家完全没有，这是租滴水村茶山瑶的地来开，所以每年全村仍需缴租计东毫22元。岭地也是租入。每家给租4毫子，肉、米、酒各3斤。

（三）生产统计

1. 产物数量

稻田110斤种，能产稻谷4400斤。每斤谷种的产量约40斤。共缴地租22元，约等于800斤谷；岭地产苞谷、木薯、芋头、红薯等杂粮。另外，采胶皮、卖竹篾是供换盐开支。猪每家养1头，平均年得50斤。现列表如下：

<table>
<tr><th>物产类</th><th>说明</th><th>年产量</th><th></th></tr>
<tr><td>稻谷</td><td>110斤种每斤产量40斤</td><td>3 800斤折米2 660斤</td><td rowspan="7">租600斤，除租外，每家再交4毫子，肉、米、酒各3斤。</td></tr>
<tr><td>苞谷</td><td></td><td>3 000斤</td></tr>
<tr><td>木薯</td><td></td><td>4 000斤</td></tr>
<tr><td>芋头</td><td></td><td>3 000斤</td></tr>
<tr><td>红薯</td><td></td><td>8 000斤</td></tr>
<tr><td>猪</td><td>每家1头共14头每头50斤</td><td>700斤肉折米4 200斤</td></tr>
<tr><td>合计</td><td></td><td>24 860斤</td></tr>
</table>

以上合计数字是不分粮食类别的。此外，所采胶皮、破竹篾每年每家平均也有300斤米的收入，恰恰够换盐的开支。

2. 工具数量

牛11头，作耙田用。

锄头40把，这是主要生产工具，全屯劳动力有40人，每人1把。刮头28把，用作刮地松土。镰刀10把，用作割草收获。钩刀10把，割草用。柴刀28把，以之砍柴，砍竹篾。

3. 灾害情况

除常有风灾外，最大的是野兽的灾害，不但对粮食有直接影响，且在防守上耗费劳力甚大。该村每年从8月至10月赶山猪、猎黄猄，约占去生产时间3个月，每次每家至少出2人，共28人，每个月起码有15天是停止生产专门来对付野兽，3个月共费人工1260个。

4. 劳动价值

（1）种1斤苞谷种从开山到入仓起码要5个工，1斤种产20至30斤，则每工价4～5斤。

（2）1人1天能制300竹篾，加上砍竹子1天，挑到离屯50里外的中平乡出卖，来回两天，共需4天工，能换来24斤米，每天工获6斤。

（3）1人种1斤稻谷种，全部劳动力计需7天半，能产40斤谷，每工亦不过五六斤谷，折米只有3.7斤。

5. 消费统计

衣：单衣一人只有套一两套，约两年才添一件。全屯70人只有棉衣4件，棉被有28

床，平均两三人挤一床。

食：一般一人一天吃1斤2两，全村全年约需28 440斤，与收入总数24 860斤比，尚缺粮3540斤。缺粮多是由手工业收益项中补给，或是把生活降到最低程度，才能维持下来。盐一家一年平均要60斤，可以用竹篾、胶皮换之。油食最差，只有养猪的人家才能一年留一两斤油，没有了放水煮，而菜多为野外所生，所以亦缺乏养分。

三、平南县罗运乡黄村旧黄屯山子瑶调查①

（一）户口数

旧黄屯杂居有山子瑶、坳瑶。其中山子瑶有9户，50人；坳瑶3户，12人。

（二）土地情况

岭地水田皆是租自坳瑶，土地贫瘠。红薯苞谷地种上一年后，就要丢荒12年，岭禾地种了3年，就得丢荒30年。岭地是属于坳瑶全村占有，水田田主是坳瑶个人，其租额是岭禾年产6000斤，缴租1500斤，肉35斤，酒20斤。水田年产谷2000斤，缴租700斤。苞谷地的租期30年，只在批山时缴租一次，猪肉30斤，请酒一次（猪肉8斤,酒30斤）。

（三）生产统计

1. 产物数量

岭稻：谷种400斤，每斤种年产15斤，除交租外尚得谷4300斤，折米3010斤。需交租谷1500斤，20斤肉，35斤酒折成谷约1700斤。

田稻：谷种40斤，每斤种产50斤，除交租外尚得谷1300斤，折米910斤。需交租谷700斤。

苞谷：年产2500斤。

木薯：年产2000斤。

红薯：年产800斤。

竹笋：1斤干笋得1斤米，年收200斤，折米200斤。

薯莨：2斤薯莨换1斤米，年获薯莨1500斤，折米750斤。

猪肉：全屯有猪7头，重约300斤，每斤猪肉6斤米，折米1800斤。

全年产量合计为15 470斤。

2. 工具数量

牛：没有

锄头：35把，成年劳动者人必一把，用以锄地开山。

刮头：35把，铲草松土用。

钩刀：35把，修田基用。

① 今罗香乡罗运村。

柴刀：30 把，砍柴用。

3. 一年生产安排

正月：十五日以前烧岭禾苞米地，十五日后铲草。

二月：与正月同，并开始锄地、松土。

三月：点禾、种苞谷。

四月：点禾、种苞谷。

五月：耘草，自十五日起开始赶山猪。

六月：耘草，自十五日起开始赶山猪。

七月：耘草，自十五日起开始赶山猪。

八月：耘草，自十五日起开始赶山猪。

九月：铲草、收苞谷。

十月：割禾。

十一月：收木薯。

十二月：初旬收完木薯，不赶山猪了，砍柴火过年。

4. 肥料及灾害

除在初春放火烧山积有草木灰肥外，其他一无所有，所积草木灰也只有1000斤左右。

灾害较重，如山猪、黄猄等野兽，每年要吃去苞谷约4000斤，几乎多于实收量2500斤的一倍，从五月中旬起至十二月初止，就要耗费大量劳动力去赶山猪、黄猄。中间的损失难以计算。

5. 劳动产值

以种岭禾为例，1 斤种子，从锄地到收成起码费工 6 个。岭禾成数最低，种 1 斤种子只能收得 15 斤，则每个工产值只有 2.5 斤。

（四）消费统计

全村年食盐 400 斤，折米约2000斤，可以全村猪肉总收入（1800斤米）换之。养有猪者每年能食两三斤猪油。

每人每天口粮：净食米 12 两；净食苞谷 1 斤 4 两；净食木薯、红薯 1 斤 8 两。

全村年需19 800斤，总收入除了换盐以外，只有13 670斤，不足5130斤，即缺了三个余月的口粮。补足的办法是：

（1）食野菜，每人每餐吃 4 斤，全年采野菜有数万斤。

（2）借贷，全村今年借债已有1500斤谷，一般借期不到一年者不还利，但没办法还。现已借汉人债5000斤，借时第一年不计利，年底不还，第二年起计利 5 分。

四、象县东北乡水绿村大进屯花蓝瑶调查

（一）户口数

全屯为花蓝瑶聚居，9 户，52 人。

（二）土地情况

不少的水田从滴水村茶山瑶租来。租田的收入约占自耕收入的2/5，个别因田远难以耕种，则向外出租，而自己又转租别人的。如黄文谐租给别人1600斤，转租入1000斤。一般水田田租30%。岭地全村共有，多开多种，没有限制，没有老山。

（三）生产统计

1. 物产数量

自耕田：年产稻谷16 000斤，折米11 200斤。

租入田：除交租2700斤外，年收入稻谷9000斤，折米6300斤。

苞谷：年产800斤。

杉木：卖条木年收入稻谷约4000斤，折米2800斤。

棉花：9斤，用作纺纱。

黄笋：够吃。

薯莨：几年才收一次，今年没收。

猪肉：每家一头重80斤，1斤肉6斤米，共折米4320斤。

全年总收入：米24 620斤，苞谷800斤。

2. 工具数量

牛：水牛12头，黄牛13头，共25头，用作犁田耙地。

锄头；每家2把，计18把。

锹头：每家2把，计18把。

柴刀：每家4把，计36把。

镰刀：每家3把，计27把。

3. 一年生产安排

正月：十五以前在家休息，十五以后砍柴火。

二月：整田基。

三月：修整田基、耙田。

四月：耙田插秧。

五月：耘草、种苞谷。

六月：耘田。

七月：耘田、整田基。

八月：砍柴火。

九月：收各种粮食。

十月：收各种粮食。

十一月：看冬田水。

十二月：砍柴火。

4. 肥料数量

对施肥是不够重视的，每年只有90担肥，点些禾苗。肥料以牛粪为主，平日不习惯积粪类。

5. 劳动价值

这是该村覃庆芳代表的计算：

种10斤谷种，整田基3次，每次4个工，计12个工；修田边一次5个工；耙田2次，每次2个工，计4个工；撒种插秧3个工；耘草两次，每次4个工，计8个工；收割8个工；晒干1个工。总共37个工。10斤谷种收400斤，每个工得10斤弱。

（四）消费统计

每日每人平均需米1斤2两。菜自种2/3，其余采自野菜。盐450斤，油72斤（养猪约得30斤，需外买42斤）。走亲戚过节全村需肉300斤。全村16人吸烟，年需240斤（买进80斤）。衣一年一套，棉被够盖，约共有35张，棉衣没有。现统计如下：

米：年需量21 600斤。

盐：年需量450斤，折米1800斤。

油：年需外买42斤，每斤折米8斤，共336斤。

猪肉：年需购买270斤，每斤折米6斤，共1620斤。

烟：一年购买80斤，每斤10斤米，共800斤米。

衣：每人一年平均添一套，每套平均40斤米，共2080斤。

全年消费折米共30 236斤。

全年总收入米29 620斤，苞谷800斤，支出超过收入5616斤。全村平均缺粮2.7个月。其中3家够食，4家缺2个月，一家缺3个月，一家缺4个月。

借债是普遍的，但都是当年借当年还，不计利息。大抵六月间汉区收获，他们就向汉族借，到了十月收割以后归还，这是一种互帮互济的借贷关系。

五、平南县罗梦村罗梦屯茶山瑶调查①

（一）户口数

全村35户，汉族3户，11人；茶山瑶32户，131人。

（二）土地情况

土地自有，不向外租。

（三）生产统计

1. 产物数量

水田：年产量80 000斤，折米56 000斤。

苞谷：年产量4000斤。

粽子：年产量2000斤。

薯莨：年产700斤，每斤换米半斤，折米共350斤。

① 今金秀瑶族自治县金秀镇罗梦村罗梦屯。

香菇：年产50斤，每斤30斤米，折米共1760斤。

猪：20头，每头50斤，每斤6斤米，折米共6000斤。

鸡：80只，每只折米16斤，共1280斤。

全年产物数量折米合计71 390斤。

去年被匪强抢4000斤，实有67 390斤。

2. 工具数量

牛：38头，能耕种者34头，用以犁田耙地。

锄头：70把，用以锄地。

犁头：30把，用以松土锄草。

耙：40架，用以耙田。

钩刀：64把，用以割草。

3. 肥料及种子产量

全屯肥料约2000担，多是猪牛粪及草木灰堆积以施禾田。每斤种子产量20～30斤。

4. 灾害

老鼠对稻田的危害甚大，每年至少损失稻谷1000斤，山猪、黄猄等野兽亦损害岭地作物不少。

（四）消费统计

按照收入67 410斤计算，生活是较富裕的，平均每人一年有粮达545斤，如一天平均食1斤2两，年只需380斤左右，尚余165斤。开支如下：

盐：一年14斤，需米84斤。

衣：一年一套，需米40斤。

两项合计165斤，尚余41斤，供家常所需。

但是就全屯来说，今年政府尚救济了2000斤粮，粮食是不够吃的。全屯除了6户富裕中农外，其他缺二三个月者过半数。以上计算可能在于富裕户的盈余甚大，因时间太短，未充分了解，不能证实。

（五）民兵剿匪英雄

有三个最突出的剿匪英雄，现在都是村干部，其中的两个是此次谈话的对象。

苏健华，捉了1个土匪副团长。

苏应文，捉了6个土匪。

苏永生，带部队捉土匪11人。

（六）文化教育

该屯文化教育较好，高小毕业者7人，已保送3个到南方大学学习，初小毕业者24人，念私塾的亦不少。

六、平南县罗运乡白牛村白牛屯坳瑶调查①

（一）户口数

全屯纯是坳瑶，共15户，60人，与嘉仙屯6家汉人合成白牛行政村。

（二）土地情况

水田自有，没有老山。与邻村共批东南乡坳香蕈地，批期30年，年可产香蕈300斤。批时给东毫900元，以后即不收租。本屯亦有岭地出批，可产苞谷、芋头、红薯约10 000斤，批给嘉仙屯汉人，每年收租6元。

（三）生产统计

1. 产物数量

以水田出产稻谷为主，岭地有苞谷、木薯、红薯、芋头等杂粮。特产有二：香草地系租入，本屯年产100斤，其次薯莨产量亦不少，年出1000斤左右。兹统计如下：

水田：年产稻谷15 000斤，折米10 500斤。

苞米：年产8000斤。

木薯：年产1500斤。

红薯：年产1200斤。

芋头：年产3000斤。

香蕈：年产100斤，每斤折米30斤（如香米蕈），共3000斤。

薯莨：年产1000斤，100斤折米30斤，共300斤。

猪：平均一家1头，共15头，每头60斤，共900斤肉，每斤折米6斤，共5400斤。

木笋：年产2400斤，1斤笋折米1斤，共2400斤。

以上合计大米35 300斤。

2. 牛及其他生产工具的统计与使用

因田少而泥深没膝，且常年不干因而难于使用牛耕，故多用锄头与刮子翻泥松土，牛仅作耙田用而已。全屯共有牛15头，不能耕用者3头。锄头一家1把，共15把。刮子一家2把，共30把。刮子比锄头用处尤大，用作松泥刮草。

3. 劳动价值

种水稻为其主要生产活动，从锄地到收割大约经过锄、耙、修，插、耘、割、晒等程序，由于生产工具简单，肥料不足，故其劳动价值甚低。据种20斤谷种的调查，全部需工100天左右，每斤谷种能产65斤，合得1300斤。则每个工价值才为13斤谷，折米9斤。各项工序用工如下：

种20斤谷种：锄地20天，耙地15天，整田基10天，插田10天，耘田10天，修田基6天，每人一天能割60斤，割完要25天，晒干入仓4天。共计用工100天。

---

① 今金秀瑶族自治县罗香乡罗运村白牛屯。

（四）消费统计

1. 粮食

该村粮食消费一般是米、苞谷、木薯等混杂的，因此，粮食开支可分为两种。一种是净米饭，全年约食1/4的时间；另一种是杂粮饭，全年约食3/4的时间。不管净杂食，用粮分量一样多，平均每人每日1斤4两。

全年全村约需要大米、苞谷、红薯、木薯等共26 840斤。

2. 盐油

每人每月食盐1斤，全村62人，全年744斤是必需的，5斤米换1斤盐，共计3720斤。食油很少，最多每人一年1斤，而且普遍都是自己养猪，年头杀猪留油，有多少算多少，绝不外买。

3. 衣服

全屯棉衣普遍缺乏，棉被也甚少，平均一年一人只能添1套新衣。共添62套，1套最低估计折米50斤，共需3100斤。

4. 收支统计比较

以上三项的支出共计33 604斤，收入共计35 300斤，似有盈余。唯独甚多的零用品支出还没有统计在内，所以是没有剩余的。因为收入的多寡不等，各户的生活水平也不能都以1斤4两米衡量。

因为作物的收获季节与汉人地区不一样，使他们互相间造成了借贷自由互相救济的经济关系。

汉人在六月新谷登场，正是瑶族青黄不接的时候，迄十月后，瑶族五谷入仓，汉人粮食渐少，于此便起了两两相反又相济的作用。汉族有谷子可以借给瑶胞，瑶族有谷子可济汉急。六月瑶族暂借，十二月还清，两相有利，大家乐意，是值得提倡的。借时言明清楚，到期必还，且多向亲友借贷。

七、平南县罗香乡罗香村①坳瑶赵春永调查

赵春永全家有4口人，一妹一外甥，都尚年小。赵自称全村比他穷者只有1户，过同等生活者20户，其生活情形有如下述：

没有棉衣，有2床棉被。新衣一年添1套，全家共4套，自种棉花，自己纺织，再买些布即够穿。

食的方面，一人一天1斤粮食，共4斤。一年食盐40斤，猪肉、猪油共20斤，菜自种够食，烟12斤。统计需粮食数量如下表：

① 今广西壮族自治区来宾市金秀瑶族自治县罗香乡罗香村。

项　目	年需支出米数量	附　注
食米	1 440 斤	
盐	240 斤	1 斤 6 斤米
猪肉	120 斤	1 斤 6 斤米
烟	120 斤	1 斤 10 斤米
合计	1 920 斤	

粮食和其他收入有水稻、木薯、红薯、薯莨、香菇、棚叶等，统计如下表：

物产种类	说　明	年产量
水稻	有 42 斤种，每斤种年产 30 斤	1 260 斤折米 882 斤
木薯		500 斤
红薯		300 斤
香菇	产 1 斤	折米 30 斤
薯莨	产 200 斤每斤换 1 斤米	折米 200 斤
棚叶	产 200 斤每 10 斤换 7 斤米	折米 140 斤
猪肉	一头 50 斤每斤换 7 斤米	折米 350 斤
合计		2 402 斤

此 2402 斤的收入，除支出 1920 斤，余 482 斤，则可作买布买生产工具及其他日常所需的支出。

一年两夫妇忙于劳动生产。有沙牛 3 头，犁 1 把，耙 2 把，刮头 2 把，木辘 1 把，锄头无。生产工具是不缺乏的，一年中劳动程序排列如下：

正月初一至十五，在家小休息，有时仍上山砍柴火，过十五犁田，挑肥施于秧田内。

二月整田基。

三月种木薯、插田。

四月种木薯、耘田、铲苞谷地。

五月仍铲苞谷地。

六月铲田基草、砍柴火、割禾。

七月割禾、插田、种红薯。

八月种红薯，妇女织布。

九月铲地。

十月割禾。

十一月挖芋头、收木薯。

十二月砍柴火、锄地，为一年中较闲时间。

［说明］大瑶山瑶族家庭经济与自然屯经济典型调查，所调查荔浦、象县、平南的几个瑶族村，现均划入金秀瑶族自治县管辖。根据1952年中央访问团（中南区）第一分团联络组编印材料整理而成。

大瑶山双合乡十二步、观音山[①]两屯瑶族互助组织调查

一、一般情况

双合乡十二步、观音山两个瑶族屯，共25户，101人。全部伙居于半山，无田，以靠山吃山为主，耕种土地分散，坡度一般在45度到60度之间，自然灾害严重。作物以玉米为主，副业多养猪、养蜂，兼有些土特产。解放前所种山地全为租入，生活很苦，一般缺粮3~4个月。解放后由于党的正确领导与大力扶助，得到了开荒自由，并组织起来获得连年增产，生活已逐步改善和提高。现在除个别户外，已无缺粮现象，个别家庭尚有余粮出卖。

十二步屯有14户，81人，劳动力28个，半劳动力9个。现有互助组一个，9户，56人，劳动力20个，半劳动人9个。组织起来的户数占全屯户数的64%。观音山屯有11户70人，劳动力31个，半劳动力1个。现有互助组2个，10户64人，劳动力29个，半劳动力1个，单干只1户。组织起来的户数占全屯户数的99%。

上述三个互助组骨干较强。十二步庞文银组，本人是老前辈（贫农），副组长，是乡妇代会副主任（中农），组员有乡民兵队长、农会代表、乡代表各1人，另外有三个小组长也有一定工作能力。观音山赵进元组，其本人（中农）及副组长（贫农）均曾是到县里学习过的积极分子，有乡长和一个参加过土改的妇女积极分子。该组有两个群众威信较高、工作能力较强的劳动模范为骨干。庞有银组正副组长为积极分子，还有一个工作能力较强、群众威信较高的骨干。观音山屯两个组的骨干能团结合作，为今秋转社对象。

二、组织起来的过程

由于党中央、毛主席在少数民族地区威信的提高及汉、壮区互助合作的影响与带动，十二步、观音山两个屯的三个互助组，在过去互助习惯的基础上，于1951年自发组织起来。开始时只限于临时换工，于1952年又在换工基础上组织了比较固定的常年互助组，后来在生产过程中，他们发现了如下问题无法解决：（1）由于山区土地分散，

---

① 大瑶山双合乡十二步、观音山：今广西壮族自治区来宾市金秀瑶族自治县忠良乡双合村内。

面积宽，耕作技术极度落后，天气变化无常，多靠天吃饭，如扯草时必须天晴，每次排工意见多。（2）原有大小劳动力换工，帮工者往往积极性不够高，不能满足群众日益增长的增产要求。（3）两区自然灾害多，互助组不能全部克服，使受灾户收入减少，严重者出现全家挨饿的情况。因此，他们在接受互助合作政策的教育和运动发展的影响下，自动实行了组员土地归组（该两屯一头耕牛都没有），集体劳动，按劳取酬的互助合作组织形式。

实行土地归组最早的是十二步庞文银组，该组共3户，1953年春将各户原有土地，除留下屋边小部分土地作些副业外，其余全部归组。每户留下个别人在家搞家务或副业外，其余不分大小，均算全劳动力，加入组内劳动。如入组劳动力因故不能出工，在家劳动力必须补上，以维持每天一定的劳动人数。收获时则按入组劳动人数平均分配。该组1953年获得空前增产，这不仅带动了全区其他13个组，而且使本组于今春扩大为9户。

观音山原有两个互助组，1951年五六月间，乡长庞有金因见干部开会多，在家劳动力缺乏，提出："要走社会主义道路，搞大公无私组，将来搞集体化。"结果搞起全屯性的大换工，不管是谁的地一片一片的"扯起去"，但收获时又是原地归原户所有，这种做法不能为群众所接受。如庞有德户，未种下荞麦也先要帮别人收荞麦去，自己玉米开花还未轮到扯草。同时每天出工数亦不一样，大家意见很多，大换工至九月垮后又恢复为两个比较固定的互助组。自1952年至1953年，因排工互利问题未很好解决，共垮了三次。

总路线宣传以后，因见庞文银组土地归组并能解决排工又获得增产，因此，于今年二月间自发实行土地归组，以赵进元、庞有银为组长。以后因赵进元组之副组长赵进明在县学习回来后说："搞垮了谁负责？"因此停了七八天后才恢复起来。两组均规定固定劳动力，天天出工，庞有银规定做二三年工以上的算全劳动力，刚学做工的算半劳动力，因事不出工则计账还工。议定全部收获按全劳动力一份，半劳动力半份的原则分配。赵进元组大小劳动力天天出工，全部收获按全组人口分，13岁以上算一份，6～13岁算半份，6岁以下算1/3份。两个组除菜园及屋边小部分土地外，全部归组。

至今年四月间，区里才派干部到该两屯的三个组作具体指导，并改为评工记分，进一步贯彻按劳取酬原则。

开始实行土地入组集体所有时，组员思想情况大致有如下几种：

1. 赵进元组副组长说："我们互助组要你有一碗饭我也有一碗饭，你做一件衣服我也做一件衣服才得平等。"

2. 认识到组织起来能抗御自然灾害，克服困难又可增产。土地归组后普遍反映："不搞土地入组，生产受害一户损失，土地归大组损失大家负担，不会饿死一人"。

3. 人多好做工，有话讲，热闹，这种认识在妇女中较普遍。

4. 部分人盲目随大流入组，认为共产党毛主席讲的话一定没错，叫怎么搞就怎么搞。

5. 个别劳动力弱的，想参加土地归公，吃大锅饭占便宜。

6. 个别骨干想显自己威风，如劳模赵成富说："总要人家带我们，我们总不搞点带人家哪行？"

三、实行评工记分后的经营管理制度

实行死分活评，按劳取酬，定每一普通劳动日为10分，然后按每人每天劳动情况与前者定出比较的分数，最高12分，最低8分，收获时按分取酬。记分法采取每天在田间评好，发工分牌，三天结账，采用分类记账法，即按经营作物种类分别记账，分配实物。

农具一般有锄头、刮子、镰刀，各户自管自修自用。种子、肥料，按劳动力各户分担。

山林的经营：主要是杉木，土改前各户自种的归各户所有，土改时分得者为集体所有。

组员因公缺工，按本人平时每日分数照给工分。

赵进元组规定孕妇有15天休假期，每天工分5分，共75分，如休假时参加劳动照实际劳动情况评分。生病不能劳动时，从第四天开始每天给工分5分，其他两组孕妇、病号也有照顾，但无明确规定。

规定有会议制度和生产计划，会议制度有干部会、骨干会、生产总结会、生活检讨会，除生活检讨会开得较少外，一般能按制度执行。生产计划，一般是安排什么时候做什么活，下多少种子，什么时候做完，也规定每天出工、收工时间（上午7时至下午7时，中午有休息时间）。

四、组织起来的优越性

（一）由于土地集中使用，统一经营，可按土地特性栽种作物。如庞文银组以冲从片为单位，分别栽种各种作物。群众反映：“往年想种那些东西，没有那种地。”并且又按组员劳动特点、耕作技术情况分配工作任务，以发挥各人专长及工作积极性。

（二）容易接受先进生产经验，改良耕作方法。三个组过去均用“刀耕火种”撒种玉米，现在已开始部分挖地点种，观音山两个组今年从撒种改为点种玉米，每亩节省种子1/3。玉米、六谷过去每年扯草一次，今年普遍增加一次，并且部分作物开始下肥。

（三）能克服小农生产上不能克服的困难。如防兽害、疾病、缺粮等，十二步组织了打猎队，去年打得黄猄65头，山猪5头，保护了生产。

（四）未实行评工记分时，组员一般认为增产大家有份，小劳也可多得，故未充分发挥劳动潜力，实行评工记分进一步贯彻多劳多得后，劳动积极性有了显著提高。如赵进元组内有1亩6分谷地，去年扯草用18个工，今年只用13个工，并多开了2亩玉米地。普遍做到出工按时，工作勤快，很多劳动力超过了10分，过去八九分的也普遍增到10分。

（五）发挥生产潜力，扩大了生产，因而收入也增加了。庞文银组今年比去年多种了芋头种子2900斤，地禾种子555斤，玉米种子59斤，六谷种子367斤，红薯种子250斤。该组在去年仅3户搞土地归组时，全部都增产69.2%，六谷增产100%，去年3户中有2户缺粮。今年已无缺粮户，有1户余粮。

（六）组织起来集体所有之后，农民从生产资料私有转变为集体所有的基础上，使个人和集体关系进一步密切起来，并通过组织内部一定的民主生活进行教育，就有可能使组员的集体主义思想、社会主义觉悟得到逐步巩固和提高。

五、存在的主要问题

（一）未充分利用互助合作组织开展思想教育工作。各组普遍存在民主生活过得很少，读报组成立有名无实，开会多骨干包办等情况。以庞文银组较突出，有些组员有意见，会上不说（恐评工时对己不利），表面一团和气，会后乱说，引起部分骨干消极不满，群众不够团结，组织涣散，组员对民主生活认识也低，如妇女普遍反映："开会不开会还不是一样吃饭?"

（二）生产盲目性大，计划性差，碰到什么解决什么。组员看组长，工作主动少，生产效率提高后，又有无工做的现象。工作总结少，突出的如庞文银组，评记工分 3 个月未结账，工作队来时结了一次，工作队走了材料也带走了。因此组员对自己工作感到无底的思想较为突出，部分劳动力较弱的户，怕全组增产自己减产，有三心二意、情绪松懈的现象。

存在上述问题的主要原因是县、区领导工作抓得不紧，几个组自发成立至今年四月间，县委才派人前往了解，并由区派干部作具体领导，但实际上派驻该乡的干部水平是很低的，三区区委已决定以观音屯互助组为秋后转社对象，但如何转，无底。组长、骨干一般热情高，但水平低，具体办法少，急需提高。

六、几点体会

（一）根据此次了解，我们认为三个组本身虽然存在一些问题，但归纳起来，主要是领导问题。从少数民族地区特点与原有互助合作习惯及现有的经济基础和群众要求出发，其组织原则和做法是易为群众接受的，是适合于自治区内无田地区和类似的其他地区的。其原因是：

1. 大瑶山地广人稀，生产技术落后，复播广，活路繁，自然灾害多，造成他们有普遍的换工习惯，尤其在解放后经过各种运动及互助合作的宣传教育，群众对组织起来的要求较一般地区更为迫切，集体观念较强（从群众自发组织互助组的趋势可以看出）。

2. 大瑶山无田的地区主要是盘瑶，解放前大部分没有土地，全靠集体向茶山瑶山主租山开荒，山高岭陡，每片地连续种三至五年，便不能栽种农作物，丢荒或种上杉木还山主。因此，群众对土地私有观念薄弱（如土改时他们只要求自由开荒，不分固定土地）。

3. 群众在长期的互助合作发展中，深刻体会到换工互助组不能根本解决合理排工问题，迫切要求提高。

4. 三个组只有岭地没有水田，目前野岭是公有的，自由开荒，各户入组前有土地均为开荒占有，故每户归组土地多少，实质上决定于各户劳动力情况。如赵进元组，每户归组土地平均每一劳动力 10～11 亩 5 分左右（只有 1 户每一劳动力有 15 亩），故土地归组不分红易为群众所接受。

（二）关于如何组织领导问题。根据几个组存在的问题，主要应加强互助组的领导，首先对领导互助合作的干部骨干要加强政策思想教育和技术指导，充分利用互助合作组织积极对组员群众进行社会主义思想教育，提高互助组的耕作技术，发掘生产潜力，保证年年增产，并在各方面逐步巩固提高为高级形式的农业生产合作社。同时在这一类地区，在农民队伍中尚存在一些政治觉悟较低的老农和其他领袖人物（如庞文银组的庞有银），要积极做好他们的团结工作，以利推动互助合作的进展。对于在互助组织以外的某些与群众有联系的上层人物，也要注意加强他们的团结教育工作，以减少在工作中的阻力，达到不断加强民族团结，保证互助合作的稳步前进的目的。

（三）自治区党委第三区委员会决定以观音山两个组联合为今秋转社对象，我们认为互助合作组织的不断提高是非常必要的。但目前这类组织是否仍叫互助组？是否还需经过所谓转社阶段？建议有关互助合作部门领导考虑。因为这些组实际上在土地归组以后，基本上已是生产资料为集体所有、按劳取酬的农业生产合作社了。

［说明］大瑶山双合乡十二步、观音山两个自然屯，均为过山瑶中的盘瑶，长期都没有土地耕种。在组织互助时，也存在一些问题，对生产积极性和民族内部团结都应引起注意。资料见于 1954 年 12 月原广西省委统战部民族工作组编印的材料。

大瑶山订立团结公约的调查

一、大瑶山各族人民需要团结互助搞好生产

1951年2月间，大瑶山从国民党反动派残余土匪盘踞中解放出来，大瑶山全体瑶民在我党与人民政府的宣传教育下，觉悟提高了。因此，他们一致要求改革旧的不合理的生产关系，在共产党、毛主席、人民政府领导下，走幸福康乐的道路。

但是，这个旧的不合理的生产关系怎样改革呢？由于工作同志缺少民族地区的工作经验，更由于瑶山各族人民，受了汉区反霸斗争及土地改革的影响，过山瑶（即盘瑶、山子瑶）要求反霸清算与土地改革，长毛瑶（即茶山瑶、坳瑶、花蓝瑶）虽觉得自己民族占有瑶山的一切是不合理，但害怕土地改革，害怕自己所耕的两块水田被过山瑶分去，因此，不敢多生产，有剩余的粮食也不敢借出去，瑶山的借贷与雇工一时陷于停顿状态。给原来粮食供给不够的大瑶山，产生了更大的困难。

在这一阶段，大瑶山的民族工作，一时陷于混乱的状态：荔浦瑶区少数积极分子，把全村所有的田契收集到农会。又有些地区搬用汉区的经验搞减租退押，宣传土地改革。虽然省里领导一再强调少数民族地区不能搞减租退押和土地改革，而平南罗香乡却在乡代表会上订出减租退押的单独办法。瑶山的工作干部都觉得如果不搞减租退押和土地改革则“无工作可做”。

1951年3月26日，象县东北乡因为开垦的纠纷太多，在乡代表会上曾订出了“自由开垦”、“不纳山租”等八项决议。但当时以清匪为重点，这个工作没有好好宣传与贯彻下去。及至四月底荔浦瑶区柘山村①板瑶（盘瑶）同胞提出：“工作队领导我们生产开荒，柘村的人不要我们的山租才对啊！”柘村的汉人也提出：“柘山村板瑶同胞开荒，把水源搞坏了，我们太吃亏。”根据这种情况，召开了两个村的团结会，订出了发展生产的团结公约。这个公约订立之后，两个村的纠纷少了，生产也安定了。随后荔浦瑶区各村都取得了这个经验，六段村②与六定村③的长毛瑶与过山瑶之间，金秀村与和平村长毛瑶的内部，都先后订立了团结公约。瑶胞反映说：“我们团结得不好，第二个韩蒙轩（汉人大匪首，已毙）又会来金秀坐着呢”。

荔浦瑶民自治区根据这几个村的经验，在6月19日召集全区各族各界代表会议，订立

---

① 柘山村今属广西壮族自治区来宾市金秀瑶族自治县三江乡柘山村。

② 六段村今属广西壮族自治区来宾市金秀瑶族自治县金秀镇六段村。

③ 六定村今属广西壮族自治区来宾市金秀瑶族自治县三角乡六定村。

了金秀瑶区的团结公约十二条。明确规定了“自由开垦”、“谁种谁收”的规定。这个公约的订立正如7月20日《广西日报》社论指出：“对目前瑶民工作确定了一些有根本意义的政策，树立了解决少数民族内部问题的榜样”，既符合《共同纲领》的要旨，又符合广西省人民政府陈漫远副主席于6月2日在民族工作会议上指出的“目前在少数民族地区，应该团结互助，搞好生产。减租退押土地改革在目前少数民族地区是不适合的，不能效汉人区域的做法”的指示。

整个大瑶山各族人民，也像荔浦金秀瑶民自治区一样，急需团结互助搞好生产，共同走幸福康乐的道路。

二、大瑶山各族人民代表会议

1951年8月20日，中央访问团代表中央人民政府和毛主席到大瑶山慰问少数民族。广西省人民政府趁着这个时候，发出通知在金秀村召开大瑶山各族代表会议。各代表的产生基本上是按各乡各民族的人数比例，用民主选举的办法产生的。每个乡每个民族凡150人者选出代表1人，但为照顾少数民族，在各乡任何一种民族，凡来满150人者，也选出代表1人，人数多过150人未满300人者也可增选代表1人。会议的时间是自8月25日起至8月29日止，一共5天。

出席这次代表会议的代表，包括全大瑶山三个专区（平乐、梧州、柳州）5个县份（荔浦、蒙山、平南、桂平、象县）的12个乡（团结、永宁、崇义、岭祖、古朴、平竹、罗香、罗运、木山、双化、东北、东南）的代表共246人（内有男代表195人，女代表51人，干部除外），各民族名额及比例是：

板瑶（盘瑶）111人，占总代表45.12%；山子瑶18人，占总代表7.3%；花蓝瑶9人，占总代表3.95%；茶山瑶59人，占总代表23.98%；坳瑶19人，占总代表7.72%；汉族30人，占总代表12.19%。

大瑶山各民族人民，没有正式划分阶级成分，据一般的调查，各代表的阶级成分是：

富农1人，占总代表人数0.406%；富裕中农1人，占总代表人数0.409%；中农72人，占总代表人数29.26%；贫农164人，占总代表人数66.66%；雇农6人，占总代表人数2.84%；其他（汉人商贩）2人，占总代表人数0.812%。

这次会议的中心议题是“搞好民族团结，发展生产”等问题。

在开会之前，各民族代表存在着各种不同的思想情况，长毛瑶（茶山瑶、花蓝瑶、坳瑶）害怕土地改革，怕清算斗争；过山瑶（板瑶、山子瑶）要求分田分地。经中央访问团金晓邨副团长及广西省人民政府民政厅陈岸副厅长作民族政策的报告，前修仁县梁华新副县长作《金秀瑶区团结公约的订立》的报告，茶山瑶代表苏玉兰说：“现在我才知道过去我们与板瑶不团结，完全是国民党反动派和坏瑶头搞的鬼”。板瑶代表盘成良说：“过去我们说长毛瑶都是坏人，现在我清楚了，长毛瑶的同胞也是好人，只有少数的坏瑶头才是坏人，而这些少数坏人，已被共产党、解放军打垮了。我们穷人翻了身，做了主人，以后大家该像兄弟一样不要再记冤仇，亲密团结”。“金秀瑶区已订立团结公约十二条，我们整个大瑶山也应订立一个大瑶山的团结公约，使大家搞好生产”。

前修仁县梁华新副县长在金秀瑶区团结公约的订立报告中，指出了大瑶山地区长毛瑶对过山瑶的剥削，精神上虽超过汉区的地主，但长毛瑶没有地主（纵算是有也很少），退租退押或实行土地改革不能解决问题，况以占一半人口的过山瑶反对同样占一半人口的长毛瑶是不对的。过山瑶代表联系到自己村上的情况，觉得很有道理。板瑶代表赵德科说："过去我们要求分长毛瑶的田地，其实我们大瑶山没有大地主，没有田来分，长毛瑶生活虽比我们好一点，但他们大多数也是穷人，穷人分穷人的田是不应该的"。

小组讨论会上自始至终都在和谐的气氛中，用协商的方式进行着。过山瑶代表提出"自由开垦"、"谁种谁收"、"谁开垦耕种的山地，该地权就归于谁"，长毛瑶没有什么意见，正如茶山瑶代表苏福本说的："板瑶要求开荒，我们的荒山很多，几千几万里都是荒岭，我们应由他们谁种谁收"。对于"长毛瑶愿意放弃过去的特权"这一点也没有什么争论，因为自从解放后，瑶胞在共产党、毛主席、人民政府的领导与教育下，觉悟一般都提高了。长毛瑶认为只有这样才能团结一致，况且以前的特权，只有少数瑶头才能享受，而一般的瑶民是没有份的，所以很容易获得同意。

争论比较激烈的是以下两个问题：

（1）花蓝瑶代表李显荣说："过去我们收板瑶的山地租，这是很不应该的，我们应该不收租，才能搞好团结；河里的鱼，也应该准自由垂钓，不过狗鱼是我们祖先放的，我们不准其他人钓。"山子瑶代表黄亚天说："狗鱼是在河里，怎能说是放的？所以应该准我们钓才合理。"其他各族的代表都说："江河不是池塘"，花蓝瑶代表经过激烈的思想斗争，无话可说，也赞成了"准自由钓鱼放网"这一项。

（2）板瑶代表赵如保提出"老山大家有份，香信木大家砍"。其他的代表说："有主的荒山任由砍伐或开垦不合道理。"经过很久的讨论和说服，最后赵如保将别人比自己，也觉得是不合理的，于是大家赞成了"老山还原主"、"无长毛瑶培植特产之野生竹木地区，可以自由培植。"

8月27日下午，由各族选出代表12人（内山子瑶1人、板瑶3人、茶山瑶2人、花蓝瑶1人、坳瑶1人、汉族1人，其余3人是当地干部及中央访问团同志）组成大瑶山各族人民团结公约起草委员会。根据各代表发表的意见，总拟成大瑶山团结公约六条。28日上午经分组讨论，提出明确的修改，如"所有公私荒地给过山瑶自由开垦"，汉族提出："过山瑶三字应改为各民族三字"，长毛瑶提出"给汉人开垦是应该的，但要规定只准原居住瑶区各民族自由开垦，免使外面的汉人进来"。另外有些个别的问题，有些代表坚持要列进去，后经说明在乡村团结公约时才列入，便于下午所有的汉族、干部不参加表决，由瑶族自己表决通过"大瑶山公约"。

在几天讨论中，每晚举行联欢晚会，各民族代表参加的节目很多，从中把过去的民族隔阂打破了，加上各民族代表都受到热烈与友好的招待，各代表觉得现在与国民党时代确实是不同了。所以大家能本着"知无不言，言无不尽"的精神，开好这次会议。

附：

一、大瑶山团结公约

我大瑶山各族各阶层人民，自解放后，在中国共产党、毛主席领导下，大家认识到过去各族及民族内部不团结的主要原因：是国民党反动派和少数坏瑶头，挑拨离间所造成。因此，今后大家必须互相谅解，不计旧怨，共同在中国共产党、毛主席和人民政府领导下，亲密团结，并订立团结公约六条，共同遵守不渝。

1. 长毛瑶（茶山瑶、坳瑶、花蓝瑶）为了表示团结，愿放弃过去各种特权，将以前所有公私荒地，给原住瑶区各族自由开垦种植，谁种谁收，长毛瑶和汉人不再收租。过去种树还山者不退，未还者不还。

2. 荒山地权归开荒者所有，但荒芜一年以上准由别人开垦。杉树砍后，如隔1年不修种，则该山地可自由开垦，准谁种谁收。水田荒芜5年以内者，经别人开垦后，3年不交租；荒芜5年以上者，可自由开垦，谁种谁收。

3. 老山原有杉树、香菇、香草、竹木等特产，仍归原主所有，不应偷取损害，但无茶山瑶培植特产之野生竹木地区，可自由培植香菇、香草。

4. 经各乡各村划定界之水源、水坝、祖坟、牛场，不准垦殖，防旱防水之树木，不准砍伐。凡放火烧山，事先各村约定日期，做好火路，防止烧毁森林。

5. 除鸟盆附近外，山上可自由打鸟，各地河流准自由钓鱼、放网。但如放麸闹鱼，应互相通知邻村，集股作份，不作份者，只能在界外捡鱼。

6. 瑶胞内部，原有水田的租佃关系，可双方自由协议，但不得超过主一佃二租额，除地富外，有力自耕者，可收回自耕，但不得换佃。

以上公约，如有违犯或纠纷，由各族各阶层人民选出代表成立各级协商委员会调处，并会同各级政府按情节轻重处理。凡住在我大瑶山人民（包括汉人），均须遵守，各乡各村可依本地情况另订具体公约，但不得与本约相违背。

本公约修改权属于大瑶山各族各界代表会议。

大瑶山各族代表会议订

公元1951年8月28日

二、大瑶山团结公约补充规定

我大瑶山各族人民一年多来，在执行大瑶山团结公约中，加强了民族团结，发展了生产。我们为了彻底贯彻团结公约精神，圆满解决具体实际问题，特根据目前情况，本着有利团结有利生产的原则，作如下补充规定。

第一条：关于种树还山问题

1. 订有批约者，以批约为准，已退批约者为还山，未退者不还。

2. 没有订批约者，或订有已遗失者（指种树者失批约），原则上按谁种谁收，如双方争执时，双方亲自到区人民政府报告，在不伤民族感情下，协商处理，但根据历史社会情况，应多照顾种树者。

3. 承批人向出批人批山岭开荒种地而出批人去种树，不管有无批约，由双力协商处理，按双方所出劳动力多少来分树，根据历史情况及社会情况，应多照顾开荒者。

第二条：关于山权问题

1. 为当地各族人民公认历来没有开垦而树木成林的山叫老山，该老山可以培植土特产者不准开垦，各族人民可以自由到老山培植土特产，并加以保护，但为了避免彼此猜疑可以协商划分地区各自培植。

2. 开伐过之山现已成林者，可根据当地情况在保护森林与水源原则下，由政府领导通过当地各族代表，划定若干森林区封山育林，但为了解决靠种地为生的贫苦群众要求，经区人民政府批准可在林区开荒。

3. 水源发源地由政府领导通过各族代表划定水源范围内之林木不应砍伐，以免损坏水源，不利灌溉。除此之外不得乱扩大水源范围，限制开荒。

4. 牛只应有专人看管，不得乱放，牛场地点大小由当地乡人民政府协同代表，根据牛只多少和需要，协商踏勘划定牛场范围。但牛场不要过宽过多。

5. 村边附近的柴山归该村所有，不得借口生产，而在村边柴山开荒。

6. 开荒时石头滚到别人田、地、水沟、水圳田，开荒人负责搬开，坏者修理，并注意不让泥土冲到别人田里。

第三条：关于瑶区内部租佃关系问题

租佃关系应根据发展生产、提高生产积极性的原则，其租额规定由双方协议，原则上以每亩产量在500斤以上者租额不超过主1佃2，300斤至500斤不超过主1佃3，300斤以下者不超过主1佃4，如原租额低于此规定者照旧不变，并以解放后1951年每亩产量为准，双方订立新批约，按批约交租。今后佃户加工加肥所增产的粮食，全归佃户所有，如因灾情减产，双方协商，按灾情损失轻重，酌情减免租额。

1953年2月24日起草

三、石牌翻身

大瑶山团结公约订出并通过了，剩下的问题就是这个团结公约怎样在瑶民中取得威信并贯彻到群众中去。

1930年以前，瑶民没有“官厅、衙门”的政治形式，每一自然屯议出了共同遵守的律规，刻在石牌上称为“石牌律”。当树立石牌时，全屯男女老幼饮血酒宣誓，永远遵守。同时以几个屯的石牌（多是以小河流域）组成石牌团，推选长老作为石牌头执行石牌律。

可是1930年以后，国民党反动派进入“开化”瑶区，把石牌的政治形式废除了，改为反动的村甲制，并收买石牌瑶头为国民党员，统治大瑶山，瑶民很反感，对他们过去的石牌制度仍然是念念不忘。

这次大瑶山各民族代表通过了大瑶山团结公约，于8月29日运用瑶民的民族形式，刻在石牌上，在金秀树立大瑶山总石牌，并饮血酒宣誓，永远遵守。

坳瑶代表赵梅冬说：“以前我们有石牌，后来国民党反动派取消了，汉族地主就来欺负我们。共产党来后，石牌翻身了，我们有了石牌，就能团结”。花蓝瑶代表胡尚书在树立石牌大会上，像狮子暴吼一般歌颂着：“石牌爷，石牌娘，我们是石牌的子女。只有共产党、毛主席的领导下才有这样的新石牌，我们男女老幼应当遵守”。茶山瑶代表龙桂英说：“有毛主席万岁，我们的石牌也万岁”。板瑶代表黄文官歌颂着：“月亮圆圆望十五，全瑶团结在今天”。

四、我们安心了

大瑶山团结公约订立通过并树立石牌后，大瑶山各族人民欢喜极了。茶山瑶代表苏文亮说："这次代表会议说大家要团结，不要搞土改斗争，我们松了一口气，我回去要告诉大家安心生产，实行团结公约才对得住毛主席"。板瑶代表黄元德说："过去的石牌虽然是好，但我们大家不能过问，是少数瑶头操纵一切，一有事情发生，就得拿钱去请他们，他们要多少就得出多少！现在的石牌，没有这种剥削了，我们可以安心了"。板瑶代表黄金香说："现在我们安心了，以前我们把荒坪开成水田后，别人来抢去或收租。现在石牌规定开荒不要了，我们多开几亩田，横竖自己开是自由的。我还准备培植香信树，搞些香信换油盐，还要养条把肥猪，以后我们的生活就会一天比一天好了"。永宁乡副乡长苏叶青（茶山瑶）说："我们过去工作很苦闷，现在有了团结公约，我知道今后的具体工作了"。

［说明］大瑶山订立团结公约的资料，是1957年5月进行收集抄录。团结公约用竖石刻镌，竖立于金秀瑶族自治县人民政府办公室旁侧之亭子中。

都安瑶族自治县[①]
六个乡的社会经济调查

一、弄河、胜利、盘兔[②]三个瑶族聚居乡调查

（一）土地占有情况

土地占有的第一个特点：瑶族地区有瑶族地主，地主占有大量的土地，有半数以上的土地出租。三个乡土地每人平均数是2.3亩，地主平均每人8.4亩，而雇农每人平均只有1.1亩，贫农有1.9亩。地主不但占有土地多，且有近半数是畲地，而贫雇农的土地88%以上都是山地。

如地主蒙有福（瑶），家有6口人，占地135.3亩（内畲地76.1亩），其中出租的有107.1亩。此外还每年雇请3个长工及若干短工，家里只有两个附带劳动。又如地主蓝瑞甫（壮族），家有4口人，占地34.5亩（内畲地15.8亩），出租19.9亩，雇长工1人，短工300工，家里只有1人参加附带劳动。另外，每年放1000斤玉米以上的高利贷。

土地占有的第二个特点：土地极度分散。农民土地东一块西一块，相距甚远，耕作不易。为节省劳力，农民往往把远地出租，又佃入附近的土地，造成在全乡的佃入土地中，有50%是属于农民内部出租的，这是个特点。如贫农韦有必（瑶），家有5口人，占地10亩，出租3亩，又佃入2亩。

土地不但极度分散，且大多数是山地，土质是极贫瘠的。三个乡共有土地13 937亩，其中畲地仅有2995亩，占总耕地21.5%。山地产量是很低的，最高的每亩产玉米300斤，一般150斤，最低的50斤。

耕牛农具情况：由于解放后政府大力救济及贷款，贫雇农耕牛农具普遍增加30%～100%，地主与贫雇农的对比有变化。如耕牛，地主每户平均有2头，贫雇农则平均每两户共1头；地主的农具平均每户有12件，贫雇农平均每户有7.7件，相差不很远。

---

① 都安瑶族自治县：位于今广西壮族自治区河池市，2004年统计总面积为4092平方千米，2000年第五次人口普查全县总人口543 019人。都安瑶族自治县设立于1955年，县驻安阳镇。

② 弄河、胜利、盘兔：今为广西壮族自治区河池市大化瑶族自治县镇西乡的弄河村、胜利村、盘兔村。1987年12月23日，大化瑶族自治县设立，都安瑶族自治县的大化、六也、白马、江南、都阳、牙任龙、七百弄、板升8个乡划入大化。

（二）剥削关系的特点

主要有四种：地租、高利贷、雇工、高利贷与强制劳动相结合等四种。尤以地租中的超经济剥削及高利贷与强制劳动相结合为最普遍和突出。

1. 地租中的超经济剥削

议租时，佃户找个长老做中人，请地主来佃户家喝酒，杀鸡或羊、猪来招待，佃户要以地来做抵押，如无押品，则租得的地少。地主吃完之后，还要从佃户家带回猪肉10斤、酒20斤，如佃户穷，则仅吃一餐，另叫佃户买一张晒谷用的竹席送给他。

定租之后，佃户除按对分交租外（有的还有硬租的），还要无偿地替地主耕种他的自耕地，一年一个佃户约去四五十个工。地主家有人结婚，佃户要负责出新郎新房的门帘钱，地主家有人死了，佃户要负责出棺材钱及无偿地替他挖墓穴。交租时，地主先一天来佃户家，并带二三人，由佃户招待酒肉。

这种剥削是较为原始和残酷的。为什么会有这样严重的额外剥削呢？主要是山区土地少，劳动力多，无其他谋生方法，农民为了生存，不得不忍受较苛刻的租佃条件。

这种额外剥削，解放后已取消。1950年和1951年二五减租，1952年不收租，1953年由于宣传保护各阶层土地私有权，又恢复收租（没有减租）。

2. 高利贷与强制劳动相结合

农民向地主借钱，因无钱还利，往往以打工还利，养猪还本。但由于生活穷困的原因，往往无法还本，农民便长期地替地主无代价地劳动下去。这种现象是相当普遍的。

如贫农莫卜宁（瑶）的父亲，向地主韦朝安（瑶）借得东毫15元，因无法按期还本，利上加利，他的弟弟被迫去替韦朝安打了9年长工，不得工钱，后来死在他家，还要给地主东毫70元。

雇工的工资很低，一般是一天工1斤玉米，有的半斤玉米。

地租除一般按对分交租外，还有些是硬租、劳役地租等。

3. 外面私商的野蛮掠夺

解放前最厉害，解放后私商曾一度敛迹，但自1953年后，又活跃起来，虽比解放前稍轻些，但仍然是带有掠夺性的。如一卷黑布，圩上卖45 000元，弄场却卖70 000元；一床破旧的棉被，可换得50～60斤的生猪；一件衣服可换得30斤左右的生猪。

为什么会有这样野蛮的现象呢？主要是：（1）瑶族人民深居山区，生产忙，赶圩少，不识时价，多数不会看秤，易受私商欺骗。（2）瑶族人民不会种棉花，多数不会织布，无衣无被，十分需要衣服和棉被，极易上当。（3）我们的贸易公司及合作社未注意到这样的地区，留出空白，给私商以可乘之机。

（三）阶级关系

三个乡1067户，4982人。其中地主14户，占总户数1.3%，人口104人，占总人口2.1%。富农20户，占总户数1.9%，人口117人，占总人口2.3%。债利生活者2户，占总户数0.2%，人口13人，占总人口0.3%。中农249户，占总户数23.3%，人口1388人，占总人口27.9%。贫农519户，占总户数48.6%，人口2401人，占总人口48.2%。雇农261户，占总户数24.5%，人口949人，占总人口19%。小贩2户，占总户数0.2%。特点是头大身小尾尖，贫雇农占绝大多数，地主及富农是极少的，中农也不多。这说明山区生活穷困，但地主富农还是有的。

瑶族地主多是三位一体，7户地主中有4户是世代都当过伪团总和伪乡、村长的。例如地主韦朝安（瑶），父亲当过团总，他本人当过伪乡民代表，曾霸占农民30多亩地。家里有22人，主要劳动力3人；占地129.2亩，出租39.2亩；雇长工1人，短工700人工；有3头大黄牛，2座共8间大瓦房；家里媳、女都会缝针线，有衣服和棉被，生活很好。他不但是当地的经济统治者，也是政治上的统治者。

相反，瑶族雇农韦有方，3口人，全无土地房屋，两兄弟都替地主打工，只是在解放后才起了一间茅屋，开了一些荒地，但现在还是没有衣服和棉被。

地主和贫雇农的生活相差是很大的。

另一个特点是，瑶族936户中，只有1户小贩，其他兼小贩的都没有。这说明瑶族地区中小商品生产还是很微弱，另一方面也由于过去民族压迫的原因，瑶族不可能外出做小贩。

（四）生产情况

根据64户的调查，解放前后，各阶层农民收入对比是：

成分	户数	解放前（玉米）	百分比	1952年（玉米）	百分比	1953年（玉米）	百分比	备考
雇农	22	10 663斤	100	12 580斤	118	17 047斤	160	
贫农	27	23 865斤	100	28 145斤	118	32 865斤	163	
中农	10	17 200斤	100	17 900斤	104	21 250斤	124	
富农	3	10 360斤	100	8 990斤	87	71 600斤	69	
地主	2	10 520斤	100	8 400斤	79	5 200斤	49	
合计	64	72 608斤	100	76 015斤	105	89 522斤	123	

除地主、富农外，贫雇中农的收入，在解放后是有增长的，贫雇农增长这样快，是由于解放后开了荒地，并用政府的贷款购买了农具。

生产的第一个特点，是少数民族地区几乎全部种植玉米和红薯，以玉米和红薯为主粮，各族人民终年吃玉米和红薯，贫雇农在春荒夏荒期间，还吃野菜等。平日亦很少吃油，只以向日葵来代替油，生活是艰苦的。

第二个特点是饲养猪、羊的收入，几乎与种地的收入相等，群众很重视养猪。盘兔乡盘兔屯53户，几乎每户养有母猪，一年养大一头猪，即可换得800～900斤玉米，帮助是很大的。那里种红薯很多，养猪是有条件的，应大力提倡，并教会养猪的方法，作为少数民族地区生产要点之一。

第三个特点是生产经营粗放。由于自然条件限制，耕种全用人犁，只施一次肥，很少除草，且种植的东西太多，一块土地上，往往种七八种作物，如玉米、红薯、南瓜、芝麻、火麻、向日葵、黑豆等，畲地则种黄豆。种的东西太杂，加上施肥少，因此收获量不大，以后应研究改进。

为提高少数民族的生产，改善他们的生活，以后要教会瑶族妇女织布、缝衣等技术。将来要逐步建立乡一级的供销合作社。目前，贸易公司、合作社应经常组织流动组，带衣服、棉被及带日用必需品下去，供应他们的需要，另一方面则收购他们的土特产，如生猪、黄豆等。

在生产上还要整顿现有的互助组，最好在瑶族中重点培养一户和一个组，做出爱国发家的样子来，以便吸引瑶族自动地向典型组学习，全面带动生产技术的改进和提高。

（五）政治情况

三个乡都靠近过去土地革命的地区，有两个乡曾是第三次国内战争后期的革命根据地和活动区域，曾有一些人参加过和支援过游击战争。他们对党的政策是有一定了解的，经过了革命的锻炼，这与其他少数民族地区是有区别的。

解放后，土匪全面暴动，三个乡情况基本稳定，没有暴乱，只是两个乡有地主密谋，开过反动会议，因及时逮捕了首要分子，暴乱未成。现了解三个乡没有明显的反革命活动，社会秩序一般是安定的。

三个乡的主要乡干中，2/3是瑶族，1/3是壮族，都是经过区里选择委派，经过三年多来的考验，证明这些乡干是纯洁和靠得住的，问题是各乡小组长以上的乡干中，中农占的较多。如盘兔3个主要乡干，2个是中农，对依靠雇农、关心困难户的生活，是做得差些。如发救济粮时富农也得，贫雇农得的同富农差不多。

（六）瑶族上层人物问题

瑶族上层人物，都是地主兼官僚。胜利乡蒙自龙，地主，国民党时当过伪村长，游击队活动时，当过乡长，后来清洗回家，在本屯有威信。弄河乡蒙有福，地主，国民党时当过伪村长，解放后参加反动活动，已押，现劳改，群众对他无好感。盘兔乡韦朝安，地主，国民党时当过伪乡民代表，游击队活动时，当过乡长，解放后参与土匪会议，现被管制，群众对他无好感。除胜利乡的蒙自龙外，其余都与群众无联系，但蒙自龙在全乡中与群众亦无多大联系，加上周围地区改革的影响，群众觉悟迅速提高，三个乡的瑶族干部，在三年多来的工作中也建立了一定的威信，因此那里的上层人物，在群众中已无多大联系。从群众敢于控诉他们的剥削中看出，这是与其他少数民族地区有区别的。

（七）对瑶族地区社会经济状况的看法

根据土地占有、剥削关系、阶级关系以及政治情况来看，这三个乡都有地主，他们占有大量土地，半数以上的土地出租。三个乡都有佃户和贫雇农，且贫雇农在人口中占大多数，很显然地是封建社会的经济制度，与其他区基本相同。

但这里的地租剥削带有严重的超经济的剥削性质，又有高利贷中的强制劳动存在。瑶族内小贩是极个别的，大多数瑶族不会针线以及地主数量不多诸情况，说明这种封建经济制度又是较初期的。

（八）目前群众存在的困难及迫切要求

1. 要求分土地及山林。
2. 要求确定开荒地的地权及解决开荒地的纠纷。
3. 农民内部租佃，中农要收回自耕，贫雇农无地可种，要求继续租下去。

4. 瑶族缺衣服及棉被，要求发。
5. 民族间互相歧视，壮族对瑶族多得救济不满。
6. 疾病多，要求设立卫生所及巡回医疗。

（九）群众及其他阶层对土改的看法

农民说："只有土改政府才不用救济，不然以后还是要救济"。又说："我们要求土改，但政府说民族地区不给土改，搞区域自治，说另有救济给我们"。雇农蒙卜社说："土地虽不多，但分得一点也好，我们安心生产，现在种的地是他的（指地主），没有把握"。贫农蒙老二说："毛主席是领导全中国各民族的，为什么别处都土改了，单独我们这地方不土改，土改了生活不是更好吗？难道不要我们这地方吗？"中农说："现在五区发土地证了，我们也要求土改，我只要求决定成分，发土地证，土改后好安心生产，不然现在真是够吃够用就算了。"地主也说："我们祖宗有剥削，土地多，种不完，愿分给贫雇农"，但害怕斗争。他们说："我欠群众血汗好多，最好是算算，算好多赔好多，不要像别处那样斗来斗去，双方都妨碍生产。"

二、永安①、镇兴②竹山③、三个瑶族杂居乡调查

（一）土地占有情况

主要特点是全体瑶族占有土地比壮族少。

三个乡土地平均数是2.2亩，壮族每人平均2.4亩，瑶族每人平均仅1.6亩，瑶族不但占有土地少，且90%以上都是山地，瑶族近90%都是贫雇农，在杂居乡，瑶族没有一个地主、富农。

瑶族占地少的原因，是历史上民族压迫的结果。据说这一带过去有很多瑶族，但在反动政府压迫与掠夺之下，大多向西边的大山转移。与瑶族聚居乡相比，杂居乡的壮族地主，占有土地一般比瑶族地区的瑶族地主为少（但也有占地多的，如永安乡壮族地主苏国珍，家有5口人，一户占有土地126.23亩）。原因是壮族地主除靠土地剥削外，还经营一定的工商业，如榨糖、榨油，兼营商业等。如竹山乡地主黄建基，家有6口人，原有地47.9亩，1950年非法变卖18亩，现尚有29.9亩，他父亲及他本人，一度当过伪团总及伪村长，他本人还从事贩卖大烟及贩卖枪支等投机生意。

其他如土地分散、山多畜少、地主与农民对耕牛和农具的占有情况等，大体上与瑶族聚居乡相同。（壮族地主在解放后，普遍变卖耕牛，现每户只有1头牛）。

（二）剥削关系的特点

剥削方式是地租、高利贷、雇工、高利贷与强制劳动相结合、商业对瑶族的掠夺等五

① 永安乡：今广西壮族自治区河池市都安瑶族自治县永安乡，内辖13个村委会，其中包括永安村。
② 镇兴乡：今广西壮族自治区河池市都安瑶族自治县三弄乡镇兴村。
③ 竹山乡：今广西壮族自治区河池市大化瑶族自治县镇西乡竹山村。

种，基本上与瑶族地区相同。特点是：

1. 剥削对象以瑶族为最多，阶级剥削与民族压迫相结合；壮族贫雇农当然也受到地主的压迫和剥削，但一般限于地租、雇工、高利贷三种，至于高利贷与强制劳动相结合以及商业等两种剥削方式，则以瑶族贫雇农遭受最多。如地主苏家京（壮族），除剥削两户壮族外，共余14个佃户全是瑶族，他的长工也是瑶族，另外有5个瑶族包干做他的零工。瑶族土地少，又无其他谋生技术，大多数人大量遭受地主超经济的剥削，是可以想像得到的。

2. 地租中的超经济剥削较瑶族聚居乡为轻，没有门帘钱、棺材钱以及议租吃酒送肉等。但额外劳动仍普遍存在，个别有劳役地租存在。这说明在杂居地区，社会经济较为进步。

（三）阶级关系

三个乡1159户，6252人。

地主29户，占总户数2.5%，人口224人，占总人口3.6%。富农38户，占总户数3.3%，人口300人，占总人口4.8%。中农361户，占总户数32.1%，人口2387人，占总人口38.2%。贫农527户，占总户数45.5%，人口2542人，占总人口40.7%。雇农186户，占总户数16%，人口730人，占总人口11.7%。小贩6户，占总户数0.5%，人口29人，占总人口0.4%。小土地出租者3户，占总户数0.3%，人口6人，占总人口0.1%。小土地经营者3户，占总户数0.3%，人口13人，占总人口0.2%。债利生活者6户，占总户数0.5%，人口21人，占总人口0.3%。

与瑶族地区相比，杂居乡的阶级分化较大，地主占总人口3.6%，富农占总人口4.8%，与一般的汉、壮地区差不多。地主往往是地主、官僚、高利贷、工商业者四位一体，如地主苏国珍，是地主、又是伪村长，又放高利贷、又搞榨糖。他有两座9间的火砖房，3头牛，1匹马（解放后已变卖，现只有1头牛），生活是很优裕的。

生产上与瑶族聚居地区基本相同，同是山区，种植作物差不多。但增多两种作物，一种是甘蔗，一种是棉花。

（四）政治情况

三个乡都是第三次国内革命战争后期的革命游击队活动地区，许多群众都或长或短地参加过或帮助过革命战争，主要的乡干中，许多都经过一段战争的锻炼。解放后，没有土匪暴乱。

问题主要是乡干中，中农占多数，如永安乡三个主要乡干，两个是中农成分，都是学生出身。个别乡如竹山乡，有一户地主、两户富农和一户惯匪当了小组长，把持乡村基层组织，群众不满。

杂居乡没有一个瑶族参加乡的主要领导，这是个缺点。入乡后，未发现有反革命活动。

（五）对杂居乡社会经济状况的看法

基本上与一般的汉、壮地区相同，是封建社会的经济制度，但山区地少土质差，生活较平原艰苦，地主剥削较残酷些，剥削方式较原始。剥削对象以瑶族为最多，阶级矛盾与民族矛盾相结合。但与瑶族聚居地区相比，则又较进步些，表现在超经济剥削比瑶族地区少些，阶级分化较大，副业较多，社会分工较复杂。

（六）群众目前存在的困难及要求

与瑶族地区基本相同。增加一条：水塘干涸，目前已无水喝，严重地威胁着居民生活，要求设法修好水塘，群众对土改的看法与瑶族聚居区同。

［说明］都安瑶族自治县六个乡的社会经济调查，根据1954年原广西省人民政府民族事务委员会编印材料整理而成。

广西都安瑶族自治县三只羊瑶族情况调查

一、三只羊概况

三只羊①是都安北部的一个公社，从东到西25公里，南北30公里，面积约750平方公里，是高山峻岭，群山环抱的大石山区。全区有1300个弄场，共中有人住的只有177个。这里的瑶、汉、壮各族人民，多住在山坡或深谷里，一出门就是爬山翻坳，行走非常困难。群众说："山高路小走不便，吃肥走瘦困难多。"

据1956年统计材料：全区有旱田1303亩，畲地3104亩，山地9869亩，共计14 276亩，这些山地为30～45度的斜坡，多是沙砾土壤，大雨一来往往被山洪冲刷而薄瘦。区内主要物产，农作物是玉米，其次是红薯、小米、黄豆、饭豆、南瓜，棉花、火麻等。

"三只羊"名称的由来

原来居住在平原的瑶族人民，被汉壮族土司霸占了房屋田地，生活无依无靠，被迫搬到山区来居住。山里是荒山大树，野兽出没，没有人烟的地方。瑶族人民搬进山后，搬走了大树，围捕野兽，开荒种地，重建家园。可是，万恶的土司并不因此而放弃对瑶族人民的统治和剥削，不断派人到山区去压榨、掠夺。有一次土司进山来把瑶族人民打得的野羊肉拿回官府，土司尝肉味美，便规定瑶族人民每年无代价地给土司送3只羊。这3只羊就是上远、上保、上林、上八等村送一只名为上只羊；上朝、上荣、建兴、建良等村送一只名为中只羊；建银、建义、建陈、建达等村送一只名为下只羊，就这样瑶族人民每年给土司送3只羊。"三只羊"名称由此得来，距今有100多年历史了。

就这样年年给土司送野羊，野羊打完了，就以家羊代替，每只野羊要3只家羊代替，3只野羊就要9只家羊。后来家羊交完了，就交钱，一年辛辛苦苦的劳动全被土司剥削去了，"羊钱"成了瑶族人民沉重的负担。

解放前流传着这样的一首山歌：

瑶家苦处实在多，讲起苦来泪成河。
卖去儿女吃不够，讲起苦来不想活。

---

① 三只羊：今为广西河池市都安瑶族自治县三只羊乡，现内辖14个村委会。

解放前有90%左右的贫苦农民，每年要去给地主富农打长工、短工，才能维持最低限度的生活，在饥寒交迫的困境中度过，无米吃而饿死的不知有多少，平均二三年就饿死五六人，多的达十几人。上朝乡就有一位妇女名叫袁达莲，刚生下第三个孩子，三天吃不上饭，用沙树皮煮吃，结果中毒死在火坑旁边，这里的人民在旧社会里生活就如此悲惨。

解放后，完全变了，在党的关怀和照顾下，生产有了发展，组织互助组，合作社，消灭了封建势力，人民在自己的土地上进行愉快的劳动。歌唱：

东不忧来西不愁，一足三满两不忧；
农业副业集体搞，争取生产大丰收。

注：一足是指粮食自足；三满是指：牛满栏，猪满圈，桐果满山坡；两不愁是指：吃穿不愁、有钱用。

二、生产关系及生产力的变化情况

（一）解放前的生产关系

三只羊是一个贫瘠的石山区，但是阶级分化是相当严重的。解放前生产资料的占有是极不合理的，地主和贫农占有土地悬殊。地主、富农的土地来源大体是这样的：买进、高利贷剥削、霸占等四种，其中主要是靠高利贷的手段取得的，因为广大农民生活无靠，不得不向地主、富农借债，在高利贷剥削下，农民土地就逐渐集中到地主、富农手里去了。土改前，各阶级占有耕牛及农具情况：

成分			地主	富农	中农	贫农	雇农	合计
户数			2	17	471	1372	168	2030
耕牛	总头数		7	31	658	950	16	1662
	户平均数		3.5	1.82	1.2	0.69	0.095	0.808
各种农具占有情况	犁头	总把数	4	20	505	421	7	957
		每户平均	2	1.18	1.07	0.3	0.04	0.47
	耙	总数	3	14	350	117	3	487
		每户平均	1.5	0.82	0.74	0.085	0.017	0.24
	刮子	总数	9	53	1198	3150	628	5038
		每户平均	4.5	3.1	2.54	2.3	3.8	2.48
	合计	总数	16	87	2053	3688	638	6482
		每户平均	8	4.5	4.39	2.6	3.8	3.14

地主富农所占有的农具是大的农具居多（如犁头、耙），而贫苦农占有的农具多是小农

具（如刮子）。由于生活很困苦，只好打工、借债来买简单的小农具从事生产。

土改后，各阶级占有土地情况：

成分			地主	富农	中农	贫农	雇农	合计
人口	户数		2	17	471	1372	165	2027
	人数		11	114	2383	6296	480	9284
田地占有情况	田	总数	4	22.25	108.5	107.5	11.25	253.5
		平均	0.363	0.19	50.045	0.601	0.023	51.222
	地	总数	25	252	4049.6	6837.6	527.8	11 692
		平均	2.29	2.21	1.7	1.08	1.09	8.37
	小计	总数	29	234.25	4058.1	6945.1	539.05	10 805.5
		平均	2.583	2.406	1.745	1.081	1.113	8.928
耕地占有情况	总数		5	51	658	950	20	1684
	平均		2.5	3	1.3	0.69	0.01	7.5

注：此表1954年土改时统计材料不包括1957年划分的地主富农在内。

地主富农对农民剥削的形式有地租和借贷两种。

1. 地租

有活地租和硬地租两种。一般以活租为主，个别是硬租。地租尤以实物租为主，劳役地租较为个别。分租则有对半分和分三两种，分三则是出租者一份，佃户要两份。不管对半分或是分三，熟地一般是采取活租，硬租则使用于荒地或熟地，即出租者有荒地，农民无地耕种，向其佃户来开荒，在未开荒前，首先向出租者讲明每年交多少租谷，出租者许可后，农民即进行开荒。从开荒收获第二年起即开始交租。另外是农民佃熟地为主，讲明每年交多少租谷，则在熟地周围开荒。其次是劳役地租，一般是用于荒地上，即佃户向地主租荒地来开荒，按地主规定：每年要帮他们做多少天工，自开荒之年起，即按照规定每年帮工的天数到地主家去帮工，但时间不作明确规定，地主什么时候要，就通知佃户去帮。

2. 借贷关系

分实物、货币两种。实物一般以玉米为主，方式一般采取直接借贷。利率一般以年利计算，但不是以12个月为一期，而是以10个月为一期。利率货币则40%到50%左右，极个别的还有一本一利。实物以玉米为主，一般以一斤计，最低则50%，即一斤交利半斤，最高也有一斤交利一斤半。如果不能按期交清，则利息加上原来所借的本合并计算利息。

借贷时还要请借贷户准备好一餐酒肉给他们吃，如果没有酒肉则扣一角钱为酒肉费的额外负担。还有给地主富农做无偿劳役，遇地主富农婚丧，佃户去帮忙。在分租时，地主只去一两人，挑不完的部分则分给佃户帮挑到家去。

（二）解放后生产关系的变化

1. 消灭封建地主阶级及其土地占有制

解放初期，这个地区没有进行减租退押和清匪反霸，但是在党的领导下，受到外地的影响，群众觉悟有了提高，迫切要求进行土地改革。于1953年3月下旬，通过和平协商方式进行土地改革，对地主富农的土地进行没收和征收外，其他生产资料和财产一般不进行没收。把没收和征收的土地分配给无地或少地的农民，没有地主富农的村屯的土改，领导群众积极生产。全区划出2户地主，17户富农，共没收田14亩，地38亩，房屋80间，耕牛2头，征收田30亩，地83亩（其他农具和财产则没有没收），分配给130户贫农，104户雇农。分配时，由于地少，采取救济的办法进行分配。

由于封建生产关系被摧毁，解放了生产力，贫雇农民得田地积极生产，所以1954年土改结束后，不但玉米普遍增加了肥料，而且杂粮和冬种作物面积比1953年扩大很多。1953年只种黄豆1600斤，而1954年就种了4677斤；1953年只种小米3177斤，而1954年则种4677斤；1953年三角麦只种10 000斤，而1954年则种30 000斤。由于这样，粮食逐年增加，农民生活水平也逐步提高。例如上年乡雇农蒙桂才，解放前没有土地，只租富农的几亩山地来耕种，收入很少，所以每年缺四个月以上的粮食。一家8口人，每人只有一套很破烂的衣服，没有蚊帐，只有一床破旧的棉被，每年只有六个月左右能吃上盐，油就更谈不上了。解放后，尤其是土改分得土地后，每年只差一两个月的粮食。现在不但能吃上盐，而且还有油吃，从1953年起每年过春节都有猪杀，每人都有一套旧的和一套新的衣服。他儿子蒙地还缝了两套学生装，买了两支自来水笔。全家有三床棉被（其中一床是新的），一床蚊帐。所以他常说："解放前我在别人的土地上做房子（因他没有土地），什么时候叫我走就得走，现在分得了土地，土地成了我自己的，不怕别人赶走了。如果没有共产党和毛主席，我哪里会有今天的生活呢？"上远乡①的弄狼片，全片75户农民，解放前一床蚊帐也没有，现在已有25床。

三只羊人民社会购买力增长情况：

生活消费品销售情况

品名 年份	棉纱	棉布	衣服	棉衣	卫生衣	毛巾	胶鞋	肥皂	水笔
1957年	341股	76 329尺	272件	356件	382件	1 679条	231对	1 376条	147支
1958年	412股	95 146尺	789件	471件	424件	1 738条	483对	3 204条	991支

注：从表上看，棉衣数字不大，这是因为政府救济时发了很多。

品名 年份	生猪	羊	宰牛	土特产（价值）	收购总额
1957年	365头	269头	53头	2 993元	14 521元
1958年	1343头	458头	107头	42 473元	80 555元

2. 互助合作化运动

在1954年土改前，据不完全统计，已有260个变工组；常年互助组1个，参加农户有8户；临时互助组有98个，参加的农户有585户，占总农户的25%。到1954年12月全区有常年互助组213个，1310户，参加的农户占总农户69%强。由于互助合作组织起来，使生

① 上远乡：今广西壮族自治区河池市都安瑶族自治县三只羊乡上远村。

产年年得到增长。如上年乡建领山韦祖华互助组，1952年组织，当时属于临时性，但也得到增产。组长韦祖华1951年只收入粮食1200斤，1958年就收入1500斤，增产25%，其他土产也同样增产。1951年冬天还搞了一窑瓦，到1953年出卖，共得人民币105元。互助组8户成员，全部解决了夏荒困难。由于组织起来的优越性，1953年全组共收粮食4500斤，1954年收入7225斤，增产了60%。到转社后，增加到17户，1954年粮食收入17 020斤，到1955年粮食收入21 000斤，增产23.38%。解放前的缺粮户全部够吃了，其中还有两户建两座大瓦房。

到1955年冬，全区已建立起63个初级社，参加农户有1112户，占总农户50%以上。1956年合作社高潮推进一步，全区2796户，报名入社的就有2695户，占总农户95.35%。这年春天由54个初级社并转为11个高级社，基本上实现了合作社。

3. 互助合作化初步改变了三只羊面貌

全区冬种玉米、小麦，是历史上未有过的。1956年社社都种起玉米，冬小麦，转高级社第一年就种了玉米3800亩，并采用密植。1957年到1958年春后不到半年的时间新建厕所291个，基本上改变了历史上不积人粪的习惯，同时还在地边建立了肥料坑棚，还修了水井，增加了灌溉面积。

在耕作技术上，改变了历史上刀耕火种的习惯。全区13 449亩田地，过去除水田外，其余全部不翻土。现在全区所有田地全部翻犁完，耕作技术也大为改进，施肥培土3~4次。

在林业发展方面，从1953年开始有计划地组织群众进行植树造林，发展林业生产。据了解，经营产品有桐果、沙皮、红黄树皮等。桐果年产达208 000市斤左右，沙皮年产23 680市斤，红黄树皮年产10万斤，收入相当可观，可以解决全区人民冬秋两季所需的零用钱。在第一个五年计划造林总面积达3391.7亩，平均成活率达70%。

三、生产力的改变

（一）生产工具

三只羊使用的生产工具为数不多，质量也较差，由于经济条件的限制，往往延长旧有生产工具的使用时间，同时农具很缺乏，特别是大农具。地主富农拥有完整的生产工具，而贫雇农的主要生产工具则很少，对提高劳动生产率有很大妨碍。过去贫雇农使用的主要工具是丁字犁、钉锄两种。

丁字犁是三只羊农民最原始的生产工具，据说他们在从龙头平地向三只羊进发时，山区里到处是密林野草，他们被龙头邓家土司逼迫进山，手上没有任何生产工具，就使用这些工具在土地上钻成小洞，放入种子，便用脚踩，把种子盖起，不施肥。现在这种工具已不是主要的工具，而是当作辅助工具，只在种玉米和间种黄豆时使用。

钉锄是一种原始的生产工具，是三只羊人民开始进山区时使用的。当时没有犁头，山中野草丛生，要除草松土，就靠钉锄来锄地除草、松土，松的土不深，只有1寸左右。

以上两种工具已经使用了很久，年代记不清楚。

现将土改前后大农具占有情况列表如下：

成分＼项目	户数	犁头	耙	刮子
地主	2	4	3	7
富农	17	20	14	57
中农	471	525	350	1 198
贫农	1 372	421	117	3 150
雇农	168	7	3	628
合计	2 030	977	487	5 036

注：此表见于1954年土改时的统计材料。

三只羊人民常用的生产工具有人犁、牛犁、刮子、铁锹、耙和锄头，主要以钢锹和刮子为主。钢锹、刮子是这里人民的主要生产工具，刮地翻土都得使用它，特别是钢锹作用更大。但是在旧社会，由于生活困难，很多人还很缺乏。解放后增添了很多，但还不够，上年乡有两个社124户，直到1958年初，连一把钢锹、刮子都没有，生产只能保持过去原始方式，用木棍代替进行开穴。

为了满足农业大发展对农具的需要，1958年7月成立了木铁工厂，这个工厂经营很广，铁工组专修旧有农具和制造新农具。建厂以来产品有玉米脱粒机5架，磨粉机1架，土洋灰3500斤，脱粒机1架，鼓风机5个，切片机1架。

（二）运输工具

解放前由于运输工具落后，给生产带来很多困难。运输一般靠人挑，如加中生产队运一挑肥往返三四个小时，每人每天只能运5担肥。

（三）生产技术

在三四十年前，普遍尚未进行翻土，生产技术很落后。由于缺乏必要的生产工具，住在这里的瑶族同胞，很久以前种玉米，都是用脚跟踩成一小穴然后点下种子，再用一些土盖起就完了。后来进一步用木棍钻孔开穴，比原来用脚跟踏好一些。这两种原始的耕作方式一直延续了很久。解放前不久，还普遍使用木棍开穴。解放后，生产技术有了根本的改变和提高。过去，在这里不仅不进行翻土，而且农作物的种植也相当粗糙落后，既不施肥，也不培土，种植方法有撒播、点插、变种、间种等几种，没有用科学方法来选种。如在种前一二天，有的用水浸后才种，有的则拿干的玉米粒去直接种，因此玉米生长慢，影响收入。

解放后从根本上改变了刀耕火种的落后现象，变不翻土为翻土，变不施肥为施肥，变刀耕火种为深耕细作等，从而改变了山区面貌，使1956年农业获得丰收。

现在三只羊的各民族人民正以更大的干劲，争取农业生产更大的丰收，为改变贫穷落后的山区面貌而进行着辛勤劳动。

（四）水利建设

三只羊是个千山万岸的大石山区，水源很缺乏，不仅对农业生产有影响，更重要的是人畜饮水有困难。往年一入冬，人们就为饮水发愁，人心惶惶，生产不安定，真是：

高山重岭三只羊，到了冬天吃水难，
找得水来无米煮，寒风吹来刺心寒。
三更鸡叫去挑水，小孩哭叫泪汪汪，
日头落山得担水，身上汗流似水滩。

这首歌真实反映了三只羊过去饮水困难的情景。解放前人们为了喝水而奔忙，花了不少劳动力，每年有几个月要跑到岽场外的三四十里去挑水，水在三只羊比任何东西都要贵重，一盆水要四用：一洗脸、二洗脚、三洗衣服、四喂猪。为了水，有的还断送了宝贵的生命。如田峒乡鸡峒屯①妇女韦妹伴就是为了挑水，把自己的生命断送在山洞里。有的为了水而闹出民族纠纷。

附表：解放后三只羊水利建设情况

年度	新修和补修水井	新修水塘	改良水源	解决饮水困难的户数	解决饮水困难的人口
1956年	8处	2处	4处	550户	2 719人
1957年	25处	27处		1 018户	6 150人
1958年	107处	225处		1 438处	6 444人

解放后，我们党很重视和关怀人民生活，帮助山区少数民族人民解决饮水困难，发动群众挖水池，修山塘、水井，还从经济上大力帮助。据统计，1955～1957年国家共补助人民币14 600元。

解放几年来，水利建设取得了很大的成就，到1958年，三只羊人畜饮水困难已有所改变。

四、文教卫生

（一）学校教育

解放前三只羊从来没有专设学校，仅有少数地主富农聘请外区汉人来设立私塾。所以全区几乎百分之百是文盲。在互助组转高级社时，很多社找不到记分员，只好以石头、玉米、刻木板等落后方式记下来。

解放后，三只羊的教育事业获得了迅速的发展，学校从无到有，由少到多。

现将上朝乡和全区的小学教育发展情况分别列表于下；

① 鸡峒屯：今写为“鸡洞”，在广西壮族自治区河池市都安瑶族自治县三只羊乡鸡洞村。

上朝乡①小学教育情况

年度	学校数	学生人数	女生
1955 年	1	33	10
1956 年	1	28	8
1957 年	3	89	15
1958 年	3	118	39

三只羊学校历年数字统计表

年度	学校数		班数			学生人数			民族			家庭成分				毕业生数			
																高小		初小	
	完小	初小	完小	初小	合计	高小	初小	合计	壮族	瑶族	汉族	贫农	中农	富农	地主	班	人	班	人
1953	1	9		4	12		737	737	135	872	30	44	290	3	2				
1954	1	9		4	15		891	891	199	598	94	592	290	4	2				
1955	1	9	1	4	15	19	898	917	220	600	97	617	294	3	3			3	34
1956	1	12	2	3	28	49	1 107	1 156	307	737	112	753	391	7	5			4	47
1957	2	12	3	5	28	79	1 206	1 282	418	742	122	796	474	8	4	1	18	4	51
1958	2	14	4	5	31	135	1 486	1 621	657	837	127	986	624	8	3	1	23	7	88
1959	2	14	4	5	32	103	1 369	1 420	536	913	57	976	460	31	5	2	45	11	145

三只羊区小学教育发展情况表

年度	学校数	学生人数	女生	教师数	备考
1951	2	179		3	
1954	8	691	138	17	
1955	13	1 081	223	31	开始有完小一所
1956	19	1 211	320	39	
1957	25	1 284	331	44	增加完小
1958	27	1 649	435	40	

从以上各表来看，三只羊区的学校的发展是快的。1951 年开始在西隆、上远西乡②（当时全区只有这两个乡）设有两所学校，学生 179 人。到 1958 年全区就增加到 27 所，学生1649人，在 7 年内学校数增长 13.5 倍，学生人数增长 9.2 倍，教师人数由 3 人增加到 40 人，增长 13 倍。

学校教育获得如此迅速的发展，是与党和政府的大力扶助与人民的大力支持是分不开

① 上朝乡：今广西壮族自治区河池市三只羊乡上朝村。

② 西隆乡、上远乡：今广西壮族自治区河池市三只羊乡西隆村、上远村。

的。历年来政府拨了很大款项给三只羊建设学校，学生家庭生活困难的发粮救济、贷款，学生衣服文具缺乏时发给衣服、文具、补助费，另外本区师资缺乏时政府从外地调来教师支援，如今40位教师只有4位是本区的。

学校师生每学期都参加一些劳动和校内义务劳动，促进德育、智育、体育的全面发展。1958年全区扫盲对象共5896人，参加学习壮文的有2168人，参加学习汉文的有488人。这时已会用壮文记工分的有206人，会用汉文记工分的有91人。全区已有500人基本上脱盲。

（二）医药卫生

在反动统治时代，三只羊各族人民生活极端痛苦。冬天睡火边，夏天无蚊帐，加上环境卫生差，屋内不打扫，屋外牛羊鸡屎遍地，多数无厕所，苍蝇到处飞。水也缺乏，有时吃菜也无法洗，莫讲到洗脸、洗脚、洗澡了，所以疾病流行也多，天花、痢疾、疟疾等流行成灾。如弄香屯因天花而死的达20多人，疾病流行无药医，无人过问，只好求神拜鬼。

（三）解放后的卫生事业

1953年三只羊区成立了卫生工作组，3个工作人员在区内巡回下乡治疗，开展防疫接种工作。1955年工作组改为保健站，1956年8月又改站为卫生所，成立了卫生所后，各种设备比以前完善，所里有3个本区的瑶族医务人员，有病就到卫生所取药，每年门诊病人有3000多人，1958年上半年有1308人。有了药医，疾病就大大减少了，如上远乡一个屯，解放前因病死亡的每年至少达20多人，解放后7年来才死了7个人。

现在社社有保健员，乡乡有接生员。1956年训练培养了农业社保健员20多人，加上原有5名共25名。

［说明］都安瑶族自治县三只羊瑶族的情况调查，见1957年广西民族工作组调查编写材料。

都安县七百岽[①]瑶族婚姻调查

一、社会情况

七百岽瑶族自治区共有 11 个乡，2982户，瑶族占1842户，7878人，占总人口13 644人的51.7%。瑶族居地分散，但风俗习惯大体相同。

该地山多地少，农业以杂粮为主，林业很少，畜牧业也不发达，经济相当贫困。解放后，经过一系列的社会改革和长期进行的政治工作，民族关系已稳定，群众觉悟日益提高，于去年 1 月完成了土改复查，3 月开始实行区域自治，在共产党和人民政府的领导下，瑶族同胞正在走上合作化的道路。现在，全区组织面已达80%，生活水平正在不断提高。

二、婚姻情况

过去瑶族男女婚姻多由父母家长包办，门第高低、财产多寡，是求婚的主要条件。恋爱结婚是很少的，有个别男女经过谈恋爱后，还须征求父母允许。由于包办强迫婚姻，结果也有死人现象，如岽南屯蒙有芳妻及韦××两人，就是因父母包办婚姻自杀，有些妇女则外逃一去不返。

瑶族基本上是一夫一妻制，无论解放前后，纳妾都是很少的。据岽南屯 65 户的调查，解放前纳妾者仅有 5 户，其中因无子者 3 户。一夫多妻的家庭多不和睦。该地无童养媳的现象，入赘者也极少，但有姑表必成婚的习惯，兄（弟）之子有娶妹（姊）之女为媳妇的优先权，俗语说："天大地大舅父大"，只有兄（弟）不娶妹（姊）之女才可外嫁，仍须以酒肉答谢舅父。订婚如有毁约，必须赔偿。如蒙先辉与表妹蒙特章已订婚，后来父母将特章另嫁，被罚赔偿男方猪肉1000斤。姑表婚是以舅权为中心的反映，目的是维护封建亲属关系。如蒙老二与其表妹结婚，男方已 30 岁，女方只有 12 岁。瑶族还有"抢婚"现象，"抢婚"就是不经女方父母及本人同意，率领房族数人在中途将女方抢回来，杀鸡祭鬼成婚，然后报知女方父母，以酒肉做赔礼，婚事即告成。因瑶族迷信根深，经杀鸡祭鬼后（俗称赌咒）

① 七百岽：今一般写为"七百弄"，1987 年 12 月 23 日，国务院批准将都安瑶族自治县包括七百弄在内的 8 个乡划归大化瑶族自治县。本书所讲的七百弄今在大化境内，据 2000 年第五次人口普查，七百弄乡现今有14 351人。

便成夫妻，即使女方不愿意，别人也不敢再娶她。抢婚的人，多是家庭贫苦无力娶妻，有的则贪图女方美貌，恃势行凶。前者颇得舆论同情，后者则遭群众反对。

包办婚姻既以财产多寡为主要内容，故结婚费用亦很大。据调查，在订婚时男方给女方酒肉各50斤，结婚时送给女方猪肉150斤，酒120斤，白菜150斤作宴客用，光洋20元或铜仙1000枚来购置嫁妆。瑶族嫁妆很少，只有棉被1张、床1张、衣服1套，有些中农以上给一些土地陪嫁，为女方私有。男家请酒宴客一般是20桌，约需猪肉150斤，酒150斤，粟米180斤。合计猪肉350斤，酒320斤，大米（按粟米2斤折大米1斤）240斤，光洋20元，全部折合大米约2700斤，如折粟米则须5400斤。这样贫苦的地区需这么多的费用，农民是负担不起的。解放前不少人为了办一场喜事省吃俭用，筹措数年，为结婚而卖田产或向地主借贷者，超过半数以上，有些人付不出大笔费用而终生不能娶。由此可见，过去瑶人买卖婚姻也是相当严重的。

瑶人有早婚习惯。据岸合乡①一个片50对夫妇婚龄的调查，男方婚龄是：10岁以下者4人，11岁至16岁者20人，18岁者4人，20～26岁者18人，30岁以上者4人。就是说不符合婚姻法的最低婚龄规定者共28人，占总数56%。最低婚龄6岁，最高为35岁，而25岁以上结婚者多是贫苦人家，一般婚龄是12～16岁。女方婚龄是：10岁以下者5人，11～16岁者25人，18～25岁者20人。16岁以下结婚者（即不符合婚姻法最低婚龄规定的）30人，占总数60%，最低婚龄8岁，最高婚龄30岁，这是个别的，一般也是在12～16岁结婚。在男女婚龄对比中，男大女小者28人，占总数56%；男女婚龄相等者3人；女大男小者19人，占总数38%。其中有的婚龄相差很远，相差10岁者有5人。据群众反映，早婚的原因，一方面是宗祧继承，另一方面是想增加劳动力。

婚姻既是包办，早婚又普遍，故妇女婚后也有不落夫家的习惯，农忙时才来夫家劳动，每一年四五次，每次三五天，一般是生育孩子后才长住夫家。

瑶族与外族不通婚，主要原因是过去统治阶级造成的民族歧视。其次是由于生活习惯不同，如瑶族妇女不会纺织，怕汉人、壮人歧视，不愿与之结婚，汉人、壮人也不愿娶瑶族妇女为妻，汉、壮妇女嫌瑶人生活贫困，也不愿通婚。解放后迄今仍未有与外族通婚的。

瑶族有姨表不通婚的习惯，同姓者12代以外才可结婚，娶寡妇者则需7代以外。

瑶族也是以男权为中心的社会，女儿无继承权，寡妇改嫁不能带财产和子女，妻子无权管家，夫妻在家庭中的地位是不平等的。据岸合乡第六片65户的调查，丈夫掌握经济权的就有63户，妻子当家的仅有2户，夫妻共同当家是很少的。妇女在未生孩子前，在家中毫无地位，连衣服也得回娘家设法弄。至于虐待妇女也是有的，据65户的调查，在解放前虐待妇女者8户，家庭不和睦者4户，其余53户是和睦或基本和睦的家庭。虐待妇女一般是得不到群众同情的，虐杀妇女极为少见。总的来说，瑶族的家庭关系比壮族和睦。

解放前瑶族离婚很少，女方根本无权提出离婚，男方离婚也需父母允许，但父母一般是不同意的。如果丈夫不满意妻子，须征得父母同意，才可卖老婆索回身债，这也是很少的。如果女方不落夫家，另去改嫁者，必须赔偿前夫财礼酒肉数百斤，但这也是很少的。如盘兔屯共有60多户，解放前10年内无一人离婚。按照瑶人习惯，夫妻有纠纷时，多由父老调解，在调解时要杀鸡宰猪酬谢父老，经济上遭受一定损失。解放前离婚后，女方一般是不能带走财产和子女的。

---

① 岸合乡：即今弄合乡，今广西壮族自治区河池市大化瑶族自治县七百弄乡弄合村。

解放以后，随着社会经济、政治的根本改革及受到《婚姻法》公布的影响，瑶族的婚姻制度已起了变化，包办强迫的婚姻已开始减少，自主的婚姻已出现，但现在还是以双方自愿征求父母同意后结婚的占多数，有些地方还有强迫包办的现象。如今年该区曾发生3件包办强迫的婚姻。有两对自由结婚的，女方已到男方家居住，被父母强拉回来。另一件是，尤齐乡蒙美莲与蒙正安自主结婚，父母反对，在登记结婚那天，其兄蒙朝志与房族数人埋伏途中，强拉蒙美莲回去，发生冲突，并殴伤蒙正安。

结婚费用已大大减少，一般只送给女方酒肉二三十斤，衣服一套即可。有部分不送礼、不请酒也结婚了，群众也没什么意见。

解放后纳妾者更少，据弄合尤齐等①六个乡调查仅有一个人。姑表婚也很少了，双方不同意就不能强迫成婚。但同姓12代以外才可结婚，特别是与外族不通婚的习惯仍保留着。

现在家庭关系也日益改善，打骂妻子已很少。如上述弄南屯的65户中，解放前虐待妻子的8户，解放后只有2户，而虐待程度已减轻了，妇女地位也有所提高。在互助组及合作社中，夫妻共同当家者日益增多，和睦的家庭是越来越多了。

有一部分旧式夫妻关系很恶劣，不能共同生活下去者，已经离婚，摆脱精神上的痛苦。寡妇改嫁也不受限制，并可带走财产及子女，但女儿无继承父母遗产的权利，有很多地方还没改变。

早婚迄今仍相当普遍，有许多未达《婚姻法》规定的年龄就结婚，也不到区政府登记，有的到区政府登记未经批准，回来也结婚。据该区民政干事蒙士全反映：自去年8月至今年3月中旬，弄平②、盘兔、弄呈③等6个乡的初步统计，不到年龄结婚的就有18对，其他各乡也还有。

三、群众意见

在实地调查中，在区乡干群代表座谈会上，群众纷纷要求废除包办婚姻，实行男女婚姻自由。正如蒙朝甫说："男女婚姻自由，家庭和睦生产好，我们瑶族也应该实行"。但是有些老年人顾虑子女年轻，眼界不高，找不到好对象，夫妻不和睦使父母操心。有部分女青年则说："我们瑶族过去结婚都要父母同意，婚后才安心生产，现在虽然是自主婚姻，也应征求父母同意才好，不然如果有什么事发生，父母就不理了"。

对于离婚自由，大部分群众也同意，但他们认为离婚必须有条件：第一是打骂、虐待女方者；第二是男权独尊、夫妻权利不平等，女方参加劳动但不得享受劳动成果的；第三是包办强迫结婚，男方或女方残废者。此外，就不应也不准离婚，并一致反对轻率离婚，要求政府慎重处理。有条件离婚的财产及子女问题可以依《婚姻法》的规定来解决。

实行一夫一妻，禁止重婚纳妾，群众一致拥护。认为一夫多妻不合理，纷纷反映说："一夫多妻扰乱家庭，生产搞不好，应禁止讨小老婆。"

姑表必成婚的习惯，无论干部或群众都说不合理，应该废除，他们说："姑表结婚是可

① 尤齐：今广西壮族自治区河池市大化瑶族自治县镇西乡尤齐村。
② 弄平：今广西壮族自治区河池市大化瑶族自治县七百弄乡弄平村。
③ 弄呈：今广西壮族自治区河池市大化瑶族自治县七百弄乡弄呈村。

以的，但应男女本人双方同意，不能强迫”。

对于废除男尊女卑，实行男女平等，群众认为在瑶族地区是应该贯彻的。他们说：“过去瑶族虐待妇女是少数，家庭较为和睦，在这个基础上，今后只要经济公开，大家商量，就可实现男女权利平等了。既然要实行男女权利平等，女儿也应该有继承权；寡妇改嫁也应带走财产及子女”。

群众对于过去封建性的结婚彩礼，大多表示反对，故解放后结婚的彩礼及费用减少，甚得群众拥护。但有一部分群众则要求：在结婚时双方自愿互送少许礼物（主要是酒肉），大家高兴一番，政府是不应禁止的，只要不铺张浪费就行。

至于通婚范围，如同姓在12代内不能结婚，外族不通婚，群众没有表示意见。但区乡干部提出在群众未自觉自愿改变前，还应尊重习惯为宜。

关于结婚年龄，大部分区、乡干部及群众均认为《婚姻法》规定男20岁、女18岁始得结婚，在瑶族地区不适合。为了照顾过去早婚习惯及现实生活，婚龄有降低的必要，但同时提出如过去十五六岁结婚也不好，不但影响民族健康，而且因年纪太小，缺乏生活经验，生产也搞不好。因此，他们提出男18岁、女17岁或男女18岁结婚，是比较切合实际的。

在实地调查中，我们体会到瑶族群众是要求宣传贯彻《婚姻法》的，他们纷纷反映说：“在1951年和1952年，曾宣传《婚姻法》，包办婚姻已减少，有很多已不要彩礼，但这两年不宣传《婚姻法》，包办婚姻又抬头，财礼也增多了。希望政府宣传《婚姻法》，使群众有所遵循”。

［说明］都安县七百弄瑶族自治区瑶族婚姻调查，见1955年原桂西壮族自治区民族婚姻调查材料。

都安瑶族自治县胜利乡[1]瑶族社会经济情况调查

一、一般情况

胜利乡在都安瑶族自治县西部，与平果县[2]仅隔红水河，乡境内均系山区，荒山高谷四面皆是。全乡有74个弄场（屯），最大弄场有30户，最小1~2户。乡内范围为纵横20里，一出门便上山冈，房屋多数起建于山腰之中。羊肠山路是该乡交通路线。

全乡有404户，1922人。其中瑶族362户，1677人，壮族42户，245人，是瑶族聚居乡。

全乡土地4949.6亩，其中山地4211.13亩，畬地685.72亩，田52.76亩。

二、土地占有关系

（一）土地占有情况

各阶层土地的占有，下面附表1说明。

该乡土地分散，不集中，但是从土地占有来看，还是地主阶级占大量土地的。这表现在地主阶级平均每户占有土地56.17亩，每人平均是7.17亩，多是占有好地；而贫农每户平均占有9.45亩，每人平均2.04亩；雇农每户平均5.09亩，每人平均1.46亩。全乡平均每户12.36亩，每人2.54亩。

全乡有瑶族地主2户，占有很多土地。如瑶族地主蒙士龙，全家9人，有土地132.13亩，其中水田13.4亩，畬地18.4亩，山地100.33亩；自耕（雇工）37.13亩，出租95亩。

壮族虽少，却有4户地主，占全乡地主66.6%；富农占50%。他们占有土地都比瑶族的好。如壮族地主韦祯光，全家6人，自耕（名目是自耕，实际全部给人包耕和雇工耕种）土地34.3亩，出租19.8亩。这说明杂居在瑶族人民中的壮族地主阶级对瑶族人民进行了残酷的剥削，这就是民族矛盾的阶级根源。

（二）租佃关系

下面附表2说明。

---

① 胜利乡：今属广西壮族自治区河池市大化瑶族自治县镇西乡，1987年由都安瑶族自治县划入大化瑶族自治县。

② 平果县：即广西壮族自治区百色市平果县。

表1　都安县十三区胜利乡各阶层人口、户数、土地占有情况表

1953 年 10 月 6 日

成分	民族	户数	人口	土地占有（亩）												占全乡土地百分比	每户平均（亩）	每人平均（亩）
				自耕				出租				总计						
				田	畲地	山地	小计	田	畲地	山地	小计	田	畲地	山地	小计			
雇农	壮	4	23		1.5	4.6	6.1						1.5	4.6	6.1		1.52	0.24
	瑶	76	256		19.4	388.43	357.83		3.5	40.4	43.9		22.9	378.83	401.73		5.28	1.56
	小计	80	279		20.9	393.03	363.93		3.5	40.4	43.9		24.4	383.43	407.83	8.2	5.09	1.46
贫农	壮	13	57		10.48	99.42	109.9		1.6	0.8	2.4		12.08	100.22	112.3		8.66	1.97
	瑶	150	697		112.2	1285.45	1397.65		5.5	24.4	29.9		117.7	1309.85	1427.55		9.52	2.4
	小计	163	754		122.68	1384.87	1507.55		7.1	25.2	32.3		129.78	1410.07	1539.85	31.1	9.45	2.04
中农	壮	16	107	7.3	38.77	203.46	249.53	17.08	0.8	33.5	51.38	24.38	39.87	236.96	300.91		18.8	2.81
	瑶	130	686		359.03	1749.0	2108.03	2.43	8.27	79.6	90.3	2.43	367.3	1828.6	2198.33		17.25	3.27
	小计	146	793	7.3	397.8	1952.46	2357.56	19.51	9.07	113.1	141.68	26.81	406.87	2065.56	2499.24	50.5	17.42	3.21
富农	壮	4	25		16.45	49.88	66.33	2.5	12.00	2.00	16.5	2.5	28.45	51.88	82.83		20.7	3.32
	瑶	4	17	1.5	18.29	21.2	40.99	6.9	0.93	10.2	18.03	8.4	19.22	31.4	59.02		14.75	3.46
	小计	8	42	1.5	34.74	71.08	107.32	9.4	12.93	12.2	34.53	10.9	47.67	83.28	141.85		17.73	3.37
地主	壮	4	26		39.14	68.06	107.2			34.8	34.8		39.14	102.86	142.0		35.5	5.47
	瑶	2	21	1.65	25.45	49.73	76.83	13.4	5.0	99.8	118.2	15.05	30.45	145.53	195.03		97.51	9.28
	小计	6	47	1.65	64.59	117.79	184.03	13.4	5.0	134.6	153.0	15.05	69.59	252.39	337.03	6.8	56.17	7.17
债利生活者	壮	1	7		7.2	12.4	19.6		0.2	4.0	4.2		7.4	16.4	23.8		23.8	3.45
	瑶																	
	小计	1	7		7.2	12.4	19.6		0.2	4.0	4.2		7.4	16.4	23.8	0.5	23.8	3.45
总计	壮	42	245	7.3	113.54	437.82	558.66	19.58	14.6	75.1	109.28	26.88	128.14	512.92	667.94		15.95	2.73
	瑶	362	1677	3.15	534.81	3443.81	3981.33	22.73	23.2	254.4	300.33	25.88	557.57	3698.21	4281.66		11.92	2.57
	小计	404	1922	10.45	647.93	3881.63	4539.99	42.31	37.8	329.5	409.61	52.76	685.71	4211.13	4949.6		12.36	2.54

表2　都安县十三区胜利乡租佃关系统计表

1953年10月9日（单位：亩）

佃户成分	民族	户数	佃入土地				田主成分	民族	户数	出租土地部分												备考
										本乡				外乡				合计				
			田	畲	山地	合计				田	畲	山地	小计	田	畲	山地	小计	田	畲	山地	合计	
雇农	壮	4			30.90		雇农	壮														
	瑶	37		1.0	160.51			瑶	4		1.5	6.4	7.9						1.5	6.4	7.9	
	小计	41		1.0	191.41			小计	4		1.5	6.4	7.9						1.5	6.4	7.9	
贫农	壮	2		1.7	11.2		贫农	壮	4		0.43	2.67	3.10		0.03	2.25	2.28		0.46	4.92	5.38	
	瑶	23		2.5	76.4			瑶	4			9.0	9.0							9.0	9.0	
	小计	25		4.2	87.6			小计	8		0.43	11.67	12.1		0.03	2.25	2.28		0.46	13.92	14.38	
中农	壮	3		0.46	11.64		中农	壮	10		0.7	48.47	49.17			4.4	4.4		0.7	52.87	53.69	
	瑶	9			24.60			瑶	18			29.0	29.0			3.4	3.4			33.4	33.4	
	小计	12		0.46	36.24			小计	28		0.7	77.47	78.17			7.8	7.8		0.7	86.27	86.97	
							富农	壮	9			53.17	53.17			27.1	27.1			80.27	80.27	包括债利生活者在内
								瑶	3			3.8	3.8			9.0	9.0			12.8	12.8	
								小计	12			56.97	56.97			36.1	36.1			93.7	93.7	
							地主	壮	3		0.2	34.1	34.3						0.2	38.6	38.8	
								瑶	4		3.0	71.9	74.9	13.4	4.0	54.58		13.4	7.0	129.48	149.88	
								小计	7		3.2	106.0	109.2	13.4	4.0	54.58		13.4	7.2	168.08	188.68	
总计	壮	9		2.16	53.74		总计	壮	26		0.63	138.41	139.04		0.03	38.25	38.28		0.46	176.66	177.12	
	瑶	69		3.50	215.5			瑶	33		4.5	120.1	124.6		4.0	66.98	84.38	13.4	8.5	191.09	212.99	
	小计	78		5.66	269.24			小计	59		5.13	258.51	263.64		4.03	105.23	122.66	13.4	8.96	367.75	390.11	

附说：田主部分有外乡出租给本乡的部分土地。

三、剥削情况

（一）地租剥削

地租的种类有硬租、活租、劳役租三种。在1935年前交白银的，以后没有了，改为实物，交玉米或猪肉（交白银租是佃壮族清明田的，但为数很少）。

在交租问题上，表现了各阶级之间的区别。如瑶族贫农蒙老二，1929年佃入壮族地主，韦祯光山地1亩5分，每年交玉米苞6担（每担玉米55斤），在地平分，首先全由地主选择，要丰满大颗的玉米苞，这样留下给佃户的是小的了。蒙老二佃入壮族高利贷者韦成福山地2亩，收玉米8担，交硬租每年10斤猪肉。

这里佃户交租的负担和一般地区是相同的。但是在额外负担（剥削）上，对佃户的剥削很大，而各阶层的田主都有。主要是送礼、请吃和帮工。如地主蒙士龙（瑶族）租给瑶族雇农韦卜炳土地1.5亩（1929年），初时说要收回土地，后佃户拿1只大鸡、3斤猪肉和3斤酒送到他家时，就又继续佃耕了。壮族富农韦建国（外乡）租给瑶族雇农韦卜仇山地4亩，每年交租170斤，在收租时煮酒1坛20斤、1只大鸡、3斤猪肉请田主吃，这样佃户的实际所得就很少了。每年还帮工30天（要柴火给他们过年及除草、种地等）。瑶族地主蒙士龙经常使用他的佃户进行无偿的劳动，叫佃户来种地、除草、收玉米等。

解放以后，租佃关系有了变化，1950年、1951年还是继续收租。到后来，由于附近地区减租运动的影响，有个别怕秋征便不收租了。瑶族地主蒙士龙在1950年还收租24石①，计4080斤。额外负担，在解放后没有了。

（二）高利贷的剥削

瑶族人民受高利贷的剥削是很深的。从胜利乡的情况看，瑶族人民受高利贷的剥削是很久了。我们调查了第三行政组的弄利屯，全屯19户，解放前18户受高利贷剥削（中农1户除外），受剥削较深的有8户，最深的有2户。借债的时间都是上一代人的，他们只懂还就算了。瑶族雇农韦卜玉借本乡壮族地主唐仕荣铜仙②20吊③度荒，因还不起，父子就去他家打工还利，家里养猪还本，打工23年，还是还不清债，父亲劳动过累，得病抬回家即死去，儿子仍没得回家。后来由全屯每户担保捐钱把债还清，才把他儿子赎回家。

还债的几种方式，除了用劳役抵偿外，就是以实物还，但利率很高。瑶族雇农韦卜仇，1948年2月借壮族富农唐旭基玉米40斤，同年8月还猪肉49斤（当时猪肉每斤折玉米10斤）。

债户如果在预定时间还清的话，就照初定利息本利一起还清了事，如果还不清的就利上加利，债户有什么能抵偿的都要拿去。如瑶族雇农班姆继，在1946年借富农唐旭基（壮

---

① 石：旧制容量单位，因各朝代标准而有不同重量，一般1石=10斗。

② 铜仙：清末发行的一种货币，铜币中的一种，100枚为1银圆，民国时期仍有铸造和使用。

③ 吊：旧制民间货币单位，铜钱使用单位。

族）玉米5斗①（85斤），第二年还不起，第三年即欠100斤猪肉。而班无法还债，唐即要班之二女儿抵债，班女儿在唐家做工1年后，1948年底唐即将班二女卖给蒙老三得猪肉120斤抵还这笔欠债，这样才算完了债务关系。

在债务手续上，都要有人担保，担保人必须是有钱的人。债主在追债时只懂得找担保人，如果债户还不起，担保人就负赔还之债。而个别也有以土地做抵押才能借贷的。如瑶族雇农韦士文，1946年借壮族富农陆家风玉米400斤，用8亩土地抵押，写明保契后才借给。土地抵押后，每年产量给他分半，收了4年，再把债利还清后，才算中断关系。

地主、富农解放后还有逼债的，主要是他们隐蔽在农民中，用农民的面目收债。

现在胜利乡还有债务关系的（算到1949年底止）有28户，尚欠债数目是粮食11 017斤。

（三）雇工剥削

胜利乡雇工的特点是壮族雇贫农当雇（佣）工，卖工较少；瑶族贫雇农当雇工、卖工的多。

付工资的方式：第一种是先借给玉米或盐，打工赔兑；第二种是先打工再算工资；第三种是包工（即包耕）；第四种是用旧衣服、手巾、头巾做工资支付（壮族地富抓住瑶族人民不会做针线活的弱点）。这几种剥削方式，除第二种比较自由（但这种情况不多）外，都是不自由的、不人道的、残酷的雇佣剥削。瑶族人民为了还清高利贷，每年的收成绝大部分还债去了，每年的生活，要靠当雇工收入来维持，但所得的工资是极低的。如瑶族雇农韦建国，1948年为瑶族地主蓝金才打工30天，工资是玉米1斗（17斤），平均每天9两。瑶族雇农韦卜龙为壮族富农唐旭基打工（1946年），每天工资是1两黄烟叶（他们利用瑶族人民抽烟的特点）。瑶族雇农班中良，1947年与瑶族地主蓝金才借玉米1斗（17斤），包耕山地1.2亩，从锄地到秋收送上粮为止，班用在该地的劳动日是36个。

从胜利乡的雇工问题上看，该乡地主阶级剥削手段的主要方式之一，是地主阶级名为自耕土地，实则是雇工耕种的“自耕”，是自管而不是自耕。同时这也是瑶族人民贫苦的原因之一，他们为了生存，不得不低价出卖劳动力，因而对他们的自耕土地，便很少照料得到了。

四、阶级关系

1. 全乡各阶层的比例数，下面附表3说明：

2. 从上表的情况来看，阶级矛盾是尖锐的，地主占有大量的好地和生产工具（供雇工使用）。

3. 从剥削关系上看，该乡地主阶级的剥削，有接近或类似农奴性质的剥削。这种短工的雇佣和包耕方式是毫无自由的。班中良包耕地主蓝金才的土地时，地主发现地里生一根草即催班去锄地。

① 斗：旧制计量单位，各地各朝因规定标准不同而有不同的重量。

从地主生活上看，也明显看出阶级的矛盾。地主过着舒适的生活，如瑶族地主蒙士龙，解放前他本人当副村长，整天吃玩、赶街，他哥哥送小弟上学，看羊（家中养羊110条），母亲养猪（肉猪3头，两头母猪），老婆送饭菜给雇工，有两座可住20个贫雇农的干栏房子和1间做仓库的房子。壮族地主蓝雅德，夫妇两人，有土地21.5亩（山地18亩，畲地3.5亩，出租7.5亩）。解放前他任村长，只懂吃喝，他妻子不劳动，除煮饭、送饭外，养猪需要的猪菜、切猪菜、磨玉米、晒玉米、打柴火都要瑶族贫雇农去干。解放前贫雇农连盐也吃不到。这说明少数民族中的地主阶级，虽然他们居住山区，但过着花天酒地的生活。

表3　都安县十三区胜利乡各阶层人口户数情况表

1953年10月5日

成分	民族	户数	占全乡总户数的%	人口				备考
				男	女	小计	占全乡人口%	
雇农	壮	4		13	10	23		
	瑶	76		141	115	256		
	小计	80	19.8	154	125	279	14.5	
贫农	壮	13		29	28	57		
	瑶	150		359	338	697		
	小计	163	40.3	388	366	754	37.2	
中农	壮	16		56	51	107		
	瑶	130		350	336	686		
	小计	146	36.2	406	387	793	41.1	
富农	壮	4		11	14	25		
	瑶	4		11	6	17		
	小计	8	2.0	22	20	42	2.2	
地主	壮	4		17	9	26		
	瑶	2		13	8	21		
	小计	6	1.5	30	17	47	2.4	
债利生活者	壮	1			4	7		
	瑶			3				
	小计	1	0.2	3	4	7	0.4	
总计	壮	42	10.4	129	116	245	12.8	
	瑶	362	89.	874	803	1 677	87.2	
	小计	404		1 003	919	1 922		

壮族富农蓝肇亮，全家6人，土地53亩（自耕畲地10亩，山地20亩，出租山地15亩，出租水田8亩），全年收13 570斤，每年除吃用外尚有大量剩余粮食。

瑶族中农蒙卜梁，全家5人，有地9亩（全部自耕），租入山地6.5亩，全年收2644斤，仅能勉强度日子。

瑶族贫农蒙卜烈，全家5人，有畲地1.5亩，山地7.44亩（全部自耕），全年收入603斤，每年靠卖工维持部分生活。

雇农瑶族蒙桂英，全家5人，自耕山地7.5亩，佃入山地1.5亩，全年收入720斤，靠卖工维持部分生活。

五、各阶层对土改的意见

（一）当前贫雇农的主要要求

当前胜利乡的主要要求是土改问题。

该乡在1949年是游击根据地，群众思想是有觉悟的，解放后没有搞过什么运动，因而几年来，党在农村进行的各个农民运动，他们都是积极参加的。

对土改问题，早在附近区乡进行三期土改时，他们就提出要求了。那时该乡部分群众参加五区的土改斗争（他们是苦主）。三期土改结束后，该乡没有进行，他们要求更明显，部分群众也懒得开会了。如瑶族贫农韦老二在1952年7月时说："我们乡不土改，地主便宜了，贫雇农血汗落空了。"因而他不再参加各种会议。他认为不搞土改，有什么会好开的。

他们这个要求，在我们到乡后表现更加突出。如瑶族贫农蒙朝昌说："这次来这么多同志，一定是要土改了。土改我们才算翻身。"当我们进行调查时，在会议上瑶族雇农班照灵说："这次工作队不搞土改，我们不要听了，经常要材料，不土改，又不反霸。"瑶族贫农蒙卜仁说："为什么中南区十项政策宣布土改结束呢？工作同志要把我们的意见反映到上级报给毛主席，另出一张布告给我们少数民族土改吧！"中农班卜合说："现在五区发土地证了，我也要求土改，我并不想要土地，只要决定成分，发土地证，假如我划成地主也好，地主也得田，土改后安心生产，不然现在真是够吃啦。"这个要求在各种会议上都提出来了，在最后的乡干部会上，组长和委员们说："工作组同志赶快把材料报到自治区，不然群众不信任我们了。"我们又重点调查了31户，除有3户中农有轻微剥削顾虑外，28户要求土改。

我们认为：胜利乡是需要土改的。从调查材料看来，胜利乡土改的必要性在于：（1）贫雇农对自己地区内还存在封建的土地制度不满，积极要求废除不合理的旧土地制度。要求土地以发展生产。（2）未土改地区的生产关系是旧的封建性的生产关系，当然是很混乱的，是妨碍生产发展的，必须要改革，在改革旧的生产关系为新的生产关系后，才能发展生产力，这是发展山区少数民族生产的根本条件。

从上面材料看，该乡是具备了改革的条件。这些条件是：（1）阶级分化明显。（2）外乡在本乡有租佃关系，部分是可征收分配给农民的。（3）少数民族积极要求土改。这点要说明一下，我们召开了上层人物座谈会（参加会议9人：地主3人，富农2人，中农3人，贫农1人），同意或要求土改的7人，未表态的2人（壮族地主、富农各1人，其中富农系小学教师）。

虽然土地分散，但全乡征收和没收的土地是500.93亩（包括地主富农在本乡的出租土地，外乡在本乡的地、富农出租的土地和地主自耕的土地），是能解决贫雇农土地问题的。

六、山区发展生产问题

1. 胜利乡的土地多是山地，全乡耕种100多个弄场，当然是比平原差很多倍。

瑶族在生产耕作上与壮族不同，比不上，表现在几方面：①壮族犁田过冬、积肥、积大粪，瑶族没有，怕臭。②瑶族生产计划差，天天砍柴火，餐餐磨玉米，晚上不做家里零活（现在有个别做了），壮族比较有计划。

2. 目前生产工具落后，绝大部分用人犁（全乡有牛26头，犁994把），每年经营1亩地，用30多个工。

3. 由于在迷信方面的浪费，影响了对生产的投资。

4. 解放前，由于各种剥削，使生产陷于崩溃，生活日益贫困。解放后，这种情况改变了，生产有很大的发展，下面是该乡各阶层解放前后收入情况重点调查的数字（全是玉米收入）说明：

雇农：12户51人，1948年收入玉米4510斤，1952年收入5680斤，1953年收入7918斤，以解放前收入为100%，1952年比为126%，1953年比为170.6%，比去年增产44.6%。

贫农：16户56人，1948年收入11 210斤，1952年收入13 670斤，1953年收入14 490斤，以解放前收入为100%，1952年比为122.06%，1953年比为138.3%，比去年增产16.24%。

中农：10户59人，1948年收入12 950斤，1952年收入15 100斤，1953年收入16 940斤，以解放前收入为100%，1952年比为125.5%，1953年比为131.3%，比去年增产5.3%。

富农：2户9人，1948年收入3300斤，1952年收入3500斤，1953年收入3700斤，以解放前为100%，1952年比为110.63%，1953年比为112.1%，比去年增产1.47%。

从上面40户的情况看，解放后生产有了很大发展，人民生活起了重大变化，特别突出地表现在贫雇农方面。增产的原因，除了加工施肥外，一部分是开荒地，扩大了耕地的面积。

5. 胜利乡现有互助组48组（全是季节性的）。互助组对发展山区生产有特别显著的作用。因山区土地经营困难，解放前瑶族人民春耕种玉米，一般都分种二三次（一、二、三月）才种完，是锄1亩种1亩，有了互助组即可解决劳动力照顾不到的困难。今年参加互助组的农民，一般都比其他提前种完，这样就能保证种植能赶上季节，保证了丰收。如该乡蒙建荣互助组，5户，劳动力16个，耕牛1头，畬地26亩，开荒23亩，合计49亩。1952年收入玉米3900斤，今年收入5190斤，比去年增产33.9%。这充分显示了互助组合作的优越性。在今后领导生产中不能忽视互助组的领导。同时在少数民族中发展互助合作运动，更需要稳步前进。

6. 目前农民对政府在生产上的要求是贷款买耕牛，他们买牛的目的不是耕地，而是踩绿肥，目前他们的肥料是很缺乏的。

7. 胜利乡今后发展生产，除在原有土地上加工施肥，争取单位面积增产外，可多种桐果。乡内有很多荒山，虽然遍地山石多泥土少，但桐树是能生长的。在副业上主要是多养猪羊，以增加收入来改善和提高人民生活。一切认为山区生产无发展前途都是错误的。

七、政治情况

1. 地主阶级中除了经济手段的残酷剥削外，还有在政治上勒索人民的，在6户地主中有3户地主杀过人。如韦祯光，1929年杀过两个人。韦金安杀1人，用镬子煮烂灭迹。唐任荣杀害1个工人。他们都是壮族地主，解放前都是惯匪。壮族地主蓝雅德，伪村长，曾勒索征兵的钱。瑶族地主蒙士龙，伪村长出身。

解放后壮族地主唐任荣参加土匪，抢得很多财物，据说现还有两支枪。壮族地主韦金安解放后参加土匪，今年3月斯大林逝世时造谣，现已扣押坐监。

2. 过去的反动基础是“长老团”和“团总”。最重要的是团总。过去村中有纠纷即由他处理，从中得一把，尤其是妇女离婚，经过他即卖出去，得很多钱。

3. 在乡干部中，有一个宣传委员是村长（中农），两个组长中有一个是村长（中农），一个是地主蒙士龙之兄。

瑶族地主蒙士龙解放后任乡农协会主席，1951年已清洗。

八、文化情况

在过去，瑶族人民的文化是比壮族落后的。解放前全乡仅有1个初小学校，学生不到50人；解放后已有了3个初小学校，学生160人。其中瑶族男生109人，女生32人；壮族男生10人，女生9人。

今年政府补助学生的教育费是2 190 000元，群众对政府反映良好。他们说：“群众得救济，连儿童也有救济，人民政府真好。”过去该乡没有一个高中生，今年已有两个壮族青年进入高中，因此山区的壮族人民很感激人民政府。现在瑶族人民对文化的要求很迫切，有的瑶族青年已22岁了，仍去学校读初小第三册，一般17岁读初小的也不少。因此他们要求政府招生年龄要放宽些，考虑一下少数民族青年学习文化的要求。

［说明］都安瑶族自治县胜利乡瑶族社会经济情况，根据1953年都安瑶族自治县调查编印资料整理而成。

都安瑶族自治县
永安乡瑶族壮族社会经济情况调查

一、一般情况

永安乡是都安县第六区壮瑶两民族的杂居乡，从自然情况说，全乡共有大小弄场141个，其中有人住的弄场有80多个，南北长达20多里，东西宽达30里左右，面积约占30平方华里。境内有一个小圩场，为少数民族买卖东西的中心点。

全乡有469户，其中壮族306户，1792人；瑶族163户，659人。

二、土地占有关系

全乡有土地5639.55亩，其中有畲地1361.62亩，山地4277.93亩。壮族占有4530亩，瑶族占有1110.3亩。其详细情况如表1：

从表1中的情况看，占有总户数2.3%的地主却占有土地10.9%。如地主苏国珍家有5口人，占有畲地54.04亩，山地79.4亩，共124.44亩，每人平均24.88亩。房屋有瓦房7间，小房两间。解放前有耕牛3头，现有1头，家有3人能劳动而不劳动，专剥削长工和佃户的劳动。地主苏国秀家两个人，占有畲地13.92亩，山地28.75亩，共42.87亩，每人平均21.48亩。房屋有12间瓦房。解放前有耕牛两头，现有1头。其母亲能劳动而不劳动。

而占有总户数60.7%的贫农却占有土地总数的36.2%。如壮族贫农林元生家有7人，畲地0.48亩，山地2.3亩，每人平均0.37亩。又如瑶族雇农韦老上，家有5人，完全没有土地，只有1间在半山的小草房。另一方面壮族多占有好地即畲地，瑶族多占山地及坏地。如畲地1361.62亩中，瑶族仅占有71.65亩，占畲地5.3%；壮族则占有1289.97亩，占畲地的93.9%。

表1 各阶层人口、总户数、土地占有情况调查表

（土地单位：亩）

成分	民族	户数	百分比	人口				土地占有													每人平均
				男	女	小计	百分比	自耕				出租				总计					
								田	畲	山地	小计	田	畲	山地	小计	田	畲	山地	小计	百分比	
雇农	壮	21		74	61	135			2.6	27.1	29.7						2.6	27.1	29.7		0.22
	瑶	64		126	105	231			15.6	212.15	227.85						15.6	212.25	227.85		0.98
	小计	85	18.1	200	166	366	14.9		18.2	239.35	257.55						18.2	239.35	257.55	4.6	0.9
贫农	壮	132		277	282	559			365.42	787.63	1153.05		7.99	47.05	55.04		373.41	839.68	1208.09		2.16
	瑶	78		160	164	324			23.55	552.35	575.9			4.8	4.8		23.55	557.15	580.7		1.79
	小计	210	44.9	437	446	883	36		338.98	1339.98	1728.95		7.99	51.85	59.84		396.96	1391.83	1788.7	31.7	2.02
中农	壮	117		421	867				536.52	1216.39	1752.91		35.21	239.72	274.33		571.73	1455.5	2027.23		2.33
	瑶	21		46	58	104			32.5	250.65	283.15			18.6	18.6		32.35	269.25	301.75		2.9
	小计	138	29.4	467	504	971	39.5		569.02	1467.04	2036.06		35.21	257.72	292.93		604.23	1724.76	2328.99	41.3	2.39
富农	壮	17	3.6	60	70	130	5.3		151.38	220.1	371.48		25.34	166.4	191.74		176.72	386.5	563.22	10	4.33
地主	壮	11	2.3	34	45	79	3.2		141.76	149.49	264.25	1	35.4	312.95	349.35	1	150.16	462.44	613.6	10.9	8.3
小土地出租者	壮	2	0.4	2	2	4	0.2		3.11	15.2	18.31		4	24.65	28.65		7.11	39.85	46.96	0.8	11.78
债利生活者	壮	2	0.4	2	3	5	0.2		5.24	18	23.24						5.24	18	23.24	0.4	4.65
小贩	壮	4	0.9	9	8	17	0.7		1.2	14.2	15.4		1.8	1	2.8		3	15.2	18.2	0.3	1.07
总计	壮	306	65.2	881	911	1792	73.2		1180.23	2248.11	3628.34	1	109.74	791.17	901.91	1	1289.77	3239.28	4530.24	80.3	2.52
	瑶	163	34.8	332	327	659	26.8		71.65	1015.25	1086.9			23.8	23.8		71.65	1038.65	1110.65	19.7	1.68
	小计	469		1213	1238	2455			1251.88	463.36	4715.24	1	109.74	814.97	925.71	1	1361.62	4277.93	5639.55		2.3

表2　租佃关系调查表

（土地单位：亩）

佃户成分	民族	户数	百分比	佃入土地				田主成分	民族	户数	百分比	出租土地						总计			
												本乡			外乡						
				畲	山地	小计	%					畲	山地	小计	畲	山地	小计	畲	山地	小计	%
雇农	壮	31		7.1	141.63	148.73		地主	壮	11		45.94	292	337.91	1.2	21.25	22.45	47.14	313.25	360.39	
	瑶	47		2.5	250.0	252.5			瑶												
	小计	78	26.9	9.6	391.63	401.23	31.4		小计	11	7.1	45.94	292	337.94	1.2	21.25	22.45	47.14	313.25	360.39	33.3
贫农	壮	99		42.32	270.07	312.39		富农	壮	17		10.1	142.1	152.8		41	41	10.1	183.1	193.2	
	瑶	39		15	174.48	189.48			瑶												
	小计	138	48	57.32	444.55	504.37	46.5		小计	17	11	10.1	142.1	152.8		41	41	10.1	183.1	193.2	17.6
中农	壮	67		30.77	115.1	145.87		中农	壮	99		33.25	355.18	388.43	6.9	30.7	37.6	40.15	385.88	424.03	
	瑶	2			12.7	12.7			瑶	2			8	8	1.2	15.1	16.3	1.2	23.1	24.3	
	小计	69	32.8	30.77	127.8	158.57	14.6		小计	101	65.6	33.25	363.18	396.43	8.1	45.8	53.9	41.35	408.98	450.33	41.6
富农	壮	4		6.7	12.5	19.2		贫农	壮	19			27.1	27.1		5.5	5.5		32.6	32.6	
	瑶								瑶	3			11.8	11.8		5	5		16.8	16.8	
	小计	4		6.7	12.5	19.2	17		小计	22	14.2		38.9	38.9		10.5	10.5		49.4	49.4	4.5
								小土地出租者	壮	2	1.2	5.8	21.75	27.55				5.8	21.75	27.55	2.5
总计	壮	201	69.5	86.89	549.3	636.19	57.8	总计	壮	148	96.1	95.09	838.13	933.31	8.1	71.95	80.05	103.19	910.08	1013.27	93.7
	瑶	88	30.5	17.5	427.18	444.68	41.2		瑶	6	3.9		22.3	22.3	1.2	46.6	47.8	1.2	66.4	67.6	6.1
	小计	289		104.39	976.48	1080.87			小计	154		95.09	860.43	955.61	9.3	118.55	127.85	104.39	976.48	1080.87	

三、租佃关系

全乡佃耕土地的共有289户，其中雇农78户，贫农138户，中农69户，富农4户；共佃入土地1083.37亩，佃入畲地104.39亩，山地978.98亩。出租土地的共有154户，共出租土地1083.37亩（包括外乡的出租土地在内）。地主出租360.39亩，富农出租193.2亩，中农出租450.33亩。贫农出租49.4亩，小土地出租者出租27.55亩。其详细情况如表2：

从出租的阶层看，除地主、富农、小土地出租者外，还有中农、贫农出租土地。原因是土地分散经营极不便利，很多人在东峒住，地在西峒，为经营的方便而出租。如贫农韦桂元有山地3.5亩，在距离有十多里外的山区，因而全部出租，而另佃入地主苏国珍的土地16.04亩。又如中农林茂华有4.6亩在距离16里以外的山地，每次种地送粪，一人一个早上只能挑一担，不得不出租，自己则另佃入地主苏国珍的2亩多，佃入中农韦景凤的山地1.5亩。

四、剥削关系

有地租、高利贷、长短工、高利贷与长短工相结合等方式。另外，在永安乡有一个小圩场——安阳圩是少数民族买卖的中心地，瑶胞要买卖东西必须到这个小圩来交换。因此，又出现一种以高价卖出低价买进的对少数民族的剥削方式。现将其剥削方式，分别列举于后：

（一）地租剥削

有对分租、硬租（即死租）、劳役租等三种，其中以对分租较普遍，每年除按对分交租外，还必须要接受无代价的帮工和义租费等的额外剥削。如壮族贫农潘绍详佃耕地主苏国珍的畲地3亩，山地3亩，父子两人每年在种地、收玉米时，都要无代价地给地主先做，才能做自己的。另外还要到别的峒场去帮挑租谷、帮晒玉米、收藏玉米等工作。地主每年收租时，佃户必须杀鸭、买肉、酿酒款待，如果没有这些礼物，地主就在地里先拿走一担到两担的玉米后再平分。如瑶族贫农韦老汉佃耕地主苏国京的山地9亩，有一年地主来收租时，因没有杀鸭、买肉而被地主先拿走玉米250斤，然后再平分。劳役地租，如瑶族雇农韦士儒向富农韦彩盛佃入山地0.9亩，虽不交租，但由佃户1年无偿给地主劳动40多天。

（二）高利贷

有放玉米、生猪、猪肉和其他物资等，利息有年利、月利、圩利，利率有50%至100%或150%的3种。如瑶族雇农韦老五，1945年借地峒乡富农奷有规玉米90斤，年利90斤；第一年因无法赔还，又再向其要一个重20斤的生猪来养，年利猪肉20斤；另欠上年玉米本利180斤，第二年年底被抬去一只80斤的大猪，还要抓走几只鸭，才算清账了事。

（三）长短工剥削

在永安乡来说，雇请长工较少，而雇请短工较多。短工工资，壮、瑶族各有不同。壮族是1天1斤玉米；瑶族是两天1斤玉米。如雇农罗卜任，给债利生活者韦妡用做了20多天工，得一件可以穿一个月左右的破衣服。包耕了8亩山地，一年才得工资玉米5斗，烟叶1斤。

（四）高利贷与雇工相结合的剥削方式

这种方式，以对瑶族的贫雇农较多，如瑶族雇农韦老上借三力乡壮族地主韦宝善铜板1000枚，利息两年后折银30元，无法赔还，夫妻两人做了两年的零工来顶债。

（五）以高价卖出、低价买进的高利剥削方式

这种在小圩场上较为多。如一床约值12万元左右的棉被就要生猪60斤至80斤交换。债利生活者韦妡用卖一条面巾，就要玉米23斤。

五、阶级关系

从全乡在1950年划分的阶级看，有富农4户，中农114户，贫农251户，雇农100户。以后一直没有更改。这次调查了解的结果，全乡有地主11户，占总户数2.3%；富农17户，占总户数3.6%；中农138户，占总户数29.4%；贫农210户，占总户数44.9%；雇农85户，占总户数18.1%；债利生活者2户，占总户数0.4%；小土地出租者2户，占总户数0.4%；小贩4户，占总户数0.9%。从这些比例的情况看，在少数民族的杂居乡，壮族一般生活较好，瑶族一般较为贫穷和被剥削较多。如瑶族中没有地主富农，85%是贫雇农。

各阶级典型户是：如瑶族贫农韦老高全家4人，土地完全是佃入别人的，自己连一间草屋也没有，而住在岩洞里面。贫农潘明仁，家有3人，草房1小间，自耕地1亩，佃入13.2亩，有刮5把，人犁4把，无牛，一年还要出卖工100多个。中农唐毓南，家有8人，有房子3间，自耕土地13.49亩，没有佃租，也没有出卖劳动力，有耕牛1头，牛犁1把，人犁4把。富农韦彩盛，家有5人，有瓦屋2间，有地41亩多，自耕地21.41亩，租出土地20.3亩。每年还雇请短工264天，放高利贷1490斤。耕牛1头，犁1把，人犁4把，刮4把。

地主唐济瑞，家有14人，能劳动而不劳动的3人。有地56.39亩，自耕35.39亩，出租21亩，每年雇请短工和剥削佃户短工共计735天。

［说明］都安瑶族自治县永安乡瑶族壮族社会经济情况，根据1953年都安瑶族自治县调查资料整理而成。

都安瑶族自治县
陇河乡[①]瑶族社会经济调查

一、一般情况

弄河乡是瑶胞较为聚居的乡，亦是全区较为中心的一个乡。但弄场多，人口较为分散，全乡共有弄场163个，横直约有15华里到20华里。在自然条件上全乡都是山地，交通极不便利。地势高、气候冷、水源缺乏、石山重叠。较平的土地也没有，更无水田、旱田，只有小型林地，而土质极贫瘠。故农作物以玉米为主，其他杂粮以红薯、豆类为主，有沙皮、桐果等副产，但为数不多。加上国民党政府和地主阶级的残酷剥削，使瑶胞和少数壮、汉族农民生活极为贫困，终日劳动不得一饱，大部分的劳动人民每年每人只能穿上一套衣服，有少部分冷天来临时无棉被可盖，只能睡在火边度长夜。他们就在这偏僻的荒凉山区过着极艰苦的生活。因此，在经济、文化、卫生等方面的发展是很慢的。

二、土地占有与使用情况

（一）各阶层占有的土地

该乡由于自然条件的限制，山多畲地少。据现在所了解材料来看，全乡共有387户，1720人；山地2716.25亩，畲地757.15亩，在外乡的田有17.2亩，共有3390.6亩，平均每人2.05亩。现将各阶层占有的土地数详细附表于后：

从表1的数字看，地主阶级占有全乡土地数的9.6%，富农阶级占有全乡土地数的7%，地、富阶级共占全乡土地总数的16.6%，每人平均数13.77亩，而贫雇农每人平均1.4亩。瑶族地主蒙有福，全家6口人，即拥有土地135.3亩，每人平均22.55亩。贫农蓝卜漫和雇农蓝卜高等2户，全家12人，自有土地8.5亩，平均每人0.7亩。由此可见，解放前地主阶级不断剥削农民，土地都集中在他们的手中，农民所有无几。如盘有仙（雇农）自耕土地5亩，但由于生活贫困，而在1946年和地主蒙有福借玉米450斤，年本利900斤，东毫200元，年利2倍，至1948年无法赔还，蒙有福便率领5人带枪到他家追逼债务，无利收本，被迫夺去4亩土地，自己只剩下1亩，无法度日。转过来又从富农佃入0.5亩，从地主佃入4.7亩，共5.2亩，才能养活全家。这说明了地主阶级占有土地的来源。

---

① 陇河乡：一般写作“弄河乡”，今广西壮族自治区河池市大化瑶族自治县镇西乡弄河村，1987年12月23日由都安瑶族自治县划入大化瑶族自治县。

表1　各阶层占有土地情况调查表

（土地单位：亩）

成分	民族	户数	百分比	人口			百分比	土地占有												百分比	每人平均
								自耕				出租				总计					
				男	女	小计		田	畲	山地	小计	田	畲	山地	小计	田	畲	山地	小计		
雇农	壮	7		15	18	33			1	7.7	8.7			1.0	1.0		1.0	8.7	9.7		0.9
	瑶	125		209	223	432			13.6	130.9	324.5		0.4	11.1	11.5		14.0	322.0	336.0		0.77
	汉	1		1		1															
	小计	133	37.4	225	241	466	27.4		14.6	318.6	333.2		0.4	12.1	12.5		15.0	330.7	345.7	9.9	0.7
贫农	壮	20		55	49	104		0.5	53.7	110.9	165.1	2.6	2.2	10.3	15.1	3.1	55.9	121.2	180.2		1.73
	瑶	173		382	393	775			189.95	1102.05	1292.0		8.6	90.3	98.9		198.55	1192.35	1390.9		1.79
	汉	1		5	3	8			1.0	3.5	4.5						1.0	3.5	4.5		0.56
	小计	194	50.0	442	445	887	52.1	0.5	224.65	1216.54	1461.6	2.6	10.8	100.6	114.0	3.1	255.45	1317.05	1575.6	45.1	1.77
中农	壮	10		27	32	59			35.3	74.8	110.1	1.5	1.2	22.5	25.2	1.5	36.5	97.3	135.3		2.29
	瑶	39		112	127	239			194.4	510.5	704.9	1.5	28.2	115.4	143.6		222.6	625.9	848.5		3.55
	小计	49	12.7	139	159	298	12.5		229.7	585.3	815.0		29.4	137.9	168.8	1.5	259.1	723.2	983.8	28.2	3.3
富农	壮	1		2	4	6			10.0	9.5	19.5		1.0	14.5	15.5		11.0	24.0	35.0		
	瑶	4		7	10	17			41.3	34.3	75.6		44.9	88.0	132.9		86.2	122.3	208.5		12.5
	小计	5	1.3	9	14	23	1.4		51.3	43.8	95.1		45.9	102.5	148.4		97.2	146.3	243.5	7.0	12.25
地主	壮	2		3	4	7			13.6	9.1	22.7	5.6	8.5	24.6	38.7	5.6	22.1	33.7	61.4		8.78
	瑶	3		5	7	12			40.9	10.7	57.6	7.0	65.4	143.6	26.0	7.0	106.3	160.3	273.6		22.8
	小计	5	1.3	8	11	19	1.1		54.5	25.8	80.3	12.6	73.9	168.2	254.7	12.6	128.4	194.0	335.0	9.6	17.6
小贩	壮	1	0.3	2	7	9	0.5		2.0	5.0	7.0						2	5	7	0.2	0.77
总计	壮	41	10.6	104	114	218		0.5	115.6	217.0	333.1	9.7	12.9	72.9	95.8	10.2	128.5	289.9	428.6		1.8
	瑶	344	88.9	715	760	1475			480.15	1974.45	244.6	7.0	147.5	448.4	602.9	7.0	627.65	2422.85	3057.5	87.6	2.74
	汉	2	0.5	6	3	9			1.0	3.5	4.5						1.0	3.5	4.5		0.5
	小计	387		825	877	1702		0.5	596.35	2194.95	272.2	16.7	160.4	521.3	698.7	17.2	757.15	2716.25	3490.6		2.03

（二）租佃关系

全乡出租的土地计田16.7亩，畲地160.4亩，山地521.3亩，共698.4亩，占全乡自耕土地总数的25%。其中地主5户，自耕80.3亩，出租254.7亩，占其自耕土地数317.1%（本外乡在内）。富农5户，自耕土地95.1亩，出租148.4亩，占自耕数155.2%。农民之中也有出租，计贫雇农327户，自耕1794.8亩，出租数126.5亩，占其自耕7%（本外乡在内）。但又佃入田2.6亩，畲地82.85亩，山地506.1亩，共佃入591.55亩，占其自耕的32%（本乡在内）。租佃关系附表于后：

从表2的情况看，地主出租的都是土质不良或全是山地，年收无几的那种土地。如地主蒙有福（瑶族），本来占有畲地20.9亩，山地24.4亩，将其中较坏的畲地6.4亩和山地22.4亩出租，留下较好的畲地14.5亩和山地10亩雇人耕种。

农民出租土地，原因有二：一是经营条件困难，二是劳动力缺乏。在这两种条件下无奈何而出租。如贫农蒙有必，全家5口人，劳动力1人，自耕土地5亩，买当4亩，共9亩，佃入3亩，又出租3亩。雇农蒙有相，全家3人，1人劳动，自己所有的土地管不了（又远在外乡）而出租4亩。这真是无可奈何才出租。

（三）典当关系

典当关系有两种：一种是直接当出去，另一种是由于债利积累过多而形成的。前者一般是受生活贫困威胁，为生存或是离家太远，经营不便，或土质不良而当卖的。如贫农韦卜荣（瑶族）有畲地0.8亩，山地2.3亩，但全部在外乡（弄呈乡），离家约有20里，难以耕种，加上生活困难，故当给中农蓝卜阿，当价1500斤玉米。当期由双方定之。后者因债利过重，借了地富的债务，利上加利，无可奈何被迫将自己为数极少的土地贱价当卖，期限由地富所定，农民无权定的。若超期不能赎回，则归地主富农。如贫农蒙朝德（瑶族）借富农蒙朝吉300斤玉米，借了两年，本利共1200斤，还不上而被迫当给畲地、山地各1亩，限期半年，也无法赎回，便归于蒙朝吉了。一般每亩畲地值价3000～4000斤，山地值价500～700斤，但当给别人畲地只能当700斤，山地300斤。这样看来，地富阶级剥削农民的方式和手段是毒辣的。

三、剥削关系

由于解放前地主阶级利用各种毒辣手段来剥削农民的劳动力与财产，使农民生活无着，十分贫困。在地租方面有三种：一种是硬租，二是对分租（活租），三是劳役地租。

第一种是硬租。是不管丰收或自然灾害都要一定的租额，一般山地每亩收80～100斤，均占半数以上。如雇农蒙卜鲁（瑶族），佃入地主蒙有福山地1.5亩，年收玉米仅150斤，交租100斤，占收入的66.6%。

第二种是对分租。旱天收成好与不好都是分半。如雇农蒙姆也（瑶族）租地主蒙有福1亩山地，年收成80斤，收40斤。

第三种是劳役地租。如佃户蒙朝贵租佃地主的土地，除叫人担保外，还要请地主5人吃一餐饭，每年送酒20斤、猪肉10斤、鸡1对，农忙时帮地主做20天工，每年80个工。照其他工资每天应得玉米2斤，共得180斤。但除了吃之外，1斤玉米也不得。这种情况比前两种更为厉害。

表2　租佃关系情况表

（土地数单位以亩计列）

佃户成分	民族	户数	佃入土地				百分比	田主成分	民族	户数	出租土地								总计				百分比
											本乡				外乡								
			田	畲	山地	小计					田	畲	山地	小计	田	畲	山地	小计	田	畲	山地	小计	
雇农	壮	3		5	17.6	22.6		雇农	壮	1			1	1							1	1	
	瑶	81		22.05	260	282.05			瑶	5			10.2	10.2							10.2	10.2	
	汉	1			3	3			汉														
	小计	85		27.05	280.6	307.05	45.3		小计	6			11.2	11.2							11.2	11.2	2.5
贫农	壮	8	2	7.5	24.2	33.7		贫农	壮	6	2	2		4			13.4	13.4	2	2	13.4	17.4	
	瑶	69	0.6	43.8	193.1	237.5			瑶	47		5.5	62.3	67.8		4	32.8	36.8		9.5	95.1	104.6	
	汉	1		4.5	8.2	12.7			汉														
	小计	78	2.6	55.8	225.5	283.9	41.9		小计	53	2	7.5	62.3	71.8		4	46.2	60.2	2	11.5	108.5	122	18.0
中农	壮	2		3.1	1.2	4.3		中农	壮	22	0.6	5.6	22.5	28.7		1.8	44.8	46.6	0.6	7.4	67.9	75.9	
	瑶	10		23.3	58.2	81.5			瑶	54		16.6	104.9	121.5		5.3	28.4	33.7		21.9	133.3	155.2	
	汉								汉														
	小计	12		26.4	59.4	85.8	11.1		小计	76	0.6	22.2	127.4	150.2		7.1	73.2	80.3	0.6	29.3	200.6	230.5	36.9
富农	壮							富农	壮	4		0.5	15.1	15.6			4	4		0.5	19.1	19.6	
	瑶	1		1		1			瑶	13		17.3	62.0	79.3			11.2	11.2		17.3	73.2	90.5	
	汉								汉	2						0.2	10.4	10.6		0.2	10.4	10.6	
	小计	1		1		1			小计	19		17.8	77.1	94.9		0.2	25.6	25.8		18.0	102.7	120.7	17.8
地主	壮							地主	壮	3		9.9	17.3	27.2						9.9	17.3	27.2	
	瑶								瑶	12		41.55	120.6	162.15			4.6	4.6		41.55	125.2	166.75	
	汉								汉														
	小计								小计	15		51.45	137.9	189.35			4.6	4.6		51.45	142.5	193.95	28.6
总计	壮	13	2.0	15.6	43.0	60.6	8.1	总计	壮	36	2.6	18.0	55.9	76.5		1.8	62.2	64	2.6	19.8	118.1	140.5	20.7
	瑶	161	0.6	90.15	511.3	602.05	88.7		瑶	131		80.95	360.0	440.95		9.3	77	86.3		90.25	437	527.25	77.8
	汉	2		4.5	11.2	15.7	2.3		汉	2				2		0.2	10.4	10.6		0.2	10.4	10.6	1.5
	小计	176	2.6	110.25	565.5	678.35			小计	169	2.6	98.95	415.9	517.45		11.3	149.9	160.9	2.6	110.25	565.5	678.35	

另外，租下的土地先以土地抵押才能耕种地主的地。如蓝有英租地主蒙有福6亩畲地，年收1600斤，而交租1250斤，剩下350斤，另外把自己的畲地抵押1亩，每年另送猪肉20斤、酒90斤、鸡9斤，共折玉米510斤，连交租共17 600斤，超收入产量110%。如当年无礼送，则被夺回土地。

高利贷方面剥削极为厉害，有的农户因此倾家荡产。如雇农蓝卜惠，1947年借地主蒙有福450斤玉米，至1948年，起利750斤，本利1200斤，无法还而被拆屋赔还。蒙卜浓借70斤玉米，起利250斤，而将1亩土地拿去抵押。

劳动力的剥削也十分厉害。地主阶级千方百计使农民无代价地为其干活，如雇农蓝有仙、蓝大千等2人，从1948年至解放，当地主蓝有清的长工。每年只给一套衣服，工资粮200斤。曾必武等15人帮短工，每天工资1斤半米，其中5人因佃他的土地而不得工资。其他佃农，地主随叫即来，不然就会被收回土地。

地主阶级不断地勒索农民，如贫农蓝卜灭，1947年杀猪卖，纳税欠税，被地主蒙有福要求限期交还，结果到期无法交还，被迫以房屋1间抵押。后来变为地主占有，又转租给蓝卜灭居住，租金500斤玉米。类似情况，可真不少。农民倾家荡产，无法活下去，唯一的出路是帮地主干活。

四、阶级分化情况

解放前，土地都集中在几个地主手里，故阶级分化很明显。但由于干部对农村划分阶级政策宣传不够，致使群众对阶级的领会模糊，阶级划分不十分明显。原划瑶族地主1户，富农1户，中农61户（瑶族49户，壮族12户），共63户；贫农185户（瑶族163户，壮族21户，汉族1户），雇农131户（瑶族121户，壮族9户，汉族1户）。全乡瑶族总数335户，壮族42户，汉族2户，共379户。经过这一次统计出全乡共有387户。现把新统计出的阶级分化情况附表3于后：

从表3来看，地主阶级比以前增加了4户，富农也增加4户，中农减少了12户，贫农增加9户，雇农增加2户，小手工业多1户。全乡所谓户数增加，主要是分家。解放后，地富为了隐瞒其阶级成分而分家。如地主蒙有福，他与地主蒙有富原是兄弟，1949年临解放时才分家。当时分家对半分财产。蒙有福赌博和吸大烟而卖掉一部分土地。但他仍拥有土地20.09亩，山地24.4亩，共占有土地45.3亩；出租畲地6.4亩，山地28.4亩，共29.8亩，年收租1500斤。全家5口人一直无人参加主要劳动，只有其老婆参加一些附带劳动，如煮饭、送饭、挑水、一个月帮刮草4天。他本人游手好闲，吸大烟，雇请长工4人，由1946年至1949年，请短工295天，占有3间瓦房。解放后隐瞒为中农，现在了解了应划为地主。

［说明］都安瑶族自治县弄河乡瑶族社会经济调查，根据1959年5月18日都安瑶族自治县民族地区调查材料整理而成。

表3　阶级分化情况表

成分	民族（项别/数目）	户数	百分比	人口			百分比	备考
				男	女	小计		
地主	瑶	3		5	7	12		
	壮	2		3	4	7		
	汉							
	小计	5	1.3	8	11	29	1.3	
富农	瑶	4		7	10	17		
	壮	1		2	4	6		
	汉							
	小计	5	1.3	9	14	23	1.3	
中农	瑶	39		112	127	239		
	壮	10		27	32	59		
	汉							
	小计	49	12.6	139	159	298	17.1	
贫农	瑶	173		382	393	775		
	壮	20		55	49	104		
	汉	1		5	3	8		
	小计	194	50.1	442	425	887	52.1	
雇农	瑶	125		209	223	432		
	壮	7		15	18	33		
	汉	1		1		1		
	小计	133	34.3	225	241	466	26.8	
小手工业	壮	1	0.12	2	7	9	0.4	
合计	瑶	344	88.88	715	877	4 175	86.6	
	壮	41	10.59	104	114	218	12.8	
	汉	2	0.53	6	3	9	0.5	
	小计	387		825	994	1 702		

都安57个少数民族乡
社会经济情况调查

一、一般情况

都安全县164个乡，人口333 002人，已土改107个乡，未土改57个乡。已土改的乡，大部分是壮族聚居，少部分是壮、瑶、汉杂居。未土改的57个乡，瑶族聚居的16个乡（内有少数壮族杂居），纯壮族的一个乡，壮瑶杂居的（以壮族占多数，瑶族占少数）40个乡（内有3个乡是壮、瑶、汉杂居）。人口共98 281人，其中汉族712人，壮族69 683人，瑶族27 886人。这57个乡分布在全县11个地区，与已土改的地区犬牙交错，受周围地区土改的影响很大。

二、民族关系情况

57个乡，基本上是壮、瑶杂居。瑶族是最苦的民族，过去受汉族和壮族的统治阶级压迫和歧视很深。解放后贯彻民族政策，做了许多工作，各民族间关系好转，但历史上遗留下来的还有一些问题。

三、土地占有和阶级关系情况

我们调查了6个乡的社会经济情况。这6个乡有3个是瑶族聚居乡（内有少数壮、汉族），3个壮、瑶杂居乡，都是山区，有一定的代表性。

（一）三个瑶族聚居乡的土地占有和租佃关系情况

地主：占总人口2.1%，占土地10.6%，每人平均土地8.4亩，等于3个乡每人土地平均数的2.6倍，等于贫雇农每人土地平均数的4倍。最大一户地主，占有土地135.3亩，每人平均土地达22.5亩。

富农：占总人口2.3%，占土地5.8%，每人平均土地5.7亩。45.8%的土地租出给农民。

中农：占总人口27.9%，占土地37.87%，每人平均土地3.1亩。

贫雇农：占总人口67.2%，占土地48.3%，每人平均土地1.65亩，只等于3个乡每人平均土地的61.8%（且绝大部分是山区，极度分散）。

债利生活者：占总人口0.3%，占土地0.4%，每人平均土地3.3亩。

小贩：占人口0.2%，占土地0.1%，每人平均土地0.7亩。

值得一提的是，地主不但占有土地多，而且近半数的地是畲地；相反贫雇农的88%以上的土地都是山地，畲地仅占其土地的12%。畲地产量和山地产量，相差是很大的，畲地每亩最高产量400斤，中等250斤，最低180斤。山地每亩最高产量300斤，中等150斤，最低50斤（以玉米计）。而贫雇农占有的土地，又大多是中等以下的山地。因此，如从实际产量去看，地主与贫雇农的土地占有相差更大。

贫雇农佃户：占全部佃户的90.6%强，佃入土地数占整个佃入土地的87%。

地主出租土地：占整个佃入土地的27.4%。

富农出租地：占整个佃入土地的23.2%。

中农出租土地：占整个佃入土地的35.4%。

贫农出租土地：占整个佃入土地的12.5%。

雇农出租土地：占整个佃入土地的1.5%。

佃入土地中，除了50.6%的土地是地主、富农出租外，还有近半数的土地是中农以下的农民出租，租佃关系复杂是其特点。

（二）三个壮瑶杂居乡的土地占有和租佃关系

地主：占总人口3.6%，占土地10.4%，每人平均土地6.5亩，等于3个乡每人土地平均数的2.4倍，等于贫雇农每人土地平均数的3.3倍。最大的一户地主，占有土地126.3亩。一般地主每户占有土地47亩左右。

富农：占总人口38.2%，占土地44%，每人平均土地2.6亩。

贫雇农：占总人口52.4%，占土地35.6%，每人平均土地1.51亩，只等于3个乡每人土地平均数的68.5%强（大部分是山地）。

小贩：占总人口0.4%，占土地0.2%，每人平均土地0.9亩。

小土地出租者：占总人口0.1%，占土地0.5%，每人平均12亩。

小土地经营者：占总人口0.2%，占土地0.4%，每人平均土地4.4亩。

债利生活者：占总人口0.3%，占土地0.5%，每人平均3.1亩。

租佃关系情况，与瑶族聚居乡同。

两种类型地区，壮、瑶杂居地阶级分化较大，瑶族聚居地阶级分化较小，但基本情况是一致的。同样有地主、富农，有佃户、贫雇农，地主占大量土地，且近半数土地出租。社会经济结构与汉、壮其他地区大体差不多，是封建的社会经济制度，土改的社会经济基础是具备了的。

与汉壮其他地区不同的是：全部是山区，人民生活苦；地主的数量较小，土地都是畲地和山地；衣服、棉被、农具不多；土地分散，农民内部也有很多人出租土地，租佃关系复杂。

［说明］都安57个少数民族乡社会经济情况调查，根据1953年都安瑶族自治县调查资料整理而成。

南丹白裤瑶社会调查

一、民族分布

南丹县①分为5个区，55个乡，人口93 444人，少数民族占10 624人。其中瑶族1836户，9044人；苗族234户，1222人；水族29户，104人；毛难族107户，360人，其余为汉、壮族。该县兄弟民族分布概况：汉、壮族多聚居于一、三、五区；瑶、苗、水、毛难②多散居于二、四两区；瑶、苗等少数民族都集中在县境内湘桂黔铁路以东一带山岭的贫瘠村落；而汉、壮族则集中在铁路以西一带较平坦的地区。二区的甲坪、利乐、拦关、立坳、朝房、汉渡、砂厂、七圩、八圩、下坪③等乡和四区的里湖、瑶里、里纪、雅甲、懂甲、巴地④等乡，都是以瑶族为主和汉、瑶、壮杂居地区。而瑶里乡、里纪乡、拦关乡、巴地乡又为瑶胞最集中的地方，是整个瑶胞分布的中心。在这几个乡中，各乡都有瑶胞1270～2000人以上，最多的是瑶里乡，有2241人。苗族分散杂居在里纪、雅甲、懂甲等乡（属四区）以及甲坪、朝房、拦关等乡（属二区），也有一些分布在五区的月里乡。毛难族分散在懂甲、立坳、朝房、砂厂、七圩、下坪等乡的各屯，水族则分散在二区拦关乡塘浪屯和四区里湖乡各屯等，都是零星三五家，没有像瑶族聚居的大瑶寨（属瑶里乡）、小瑶寨（属拦关乡）那样集中。

这些少数民族在狄青南征及南丹莫家土司统治以前，原居平地，生活还好。自从狄青南征后，被赶上山，在莫家土官的八百多年和国民党反动派数十年的统治下，他们的生活每况愈下，一代不如一代，过着牛马生活。今日他们忆痛思痛，犹有余悲。

---

① 南丹县：今广西壮族自治区河池市南丹县，据2004年统计，南丹县总面积为3902平方千米，第五次人口普查全县总人口为318 844人。

② 1986年6月，毛难族改称“毛南族”。

③ 甲坪、利乐、拦关、立坳、朝房、汉渡、砂厂、七圩、八圩、下坪：今都在南丹县八圩瑶族乡内。

④ 里湖、瑶里、里纪、雅甲、懂甲、巴地：今都属南丹县里湖瑶族乡。

二、受压迫最深的民族

（一）民族名称的一般传说

据八圩朝房乡瑶胞黎廷根说：传说古代服饰与汉壮无异，后来因为受汉族压迫歧视，出街买卖东西，时常被打，瑶人起而反抗。但在斗争中往往敌我不分，自己打死自己人。为了区别，后来在头上扎了一条白巾，汉人也跟着扎，每逢集圩殴打，仍不断发现打死自己人。后又想办法，改为穿白裤，故有白裤瑶之称。后来子孙世代沿用未改。依老前辈说："改了装就会消灭自己，不发人口"，我们在里湖、巴地、瑶里、拦关等地瑶族聚居区进行访问，所得回答皆是古代以来都是这样穿着，如改装就不发人。这些说法，从他们受压迫的历史来看，是较为合理的。

这种含有民族压迫民族仇恨含义的服装，深深刻印在每个瑶胞心中，成为牢不可破的祖训，处于任何困难和环境下都不改变。据巴地乡巴地屯组长王廷甫说："这里王姓瑶人，原属于贵州瑶中、瑶风等地，因受汉人强逼改装，我们祖先坚决反对，被迫流离迁徙到此。"回瑶胞黎文富同志是县政府民政科副科长，他说："有一个瑶胞到北京学习回来，不穿本民族的服装，瑶胞都不认他是本民族的人"，存有鄙视之意。

（二）颠沛流离的民族

被驱逐经过：南丹瑶胞原来不居住在这个山岭贫瘠地带，多数是被汉族地主剥削压迫，颠沛流离徙居于此。先有瑶后有朝（指汉人），已成为他们广泛流传的民族格言。他们有些原属南丹县的拉要、车马①的田坝平地，有些来自外省，但都比汉、壮族早。一般来说，瑶胞是最先的居民，汉壮是后来的民族。巴地屯何老元说："何姓原居贵州，后迁南丹八圩，那里是平原田坝，生活较好，今还有祖坟在八圩可考。后因世乱被汉族坏人赶走，被迫跑上来。同屯王姓也是由贵州之瑶中、瑶风迁来的，罗姓则从贵州荔波之坝尾或近六寨之麻尾迁来的，原来都是住在生活较好之地方。陈老额、陈老勇数家，原住南丹县城附近的拉要屯，被莫家赶走，始迁来里湖乡之东平、芒告等屯，现今那里的陈姓有二三十家之多，再分支迁于巴地。拉要水田颇多，物产丰富；巴地崇山瘠土，觅食不易，饱受压迫，他们是不愿从拉要迁入巴地的。"

瑶里乡之瑶寨韦老红说："祖宗原住南丹县城附近之车马屯，后被莫家赶走，初跑到八圩甲坪屯，后由甲坪迁移来此"。自宋朝至清朝，瑶寨韦姓都属南丹莫家土官直接统治。同家之何姓，有二三十户，从前除4户归拉教屯莫家土官统治外，其余都归南丹莫家土官直接统治。该寨黎姓人数最多，占全寨75户的2/3，分大黎、小黎，大黎住下寨，小黎住大寨。大寨由八圩塘浦迁来，小黎由南丹附近拉要屯迁来。今拉要、塘南都有他们的祖先坟墓。从前二黎统归南丹莫家土官统治。该寨63岁的王老牛说："黎、何祖宗，曾与莫家土官争土地，后失败始徙于此"。

瑶里乡里化屯，71户全为黎姓。据黎老福说，他们祖先原居贵州独山街，当时有一个

① 拉要、车马：今南丹县城关镇拉要、车马社区居委会。

张池塘，汉人识字，假造文契，强行夺取还不算，又常在瑶人经常走过的路旁，乱摆东西，瑶人不小心碰着他们东西，就被罚钱。后来更是称王称霸，蛮不讲理，把他们赶走。他们迫不得已，才迁到瑶鸟洞（今懂甲）住四五代。因生活困难，又迁到八圩五塘村，只住五代，因为与族内争地不团结，互相告状，花钱太多向汉人借钱利息过重还不起，只得卖田为生。田卖完了，又搬到里化屯来住。

拦关乡之小瑶寨，有黎、潘、李三姓。黎姓祖宗原为贵州黎平县的一个孤儿，因生活困难，乞食流浪，初至里湖乡给人看牛，因病被赶，逃至本屯的黎姓收留他。后黎家人都死了，产业由他继承，就落居于此，繁衍至今有38户。潘家原住宜信地方（今名不详），汉人不准住，才迁移到八圩塘浦住了10多年，田地被汉族恶霸占去，才逃到小瑶寨住。李家祖宗原在南丹城附近拉要、车马，被莫家赶走，初跑到利乐附近大圩一带山岭去住，因没有田种，生活很苦，来小瑶寨帮陈家做工，并认了老庚。陈家帮他搭屋，邀他迁家来住。后陈与黎、潘两姓有仇恨，不愿住下，把田地都卖给他们，自搬到巴地去住，李家就这样留下来。这些是该村的李姓老人所说的。

二区的汉渡乡甘平屯，汉瑶杂居有25户，瑶族有蓝、蒙、黎三姓，占19户，其中蓝姓有13户。据68岁老人蓝老漫说："瑶族和汉族原居住在东兰县①，当初汉族人数较多，瑶族较少，后来渐渐繁殖，出现人多地少之现象，彼此争夺土地，瑶族失败，被赶到宜山德胜②，又由德胜跑来南丹县城附近，在这里又与莫家发生争印之事，结果失败，又逃来此。"蓝家祖宗一再被赶，颠沛流离，弃彼乐土，居于瘠壤，是民族压迫造成的。

二区朝房乡黄金屯共18户，为蓝、蒙、黎三姓瑶族。蓝姓也从东兰县搬来，原因是当地汉壮人多，瑶族少，汉壮人霸占瑶人土地，瑶人不肯，他们就派兵来打，杀了许多人。投降变为汉人的就不杀，结果只剩下4人，替他们抬轿，后来4人成了家，发了人，又和汉壮人争论，因而被赶至甘平屯落居，后来又迁到黄金坳屯，这是该屯蓝廷根所说的。蒙姓与蓝姓是对亲的，原属于立坳乡铁沙九屯，因地少人多，谋生困难，始迁居此地。黎家祖宗，依黎三说，原属宜山德胜街，时常与汉人经营豆腐生意，洗缸时，缸底剩下豆腐浆，袋里留下豆渣。汉人对瑶人说，你要哪一份，瑶人见缸里有水，袋里为硬的东西，结果要硬的，后来放下石膏，汉人的豆浆成豆腐；瑶人用格子来压豆渣，不成豆腐。汉人知瑶人太愚，自后就想办法霸占瑶人的田地，或勾结官兵掳掠他们的财产，残杀他们的生命。后来瑶人没有办法，只好逃走，先到了立坳乡风角平村③，后到黄金坳。

从上面材料所说，看来瑶族原居于平原田坝比较好之地方，受汉人恶霸官僚和莫家土官压迫始迁到高山贫瘠地方。在这里，固然可以说明瑶胞是历史上受压迫最惨的民族，同时也可以了解他们今日在政治、经济、文化、卫生等方面，还相当落后保守，进步较慢，这都是由于汉族反动统治阶级压迫所造成的。

莫家土官和汉人恶霸，压迫驱赶瑶族，霸占他们的田地，残杀他们，全采用欺骗等毒辣之手段。据巴地屯陈老额说：南丹县城附近拉要地方，原为瑶人祖先居住，后来陈家（多数传说是李家不是陈家）有一女和莫家一男子结婚。莫家女婿欲夺取陈家岳丈土地，生一子后，与妻子商量，让她抱小孩子到外公家去玩，故意捏孩子腿，让孩子哭啼，拿这样那样

① 东兰县：即今广西壮族自治区河池市东兰县。

② 宜山德胜：今广西壮族自治区河池宜州市德胜。

③ 立坳乡风角平村：今广西壮族自治区河池市南丹县八圩瑶族乡立坳村风角平。

东西来哄他都不止哭。后来她说："怕小孩爱玩外公的大印吧！"外公把大印给她，她马上不捏小孩的腿，小孩立刻停止哭，这时她就说小孩爱玩外公大印，让她带回家玩几天再拿来还。外公为爱外孙，不知是阴谋诡计，居然答应她带回去。数日后，女婿用原布包一个用芋头雕的假印来还外公，初不留意，坦然置之。不久，拿来用才发现印已腐烂，向女婿质问，女婿一味耍赖，翻脸无情。这就是莫家用欺骗奸诈手段，窃得陈家管理地方的大印之经过。这事现今广泛流传于瑶族地区，几乎成为老少皆知、家喻户晓的故事。不独巴地屯陈、王姓的人这样说，瑶里乡瑶寨王老牛也是这样说，莫家骗取黎、向祖先之大印，纪厚、里化等屯和栏关乡八圩瑶人甚至拉要村的壮人都有同样的传说，拉要屯 80 多岁老人陆满公（壮族）也能同样讲述这样的故事。

大印是象征管理地方之权柄，瑶人祖宗，既没有大印，自然没权管理地方。因此莫家就来和瑶人争地，说土地是莫家的，不是瑶人的。双方争论吵闹，最后用三件事来断定土地的主人。

第一件事，莫家提议，大家去喊山岭。因山岭本身就是土地，谁喊有声答应土地就是谁的。莫家诡计乖巧，先藏一人在山岭树林草丛中，一喊就有人答应；瑶人喊，没有生息。莫家就说土地是他们的。

第二件事，双方箭射山岩，因山岩也是土地的一部分。谁的箭头射上去黏着，不落地，地方就归谁。瑶人老实拼命磨利箭头，只想一箭穿岩，而不知射的箭都落下地。莫家奸巧，用黏胶涂上箭头，一箭射出就黏住了，莫家说土地是他们的。

第三件事，双方食狗屎，因狗屎也是地上之物，可以代表土地，谁食不呕出大地归谁。莫家诡怪奸诈，事先以火麻做一堆假的狗屎，和真狗屎一样。他食的是假狗屎，不呕出；瑶人食的是真狗屎呕了出来。莫家又说土地是他们的。

巴地屯①瑶人王廷甫和大瑶寨瑶人王老牛，拉要屯壮人陆满公，都大同小异地讲出这些故事。所谓小异，第一件事，王老牛说是喊树木，不是喊山岭，莫家先给人藏在树木空心中答应。第三件事是山上滚石磨下地，两面仍合起来，不是吃狗屎，莫家先藏一对磨于山下，以欺骗得胜。第二件完全相同。总之，瑶人被莫家用欺骗奸诈手段窃取了大印，强夺了土地。拉要、车马、牛角坳还有瑶人祖先之坟墓和屋基，前面有石狗、石虎，拉要人都说是瑶人祖坟。从前墓前立一块大石碑，已给莫家打坏。从石狗、石虎之刻工比较粗犷，与莫家墓前所放之石狮不同，可能为瑶人遗物，其墓可能为瑶王坟，因为普通瑶人坟墓不会有石狗、石虎的石刻。墓之斜面下坡，有一屋基，拉要人都说是瑶人旧居，证明瑶人祖宗确曾居于拉要地方。大瑶寨王老牛说："现在四区之瑶人，多从拉要被赶去的，如反动头子谢国英（他原先为汉人，后改宗变为瑶人）住的懂甲乡，尚称隔要，为拉要人迁来隔住于此地之意。"八圩朝房乡黄金坳屯蓝廷根说："家原居东兰，汉人与之争地，也用一种欺骗手段，汉人说：你说是你的地方，我们大家去喊坟墓，坟墓答应哪一个，土地就是哪一个的。汉人先藏人在坟墓里面，结果，汉人喊了有人答应，瑶人喊了没人答应。因此就把瑶人赶到甘平屯，后来才迁到黄金坳。"

这里所谓汉人可能是说莫家土官，因离黄金坳 10 里之甘不屯，同样也有汉人夺取他们土地之故事。该屯 72 岁的蓝富强说："我们的祖先是在东兰，因争夺土地，被汉人莫家赶来南丹。"纪厚屯何姓的祖宗，最初说家在贵州八万（译音），后改迁至贵州核归，后再迁

① 巴地：今为"邑地"，在南丹县里湖瑶族乡。

至南丹的家木屯（离纪厚15里左右）。该屯瑶人和壮人相邻而居，壮人占领瑶人之大地，也用喊坟墓和对山岩射箭的方法，来决定土地是属于谁的，结果瑶人同样受骗失败。同时瑶人拿午餐到野外，都给壮人在树林偷吃了，且放牛粪于饭盆内。壮人找不见鸭，诬赖瑶人偷去或偷取瑶人所种的包粟。用这种欺骗的手段，就把瑶人赶走，夺取土地。所以现在家木屯的田地，全为壮人占有。解放前瑶人挑泥补畲地，都要给壮族人钱或请喝酒才可以去做。这里所说的壮人，可能是莫氏土司或莫姓汉人。因为这些人下来多是单身汉，同壮人结婚，一二代后壮化为壮人。今南丹莫家皆能说壮话，自称为壮人。瑶人与莫家斗争失败之后，不被赶走就遭受惨杀。传说当时杀了许多人，只留4个人为他们抬轿。后来莫家汉人，甚至苗人，所有结婚或其他喜事抬轿，都雇用瑶人抬。除了经济原因之外，渊源实起于此。后来这4个人分居4处，子孙繁衍，称为四团瑶、四坡瑶或四亭瑶。拉要陆满公说："今里湖乡方面，大瑶寨巴地乡为一团，里化屯又为一团，总称上团；牛栏关方面，小瑶寨为一团，七圩古竹山又为一团，总称为下团，共为四团。"甘平屯蓝富强说："一坡在里湖，一坡在牛栏关，一坡在瑶里，一坡在汉渡。称为四坡"。除后一个地名不同外，其余都无大差异，今上团的瑶胞，不全由拉要被赶去，但他们是难兄难弟，是历史上受压迫最惨重的民族，而先有瑶后有朝，转变为先有朝后有瑶的过程，在这里也得到了充分的说明。

瑶胞对于骗印这件事，认为是万代仇恨，千载奇冤，必须纪念，永不忘怀。现男服之前对襟都各缝上一个如大印之线纹，女人衣服上身的背后，也绣以豆腐块的大花纹，尤为明显注目。一般群众虽然不完全意识到这一点，不过他们祖宗做这样的印记和穿白裤的习俗，含有告诫后代子孙永远不要忘记这血海深仇之意义。光绪十三年（1887年），栏关瑶族领袖黎水保起义，就以夺还大印收回侵地为号召。

（三）统治阶级造成的罪恶

自宋元丰年间，莫伟勋统治南丹，赶走瑶人后，如前所说，瑶族从此就受莫家土官的残酷剥削压迫，过着非人之生活。据了解，莫家南丹县城的土官及黄江乡①拉教屯和拉黑屯的土官，对于巴地、瑶地、拉关等乡之瑶族，施以特殊的农奴统治。莫家官族统治的地方，划分很清楚，如黄江乡莫家土官统治巴地等乡，拉教土官统治拉教、纪厚、瓦盖、白岩良、布别、拉弄、拉科等屯，拉黑土官统治牛栏关，小瑶寨等乡。原归哪个土官管的瑶民世世代代归他，后代子孙搬迁到别处，仍旧归他管，不能改变。瑶里乡大瑶寨何家，约二三十户，是直归南丹土官所管，但其中有4户则归拉教土官所管。莫家土官，压迫剥削瑶胞，根据调查材料说明是很残酷的，经济的和超经济的，有规定的和漫无限制的都有，非常离奇狠毒，令人骇闻。如拉教屯瑶胞老人李云才说：瑶人自被莫家赶走后，莫家不准瑶人出街买卖东西，见者就杀。若认他做庄主，即给他做工或上粮，做他的农奴，才准出街买盐食，不然盐也不准买食，这样瑶人无法，个个都"归庄"。所谓归庄，是封建剥削的名词，莫家为庄主，瑶人为庄丁，是庄主与庄丁的关系，是封建经济剥削和超经济剥削的关系。拉教庄丁对于莫家庄主所尽之义务，大致可分为两类，李、韦等姓替其劳役的为一类，本屯和纪厚屯之何姓实物交租的又为一类。但这只是大体的分类，并非硬性规定。劳役而兼实物，实物而兼劳役者也有。李云才说他的祖父替莫树年耕种8丘田，一年产42挑谷，每挑65斤，直到他本身尚继续耕种，每年自己带农具耕牛去做，以劳工代租，白白给他耕种，直做到谷米入仓为止，

① 黄江乡：今南丹县罗富乡黄江村。

没有工钱，只供饭食而已，形同奴隶。他喊去做工，自己家里有什重要活路也都要去。有一次，莫家喊他去抬粪，他因赶打草鞋，没有去，到晚上就派人来绑去，如绑土匪一样，李的右臂被绑得伤痕犹在。可见莫家对待庄丁的残暴了。除了做工以外，每年七月半过中元节，仍送给他们柴火一担和南瓜、丝瓜、苦瓜等菜，要把好的送去。劳役而兼实物的输纳，没有一定的限制。至于交实物地租的纪厚屯和拉教屯何姓，规定每年给莫家黄豆3筒，钱150文或毫子1毫半，棉花3~4斤（要中花不要头尾花），到七月半中元节，又要送去南瓜、丝瓜五六个，只要白色的，若是青色的必挨打骂。此外还送小米1筒，以便他养鸟之用。他又爱食野味，特令该屯蓝姓，每年要送野味。如蓝信才，蓝信富之祖宗，每年要贡送黄猄1只，而且要活的，不要死的。有一年蓝姓为去打黄猄，跌下山来，丧了人命一条。后来蓝姓去告状，始免这种负担，脱离拉教莫家，去归别处莫家所管。又该屯李老火说："莫永业（抗日时因癫狂被日本鬼子杀死）之母亲，号称莫太奶，见本屯养有肥大的鸡鸭和猪仔，常命人杀给她吃或干脆拿回家去吃。"莫家太奶视庄丁之物如她家之物一样，随便拿去。她每年到纪厚去收租，都要纪厚人来抬，她有现今尚存之拉教屯唯一好的房屋，全是征调本屯和纪厚何姓之人来做。本屯何有龙说："20多条梁木，都是他和纪厚屯何姓从20多里远的地方抬来的，千辛万苦。"解放后，何姓曾一度想拆毁他的房屋，清算他的剥削，因拉教群众不肯而止。这说明莫家对于庄丁之剥削，实物兼劳力地租兼而有之。取之所求，为之所欲。土官是土皇帝，固无一定章则。再有莫家土官老例，凡妇女离婚再嫁，身价钱统归她所得。由于有了此例，就生财有道，人家愿意离婚固好，不愿意她就绑人，强迫离婚。该屯何有龙说："我和前妻意见有些不合，莫太奶为想要钱，就绑起我父亲，答应离婚则放，不然不放，逼得忍痛离婚。卖得42元东毫，全被她拿去。她只是一个女人，为什么人们这样怕她？因为南丹土官是她直系宗亲，大兵成队，大权在握。"据说她可随便罚人钱，占人田地，行同强盗的拉生绑票。如贫农吴自有祖父，在屯附近见野猪来食苞米，放纸炮赶走野猪，莫家以为是故意放炮吓他，使她惊恐，罚钱32吊。1945年，李金廷在莫家之山砍一株树枝做电杆，被莫树年罚酒4斤、鸡1只、银1块。不论何人田地，若在他田上面，想占有就随便挖水流下，使你田干涸，作物失收，逼得非卖给他不可。解放前，他尚有水田300挑谷，多是用这种毒辣手段夺来的。据李方才说："民国十三年（1924），莫树崇、树年兄弟，见我有些钱，就拦我到拉黑屯岩洞上，勒索60吊钱，逼得我卖去房地一块，才得赎回性命"。可知土官在拉教屯和其他地方的血腥罪恶和滔天罪行。

拉黑屯莫家土官统治栏关乡小瑶寨方面，据调查材料，土官每年来回收租，都要该寨人去抬，并令该寨人去做苦工，没有工钱。当时该寨有上潘下潘、上黎下黎和李家5户归他统治，每年共交3担米，钱每家出几十文至95文不等。将到新年，每家又送肥鸡1只、柴火1担、黄豆1筒、蓝靛1斤，作为"年礼"，派人送到他家。土官每年催缴的钱物，形同追债，急如星火，分厘不得减少，时间不能稍延，不然就要绑人罚钱。有年催得太急，瑶胞对他说："先有瑶，后有朝，你为什么这样急，不宽容我们一点？"他就蛮横无理地说："先有瑶，后有朝，你不给，我就绹"。该寨黎丁杰曾被绹一次，罚钱24吊。潘老义曾被绹2次，罚钱30吊，始得放回。瑶胞每次被绹，须杀鸡请他食，每餐1只，还要供奉中餐，罚款始能减轻。1913年寡妇潘老梅，不想送给莫家唯一的肥鸡，莫家爪牙就把鸡打死，当场拿鸡来食，食完还把鸡腿带回家。当地瑶族5户，实因太穷交不起钱粮，不能再忍受，乃集资派黎丁杰、潘老义到南丹县城去告状，结果南丹土官为缓和瑶胞反抗，准他们脱离了拉黑屯土官莫正机的统治，而直接归南丹莫正芳管理。弃虎投狼，苦难仍未能免除。在调查中拉黑屯的人都说没有土官，然而瑶寨的人都言之凿凿，说该屯尚有莫德甫、莫树楷等家。说明民国以前莫家必然是土官，后恐被小瑶寨人告掉，时代久远，今又不复记忆而已。可知拉黑屯莫正机祖宗对瑶胞之压迫、剥削也不次于拉教。该屯黎五、黎二、黎老松等说："他们自归南丹莫家土官统治，不过是前门去虎，后门进狼，换汤不换药，没得什么好处。唯有共产党来了之后，解放了，才感到快乐幸福"。又如黎五公激动地说："今天我们搭帮毛主席才得抬头，不交粮钱，反得救济，我去年今年共得救济粮 100 斤，我俩公婆无儿子也可以生了，过去怕生下来没有饭吃。"

黄江乡莫家土官统治巴地乡，他对巴地瑶胞说："我是你的太公，你是孙子，属于我管理。哪个不听我话，拿来宰杀。"有人私生子，他借口维持风化，要实行破肚子，不然要罚 360 个东毫，进行暴力的统治和无理的剥削。每年 9 月间，他要巴地屯人去抬他和他全家人来，一住就是 2 个月或 4 个月不等。来到屯里，要全屯群众挑酒去到村外 5 里处去迎接。到屯后，住宿在族长何老元家，屯上专派 2 人服侍，每户轮流供给一餐，每餐规定要一只鸡，重两斤半左右，否则要猪肉 3 斤，还有酒 4 斤，米数斤，柴火数把。周而复始，常常每户要轮到十多次。人多之户与人少之户，同样负担，人少之户更感痛苦。如招呼不周，全屯都要受罪。到他回去时，规定每家送棉花 1 斤 4 两，钱 100 至 200 文不等，还要一二十人把他们抬回去。他们常说："我的仔呀，抬我回去吧！"抬送他的人，就被留在家做工一二十天，才得回来，是实物而兼劳役的剥削。到民国改立乡长，他没权管理巴地屯，也还来剥削一次，瑶胞不知道他的诡计，被他刮去二三百块光洋。

到了国民党统治时代，表面上宣布民族平等和不要少数民族当兵，实际上统治者剥削花样更多更巧，剥削更重，瑶胞之苦，反而加甚。例如巴地乡巴地屯的王有明说："他们每月要缴纳两个东毫作为乡长生活津贴费。国民党规定之苛捐杂税，多至十几二十种。有的所谓乡警费、保安费、赈经费、子弹费、建筑费等，而且月月增加，因而时常出卖鸡、鸭或物件来给，造成生活极度贫困，濒临绝境。又因瑶胞得免除征兵，把征兵费加在瑶胞身上，成为很重之负担，受了许多苦处。如 1936 年国民党征该屯 50 多人往东兰修公路，命他们自带粮食，做了月余工，粮食吃完，大家要求回家要米，监工不准，用黄泥和米混合给食，食不下去，也要挨饿做工。陈老满饿了 5 天，小腿上已经发烂。1942 年，反动政府又征该屯瑶胞到金城江①去修铁路。去时要群众顺手挑公家的黄豆去，说有挑脚费，后来全部被村长何利臣贪污吞没。伙食费七除八扣，食得不饱。国民党之征工每年最多四五次，少者亦有一二次，每次少者一二天，多者一个月。瑶胞所受痛苦，不堪言状。

大瑶寨的何润石当村长多年，残酷地迫害和剥削瑶族群众，据何老者、黎正风、何老干等揭控，最为突出的事例如下：

（1）假借反动政府命令创办小学，作为敲诈群众的手段。凡村中稍富裕者，如黎××不给小孩上学就要罚钱。迫得人人为免于罚钱，令小孩去应付度过难关。因而小孩读书毫无成绩，黎正洪读了 7 年书，只认得自己的名字。韦老概因年纪大了，不去读书，被罚光洋 12 元。

（2）村中不论什么会，若有迟到或不到者，都被罚光洋 1 块或 1 元 2 角不等。罚的钱，称为草鞋钱。

（3）解放前，瑶胞本不被征兵的，但何润石每年要全村青年给光洋 2 元。有一年还规

① 金城江：今广西河池金城江区。

定15～50岁的男人，每人给光洋2元才免征兵。

（4）他见那一家有钱，就想诡计剥削。如黎正化的父亲去南丹修飞机场，得5块光洋，就借故把他绑起来，要正化的父亲分几块钱给他，才算了事。

（5）在15年前，黎记钱的妻子放火烧山，被罚光洋12块；同日黎老额之妻放火烧自己的田基杂草，也被罚光洋12块，老额因无钱，白给他做长工10年。

（6）村中凡夫妻打架，到他家去讲理，也罚光洋3元6角，说他们踏坏了他家之屋神。何润石是瑶族中之败类，他今尚保存作为乡府用之房屋两进，是强迫剥削群众的劳力来建的，屋地也是强占黎老者的园地。起初黎不想卖给他，他就先把黎绑起，不卖就押去南丹，黎被迫卖给他。他常和反动官僚勾结压迫瑶胞，如1949年10月，南丹反动军官黄济带兵来瑶寨勒索米8000多斤，他背了一把马关刀威吓群众，谁不给就一刀。他对瑶胞说："你们没粮交，如果家中三天不起火，我就不要了。"群众迫于刀枪，为保全生命，无食无穿，卖物卖子，也得交清。1949年底解放军到南丹县城，尚未到该寨，1950年2月，全寨群众连他的侄子何老千在内，就自动组织起来，把他杀死，以泄胸中之恨，清算了他们十几年的血债。

里纪乡纪厚屯的瑶胞，受国民党政府的残酷剥削，激起了群众的愤怒，何纪年唱道：

我赶种田种地，力气做成米，我只得一半。

天天喂猪喂牛，得钱不够国民党收。

我看一个钱，比斗篷还大。

在一天路远，我赶找得一块钱，总是帮头人（国民党乡村长）背。

老婆乖仔不得食，我你相看泪哭泣。

从上面3个乡的情况，足以看出国民党压迫剥削瑶胞之惨。3个乡的村长与莫家土官，凡妇女离婚再嫁，身价都归他所得，本人反而一文不得。巴地村长何利臣做村长10年，共卖去妇女40人，每人得银二三十元。今巴地屯大组长王廷甫的前妻，也在其内，王对他至今犹存介蒂。大瑶寨村长何润石也得这种横财不少。如黎妹离婚2次，他共得光洋80元，第一次和何老才离婚，得光洋40元，第二次和黎建华离婚得光洋40元。他和纪厚村某村长，规定凡离婚妇女，必须留居他家数夜，任其摆布，始让出嫁。从这些事件来看，国民党的村长，除承继莫家土官陋规之外，并变本加厉，做了不少殃民罪恶。

三、瑶胞英勇反抗斗争

瑶胞过去受莫家土官和国民党反动阶级种种压迫剥削，困苦不堪，衣食不足。纪厚屯有一首山歌唱道：

先有瑶，后有朝，客穷客带瓢，瑶穷瑶挖窑（炭窑）。

"朝"和"客"，都指汉族的坏人而言，"带瓢"是到处乞食的人，"挖窑"是到山岭去挖窑烧木炭，换米充饥。这说明了瑶胞穷而志坚，是顶天立地之人。同时他们的民族自尊心以及民族间的隔阂和仇恨，在这首歌中也充分地表达出来。

瑶胞群众是智慧和勇敢的，他们对于剥削压迫的统治者，都是鄙视仇恨，一到反抗的条件成熟，有一分力量就进行斗争。

（一）黎水保起义

在离牛栏关十多里之牛洞屯，89 岁的老人黎火明，17 岁时就参加黎水保起义。他不识字，全凭记忆讲述了黎水保起义。

1. 起义原因

南丹莫家土官初到南丹，用阴谋诡计骗得瑶人之大印，夺取瑶人之土地，把他们赶走；之后又拿他们当牛当马做奴隶，瑶人都记下了这个仇要报。黎火明说黎水保起义之原因，正是为了这件事。他是个瑶人之领袖，有浓厚的复仇思想，富有革命牺牲之精神。一生立大志要夺回大印，收回田坝土地。因而立志发奋读书。传说他聪明过人，只读一二年书就胜其师长，曾三次托人下宜山买书来读，看了许多书。家有 40 多挑谷田，足以自给。起义之前，他准备 3 年，秘密和有志青年如韦老勇等计划策谋，经常在牛洞出去几里路的山上，学习老虎跳跃。这时莫家土官也知道黎水保吃素（斋）准备要夺还大印，收回田地，而且要当皇帝，于光绪十三年（1887 年）三月间由县土官莫树景率兵千人左右去打牛栏关。黎水保起义，是为瑶族生存而进行斗争。

2. 组织与号召

黎水保领导瑶族人民，以夺回瑶人的官印、收回田地为号召，要求瑶胞吃素，誓不吃肉，谁人吃肉就杀谁。黎火明说："我本不想参加革命的，因牛栏关乡小瑶寨潘老儿老表对我父亲说，你吃肉，黎水保就要杀你，最好你的儿子（黎火明）去当黎水保兵，他就不杀你了。潘老儿是黎水保之部属，所以我方去参加起义斗争"。黎水保这样说，"不过是拿来恐吓人，无非要各人都像他那样立志革命，终身吃素而已，实际上没杀过任何人。"

黎水保组织的兵，共有五六十人左右，多数是牛栏关附近如巴地、里化、瑶寨等地闻风向义的青年。枪炮很少，有鸟枪 30 多支，其余都是大刀和竹削的长竹标，被迫揭竿而起，挺身而斗。他为了便于作战指挥，设有 4 个武官，一个是拉教屯黎老为，一个是潘桥写，一个是潘老儿，一个是潘老弟。黎水保没有叫人称他是什么官，只知道他是为夺回大印和土地而起义的头人。枪支、梭镖等武器，不是黎水保早有准备，而是各人自己带去的。吃的粮食，由黎水保供给。有事则聚集而战，吃黎家粮，无事则回家耕作，吃自己粮食，纯粹是共同生存、共同奋斗，有事则兵、无事则农的群众组织。组织没有什么严格的规约，也没有旗帜与印章。因为黎水保不准吃肉，又坚决主张革命，惯于吃肉之人，加之革命意志薄弱者，都不愿跟他，而且打仗时，军纪很严，犯者必究。黎火明为了吃肉，只参加了第一次战争，第二次战争就不参加了。

3. 战争经过

光绪十三年（1887 年）三月间（日期记不清），南丹土官莫树景，闻黎水保吃素要当皇帝且要夺回印，即坐轿带兵1000人左右进驻牛栏关村一带，插有大旗，所用都是粉枪。第二天，即攻打黎水保。据牛栏关屯黎公武（78 岁）老人说："我们瑶人都不打莫家。一晚，他们要 120 斤猪肉，20 斤酒，黎水保仍送给他。第二天早上，莫家先在牛栏关开炮，我们（他当时 9 岁）被逼应战。第一次我们把莫的兵赶到离牛栏关 4 里的塘明，第二次就打到南丹县城边才回，打死莫家兵 20 人左右，取得初步胜利。"据说黎水保派韦老勇到莫家军队住的地方去，化装成猛虎，披上虎皮，跳得很远，装出要吃莫家兵之姿势，莫家兵见了老虎惊惶失措，手拿粉枪也忘记放火药，枪也打不响，打响了也打不中，所以黎水保及其部下得胜穷追，莫树景所坐的轿子也丢掉了。这仗打得很好，胜利后大家回家。到5月20日，莫树景到庆远请了3个大人，带了许多兵和大炮进行第二次进攻，这次黎火明不参加。当时黎水保只有30多人，在牛栏关乡打了一天多，敌我势力相差太远，打了一仗即退走。黎水保走到东美（今牛栏关乡十五组）何老弟姐夫之家去躲避，后被莫家以36吊钱收买其姐夫将其捕获。今天他姐夫之瓦房就是用这些钱来盖的。韦老勇逃到加克屯（今该乡第七组），被潘长脚在他家里把他捉交莫家土官。第二次打仗瑶族虽然没有死人，不过惨无人道的莫家官兵把小瑶寨、牛洞屯和加克、坝哈等村统统烧光，给瑶胞留下世代难忘的血海深仇。后来韦老勇在南丹被杀。黎水保和他妻子一齐被送到庆远去杀。黎水保就义后，露尸刑场，没人收埋，这个民族英雄就这样壮烈牺牲了。他死后，妻子被放回家，家被烧光，田地充公。后又遇上天旱，他儿子入山找不到食物而饿死。今有一孙名叫黎远才，是黎水保唯一的后代。

4. 深远意义

黎水保起义，是瑶族历史上最光辉的一页。他以反对莫家统治、夺回大印、收回田地为号召，为了解除瑶族800多年受莫家统治的痛苦，得到瑶胞们的拥护及支持，但起义最终失败了。黎水保被姐夫出卖，韦老勇也被潘家捉了交给县土官，这说明了农民阶级的自私性和软弱性，历代农民革命若没有无产阶级领导是不会成功的。黎水保在第一次胜利后没有进一步建立自己的政权和加强自己的力量，这也说明农民起义多数没有远大的政治目标和严密的组织性。还有黎水保吃素，是受旧时白莲教的影响，一说他是该教的教徒，这点使部下在打胜仗后有些不满。如黎火明是不愿参加的一个。但是在本质上他是为了拯救瑶胞于水火，他是一个顶天立地之好汉，是一个民族英雄，所以瑶族人民对他非常爱戴，希望他不死。小瑶寨潘成保（乡长）和一般群众尚有关于黎水保不该死之传说和死后变为猴子之传说。如传说皇帝认为黎水保吃素是个好人，不该杀，杀是杀错了，带兵来打的郭、罗、马三个大人，自知罪重，郭食鸦片自尽，罗投河而死，马坐轿跌死，莫树景也被降官处罚。黎水保死后第二天，庆远衙门上面出现一个猴子在房瓦上跳跃，官家知是杀错了黎水保。又以为瑶人真正是厉害，以后再不敢侵犯瑶人，瑶人始得安居。这也许是反动官吏故意编造出来的传说，借以缓和瑶族反抗情绪，但也说明了瑶族人民对于革命先烈之敬仰以及反抗反动统治的心情。山高水长永远不忘。这次起义虽然失败，但却深深印在每个瑶胞的脑海中，在白裤瑶的反抗斗争史上增加了光辉的一页。

（二）解放前后的武装自卫

1. 对国民党反动派奸淫掳掠的反抗

依前所说，蒋介石国民党统治者尽管对瑶胞施行残酷的压迫剥削，但是英勇的瑶胞并没有在枪杆下屈服，而是激起了他们的愤怒，更激起他们强烈的反抗。如1945年日寇投降后，国民党九十三军的残余零星退军来到南丹县里化，强奸妇女（奸污壮族一妇女），抢掠家财。里化屯黎明德即领导群众起来自卫，并在牛逢地方与匪军战斗一天一夜，毙匪军2人。虽然后来黎明德勾结乡长罗某强迫群众投降匪军，捉去群众黎基环、黎老勇、黎基木、黎老赖等人（黎基环在监狱被处死，余4人解放后才得释放），但在那样组织不纯，武器又劣的情况下，他们也能起来和匪军斗争，这充分表现了瑶胞有着反抗压迫的坚强意志。只要加以组织和领导，就是一股不可战胜的力量。

2. 坚决和土匪斗争

解放后，南丹匪患猖獗。里湖、懂甲、瑶里、利乐、朝房等乡的恶霸地主、乡村长等统治阶级，如温荣甫、白华美、韦英才、何润石、谢国英、温国交、董济、何志保等坏分子，组织土匪，强迫瑶胞参加，放哨守卡，不准瑶民住南丹，并到处抢劫和敲诈勒索。如纪厚屯，每家要子弹5颗，没有者折交米15斤，每户要交1元2角东毫，还要摊派粮食供应土匪。又如白崖屯，全屯被烧，只剩3间房子，土匪抢去46头牛，与解放军和人民为敌，扰乱地方治安。由1950年4月到7月，一时声势嚣张，造成了混乱的局面。

1950年五六月间，土匪最猖狂，攻打我乡人民政府，包围南丹县城。5月26日，更放火烧我迈丈等村群众房屋。可是瑶胞除了极少数被迫参加外，绝大部分没有受他们的煽惑。在党和毛主席的领导下，自觉组织起来与土匪斗争，清匪保家。当时在里湖乡方面以陆绍龙为中队长，各村瑶胞都拿鸟枪、粉枪参加队伍，誓言抵抗，消灭土匪。如6月29日，瑶族200多人，手持鸟枪、牛刀，在绍龙同志的领导下，与白华美、白定标、谢国英匪部在纪闷地方激战一昼夜，毙敌3人。我方贫农何老头一人壮烈牺牲，他的鸟枪被土匪抢去，他的头也被土匪斩去。瑶胞对土匪这种横蛮暴行，莫不痛恨。随后配合我解放大军进剿土匪。懂甲战役中，击毙匪首温国交，缴获长短枪各1支，子弹190发。瑶寨屯在何老干、黎正化、何老二等人的领导下，拒交了匪首、乡长何润石、黄济摊派瑶里乡群众供给土匪的粮食。河老干等并把何润石、黄济的土匪组织报告南丹县人民政府，伏击匪首何润石。后来终于把何润石的家围住，把他擒获枪毙，粉碎了何匪组织的暴乱。瑶里乡民兵李民才、陆老矮等也报请南丹县人民政府，发枪33支组织民兵，和土匪对抗，将土匪追击到贵州边境。在八圩朝房乡黄金坳屯的瑶族，亦展开了反抗匪首温荣甫强迫瑶民参加土匪的斗争。

瑶胞有着顽强的斗争精神，在剿匪反霸的斗争中，他们发挥了强大的战斗力量，给予土匪以沉重的打击，使匪乱得以迅速剿清。安定地方，获得胜利，他们的贡献是大的。

四、解放前后经济生活和文化教育情况

（一）经济生活

1. 自然概况

南丹县东北部与贵州省接界，东部与环江县毗邻，南部与河池为界，西部与天峨县相接，属于云贵高原。全境山脉连绵，峰峦起伏，地势高峻。瑶胞多数散居或聚居在第二区和四区的山顶、山腰和坡岭上。因此，除了巴地屯、小瑶寨、大瑶寨等屯尚有一部分水田之外，其余各乡较少，有的甚至没有。二区之甘平、蒙冲、董亮等屯，是在高山峡谷中，不仅没有水田，可耕之地很狭窄，而且又瘦瘠，很多土地种了几年，必须休耕。瑶里乡里化屯很多耕地（数目未统计），仅能连续种二三年，就要丢荒七八年，甚至十几年。这些耕地上，石头多，泥土少，正如谚语所说：“七成岩，一寸土”。使用几年后，雨水把泥土冲刷去，就不能再种植。在河流方面，完全没有大河，连小溪也很少。每当秋冬二季，溪水完全干涸。在巴地、里湖、里纪、瑶里、栏关、甲坪、八圩、朝房、七圩等乡，只有里湖乡有一条小溪，水量很少。所以，住在这里的瑶胞，天旱时不但灌溉困难，而且连人畜用水也很成问题。在这样的自然环境之下，要想发展生产，若没有人民政府大力的帮助，是相当困难的。

2. 农业生产状况

这里的土地，不论种大米或玉米，只能种一茬。因为土地贫瘠，石多土浅，每年收入最

高的只达六七成。田地的数目也甚少。如四区巴地乡，是瑶、汉、壮三个民族杂居的乡，有些水田，算是生活较好的一个乡。据现有材料统计，全乡人口有1519人，有田5816挑，地5928挑，平均每人有田3.8挑，地3.9挑（指产量）。每挑以60斤计，则每人每年收入稻谷222斤，杂粮234斤。每年收入不够维持生活。有水田的乡，也是如此，全是山坡的地带，就可想而知了。沙厂乡①的瑶族同胞，完全没有水田，只在山坡上挖地种小米、包谷。全乡有瑶族43户，261人（男131人，女130人）。其中只有3户拥有耕地，其余都是租汉壮族富农、中农之土地来种。每年需交地租。有些在山岭上开荒也要交租。租额是二八分或三七分成，生地开荒的，两年后要交租。该乡农会主席谭风祥说："一般瑶胞迫切要求土地，他们讲，我们还没田种，怎说是翻身？"在瑶族地区，当前最迫切的问题是土地，也是发展瑶族经济的关键所在。在国民党统治时代，土地多是集中在汉族中的少数地主阶级手中。我们调查汉渡乡②甘平屯，该屯19户瑶胞，蒙老勇、蓝火保、黎金保3户，解放前全无土地，全租汉族地主来维持生活。

瑶族农民有的虽然也有些土地，但田地离村很远，发展生产很困难。如瑶里乡大瑶寨的土地，有的远在20里外的巴地乡。汉渡乡甘平屯的土地，有的在朝房乡，也有在七圩的，往返一次要走40里左右，费时半天，给生产带来诸多不便。

劳动力。瑶族人民有吃苦耐劳的优良品质。凡8岁以上的小孩都参加劳动，看牛或做针线。第二区牛栏关乡瑶寨潘美教、黎秀美等的小女孩，从小就学刺绣；青壮年人不论是男是女，都是整天干活的；老年人除非真正失去劳动力，否则都参加主要劳动和附带劳动。第四区巴地屯大瑶寨王老牛，已67岁，每逢南丹城圩日，尚挑六七十斤重的东西，一天往返。在劳动力上，主要劳动与附带劳动及不能劳动的对比，相差很大。第二区牛栏关乡小瑶寨，全屯农业人口70户，313人（男146人，女167人）。其中能够负担主要劳动的有209人，占人口总数的67%，附带劳动和不能劳动的有103人，占人口总数的32%。

耕牛。瑶族人民养有耕牛，数量也占一定比例。如四区里湖乡纪厚村第一、第三两个组，共18户，就有耕牛16头。二区牛栏关乡小瑶寨，全屯70户，分3个小组，第一小组26户，有耕牛60头，大的36头，小的24头。第二小组人数没有统计，可以耕田的牛就有36头。1951年发放农贷时，大多数瑶胞都买了耕牛和农具。沙厂关乡去年生产增加了一半。就目前来说，瑶胞因为受地理环境的限制和旧的生产方法之影响，劳动生产的积极性尚未发挥，对于耕牛之要求，尚不迫切。

生产工具。生产工具除铁质部分，多是自造的，种类很多，主要的有犁（很小，很轻便）、耙（六条齿，也很小）、翻锹和锄等。翻锹和锄都用在不能用犁的山坡斜地上。

肥料及积肥方法。主要肥料是用牛粪、草木灰和堆肥。人的粪尿过去都不用（牛栏关乡瑶胞，开始积大便肥使用）。如里化屯陆绍龙说："大小便有虫，淋东西将来吃了容易生病"。这虽然是一种说法，但不是一般人都是这样的认识；一般人的见解，大约因为屎尿太臭，没有用作肥料的习惯。

积肥的方法，是到山上去割草放进牛猪栏去（习惯猪牛同栏），一面给牛吃，一面把草给牛踩，使之与牛粪混合成肥。垃圾、木灰和草灰也通通倒进牛栏去，经过相当时间发酵腐烂，同牛粪一起挖出，挑到屋外去堆积，待干后挑去做肥料。

---

① 沙厂乡：今写作"石沙厂"，南丹县八圩瑶族乡石沙厂村。

② 汉渡乡：今又写作"汉度"，南丹县八圩瑶族乡汉渡村。

3. 土特产和副业

农产品。由于自然环境的限制，大部分的乡都少有甚至没有水田，多是贫瘠土岭或半土半石的山坡，所以大米产量很少，而以玉米、小米（狗尾粟）、高粱、三角麦、红薯、棉花、南瓜、甜瓜、黄瓜等为主。除黄瓜、甜瓜外，其他产量均不高，只供自给，没有拿去出卖。黄豆、甜瓜的年产量没有数字统计，但到 8 月的时候，每逢南丹圩日，瑶胞就挑去卖，街巷触目皆是，算是瓜类中产量最多的东西。至于棉花，在瑶胞居住的地方，普遍种植。如巴地乡每年播种达 500 多斤。仅巴地一屯，年收棉花约1500斤。

特产。大瑶寨以火麻和树胶为最多。火麻是一种草本（一年生）植物，高约 3 尺，叶呈锯齿形，籽呈褐色，比绿豆稍小，可榨油，但含油量不多，每斤只可榨油 2 两多，可煮菜和点灯用。瑶胞因缺榨具，都是用一块布包起搓成油水与菜共煮，很少用于点灯。家家种植有，一般每年可收入 10 斤左右，个别户可收二三十斤。据日平屯蓝老米说："火麻因为家家都有，所以价格很便宜，500 元 1 斤。"火麻除了供食用外，在医药上用途很广，是滋润肠胃的特效药，在外地每斤价格约 6000 元。

树胶。有发展前途（瑶胞亦叫沾胶），各地区都有出产，尤以懂甲、雅甲、里湖等乡为最多。是天生的，不是人工种植的。这种树，每株一年可得 10 多斤胶汁。取胶时，用刀砍入树身，胶汁即从砍口流出来。今年砍的次数越多，明年得的胶汁就越多。瑶胞用这种树胶来染衣服和布匹。用法是用胶 1 斤，配以牛油、蜂蜡各 1 两，与糯米水混合煮成黑色的黏性胶液，把它用来画花纹在白布上，再拿布去染蓝靛，染完用热水洗去胶质，这样原来画在白布上花纹的痕迹，就变成黑布上之花纹。这样树胶黏性很强，若经过化验，加以其他化合物，更为坚硬，在工业上作用可能更大。现在价格还很低，每斤只卖2500元。

这些特产，要有计划有组织地领导群众进行生产，以增加瑶胞的收入，对国家工业建设也有贡献。

副业。副业很少，生活困苦的多数是靠帮人做工补助生活。工资每日两三斤米，也看工作之缓急轻重而定。在里化和汉渡乡甘平屯及大小瑶寨等地，农闲时群众打些草鞋卖，也得些小钱帮补家用。巴地、瑶里等乡多养母猪，作为副业。如巴地屯有95 户，就有 90 多只母猪，只有 5 户没有养。瑶里乡瑶寨屯姓韦的 9 家，只有两家没有养。养母猪用的饲料成本既少，又可按期得到猪仔，对解决生活问题大有帮助。在瑶胞地区，还有一种副业，就是打野兽。人民政府为了除兽害，曾出赏金，凡打死老虎给米 300 斤，野猪给米 80 斤，猴子给米 25 斤。因此为解决生活困难，既可以得赏米，又可以得肉食或卖，又可以保护作物庄稼。因此瑶族人民往往当农作物成熟，野兽出来找食时就去打猎。如瑶寨黎东洲等，今年 6 月份，在四组人中，每组抽三五人不等，组织打猎队，约一个月共得箭猪 20 多个，得赏人民币共 80 多万元，又得了许多箭猪肉，足可补助家中之生活。各屯瑶胞去打猎的人也不少。牛栏关乡乡长潘成保，8 月去县城开生产会议数天，晚晚出去打猎，结果打得野猪 1 只，箭猪 1 只，黄猄 1 只，共领得人民币 20 万元，解决其一家 3 口两个月的粮食。

4. 目前经济生活状况

瑶胞各乡除四区之巴地屯和二区的小瑶寨屯之外，多数粮食是以玉米为主，其次是小米、三角麦、高粱、饭豆、红薯和瓜类。大米很少，只是在亲戚朋友来家和过年过节时，才煮点白米饭吃，过去他们生活大体上都是这样。解放后，瑶胞和汉族、壮族的人民一样，脱离了国民党政府的统治，免除了苛重赋税以及官僚恶霸的压迫剥削，3 年来又得到人民政府的救济和贷款，生活上已得到了初步改善。正如甘平屯黎金保说："我家 5 口人，解放前租种地主8挑地，终日劳动，天未亮就出门，天黑了才回家，但天天是杂粮粥，吃不到一餐干饭，每年还缺粮4个月以上，一个月中没有三五天有盐食，有时养些鸡拿去卖，想买些盐，国民党村长便跟着来催捐拿去了，不交就要捉人，人不在家就被封屋或拿走锅头。解放后，毛主席领导我们少数民族，日子好过了，没有人剥削人，我做几多就得几多，还得救济。1951年得76斤救济米，半斤盐，手巾1条，衣服2套，车线1个，针2口；1952年又得到救济米96斤，还借给我农贷款15万元。现在我一家人，连新开荒的地，就有25挑了，还有牛1头，猪1只。今年粮米够吃，也常有盐食，油也缺不多，生活全变了样”。又如巴地屯陈老满，一家11人吃饭，能劳动的7人。解放前自己没有土地，租种地主62挑谷田来种（一挑60斤），交租31挑，剩下31挑，以每人每天1斤计，只能维持3个月，一年缺粮9个月。现在自己种多少得多少，不再受人剥削，开了些山坡地，去年收得的米可以吃到今年7月，玉米不久有收成，今年粮食已不缺。油盐方面，解放前接连一二个月没有盐吃，油更是全年没有，现在餐餐有盐吃，过年过节也可以买些肉吃。再如瑶里乡大瑶寨屯黎老者，一家5口人，自己无田。解放前粮食常年不足，有些年缺粮8~10个月。油盐更不用说，一年经常有10个月没有盐吃，油更是全年没有。过年节都不一定有肉食。今年只缺粮4个月，在缺粮月中，他两个男孩出去卖工，得工资回来买米，全家人吃粥，便可度过荒月，食盐每月都买1.2斤，过年过节都有斤把猪肉食。从上面几个例子看来，解放后瑶胞在毛主席、共产党和人民政府的正确领导下，生活已开始有了改善。这仅仅是转变的开始，因为过去反动派遗留下来许多苦根，一时难以挖掉。瑶胞的生活，要与已经土改过的汉、壮族地区的农民相比，还有相当的距离。首先在盐油方面，今年普遍还缺盐一两个月，油更不用说，有钱的人天天都有油吃的，个别户养有肉猪，则在卖猪时，把全部猪油留下自己吃，这些户就有多点油吃。平常炒菜不是用火麻就是用酸醋或番茄（因有酸性）以及辣椒来代替油。其次热天没有蚊帐，冬天没有被盖和棉衣的也有不少。如汉渡乡甘平屯下甘坡，有13户，没有一个人有被子和蚊帐。纪厚屯81户中，所有贫雇农也没有一个人有被子和蚊帐，生活比较好的巴地屯，缺被、蚊帐的也有不少。全屯95户中，全无棉被的就有何老纪一家（6人），王老刀1人，蓝老二1人，王老舍2人，何老右3人，何王氏1人，何老满1人，何老勇2人等8户。罗有仲1户，10人只有3床被子，王老明1户6人只有被子1床，王光才1户5人只有1床被子。蚊帐和冬衣全屯绝大多数人没有。冬天没有被盖，夏天没有蚊帐。冬天全家人夜晚围火而睡，热天只有让蚊子咬。因此，传染病如疟疾、痢疾等很流行。因生活困难，生了病没有钱买药，只能听天由命。如大瑶寨黎老爱今年患疟疾，一连3个月不好，也不找药吃，直到省卫生厅民族卫生工作队到该村，送药给他服后病才好。又如大瑶寨王君化，年年发疟疾，去年就一共发了75天，今年照患疟疾，又发了5天。后来他得了几颗奎宁丸吃，病况才好转。在衣服方面，全部是自己种棉花再织成布。种多少穿多少，没有种棉花就没有衣服穿。因此他们穿得也很破，冬天仍然穿单衣。除冬天外，小孩子多是光着上身或全身。普遍没有布鞋穿，出外劳动时有草鞋就穿草鞋，没有草鞋就光着脚板。缺粮问题也很严重。如大瑶寨屯今年缺粮的户占总数80%以上（全屯75户）。缺粮户一般缺粮二三个月，有的甚至缺五六个月。有水田生活较好的牛栏关乡小瑶寨屯，缺粮户也不少，全屯70户，今年缺三个月的有6户，缺两个半月的有3户，缺两个月的有2户，缺一个半月的有3户，缺一个月的有3户，共17户。缺粮一个月以上的就占总户数的24.3%。占有水田生活较好的村还是如此，其他各屯就可想而知了。所有这些缺粮户，他们解决缺粮的办法一般是：政府救济、卖工（工资1天米两斤）、打草鞋（每对500元）、养母猪、养鸭鸡等副业或卖柴、卖炭等，仍解决不了，则吃野果野菜。以野菜度荒的差不多各村都有，尤以大瑶寨为最多，所有缺粮户差不多都吃。野菜有苦麻菜、红米菜、火麻、苦荞等。野果有李子、桃子、杨梅等。如瑶里乡大瑶寨有一家5口人，今年缺粮3个月，在这3个月中，他们的主要粮食是李果6天，桃果10天，苦麻菜5天，苦荞20天，火麻、苦麻菜渗红薯吃1个月，火麻掺小米吃20天。

瑶胞过年过节，一年之中只有两次。旧历新年初一为大年，六月三十日至七月二日为过中年。过年节才食大米饭和肉类，杀鸡或买猪牛肉来食。他们都很重视过节，未到节日之前，就酿好了酒，到了节日要休息数天。节日比汉、壮、水族都少。同时，他们又是终年劳动者，每到这些节日，应该多弄些菜愉快地饱吃两三天，但是因为生活困难，没有什么东西吃，有的就随便了。如纪厚屯民兵黎某，六月三十日没钱买肉，只买水豆腐、什菜来吃几杯酒，也算过了一个年节。区代表黎龙记，连饭都没有食，也不能在家中过节，要到外面去帮工，拿米来维持家人生活。带工的族长黎东洲也在外村打野兽，未回家过节。所有这些事例，足以反映他们生活困难之一面。

在瑶族的社会生活中，自然经济占有统治地位，除了向外买些食盐、针线、农具和其他小东西外，如穿衣，棉花自己种，纱是自己纺，布是自己织，衣服也是自己缝，与外面交易甚少。所以纪厚乡瑶胞流行这样的歌谣："好衣自己老婆做，出门我说不怕丑，没食没穿总是愁，虽然偶遇到丰收，吃到肚里没人见，有件新衣就不贱。"

（二）文化生活

白裤瑶在历史上没有民族文字，而沿用汉文，有民族语言。瑶胞男人的名字，无论老人和小孩以及青年，都是用乳名，有一个老字，如黎老保、王老茂、黎老化等。

瑶族文化很低，如巴地、瑶里、里纪、牛栏关、七圩、八圩等乡，有文化的人，都是寥寥无几，甚至全部都是文盲。瑶里乡大瑶寨全屯75户，全都是文盲，没有一个识字人（最近小孩读书不算）。乡人民政府主席何明德也不识一个字，请外来壮族石某当文书。解放前，这里设过初小，来的儿童是因怕罚钱才来（以前村长何润石说，哪个不读书就罚钱），父母怕罚钱，才送孩子上学，孩子在学校玩耍度日，读不成什么书。如黎正风读了7年书，只认得自己的名字。后来学校也就散了。解放后，1952年，成立小学，适龄儿童有80人，报名读书的只有60人，来上课的更少，直到现在每天只有3人至多是5人来读书。孩子们不来上学的原因，有如下情况：

（1）大人要去远地做工，小孩在家看牛。如黎妹的儿子读书几个月，回家连名字都写不出，其父说："不去算了，家里牛饿死无人看管，回家看牛也好。"

（2）教师对学生无耐心教育。如黎三公的孙子黎记生，被教师骂他黎记死，黎三公知道的便说："我的孙子在家很宝贝，从不骂一句死。叫你们来教他死，不去读算了。"

（3）有些人认为认了字，出外做事，会得罪政府，被关起来。如韦任才、谢国英等识字的人去做土匪，结果被关了。又认为男人认了字，不做劳苦工，想出外面去，老婆不愿来，将来绝后。

巴地乡的文化教育情况。全乡有303户1519人，其中白裤瑶占151户、人口756人，汉族11户、29人，壮族19户、63人，水族10户、39人。解放前，全乡高小毕业的只有两人，全是汉族。初识文化有15人，也完全是汉族。瑶族全部是文盲。巴地屯90多户，全是瑶族集居，但没有一个人识字。解放后，1952年春成立小学，全校报名有56人，实到校只有40人，多是汉族，瑶族只有8人，壮族嫌路远，也没有一个人来上学。纪厚屯81户，只有2户汉族，其余全是瑶族。1945年，成立过初级小学，南丹县派去教师，除公家发给薪金外，还每月每户收白米1筒，菜金1000元，不上课，也没有人去读。后来日本鬼子来了，学校也散了。该屯只有谢国英识字，做土匪被劳改。解放后，屯里有6人去里湖乡读书，因用汉语教学，学生听不懂又回家了。纪厚①的人也和大瑶寨一样，认为孩子识字以后像谢国英一样劳改，又怕孩子生病，又怕孩子认字了不做活路。去年纪厚成立了夜校，上了几天夜课，上课的人是村主席，他不得报酬，学生又忙做活路，夜校又办不成了。至于汉、壮、瑶等杂居的牛栏关乡，全乡有486户，2205人，文化教育虽比上述数乡好一点，但仍是很低。该乡以大米为主要粮食，生活比巴地和瑶里乡的瑶民好些，交通又有铁路经过，才有一些人读书，但仍是壮、汉族的人读书多。历史上瑶族读书的也极少，在民国前只有黎水保一个人读过两年的私塾，民国至解放前，全乡只有黎文富（南丹县人民政府民政科副科长）等6人读书认识字。6人中以黎文富和潘芙利两人认字多些。1952年乡成立小学，瑶族只有2人读书，其余是汉、壮、苗等族。1953年，该乡小学采取报名入学方式，但缺乏教员说服，原来报名有94名，实到校人数85名，其中瑶族原报名27名，实到上课20人；苗族原报名22人，实到上课22人；壮族原报名24人，实到校20名；汉族原报名29人，全到齐。全校男生67名，女生18名。女生7名是苗族，1名是瑶族，其余是汉族和壮族。当地瑶族学龄儿童有180人，但来读书的只有20人。由此看出，目前瑶族文化教育还很落后。该乡小学教导主任陆腾英认为，瑶族文化教育在目前还很落后的原因，主要有如下6个方面：

（1）生活困难的家庭，大人做工，小孩要在家看牛。

（2）群众反映瑶族怕孩子认字后，像谢国英土匪一样，乱搞坏事。在家劳动生活好过，纳一些粮就够了，何必读书。

（3）怕孩子读书认字后外出工作，死了父母看不见。如黎文富在外工作，到南宁去连父母亲死都不得回家见面。

（4）学校离家太远。如拉教屯有40多户，适龄入学儿童有30人，但离牛栏关12里山路。如学生黎文开的父亲黎贵宝说："我有3个小孩，若是本屯有学校，我让他们3个都去读书，现在让一个去算了。"

（5）怕孩子读书久了与汉族同化。

（6）瑶族不给女子读书的原因，有句俗话说："灰筑不成墙，女养不得爹娘。"意思是说，女子读书还不是嫁给别人家的。又说："女子读书，怕没时间刺绣，不能穿民族服装了。"朝房乡朝房屯有一女生，家里不给读书，她决定要学文化，自己来小学读书，现在已读第五册。这里成立冬学，有一个妇女叫潘大，读了3个月，认得几个字之后，冬学又散了。

据该乡黎永花（女）说："1951年，中央访问团来到这里，建议到1952年成立小学，派来一个教师叫陈启珍，是堂渡人（汉族），他教还好。后来又因有其他工作而调动，另派一个教师陈年青（汉族）来，来后不久，这老师又走了。这两位老师来这里曾经哭过，主要是生活苦，说话不通。"

陆腾英说：老师不肯来瑶寨教学的原因：

（1）学生喜爱玩鸟、养鸟，每天下午儿童都去看牛捉鸟，不肯来读书。

---

① 纪厚：今写为"纪后"，南丹县里湖瑶族乡纪后村。

（2）教师教汉文，学生不懂光爱笑，不守纪律。教师说："有些学生蠢笨不能教，他们回家后，又说给他们的家长听。"他们的家长也说："我们去读书的孩子，都是比较精巧的，既然说他笨，就不去。"他说："去年10月成立过冬学，由10月起，白天教小孩，晚上教青年妇女，搞了3个月，原有几十人，以后来读的只有20人。采用妇女文化课，妇女不来读书。"原因是，如潘大说，是为了在家纺棉花。

大瑶寨属二、四区两区，成立了小学12所，教师20人，报名学生660人，教师多派汉人去。牛栏关教导主任陆腾英（壮族）是一个比较好的教师，同群众关系好，帮群众砍柴火等，群众很欢迎。谈到解决这里小孩读书问题，陆腾英说："第一要深入群众，进行思想动员。如今年动员了26人，计划下期发展到一百多人。这里的孩子不喜欢读书，主要是没有解决他们的具体困难。如课本由政府发下之外，笔墨纸张他们也买不起。我抽了10 000多元的薪水帮他们买，解决了这些困难就好了。这里的孩子对算术没有兴趣，只爱语文、唱歌。这个特点，也得加以注意。"

五、风俗习惯

（一）劳动带工制度

南丹县白裤瑶现今尚有一种带工制度。这种制度，主要的是在劳动生产上起带头作用。据调查，里化屯的黎保光，纪厚屯的何纪成，大瑶寨的黎东州、黎老锡，巴地屯的何老元、牛栏关的黎文广，拉教屯的李方才等，都是带工的头人，也是族长，每年的农事都是他们先动工，然后屯上的群众才跟着去做。归纳起来，他们是做下列4件事：

第一件事是犁田。每年新年开始，他们先去犁田，1天到3天后，由他们"喊寨"，说他们已犁了田，然后群众才能动土。

第二件事是播种。由他们先种，种后照例喊寨，然后群众才随之而种。

第三件事是插秧。也是他们先插。牛栏关黎文广头人是把秧倒插，根在上，尾在下，意义不明。插后喊寨，群众才跟着去插。

第四件是事祭神。因为神社是司下雨，下雨是与农业有关，领头带工之人，为欲求年成丰收，必须主持敬祭社庙，即为他们分内之事。

这些大体上的规定，可以灵活应用，在实行中各村都不尽一致。

有关禁忌风俗：

巴地、纪厚两乡，每年第一次动雷（即雷鸣），要禁不出工7天。第二次动雷，要禁5天，第三次禁3天，第四次禁1天。每次动雷以后下雨，带工者领头去做，群众即犁田种地。瑶寨是由带工动工了1天，群众就可以动工。纪厚寨每年订初五六日，先由何纪成去犁田3天以后，群众才能下田工作；牛栏关由黎文广先犁田3天，但没有规定日子，只要打雷下雨，群众就可以出工了；拉教屯李方才领头犁田也只犁了几犁，象征性的，就叫群众去做了。习惯成自然，群众跟着去做。他们说："如果不跟做，就怕耕种后不下雨，又怕发虫灾谷子发白。"瑶寨黎老大说："每年旧历六月三十日时，由带工者主持祭神求雨。祭神时用猪牛做祭品，这些祭品规定隔年一用，如今年用猪，明年用牛。祭完大家会餐，费用是由全寨人共同负担"。有些村寨如纪厚名为敬社祭神，实则威吓神灵，如果祭了神不下雨或下雨太多，带工的何纪成就把社神像倒置，要求社神立即下雨或停雨，待下雨或停雨后立即转晴，才把社神正竖起来。

带工和祭神是分不开的，两者都和农业用水与劳动生产有关。带工者旧时必须由群众选出来，有氏族社会族长之身份地位，因为“政教不分”，自然是带工兼主祭，为古代族长制度之残存。巴地屯群众说：“何家祖宗先来这里，是神社由他家先立的，每年六月三十日祭神或者求雨的时候，都由何家主祭，带工族长也由他家的人去当”。但群众所说与此也有不同，据说：“何家虽先到巴地，但首先仍是何、王、罗几家轮流带工，看哪家带工当年丰收，就要那家带头耕种。后来何老元这家带工得到丰收，于是就给他做。”初为民众推举，后变为世袭。瑶寨王老牛说：“最初姓韦的先来瑶寨，但没有建立神社，也不是带工族长，到何、黎二姓来时，才带工立神庙”。巴地瑶寨的神社是立在大树之下，用几块石片搭成屋形，中安一些似人的石块即代表神像，非常简单。当族长带工要做到丰收，这不是一件容易的事情。王老牛说：“很久以前，族长是何姓做的，后来因为带头生产不下雨，他家一个姓黎的女婿，每逢帮他犁田的时候就下雨，何家就把族长让给他的女婿当。同时群众也有这个要求，于是族长才由黎姓接了过来，直到现在生产带工，仍由黎姓的黎东州、黎老锡（原为一家人）去做”。

从上面巴地、瑶寨的例子说明，起初的族长带工，不一定都是由先来立神社的人去做，而由做工得丰收经民众公选的人去做，这是古代社会中民主推举的族长制度。因为在古代社会里，族长是由民族的成员公推出来的，要他努力替人民办事，带头生产。如搞得好，大家就信任他，搞得不好就罢免。现在瑶胞的带工制度，有的虽然演变成为世袭，但原来民主推举的意义尤可推考而知。最先带工族长，在政治上没有什么特权，在经济上也没有什么剥削。到了后来，因为变为世袭或因阶级成分不好或因与反动政府有关联，就难免出现有压迫剥削之行为。

巴地的族长何老元一家，自古代以至民国初年，都是和莫家土官勾结，莫家每年来收租，都住在他们家里。瑶寨屯族长黎东州的祖宗，也是与莫氏土司相勾结，每年土司也常到他家住。可见，当时何黎两姓的族长必与反动土官关系密切，又领头带工祭神，必然也兼理政治，“政教不分”。况且那时没有建立乡村组织，当然是由头人管理，既管地方政治之事，就必然有压迫剥削群众之事。后来虽然有了乡村长，但他们还是当头人带工，没有失去族长的地位。解放后，他常常乱说乱讲，对生产有很大影响，干部和他做思想教育工作，叫群众去喊，群众都不敢去。何老元在巴地屯仍居于特殊地位。如王进甫说：“农民还信鬼神，靠天吃饭思想浓厚，认为不祭祀神社或者不求雨，就是没办法丰收。”带工族长正是利用这种与经济有关的封建迷信，来取得群众信任，建立威信。所以今日群众在生产上，无论如何都不敢破族长先动工的旧例。他们深信这个旧例古来就有，人们不能随便不从。如解放前不久，巴地有个罗家媳妇，因为族长还没有动工，她先去插秧。过几天，她到山上采猪菜，就跌断了手。瑶寨又有一个叫王起华，也是族长还未动工，他就先去犁田，后来过了1个月，就病死了。这些是偶然的事，但他们都很怕，认为族长有这么大的威力，旧例是不能破的了。

瑶胞的带工制度和禁雷风俗，严重影响生产。今年瑶寨一带，有部分田地不得耕种，就是因为这个缘故。关于这个问题，瑶寨乡长何纪贤说：“这对生产没有什么妨碍，只是犁田和新年开始不得先做而已，若在新年前犁田或新年开始刬草、挑粪等工作，都可以先做。所谓禁雷多少天，只在动雷不下雨的情况下实行，动雷下雨就可变通，不一定禁忌。”照这种说法，对生产是影响不大。不过群众认识水平不一，对于禁忌之遵守，亦有严宽之不同。如有些群众保守思想严重，就严格遵守旧习，对生产难免不发生影响。所以这个制度，很值得瑶胞认真商讨，妥善地进行解决。

（二）舅权与婚丧

在瑶族聚居的二、四区，社会上尚存有古代遗留下来的一种旧习，舅权特重。据了解，白裤瑶的舅权表现在婚丧两个方面较为突出。

1. 婚姻方面

舅父的儿子，有娶其姑母所生的女儿的优先权和取得对于其妹妹的女儿出嫁的支配权。如在里纪乡纪厚屯，舅之长男必须娶其妹妹之长女为妻，其余的次男次女，不一定要重复发生婚姻关系。所谓舅父，只限于当家之大舅，非当家的二、三舅父，就没有这个特权，这是个原则。也可看具体情况，如舅父的儿子，发现其表姐长得不好看，或年龄不当，也可以不要。如大瑶寨王老牛的儿子就是不娶其姑所生的女儿为妻，因其女有大颈。从里化、巴地、纪厚、瑶寨等地各屯的一般习惯都是这样。舅不娶其姐妹的女为媳，她若嫁给别人，必先问过舅父，舅父享有支配权，亲生父母反而不能做主。因此，在结婚时，男家要与舅父讲身价钱，多少由舅父决定。钱由舅家与母家分取，但是舅多母少。瑶里乡大瑶寨何老力，今年正月结婚，先由媒人王老化去和女方黎家舅父讲身价钱，舅父决定：舅家取 12 万元，母家取 6 万元叫做背带钱或养奶钱，总共身价钱 18 万元。若是舅父的儿子娶其表姐妹为妻，就不用媒人讲价，而由舅父自己决定，一般只给两三万养奶钱，酒 20 斤，猪肉 2 斤，鸡 1 只，就算了事。这里也有舅父之女儿嫁给姊妹的儿子做老婆的事例。如巴地屯罗玉田，就娶他舅父之女做老婆。据罗玉田说：“他舅父之女儿已与贵州人结婚，因为起初不知道，后来知道才与舅父交涉，且男女双方又愿意，始与贵州方面离婚后而结婚。”舅权为什么特重，且成为一种制度呢？表面的理由，据依牛栏关乡小瑶寨潘老埃说：“我们的婚姻古代规定下来，某人若生几个女儿，其中必定要嫁一个给舅父的儿子为妻；舅家是凭这样的道理，我家嫁给你一个人，将来我家也要讨回一个，谁也不吃亏。除非舅父不要人，才能嫁给别人，若嫁与别人，必得舅父同意，舅父不同意，就将价钱提得很高。一般应给 3 万就行，如别人要他外甥女，他就提高到八九万。这样高的身价钱，别人就不能要了。”瑶族地区广泛流传许多关于舅权的故事。据大瑶寨瑶胞王老化说：“古代舅父很有权，样样困难他都能解决。传说古代有一个瑶族妇女，生小孩时，几天几夜生不下来，她就去告诉舅父，舅父来了，用一条线吊一颗小石头，然后用裤子包在女人头上，孩子就生出来了。小孩出生 3 天，娘没有奶汁，又去报告舅父，舅父带两个糯米粽子给她食，就有奶汁喂孩子了。过了一年，孩子没有出牙齿，又去报告舅父，舅父带了 1 只碗、1 双筷，亲自来喂饭，过了几天，孩子也就长出牙齿了。又过了 3 年，孩子的头上生烂疮，头发脱落，家里的人又去报告舅父，舅父说：‘孩子长大，就多灾多难，我来送花搭桥，好给他做人。’于是舅父送来 12 对红花（红花用竹枝贴上红纸，两枝夹成 1 对），插在母亲的房门两边，以一张红纸做桥，贴在房门顶，这样孩子就大了，也无灾无难了。后来孩子到了结婚时，必要舅父来做主，以报舅父的恩德。”在纪厚屯有这样的传说，古时有个 6 岁的孩子还未出牙齿，就去叫舅爷来送花，拿糯米饭喂给小孩食，就长出牙齿了。女人不生小孩子，也叫舅爷送花搭桥，如纪厚、里化、大瑶寨等屯的女人不生小孩，都是叫舅父来送花搭桥的。里化屯黎以八说：“在古时候，小孩子不生牙，找舅父来，舅父吐口水喂小孩，俗称‘吐口唇’，或用舅父嚼过的东西给小孩子吃，就出牙了。现在的人都跟着这样做。”里化屯第四组长黎老花，年纪约50岁，大老婆不生男孩，娶个小老婆才20岁，生了一个男孩子，周岁未出牙，在今年旧历六月十五日，又有点头痛、肚子痛，直到六月二十八日未好。在六月三十的那天，他们习惯过半年节，就请舅父来，又送花做桥，又送鬼神，又杀了一条黄牛，舅父也送来一挑糯米饭给小孩吃。过了一天，那小老婆说：“肚子不疼了。”他的大老婆也说：“舅父亲自送鬼，鬼走了，女人肚子不痛了。过几天孩子也会出牙了。”（其实肚痛是工作队给药吃好的）可见舅权深深印在瑶胞心坎之中。瑶寨黎纪六的妻王大姐说：“王家若没有得到舅父来救，王家也就灭绝了。因为古代王家住在巴地山脚下，舅父是大瑶寨的韦家，传说韦家妹妹嫁与王家，韦家妹妹的丈夫去打猎，被老虎吞吃了。老虎咬着王家死人的衣服，背着死者的尸体回到王家，半夜韦妹听见人声，又不见人，以为是丈夫回来，不加注意。后来老虎又把韦妹咬死吃了，只剩下两双手未食完。韦妹生有一男一女，年纪尚小。韦妹被老虎吃的时候，有一双鸟飞来向舅父报信，舅父就备了酒10斤，猪肉10斤，火药枪筒1个，带去给老虎食。老虎食完酒后，又食肉又食火药枪筒（它以为是烟筒），舅父就点火给老虎食，于是枪筒着火爆炸，把老虎炸死了。两个孩子尚小，无人看管，舅父就带回家（瑶寨）养大，帮讨媳妇起房子又嫁女，一切都由舅父来处理。直到现在，谁人嫁女，都要问舅父的。”根据上面材料说明，认为一个女子从小到大，有什么不能解决和灾难之事，都要靠舅父帮助，因此舅父权力很大。归根到底，舅权是由古代母权社会遗留下来的制度，按古代社会发展，必先经过母权的统治，然后演变为男权的统治，这是社会发展必然的规律。母亲是由舅家出来，舅权之特重即表示母家权之特重。现在母权制度已经不存在了，但形式上这里尚存婚丧方面的遗留。再以婚姻发展规律来说，先为血统婚，即亲兄妹结婚，次为亚血缘婚，即表兄妹婚。再次为非血统婚。舅父之子与姊妹之女结婚为表兄妹婚，是亚血统婚留下来之遗迹。今日瑶胞社会情况，已不是古代社会，说明社会意识形态之变化，往往迟于经济基础的变化。

2. *丧事方面*

在丧事中，舅权也有很多特权。里化屯黎老包说：“瑶族如果有人死，古代遗留下来的风俗就要砍牛祭死人，要喊舅父来做许多事情。巴地、瑶里、里纪、牛栏关等屯聚的瑶胞，凡遇家里有人死，便马上去通知舅父家。舅父母得了消息之后，就得请他的同族人到死者家里来吊丧和砍牛。死者家里知道舅父有许多人来，便请人挑4～60斤酒到半路的山坡上去等候。舅父来到半路与众人把酒吃完，又往丧家走去，走近村子的时候，死者家里又挑酒20斤去接，舅父与人喝完酒就哭着进屋，死者家属陪着哭，哭完就把牛拉出去砍了。”据里纪乡陆老化说：“把牛拉出去之后，由巫公口中念念有词，又把米撒在牛背，接着动刀砍牛。”砍牛开始，由舅父先砍。舅父把刀刺进牛的颈上，表示杀了牛，继由族人把牛砍死，牛肉3/4给吊丧人食，1/4给舅父家。如里化屯黎老三之母死后，杀牛2头，叫舅父杀，将80斤肉给舅父及其族人。各地死人，都要舅父来砍牛，但砍的方法有些不同，有些由大舅先砍牛左颈一刀，再由二舅父从牛的右颈砍一刀，连砍六七刀，其他的人才跟着来砍。这是巴地乡干事彭志荣讲述的。里纪屯传说，死人砍牛，若不请舅父来砍，就定大逆不道（孝），看不起舅父，因为死的是舅父家的人。砍牛为什么给舅父一只腿呢？据说古时有一个人死，砍牛的是大舅父，二舅父在家不来，后来也把一只牛腿寄给二舅父，后代人就跟着做了。

过去瑶胞一些有钱人，把死者棺材停留在家数月才抬出去埋葬。死人未入棺之前，要请舅父来验尸，然后才放入棺材，留在堂屋内。等到秋收后，舅父择好日子，才定砍牛埋葬日期。据牛栏关乡潘某说：好日子是龙、马、猪、鸡等日子，这些日子才能下葬，因龙有水，才有食有穿，马有力跑得快，猪、鸡生子多。不好的日子是狗、猫等日，因狗懒又爱烤火，猫怕冷，夜里又乱走，均不能用这些日子。下葬前几天，死者家必请二人去请舅父来砍牛。去时带一牛刀，一把雨伞，三根糯米谷。到时，舅父用酒招待，并且装懂又不懂的样子问："你们来做什么？有什么事情？"去的人一一回答，答得对，就哈哈大笑，大家食酒。若答不对，去的人自己喝酒，且要喝很多。喝完，去的人先回死者家，舅父择好日子就来死者家。来时带砍牛刀 2 把，背 8 个铜鼓来。死者家属派 8 个男人，拿 10 斤酒，派 1 个女人，挑半桶水去村头等候。死者的儿子（女不去）也到路上等候。舅父到时，让一个女的跟一个男的去接舅父带来的砍牛刀，但不用跪，只有家人跪下，伏在地上呜呜大哭。舅父把他们一个一个请起，大家把酒和水都喝完了，死者的家人跟着舅父回家。舅父到家，死者的子弟，又下跪，大哭一次。舅父到灵前也大哭起来，哭过后舅父领人去砍牛。砍牛完，舅父回家打铜鼓，出葬时，舅父先到埋葬地去走一次，跪着哭起来，其余的人才跟着做。以上的做法，是大瑶寨的习惯，其他各地如纪厚、巴地也大致相同。

瑶胞办丧事，为什么要先通过舅父呢？据瑶寨何明德说："人是舅家来，鬼也是舅家送，死人才找到其路走上阴间。舅父来做才做得真，别人来做恐怕不老实，死人找不见路。这是古代留下来的规矩。"这种婚表的舅权，都是母权社会残存的遗迹，因母亲是由舅家来，他生下儿子当然也是舅家的人。所以不论她和她的儿子生死，都应由她的舅父来主持办理。死了先去舅家报丧，砍牛祭祀以及埋葬的日子，都由舅父决定，就是这个缘故。

（三）砍牛丧葬习俗

1. 砍牛情况

瑶族过去和现在都兴这样的风俗，凡是人死后多数是砍牛，砍牛的多少根据死者的家庭经济情况而定。比较富裕的多砍，困难的少砍，确实无能为力的不砍。巴地何老元家是稍微富裕的，他父亲死时就砍 7 头牛。里化屯黎老三家生活也过得去，他父亲死时杀牛两头。牛栏关乡潘二说："多的砍六七头，少的砍两三头，确实没有牛的才不砍"。汉渡乡甘平屯 68 岁老人蓝老漫说："我们这里的人死不砍牛，因为穷，没有牛来砍。"砍的牛多是肥壮的公水牛，不砍母牛和黄牛。有些村如拉教屯，现在母牛黄牛也砍了。总之，丧事砍牛，以砍牛多为荣。这种习俗在瑶族同胞中已根深蒂固，当他们的父母亲去世，甚至是小孩子死亡的时候，他们是不惜财产来祭祀死人的。

2. 砍牛的原因

根据了解，有三种传说。

第一种说法，以吃牛肉来代替吃人肉。巴地村王廷甫说："我们瑶族人死砍牛，历代相传是这样：从前有个孩子，有一天他放牛到山坡上牧草，牛在山上生小牛，三天都产不下，非常痛苦，于是他回家便告诉自己的母亲，说母牛生小牛辛苦。母亲便告诉他，不仅牛生小牛是这样，我养你的时候也一样痛苦，将来我死后，你不要吃我的肉。于是这个孩子就这样的不再吃人肉了。但是其他的人死，他们照样分肉给他，但他没有吃，而把这些肉留下来。后来这个小孩母亲死时，大家都来要分吃他母亲的肉。这个小孩说：'我母亲的肉不能吃，要留起来。'接着他便把以前别人分给他的人肉送还原主，请木匠做一副棺材安放自己的母亲。可是从前人死是要吃肉的，那天没肉吃的，不好办，于是就拿一头牛来砍。当时砍牛没有人拿刀，就去请舅父来砍，因此，人们现在就仿照这样的做法。"

第二种说法与迷信有关。如纪厚屯的群众传说："人死到阴间去也要牛使。砍了牛，养牛就没有牛瘟。有牛不砍，以后子女不成器，儿女多病，找不到吃。”纪厚屯还流行着这样的砍牛歌谣：

（一）

你食完了你的粮，　　　　那个鬼抹名字了。
你的桥断了，　　　　　　你不有命在地方了。

（二）

舅父砍牛照顾你，　　　　你的乖仔总有一二牛，
给你带到那边（指阴间），你要留乖仔在后头。

（三）

你死去成鬼，　　　　　　你乖仔烧香烧纸，
香给你做饭吃，　　　　　纸给你做钱用。
你去有好，　　　　　　　你乖仔也好。
如你回来搞鬼　　　　　　没人烧香你就不得了。

我们从这三首歌谣，可以看出他们的迷信思想浓厚，认为鬼神是神秘不可侵犯的东西，怕得罪于鬼神。说死者可以回来搞鬼，所以砍牛为祭。

第三种说法，是劳动人民热爱耕牛。我们访问甘平屯蓝老崖说：“我们的祖先生时热爱劳动，生靠牛，死也要靠牛。在生时就嘱咐要砍一头牛给他，以便到阴间去使用，所以我们瑶族在人死的时候就要砍牛。这是父母的嘱咐，历来相传凡是人死都要砍牛。”这当然是迷信思想。

这三种说法，各有意义，具有参考价值。

3. 砍牛的经过

有人死时，先叫两人拿雨伞和砍牛刀去告知舅父，请舅父来砍牛，大抵是明天殡葬，今天砍牛。砍牛时先由道公念经，大意是说，砍你送到天龙王去，是天砍你，地砍你。随后给一把谷穗给牛吃，大家即向舅父和牛号啕大哭。后由道公将一把米从牛背后撒去，至此舅父便动手砍牛。

南丹瑶族至今尚流行丧事中打铜鼓的风俗。据了解，铜鼓有阴阳两种，阴的边薄颈短，颈边凹入较深，阳的边厚颈长，颈边之间凹入较浅。据瑶寨黄老牛说：“喜事多打双铜鼓，阴阳共鸣。丧事则打单鼓，男死的打阳鼓，女死的打阴鼓。”打鼓时，用木桶去接声音二进一出，发出阴阳两种之音。至于死人为什么要打铜鼓？纪厚村一带流传这样的说法：“丧事打鼓表示送死者安然到阴间去，使之得以登上天堂，逍遥自在。”甘平屯蓝老漫说：“人死打铜鼓，是表示死者生前很富贵，当他死时，打铜鼓使阴间的鬼也知道他在阳间时很富贵，因而热烈欢迎他到阴间去，使死者在阴间也同样富贵。同样具有阴阳一体，实死似生的意义。”

（四）结婚仪式

白裤瑶不论聚居还是杂居的地方，婚姻范围都完全限于族内，不和其他民族通婚。若有某人与别的民族发生婚姻关系，就要被瑶族群众视为反常或不吉利的事情。里化屯黎老花说：“我们的婚姻事情，都是限于本民族内，如果与别的民族结婚，就会被人家骂变了种。

好像我们瑶族有黎三妹嫁给汉人。因为嫁了汉人又改装了，瑶人反对。”里湖乡汉人沈金普，娶瑶女为妻，到了家即令其改汉装，结婚十几年，没有生子，于是瑶族就说：“变了种，又灭了本，这是应得的恶报。”这个女子现在还在，群众不仅对她不满，也对她的家属不满。

瑶族这种说法与看法，我们不能看成一种民族的保守性、落后性，而是由于过去民族压迫歧视的结果。因为过去旧社会汉壮族地主、土官当权，对瑶族的压迫和歧视太厉害，他们认为瑶族是落后的，生活苦，住在深山，没有文化教育，因而看不起他们，压迫他们。于是，造成两个民族间的仇恨和隔阂。汉族的男女，都不愿与瑶族发生婚嫁关系，也是有根源的。除非有特别原因，如瑶女生得漂亮，讨来做妾，而不是做妻。例如小瑶寨潘美丽说：“以前莫家（土司官）娶瑶女是有意的，为的是夺取瑶王大印，想占瑶人天下。”反之，瑶族本身也不愿与汉族通婚。

白裤瑶男女婚姻，不局限于八字、政治、经济、地位的选择，而是建立在劳动和感情投合的基础上。女子遇到心中合意的男子，都可以随时接谈，建立感情，自由恋爱。恋爱过程，据巴地、里化、大瑶寨、纪厚屯的调查材料，是由女方主动找男方，他们通过赶圩、劳动、砍牛、集会或趁走亲串友的机会，去物色自己心爱的情人。若与外乡人谈恋爱，则通过赶圩、砍牛、饮酒的机会找到的多，与本村的可通过砍牛、砍柴火以及其他劳动时间来进行恋爱。如巴地屯王明清的老婆是里纪乡人，他们俩是在砍牛集会上认识的。女的见王明清生得好，主动向他求爱，男的即跟随女的到野外谈情，后来由女家请一个媒人，到男家与男的本人讲，最后与他的母亲讲，双方同意就订婚结婚。通过赶圩由女的找男的，如瑶里乡大瑶寨何老力的老婆是里纪乡人，双方于1950年春去赶里湖圩，女看中了男的，男的望一望，女的一笑，唱起求爱的歌，两人就暗中相爱了。最后，两人到村后圩头走了一趟，谈一谈各人的情况，当天晚上女的便约男的一同回家了。第一次去到家吃了饭就到野外去玩，她的父母很欢喜，假装不知道。瑶族的习惯，只要双方中意，父母是不干涉男女之间的事的。过了这一次，他们经常约定赶圩，两人在圩上时常会见，男的代待女的在家等，女的交代男的晚上要来玩。赶圩时男给女银手镯，女给男烟袋。以后男隔两三晚去女家一次，都是晚上去，两人约定到野外去玩，深夜回家吃夜宵或在家里睡，等到鸡叫时，男的才从女家回去。这样的恋爱生活过了两年，感情深了，就于1953年正月二十四日结婚。但也有例外的，假若是舅父的儿子与其姐妹的女儿结婚，一般不谈恋爱，幼时就订婚，两家亲戚互相来往，双方男女见面，一般只约去赶圩谈话，也互送东西。纪厚乡男送给女的是草鞋，女送给男的是绣花裤子。这种恋爱过程与交换礼物也是玩表习俗，女方在认识后几天或半月，不爱男方就拒绝来往。如大瑶寨何妹与姓黎的谈恋爱几夜，不合意就叫男的不用来了。

这里找对象很自由，但谈到结婚，非通过舅父和父母答应不可。舅父不答应就无法结婚，在几个有瑶族聚居的乡都是同样情况。不过在男女恋爱开始，父母若不同意就有了暗示，如果谈了很久才结婚的，舅父和父母一般都是同意的。

结婚过程：

男女双方恋爱成熟愿意结婚时，由女方先提出要求，如巴地屯王明清的老婆先提出与他结婚就是一例。但也有某些男人先向女方提的。巴地、里化、大瑶寨、纪厚等地的结婚礼钱，一般都相同，但也有些差别，是舅父看男家之穷富来决定。有钱人18万元（旧时10元东毫或6元4东毫），穷苦的12万元，至少8万元（旧时是4元4角，或3元2角东毫）。瑶里乡大瑶寨曾做媒人的王老花说：本屯何老力讨老婆，在1950年春赶圩时谈恋爱，两年后男方叫我去与女方家长谈婚事，做媒的第一次不是我去，叫一个亲戚带1斤猪肉去探舅父，问舅父要不要，再问父母和女的本人，大家同意后，回来才叫我做媒。正式去谈时，带了4只鸡、4斤猪肉、32斤酒给女方家，又请舅父来吃酒。要求他批准。后来给了1只鸡，舅父带回家。这次舅父大体上同意了。媒人第二次带1只鸡、2斤肉、1斗2糯米去给舅父，这次与舅父讲身价钱，舅父讲定了，他与女家三取二分取。如身价钱18万元，舅父得12万，女家母亲得背带钱、养奶钱6万元。讲定了价钱才回去告诉男方，男家同意，就决定找出日子，找到好龙日来接新娘。这次媒人不用去了。他们结婚，是不坐花轿的，去接时，新娘是走路来的。男家派3个人去接（二男一女、年轻人），带20斤酒，三线糯米谷，早上去，晚上回（因为女家请人饮酒，吃晚饭才回来）。女出嫁前，放声大哭，舍不得父母兄妹。女家要7个人送去，3男4女。按古例要扛一把雨伞，一把砍牛刀（伞的意思是防风雨，砍牛刀是杀鬼防身之意），女方要送1挑糯米饭，2把谷到男家。请3个人半路唱山歌迎接，唱歌要唱一天一夜，祝贺新娘早生贵子，年年劳动生产丰收，生活好过。新娘到家第二天，男家办酒请客，亲戚朋友都来。做媒人的不要钱，只去饮餐酒。男家谢媒人糯米饭4斤就算了事。第二天新娘回母家，经过7天以后，男人拿20斤酒、10斤肉，去接新娘同回男家来。大瑶寨的婚礼大致如此。送新娘，有时不一定7人，也有5人的。据调查，里化屯、巴地、里纪大致这样，纪厚屯的情况就有些不同。如新娘回家住3天后，就由男方派人去接回，丈夫在半路等，不到女家家里去接。牛栏关乡瑶族与其他村不同的是，砍牛刀上挂上一件汉人衣服。据潘二说，传说从前嫁女不用背东西和用人接送的，瑶人嫁女都是自己走的。因为过去有个瑶女出嫁时，到半路遇见了瑶变婆（传说是野外的野人婆）想来抢亲，嫁的女儿见了喊天喊地，后虽有人去救，但到家已经死去。所以以后接亲都要扛大刀，就是怕人抢夺。刀挂一件汉人衣，是说从前曾有汉人帮瑶人接亲、送亲，后来因瑶汉合不来，瑶人就自己去接亲，要买一件长衫衣，表示对汉人过去帮接亲的纪念。

瑶胞结婚时间是有规定的，如果是未婚的男女，都是择九月到正月，结过婚改嫁的则在二月到八月。通常结婚，要选择好日子，据他们说，选得龙日子最好，因龙在岩洞睡，有雨水，食不愁，穿不愁。最不好的日子是寅卯日，寅日太恶，婚后打架，卯日近火太干燥。去接亲人要早上去，晚上回来。结婚的年龄大小不同，有钱人10岁左右也有结婚（多是包办早婚，如舅之儿娶姐妹之女），一般是在十四五岁就谈恋爱结婚。如女方不爱男的，结婚后女不去舅家住，而常住在母亲家。

瑶胞离婚自由，有的人就离过几次婚。如瑶里乡瑶族妇女黎妹，因为自己不生小孩，丈夫说一句，就闹离婚。今年她才35岁，已经离了3次婚。据她自己说："这个地方离婚最多的七八次都有，感情不好不离婚谁能受得气呢！"又说："两人合意，死也不离，两人不合意，死了也要离。"

牛栏关和纪厚屯的离婚习俗，有许多特殊之处。如牛栏关乡的男女离婚，只要女的拿一块布，男拿一把剪刀到村背山脚之处，男以刀断布，就算割断了关系（古代的离婚都是这样做）。男人若不要女人，就把这女人交给房族最亲近的人，由他发嫁，得多少钱和他分半，不给舅父了。据调查，纪厚屯在解放前，若是女方提出离婚，女人一定要先到村长家去（时间不限，直到改嫁时为止），食村长的饭，替村长做工。住在村长的家，村长对这些人，任意欲为，女的只得吞声忍气顺从，男方也无权干涉。等到这个女人改嫁时，得钱多少，完全由村长吞食，男方一文不得，也不能过问。若是男方提出离婚，女方不同意，女人就被叫到亲戚家里住。改嫁时，由亲戚办手续，得好多钱，由男家与亲戚分半。男的提出离婚，一般不给女的到村长家住，只给村长一些钱。大瑶寨与里化离婚习惯，无论是男提还是女提，都要给村长钱，若是去村长家住，情况与纪厚同。解放后，离婚比以前改变了一些，到区政府去判决就算了事。但仍有人不愿去，愿出钱在地方解决。上面的材料说明，瑶族的恋爱是自由的，是建立在感情基础上的，这很好，但在结婚礼物中花费的也不少，具有买卖婚姻的性质。

附牛栏关瑶胞结婚时唱的山歌

女未出门之前

女方送亲的人唱：

今天你们到我家接人
我要与你说分明
娶去要给饭吃和管教
不能打也不能骂
若果我女有何长短
我要问你们要回人

男方接亲的人唱：

今天是好日子
我们三人来接亲
娶亲过去
富贵发财
发仔发女
若果不养和打骂
由我三人来承担

女方送亲到了男家唱：

把人送来了
你们接得热闹
我们陪嫁没有礼物
没有脸面
这时边对歌、边吃酒，不会唱挨罚酒。

男方接着又唱：

八月新米上楼了
家有大猪也有钱
父母仔大要讨媳妇
今天可以用酒请媒接亲了

女方接着回答：

你们的猪养大了
谷米收回仓里了
你们请媒人到我家谈
我们今天送亲来

最后师公唱：

今天是好天
今日是好日
男女双方来结婚
发财发福
有十男九女
做公婆做到老

［说明］南丹白裤瑶族社会调查，根据1953年9月原广西桂西文物工作组调查的材料整理而成。

南丹县大瑶寨瑶族自治区经济情况调查

一、一般情况

大瑶寨瑶族自治区位于广西和贵州交界处，全为山区，其中有零星的山冲小平地可做水田和旱田。全区16个小乡，有瑶、汉、壮、苗、水、毛难等6个民族。其中瑶族最多，占48.6%，次为汉、壮族，各占21%、24%，水族最少，不超过1%。

全区以瑶、汉、壮分布为最广，其中瑶族多聚居，有瑶里、里纪、牛栏关、汉渡、利乐、董甲等乡。如瑶里乡460户、2234人，瑶族占436户、2148人，余为壮、汉、水等族。杂居乡瑶族也多属聚居，分屯而住。如里湖乡298户、1379人，其中壮族134户、647人，汉族80户、366人，水族13户、46人，瑶族71户、300人，只居住在两个屯内。

山多，生产条件很差，全区土质都是砂石土，水利很少。有的户一年吃不到一斤盐，油多以火麻代替。山区中有3个小圩场，但只有针、线、火柴、烟、鸡、鸭、猪仔等，农民交易多以物换物，商品是很少的。全区16个乡只有牛栏关、里湖、瑶里、巴地有些田，其他乡都没有什么田。最苦的纯石山乡占6个，即董甲①、利乐、立坳、汉渡、七圩、下平。1954年1月成立区域自治，3月进行土改。

二、社会经济情况

由于山区自然条件的限制，特别是国民党政府大民族主义的统治，农民的经济生活长期处于困苦状态。更由于私有制的存在，阶级的逐步形成，三种乡的阶级情况是：聚居乡（瑶里）地主6户、26人（5户为瑶族）；富农14户、103人（全为瑶族）；中农97户、437人；贫农296户、1282人；雇农56户、178人。杂居乡（里湖）地主9户、61人（全是汉、壮族）；富农29户、152人（全是汉、壮族），中农67户、391人；贫农161户、676人；雇农16户、45人；小贩16户、54人（全是汉族）。纯石山的懂甲乡286户、1648人，地主2户（以上地主、富农可能划高些，土改中调整未详）。但在这个自治区，阶级分化时间尚不很长，因自然条件的限制，群众的觉悟不高，与汉、壮地区，尤其是与平原相比，阶

① 董甲：今为“懂甲”，今广西壮族自治区河池市南丹县里湖瑶族乡。

级的对立不明显，与内地的汉族和壮族是有区别的。

（一）生活条件

土改前，里湖杂居乡地主全年每人吃粮食1673斤，富农802斤，中农564斤，贫农218斤，雇农189斤，小贩生活较好。瑶里聚居乡，地主全年每人吃粮食1627斤，富农834斤，中农467斤，贫农199斤，雇农87.6斤。里湖乡贫雇农吃粮食只相当于地主1/8，相当于富农的1/4，相当于中农的1/3；而地主、富农、中农都全为汉族和壮族，可见在杂居乡瑶族生活与汉、壮族的区别。聚居乡也有阶级，生活对比也较悬殊，贫雇农生活相当于地主的1/9，相当于富农的2/9，相当于中农的1/3，也比不上杂居乡贫雇农的生活的。

纯石山区的生活更苦，如懂甲乡，全部无田，地只占20%，其余为山地，全年每人每天只能吃1斤玉米。

油盐是山区较为少吃的，如杂居的里湖乡，地主全年每人吃油7.2斤，盐13斤；富农吃油4.6斤，盐9.6斤，中农吃油0.96斤，盐3斤；贫农吃油1.3斤，盐6斤；雇农吃油2.6斤，盐4.8斤。可见，地主和富农吃的油盐还是多过贫雇农的。聚居的瑶里乡，地主全年每人吃油2斤，盐5斤；富农吃油4斤，盐8斤；中农吃油0.35斤，盐5斤；贫农吃油0.3斤，盐2斤；雇农吃油0.2斤，盐3斤（以上数系平均数计）。懂甲纯石山区，有些人连油盐都没有吃过。

穿衣以自产棉花制成。杂居于汉、壮族人中有些也购买新布匹的，如瑶里乡没有在外购买布匹做衣服的，而杂居的里湖乡则除自产棉花外，还有一些购买布匹。纯石山地区没有人买布匹。

解放后开始变化了。

瑶里聚居乡的贫雇中农普遍增加了吃粮数量，一般全年每人增加70至115斤。如中农，解放前全年每人吃粮467斤，现在是582斤；贫农过去是199斤，现在增加到270斤；雇农过去是87.6斤，现在增加到157.6斤。杂居区阶级分化较明显，解放后变化更显著，如地主过去粮食每年每人是1673斤，现在才757斤；富农过去802斤，现在才608斤。而贫雇中农则普遍增加，中农过去564斤，现在711斤；贫农过去218斤，现在359斤；雇农过去189斤，现在340斤。

油盐方面，在聚居乡，贫雇中农普遍增加，富农也增加，尤以中、贫、雇农增加数量较大；中、贫、雇、农中是以中农及雇农增加的数量较大。如里湖乡，中农吃油增加至1.86斤，盐则增加到5斤；贫农吃油增加至1.86斤，盐6.6斤；雇农吃油增加至3.7斤，盐6斤。这是与解放后雇农迅速获得救济有关（以上均系平均数计）。

棉花的产量也普遍增加，贫雇农的衣服现在较多了，每人经常都有一两套旧衣服和一两套新衣服，瑶里乡黎隆志过去一无所有，现在每人有一套半旧衣服和一套新衣服。

（二）生产资料占有情况

杂居乡由于汉、壮族较多，这样的乡阶级分化明显，各阶级的土地占有数较悬殊。如里湖乡地主平均每人占有42.7挑，其中水田占38.2挑；而贫农才占有2.7挑，其中水田占有1.2挑；雇农占有2.08挑，其中水田占0.06挑；富农占有22挑，其中水田19挑；中农占有11.6挑，其中水田9.6挑。杂居乡地主、富农及中农的汉、壮族多以土地出租。

耕牛比较多，但农具是极缺乏的。瑶里乡平均每人有牛 0.46 头，即两个半人一头；里湖乡平均每人有牛 0.38 头，即 3 个人才有 1 头牛。农具不论聚居杂居，连犁、耙、锄、镰刀、大刀等在内，聚居乡平均每人 1.6 件，即每人 1 件多，杂居乡 1.3 件。耕牛农具的占有，也表现其阶级性。聚居乡如瑶里，地主每人有耕牛约 0.8 头，贫农每人约 0.29 头；农具地主每人 1.5 件，贫农每人 1.4 件；杂居乡如里湖乡，地主每人有耕牛约 0.7 头，贫农 0.16 头；农具地主每人 2.1 件，贫农每人才 0.9 件。

从占有来看，阶级已形成并有分化，但瑶族与汉、壮族有区别。

瑶族内部阶级形成的时间不久，分化尚不够明显。

（三）剥削关系

总的来说，瑶族内部在经济上的剥削关系出现了，但汉、壮族却有一定的发展，剥削收入较多。土改前，瑶族聚居乡，如瑶里地主出租的土地，是 4 户 446 挑（其中水族 1 户出租 274 挑，1 户瑶族是因父母全死才出租土地 50 挑），富农两户出租 44 挑。贫雇中农除租入本乡地、富土地外，大部分是租入外乡的汉、壮地主土地，其中中农 28 户租入 173 挑，贫农 59 户租入 1292 挑，雇农 37 户租入 435 挑。

杂居区土地出租较多。里湖乡 9 户地主都有土地出租，共 1409 挑，占其土地的一半；富农 29 户也有出租，共 1281 挑，占其土地的 1/3；中农 67 户有 35 户出租，共 284 挑，占其土地的 7%。而中农租入的有 55 户共 642 挑，贫农租入的有 123 户共 1600 挑，雇农租入 16 户 79 挑。懂甲乡石山区租佃关系显得非常复杂，有自己出租的，但又同时租给别人的，加要屯 4 户中农出租 23 挑，又佃入 12 挑，贫农 5 户出租 4.5 挑，又佃入 43 挑。这种租佃关系的形成很复杂，其原因是：（1）租出坏地，佃入好地；（2）插花地的互相交换。

解放前夕，不论是聚居乡或杂居乡，土地的租佃关系都存在，并且增长趋势。

借贷关系：在瑶族内部没有什么，汉、壮、水族较多，贫雇农借入平均每户不到 300 斤。每年秋后，贫雇中农很少借入，甚至没有借入的。

典当关系：在瑶族内部如聚居乡没有典当关系。

（四）文化发展情况

过去文化是为地主阶级服务的，瑶族内部文化极不发达。如瑶里乡，解放前初中程度的只有 1 人（地主），小学 1 人（地主）。解放后，中农增加至 16 人，贫农 23 人。汉、壮族文化较发达，如里湖乡，从小学到初中程度的地主有 34 人（1/2），富农有 32 人（1/5），中农有 6 人，其他有 7 人。其中，瑶族 320 人，只有 3 个人识字。解放后，瑶族增加至 10 人（女 1 人），水族两人，汉、壮贫、雇、中农普遍增加，如中农 22 人，贫农 37 人，雇农 3 人，其他 9 人。

三、政治组织的基本情况

（一）庙主和瑶王

历代统治阶级对瑶族人民施以政治上的压迫，使瑶族内部也逐步起了变化。如瑶族聚居乡（瑶里）地主团总两人，乡长1人，村长3人。其中恶霸3人，富农村长1人，中农村长1人，贫农村长1人。至于杂居乡，则以汉、壮族为主，如里湖乡乡、村、甲长36人，瑶族只有3人是村长，红帮32人，没有一个是瑶族。瑶族内部还特有其民族的政治组织，即庙主、油锅、瑶王三种。庙主是以生产为目的的组织，每年由庙主先带头生产，其他群众则跟随进行生产，这种庙主有分区的自然领导权，如瑶里乡瑶里屯庙主拥有7个屯的群众，约占全乡2/5人口。庙主有继承权，原来庙主不愿做了，认为那一个命运好则传承之，一般都是兄弟及亲戚。油锅是为了团结同姓兄弟，以对抗不幸的遭遇，以同姓为主，不分阶级，一般2户至15户为一油锅，有同享受、同受难的性质。如×××过去受团总罚钱，同油锅的人都得出钱，同卖土地，如果买土地，油锅内的人有优先权。后来由于统治阶级的压迫与剥削，瑶族人民灾难重重，自然组织被打破了，而形成大姓同大姓（即较有钱人），小姓同小姓（即较穷的人）组织油锅。庙主是劳动人民出身，一般是中农较多，个别是富农。庙主及油锅现在还是存在。

瑶族内部另一种是瑶王（也叫头人寨主），原来是讲公道话、调解事情的一个自然领袖，最初也是劳动人民，但后来为统治阶级所利用而变成统治者庄主的爪牙，为庄主服务。民国初有团总，瑶王就变成了团总，如瑶里屯瑶王黎付成，南丹县的统治者说："你做头人的就一定要做团总"。自从有团总之后，一部分瑶王当了乡、村长，他们就完全变成民族的统治者了。

（二）庄主、团总、保甲的统治

第一时期是庄主的统治。庄主是外族人，南丹莫家将瑶族分而治之，至现在群众还说"四屯（亭）瑶"，即是在庄主统治时将瑶族分为四个屯（亭），一个是牛栏关，一个是里湖，一个现在已划归贵州省，另一个未了解。庄主统治时要少数民族无条件承认所有土地都是庄主的，每年要交租交粮。据农民说：当时有稻谷粮、苞谷粮、黄豆粮、小米粮等。总之，凡土地上生产的东西，每样都要粮。他的统治是通过民族内部的瑶王，如瑶里屯过去是通过瑶王何吉兆，何也帮庄主收粮，但也给本族人民讲话，后来也积累了自己的财产。当时何就有土地300挑，大牛12头，这是阶级分化的开始。农民曾经起来反抗过庄主，即在"瑶乱"的时期，庄主带400人到星湖，农民起来杀死200多人。从此之后，庄主统治即瓦解，而代之以团总。一些中层人物说："莫庄主以后搞不过我们，同他告到县，这回我们就归县，而不归他了"，其实就是以团总代而起之。

第二时期是团总统治。团总已经完全成为统治阶级代理人，是统治阶级所豢养的。如原头人黎付成曾在"瑶乱"时给南丹县知事（莫家）拿到县府，后来利用了黎付成之后，就将黎付成用来平乱。黎付成当团总之后就进行残酷的剥削。如瑶里屯何老机想谋害老同何老儿要衣服，后来何老儿不死即告到团总黎付成那里，黎即将老机押住、罚款，害得老机将全部土地出卖，拿钱给黎付成，同油锅的兄弟也挨出卖土地，帮助赔款。里纪屯团总黎廷芳单在民国二十六年（1937年）一年的统计，即压榨了70户，得银326块，所有离婚的都要经过团总。黎廷芳当团总31年，即挑拨并判决22对夫妻，勒索东毫200块。里湖乡团总莺凤达嫁害李七偷东西，即强占其水田40挑为私有，又封坡地叫人开荒，开后又占为私有，共120挑。其他的如强奸妇女，是为所欲为的。总而言之，凡是反动政府征款、派捐等，团总都进行额外剥削，民族内部的极小事，团总也要管，并从中进行压榨与剥削。

第三时期是保甲统治。村长有部分是继承团总而代之，有部分是新起的。村长与团总的统治相同，但是更厉害、更残酷。一种情况是建立在统治特权的基础上进行额外的压榨与剥削，一种是建立在封建的、农奴的、宗法的基础上进行压榨与剥削。所谓统治特权，即执行国民党政府派的富力捐、乡村经费、学谷捐、村仓库、慰劳费、自卫队费，电话费、落地捐、公共造产等苛捐杂税，还有征兵、征工、征夫、征收公粮等额外剥削，贪污村仓库，处理民间事情，随便绑人、罚钱（尤其是婚姻问题）等。如地主村长何应时派富力捐，县府派来是120块东毫，他即派360块，额外剥削240块。地主黎启干借清乡名义随便抓人，说群众去杀难民有罪，里化全村224户，除黎的亲戚外，其余209户都受罚，共得银子5225块。征工、征夫、征兵没有钱就要他们做工，如修黔桂铁路时，黎老娩患肺病，地主（村长）何应时即说："出米700斤或银子300毫，你就不用去了"，后来老娩即给他做工共290天，还要卖一块水田赔够数。其他例子还很多。农民都因此而破产，如雇农黎曼过去有20挑田地，耕牛也有，地主（村长）何应时派款，叫他做工抵数够了，何又说第二批款又来了，又逼黎曼做工，不然就拿钱来交。最后被迫卖掉耕牛、田地来交派款，变成一无所有的雇农。

封建的、宗法的特权有几种：（1）"封山坡"及"操纵婚姻"。（2）"养寡仔"。（3）利用迷信。所谓"封山坡、封柴林"，即是划地为私有。随着阶级的分化，田地在那里就连坡连山一起划为己有。后来统治者即以此来进行压榨与强占。如瑶里乡农会主席何明德开地主（村长）何应时山坡一处10挑地，除照例征得同意，开后送酒送肉，收成主得三分，开得七分外，只种了两年，何应时即收回。其他也叫农民开后即收回，是普遍的现象。所谓"操纵婚姻"，主要是挑拨离婚，告状到村长那里，村长判决后即罚男方钱给村长，女方则在村长家住下并做工一段时间，然后由村长卖出，得钱由村长夺为己有。如村长何应时卖何老金妻得银206块，只给老金6块。所谓"养寡仔"，本来是由于少数民族疾病多，往往全家死人，孤儿即寄养于别人，通常是养大后即帮娶媳妇给其安家或送牛等。但村长则以孤儿当长工，或吞没其土地。如村长（地主）陆××养一寡仔黎玉祥10年，最后只给一套衣服即赶出门。但在杂居乡，汉、壮族则不是养寡仔，而是把抓来的逃兵或征兵拿不起钱的人，当长工几十年甚至一世。利用迷信，如瑶族农民每年打雷要忌三雷，谁犯了村长就罚钱。杂居的汉、壮族则设立庙宇来进行剥削。

（三）瑶族目前残存的制度

有寨主带头生产、油锅兄弟及舅父特权三个方面。寨主是有史以来即存在，有世袭性，别的群众不过问，只是谁带头了，就知道谁是寨主。如瑶里屯原王老弱父亲，后来即传给女婿黎同寿。庙主只管生产（初期也叫寨主，但有瑶王之后，政治权力就没有了），在群众中的威信很高。每年春天用9只鸡到庙头拜祭，然后开犁田地，犁时下雨就叫群众种主粮，不下雨就叫群众种杂粮，如带几年不对运即又自动传给第二人。解放后，群众不大信了，现在开始瓦解，但仍残存。

拜庙祭神：瑶族人民有天、地二庙，每年三月三十日及六月三十日要拜祭，天旱时随时拜祭，每拜一次砍牛一至二头，大猪一头，各户还要准备糯米，浪费很大。除此之外，凡小孩有疾病，都求神拜鬼，有法师、巫师等。拜庙的组织者不固定，是轮流的，但这些人都极拥护带头生产的寨主。解放后仍存在。

忌三雷：即每年春打雷时，打第一次即忌7天，打第二次即再忌5天，打第三次忌3天，以后打雷就不管了。群众非常迷信，但这与拜庙祭神一样是没有带头的。还有冬天不冬耕，传说"阳间秋收，阴间耕作"，冬耕是犯父母的，因为田地秋收前是阳间人，秋收后是阴间人，冬耕就是抢父母田地。解放后变了一些，但仍存在。

油锅：这不但是迷信，同时也是农民自然的政治组织，过油锅使鬼神不附身，但“同享受同患难”。这是宗法的政治色彩，显出农民内部间的宗派分割，有一定权力。比如出卖土地时油锅有优先权，凡寡仔油锅内有处理权等，但也没有头，现在仍存在。

舅父特权：舅父的亲血权力是很大的，父母死后都先告知舅父，时即带其同油锅的人一起来，砍了牛，父母才能开斋，才能动鼓，权力比法师还大。舅父姐妹的女子出嫁，舅父家不要了，才能嫁给别人，即使出嫁给别人，舅父还得身价钱2/3。舅父权力比父母大，这就是母权制的残存。

四、山区生产情况

（一）主要生产资料情况

土地：全区有4个乡稍有水旱田，一两个乡为纯石山区（6个乡有些山坡），全区基本上仍然是石山地区，自然条件的限制是很大的。瑶里、里湖两个是稍有水旱田的地区，两个乡水田4305挑、旱田14 911挑、地7981挑，平均每人有水田1.2挑、旱田4.3挑、水旱田共5.5挑，畲地平均每人2.3挑。年产量每挑田能产出42.3斤，共收入232.65斤，地每挑能产28.6斤，共收入65.78斤，这样连畲地收入的杂粮在内，每天每人才有半斤粮食（粗谷）。大部分纯石山地或完全纯石山地，则土地更少，如懂甲乡全山地，畲地仅占20%左右，加要屯12户67人，畲地共237挑，平均每人3挑左右，每人全年才有75斤收入，其余均是火播山地。也有些田是个别农民到外乡耕种的。

3年来，由于正确贯彻了民族政策，进行一系列的救济及发放各种贷款，各民族群众觉悟提高，积极生产，耕地面积迅速扩大。瑶族聚居的瑶里乡，雇贫中农获得大田的耕地面积23挑，地的耕地面积2010挑，平均每人得1挑左右（都是新开荒），还有新开山地不计在内，只纯石山区的懂甲乡，据了解，扩大耕地面积还有限。

耕牛、农具：耕牛及农具一般是自备的，如瑶族聚居区瑶里乡连犁、耙、锄头、斧头、镰刀、柴刀算在内共3102把，平均每个劳动力两把左右，其中犁432把，耙454把，每户1副左右，锄头、斧头、镰刀、柴刀平均每个劳动力1把左右。解放后增加417把（连犁、耙在内），要适应山区生产习惯。据当地农民说，锄头、斧头、镰刀、柴刀四样每个劳动力要1把，1348个劳动力，则需要5392把，现仅有2216把，尚缺3176把。至少4种农具，每两个劳动力要1把才够。耕牛全乡673头，能劳役509头，平均每户有1头左右。解放后，增加356头。从耕作来说，解放后有668头能劳动，平均每户有1头半左右，勉强够用。

纯石山区，如懂甲乡古力屯15户73人（劳动力37人）有犁耙15架，每户1架，其他120把，平均每个劳动力一把半，耕牛15头，平均每户1头，大部分是中农及部分贫农占有。在这些地区还仍需解决农具问题。

（二）山区生产特点

1. 当地出产的种类及价值

农作物：由于山区的地势崎岖、气候冷、阳光不充足等自然条件，农民多种植早熟的作物，有稻谷、苞米、小米、荞麦、红薯、南瓜、饭豆等，其中在山冲地区以稻谷、苞米、小米、红薯收入最多，纯石山区则以苞谷及小米为多。瑶里乡解放前后产量变化情况如下：

	稻谷	苞米	小米	红薯
解放前：	403 555	185 017	1756	10 359
解放后：	477 975	229 383	18 388	25 630

（苞谷、小米、红薯折谷数量以斤计）

解放后稻谷增产74 398斤，比原产量增加18%；苞米增产44 366斤，比原产量增加24%；小米增产16 632斤，比原产量增加10倍；红薯增产了15 271斤，比原产量增加1倍以上。山区农作物的生产，是由于自然条件的限制及技术上的落后，大部分以多种来增加产量，如瑶里乡雇农黎隆志10挑地，一年即种四种作物。另外是开荒坡及山地。纯石山区增产也很大，主要是多开山就能多收。董甲乡古力屯解放前的玉米是3888斤，解放后则为8963斤，增加了6076斤，比原产量增1倍以上，小米及红薯也都有很大增加。为适应环境而种植多种多样作物，并以杂粮作主要的生产收入，是山区生产特点之一。

经济作物及经济林：有棉花、桐籽、蓝靛、烟叶、黄豆、大麻等，其中以棉花、桐籽收入多。如瑶里乡棉花解放前是2840斤，解放后是6443斤；增加了3603斤；桐子解放前是1455斤，解放后是1377斤，桐油是减产了，原因是推销不出去。而棉花是当地衣服自产自织自给的来源。纯石山区亦同样（以上均以折米计算）。当地唯一的经济林是杉木、桐籽，解放前产1461斤（折谷），解放后产1428斤（折谷），也是减产了，原因亦是推销不出去。

副业：如瑶里乡解放前大小猪合计为10 203斤，鸡441只，鸭20只，其中生猪贫雇农占3713斤，平均每人两斤半；中农4640斤，平均每人10斤；富农1320斤，平均每人12斤；地主510斤，平均每人20斤。在旧社会，畜牧业也有相当发展，但都集中在少数的地主、富农阶级。解放后贫雇农从每人两斤半增加至14.2斤，中农每人从10斤增至23.9斤，富农增加22.2斤，地主也增加19斤。贫雇农3年来增加7倍，中农及富农增加约1倍。该乡的鸡也在增加，3年来，贫雇农从463只增加至1105只，增加约3倍；中农亦从414只增加至547只；富农从58只增至181只，约3倍。至于畜牧业，该乡的耕牛作用是不大的，没有养牧出卖。据了解，过去瑶里屯何吉兆有120头左右（小的不算在内），但由于统治阶级封建压榨及国民党的统治，畜牧业的发展停滞下来。在纯石山区的董甲乡，养猪、鸡也特别多。据了解，解放前，农民生活贫困，除靠零工找野菜维持生活外，以副业来解决生活起了很大作用，即使是在解放初期，山区农民仍多以鸡及鸡蛋换盐吃。畜牧业在大瑶寨自治区有着很大的潜力，其原因是山多草多，野菜多，杂粮多，发展畜牧业生产也是山区生产特点之一。

2. 生产技术问题

山冲平原是水田少，旱田多，旱田多砂土。水利缺乏，雨后水干得很快，每年须犁地两次，耙3~4次（秧田5次），要在下雨时连夜犁田，不然，水过夜即自然干消。解放前只能一犁二耙，解放后已做到二犁三耙或四耙，这是旱田。水田水很多，经常深度约1尺至2尺，用锄来挖，插秧挖1次耙1次，插秧近期再挖1次耙1次。插秧通常是因旱的关系，每蔸（旱田）插15根至20根。山区由于水少旱多，土质不好，耕作要特别细致，才能储水。同时为了避免旱死，多插秧苗，以防因旱枯苗，无法补救。畲地由于斜坡的坡度太大，又是砂土，最易给山水冲去，所以畲田耕作用牛犁后即用锄头开坑下种，坑深约5寸，每坑距离1尺至2尺，下种20至30粒。这种精耕粗播是山区生产技术特点之一，山地最好是用锄挖坑放粪下种，小米则用“火播”。

牛耕普通是水田2次，旱田3次，畲地及山地是2次至3次，季节各有不同。

施肥：肥料主要是牛粪及草木灰，解放前少用，甚至不用。解放后普遍增加施肥，如瑶里乡何玉保15挑地，解放前只放10挑，1953年施肥59挑，今年准备施肥80挑。当地的水旱田很远，往往在30至40里之外，向来习惯把牛棚盖在田边，因常年遭匪抢劫，不敢在田边盖牛棚。至放解后才能在田边盖牛棚，这是增加肥料的主要来源。畲地除施肥外，还需到山边挖取肥泥来放，以增加泥土的分量。施肥每年放1次，由于路远，未播种前即挑粪去放在田间，让日头晒很长时间。解放后，水旱田已有少数群众采用树叶放田。山区由于地势崎岖、分散，而且多自然肥料（下雨时冲下污泥及草木灰），多不积肥施肥，对于肥料的使用技术落后，且亦粗放，这是与平原地区有区别的。

3. 自然灾害严重

有旱灾、兽灾、风灾、虫灾及秧禾枯黄。该区旱田多，如瑶里乡水田总面积340挑，旱田有7234挑，占77%左右。瑶里乡瑶寨屯第三组13户，种田407挑（旱田占341挑），常年产量360挑，1953年受旱少收104挑，损失31%。兽灾特别以鸟、猴子、蚂蚁危害多，开始种就受害，一般被踏食一半。现在农民用桐油裹种，鸟不吃，种子都生长，但只有3%采用。秧禾枯黄主要是旱田缺水，下雨时停水而成酸性，禾即枯黄。现在农民多将水开出，晒干土10天左右，运用露水引到湿，再用木灰洒叶，使之复青再放水。

4. 封建迷信的影响

田地不进行冬耕，农民说：“犁田过冬，得罪祖宗”。传说是“阳间秋收，阴间冬耕”，所以不敢犁田过冬。封建迷信主要有几种：第一、庙主带头生产，每1年开耕都由这人开耕后，其他人才接着犁田，如破例先犁，天旱要负责（壮族群众则选日期）；第二、拜神求庙，当地有地王庙、天王庙。有些庙是专司下雨，每年要拜求两次，如果天旱则随时求，而不进行抗旱；第三，禁忌立春打雷，白露、六月初六和死人时都不准到田地中劳动，对生产影响极大。解放后已在逐步改变，但还存在。

5. 季节及水利

季节性不明显，因为生产以庙主带头为主，但也在三月至八月是农忙时间。水源特别缺乏，但低的地方有伏流，主要靠天雨。

（三）互助合作问题

互助合作我们缺乏了解，当地已有背工的形式，这种背工的形式是非常普遍的，每逢农忙的时候又组织起来。据我们了解，这种背工解决了如下的几件事：（1）及时春耕下种及送粪到田，瑶里乡瑶寨屯挑粪都是一帮人。里湖乡里纪屯陆正明用背工及时做好40挑田；（2）互助组内互相解决困难，在1952和1953年，缺粮户除政府借贷救济外，互相借贷也解决了很多户，如牛栏关乡互助组内的积极分子蒙老花借出160斤玉米，带动9户借出，共1920斤玉米，解决了缺粮户的困难；（3）扩大耕地面积，互助组也起了很大作用。

过去这里也有简单的帮工习惯，组织起来不困难，但是也存在一定问题，最主要是互助没有养成有组织领导的习惯。如瑶里乡组织起来，组长也没有选出（以行政组长为组长），等于一伙做工。其次对互助认识不够，有的群众说：“我保证搞好互助组，有困难又去向政府借。”但基本问题是自愿互利政策不能贯彻下去，农民之间的利益问题没有解决。

全区各乡都有帮工的组织，有领导有组织的互助组还未形成。

（四）今后领导生产的几个问题

大瑶寨自治区，从地理环境来分，基本上可以分为两个类型地区。一是山冲平原地区，这种地区是山地多，土山中夹有山冲平原，山冲平原可做水旱田，土山上可挖畲地及山地。二是石山区，这种地区的纯石山，或者主要是山，有土山插花。从民族分布来说，亦分两种地区，一是瑶族聚居区乡，二是各民族杂居乡。这种乡有两种情况，一种是以壮族为主，一种是以瑶族占多数或各民族大似相等。从民族的政治结构来说，以壮族、汉族、水族阶级分化较明显，群众的觉悟水平较高，生产技术较高，瑶族还保持一定程度的原始生产手段(如带头生产、迷信等)，加之阶级分化不明显，生产技术较落后。

共同的特点是：（1）解放3年来，由于各级党委、人民政府正确贯彻了民族政策，各民族经济生活提高，改变了历代的贫困现象，并进一步发展了各族人民政治、经济、文化，各族人民深感毛主席的关怀及英明领导，在山区各族人民中，毛主席、共产党、人民政府的威信很高；（2）山区尽管是地理环境、民族分布不同，但气候是寒冷地带，种植作物基本上是相同的，并且为适应山区的自然条件，可种多种多样的作物，特别是畜牧业，繁殖力很快，经济作物也有一定的发展；（3）解放后3年来已培养了各民族的干部，这些干部不但熟悉本民族的情况，并且是多为本民族拥护，在党的培养下，为了极大地发展各族政治、经济、文化而辛勤地工作。总而言之，具备了今后进一步发展生产的有利条件。

由于山区地理环境不同，民族分布不同，政治结构不同，就具体地反映了今后领导山区生产的复杂性、曲折性，必须根据不同情况予以具体领导，防止领导生产中的一般化和强迫命令，现提出几个问题，以作研究。

第一、发掘土地的潜在力的几个问题。大瑶寨内有4个乡是山冲平原区，水旱田共占60%，畲地也有相当数量。这些地区主要是以稻谷、苞谷并重，其他杂粮如红薯、小米等是多种多样的。有12个乡大部分是石山或完全石山区（6个乡为纯石山）。这种地区是以多种杂粮为主，如苞谷、小米、红薯等。也有的人在外乡耕种水旱田，但数量不多。

解放后3年来，各种农作物的产量都有迅速增长，这不单是因为扩大耕地面积，实际上单位面积也有增加，如瑶里乡水旱田增产76 284斤（稻谷），地增产31 892斤（包括苞谷及其他杂粮在内）。土地的生产潜力是有的，如何进一步发掘其生产力，该区必须解决几个问题：

（1）加强水利设备，进行精耕细作。当地水田水太多，经常有1尺深，不能用牛耕，而用锄头挖。而旱田则等雨水，耕作须作3犁4耙至5耙以上才能储水，抗旱耐久，两者截然有别。尤其是水田往往不缺水，留水太久禾枯黄，因此水田需要修水沟排水；旱田要挖沟、挖山塘、挖水源（旱沟及山塘是有利条件），增设水利设备，才能进一步精耕细作。

(2）发动积肥，增加施肥的次数以及解决技术上的问题。现在当地只有牛粪及草灰，施肥只有一次，没有追肥。解放后农民吸收各地经验，用木叶放在田中做肥料，这是新改良的，事实上三年来当地增加产量的主要原因是增加肥料，必须发动与领导群众积肥及合理施肥。

（3）中耕问题。这与水利设备及施肥分不开，水田水多，旱田缺水，无法进行多次中耕，同时中耕又没有施肥料，草除了而不能达到催苗及加速结穗的目的。现在中耕只有两次，必须在解决水利、发动积肥施肥的基础上组织中耕。

（4）改进耕作技术。现在每蔸插15至20根秧，距离1尺5寸至2尺左右，其原因是水量过多或过少。这些古老的技术，长期没有改进，影响了收获，同时也浪费地力及肥料。

（5）山地问题。由于畲地斜度太大，易被水冲去，用人力多，技术上也很落后。如用牛开行后，又用人力开5寸深的坑，然后放粪下种，距离也在1尺5寸至2尺，每坑放20至30粒种子，既浪费地力、人力，也浪费种子。在地边开沟是可能解决一些问题的（该区多采用此法），也可以保持泥土（现在种时要在山脚挑泥土来放）。精耕细作、中耕、积肥同样重要，如瑶里乡的增产主要是多放肥料。

第二，扩大耕地面积，也是山区发展生产的重要出路。如瑶里乡扩大田的耕种面积增产763斤，扩大地的耕地面积增产65 377斤。解放前由于统治阶级封山坡而私置或依地划界，出现很多的荒坡及荒山。解放后消灭了封建制度，农民积极开荒，如瑶里乡黎隆志，1951年开荒4挑，1952年开荒8挑，1953年开荒1挑，3年内共开荒13挑。由于山区耕地少，组织开荒还是一个重要环节之一。

第三，积极发展副业（即畜牧业）及经济作物、经济林。畜牧业是大瑶寨区各族农民的一项重要收入，主要是养牛、养猪、养鸡及其他副业。山区由于草多、野菜多、杂粮多，畜牧的繁殖力很大，并且畜牧业是山区农民主要的交换商品，应大量提倡发展并组织领导。经济作物如黄豆、大麻、棉花等，经济林如桐籽及杉木等，潜力也很大，解放后各有增加或减少。由于商品交换极不发达，交通闭塞，解放后销量有限，发展还是缓慢。经济作物及经济林有很大发展前途，必须引起重视。

第四，逐步克服自然灾害，这也是一个严重的任务。大瑶寨有旱灾、风灾、鸟灾、兽灾、蚂蚁等不下10种，尤其以旱灾、鸟灾、猴子、蚂蚁等最为严重。但各地有所不同，因为受灾害而减产失收的例子很多，总之是严重的。农民过去都任其发展，解放后吸收各地经验，如用作物油擦种子种下可防鸟灾、蚂蚁灾，并获得了丰收。农民说：听共产党的话一点也不错，今后必须推广这些经验。

第五，加强教育，逐步消除族长带头生产及封建迷信。这是一项极艰苦、复杂的工作。族长带头生产及封建迷信给生产带来了很大的损害（以上已有说明）。族长带头生产及封建迷信在群众思想中已是根深蒂固，解放后，部分瑶族中的积极分子已开始有所认识，而稍有改变，这是有利条件。但这只是一个开始，今后仍必采取边领导边教育的方法，逐步扩大影响，不可急躁。

第六，注意在原背工组的基础上加强领导组织，提高互助组对山区生产的领导作用。现在各乡都有背工组。实际上这种背工组是有历史习惯的，互助组的发展主要是自然性浓厚，没有领导及一定的组织形式。所以首先要领导典型示范，劳动改进其他的背工组。领导组织互助组，采取就地取材，逐步教育，贯彻互利政策。

贯彻具体领导，首先应抓住由于自然条件及民族具体情况不同，从实际出发，依据农作物的多样性，出产品种的广泛性，耕作技术的落后性，进行具体研究，防止工作上的一般化。其次是要不断地推广经验或重点试办，以逐步启发引导群众接受新的先进经验。大瑶寨有的地区曾用木叶做肥料，并用桐油裹种以防鸟虫灾害，证明瑶族群众是肯接受先进经验的，问题是在逐步引导，再次是要加强培养本民族干部，因为只有他们才会更了解本民族的情况。该地区连乡一级的干部中外地干部还占有很多，如瑶里乡文书就是汉族，有些连乡主席都是。加强干部教育和培养民族干部是重要的一环，各级党政领导切不可忽视。

第七，促进文教卫生事业的发展。该区和县里乱调民族教师，使之不安心工作。必须纠正，特别是对该区的汉族教师，有一点毛病就调动，使之不能生根，影响教育的发展。该区各族农民疾病很严重，特别是疟疾常死人，麻风病也流行，影响人民身体健康，由于山岭多路又远，卫生工作需要深入山区，为少数民族服务。

第八，发展贸易合作事业。农民特别要求解决农具，可是贸易合作尚未建立起来。同时由于地理环境关系，还需要组织供销组及货郎担深入到山区去，给农民带来方便。

第九，加强民族内部团结和民族之间团结，非常重要。

［说明］南丹县大瑶寨瑶族自治区经济情况调查，见1954年3月9日，原广西省民族事务委员会民族工作组整理材料。

南丹大瑶寨砍牛风俗调查材料

一

大瑶寨是一个瑶族（白裤瑶）聚居区，位于南丹县境东北部，是桂黔两省区交界地。居住着以瑶族为主的6个民族。据1962年12月普查统计，全区5265户，24 126人，其中瑶族11 389人，占总人口47.2%，汉族5440人，壮族5359人，苗族984人，毛难族838人，水族113人。

解放前分为里湖、七圩、八圩3个大乡。解放后，经过清匪反霸，1954年进行和平土改，成立大瑶寨瑶族自治区（区公所一级），1955年至1957年间，曾试点成立5个生产合作社，后来仅有一个坚持办下来。1958年建立了人民公社。区乡建制调整后，现在全区下设16个乡（公社）、424个生产队，全区水田13 000亩，旱地约3万亩，是一个产牛比较多的地区。1963年统计有耕牛7264头，平均每户1.3头，每个生产队17头。巴地乡产牛最多，该乡大寨屯102户，耕牛318头，平均每户达3头。

这里的白裤瑶，大部分村屯历来有着“死人砍牛祭祀”、“病人杀牛送鬼”的风俗，解放后仍遗留下来。在1958年至1960年间，曾因耕牛归大队集体所有，砍杀耕牛曾停止过一段时间，但自1961年以来，砍杀耕牛之风又盛行一时，情况相当严重。

据不完全统计，1962年至1963年4月止，全区瑶族用于迷信砍杀的耕牛164头（砍95头，杀69头），平均每月16头。仅1962年11月份内，就砍了50头左右。所砍杀耕牛占全区现有耕牛的22%。砍牛最多的1户，是巴地乡罗老穷家，一次砍了8头牛和1匹马。其砍牛之多，规模之大，轰动全瑶区。当时前来参加砍牛观看的群众达1500人以上。砍牛还有的属于“追补祭祀”的。如里湖乡蓝金才（贫农）其父亲在二三十年前就死了，当时没有牛砍，1962年补砍了牛为父亲祭祀。有个别的人，竟不顾政府干部多次劝阻，公开反抗，违犯政策法令，强行砍杀耕牛，如岑老勇（中农）、何老元（头人、村长）公开讲：“犯法也要砍”、“劳改也要砍”（该两人已逮捕法办）。砍杀耕牛讲迷信的，不但有群众，而且有区乡干部、共产党员。如里湖供销社副主任何金才（广西民族学院毕业），弟媳死了，也砍牛2头。有些干部本人不砍牛，但参加砍牛喝酒的则较多，区委会曾经有一次召开乡社干部会议，当时竟有不少瑶族党支部书记因参加砍牛而未出席会议。

这股砍杀耕牛的迷信风俗，让其发展蔓延下去，势必严重地破坏生产，破坏集体经济，腐蚀瑶族人民群众的思想，是不利于民族发展，不利于社会主义的。直至1963年上半年，在进行社会主义教育运动之后，加以制止，才逐渐停止下来。

二

传说古时这里的瑶族有吃人肉的习惯，后来改砍牛来代替吃人肉。改变的原因是这样说的：从前有一个小孩在山上放牛时，见母牛生仔，十分困难辛苦，三天产不下，回家后把这件事告诉母亲。母亲讲："不但牛是这样，人也是这样，我生你时比牛生仔还难，更着力些，肚子要痛几天"。又说："将来我死后，你不要吃我的肉"。小孩听了就表示，如果母亲死了，自己一定不吃母亲的肉了，也不分给别人吃，从此自己也不吃别家的死人肉，将别家分给的死人肉腌干留下来。后来，母亲死了，他就将母亲入棺装起来，不让别人吃。别人来要肉吃，孤儿讲："母亲死后已经埋了。"接着便把从前别人分给他的肉一一归还原主。并答应选一个吉利日子，砍牛给大家吃。后来请舅爷来砍牛，舅讲"你娘的骨头是我家的，肉是你家的。"孤儿答应砍牛的前腿代替娘骨，砍牛的刀口头肉代替娘头，顶给舅父。其他牛肉牛杂就全部分吃了。从此，瑶族死人后，不再吃死人肉，而以砍牛肉来代替。这种说法较为普遍。因此，现在瑶族群众仍将死人砍的牛肉，当作父母的替身，只能在出殡送葬时招待客人吃，以及留着自家吃，不能出卖。其他也有一些传说可能是以后逐步演变的，如说："人死到阴间也要牛耕田地"，"砍牛将牛角挂在坟上，表示牛到了阴间"，"砍了牛可以发子发孙，人畜兴旺，五谷丰收"。如果有牛不砍，"则不吉不利，人畜病多，禾苗不好"，此外还有"牛是老人在世养的，他死后，应砍牛祭祀，以示孝敬"，"砍牛是为了修阴功"等传说。

这种"死人砍牛"的迷信风俗已世世代代相传，具有长远的历史性，在社会上已经形成一种风气，社会舆论压力也很大。特别是在一些富裕阶层，旧的统治上层人物中"砍牛"风气最为盛行，认为砍牛愈多愈好，争个名气，面子光彩。如果不砍牛或少砍牛，就被人瞧不起。有的舅爷家也强加压力，要砍牛给死人。

"病人杀牛"方面：传闻有一种大老爷（鬼），专门到人间收人命，如家有病人，就要请人来"坐马"，将长条四脚板凳当马，到阴间追病人的魂，叫赎魂。如果是小鬼，就杀鸡送鬼，如果看出来是大老爷（大鬼），就一定要杀牛，才能抵人命，不然，大老爷就要收人命，病人就要死。因病杀牛送鬼，一般只杀一头牛，小牛、黄牛也可以。"坐马"看出鬼后，由魔公来送鬼，有的要一碗米（1斤），4个玉米，1只鸡。如果家有钱，还要一件裤的布料，1个背褂，3斤牛肉，4把糯米（10斤左右）。如果是大老爷，砍牛送鬼，还得要半个牛头，牛肉、内脏、四腿，一样要一点。很明显，其中仍存在封建迷信剥削行为。

三

有"砍牛"风俗的，多是一些瑶族聚居的村屯，这些村屯一般富裕农民也较多。如瑶里、瑶寨、巴地、里湖等几个大寨子，其中巴地大寨中农以上的占50%左右。据全区9个瑶族聚居乡统计，瑶族聚居的村屯227个，其中有砍牛习俗的172个，占75%，但也有55个屯（占25%）没有"砍杀耕牛"的风俗。这些多是杂居分散的小屯，他们不砍牛的原因有几个：(1) 历来就没有"砍牛"习俗，有的是祖先没有仔，接汉、壮族来继后代的，虽然仍为瑶族，没有权利"砍牛"（如瑶寨乡洞口小队的潘姓）。(2) 因生活贫苦，经济困难，很多代以来就砍不起牛，习俗也就丢了。（3）有的从瑶族古老大寨子搬出来，久而远离，习惯逐步消失，也不懂得砍牛的规矩和仪式了。

有“砍牛”习俗的村屯，也是富裕人家砍牛多，只要不是因为刀伤、蛇咬、虎咬、孕妇难产等凶死的，其他不论男女老少死了都砍牛，女的出嫁以后才能砍牛。里纪乡何某于1956年死了一个8岁小孩，也砍了3头牛。按习惯一般都要请舅爷家来砍牛，特别是富裕人家都要舅家来砍，有肉送给舅家，以示自己阔气有钱。也有的生活比较贫苦，则由房族兄弟来砍（每人送1斤半牛肉），不请舅家砍，也不送肉给舅家。

“砍牛”过程：砍牛是用1米左右长的砍牛刀，砍牛的颈部，砍倒为止。瑶族死人后，如在秋冬季节就当时“砍牛”，如是春夏荒月，农忙之际，则先埋死人，当时一般不砍牛，以后再补斩。有的贫苦农民没有牛，也有隔好多年以后才补砍的。丧家在砍牛的前几天，派两个人带一把砍牛刀去舅家，请舅家来砍牛，约定具体砍牛日期，舅家杀猪（小猪）摆酒招待。到砍牛那天，丧家要准备好米饭，少则一二百斤，多则五六百斤，招待亲戚朋友，在砍牛前一段时间丧家要“封斋”，孝子不能吃荤。砍牛那天，舅家一般来三四十人，多的六七十人，要挑30~60斤酒来，酒坛上放一二十斤糯谷或禾把（如舅家不砍牛，就不带酒米来），快来到村寨时，丧家孝子及兄弟等数十人，要出寨去接舅爷，也要抬一坛酒去，孝子跪在地上，并悲哭以示有孝在身。舅爷喝酒后，就把孝子扶起来，一同回丧家。一进大门，丧家的人，又跪地大哭，舅爷则一一扶起。舅爷验尸后，正式入棺。准备砍牛时，将牛鼻子穿好，用粗绳将牛头捆在树上或木桩上，脚绑在大石头上，砍牛前先由魔公喃神念道，吃“舅爷酒”，然后砍牛正式开始。有的舅爷亲自动手砍，多数是由舅爷指定他带来的人来砍，也可指定丧家兄弟帮砍。每条牛同时配两个砍牛手，要选那些眼明手快的青年小伙子来砍，一条牛两个人，一人在一边，舅爷敬砍牛手每人一杯酒，以后即动手。也有的丧家兄弟用酒将牛灌醉的，主要是故意看舅家砍牛手的本领如何，如本领不高，众人就嘲笑。砍牛后，先出殡送葬上山，回来后，就摆席招待吃一餐，见者有份，人人都可以吃，主要有牛肉、牛杂、酒和饭。砍牛时，有很多人来观看，一般二三百人，多者数千人，往往形成一次大集会。到时亲友带铜鼓来打，为死者吊祭。男女青年则利用这机会唱歌玩表，谈情说爱，物色对象。

牛的来源：过去一般都是自家养的或买来的，也有暂时借别人的。合作化后，绝大多数是砍生产队集体所有的牛。如1963年，巴地乡罗老穷家，砍的8牛1马，其中6头都是生产队的，只有2牛1马是从贵州那边买来的。

牛肉的处理：如请舅家来砍牛，要给舅爷一腿牛肉（前夹九条骨头算起），约为一头牛的1/4，另要给一些刀口颈肉。如果是自家兄弟砍牛则不送肉给舅爷，只给砍牛兄弟每人1斤6两肉，其他主管帮忙的每人也给1斤6两肉。亲戚、老同、本房族招待吃饭吃牛肉。来客多送有5~10斤酒的，也要每人回礼4两牛肉，其他观众，只在出殡那天招待一餐，有的吃稀饭、牛杂、牛皮、喝酒，也有的给干饭、牛肉吃。剩下的牛肉，均留丧家自己吃。

四

（一）解放前

砍杀耕牛，主要是地主富农和富裕农民，贫雇农因牛少甚至没有牛，一般砍得少或者不砍。如瑶寨乡大寨第三队解放前（按各户最后死的大人调查）合计砍牛18头，其中富农和中农砍16头，约占90%，贫农仅砍2头。巴地乡大寨瑶头何老元，因经济富裕，其母亲在解放前死时，曾砍了7头牛。据反映，解放前瑶寨区曾有1户砍牛达12头。解放前，地富及中农牛多，所以砍牛多。据调查，1948年瑶里乡平均每户地主有牛3.5头，富农4.8头，中农1.8头。

（二）解放后

1950～1957年，经过1954年土改以后，贫雇农翻了身，分得了田地耕牛，生活逐步改善，部分贫农上升为中农，因此砍杀牛的比以前多了。又如瑶寨乡大寨三队，这一个时期砍牛9头，除富农砍1头外，贫农中农各砍4头。

1958～1960年，耕牛全部归大队集体所有，集中饲养，干部抓得紧，管得严，有些人想砍也不敢动，因此，因迷信而砍杀耕牛之风，一时没有发生。

1961～1963年4月，贯彻“六十条”政策，实行小队为基本核算单位之后，砍杀耕牛又逐步恢复成风。1962年底至1963年初达到高潮。1962年以来全区用于迷信砍杀耕牛的有117户，164头牛，几乎全部是拉生产队的牛砍的，而且大多数是各砍各吃的。砍杀164头中，地富占15头，中农占66头，贫农占83头。从表面数字上看贫农砍杀较多，但从各阶层户数来算，中农及地富占的比例则较贫农大。特别是“砍牛”95头中，中农以上砍的65头约占70%。贫农因病杀牛（小牛也可以）则较多，杀牛69头中，贫农杀53头，占77%。

（三）为什么1961年以来又逐步恢复“砍杀耕牛”的迷信风俗呢

第一，最主要的一条是群众政治觉悟不高，特别是迷信思想仍很浓厚，误解我们的某些政策。贯彻“六十条”恢复区乡，实行小队为基本核算单位以后，耕牛分户管养，他们误为“六十条松了”、“干部离远，没有人管”；1961年反“五风”后又认为“干部犯错误检讨怕了”、“可以随便砍牛了”。群众及部分基层干部迷信思想仍很浓厚。信鬼神胜过信医药，往往花几块钱、几只鸡，甚至砍牛做鬼，也不愿花几毛钱求医买药。瑶族群众仍很少到卫生所来看病。瑶寨乡大寨屯寨头黎老松因病也砍了一头牛。说：“大老爷（大鬼）不信吗？又有点对路（灵），送鬼后病就是好点”。民族学院有个毕业生，回来当教师，小孩有病也不求医而送鬼。八圩公社大坡小队副队长蓝金荣（瑶族，30岁以下）也说：“大老爷（大鬼）那年到你家，你不砍牛，就要人命，全家得病”，还认为“现在牛归集体，没有牛砍，我们欠了大老爷（大鬼）的牛”。当时讲得有神有色，十分逼真，可见其迷信思想仍很深。

第二，有的干部政策思想有些模糊不清，对砍杀耕牛问题认识不足。有的片面理解尊重民族风俗习惯的政策，对这些迷信风俗，束手束脚，放任自流，不敢教育群众和加以制止。1961年发生个别人砍杀耕牛搞迷信，未及时给予制止，风声逐步传开，一家跟一家，一乡传一乡，小寨跟大寨，愈传愈广，愈砍愈多，至1962年冬季形成了一股砍杀耕牛的高潮。

第三，地富阶级、某些坏寨头和迷信职业者等封建迷信势力打着“民族风俗习惯”的招牌，带头挑动起来。这次地富阶级砍杀耕牛的有8户，15头，影响最大。砍得最多的是何老元主持下的罗老穷家，何老元本人是寨头，名为中农，实为富农。罗老穷（死者）当过村长、惯匪，搞过烟帮。在何老元影响促使下，巴地砍杀的耕牛达31头。魔公鬼师活动也很猖狂，煽动力甚大，全区有巫婆魔公80~90个，其中脱产的有10人，他们到处煽惑群众砍杀耕牛。如职业鬼师陆老外，到处看鬼，煽动砍杀耕牛达13头。瑶寨乡黎文定家刚砍过牛给父亲，魔公又讲他哥死在外面也要砍两头牛。该乡另有一户贫农，解放前父母死时没有牛砍，已隔十多年，现在家人有病，巫婆就利用机会加以煽惑，讲“父母要牛，如不砍牛就要人命”，逼得也砍了小队的牛。

第四，由于过去耕牛入社，股金未及时清理，牛入了社，价格未讲妥，没有给钱。一些牛多的户，特别是富裕中农，感到吃亏。小队为基本核算单位后，耕牛分户管养（一般是入社时的各牛各回各家养），有的误以为牛退回归私人了，也有的是明知故犯，这在客观上也造成了滥砍耕牛的机会。

五

（一）破坏生产，影响生活

“砍牛”危害最大，首先砍的牛有五字特点：一“多”（一般每次要砍二三头，多的九十头）；二“大”（不砍小牛，专要砍大牛）；三“壮”（专砍耕田的壮牛，不砍老牛）；四“公”（专砍公牛，不要母牛）；五“肥”（要肥牛，不要瘦牛）。参加“砍牛”的人数也多，影响生产，少则二三百人，多者一二千人。巴地罗老穷家砍牛时，观众达1500人以上，占全区瑶族人口的13%，百里以外的都有人来。其次大吃大喝，助长铺张浪费风气。砍牛一次，少则要花去几百块钱，一二百斤粮食；多则几千元。如罗老穷家砍牛花去六七百块东毫（一说60~80斤老银子），千斤酒和七八百斤粮食。对砍牛户的生产活动危害也大，如解放前化里寨①韦某，母亲死后，把仅有的5头牛一齐砍光，来年只得向亲友借牛耕田。巴地乡蓝老爱（贫农），1963年母亲死后，也将仅有的2头牛（未入股的）全部砍光，弄得自己连被子都没有，口粮都得靠救济。瑶里乡黎老大的生产队，牛归私人养，砍的砍，杀的杀，没有牛用，又挨富裕农民讽刺，逼得自己将仅有的一头猪及30斤猪肉，换1头牛来用。瑶寨乡黎五朋（1959年死，125岁，中农），生前先后养过四五头牛，准备自己死后砍用，结果生前家产花光了，牛也全部死光，死后没有牛砍，只得搞一对牛角挂在坟上以示祭祀。

（二）破坏社会主义集体经济

自1958年以后，主要生产资料（包括大小耕牛）一律归集体所有，“砍杀的耕牛”几乎全部是拉生产队的牛，削弱了集体经济。如巴里乡，1962年以来砍杀耕牛31头，占全乡耕牛总数577头的5.3%。砍杀耕牛用于迷信，各砍各吃，损公利己。

（三）宣扬迷信，对人民群众的思想起很大的腐蚀作用

无论死人砍牛祭祀和病人砍牛送鬼，迷信色彩十分浓厚，宣扬的是鬼神威力和宿命论。人畜兴旺，五谷丰收，均寄托于神灵显圣。认为有阴阳转世，人在阳间用牛，死在阴间也用牛，在世凡人要靠阴间祖先的保佑；疾病死亡，认为是大老爷（大鬼）鬼神收人命，这些

① 化里寨：今南丹县六寨镇化里村。

迷信思想和人类劳动创造世界的唯物观点是针锋相对的，腐蚀劳动人民向自然作斗争的英勇意志。“死人砍牛”的活动，往往是以全民族、全宗族、全村全寨的形式进行的，有的地区有全村送葬的习惯，有的地区一家死人，全寨开锅，全寨帮忙。解放后一些地主、富农阶级，伪村长、寨头等旧的封建势力仍统治“死人砍牛”，多是以同民族、同宗族、同姓、同寨的幌子和群众一起来搞的。所以腐蚀着人们的斗争意志。

［说明］南丹县大瑶寨区瑶族砍牛风习调查材料，是1962年7月，广西民族事务委员会、广西少数民族社会历史调查组共同组织调查组进行调查整理的。

附调查表六份

表1　大瑶寨区主要瑶族聚居乡有“砍牛杀牛”风俗习惯的村屯数调查表

内容 / 乡名	瑶族村屯数	其中有砍牛习惯村屯数	附　注
里湖	25	20	（1）全区瑶族主要聚居的9个乡有砍杀牛习惯的瑶族屯占瑶族总村屯的75%。 （2）这9个乡瑶族人口占全区瑶族总人口的90%。
瑶寨	41	9	
瑶里	75	75	
里纪	26	15	
董甲	21	21	
甲坪	18	18	
利乐	5	5	
八圩	7	3	
巴地	9	6	
合计	227	172	

表 2　南丹县大瑶寨区瑶族聚居的 9 个乡各阶层‘砍牛杀牛’统计表（1962 年～1963 年 4 月）

单位：头/户

乡名（阶级/内容）	地主		富农		其他坏分子		中农		贫农		小计		总计	瑶族人口数
	砍牛	杀牛	砍牛	杀牛	砍牛	杀牛	砍牛	杀牛	砍牛	杀牛	砍牛	杀牛		
合计	4 头/1 户	1 头/1 户	1 头/1 户	3 头/3 户	6 头/2 户		54/27	12/11	30/21	53/50	95/52	69/65	164/117	10 169
董甲				3/3			1/1	1/1		10/10	1/1	14/14	15/15	889
巴地	4/1		1/1		3/1		12/4	2/2	9/4		29/11	2/2	31/13	694
里纪		1/1			3/1		13/4		8/8	5/5	24/13	6/6	30/19	1 468
瑶里							5/4		8/6	20/19	13/10	20/19	33/29	1 549
里湖							13/7	7/6	3/2	5/3	16/9	12/9	28/18	1 298
甲坪														589
瑶寨							10/7	2/2	2/1	13/13	12/8	15/15	27/23	1 768
利乐														646
八圩														277
备注	（1）这 9 个乡瑶族人口10 169人，占全区 16 个乡瑶人口11 389的 90%。 （2）砍牛占杀牛总头数 58%，杀牛占 42%。中农砍牛多，杀牛少；贫农杀牛多，砍牛少。													

表3 大瑶寨区瑶寨乡屯第三生产队各阶层砍杀牛统计表

内容 成分	解放前						1959 年～1958 年						1962 年～1963 年						现在户数
	死砍	人牛	用砍	鬼牛	小计		死砍	人牛	用砍	鬼牛	小计		死砍	人牛	用砍	鬼牛	小计		
	户	头	户	头	户	头	户	头	户	头	户	头	户	头	户	头	户	头	
中农	5	14			5	14	5	4			3	4							10
贫农	2	2			2	2	3	3	1	1	4	4	1	2	3	3	4	5	17
富农	1	2			1	2	1	1			1	1							1
合计	8	18			8	18	7	8	1	1	8	9	1	2	3	3	4	5	28
备注	（1）解放前砍牛数按最后死的一个计算的。 （2）解放前用鬼杀牛数无法统计。																		

说明：（1）解放前中农以上的砍牛多，18 头中，中农占 14 头，富农占 2 头，贫穷农占 2 头。

（2）1962 年以来贫农新发户，解放后也有了牛，所以砍杀 5 头牛，全部是贫农的。

（3）因贫农病人较多，解放后生活有好转，迷信思想存在，用鬼杀牛较多。

表4　大瑶寨区瑶寨乡大寨第三队干部及各阶层对制止砍杀耕牛态度表

成分 赞成	贫农	中农	富农	小计	民族上层	小队干部
赞成	6	1		7		4
中间	7	6		13		
不通	3	4	1	8	1	
合计	16	11	1	28	1	4
备注	（1）赞成的占25%，不通的占28.5%，中间的占46.5% （2）中农：赞成的10%，不通的占40%，中间的占50% 贫农：赞成的37%，不通的占19%，中间的占44%。 富农：赞成无，不通的占100%，中间的无。 （3）表内统计数，以户为单位。					

表5　大瑶寨区瑶寨乡大寨第三队解放后未砍牛户情况表

情况 成分	解放后一直未砍杀过牛的		解放后死了人未砍牛的	
	户数	占本阶级总户数%	户数	占本阶级曾死人户的%
贫农	10	62%	7	63%
中农	7	63%	2	40%
备注	（1）三队解放后死人砍牛的中农3户，贫农4户，中农共有5户死3人，贫农有11户死人。 （2）说明解放后，贫农死人后砍牛的占少数为37%；而中农仍占多数为60%。			

表 6　大瑶寨区瑶里乡解放前及解放初期各阶级耕牛占有情况表

成分 时间	地主			富农			中农			贫农			雇农			合计		
	户数	牛数	平均每户牛数	户数	牛数	平均每户牛数	户数	牛数	平均每户牛数	户数	牛数	平均每户牛数	户数	牛数	平均每户牛数	户数	牛数	平均每户牛数
解放前（1948 年）	6	20	3.5	14	68	4.8	97	175	1.8	296	382	1.3	56	27	4	469	685	1.4
解放后（1952 年）	6	10	1.7	14	79	5.6	99	280	2.8	305	602	1.9	59	65	11	483	1 029	2.1
备注	（1）1952 年这里系土改以前。 （2）此表系根据 1953 年民族工作队调查材料制成。																	

说明：（1）解放前富农中农占有耕牛多。富农平均每户 4.8 头，中农平均每户 1.8 头。

（2）解放后未土改前，富农牛多而且发展了，每户 5.6 头，中农也达 2.8 头。

（3）总的来讲牛较多，每户 2.1 头。

平果县[1]瑶族概况

一、民族来源和人口分布

平果县瑶胞分为东瑶、黑瑶和蛮瑶三种。外人这样称他们，他们也这样承认，所不同者，不过语法倒装：黑瑶自称为“雅藩”，“藩”是黑的意思，“雅”就是瑶，瑶语倒装为“瑶黑”，汉语则为黑瑶。第四区蛮瑶，自称为“努别雅”，“努”为人，“别”为我们，“雅”为瑶，即“我们人的瑶”。第九区蛮瑶自称为“雅漫”，即“瑶蛮”之倒装语。东瑶之称呼亦然。

黑瑶名称之由来，据第六区瑶胞说：“他们祖先是到平果，初来时头不剃，脸不洗，衣服肮脏，全身污黑，所以称为黑瑶。”考其言语，与田东、德保②两县之黑衣瑶相同，如“饮酒”称“口周”，“食肉”称“侬鸡”，父称“甫”，“母”称“梅”，完全相同。黑衣瑶之名，是因穿衣裤而起，黑瑶为黑衣瑶之简称，由衣服而得名，非由于污黑。蛮瑶之历史，依第六区瑶胞说：“从前都安县大山中有一个瑶族村庄，叫‘三角屯’，该地周围，有两天路远之大小，住在上面之瑶族，性情很野蛮（外人称呼），什么人都不能到这屯去，名称由此而起，此地之‘蛮瑶’是由三角屯而来，相沿称之而不觉其侮辱性”。第九区瑶胞所说亦与此大同小异，谓系由于他们打仗勇敢蛮干，如去年打土匪，他们竟以木棍进攻，毫不怕死，因而得名。东瑶因由都安县之东边迁来，故名。

三种瑶胞，黑瑶来较早，故又称“土瑶”，历来安土不迁，不喜欢搬家。蛮瑶来较晚，常移其居，以便谋生。东瑶来此，又在二者之后。蛮瑶和黑瑶之言语不相通，唯唱歌音调相同。蛮瑶和东瑶，言语相通，唱歌音调古时相同，近来却不同（东瑶近来音调变了）。蛮瑶有似板瑶之宗教，每一代必祭祖还愿一次，热闹一天两晚；旧历五月二十至三十日，过隆重节日，杀牛宰羊，全屯各家轮流做东，早餐甲家，晚餐乙家，全屯聚餐，必经十日而后止。东、黑二瑶，无这种风俗，唯信奉三奷或霄娘娘神，各族皆然。神位安于卧房床底，凡无男孩者，每两年必杀鸡大祭一次，三次后，仍未生子即不做，做了一二次就生了也不做；只有东瑶已生了子，仍做一次，表示报恩。他们特殊的风俗大略如此。

平果县全县户口，据旧时统计约16万余人，据该县最近统计，约23万人，兄弟民族约

---

① 平果县：今广西壮族自治区百色市平果县，2004年统计，全省共有8个镇，9个乡，总面积2485平方千米，县人民政府驻马头镇，2000年第五次人口普查全县总人口为392 800人。

② 田东县、德保县：今广西壮族自治区百色市田东县、德保县。

3万人。唯该县民政科发给之材料仍根据旧时统计，只有3543户，17 023人，约占全县人口8%强。全县分9区，第一、二、七等3个区无兄弟民族，第三、四、五、六、八、九等6个区有之。除第四区之陇味村和五区之陇民村为聚居外，余多为杂居。兹列其户口数目如下：

三区73户，人口300；四区820户，1523人；五区360户，1545人；六区601户，2692人；八区1137户，5475人；九区1054户，5241人。合计3545户，16 786人。

平果县①合平治、果德二县而成。兄弟民族人口分布，多聚居于平治之第六、八、九等3个区。数目据县府报告为3543户，17 023人。据兄弟民族报到簿所填（即本表所根据者）为3545户，16 786人。略有出入。据我们调查所得又与他们有异，如四区都阳，他们为54户，我们为64户。相差10户之多。唯我们接触之村，并不全面，无从统计，相信详细调查数目必有多无少。侯县长说："大约数目近3万余人"。

二、经济生活和生产方式

兄弟民族所住地区，多在山岭高坡，平地田坝甚少；种山和种畲（旱地），没有种田，生活极苦。据该县府书面报告，他们年足自给者仅占5%，缺6个月粮食者占60%，缺4个月以上粮食者占20%，缺一两个月以上粮食者占15%。大多数是贫雇农，极少数是中农。贫雇农多靠卖柴为生，找野菜充饥，将野菜混合玉米煮粥食，无油，盐也不很多。一年只食盐一两个月，油是经常缺乏。肉更为珍贵，因经常不食，胃口不惯，过年节食些肉类，皮肤往往浮肿起来。穿的是买别人的旧衣，虽种棉花，但不会织布、纺纱。住的是茅屋或石洞，没有被子蚊帐和床铺，冬天多烤火过夜。兄弟民族之生活的确困苦。

四区旧城甘爱村②19户，48人，中农3户，贫雇农6户。有棉被15户，全村牛27头，有羊20只。

四区隆马都阳村③64户，320人，贫雇农64户。有棉被40户。

四区隆马贤强村④17户，40人，贫雇农17户。有棉被5户，全村有牛2头。

四区福洪内洪村⑤55户，64人，贫雇农55户。有棉被33户，全村有牛29头，全村有羊55只。

四区隆马坡那村⑥18户，80人，贫雇农18户。有棉被6户，全村有牛8头，有羊4只。

四区隆马陇味村⑦86户，430人，中农15户，贫雇农71户。有棉被60户，全村有牛44头，羊100只。

---

① 平果县：1952年，撤销平治县、果德县，合并设立平果县，驻果德。

② 甘爱村：又写作"甘艾村"，今广西壮族自治区百色市平果县太平镇甘爱村。

③ 都阳村：今广西壮族自治区百色市平果县坡连镇都阳村。

④ 贤强村：今广西壮族自治区百色市平果县坡连镇贤强村。

⑤ 内洪村：今广西壮族自治区百色市平果县太平镇内洪村。

⑥ 坡那村：今广西壮族自治区百色市平果县旧城镇坡那村。

⑦ 陇味村：今为"龙味村"，广西壮族自治区百色市平果县坡连镇龙味村。

四区隆马更慢村[①]10户，51人，贫雇农4户。全村有牛4头，有羊5只。

八区镇江歌休村[②]28户，105人，贫雇农23户。

八区镇江百练村[③]62户，人口190人，中农1户，贫雇农61户。全村有被11户，有牛5头。

八区镇江九怀村[④]150户，1050人，有中农3户，贫雇农147户。有棉被3户，全村有牛6头。

八区镇江那午村[⑤]23户，115人，贫雇农23户。全村有牛3头。

九区江南凤楼村[⑥]87户，350人，中农18户，贫雇农69户。有瓦屋12户，有棉被24户，全村有黄牛4头，羊100只。全年够食有8户。

九区江南和鸣村[⑦]160户，754人，中农17户，贫雇农143户。有瓦房5户，有棉被90户，全村有牛7头，有羊100只。全年够食有10户。

九区江南古楼村154户，754人，中农16户，贫雇农134户。有瓦房4户，有棉被32户，全村有牛9头，羊160只。

九区江南赏梅村171户，1211人，中农4户，贫雇农167户。有瓦房68户，有棉被124户，全村有牛25头，羊180只。全年够食有26户。

九区景德龙凤村[⑧]136户，中农16户，贫雇农120户。有瓦房16户，棉被100户，全村有牛16头，有羊80只。全年够食有16户。

九区景德爱桃村[⑨]44户，149人，中农1户，贫雇农43户。有瓦房1户，有棉被10户，全村有羊40只，有牛7头。全年够食有2户。

九区景德福禄村[⑩]31户，中农4户，贫雇农27户。有棉被10户，有羊30只。全年够食有4户。

从上面情况来看，第一，中农甚少，地富绝无，贫雇农极多。如四区甘爱、都阳、贤强、内洪、坡那、陇味、更慢7村，共273户，贫雇农占95.4%，中农只占4.6%。第二，生活艰苦，各村全年足粮食者仅及1/10，缺6个月粮者总在半数以上，以致冬天多无棉被，以烤火御寒过夜。第四区7个村1267人，只有155户各有一床棉被，平均8个人共一床被。住的多是茅屋。第九区凤楼等七村782户，只有143家有瓦屋，640家是茅屋。食的也很不好，与上述县府报告相同。第三，他们的生活比汉人甚差。如古楼村瑶胞154户，都无一户有水田，杂居汉人6户，仅有3户有水田。他们好点的则是畲地，大多数都是耕山岭，收成不好，生活自然也不好。坡那村黑瑶代表蓝兆祥，全家6口人，今年种18斤玉米种，收到500斤，另外种些红薯，一年只有5~12月有粮食，尚缺三四个月粮食。无粮时，靠卖柴烧

① 更慢村：今为壮族自治区百色市平果县旧城镇新更村更慢屯。

② 歌休村：1955年由平果县划出。

③ 百练村：应为“坡东村”，1955年由平果县划入设立的都安瑶族自治县。

④ 九怀村：1955年由平果县划入设立的都安瑶族自治县。

⑤ 那午村：今广西壮族自治区百色市平果县同老乡那午村。

⑥ 凤楼村：1955年由平果县划出。

⑦ 和鸣村：应为“合民村”，1955年由平果县划入设立的都安瑶族自治县。

⑧ 龙凤村：1955年由平果县划归设立的都安瑶族自治县。

⑨ 爱桃村：今广西壮族自治区百色市平果县黎明乡爱桃村。

⑩ 福禄村：今“福六村”，广西壮族自治区百色市平果县金沙乡福六村。

炭，或挖野菜来维持。与他家生活相仿者十有八九。

生产力方面：耕牛、锄、镰刀等都很缺乏。有牛者甚少，有的多是黄牛。农具陈旧而且很少。塘摩村东瑶代表蓝金城说：“我们瑶族26户，农具已钝坏难用，希望政府每户贷款一二万元购买，以便劳动生产”。至于劳动本身，瑶胞勤劳操作，吃苦耐劳是他们之特点，唯因食得太苦，面黄肌瘦，劳动时有气无力，生产自不能提高。他们所耕都是山岭之地，需要劳力多，收获很少，且受环境限制，无法扩充和提高生产。

生产关系：解放以前，瑶族多佃耕壮族土地，租额很重。如第八区有所谓“硬租制”，不论年成好坏，租额一定如数缴清，瑶胞一年劳苦，除缴租外，所余无几。同时借贷亦很普遍。八区古学村23户中，有20户是经常借债。该村因借不到债，有2户以女孩做抵押，一女可押100~200斤包粟。利息是年利一倍，若不能还，利上加利。瑶胞为此倾家荡产者不知有多少。债主多是汉族，有钱有势，不敢短少分毫。此外，空山旷野都有主，不能自由开荒。开荒需要纳租，从前第六区规定开荒，第一年不交租，第二年就开始纳租。普通荒地多半只耕至第三年，地力已竭，即不能种植，辛苦一场，只自耕自得一年。纳租多半是替人耕种，第四年就抛荒。解放后虽可以自由开荒，但荒地无多，亦无从发展。

三、民主建政和干部问题

瑶族过去代代都受壮族的地主富农统治，乡村甲长都是壮人，受尽种种压迫剥削，有时甚至嫁祸陷害，无法无天。贤强村蛮瑶代表蓝清荣说：“1946年壮人乡长梁少仙，因另一瑶人失去1只羊，硬说是我偷的，两人勾结把我抓去关17天，夜间还绑起来，用刑几次，结果我给了70万法币，才放出了事。”解放后，瑶人在政治上已经翻身。据调查，第九区古楼村的民族干部有5人，赏梅村8人，和鸣村4人，龙凤村2人，凤楼村1人；第六区有8人，八区7村有5人，3个区共有33人。其他第三、四、五等区，每区最少有四五人。总共全县有五六十人。但是由于过去缺少文化和受数千年来民族歧视之影响，他们的干部在社会上的地位并不很高，尚得不到重视和尊敬。第八区歌休、百练、九怀、那午、拉谢、梧章、虽选7村的主要干部（正副村主席、农会主席），仅有瑶族5个，且多系副职，据各代表谈“壮族干部都凡事独断独行，往往不与瑶族干部商量”。第四区7个村主要干部多是壮族，只陇味村村长是瑶族；农会正副主席都是壮族。其他甘爱、都阳、贤强、内洪、坡那、更慢6个村都是壮瑶杂居，但却无一个瑶族干部。现今各区瑶族，都要求政府设法培植他们的干部，以便建立、发展和巩固他们的民族政权。第六区代表韦瑞新等说：“希望每一个瑶族村培养一个瑶族充当农会主任或民兵队长，因为以前受壮族统治很厉害。解放以后，他们还是继续掌政，我们有点不放心，不如自己当家做主人的满意。他们虽说要我们当乡长以上的干部，因为不识字，负不起这样大的责任”。第八区瑶族代表韦世宗亦说：“汉族当村长，什么事都派我们瑶族做，还说我们应有力出力。他们有文化，可以做别的事”。他们深感无瑶族干部易受压迫；但因本族文化低，读书人少，亦无可奈何。他们迫切要求政府请教师、设学校，表面是文化教育问题，实际是民族建政和干部栽培问题。

现在该县小学普遍设立，每村差不多有一所小学，瑶胞子弟也有不少族去读书，他们的政治觉悟已经提高，爱戴毛主席、人民政府和国家。这次政府号召抗美援朝，捐献购买飞机大炮，他们虽然很穷也尽能力踊跃捐献。侯县长恐他们有偏差，影响生活生产，本年9月

16 日上午召集各区代表，解答他们提出的问题时，对于捐献一事，希望他们在上山砍柴或找蛤蚧的收入中，酌拿一半或全部拿来捐献，切不可妨碍生活和生产。又第八区梧梓村瑶胞打土匪得两头牛，把牛卖了，拿钱买子弹支援志愿军。

四、民族关系和斗霸问题

本县瑶族，除陇味、陇民二村聚居外，余多为杂居。一向掌握政权，压迫剥削他们的是壮族统治阶级，造成瑶壮间的隔阂。同时壮族多居平坝，经济占优势，有地主坐食田租和经营高利贷，而佃租和借债的都是瑶族，因之瑶族对壮族更是仇视。现在正开展斗霸退押工作，而恶霸地主多是壮族，如古学村有 8 家壮族地富，全靠高利贷起家。斗霸问题上，壮族当村长、农会主任者居多，有所偏袒，引起瑶胞不满，民族关系未见改善。如第六区陇江村①，已经斗了 4 个壮人恶霸，斗出果实，拆合包粟 4 万斤，还没有分配。同区义路村恶霸壮族唐金山，解放前当村长，国民党派该村汉族当兵，他抓瑶族代替，瑶族未去，罚钱 3 万余元。刚刚解放，他在家尚作恶，令瑶胞给他挑粪，后来挑粪的瑶胞又被土匪捉去关了一夜。现在义路村全体瑶胞，都要求斗争他。第八区百马村亦斗 4 个恶霸，其中覃文斌是经济剥削之霸，覃尚立、覃本福、覃立祥是政治压迫之霸，四霸都是壮族，斗了之后，瑶族称快。

第六区济世村②壮族恶霸王卜引，1932 年在路上截取瑶族俩兄弟赶的一头猪，俩兄弟不服，砍他一刀，但没大伤。过了几天，他带人去抢该村瑶胞 5 家，东西全被抢光，并抓女人关起来。现在瑶胞要斗争他。第四区壮族过去常挖取瑶族红薯，刺死瑶族猪羊，瑶族都不敢讲话。内洪村黑瑶代表蓝贵才说："1948 年 7 月 11 日，瑶族的羊被壮族赶去吃了，没有什么办法"。内洪村之壮族刺死他们的猪，瑶族忍气吞声。

第八区那午村壮人当农会主任，分发斗争果实，因为壮人中农多，瑶族较少，连中农也分给，每人 40 斤。壮族地主夺瑶族佃田，农会主任也不管。梧樟村瑶族代表说："打土匪时得了两头牛，把牛卖了，拿钱买子弹，支援解放军。解放军赏给两个壮族、两个瑶族一条棉被，没法分开，让农会主任卖去拿钱来分，只分给壮族，不分给瑶族。瑶族群起攻之，要求罢免。但有一部分壮族反对，直至现在尚未解决。"

全县的瑶族，第八区占多数，民族关系不好，可以此区为代表。该区代表表示现在瑶壮子弟同一学校，要与壮族分校，自己成立一校。如歌休村小学壮族子弟常骂瑶族子弟肮脏，不愿同坐。瑶族与壮族杂住，愿与壮族分村，自己成立一村，免受压迫。结果事实上不能做到，他们要求组织村的联合政府，委员名额不必机械地按人口比例分配，希望瑶壮各半，好像男女平等一样。虽是这样，但他们又怕壮族委员遇事专断，不和他们商量，或中央有什么指示，不使他们知道。召棠村六组瑶族与虽选村四组瑶族，也想联合成立一村，与壮族分家。

［说明］平果县瑶族概况，见于 1951 年 10 月，中央访问团第一分团联络组编印材料。

---

① 陇江村：今广西壮族自治区百色市平果县堆圩乡龙江村。

② 济世村：今广西壮族自治区百色市平果县风梧乡济世村。

平果县良美乡[①]经济调查

（瑶族杂居区）

一、基本情况

1. 全乡纵有27华里，横有10华里，共有自然村42个，但很分散，每屯3户至5户或一个屯分成几个小屯。面积约有6527亩，石山占2/3。

2. 土质有黄土、黑土两种，黄土占耕地面积95%（2061亩），黑土占5%（114亩6分2厘）。黄土适宜种植玉米、黄豆、水果之类，黑土适宜种植玉米、棉花、小米和各种作物，比黄土优越得多。

3. 全乡四季草木皆青。冬天不很冷，春季雨量少（只有些细雨），夏季雨量比较多，一下就是两三天，山旮易受水灾，秋季很少有雨，冬季细雨很长（约1个月）。

4. 全乡共有瑶、壮两个民族，瑶族有97户427人，壮族220户1023人。

壮族地主2户10人，富农4户23人，中农115户605人，贫农69户376人，雇农4户10人。瑶族中农16户71人，贫农77户347人，雇农4户9人。

全乡有劳动力688人，半劳动力65人。其中瑶族男全劳动力106人，半劳动力26人，女劳动力94人，半劳动力23人。

5. 工作基础

（1）该乡在今年3月间土改，并结合普选。没有斗争过地主，只发动群众认识地主阶级的剥削、压迫的罪恶行为，群众觉悟有所提高。如瑶族副乡长蒙福林说："没有共产党我们就翻不了身"。在去年12月和今年元月实行统购统销，因山区生活资料少，余粮口粮都全部卖出，以后调整粮食不太好，卖到别乡去，该乡群众又到镇江、榜圩去买粮食，路比较远，有些不满。

（2）现全乡组织起来常年互助组28个，临时季节互助组15个，常年互助组有联组的5个小组。联合为2个小组，共28户。全乡311户已有291户参加了互助组，组织面达94%。

在贯彻政策方面：常年互助组基本上达到互利，都有评工记分，民主生活，民主管理。陆元安常年互助组在这方面做得较好（初时5户，现已扩大到12户），组员很满意。但也

---

① 平果县良美乡：1955年，都安瑶族自治县设立，属平果县白马区的永晴、那午、坡东、登排、孟豆、同谢、乃良、义隆、义和、中和、下和、吾幸、觉端、怀雄、良美等15个乡和江南区的江州，发端、带林、塘么、合民、龙凤、法棠、和平、卖梅、上和、九怀等11乡划归都安。

有个别组存在不少问题，主要是有的人怕不参加互助组，别人说自己走资本主义道路或思想落后，有的人了组怕田地归公；其次是压迫编队入组，如陇屯有2个互助组，有的互利政策贯彻不好，因而垮了台或互相闹意见。如黄吉文互助组在今年6月间已散伙了3户，唐钟明互助组组员唐成均怕评工计分，怕赔还工资，同时大多数没有订出生产计划，也没有排工，群众意见很大。

这里农民向来有互助合作习惯，他们大都是亲戚亲族，上屯下屯与邻居兄弟的互相帮助，但需要人帮工时，必须备酒肉招待。

（3）农民耕牛农具还很缺乏，需要政府贷款。如唐钟明互助组11户只有5头耕牛，还缺牛6头，勾锄6把。

今年元月组织供销合作社，入社农民有257户，共264股。供销社有油、盐、布卖给农民，农民反映很好。大多数人都说：买卖公平，又不走远路，能照顾生产，同时又不受奸商中间剥削。但要求供销合作社多运来一些锅头、碗、铲、针线等来供给农民，特别是生烟。信贷社在今年2月份亦组织起来，成立乡的信贷合作社，全乡共有274户入社，股金606万元，上级拨下补助500万元，在今年4月份开始营业，在春夏荒时，全乡周围转贷出1255万元，解决200多户的缺款和缺口粮困难。

（4）在今年3月份土改时，建立乡农会、民兵、妇代会、公民小组等组织，各种组织基本纯洁，但认识不够。如全乡农协组织有会员706人，委员9人，但农会会员不懂组织这个农协会有什么用处，亦不开农协会会员小组会，连农会主任都不懂得有多少会员。民兵在土改前已组织了，共124人，基干民兵29人，普通民兵95人，但因没有开过会，民兵对如何保护生产和积极领导生产，在任务上没有认识。

各种组织虽然组织起来了，因领导对他们教育不够，有一些负责人对自己的任务没有明确，如青年团员唐奇珍是乡治安保卫委员、民兵队长，又兼乡的文书，对各种情况全不了解。

该乡共有青年团员5人，还有义和乡团员5人归并该乡团支部。

乡干部方面，乡的骨干8人（包括乡长、副乡长，农会主任、副主任2人，秘书，民兵队长，妇女主任）：壮族6人，瑶族2人；中农1人（乡长），贫农5人，雇农2人（农会主任、民兵队长）。乡的干部经过一系列运动教育与培养，工作积极肯干，态度也很好，能联系群众，发扬民主，共同研究讨论，团结做好工作。能掌握全乡工作的有乡长、主任、秘书、民兵队长等4人，副乡长工作能力较差（瑶族）。

在14个委员中，有4个是青年团员。

（5）民族团结方面，该乡有瑶、壮两个民族，一般来说他们是团结的，但在生产上有歧视瑶族的现象，说他们没有生产技术，不愿与他们一起组织互助组。如壮族陆有意，青年团员，他与4户瑶族住在一个村，却跑到别村去组织互助组。

二、经济方面

全乡国民经济收入共1 086 066斤（包括玉米、稻谷、豆类、果类、牲畜、家禽、土特产、木类、副业等收入）。

（一）农业

1. 耕地面积

（1）全乡共有耕地面积2232亩（包括在外乡的水田），其中水田561亩（在七区吉旺、乐育、晚色[①]等乡），畲地（比较平能牛耕）1046亩，坡地（山地）1129亩。全乡人口1461人，每人平均1亩5分左右。产量361 572斤，其中水田每亩平均320斤，产量17 952斤；畲地每亩平均产量200斤，共有产量177 857斤；坡地（山地）每亩平均180斤，共有产量234 678斤。每人平均产量约150斤。

（2）解放后群众对开荒是积极的，能开垦的地方都开了。因为这里是山区，石头多，泥土少，所以开荒的面积亦少，共开得309亩，产量3080斤（该产量没算入常年耕地产量），都是在石缝中开出来。

（3）对保持水土存在的问题。因山高水急，每年山上的畲地都被水冲坏泥土，只有用石头一层一层的叠起来才能保持水土，但因缺乏石匠和工具，群众要求政府贷款，用来买铁锤、千斤锤、手锤、石炮凿等工具。

（4）现耕各类土质出产方面。黑土地出产量高，每亩320斤，最低150斤，一般200斤。黄土地出产，畲地最高每亩320斤，最低140斤，一般出产200斤。山地最高每亩出产230斤，最低每亩出产120斤，一般的每亩出产150斤。

2. 农产品

粮食作物有玉米、三角麦、豆类（包括黄豆、饭豆、竹豆、绿豆、猫豆）、红薯以及其他杂粮，经济作物还有棉花、蓝靛等，都是混合种在一起。此外，只有三角麦另种在受水灾的地区，现将全乡各种作物的产量列于下面：

玉米343 620斤，谷子17 951斤，大豆18 024斤，饭豆5446斤，绿豆380斤，竹豆736斤，猫豆8310斤，红薯396 815斤，三角麦3235斤，小米78斤，共计总产量是794 546斤。

经济作物有棉花、蓝靛、豆类等，都是混合种植的，约占全畲地面积的1/2（700亩），收入产量50 810斤。黄豆是经济作物中主要的一种，全年产量18 024斤，占经济作物的35.4%，其价格附表：

近三年来各农产品价格表

单位：元/斤

价格 年度 种类	1951年	1952年	1953年	1954年
玉米	400	450	500	540
谷米	400	450	500	650
大豆	500	750	900	1 040
饭豆	350	400	550	540
绿豆	500	800	920	1 000

① 吉旺、乐育、晚色：今皆在平果县榜圩镇范围内。

续表

种类＼价格＼年度	1951年	1952年	1953年	1954年
竹豆	250	350	420	420
红薯	30	40	50	50
三角麦	300	450	500	500

三、各种农作物的种植季节和习惯

玉米：早造一般都在农历正月初旬下种，晚造适宜于惊蛰节。饭豆、棉花、蓝靛在清明节下种。黄豆、猫豆在4月间。青豆、绿豆在农历5月下旬种。小米、红薯在4、5、6月都可以种。三角麦在农历7月和12月两个月种。树木、果类一般都适宜于春天种。

在耕作习惯上，玉米一般是在11月至12月犁一次地，正月初将种时再翻一次就下种。在平地上还可用牛来开行，人跟随后面即放肥和下种，并立即用土埋上。山地只能用手犁来犁一次，用刮来挖行，随着放肥和下种，一般盖土约1寸厚左右。这种玉米长得好，待玉米长约5.6寸高时就培土一次，到抽穗时又培土一次。

施肥方面，只有在培第一次土前放一次粪水，个别的放两次。饭豆、竹豆、火麻、向日葵都和玉米混合种在一起，没有另外施肥，只有饭豆有个别人在清明节时才种，种时另放一些肥。此外，猫豆、红薯、果类等都不放肥，红薯一般都不起畦来种，只有在当每年收获时仍留较小的一部分在地里，来年由它自然生长，因此收入不多。

对今后农业生产方面的改进意见：

（1）山区石头很多，占据了种植面积，今后可把较少的石头叠起，或砌成一丘丘的，这样能扩大一些耕地面积，又能保持水土，肥料和土壤不致被大雨冲走，亦可增加粮食收入。

（2）该地的农民向来的耕作习惯都是混合种在一起，共作一蔸，因此互相妨碍生长和抢吸肥料。可以改种一种或两种，如玉米根底下可单种黄豆就行，其他的杂粮可另选别的地方种植，这样不妨碍互相生长。

（3）玉米可改种单株密植，可以增产30%，如陆元安今年试种就增产了50%左右。每年可在部分平地改造为两造。

（4）施肥不够，应发动群众多积肥和施肥。

现在这个地区除可以发展玉米外，其余如桐果、水果、茶腊、火麻、向日葵、红薯等，还可以大量发展，同时销量也很大，火麻、向日葵可以当油吃。

四、灾　情

这乡是石山地区，各种自然灾害很严重。

（一）灾害

1. 水灾

每逢下大雨时，因洼地无处排水就成水灾，作物会被水淹死。今年全乡 10 个峷受水灾，共损失产量13 660斤，雨后不久又成旱灾。

2. 鸟兽灾

他们种植的作物大部分是种在半山腰，都是鸟兽易于躲藏出没的地方，每年种下的玉米种子常被鸟兽挖来吃，甚至有的补种二三次，到了成熟的时候，也要受到这些鸟兽的损害，因此损失也不少。

3. 虫灾

每年在玉米生长有两三寸高的时候，就被黑毛虫侵害，到抽穗时又有小黑毛虫咬吃玉米丝。虽不严重，但也影响了玉米的丰收。

（二）抗灾情况

农民无力对抗水、旱灾，每年只等水、旱灾过去后改种其他作物，如去年水灾后，全乡把所受灾的地方改种黄豆。今年水灾期较长，误了种黄豆的季节，只好改种三角麦和小麦。

发现虫害时，唯一的办法是动员群众捕杀。如今年玉米长高约 1 尺时，发现有虫蚀玉米，乡长陆元安就发动群众捕杀，一天半就捕得害虫 20 多万只。

防兽、打兽的方法：（1）铲光地边使鸟兽无处躲藏。（2）用粉枪打。（3）把箭猪住地所有的路都塞起来，只留一条路，在外面用树枝围起，等箭猪一出来，即将其洞口封住，然后捕捉。（4）夜晚用烂布在地上点着火和用人尿洒过地边，野兽闻臭气就不敢来。（5）用烂衣、稻草做成一假人放在地边，或用竹筒挂起，旁边吊些木棍，待风吹动，竹筒与木棍互相碰击叮当作响，鸟也就不敢飞来。

五、生产生活情况

全乡共有农具1296件。其中犁 117 架、耙 7 架、锄头 11 把、手犁 523 架、刮锄 647 把。

（一）畜　牧

1. 牛

全乡水牛 2 头，黄牛 268 头。其中大牛 163 头，小牛 107 头，公水牛 1 头，母水牛 1 头，公黄牛 94 头，母黄牛 67 头。近 3 年来共繁殖了小牛 107 头，全乡有母牛 68 头，平均每年生牛仔 35 头左右。每头价值 15 万元或折米 300 斤计，35 头小牛值米10 500斤。

2. 猪

全乡有公猪 2 头，母猪 81 头，肉猪 133 头（每头以 30 斤肉以上计），小猪 596 头，全乡共有猪 812 头。每头母猪每年生仔 1 次，每次 8 只，全乡 81 只母猪，每年可生小猪 640 只。

猪的饲料主要是红薯、红薯藤、沙树叶、南瓜、玉米、野菜、山麻、棵巴、棵旁等。据过去的调查统计，养猪收入相当于玉米72 390斤，是农民主要收入之一。

3. 羊

据调查，现有公羊10只，母羊413只，阉羊132只，共555只。这三年来繁殖比以前原有的256只增加了一倍。每斤羊肉值4000元，生羊每斤1200元，以每年产羊100只计，平均每只12斤，每年可收入相当于玉米9897斤。

4. 各种牲口的饲养和管理情况

（1）牛、羊的饲养方法，2月至8月一般都一直关在栏中用草喂。但有牧场的地方，也放到牧场去吃草，有的每晚也还喂一次红薯或米水。过了8月收了黄豆后，就可放出吃草，不用人来管理。

（2）猪的饲料主要是红薯、沙树叶和玉米混煮后来喂，小猪都是喂玉米粥、黄豆、猫豆等。

（3）管理上存在的问题。牛只放到山上后就很少有人看管，往往有跌山死的，牛栏里很潮湿，且又和羊共关在一起，因此牛很瘦。羊不宜整天关起，每天应放出外面活动一下，这不仅对生长有利，而且繁殖也较好。母猪将生仔时，往往不放外活动，由于关多活动少，其脚麻走不动，生下仔来很容易被压死，同时乳少，加上饲料不够好，以致生下的猪仔也先天不足。牛、羊、猪共一栏很潮湿，因而影响了牲畜生长和繁殖。

（4）畜疫死亡和防治情况。①牛疫较少，主要是因缺乏管理而跌山死的较多，这几年跌山死的就有8头。在瘟疫上是个别的，一旦发现，立即将辣椒和蒜头、酸醋混合来灌，10头可挽救得7头。而过去3年来这里没有发现过。②羊的病疫有嘴巴牙虫和羊蹄发虫，有时叫几声即死。这几种病疫，农民是没有办法医治的，3年来病死的羊有84只。防治的办法，只要管理得好一些，羊栏干净些，就可以减少其病疫。③猪的病一般是大颈、天花、瘟疫3种，近3年来都有发生，共死亡大小猪175头。但防治的方法很少，只是用石灰洒过猪栏。其他办法是用木耳、痒豆、绿豆来混水喂，十可治二；猪颈大则用灯芯和生油点燃烧猪颈，虽然有效，但也不能全部治好。④全乡有牧场面积258亩，都是在石山腰上。草料有杂草和木叶，质量还好。这个乡的气候很暖和，一年四季都有草和木叶，因此可以发展养羊，亦适宜养猪。

（二）林　业

这个地区主要是农业，林业方面只有些桐果杂种在玉米地里，各种建筑木材大部分零星散布在半山腰。其中有椿木、栲木、木棉树、恩木、竹木、框木和其他杂木等，估计约占面积1000亩（没有成片或成块的）。

椿木有2502株，木棉树151株，框木360株，硬木21株，竹木516株，恩木341株，栲木172株，桐果9072株，其他杂木7293株，全年收入相当于玉米64 646斤。每斤桐果可换玉米1斤5两（1000元计），各种木类平均每株可卖5000元，折玉米10斤。桐果拿到榜圩可出售给购销组，木类可用于建筑房子，因山路运输困难，只能拿小的到榜圩出卖，每条可值5000至1万元左右。这里的林木是相当多的，因运输困难和没有销路，当地农民不注意栽植。据今年统计，他们自己拿来起屋子和出卖给人家做横梁的，共收入折玉米64 646斤。韦修康的一株椿木，去年有人出价25万元，如果把它锯成木板出售，可值120万元左右。

柴木面积约4300亩，其中私人占有267亩，每年可产木柴24 680担。按市价每担价值4000元计，每年可收入987万元，折合玉米每斤500元计，可收入193 440斤。因没有销路只能自烧。

根据现在的情况，这里的林业仅可发展椿木。椿木生长很快，做建筑材料很坚固，可锯成木板运出外销。竹子可编各种用具，制造各种竹器抗旱工具、水车等。

（三）土特产

1. 土特产

有桐果、沙皮、水果、扣凌竹等，年产值折玉米92 295斤。

2. 土特产的经营管理情况

桐果种在玉米地里，每年玉米培土时随着除草，种在半山腰或牛场的都没有除草。水果一般种在房屋旁边和周围，也没有施肥或除草，沙皮和扣凌竹是任其自然生长，没有专业经营和管理。

3. 当前土特产的价格与销路

桐果每斤1000元，沙皮每斤1000元，茶腊每斤4000元，扣凌竹编成竹篱每张可得10 000~20 000元，但销路不大。在榜圩，水果每斤 300 元左右，县城可卖到1000元。

4. 土特产的发展前途

根据该乡的土质情况，最适宜发展桐果、水果等，其中桐果发展得最快，一般 4 年即可收获，其余的有茶腊、大麻、蓖麻等。

（四）近三年来农民的生活情况

解放前，该乡农民一般到二三月间就断粮了，有些甚至没有能食到 2 月份的粮。因为石山区自然灾害很多，加上国民党政府和地主的残酷剥削，耕作技术也很落后，因此他们的生活是很苦的。如陇湾屯共 17 户，其中 16 户是瑶族，1 户壮族，解放前只有 3 户粮食够吃，其余的都要缺 2~8 个月的粮，油盐更谈不上，棉被全屯只有 6 床，蚊帐一床，每人两年才做一套衣服，有些人家虽每人每年一套也是烂的。

1. 解放后 3 年来，农民的生活基本好转

据农民反映说，解放后能够安定生产，又免了各种杂费的负担（指国民党政府的苛损杂税），生产多少吃多少，并且在几年来毛主席特别关心我们山区，帮助我们发展生产，发给我们救济。陆廷荣说："我过去并无田地，但解放后政府救济给我粮食，开得 1 亩荒地，今年土改又分得 300 斤粮食，基本上解决了生活困难。"几年来陇湾屯得到政府救济，生产比过去增加了一倍，生活上不仅普遍够吃了，而且还买了 11 张蚊帐，每人每年可添置一套衣服，一般的青年都穿上士林布，每户也有 1~2 床棉被。解放前该屯只有 6 个儿童读书，一个女孩子也没有，现在已有 24 名儿童读书了，女孩子也有 9 名了。食盐没少过一餐，也有 8 个月能吃得上油，4 个月吃火麻，但过去连火麻子也找不到来吃。此外，群众要求在古那办一个粮食购销组，买卖粮食比较容易，买锅头、碗盏、生烟也方便，还要求政府多打农具供应，如铁锤、千斤锤、凿石炮等。瑶族强烈要求贷款养猪、养羊和制农具。

2. 国家扶助山区生产的情况

（1）1951 年发放粮食救济5448斤，物资救济 56 件，救济款 17 万元，贷款4 518 000元。受救济的雇农 8 户 23 人；贫农 87 户 354 人；中农 15 户 70 人。

（2）1952 年发放粮食救济9139斤，物资救济 17 件，种子救济2186斤，烈军属补助金57 400元，贷款4 155 800元。受救济的雇农 9 户 24 人；贫农 107 户 445 人；中农 11 户 60 人。

（3）1953 年发放粮食救济7215斤，物资救济 31 件，种子救济 588 斤，贷款4 056 400元。烈属补助金1 032 000元。受救济的雇农 8 户 20 人；贫农 100 户 392 人；中农 10 户56 人。

（4）1954 年发放粮食救济9840斤，农具救济 78 件，耕牛救济 5 头，烈军属补助金275 000元，贷款 700 万元。受救济的雇农 5 户 14 人；贫农 65 户 247 人；中农 2 户 15 人。

山区小农经济的变化情况：在这次的调查中，农民的自私自利思想还是浓厚的，他们还有很多顾虑，不敢实报经济作物数，主要是怕纳税。如陇品行政组 20 户共养猪 64 头，其中大猪 12 头，每头约 60 斤肉以上，但他们只报收入4200斤玉米。陆生帆有水果收入约 1000斤（丰收年），但他只报 100 斤。韦仕祥到叉朝乡用350 万元买地，约1000 斤产量。土改后陆元忠教师将畲地全部卖光后搬到城市去住，有的参加了互助组也不愿评工记分。但是经过总路线的宣传教育后，农民认识到互助合作的好处。现在全乡已有 94% 的农户组织了互助组，但是也有些是编成的，如陇湾屯就是编成 3 个组的。

3. 当前生产困难

（1）没有小麦种子。

（2）互助合作缺乏领导，因此还不够巩固，办法少。如黄景邦、蒙吉英组员要求评工记分，但不懂怎样记；韦修荣互助组组员虽经过评工记分，但有些组员田地多，又怕出工资；韦修住、韦姆民顾虑别人来划玉米地等。因此存在问题是严重的。

［说明］平果县良美乡（瑶族杂居区）经济调查，见于 1954 年 12 月，原广西省人民政府民族事务委员会编印资料。

平果县布尧乡[①]经济调查

（瑶族杂居区）

一、基本情况

（一）布尧乡位于平果县二区右江西岸约12华里的一个石山区，东与本区巴隆乡为界，南衔本区陇色乡，西邻陇匠乡，北接槐前乡，地形呈长方形，东西约15华里，南北约8华里。全区由7个自然屯组成，共有362户，1541人，男765人，女779人。其中雇农27户，62人，男35人，女27人；贫农198户，814人，男418人，女396人；中农123户，602人，男279人，女323人；富农6户，44人，男20人，女24人；地主3户，20人，男11人，女9人。全乡共有劳动力910人，其中全劳动力704人，男331人，女373人，半劳动力206人，男86人，女120人。

（二）本乡民族成分尚未确定，已经过中南、省、专署等民族工作组访问调查，还没有下结论，目前群众是迫切要求确定民族成分的。（注：据现在情况，部分为壮族，部分为瑶族。）

（三）本乡土质据当地农民的反映和我们所了解，大致初步分为5种：

（1）黄土（也叫红土），约1045.6亩，适宜种植芭蕉、桐果、花生、茶油、玉米、竹豆等作物。

（2）石砂土，约计887.4亩，适宜种玉米、小米、高粱、豆类等作物。

（3）蚂蚁土（俗称霉土），这土质很好，作物生长很快，多在陇和屯。如与其他各处用同样种子、同样技术和同时耕种，成熟期则提前半个月。这些土质适宜种植玉米、豆类等作物。

（4）黏土，约100亩，宜种稻禾、玉米等作物。

（5）泥沙土，约72.9亩，宜种蔬菜、玉米等。

（四）气候每年春秋冬三季较干燥，雨量不够均匀，5~6月间多雨，雨期最长的5天至7天。气温最热的是每年的大小暑，温度最高的是华氏90度，最冷的是每年大小寒惊蛰等节气，温度降低到华氏42度，通常是在华氏70度左右。

---

① 平果县布尧乡：今为广西壮族自治区百色市平果县果化镇布尧村。巴隆乡今为巴龙村，陇色乡今为龙色村，陇匠乡今为龙匠村，槐前乡今为槐前村，同属平果县果化镇辖内。

（五）工作基础

（1）本乡经过了一系列改革和生产运动，1951 年元月清匪反霸时，土匪邓绍纲等 500 多人由隆安散潜本乡境内，经我党政军民进剿后被歼了。在当地进行镇反运动，改造了一批，惩办了首恶麻崇本等。肃清了土匪根，使社会秩序安定了。随着 1951 年秋冬进行减租退押和抗美援朝运动，群众觉悟有很大提高。在去年冬宣传了党在过渡时期的总路线和总任务，实行粮食统购统销，全乡共卖余粮49 900多斤，支援国家社会主义工化建设。澄清两条道路，认识小农经济的危险性，山区也能有条件共同过渡到社会主义，但需组织起来，搞好发展生产。今年春，在少数民族山区进行土地改革、查田发证、普选等运动，分到了土地××亩，产量16 250斤，耕牛 29 头，房子 9 间，大小农具 9 件及一些生活资料，解决了贫雇农生产上的基本困难，生产情绪逐步高涨，生活逐步改善。

（2）互助合作运动。经过宣传贯彻了总路线任务和发展生产互助合作的政策以后，群众思想起初很有抵触，认为山区地少且分散，不适合组织互助组、农业社等。如杨文昌说："以前我见平原乡组织互助组，我们山多地少，又分散零星，一组一天干活没办法，反而做的少，更加麻烦的。"经过反复宣传组织起来的好处和互助合作、集体劳动的优越性，到了夏收时全乡共组织了互助组 46 个，293 户，组织面占全乡总农户 8.3%，其中常年助组 25 个，临时季节性的 21 个。前者 135 户，后者 158 户。潘润安常年组现有 17 户，要求转社，阮光文组也要求转社，这样共有 6 个组。这些组今年生产增产一成以上。如阮光文互助组今年比去年增产 1000 多斤，去年收入5700斤，今年收入 7000 多斤。陇何屯贫农何文顺，去年自己单干，不但不增产，反而由原 300 斤产量减为 200 斤，今年参加互助组后收 500 多斤。现在他每天鸡啼就起床下地干活，生产很起劲。

目前存在的问题，就是农民觉悟水平不一，对于互助合作政策认识不够，也有垮台退组的现象。据我们了解，垮台的已有 6 个组（没有计上面组织面内的）31 户。究其原因：一是见人家组织了，不参加恐怕别人说落后，如陇律屯阿朝凡组的组员何姆辛说："不参加怕人家说什么，参加又怕吃亏。"对被贫雇农揩油有思想顾虑，没有注意及时纠正而退组。二是没有注重政治思想教育，提高和巩固组员走互助组合作道路的信心，使组员认为参组与否平淡无异而动摇，如陇律屯民兵分队长有说互助组使中农吃亏，结果受这种思想影响而垮台了 4 个组。布尧屯因没有自愿两利也垮了两组。有 2 户农民见评工工资低，愿退组外出打工所得工资还多。陇何屯何荣兴的父亲说："家有 2 头牛，4 个劳动力，自己单干完后，外出打工十多天，我父子起码捞二十几元，买得一头小牛咯"。所以他晚上监视儿子不准开会，恐怕儿子参加互助组。三是对单干户和组内民主团结不够，如何兆辉互助组正组长何金法（人民代表），是个转业军人，自高自大，因不接受组员批评而消极退组。陇何屯有 17 户单干，他们说："我们的组叫单干互助组。"何腰发说："我什么都没有，只有两边刃的镰刀。"这 17 户中，有 16 户缺乏耕牛，其中又有 2 户是寡残户。

全乡参加果化供销社的有 86 户，98 股，从参加到现存已半年，农民认识到供销社是为农民社员生产利益服务的，目前纷纷要求入股。如陇花、陇何等屯农民说："我们以为入供销社是有期限的，如可随时随地入，我们就要参加了。"

（3）通过一系列的运动，教育了群众，培养了骨干，做了许多思想政治工作，建立了农村政权和干群团体组织，发挥了人民当家做主的精神，进一步巩固了人民民主政权，提高了对党和人民政府的威信。各种组织已健全起来，乡人民代表大会代表 17 名，男 13 名，女 4 名；成立了乡人民政府，乡农民代表大会代表 17 名，男 33 名，女 4 名；组织了乡农民协会，会员778名，男370名，女408名；妇女代表会23名；民兵队共155名，其中基干民兵90名，普通民兵65名。这些群众组织已初步健全起来，保障了乡民群众的政治权利，全乡人民平等团结，互助合作，发展生产。

党团的组织。有党员1名，团员4名，团支部1个，支书由党员担任，起了一定的骨干作用，联系了广大群众，都使党与人民政府和人民群众的关系更加密切。如团员何兆佳，在一系列运动中一贯很积极，在今年互助合作运动、土改发证、普选等工作中，尽管他父亲病很重，也不计较个人得失，还去布尧屯贯彻互助合作政策，解决组员的思想顾虑。在他的带动下，全屯11个季节组，8个组长是青年积极分子，他们经常在一起研究交流工作经验，互相学习帮助，生产劲头很足。

乡干部方面，经过一系列运动教育和考验，工作积极肯干。如乡长、副乡长潘润安、阮光文工作很积极，对群众态度很好，联系群众，有事和大家商量，共同研究，在群众中有了一定的威信。副乡长、副主任、文书、民兵队长等6名，在工作中一般都能起核心领导作用。可是也存在一些问题，如干部中有人有自卑感，主任说“我是个文盲，工作办法少”，因而工作上有依赖副乡长的情况。

群众方面，经过一系列的运动教育，群众有了一定的阶级觉悟和政治觉悟。互助合作运动中，生产劲头足，爱国思想有了提高。但是由于土改晚，目前对生产发展的认识不足，认为山区什么都比不上平原地区，对社会主义抱着悲观失望和怀疑态度，看不清前途远景。如何荣兴说：“大家懂得党是领导我们走社会主义道路的，可是我们山区开门见山，怎样发展生产也不如平地。”有个别农民对政府认识不够，爱国主义思想还差，如贫农何兆辉的父亲说：“党和人民政府好是好的，但有点不好是酒卖太贵，农民喝点还要交税”。何兆禄说：“政府要设法替山区解决一件困难，将磨玉米机给我们用不行吗”？陇律屯群众开小组会也不愿来，很冷淡。

二、经济情况

（一）农业方面

1. 耕地面积和产量

现有耕地面积2408.5，产量444 143斤，平均每人1.5亩。其中水田31.6亩，产量5160斤，每亩最高产量250斤，一般220斤，最低200斤。

旱田：298.7亩，产量56 357斤，每亩最高产量300斤，一般200斤，最低150斤。

平畲地：796.2亩，产量161 325斤，最高每亩产量300斤，一般100斤，最低120斤。

坡畲地：653.2亩，产量111 852斤，每亩最高产量为180斤，一般150斤，最低100斤。

石山畲地：543.1亩，产量85 605斤，每亩最高产量130斤，一般100斤，最低80斤。

解放后开荒的：84.7亩，产量13 844斤，每亩最高产量160斤，一般80斤，最低50斤。这些荒地是分散在现耕地的周围，也有的是开在牛场和私人的荒地上。

2. 农产品

（1）粮食作物有玉米、稻谷、旱禾、高粱、小米、木薯、红薯、三角麦、小麦、芋头、南瓜等。每年产量约712 604斤，占经济总产值的55.89%。其中主要是玉米、稻谷，旱谷、产量为461 218斤，占粮食作物的66%。

（2）经济作物有水果、黄豆、竹豆、花生、饭豆、绿豆等。年产约153 263斤，占当地经济总产值的18.36%。其中以黄豆为最多，产量为104 508斤，占经济作物比重的75%，其次竹豆16 498斤，花生13 794斤，饭豆7680斤，绿豆3286斤，水果（龙眼、芭蕉）1550斤。黄豆3年来的价格逐步提高，如1951年每斤650元，1952年每斤850元，1953年提高到每斤1000元。同时黄豆和花生较有销路，有发展前途。

至于以上各种作物的种植，是间种在苞谷地的。

3. 农民对各种作物的耕作情况

每年在立春后，雨水节前后下种，春分间苗后培土一至两次，仅在下种时施肥一次，没有追肥和开辟肥源的习惯。由于石头多、荒山多、林木水源少，因此水田少，多以种旱地为主。作物主要苞谷、旱禾、豆类、瓜类、薯、芋等，此外还有棉花、花生、蓝靛、芝麻等作物。因此，要抓季节，活路很紧，一年到头天天从早忙到晚，但产量很低。

同时由于生产工具简陋，耕作技术守旧，每年没有挖耕过冬的习惯，平时只犁而很少耙，积肥也不够，没有猪、牛、羊、马栏和厕所，岩硝泥土没用过，不用人粪，加上自然灾害的威胁，妨碍了山区生产开展。

4. 自然灾害

这里常有的自然灾害是水、旱、病、虫、鸟、兽等。其中较为普遍而且严重的要算是虫、鸟、兽，其他灾害是局部性或间歇性的。如水灾主要是发生在低洼的地方，而且不是年年都有。遇到灾害，农民往往以简单的或不科学的方法对待之，如遇旱灾，即以打陇洞代替抗旱，或宰牲口祭庙求雨。陇河屯何兆华说："过去逢旱时，我们就去打陇洞，十次九效，所以现在遇到天旱，我们可先向区政府写保证才去打，保你打后回来路上淋雨，甚至会出水灾。"

对于鸟兽虫灾，农民过去没有采取什么措施进行防治。认为虫灾是一种"大风来大雨去的灾害"，总是任其自生自灭。近年来群众已有了初步的认识，采取了一些防治措施。如利用手捕、翻土过冬、除去地间田旁杂草等。鸟兽类的危害在这里很严重，主要有山猪、鸟、鼠类，践食种子、幼苗、果实和成熟了的粮食作物，受害的多数是山坡、山谷偏僻的地方。如何兆佳有一块地，每年都要被吃去1/4。防治的措施有装草人、挂竹筒等，但没有组织打兽的习惯和信心，认为鸟兽躲在荒山野岭没法找到，夜间出来为害，很难打到。

5. 农具

农具有犁、耙、锄、刮、镰、刀、斧等。其中犁242架，耙145架，锄头720把，刮3把，柴刀200把，镰刀415把，斧头45把。此数与农户劳动力相比，仍然是很少的。虽然经几年来添制了一些较好的，但是还是没有适应当前生产的需要。

（二）牧畜业

1. 占有情况

（1）牛。公牛61头，母牛120头，阉牛77头，小牛97头，计值约10 650万元（旧币），占当地经济总值的13.39%。这些都是黄牛，也未经选种。几年来买进28头，繁殖了49头。这些牛能耕地的仅有258头，如以每户需牛1头计，还有104户没有耕牛，实际上现在全乡还缺75头。

（2）马。公马21匹，母马4匹，价值约人民币750万元，占当地经济比重的0.093%。

（3）猪。母猪6头，肉猪96头，小猪168头，约值人民币（收益）9720万元，占当地经济总值0.123%。养猪的饲料是野菜、瓜菜、米糠、糟水，烂玉米、竹豆等。由于1950年、1951年猪仔价格低，很多农民把母猪宰掉，所以繁殖很少，很多农民买不到，如陇河屯24户尚未养猪。

2. 牲口的饲养管理

牛多数是一家一户自牧，每家多是养一头或两头，放牧在荒山上，牧场窄且石崖陡山，常发生跌山断脚。同时牛栏没另做，牛马猪羊关在一处，更谈不上牲口卫生。羊多数一家只养一只，关在栏里，割草来喂，只在秋收后才放在地里和荒山上，马亦同样。牛疫方面，常有鼓胀痾泻，反刍不起及瘟疫等，群众没有医治的办法，只好搞些迷信活动。如今年7月初，布尧有两头牛反刍又痾泻，该屯没法医治，幸好不死，他们说是土地公保佑，结果每户凑人民币3000元，40户共得120 000万元，买三牲来祭庙神。羊患的病多是肚胀而死，群众有医治的方法。据陇河屯何兆禄说："我医羊肚胀病是百医百灵，把芭蕉树的皮敲烂，先用钻针刺羊背脊，然后将蕉树皮从头至尾擦一遍和轻轻鼓打若干次即愈。我养几十年羊，未病死过，曾医好百只以上"。马痧病也用钻针刺马背脊，以茶辣灌入鼻内，将马跑累即好。

3. 牧场

牛牧场是很小的岭坡，比较集中的3处，共有53亩。羊牧场在各石山、荒山上都可以放牧。野草较多，宜于发展牧羊业。

（三）林　业

这里没有大面积的森林，只有一些柴山、杂木，也有一些十几至40棵树的小片林子，共计面积12 856亩。其他杂木分散在田边、地旁、荒石山上，仅能解决当地建筑用材和烧柴。除柴山为公管共同使用外，其他林木杂树为私人自己经营。计产值人民币约150万元，占当地经济总产值的0.018%。

（四）土特产

土特产有棉花、蓝靛、芝麻、桐果、茶辣等。种植主要是间种在主要农作物之间，出产很少，计产值人民币3 636 000元，占经济总产值比重的0.047%。另外还有瓜蒌仁，自然生长在石山上，产量很低。

（五）副　业

本乡农民一般经营的副业，有养猪、羊、鸡，打石磨、石块、石片，烧石灰、瓦等，计每年收益约值人民币17 812 000元（羊猪已计在牧业），占当地经济总产值的0.224%。

（六）三年来农民生活情况

陇河屯79户，1951年还有30户缺粮4个月至7个月，卖柴度荒，当时1挑柴只值1斤半大米或6两生盐。1952年有20户缺粮，到1953年只有10户缺粮了。今年该屯普遍增产一成以上，甚至有的比往年增产一倍以上。如贫农何文顺，去年收玉米200斤，今年收500多斤。由于经济生活好转，该屯的上学儿童由原来的39名增加到现在的45名，下学期可到50多名。购买力也逐渐增大，1951年全乡只购买洋纱180支，布匹13.9丈，食盐10 296.5斤，食油802.7斤，火油1100斤，火柴450盒，农具112件，锅头17只，毛巾260条。1952

年买洋纱321支，布匹82.2丈，食盐11 215.5斤，火油1298斤，火柴4950盒，农具177件，锅头33只，毛巾375条，胶鞋22双，还有水笔、卫生衣等。1953年购买洋纱897支，布匹206.3丈，毛巾459条，火油1785斤，食油1239斤，食盐12 549斤，火柴8750盒，农具219件，锅头8359条，卫生衣14件，线衣36件，香烟、熟烟共560包。有的青年还买了手电、皮鞋，连一些老太婆们也说："今年还能看上电影"。由此可见农民几年来各方面都有了改善，如何兆禄卖了1400斤余粮给国家，把100多万元存进银行，今年买木材、瓦片准备起新房子。年全乡共出卖余粮49 900多斤，除完成了统购任务外，还多卖10多万斤。特别是几年来在政府扶持帮助下，贫苦的鳏寡孤独、军烈属，因缺乏劳动力而造成生产生活上的困难，也得到适当的解决。几年来政府发放了各种贷款2500多万元，解决种子，添制农具48件，购买耕牛9头，同时也补助军烈属家庭生活和子女入学等。救济方面，仅1952年和1953年计人民币237万元，谷子20 391斤，解决了春荒，支援了生产，几年来没饿死一人和没丢荒一亩地。寡妇何奷进说："我活60多岁，未见这样好的世界。说得到做得到的共产党，没有哄过人。我虽好老，也应尽我的力劳动，才对得起政府的照顾。"

三、当前生产存在的困难和问题

（一）农业生产工具是很缺乏的，计全乡共缺耕牛75头，犁、耙、锄头、镰刀、柴刀等共262件。如陇河屯共79户中，就有34户缺耕牛。何钧城互助组6户12个劳动力只有耕牛2头，犁3架，无耙，锄头10把，镰刀8把，要求政府协助解决一部分。

（二）对山区发展生产，农民要求改变落后状态，尤其是副业和经济作物。牧羊方面，没有经营经验。茶油、桐果子和茶辣子不知育苗。要求政府重视技术上的指导。

（三）生产潜力很大，但选种、耕作技术守旧，不重视积肥，不开辟肥源（如岩硝泥土、蝙蝠屎和人粪）。改良贫瘠土壤，研究土壤、气候及宜植作物和抵抗自然灾害的品种，是发展山区生产的关键。当前必须深入领导和发掘生产潜力，加以解决和推广。

（四）目前该乡还有少部分农民认为：山区地少人多，田瘦地瘦山秃，耕地窄小分散，没法多打粮，生活很苦，要求移民。

［说明］平果县布尧乡（瑶族杂居区）经济调查，见1954年11月，原广西省人民政府民族事务委员会编印材料。

平果县二区乐瑶山区生产情况

一、一般情况

（一）人口分布

平果县第二区乐瑶山区，全是石山地区，村屯分散，7个乡共42个自然屯，周围约140华里，东西约35华里，南北约40华里。该地区聚居着2797户，12 972人（根据1954年3月土改统计。该地区现为瑶、壮族杂居）。聚居的村落，构筑在山谷中较缓的山坡上，村内房屋依山势高低，成层次排列，紧密整齐，人口相当集中，有超过百户以上的屯子（为壮族聚居区）。散居山麓的每个屯，最多十余户，最少为几户（为瑶族居住村子）。

（二）经济生活

1. 乐瑶山区7个乡，全境石山绵亘，草木稀少，生产上受自然条件限制，水田很少，以山地为主。农作物主要有玉米、黄豆、红薯、木薯、小米和其他豆类以及一小部分旱稻和高粱。而以玉米、黄豆为大宗。其中玉米一项，年产近200多万斤。在1953年玉米、旱稻、豆类总产量为2 865 710斤，每人平均约221斤（瑶族散居区少于此数）。

经济作物有棉花，但还不能自给。

副业方面以养猪、羊最多，几乎每户都有。此外养鸡也很普遍，是生活重要来源之一。还有烧石灰、做木匠、石匠、搞岩硝等（壮族副业），副业收入也很大。生活来源是多种多样的。

2. 解放几年来，在党和人民政府的领导与大力扶助下，山区的生产、生活都获得程度不同的提高与改善。

对山区的扶助，先后拨出了大批的救济粮款，并发放大量农贷，仅1952年冬与1953年上半年两次贷款数目就有26 519万元（旧币）之多，其中有短期贷款7645万元是解决生活用款。1953年曾发放了3次救济，每次每个雇农、贫农最少领到救济粮10斤，最多40斤以上。

1954年3月，又普遍发放了一次救济款，被救济的共计435户（其中贫农232户，雇农203户），1590人。发放的救济粮折合人民币共计20 706 400元，平均每户可得47 600元。历年的贷款和救济，一定程序上解决了山区人民生活、生产上的困难，给生产发展提供了保证。

自1951年冬起，他们自动到50～60里外的地区和果化一带去开荒。如陇匠乡陇感屯阮文中，1953年开了500斤产量的荒地。巴陇乡南豆屯雇农何必成，1953年得到3批救济，共人民币12万元，谷子100斤，开垦了3斤玉米种的荒地。

每人平均产量，由1951年60斤，提高到1952年201斤，1953年达221斤，与1951年比，增加了40%强。

虽然产量逐年有所增加，但由于过去长期贫困，生活仍然是相当艰苦的。根据1952年材料，山区7个乡缺粮总户数为1228户，总人口为7780人，占7个乡总户数40%以上，占总人数60%左右。其中缺6个月以上的（多为孤寡户）891户，3625人，占缺粮总户数72%强，占总人口46.5%。而1954年春天，根据二区区政府许副区长提供的材料，就布尧、巴陇、陇匠、陇色4个乡不完全统计，缺粮的有149户，占4个乡总户数（1490户）10%，计634人，占4个乡总人数（6738人）9.4%。实际上还不止这个数目。其他3个乡缺粮情况更为重严，靠挖山薯、野菜充饥。1954年与1953年相比，显然缺粮户大大减少，但目前山区生产的进一步提高及群众生活根本性的改善，还必须积极领导群众努力增产。

二、生产情况

（一）生产自然条件

1. 乐瑶山区7个乡全是石山地区，从山上至山谷，凡有泥土之处，都用人力堆砌整齐石块，开成梯状旱地，耕地面积很少。根据现有材料估计，7个乡总面积为872 200亩。但根据县人民政府1953年农业税征收统计表，山区7个乡总年产量共计2 865 740斤，按习惯以300斤产量折合1亩，则7个乡耕地面积为9552亩，耕地面积仅占山区总面积的10.95%，每户平均是3.41亩，每人仅有0.74亩。

根据陇匠乡陇感屯的重点调查，全屯92户，402人，年总产量9512斤，折合耕地317亩（按每亩300斤产量折），每户仅3.44亩强，每人平均0.788亩。

2. 土地零碎、多石。7个乡中除陇色、巴陇、天南三个乡有极少数能够种旱稻的田外，其他的乡均在山脚和山坡上耕种，很少有完整成块的大片土地。从山脚到山腰甚至到山顶，凡是有一点泥能够种植的地方，都炸开石隙堆砌一小块一小块的耕地，有些泥层不厚，虽每年付出很大劳动代价，但下种的作物，还是得不到很好生长和良好收成。

3. 目前还找不到水源，到夏天或天旱时，连饮水都要到很远的地方去挑，农作物只有靠天雨。在春耕或秋种季节，如果没下雨，就不能翻土下种，因此一般人多是冒雨翻土，进行紧张的抢耕抢种。在雨水不均匀的年份，耕作更吃力，有时甚至花费了很多的劳动而收获却很少。

4. 自然灾害多，比较严重的有水灾、旱灾和鸟灾。水灾主要是山洪，每年在春夏之交或夏秋之交，往往大雨倾盆，山洪无法外泄，汇集在碗形的山窝，淹没了山区最好的土地上的作物，至少一个星期水才完全消退。孟养乡①的陇忙屯周围的山下，因每年山洪淹浸两三个月，所以只能种秋冬作物。据说每年都有旱灾，去年（1953年）因水、旱、虫、兽等灾

① 孟养乡：今在广西壮族自治区百色市平果县果化镇内。

害而损失玉米达273 068斤，稻谷1360斤，占常年产量的12%。鸟害破坏最大，每年当玉米刚发芽，露出地面和当玉米结实还未成熟时都遭鸟啄，因而每年都要补种两三次。但当地部分群众对自然灾害的认识，尚存在浓厚的迷信思想。

（二）生产习惯

1. 生产季节

由于山区气候温和与地理条件关系，种植作物时间与外地有先后区别。如玉米，壮族地区二三月下种，而山区则在正月初旬下种。一年中生产安排是：

正月　新年过后，就开始种玉米，至十七、十八日基本上种完。

二月　玉米长三四寸高左右，就进行培土，除第一次草。

三月　播旱稻种，开荒种棉花，种竹豆、猫豆、南瓜。

四月　玉米第二次除草，开始插秧。

五月　种黄豆、青豆（约在五月初十六至十六日天内种完）。

六月　收玉米，除豆草。

七月　除棉花草（除草后约一星期左右即开花吐絮，过一星期后即可收棉），收青豆。

八月　收竹豆。

九月　收黄豆。

十月　犁地、翻土，除草搞“三光”。

十一月　未翻完土的继续翻土，挑肥料下地准备春耕。

十二月　种小米（有的开荒，有的在原有山地种）。

2. 根据地形栽种不同的作物，并在一块畲地内同时种上几种不同的作物

山区群众在历年的生产斗争中，熟悉了山区的特点和作物的特性，善于利用地力，往往在山腰、山脚多种玉米、黄豆、红薯。因为山脚、山腰土地比较潮湿，可以满足作物对水分的需要，又可避免山上大风。玉米和黄豆间种，当玉米开花时就播黄豆，玉米收割后，黄豆进行除草工作。

山顶或半山腰的地，以种竹豆、青豆、猫豆、小米为多，因这些作物能经风耐旱。在种竹豆时，又在前后左右一尺远的地方同时种下南瓜、猫豆等作物。在作物施肥上只是在下种的时候，随种子施一次肥，如玉米、黄豆同种时，只是在种玉米时施一道肥，两种作物用，黄豆不另施肥。

3. 男女共同劳动

琐碎的家务，如挑水、喂猪、洗菜等，以至农事耕作如犁田、翻地等，男女都一样操作。甚至女的织布，男的帮助纺纱。

4. 生产忌日

主要的与生产有影响的：如正月初一、三月初三、七月十四三个节日下地。每年初种玉米，必须选择吉日方可下种。

（三）劳动力、耕牛和农具情况

1. 劳动力方面

该乡人多地少，全、半劳动力7749个，而耕地面积总产量为2 865 740斤，约折952亩。每个劳动力要负担370斤粮的生产，约折1.23亩。但由于该地区还能劳动的都参加生产，

实际负担不到1.23亩。当地农民每到秋收后，都往外地去找工做。有些人长年到外面去搞木工、石工及到外地开荒，劳动力有相当大的剩余。

2. 农具

不但缺少而且很旧，7个乡各种锄头（刮、小锄、锄头、板锄）5008把，每个劳动力还不到1把。如按每个劳动力都应该有1把计，则缺少2741把，缺少35%。如各种农具每个劳动力都要一种，那缺少的数目就更多。现有的主要农具锄头，形式短小，只有3指宽，4寸长。

3. 耕牛

7个乡大小耕牛1570头，平均每2户有1头耕牛。由于该地石坡地多，平地少，用牛的机会就少，可基本够用。

（四）互助组织情况

解放前少有互助习惯，原因是土地小而少，一块地不能容纳3个人同时耕作。直至1953年10月间，通过社会主义教育之后才搞起互助组来，光陇匠乡全乡就有45个组，其中有两个评工记分。在形式上一般都是亲属、邻居为组织对象。互助范围主要是解决农忙工作做不完的困难，大家做完了就算完事，工多工少没有什么计较。没有完整的制度，有一哄而起的现象。

［说明］平果县二区乐瑶山区生产情况，见1954年12月，中南民族成分调查材料。

龙胜各族自治县伟江乡甘甲村甘甲屯瑶族调查

一、人口和土地占有情况

甘甲村是龙胜东区最北的一个村，有一条小河从此发源，流经本乡各地到三江后汇成柳江。全村共有甘甲、同江水、蕨枝坪、琉璃等屯。甘甲屯为全村比较集中的地方，土地、人口的数量，一般比其他各屯稍多。本屯离泗水①（东区政府所在地）85华里，离琉璃30多里，离同江水15里，离蕨枝坪30里，交通很不便。如到琉璃屯，便是不到1尺宽的山路，一年不修毛草便扫人脸。过去除了开全村大会外，人很难集中，工作队也很少到别屯去。因为客观条件的限制，只作了甘甲村一个屯的调查。

全屯主要是瑶族，49户，221人。没有地主，仅有4户富农，10户中农和35户贫农。此外黎族（现定为汉族）富农、中农、贫农各1户，共9人。全屯总户数52户，富农5户，中农11户，贫农36户，共230人。其中男120人，女110人。

全屯的田地是沿小河右岸山边的地方，总面积为1137.6担。按民族占有来区分则是：瑶族占有田面积1049.4担，汉族占有田808担。全屯合计占有田面积1137.6担。如以各族人口平均占有土地来看，则瑶族每人占有4.74担，汉族每人占有9.9担。如按阶级的占有情况来看，则是5户富农占有田面积249.9担，每人平均占有8.9担；11户中农占有田面积382.3担，每人平均占有5.8担；36户贫农占有田面积505.4担，每人平均占有3.72担。合计每人平均占田面积4.98担。由上可知，占全屯人口12%的富农占有全屯田面积的21.9%；占全屯人口24.3%的中农占有全屯田面积的33.7%；占全屯人口63.7%的贫农占有全屯田面积的44.4%。因此，甘甲村的土地并不算是集中的。

二、各阶层劳动力、劳动收益和分配情况

（一）劳动力和收益分配

首先要说明的是各阶层占有的劳动力和谷类的收益。

富农28人，1950年产谷数133.5担，每担平均产量0.535担，人均收谷数4.76担；中农人口66人，1950年产谷数216.48担，每担平均产量0.56担，人均收谷数3.28担；贫农

---

① 泗水：今广西壮族自治区桂林市龙胜各族自治县泗水乡泗水村。

236 人，1950 年产谷数 257.7 担，每担平均产量 0.51 担，人均收入谷数 1.9 担。全屯合计 1950 年产谷数 607.2 担，每担平均产量 0.53 担，人均收入谷数 2.6 担。

由上可知，甘甲屯的土地质量是很差的。加上常年的兽灾、虫灾、鼠灾，收入更少。例如，快要到收割的时候，老鼠便成群地到田基挖洞而居，晚上伤害禾苗，损失很大。去年因收割时下了点雨，约有 1/10 的稻子被水浸坏（出芽或丢在地上）。去年的收获一般不很坏，普通每人每天 2.5 斤谷的食用消费。富农收入可吃 190 天（6 个月零 10 天），中农收入可吃 130 天（4 个月零 10 天），贫农收入可吃 76 天（两个月零 16 天）。显然以谷子收入并不能解决生活问题，因此他们每家都种有大量的杂粮和土特产，并辅以手工业（编席子）或帮工收入以度日。各阶层的土特产收入和手工业收入是：

见表：

种类＼阶级	富农	中农	贫农	合计
苞谷	8（担）	25.05（担）	15.2（担）	48.25（担）
䅟子米	10	10	22.8	42.8
红薯	20	5	40	65
芋头	5	5	40	50
烟叶	0.5	0.5	/	1
桐油	1.5	2.5	1.5	5.5
棕皮	6 000（张）	12 000	15 000	33 000
龙须草席	20（张）	55	150	230
合共折谷子	64.3（担）	77.53	165.3	307.15

土特产折谷子的一般价钱是：

䅟子米（担）…………250 斤

苞谷子（担）…………160 斤

红薯（担）……………40 斤

芋头（担）……………50 斤

烟叶（担）……………1000 斤

桐油（担）……………200 斤

棕皮（千张）…………100 斤

席子（张）……………20 斤

例如上述土特产完全折谷，并以每人平均计，富农每人有 2.3 担，中农每人有 1.175 担，贫农仅有 0.775 担。

上面这些杂粮并不出卖或换谷子，全部用作食用。只有不能当粮食的土特产才换一部分粮食，余下的则换盐油。此外，还养有一些羊，其中富农 8 只，中农 3 只，贫农 11 只。还有狗、鸡、鸭等家畜家禽，数量不多，都是用来换衣服和盐油的。

（二）各阶层的经济生活

5户富农最好的一户是戴胜旺，去年每人平均有稻谷10.05担，全家3人中有两人参加主要劳动。解放前每年请3个月短工，自耕47.6担田，出租15担。去年收入稻谷31.5担，苞谷1担，穇子米两担，红薯1担，没有放债。解放前余1个月粮，解放后（1950年）没有请工，生产比前稍减，尚缺半个月粮。在5户富农中，解放前只有两户多一个月粮，另外一户因为有人教书故多出一个月粮，其他的都够吃。比较差的是沈正昌，全家11人，劳动力2人，耕牛2头，请长工1个，自耕55.1担，出租8担，放债谷10担，去年收谷子33担，平均每人3担。此外收苞米2.5担，穇子米2担，红薯3担，芋头2担，没有请工，交公粮2担。因为杂粮很多，解放前可维持生活，解放后没有请工又没有放债，生产较小，收入也小，故缺1月粮。

在11户中农中最好的1户是戴顺田。全家只2人，1人劳动，没有耕牛，解放前因生活困难，当出的田很多，只有4个月粮。解放后当的31担田都退了回来。自耕31担，出租6担，请半个月短工，收入谷子20担，每人平均有10担。杂粮有穇子米40斤和芋头1担，交公粮4担。没有余粮并且还要在7月后挖一些蕨粑为辅助。最苦的要算戴顺辉户。共有13人，6人劳动，耕牛大小各1头，田差且分散，自耕44担田，出租12担，佃入1担。解放前请长工11个月，缺1个月粮。解放后（1950年）请6个月工，收入稻谷27担，每人平均2.4担，苞谷4担，穇子米2担，红薯和芋头各1担。本来只缺3个月粮，但因房子被烧，建房花了很多粮，故今年缺粮半年。其次是6担、5担各1户，以2.6~4担最多，最少是秦通仲户，每人平均只有1.9担。在一般生活比较上，5户解放前够吃，缺1月粮的2户，缺2月粮的3户，缺8月粮的1户（因为田是1950年才退回来）。解放后够吃的3户，缺1月的4户，缺2月的3户，缺3月的1户。

36户贫农中，比较好的是戴明正户。全家4人，1个劳动力，没有耕牛。解放前自耕收入14担，和杂粮收入合起来只够吃9个月，其他则靠打半年零工或挖蕨粑。解放后从富农手上退回3担田，1950年共打谷子10担，每人平均2.5担。又收苞谷米40斤，穇子米40斤，红薯1担，芋头50斤，没有卖零工，生活比解放前好，缺1月粮。其他的贫农很少有这个生活水平。普遍是有四五个月粮，分开6个月吃，有七八个月粮的很少。缺粮食的时候，解放前主要是靠帮工。解放前富农每年约请3~7个月工，中农请4~5个月工。1949年富农放债30担，中农放债3担。解放后，经过了减租（这里没有恶霸和地主，故无押退）和受别处斗霸退押的宣传影响，请工比解放前少了，借债也停止了。据说饥荒的情况比去年稍重，其情况是：

过旧历年便无粮的有3户

缺4个月粮的有35户

缺6个月粮的有49户

为了度过春荒，政府曾拨给他们救济谷（中央访问团的救济粮还未收到）1000斤，借贷谷3000斤。在调整公粮负担时又挤出黑田得谷子400斤。但到7月以后，他们（包括部分富农）都到山上挖蕨粑，贫农的劳动力全部参加。挖蕨粑每天约有5斤粉，仅够1天粮食。

至于每天的生活情况，食的方面，富农一般是早上吃饭加一些杂粮和油茶，中午吃饭，晚餐也是干饭或杂粮，比较节约的上午多吃稀饭和杂粮。比较好的中农和富农差不多（约占2/5）。其他的多和贫农差不多，较好的贫农每天上午在做活的时候吃饭加油茶，中午吃饭，晚上多为杂粮。在春荒期间，一日三餐除了做工那天外，都吃杂粮，每天约有一顿饭。比较苦的贫农，每天至多吃上一顿干饭。到春荒和夏荒期间（农历四至七八月）贫农杂粮也不多，很难得吃一顿稀饭（缺粮情况见前）。吃盐油方面：富农、中农一部分不大缺盐油，约有一半中农缺3个月盐油，贫农最多有8个月有盐，6个月有油。曾作过10户贫农的调查：其中有3户每年能吃上3斤盐和12斤油，其他多是10斤盐、四五斤油的。有一户贫农蓝金辉去年只能吃上6斤盐和8斤油（油是用盐换来的）。关于穿衣方面，曾作了一个一般性的调查。如表：

数量 成分 类别	富农		中农		贫农		合计
人口	28		66		136		230
/	全家合共	每人平均	全家合共	每人平均	全家合共	每人平均	/
单衣（套）	45	$1\frac{3}{5}$	80	$1\frac{1}{8}$	144	$1\frac{1}{7}$	约269
棉衣（件）	5	$\frac{1}{5}$	3	$\frac{1}{22}$	0	0	约8
棉被（床）	12	$\frac{3}{7}$	11	$\frac{1}{6}$	10	$\frac{1}{13}$	约36
蚊帐	无	/	无	/	无	/	无

从上表可知，棉衣不用说，甚至是富农每人还不够两套单衣，贫农只有一件多，那些衣服大部分是破烂得不成样子。有些贫农的衣服简直使人难以辨认。而一件衣服从买时起（买时多是旧衣服），至少穿20年以上。贫农的棉被破烂不堪，有1户中农只有一张棉被，烂到仅剩一半。因此，他们的衣服都是晚上洗白天穿，冷天靠烤火过夜。

解放前，那里也曾是游击队根据地的一部分，有些瑶胞也参加了打游击，解放后大部分都回来参加生产了。

解放后他们不但免掉了国民党时的苛捐杂税（如富力捐、村长谷、兵役谷），而且免掉了国民党统治者对他们的额外剥削。去年公粮抽得少（3000斤），还获得救济和借贷之类约4000斤，国民党时很多人当给别人的田，解放后也无条件地要了回来。

可是由于交通困难、文化落后（全屯初中毕业1人，高小6人，初小8人），工作队同志到那里也比较少，还没有到那里进行过比较广泛的宣传。因此觉悟程度比较低，比如说他们从来很少知道抗美援朝这件事，在开群众大会上不少的农民问“什么是美国”、“抗美是不是要参军呀”之类。显然很多人不知道参军这道理，以为参军即是征兵。向他们宣传民族政策，群众反映“从来没有人来讲过”。村长说：“民众很多道理想不通，我也不懂办事，难办”。

因为没有地主，所以没有退押反霸之类。对富农的减租，部分群众表面上很同意，例如有些人说：“都是剥削我们的，我们要斗他”。可是与年老或诚实少讲话的人谈话时，他们说：“富农也有劳动，租出土地不多，就是对长工的工钱有一点剥削”（按全屯富农出租土地33担）。曾为沈正光做长工的秦二文的儿子说：“做长工每年3担谷，年中有病不做工时照扣工钱，就是这一点剥削，其他吃饭也同桌。他们吃什么我们也吃什么。”蓝再云一年要为富农做6个月短工，他说："做工当然辛苦，主人做工中间可以多休息，我们则不能，他们有时很晚才回，我们也要做到那时候，这点就是剥削。"可是认为"富农的剥削并不很重，生活比中农好些。"这个意见是一致的。显然可以说明，农民对于富农在思想上并没有分家，只与富农断绝了任何经济联系。住宅互相隔离也很少打招呼（但没有像别地一样管制富农），也不敢为富农做工，在行动上表示了截然不同的两个阶层。

自此之后，借贷停止了，帮工大大地减少了，由此使富农在思想上存在着不安情绪，生产积极性降低，生怕有一天会失去一切。而农民却因此而增加了一些生活困难，失去了一些本来可以得到的生活补助，更重要的是在思想上背着一个沉重包袱。

在中农与贫农中间，除了经济上的差别外，并不见得在思想上有什么差别。村内工作，他们并不分你是中农我是贫农。如村长就是一个忠诚老实、工作积极的中农，在11家中农中有5户有人当了村干部。一般贫农对于中农当干部的看法是：也有人认为中农家中生活较好，办公事对家中影响较少。而且识字人多一点，办事好办。也有人认为中农办事和贫农办事一样，甚至有些贫农认为自己办事不比中农好。

但是中农办事是否积极呢？如中农戴章，在村中大会选出他参加自治区一次一届人代会，他就不做。他是个老实人，可是却怕当选了政府委员回不了家，他的母亲哭着对村长说："那个选着我娃仔，那个就不生眼睛。""如果你要他到龙胜开会，我就问你要饭吃。"结果群众改选戴慧（中农），他也怕当选了委员脱离生产，家中生活有问题。群众反映说："中农都不能去哪个去。"他们并不像别地一样批评中农，他们是完全相信中农的。

可是由于生活很苦，他们也要求进行土地改革。不过由于土地少，不能解决全部生活问题，故要求也不见得很迫切。

但是从上面的事实看，群众对于富农的这种生硬态度，说明一般的阶级观念还很模糊。这主要是由于接受了阶级斗争宣传的影响，土地不集中，群众思想不明确。在那些地方进行改革，诚然是一个值得研究的问题。

甘甲屯各阶层经济情况调查附表于后。

［说明］龙胜各族自治县伟江乡甘甲村甘甲屯瑶族调查，见1951年10月，中央访问团第一分团联络组编印材料。甘甲屯瑶族的经济生活，条件较差，收入较少，生活艰苦，划阶级中划出5户富农，其实是富裕中农。这种情况，在广大的过山瑶中具有一定的代表性。

甘甲屯各阶层经济情况调查表

阶层	户名	人口	劳动人口	耕牛数	田面积（担）			主要收入（担）					放债谷	帮工		请工			每人平均粮	够吃月数		交公粮
					自耕	出租	佃入	谷子	苞谷米	糁子米	红薯	芋头		解放前	解放后	解放前	解放后			解放前	解放后	
富农（5户）	×戴发旺	3	2	2	47.6	15		31.5	1	2	1	1				3	0		10.5	13	0.5	4
	△沈正光	6	2	2	44	11		27	1		0.6					12	12		4.5	13	11	
	沈正昌	11	2	2	55.1	8		33	2.5	2	3	2	10			12	0		3	12	11	2
	×尹丁山	3	1	1	30.7			18	0.5	2	0	1				2	3		6	13	12	1.9
	沈正亮	5	4	2	38.5			24	1.5	2	2	2	20			8	2		4.8	12	12	15
中农（11户）	△戴顺田	2	1	0	31	6		20	0	0.4	0	1				0	0.5		10	4	11	4
	秦山科	7	3	3	38.8			20	2	1.6	0	0				0	0		3.3	10	11	1.7
	×戴长益	5	1	3	27.3			16	0.75	0.8	1	1	3			6	0		39	12	11	0.5
	秦得荣	4	3	2	22			13	2	2	1.5	1.5				6	0		3.25	12	12	0.6
	潘丹成	5	2	1	2.6			15	1.5	1.2	1	1	2			6	0		2.6	1.5	10	0.55
	△尹宗来	3	1	0	32			18	0.2	0.2	0.5	0				0	0		6	12	12	1.9
	戴龙英	3	2	2	24.8		3	16	0.3	0.8	1	1				6	6		5.3	12	12	0.9
	戴顺吉	7	4	1	39.3			24	4	1.6	2	2				0.5	0		3.4	10	11	1.1
	秦通仲	8	6	2	25.3			15	4	2	0.5	0.5				0	0		1.9	10	10.5	1
	×戴树福	9	4	2	55.7	1.5	3	35	2	2	2	1				6	0	31	39	12	10	
贫农（典型3户）	△戴明正	4	1	0	17			10	0.4	0.4	1	0.5		6	0				2.5	10	11	0.4
	蓝再玉	7	3	0	29.7			5	0.5	2	1	1		6	0				2.1	9	10	0.4
	△戴廷昌	7	2	0	19			10	0.6	2	0	0		上门	/				1.4	/	6	0.25
附注	放债谷指解放前（1949年）。 帮工请工均以月为单位，粮食收入以担（市担）为单位。 解放前后指1949年和1950年。 每人平均粮以谷子收入而言。 ×表示解放后当田关系消减退回给债户。 △表示解放后当田关系消减从债主户得回土地。 戴顺田今年退回当田31担。尹宗来本是贫农也退回当田20担。中农本来包括了全屯的富农的中农。																					

龙胜各族自治县东区概况

（瑶族杂居地区）

一、自然概况

东区位于龙胜的东北部，东与资源、兴安二县连界，北部和湖南的城步县相接，西部与本县北区接连，南部则和南区接连。全区从东到西有110华里，由南到北有130华里。总面积约有4119平方华里。

全境多山，其中最高的是伟江乡北部和城步交界的南山。南山在本县东北及与绥宁交界的地方，为横80华里的高地。全区山脉由此分三支往南走。一支向西南走叫琉璃山，再往南走成为东区与北区的交界山。一支经伟江的太平村（现属伟江布弄村）往南走成为伟江①、芙蓉②两乡的交界山。其中最高的地方叫牛头界（牛头、洞头两村之间），从牛头村向上山坡更陡（约50度），要走两小时。另一支是沿本区江底乡南下成为东区与资源、兴安的交界山，与资源隔界部分较低，长约10里，但与兴安隔界部分则很高，长约20里。

全区河流是按山脉走向往南流，主要有两条：一条是伟江，其走向是按北区交界的大山和芙蓉、伟江乡交界的大山之间。流经伟江全乡后，经北区至三江。河面窄小不能通小木船。一条则由芙蓉乡流经马堤村后，到泗水，和从江底河东下的小河汇合流往龙胜，叫桑江。河面小，从泗水下可通载重千斤的小木船，交通可称便利。

东区现乡级政权尚未正式成立，按旧有的区分有芙蓉、伟江、泗马、江底和河东5乡，行政村共有35个，包括182个自然屯，每村辖地很大，如伟江甘甲屯便有350平方华里面积，3个自然屯相距竟达305里。

全区包括苗、瑶、侗、壮、汉5个民族，总人口为22 376人。以苗族最多，10 510人；其次瑶族，5645人；壮族1793人；汉族4366人；侗族62人。汉壮族多居住在街上和小河两旁比较平坦的地方，苗族的全部和瑶族的大部分则全在半山或高山。以地区来分，苗族主要是散居在芙蓉和伟江。瑶族多在河东、江底，其次是泗马。壮族主要是在河东，汉族则多在泗马、江底、伟江、芙蓉等地。

---

① 伟江：今在广西壮族自治区桂林市龙胜各族自治县伟江乡。

② 芙蓉：今在广西壮族自治区桂林市龙胜各族自治县马堤乡。

二、土地和物产

全区山多田少，田多分布在河源的两岸，总面积为123 841担。按 1950 年的产量为95 170担。土地产量的情况如下表：

乡别	人口数	田面积（担）	每人平均占有	总产量（担）	每人平均占有（担）	每担平均产量
河东	4 370	33 380	7.6	27 726	6.3	0.83
泗马	3 678	28 765	7.82	20 421	5.5	0.71
伟江	6 375	23 481	3.6	19 206	3	0.81
江底	2 831	14 152	4.9	9 233	3.2	0.65
芙蓉	4 065	24 092	5.8	18 584	4.5	0.77
合计	21 319	123 870	5.8	95 170	4.1	0.76

如上表指出：全区的土地以河东最多，产量全区最高，每人平均占有数也是最多的；其次是泗马，个人占有土地比河东少，但由于产量不高，每人平均收成次于伟江；比较差的是江底，每人平均占有田面积4.9担，每担产量又是全区最差，每人仅占有3.2担。全区田产量按1950年每担是79斤，如果绝对平均的话，则每人应有田面积5.8担。

全区田担产量有这样的差别，主要是与地形有关。北部如伟江北部、芙蓉、江底等乡多山，地势高，地瘠，故产量低。桑江下游泗马和河东等乡土地较平坦，田多在一处，有水，比较容易管理，故产量也就高些。

东区人民靠耕田外，还种有大量杂粮（杂粮地的多少无法统计）。东区杂粮多是苞谷、䅟米、红薯和芋头等。此外山地多，因此本区特产的产量也很大。桐油产量为全县之冠，年产约1000担，出产最多的是伟江和江底乡，其次是泗马乡。茶油年产约500担，主要产地在泗马和河东。棕皮以江底、伟江最多。薯莨年产150担，以江底、泗马、河东较多。烟叶各地都有，约200担。本区的土产是丰富的，除上述外，还有百合粉、香菇、勾藤等特产。可是因为过去受国民党的种种压迫和剥削，尽管有些特产数量很多又好，但由于交通不便，不能出卖，降低了生产积极性，以致年年减产。

解放后，人民在搬走了压在头上的大石后，生产热情普遍提高了，进行了加肥和开荒措施。例如今年本区开荒土地达53 000个工，合2650亩，新的土地开始种杂粮和桐油。3年之内不能再种杂粮，这时桐茶长大，可收桐茶籽，以补粮食不足。

三、土地占有和剥削情况

（一）土地占有

东区整区的各阶层土地占有情况，因为没有提出统计数字，故无法说明。

至于说东区的土地集中情况，了解得也很不够。但据知最集中的是马堤、泗水两个村。马堤村129户中，有42户地主，8户富农。泗水村129户中有29户地主，14户富农。两村的地富占有土地都在全村80%以上。而那些地主富农全部是汉族，此外又收集了5个村的材料，其情况如表：

村名	总人口	地富人口		全村总田面（担）	地富占有数	
		人口	占总%		占有面积（担）	占有%
江底	747	53	8.3%	5 085	2 163	46%
张家	485	61	12.5%	3 535	1 404	34.1%
洋湾	647	91	14%	2 116.49	1 190.18	51.9%
东升	1 003	50	4.9%	6 871.7	1 190	17.3%
牡丹	981	90	9%	6 139.8	1 464.1	23.6%

上表5个村除洋湾和江底两个村比较集中外，其他各村都并不集中。并且江底村的地主富农多是汉族，洋湾村的地主富农则全部是苗族。

应该指出，在整个东区的情况是：汉族占统治地位的地方土地集中（如泗水、马堤、江底等村）。除了洋湾村是苗族占统治地位，土地比较集中外，其他各村都分散。

（二）剥削情况

东区的地主富农的剥削方式是很多的，其中尤以汉族地主的剥削更为突出，其方式主要有下列几种：

1. 田租

汉族地主的田租是收60%，但收租时地主往往到佃户家住十天八天，佃户照例供其大吃大喝。有些佃户在过年时要送一块肉、1斤酒的礼。地主家红白事要为其做无偿劳动。如马堤有位农民，为地主做了几天工，过后要钱，地主反说："过期作废了"。洋湾的苗族地主收租是按田面积每担交四成或者对半，一担最好的田在洋湾是收80斤，因而租额无形中变成50%或60%，但是实际上洋湾的田常不到80斤，加上山田花人工多，一个人一年劳动不过是做25担田，这样田租便变得很重了。

2. 高利贷剥削

放债是剥削阶级的唯一法宝，洋湾的苗族地主，放谷债加五息并且每担谷要一担田（值4担谷）为押，结果3年之后无力还，土地便很可能被买断。又如大寨瑶胞李泰芳向黄越（汉族地主）借一串鞭炮，5年还了30担谷田。

高利贷放新贷剥削也很厉害，洋湾地主在老历六月借出谷子1担，九月要还苞谷3担，折谷子三四担。大寨苗族向苏浩（汉族）借茶油1斤，1年后，还了茶子3担。吴俊田向王纯金（汉族）借50斤桐油，3年后还了杉树43株和2担油桐。

牛头山苗族杨顺发，1927年向汉族地主苏浩借桐油1担，价值64吊，3个月后，还了368吊。

放高利贷在洋湾也有以工抵还的，1斗谷子抵4天工，如做了两天不做，仍欠部分债务则加倍还。

养小猪还高利贷的方式也是很普遍的，如横水聂长兴放债一担谷，要人家替他养小猪1头，养到40斤（值440斤谷）抵债。有一年他放出给人养的小猪竟有五六十头之多。

（三）地主的剥削方式除了上述之外，还进行公开的勒索

如1933年瑶民起义之后，苏浩（局董）曾向大寨瑶胞勒索有：1934年索钱545吊，田370担；1944年钱44吊，米1000斤。此外还有落地税、火烟税等，据说竟有几十种之多。

地主的剥削方式是不胜枚举的，因而人民的生活之苦也是不堪言状的。例如全区在今年5月有1100户4500人无粮，6月则有1500户6500人无粮，到了7月约有90%以上的人都要挖蕨粑度日了。人民政府今年已经大力进行了救济，领导减租退押度过了春荒，显然东区的灾情比较严重，正说明国民党反动派对农民压迫的情况。

四、兄弟民族的旧恨深仇

从上述的剥削情况来看，东区兄弟民族所受的压迫和非人统治，并不亚于别的地方。可是东区的兄弟民族也是以勇敢和富有斗争性著称，他们一面过着颠沛流离的生活，一面不断地展开着反抗斗争。

为了反抗统治者的压迫，清朝乾隆五年（1740年）苗民曾展开了一次反压迫反征粮的暴动。暴动中心在伟江、碧林、洋湾等村，结果被统治者以血腥的屠杀镇压了。失败之后碧林村全村年轻的妇女都被拉走，且杀了很多人（在平玉屯有三丘田因杀人溅满了鲜血），被充公了2500担田，以后每家向统治者交官粮，每担谷收官粮7斤米，“田荒不荒粮”。交粮时还要用大斗，收手续费或者类似抢劫的剥削行为（如量米时用便衣袖子卷谷），往往因交粮而有打架的事。1936年有个姓曾的便因此在芙蓉打架被打死了。故在1933在年瑶族起义时也有不少苗族参加。

轰动一时的1933年瑶民起义，也曾在本区展开了激烈的斗争。本区首先起义的是江底乡的梨子根，以后发展到水银、孟山、潘内、马堤等地。所有的瑶族（甘甲村的瑶族已准备好但未发动）和部分苗族都参加了。斗争最激烈的地方是马堤。起义失败后，本区被杀了300多人，所有识字的人都被加上“匪首”的恶名而被杀了。因此至今瑶族还未出现一个有文化而比较出色的自然领袖。

自此次起义失败后，国民党反动派更加上了重重压迫，苗、瑶两族完全失去了做人的地位，很少敢到街上买物，到街上便被笑“苗子”、“瑶仔”之类。不敢穿本民族服装下山，否则就挨打或被扯破衣服，走路不敢抬头（占统治地位的是汉族和壮族）。伪乡村长有随便杀人之权。一个乡丁可以不用“手令”随便捉人，掳去大批鸡鸭及其他东西，苗、瑶族人民不敢也不能有任何反抗的表示。同时更无理地禁止苗、瑶族唱歌、跳舞，见唱歌就说“发瑶疯”。如五六年前伟江碧林村苗族唱歌，被村长罚了20担谷子。统治者从来不把兄弟民族当做人，如李成鉴（汉族）污辱伟江苗族说：“老弟，你在家里是骚牯（未阉的牛），到马堤是阉牯，到龙胜是死牯”。又如瑶族耕地过了地主界，地主说：“你还敢调皮，还未杀完！”

因为政治上受压迫和经济上受惨重剥削，有部分兄弟民族表现得生产不够积极

（如马堤地区），采取有一天过一天的态度，意志消沉。认为“自己吃的都没有，难道地主还来？”因而也有一些人认为死了的人算是“走运”。诚然这只能代表一部分，兄弟民族从来没有停止过斗争，这充分表现在和自然的斗争上。虽然国民党政府对他们压迫得非常厉害，但他们曾发展了自己的民族，保存了丰富的文化遗产。反动统治阶级对于他们的反抗斗争曾一度在表面上压了下去，可是当共产党来领导斗争的时候，他们又顽强地站起来了。

五、解放后政治和经济地位的变化

1934年中国工农红军曾经过了本区北部，红军的严明纪律，曾深深地感动了各族同胞，红军的经过，虽没有带给他们什么社会改革，可是在和红军的接触中，使他们初步体会了这是农民自己的军队，伟江农民们舍不得用红军留下的铜钱，盼望着解放日子的到来。在全国革命高潮的影响下，1949年5月，东区各族人民开始在共产党的领导下，以苗族兄弟杨瑞清和瑶族兄弟秦维琪、黄钰为首成立了人民自己的以苗瑶族为主的武装——桂北纵队十三大队等，二中队和龙胜县别的民族共同联合起来，推翻了反动政府在龙胜的统治。

解放以后的东区兄弟民族，也和别的地方一样，进行了清匪反霸和减租退押运动。通过这些运动，他们重整残破的家园，对度过因此发生的灾荒，都有很大的帮助。而更主要的是他们在政治上认识并改变了过去仇视汉族的错误看法，大家开始认识了过去的一切悲惨历史都是国民党统治阶级给予的，他们开始明白团结的道理，开始懂得自己是国家的主人，因而也迫切地要求改革（包括政治上和经济上的），并正在整顿农会组织，时刻警惕着不要让坏人当家。

在抗美援朝运动中，他们曾订出爱国公约，并且把爱国公约贯彻到增加生产上面。在今年年度春荒时，人们挨着不借债的暂时苦痛，为将来的生产生活打基础。他们认为“今年不借债，收割时粒粒是自己的，明年生活就好了”（牡丹村代表杨子发说）。在自治区一次一届人代会上，各族代表曾检查了爱国公约，并在爱国公约上加进了参军、保产（农产）、捐献等内容。

今天东区的兄弟民族选出了过去的苗族兄弟东区解放斗争领导人杨瑞清为副县长，从此正式当家做主。在抗美援朝运动中，他们正在增加生产改善生活，并逐步提高自己的政治认识。

六、东区民族关系中存在的几个问题

国民党政府曾在东区由南至北安下了三个据点，联成一线，并作为面的控制。三个点——泗水、马堤、芙蓉均是汉族地主阶级在政治与经济上取得绝对统治地位的地方。这些地方的汉族地主阶级，不但在政治上居统治地位，而且他们又兼做各式各样的商人，并组织合作社、交易所来剥削和垄断。马堤苏姓最大的地主恶霸苏浩、苏禾，据说他们的公老来马堤时只是一担沙罐。芙蓉的唐维廉原是湖南陵零的一个小贩，易友德五代前的公老来芙蓉时是一个补锅的，都在短短几十年中搞到500～800担谷田，特别是在1933

年瑶族起义失败后，汉族地主阶级一方面感到惶恐，而另一方面也正是扩展与剥削的好机会，瑶族的大量土地被充公。马堤的苏浩借此威胁，向大寨的瑶族进行勒索，仅1933年一年内即搞了钱545吊，田370担，形成了瑶族“在家是骚牯”、“到马堤是阉牯”、“到龙胜是死牯”的说法。各少数民族人民对于汉族的统治阶级是又怕又恨，这三个据点在已往和今天都是民族矛盾的焦点。

（一）坏人挑唆芙蓉坳头的关系

杨仁忠是坳头的唯一的知识分子，是一向受压迫的苗族群众，是他们之中能够伸头吐气的一个人。在成立游击队后，他们首先就将最可恶的芙蓉统治人物之一的雷电抓上山杀掉。后来国民党军队到芙蓉，被游击队和坳头苗族给予狠狠打击。国民党军队第二次上坳头时，进行大肆烧掳，共烧掉房子368家，拉走耕牛60几头。解放大军来到龙胜，匪军逃去，杨仁忠和坳头苗族的男女老少齐下芙蓉来，把地主统治集团的东西捡得一干二净。因此杨仁忠在群众中威信是很高的。剿匪部队独立团第二连到达芙蓉后，这时所有的游击武装都已改编，杨仁忠留藏了几支枪也先后向政府和公安局坦白，但是芙蓉的地主和坏分子为了报复，就密报有机枪等未缴。部队认为可疑，虽然县里一再警告处理杨的事要慎重，当时代县长并将杨留在县里教书，以免出事，而第二连的指导员未经县的允可，在一天夜间将杨捕去，并在半途中杀掉。芙蓉的坏分子接着造谣说：“先砍大树，再拔小草，坳头的大小头子要一齐搞光”。坳头的苗族感到愤恨和惊惶，杨的尸体招回3天后未葬，整个坳头的群众都来抚尸痛哭，认为是芙蓉人搞的鬼。虽经政府及时处理，买棺安葬，并答应处分犯错误的干部，而没有酿成大的事件。但直到访问团去到那里时，有群众躲开区里同去的干部谨慎地提出这件事说：杨仁忠是不该杀的，也说未经过群众斗争。

（二）瑶汉之间的关系

马堤的汉族地主阶级与周围的少数民族在过去都是统治与被统治关系，特别表现在与相邻的大寨瑶族之间。1933年瑶族起义失败后所受到的镇压和压榨也最重，所以民族间的仇视也是很深的。去年反霸时，少数民族诉苦多而沉重，往往把一切根源都归到马堤街汉族，甚至整个的汉族。汉族的普通群众感到惶恐，情绪消沉，加上地主阶级造谣，因而认为斗霸是瑶族报仇的日子来了，凡是汉族都要斗，一个都逃不脱。在退租时，有百湾村的农会到马堤去退；而马堤的农协委员杨汉卿就去通知地主说：“今天你们避开一下，不是我们农会来退，是百湾来的”。弄得周围的村子的少数民族对马堤都有意见。大寨的瑶族说马堤汉族的贫雇农都是好吃懒做的二流子，或者是地主的狗腿子，并且说：“以前他们都是二流子不种田，现在也分减租果实”。马堤街上的瑶族要脱离本村的农会，要求加入大寨的农会（瑶族）。三茶村的瑶族经过民族团结的宣传教育后，坦白地表示“本来天下农民是一家，但总是和马堤汉族的农民合不来，我们也说不出道理，”这次民主建政，成立民族区域自治筹备委员会，马堤一个妇女代表回去宣传民族团结时，总是说苗瑶侗壮，而不提汉族。历史上民族间所造成的隔阂是深的。

（三）边境方面的问题

1. 河东与兴安接界，而且界线两方都为瑶族，历来互相间团结很好。如1933年的瑶族起义，在本区的发起，主要是由兴安瑶族传过来才开始的。

2. 东区南部的大塘界，以前属南区，因和汉族有矛盾，故后来要求划为东区。

3. 伟江的苗族区，以前属北区，但和北区的侗族不和。主要是北区侗族多，一切事情以侗族做主，决定一切。苗族感到受压不满，要求政府批准划入东区。现在他们的矛盾还是存在的。

4. 芙蓉横水村与湖南省交界，1930 年以前界线斗争得很厉害，常闹不团结，后来双方界线已划清。解放后表面上没有什么，可是在思想感情上仍然存在很重很深的矛盾，有待今后去解决。

［说明］龙胜各族自治县东区概况，见 1951 年 10 月，中央访问团第一分团联络组编印材料。

恭城县瑶族调查

恭城县①据五岭之南，向为中原进入岭南要道之一。宋始有瑶居住，元、明时，大批瑶族迁入恭城。据1984年12月底统计，全县有瑶族87 000多人，占总人口36%。全县有三大瑶族聚居区。瑶族先民大部分自北而南从湖南迁入，一部分从广东迁来。恭城瑶族有共同地域、语言和经济生活，特别在共同心理素质方面，尤为突出。瑶族人民长期同汉、壮族人民向自然界作斗争，对恭城的开发做出了重大贡献，并且共同与历代反动统治者作过英勇的斗争。

一、宋代即有瑶族聚居

恭城地处五岭之南，都庞岭从县境东北分三支伸入，蜿蜒于县东、北部。海洋山余脉分布于县南部。雄峙于都庞岭之龙虎关，西汉时名谢沐关，向为湘桂古道必经之地，中原进入岭南通道要冲。五代时，瑶族人民已活动于县北之湖南永州府一带。宋史载："晋天福中(936—943年)，马希范承袭父业，据有湖南。时蛮猺（瑶）者保聚，依山阻江，殆十余万。至周行逢时，数出寇边、逼辰、水州……"（中华书局版《宋史》14 172页）。宋时，大批瑶族南迁。《宋史蛮夷传（一)》载："蛮猺（瑶），居山谷间。其山自衡州常宁县属于桂阳，郴连贺韶四州，环纡千余里，蛮居其中，不事赋役，谓之猺（瑶）人"（中书局版《宋史》14 183页）恭城与贺州毗邻，上述各州山脉系指都庞、萌渚二岭。咸淳九年（1273年）文天祥任湖南提刑，到江永、道县进剿广西"猺寇"秦孟四。据《永明县志》载"天步峰……为潇江发源处。过此到广西之平原峒矣。南宋时猺（瑶）寇秦孟四陷永明，提刑使授将校讨平之，即是处也。"（《永明县志》卷二12页）文天祥在与他的同僚往来的书札中说："秦寇之在广西，扰动二十五郡……自永明入昭州界日平源，便是贼巢，自平源至下界，贼寨连珠相望，其去秦孟四巢甚近……"（《永明县志》）。考平源为平川源，即今栗本、观音二乡镇地及龙虎关附近（参见解放前版《中国古今地名大辞典》）。可见，恭城有瑶族聚居，始于宋代。元代（1279—1368年）恭城已有今之三江瑶族乡、观音瑶族乡两大片地方成为瑶族聚居区。国家民委民族问题五种丛书之一——瑶族《过山榜》选编中所载的35篇过山榜，有3篇发现于三江及势江，1984年又在观音发现一份。在这些过山榜中说，元大德九年（1305年）一批瑶族从湖南道州经源口迁入三江、势江地区。有3篇过山榜列举

① 恭城县：今为恭城瑶族自治县。1990年2月3日国务院批准撤销恭城县设立恭城瑶族自治县。据2004年统计，恭城瑶族自治县总面积2149平方千米，第五次人口普查全县总人口为271 216人。

瑶族先民居住的山名，提到“恭城正江山”（今何地？待考）。明代，瑶族继续深入两广腹地。《明史》载：“广西瑶僮（壮）居多，盘万岭之中，当三江之险；六十三山倚为巢穴，三十源据其腹心，其散布于桂林、柳州、庆远、平乐诸郡县者，所在蔓衍。”（《明史列传》250，中华书局版，第3201）。页又说：“……然广西唯桂林与平乐、浔州、梧州未设土官，而无地无瑶、僮（壮）。”（《明史》第8202页）“平乐界桂、梧，西北近楚，清湘九嶷，郁相缪结，东南入梧，溪洞林青，多为瑶人盘踞”（《明史》第8215页）。当时恭城为平乐府所辖，已有三江、观音及平川（今栗木河附近）、西岭海洋山区成为瑶族聚居区，并有瑶族人民由恭城迁往他地。《灌阳县志》载：“……闻之洪武初，邑未有猺獞（瑶、壮）也。永乐间邑人薛昌、黄秉坤始招至二、三耕作，……自正德乙亥（1515 年），贼大猖獗，其后占据遂繁，而恭城田主潘钦辈招集湖北□种，几遍台塘①，灌之富人又引古田獞（壮）、夹板猺（瑶）散布田间……”清代，广西瑶族人口“猺、僮（瑶、壮）多于汉人十倍”（《清史稿》列传三百三，第14 293页）。《临桂县志》说：“……昔人言广西之境，大约狼人半之，猺獞（瑶、壮）三之，民居二之”（《临桂县志》上册，第547 页）。有清一代，恭城瑶族聚居区由高山向平地丘陵发展。清乾隆五十六年（1791 年）在势江的“审给照碑”记载：“势江八甲系属猺（瑶）地”。栗木台塘村、大枧新村、上枧村等地均有“猺（瑶）田”（见栗木龙潭寺碑记，上枧潘氏宗祠碑记），即为明证。据在大瑶山发现的恭城东乡瑶族信歌及四首交趾曲证实，大约在清代咸丰年间（1851—1861 年），恭城东乡一支瑶族迁往越南。

根据邻近各县史志记载，可以说恭城四邻皆有瑶。县东为富川瑶族自治县，其邻接恭城的山区为主要瑶族聚居区，连绵百余里。其中俸、盘、李、黄等姓瑶族与恭城三江等地瑶族有族属关系。富川新华村的盘姓平地瑶是从三江松木寨搬去的，还有祖坟在三江。1983 年松木寨的瑶族还请他们回来修祖坟。富川图书馆藏的《俸氏族谱》中说，俸姓“三公之后裔，居宁远道邑、祁阳等县而成家者有之，居广西全、灌、恭城及富川等县成家者亦有之。”县东北为湖南江永县清溪、古调、勾蓝、扶灵四大民瑶及大畔瑶，其中田、周、欧阳等姓与栗木瑶族有族属关系，习俗近，语言也相近。县北为灌阳上、下崇顺司瑶，现在为洞井瑶族乡。县西南为阳朔龙尾瑶。县南境接平乐地有平乐的平地瑶。邻县这些地方都同恭城交界，关系十分密切。

瑶族之在恭城，虽历史悠久，但解放前由于受歧视受压迫，生产落后，民族同化（自然的和强迫的）及迁徙无常等原因，人口发展缓慢。明清以前人口数待考，民国时代，据旧《恭城县志》载：“……据民国十七年（1928 年）调查，汉族人数113 095，猺（瑶）族人数14 078，獞（壮）族3915。”解放初期，14 个乡统计，瑶族人口为19 578 人。从1928—1949年，增加5495人。随着民族政策的贯彻，解放后瑶族人口逐步增多，1957 年瑶族人口达33 170人。1982 年全国第三次人口普查，瑶族人口达57 817人；1984 年底统计，瑶族人口已达87 326人，占全县总人口的35. 9%。除去自然增长的因素外，原来属于瑶族而填报为汉族的人申请改正是一个重要的原因。

① 台塘：今为“苔塘”，即龙胜各族自治县栗木镇苔塘村。

二、分布及族源

瑶族受历代反动统治的迫害，迁徙频繁。其迁徙流向一般是自北而南，但也有少数回流的。分布特点为大分散小集中。其居住特点为依山而居，“南岭无山不有瑶”，大部分住在高山深林中，只有在和平时期或矛盾比较缓和的时候，少量瑶族向丘陵或平原迁移，但也多限于山区边缘或边远地带。恭城的瑶族来源和分布就体现了这一特点。恭城瑶族有三个聚居地区

（一）县北部、东北部瑶族聚居区

包括观音瑶族乡全部、栗木镇约60%地区。解放前称之为北乡，与灌阳、江永、灵川毗邻。北依都庞岭、平川江（今称栗木河，茶江支流），东北向西南斜贯。明史称为平川源。光绪十五年（1889年）《恭城县志》记载：“恭城之蛮族有二，一四猺（瑶）……其散处恭城者……北则石盆，平川四村，马眼皆立有头目。”观音瑶族乡约为198平方公里，栗木镇约为200平方公里（栗木镇总面积291平方公里），合计约为398平方公里。到1984年底为止，观音瑶族乡总人口7784人，其中瑶族5170人，占总人口的66.39%。栗木镇总人口41 893人，其中瑶族13 870人，占总人口的33.1%。这一聚居区共有瑶族人口19 040人。观音瑶族乡的瑶族，据现有材料看来，是县内瑶族中迁来最早的，宋时即从湖南迁来，解放前称为上五排瑶、下五排瑶。《临桂县志》在兵防志中称为四村瑶（见《临桂县志》中册213页），与观音瑶族乡山水相连，语言相通，习俗相近。栗木镇沿平川江东西两岸的16个行政村的瑶族约10 000多人，情况比较复杂，其来源大部分是经过湖南迁入广西，有的原来在解放前自认为瑶族，解放后报汉族；有的本来是瑶族，解放前已改为汉族；有的解放后经调查已承认其为瑶族，后来自己又报为汉族，这都是有其历史社会原因的。

（二）县东部、东南部瑶族聚居区

包括现三江瑶族乡全部、莲花瑶族乡①大部，解放前称为东乡，与富川、钟山、平乐为邻。境内部庞岭群峰耸立，山区广阔。古称伸家瑶、伸家洞、势江源。清乾隆五十六年（1791年）立的碑记中说：“势江八甲地近山猺（瑶）。”三江面积约为231.5平方公里，莲花约为240平方公里，总共约为471平方公里。到1984年底止，三江总人口12 092人，其中瑶族11 771人，占总人口的97.34%；莲花总人口48 449人，其中瑶族34 241人，占总人口的70.67%。这一地区合计有瑶族46 333人。三江瑶族乡是全县瑶族人口比较多的一个乡。这部分瑶族是元朝大德九年（1305年）从湖南经源口②进入三江及势江③的。解放后收集到的四份手抄本中都有明确记载。于势江发现的“千家峒”手抄本（现存广西民族研究所）说：“大德九年（1305年）三月廿六日，由千家峒上来……明武宗正德元年（1506年）丙寅十月初十立松木寨……，明正德二年立栗田村，又文宗三年立石田村，正统四年（1439

① 莲花瑶族乡今为莲花镇。

② 源口：即今湖南永州江永县源口瑶族乡。

③ 势江：今广西壮族自治区桂林市恭城瑶族自治县莲花镇势江村。

年）立新寨村……”莲花瑶族与三江基本上同源。

（三）县西部海洋山区瑶族聚居区

包括西岭瑶族乡全部山区、嘉会乡西南村。解放前称西乡，与阳朔、平乐、灵川接邻。其西南、东面、椅子、岛坪、营盘、德良、新合①等村均位于海洋山群峰间。恭城旧县志载：恭城瑶族“西到大源、小源、高界、瓮塘”，就指这些地方。在旧县志写到这些地名时，都加上一个“猺”字，此外还有“芹菜猺”、“澄江猺”、“新村猺”等称呼。在山区边缘，过去曾有三个“瑶古圩”——瑶人赶圩的地方，即八岩、双溪寨、苏陂源②。其中八岩瑶圩到现在还继续成圩。西岭瑶族乡6个山区村面积315平方公里，加上山区边缘地带及嘉会西南村，共约500平方公里。到1984年12月底为止，西岭总人口为33 251人，其中瑶族人口9793人，占总人口的29.45%。嘉会西南村990人，这一聚居区共有瑶族人口10 783人。

此外，全县尚有不少瑶族散居。大部分布于山区边缘地带，如银段山附近的平安乡，有5000多人，称为北洞源、大江源、下山源。嘉会乡沿都庞岭山区，过去称为唐皇源的地方，约有4000余人（这部分人的分布有唐皇八房十三村之说）。

恭城瑶族称谓甚多（包括自称和他称），旧县志摘引《平乐府志》记载：“恭城之蛮族有二：一曰猺，木盘瓠之后，相传种数有七，曰背髻，曰蝶板，曰高山，曰平地，曰湖北，曰大梁，曰抚贼……”初步考析，背髻与蝶板反映瑶族的头饰，以服饰区分族别。高山与平地则以居住地分族别。湖北一数尚未查察。大梁则指明洪武年间势江源梁朝天起事时属于瑶族的一部分。抚瑶贼系指受招安受抚的良瑶，也叫熟瑶。《富川县志》卷十二杂记寇变条说：“嘉靖三十六年（1557年）招瑶贼邓文经，抚于大浪水，莫狗里抚于小氓……”，“嘉靖二十年（1541年）抚瑶贼稽宗福叛，攻掠上九都诸村，二十二年（1543年）督抚发兵剿稽宗福，抚其余党于橘母新田。”在猺獞（瑶、壮）条中说：“猺獞（瑶、壮）诸源中有叛乱招安者为抚巢”，并说富川劳溪源、屯地二寨系抚瑶。这是当时反动统治者对瑶族的称谓。瑶族人民自称有平地瑶、山公瑶、过山瑶、白花瑶、黑花瑶等，与他称通用的有在瑶字前加以居住地名的称呼，如大源瑶、小源瑶、高界瑶、瓮塘瑶、芹菜瑶、唐皇瑶、五排瑶、伸家瑶等。

三、共同心理素质诸方面

恭城瑶族迁入时间有先有后，居地不一。解放前受反动统治分而治之的影响，有组织有系统的横向和纵向联系较少，但作为一个在历史过程中形成的人们共同体，在心理素质上有其共同的特点。

（一）崇祀盘王、婆皇，有还愿、调神、挞鼓的固定节目

见之于《后汉书》南蛮西南夷传的盘山瓠传说，在恭城瑶族地区流传甚广，反映对瑶

① 西南、东面、椅子、岛坪、营盘、德良、新合：西南村今属恭城瑶族自治县嘉会乡，其余皆为西岭乡。

② 苏陂源：今广西壮族自治区桂林市恭城瑶族自治县嘉会乡苏陂村。

族始祖神的崇敬的盘王庙，在瑶族地区有数十处之多。唐皇源、平川源、势江源瑶族还崇祀婆皇，传说婆皇有三姐妹——唐皇婆婆、欧寨婆婆、势江婆婆。九板桥欧寨有婆皇庙，这是母权社会的残迹。三江还盘王愿的日期是十月二十六日，观音、栗木、嘉会唐皇还愿日期是六月二十三日，西岭还愿日期是六月六。还愿必举行挞鼓，热闹异常，为瑶家盛典。旧县志载："……乐有小锣长鼓胡芦笙之属，其合乐时，聚众环列，半跪半转，众音竞阒，循续数周而罢，是谓挞鼓。"（《恭域县志》卷42页）。现存有观音挞鼓亭、石头挞鼓亭、栗木新村挞鼓坪多处。

（二）原始部落圈腾遗习尚存，对狗的禁忌颇多

解放前，普遍不吃狗肉，特别是在请神、还愿期间，吃了狗肉不准参加，说是亵渎祖先。嘉会唐皇婆皇出游时，头一乘轿子坐的是狗王像。西岭新合村瑶族年节敬神，必先喂狗，认为狗先吃肉，则预兆六畜兴旺，狗先吃饭，则预兆五谷丰登。

（三）怀念千家峒，歌颂梅山

千家峒的传说，在恭城瑶族地区已深入人心，现在已发现的关于千家峒的手抄本有五份之多。50年代观音乡曾有人要求组织代表去找寻千家峒。相传湖南梅山是瑶族较早居住的地方，在三江、观音发现的瑶族师公请神还愿念诵的手抄本中有梅山歌，说梅山有十洞，洞内有石壁、石马、石梅、石火。石梅能四时结子，吃了石梅子，"老者如同小后生"。又说：梅山三十六天洞洞洞光。还说，女娲氏兄妹在九梅山上成亲后，后来人口才得到发展。

从上述材料可以看出，恭城瑶族对本民族来源和始祖的确认，对本民族聚居地的怀念和感情，对本民族传统的自豪，是他们具有共同心理素质的重要方面。

（四）打油茶的特殊饮食习惯

俗谚"恭城土俗，油茶泡粥"，瑶家特别爱打油茶。据考油茶较流行于南方少数民族地区。原因是居于高山深林，水土寒凉，油茶可暖胃去寒。其制法简单，丰俭由人。

（五）"招郎入赘"

瑶汉婚俗有很多不同，但最显著的是对"招郎入赘"的态度不同。一般瑶家喜欢"招郎入赘"，有的地方男方入赘女家的家庭竟达20%以上。50年代三江乡一户瑶族有三儿三女，三个儿子"嫁"出去、三个女儿"招郎入赘"。解放前新合村过半数以上家庭是男到女家入赘的。有两种形式：一是"买断"，即男方到女家后，改姓女家的姓，同女方家族一样排辈份，子女当然跟母亲姓。二是"半买"，双方立下契约，男方到女方若干年后，生了小孩留下一个，替女方家庭传宗接代，男方带老婆回家。这种形式在全县来说较多。所以解放前瑶家香火堂上写的姓氏有的竟有五六姓之多。

（六）服　饰

全县瑶族只有西岭新合村保持原来的服饰，其余同汉族区别不大。但在清末民初，还是有很多不同的。瑶族妇女衣袖宽，并绣以花边，男子则包青布虎牙头巾，脚打三角绑腿。

四、建国前的民族关系

恭城建县，始自隋大业末年，即梁肖铣割据两粤时的公元618年，初名茶城。唐武德四年（621年）平肖铣，改名恭城，到现在已有1367年的历史了。宋时开始有瑶族聚居，大约为公元1127年（南宋），到现在也有800多年的历史。瑶族进入恭城之前，恭城除中原南徙的汉族外还有什么民族，待考。根据富川等地的说法，古恭城属于西瓯，可能原来有壮族先民居住。

瑶族进入恭城后，多居于山地，土地广，林产丰富。汉族多居于丘陵及平地，农业生产发达，彼此互通有无，取长补短，关系是比较好的，解放前八岩、双溪寨、苏陂源设有“瑶古圩”，就是明证。在向自然界作斗争中，瑶、汉民族之间互相支持、交流，必然带来文化上的交融。恭城山区边缘地带平地瑶聚居地的生产发展较快，文化水平较高就是很好的例子，恭城瑶、汉族人民共同参加了对历代反动统治者的斗争，从明洪武年间到清咸丰年间，根据旧县志的记载，有六次之多。解放前党的地下活动，多以瑶族聚居区为据点，恭城县的第一个中共支部——恭城特支就成立于三江瑶族乡的牛尾寨。

［说明］恭城县瑶族调查，见1985年5月29日，恭城县人大常委会办公室编印资料。刘冰执笔。其中所提到一些瑶族地区，民族识别工作正在进行调查，有待确定。

恭城县新合村瑶族调查

恭城县西岭瑶族乡新合村盘瑶是“尚著花衣短裤，不改旧度”的一支瑶族。其宗教信仰、风俗习惯、生产方式等都仍保留本民族的原始特点。民国二十六年（1937 年）《恭城县志》卷一载：“新合赵盘盆三姓为恭城之土著。”土著虽谈不上，我们认为新合盘瑶是定居恭城较早的瑶族。到底事实的真相如何？1984 年 9 月间，我们在新合路口屯发现了《瑶目万历二年石碑古记》以后，才从时间上更确切地肯定了原有的论点。为了进一步了解这一带瑶族小群体的特性，我们做了一些初步的调查，限于各方面的原因，本文仅就新合盘瑶的来源、迁徙、宗教文化等几个方面做一简单的综述。

一、来源及迁徙经过

新合位于恭城县西岭乡西部，坐落在海洋山西麓，分为瓮塘源、大源、小源及芹源四源，有 13 个村落，居住着 1100 多“花衣裙”的瑶族同胞。因他们崇奉盘王而谓之“盘瑶”，又因迁徙不定而称之“过山瑶”。

这支盘瑶有其祖先曾经在湖南“千家峒”定居过的传说。元朝大德四年（1300 年）才逃难到广东，居住在肇庆府德庆州封川县的铁莲山一带。明洪武十二年（1379 年），恭城东乡瑶民梁天明与湖南雷虎子举兵反抗，县府遂告急州府，并派人四外招兵，以镇压瑶民起义。“黄稭逼、黄明、李富山得知广东有好良瑶”便前往招募，因而这批瑶民便于“洪武下山”进兵恭城。洪武十八年（1385 年）梁、雷起义被镇压以后，他们得到官府照准，回家搬来了老小开始在恭城这片土地上生活。先在城后岭背的西河口居住，其后又沿西河而上，一部分人往澄江河，在黄滩、杨溪（原名瑶家洲）等地居住；一部分人往苦竹河沿岸居住。明景泰元年（1450 年）三月以后，这批人又分为三支，一支到了平阳交界的龙尾瑶（阳朔县境），一支到了岛坪源（即现在的澄江源），一支到了现在的新合瑶山，并且分别在这些地方定居下来。同时，有少部分如金、郑等姓瑶人没有随队搬迁，而就此定居在西岭乡杨溪、新安等地。

这批瑶民于洪武十二年（1379 年）到景泰元年（1450 年）这 88 年中，经过辗转迁徙，方才进入新合。而在新合居住的这 500 多年的时间里，其人口的发展是极为缓慢的，估计初来时不少于一百来人，直至解放初的人口统计，也只不过 500 人罢了。

二、宗教信仰和风俗习惯

新合村瑶民从进入恭城以后，先后在门楼建过庙，在龙岗建过“龙王唐”、“上庙”、“下庙”，在路口村建过“雷古龙”、“龙王庙”。这些庙宇最早建于明初，最远建于清道光年间，现残垣均尚存。

新合村瑶民以狗为图腾，顶礼膜拜。逢年过节，吃食都要先敬狗，并取狗先食的食物为“吉兆”。认为狗先吃肉，则六畜兴旺；先吃饭，则五谷丰登。在刀耕火种的年代，他们住的是草房，也设有神龛，每年的“三月三”、“六月六”，“九月九”及腊月三十才到庙里烧香，供奉盘王及诸神。到了清末民初，也就是有了板壁房子以后，才像“民人”（即汉人和平地瑶的统称）一样在中堂安上神龛，天天上香，初一、十五上供。神龛上除安“天地君亲师位”、“历代先祖”外，还有“土地神祇”、“本房庙社”等神位。重大节日或遇上重大事情要到庙堂祭祀。

新合村盘瑶信奉道教、崇拜多神，认为万物有灵。他们除敬奉日、月、水、火、风、雷等神外，还敬奉树神、山神等。小孩出世后要到庙堂烧香，报告神灵。每到春节，村前屋后的石头、树木、猪栏、牛舍等，凡是认为有神灵的地方都贴上红纸，祈求各方各派神祇护佑。

一庙安多神，是新合瑶族宗教信仰的特点。一个庙堂，并不一神独尊，而是大大小小上百尊神像都排列在里面。他们没有祠堂，庙堂也就是祠堂，历代祖先神也一并供奉。每年“三月三”、“九月九”、腊月三十都要杀牲集中祭祀。“六月六”要抬盘王、五谷大王、雷王、玉帝等尊神像出游。从六月初五开始，要游遍全村所辖山林田地。各村都有一两个码头。每到一个码头都要放一轮铳炮，烧香祭供大神，由师公做法唱神，并跳长鼓舞，如此周游各村而罢。这种游神活动，一直沿袭到民国初年“政府禁止”以后才逐渐停止。《恭城县志》卷一记载，新合村盘瑶“无医药，好尚巫觋、杀牛以徼福，吹牛角以送鬼神”。这也确是事实。1968 年开设了几个医疗点（现只 1 个），新的医疗技术解除了瑶族人民病难的痛苦，人口的成活率提高，死亡率大为减少。但是，由于人们的文化科学知识还很不普及，迷信鬼神的思想一时无法全部破除，现在仍然有少部分人请“仙婆”、“师公”。小病用药治，大病求“师公”驱煞、安神，做法事。人死了要做道场，“把死者的灵魂引到世外桃源去。”笔者目睹了一“师公”做法事，其道具是“铜匕首”（据说铜能驱鬼）、“铜铃”、“牛角”、“阴阳卦”等。做法事的咒语，有的是用瑶语讲的，有的是用汉语讲的。做法事时也可和旁人插话或烧烟，具有一定滑稽味。可见，他们在宗教方面是把本民族的原始信仰和多神崇拜揉为一体，成为禁锢人民思想的枷锁，一时尚无以自解，今后必须用事实为例，耐心细致地做好思想教育工作。

三、婚姻状况及其特点

据《恭城县志》卷一载：新合盘瑶“十月朔祭都贝大王，男女各成列，联袂相携而舞，谓之踏瑶。意相得，则男女咿呜跳跃，负所爱者而去。奔入岩洞，摘柳避人，遂为夫妇。或遇社日男女聚歌游戏，成婚不论同姓，不用花轿，亦无茶会，极其自由”。这一段记述虽有污蔑和令大之辞，但在一定程度却反映了这个民族在清初前这一时期的婚姻状况。随着时间的延续，汉族思想、文化的影响渗入，至清代中后期，这一支瑶族亦开始采用父母之命、媒妁之言的联姻形式。他们历来奉行族内一夫一妻制，不纳妾，离婚现象也较少，丧偶以后续弦或改嫁也极为自由。到了民国初年以后，也有的人家开始接童养媳，或者定亲前合“八字”。婚姻礼仪也有简单自由和复杂繁琐之分。

解放后，新合村瑶族青年的婚姻，多半是属于“自由恋爱”的。逢年过节，年轻人都喜欢串亲走寨，“摆歌堂”对歌，联系感情。一旦双方有意，即可幽会，表达爱情。古往今来，他们都喜欢唱山歌。现在年轻人兴写恋爱信歌，用山歌形式来表达。如棉花地屯青年邓华兵向阳朔龙尾村一女青年求爱，就是写一首山歌：“八月十五桂花开，蜜蜂有心采花来；妹若有心和哥好，写支山歌表心怀”。

男女双方定情后，仍要禀告父母，父母再去找舅父商量，决定亲事。其后找来媒人到对方家联系。定亲的礼物极为简单，1 筒酒、3 斤猪肉即可，对方如同意了这门亲事，就收下礼物摆酒宴媒。以往在定亲前实行合“八字”，即把男女双方的“八字纸”放一碗水压在香火上面，三天之内，如果水干到半碗，就认为这门亲事“不合”，即行退去。订婚以后，男方买几丈布给女方绣衣服、头巾、脚绑。绣一套服装一般三五个月，晚上还要请姑娘们帮忙。有的姑娘下地劳动，都带绣包去，一有空就随时绣起来。由于绣工不易，现在的青年一般只绣一套，男的只有头巾、脚绑。结婚时一定要穿戴这些服装，否则就要受到父老舆论的谴责。这套服装，除年节及参加本民族酒事时穿戴外，平时就很少穿，只穿一般衣服，死后还要穿这套衣服入棺。

结婚请客也有规矩，每次只请一个，通知一户。如果同村要请几个也是如此，决不能“搭倒请”，否则对方是不高兴的。每请一个，都要在对方家里喝一次酒，意思是：“你请我吃酒，你就得先喝我的酒”。

娶亲礼金是不多的，只要 30 斤酒、30 斤猪肉、3 块 6 角钱即可。女方还要备办一个箱子、一对水桶、一个脚盆的嫁妆。舅爷则给外甥打造一对手镯或者买一支铜烟杆作为陪嫁物。女家都兴 12 个大客送亲［即两个伯爷（娘），两个叔爷，两个舅爷（娘），两个姨爷，两个同年爷等］，第二天要送给每人一个 8～12 斤重的猪腿，俗称“背猪脚”。因此，办一次讨亲酒，一般要杀四五头猪才够开支。解放后，很少“背猪脚”了。一家办酒，全村各家大人小孩都被请去吃酒和帮忙。

上门（即男到女家落户）婚为大多数。它也有几种形武：一是“买断”，男到女家永远落户，跟班辈改用女姓，小孩也一律跟女方姓。结婚时，男的只要带一块肉、一只鸡到女方供奉祖公用，并由师公告诉祖先神灵：“某方某姓男郎来此入户，改名某某。”如果是独生子，为了承顶一门香火，也可经过商量，由第二个小孩跟父姓。原来中村的赵荣德，到路口上门后，改名为邓荣德，至今还存有“买断”契纸。现在有的去上门，本人不改姓，子女都跟母姓。正是如此，大小二源都是邓、盘二姓。二是“半买”，即是双方立写契约，上门几年期满后，男方除留一小孩顶替女方香火外，把老婆孩子带回家。也有的入赘几年后，经征得岳父母同意，一起搬回原村定居。

同姓婚也较为普遍，有的还未出五服就交亲。他们与一些“民人”近在咫尺，但以往是绝不通婚。他们说“我们的人嫁出去容易，讨进来就难了，不这样，我们瑶人就会绝种了！”因此，同姓近亲婚就更显得合理了。解放前，可以说基本上是没有嫁出山外的。可见解放前民族压迫和阶级剥削所造成的民族隔阂之深矣。到了80年代，居住在老村的汉瑶互婚已成为常事，而大、小源一带一如既往，婚嫁仍只限于本村本族。

由于生产水平的低下，生活比较困难，瑶族“早婚早成家”的思想也极浓厚。解放前，十来岁早婚的是常事。解放后，虽然多次宣传贯彻《婚姻法》，做改革婚姻陋习的思想工作，但收效不大，一部分人仍然在十五六岁开始恋爱，十七八岁结婚。据说：“不赶早点就没有份了。”棉花地有一个正在读初中的学生，为了恋爱、早婚，遂放弃了学业，做思想工作也无济于事。如今，20岁还未结婚的女青年，几乎没有一个。早婚和近亲结婚对新合人口素质造成很多不良的后果，一般男子高不超过1.7米，女子不超过1.6米，形成了特殊的体形特点。这里瑶族家庭的封建观念不很浓厚，生男生女都一样，男女较平等，这是值得提倡和宣传的好风尚。

结婚办十多桌酒，家具极简单，散板子做床，旧被子蚊帐也一样。没有衣柜，衣服都晾在竹篙上。来客吃酒多留宿，从来不用备床被，通宵达旦对歌。80年代以后，开始有些人结婚做大床、衣柜、沙发之类的新式家具。不过，这也是极个别的现象。

四、教育事业的发展和存在的问题

新合村盘瑶先民从景泰元年（1450年）定居山区以来，已有500多年历史，但文化教育事业的发展是极为落后的。可以说明清时期除了那些“瑶目”、“师公”略识几个字外，绝大部分人是文盲。隔几个村合办私塾，几年请一次老师进山开馆，教一年半载。读书的都是十多岁的孩子，年岁小的不懂汉语，先生无法教，大一点的又要参加农业生产。因此，入学学生不多，先生多不愿进山。

清末至民国初年，虽曾奉行过“开化瑶民”、“兴办瑶校”的政策，但都是“春风不度玉门关”。民国二十五年（1936年）、三十一年（1942年），国民党政府在老村和路口村免费开办瑶族小学，教师是东乡龙围人，每班学生10多人。民国三十二年（1943年），日本人进广西后停办。民国三十七年（1948年）又分别在老村、路口、小源3个村办了3所小学，不过一年后就宣布停课了。小源村校教师是老村人赵华玉和广西省立桂岭师范读过书的平地瑶李宗刚，这是新合500多年以来第一次有自己的瑶族教师。3个学校共有学生约60人，总共开办6年。

1952年建起了路口学校，集大源、小源、芹菜源三源11村学生于一处，开办1～3年级，学生30多人，教师1人。1965年分别新建了新村、瓮塘小学，都是复式班，学生共计20多人。1965年在高界、小源、黄腊界3处设巡回教学点，由一个教师巡回教学。1971年全大队办了一个附中、8个村小，1981年停办了高界、歇凉小学，撤销附设初中，转办高小点，共3个班，现在共有公办教师6人（其中本地瑶族公办教师5人），民办教师3人，现有学生130人。

解放后，在党和政府的关怀下，新合村瑶族文化教育事业的发展是可观的。但相对平原及其他地区，步子还是缓慢的。1959年前，全大队没有一个高小毕业生，以后虽有一些人读了初、高中，先后有7人被保送入桂林民族学院及恭城师范读书，但有的原来只读过二三年级，起点低，成绩不佳。1979至1982年实行考试制度的这四年中，没有一个学生能考入初、高中读书。1983后以后才逐步有所改变。

新合村教育事业步子缓慢的原因有几点，一是群众对文化知识与发展生产、搞好本民族的经济建设、提高人民生活水平的关系认识不足。认为读书与不读书差不多，反正是种田地过日子，有力气就行。二是经济落后，特别是受“左”的思想影响，不遵照该地区的特点进行指导生产，而是与平原一样要求。因此、生产未能发展，人民生活贫困，读小学就难以交学费，读初中那就更难了，即使有个别读初中的也是有始无终。三是师资力量不足，真正能胜任教学的教师没有几个。四是10岁以下的儿童都不通或半通汉语的，而会讲瑶语的老师也只是相应地采取一般的教学，老师一下课就以瑶语交谈，影响了课堂知识的消化。《恭城县志》卷一载：“唯高界大源、小源、瓮塘、芹菜瑶犹有不知语言、不可教训者，大同之风不知何年始见，化民成俗之君子希留志焉。”由于文化水平跟不上，精神文明和物质文明建设必然缓慢了。

其实，瑶族口头语言还是极为丰富的，很多事物他们都可以用很浅显的东西作比喻，或者编成山歌传唱，哲理深刻，比喻恰切，学生易于接受。今后对这一地区的瑶族学生的教学方法，应该按其特点进行改革。

五、生产与生活问题

“刀耕火种，吃过一山又一山”，可以说是过山瑶的生产特点。新合村瑶族虽然在500年前就定居在新合一带山区，总的趋势还是大定居小迁徙。等他们“食尽”这里的山场，以前曾经住过的河谷两岸已经是住户林立，田地山林已属他有，外迁已不可能了，他们只有在现有的山场上下工夫，这是大定居的主要原因。从明到清，他们主要种植粟、旱禾、玉米、高粱、山芋、红薯等山地作物。二三十年后，周围的山地开完了，只好又迁往别处。这种迁移不定游耕方式所造成的心理特点，代代影响，相沿成习。在纵横几十平方公里内，凡可开垦的地方没有一处是处女地，都已经过几轮的垦种了，这也形成了小迁徙的主要原因。久居田厂的邓双喜一家，民国时在独角龙居住过两代人，解放后搬到田厂，尔后又迁到黄土岭，60年代中期又搬回田厂。新村是拥有人口最多的村寨（180人），它也是民国初年以后“为了种田方便”才由高界分支迁来逐渐形成的。黄腊界村最多也不过40年历史，是由牛练塘和中村两处赵姓组合起来的新村落。歇凉原称老屋场，原是邓氏住场，后迁往路口，60年代后才重迁这里。高界为盘姓最早的村落，清末时期，只有几十户人。在大源河源头的白果园，于清咸丰年间由赵、邓先民开发过。白果园距路口村约15里，小道沿河蜿蜒而上，高山深谷，古木参天，确有世外桃源的样式。然而在大片林木覆盖之下，却是遍地砾石，听说是“一年好、二年差，三年不要它”的场地。这也是瑶民无法向深山迁移并定居的主要原因。

定居的年代各源也不一样。老村赵姓定居较早，是在清道光年间。这期间开始大片地种植杉树和桐、油茶。光绪年间开始有个别瑶民向后来的“民人”购买水田，种植一部分水稻，高界稍迟一点，清末民初开始在下宋一带购置水田，新村是早期种田户的聚合。大小源瑶民购买水田则是民国三十年（1941年）前后的事，但也只是瑶民中的极少数，一直沿袭到解放初的50年代，大部分只会挖地而不会种田。

种植杉树、桐、茶是新合村瑶民生产的大转折，也是生产进步的新起点，又是从游耕到定居的开端。种植杉树，改善了房舍的建设。高界及老村，在清末已有人开始建造板壁屋，到民国三十年（1941年）以后就基本普及了，有的则又建起了砖板结合的新房子。火砖和冲墙屋是解放后，特别是三中全会以后，党的民族政策得到了深入的贯彻落实，建立了农林的生产承包责任制，群众生活有所好转以后才逐步建起来的，从此，结束了具有原始色彩的竹篾草屋。但还有一些贫困户，仍然居住着四柱顶起的草屋。最早盖瓦房的是黄腊界的赵明富家，他们就是靠种桐茶起家的，因此，种植桐茶是致富的门路，新合瑶民尝到了甜头。他们在民国二十年（1931年）前后开始大面积种植。民国二十五年（1936年）路口村建起了第一台油榨，一年榨到底，可以接新。每年计出产桐、茶油料100多担。

新合村瑶民的经济作物还有板栗、茶叶、黄笋、香菌、木耳、粽粑叶、毛竹等。凡建过房子的地方，都可见到栗树。他们就是靠这些土特产换取日常生活用品的。桐茶的种植，的确大大地改善了瑶民的生活。然而，解放后特别是大集体以后，茶山荒芜，桐树病枯，早几年连自己食的油都不足。近几年，落实了山林责任制，茶山又有了生机，有的又新种了一些，用不了多少年，这里的桐茶产量将会恢复和发展起来。他们自古以来都种毛竹，而且绝大部分人会织畚箕。织箩筐的不多，各村是一二个人。编织业非常简单，如利用其本地资源与外地搞一些联合体，编织业是有发展前途的。有的人原来不会种田，但会制犁。解放初期八岩村的二月二会期（即瑶古圩）被人们誉为农具交流会，大部分的犁耙农具都来自瑶山。60年代以后，各生产队都办过瓦厂，小源村现在还坚持办，有的成了磨瓦工。现在这个村有部分人家盖上了瓦屋。各村都有一两个木工，但只会做一些粗活，做衣柜之类的精细家具就得请外地师傅了。

自1958年以后，农业生产基本上是以粮为纲，在前后20年中，这些瑶民始终在每人平均三四分的山冲田上下工夫，虽然粮食亩产由原来的一二百斤提高到600斤，但口粮仍不足，春天都得想办法弄钱买统销粮和市场上的高价粮，到六七月，田禾减产，年年如此。有的村杉树卖光，毛竹砍光，最后吃松树。小源村在1970—1980年这10年中，基本上吃松树，也开始搞枕木、坑木，后来锯楼板、边角出售。因此，练就了一套特技，一把斧头砍好跺子，一把锯子锯板子，完全不用墨斗打线。这种技术传遍各村，年轻人都是锯板的能手。

近4年来，县统战部和县民委为了发展山区生产，提高山区人民的生活，拨了专款扶助他们种植香菇、木耳、罗汉果，并请师傅专门指导。但这些瑶民由于文化水平较低，对学种植接受极慢。受"刀耕火种"挖山种地的旧习影响较深，现在依然如故，其收益甚微。

新合村瑶族人民的生活，在解放后得到了改善，但还是比较艰苦。1983年后，县粮食部门给予统销，每人补足450斤，才基本上解决了吃粮问题。因为粮食不足，所以生猪发展不快，一头200斤重的猪，一般要养半年到两年，一年能杀二三头猪就是尖子户了。其主要原因是饲料单一，方法还是老一套。其他松、杉用材林及茶叶等特产，也是为数不多。1983年全大队119户，1097人，平均粮食300多斤（包括红薯、芋头在内），每人平均产值62元6角，为全县经济收入最低的大队。

瑶族爱喝酒，每天必喝，男女老少一样。自古以来各家各户都会酿酒。大米、高粱、红薯、木薯、山芋都可以酿。一个5口之家，每月要五六十斤酒来喝，如遇办喜事，耗费则更大。这个习惯，至今乃然没有多少变化。

衣着方面，年轻人喜欢穿时装，40岁以上的男性穿唐装，老年女性均着瑶服。新婚少妇都有一套瑶服和几套时兴的衣服。有的衣服比较单薄，特别是小孩子，有一件卫生衣过冬就算不错了。解放前，有的家庭找不出一件像样的衣服，蚊帐、被子也是解放后才有，家里来了客人就要搭床，有的干脆"摆歇堂"过夜，如果是汉族就喝酒过夜。只到1984年春，才由政府贷给每人40元购买蚊帐、被子，住宿条件才大大改善。

总之，在明代几乎是以姓氏为聚居的小村落形式，清末以后虽然有了一些进步，但封建的地主经济还未形成就解放了。整个经济发展趋势都远远地落后于相邻的“民人”地区。清末以后，随着小农经济的发展，各姓氏、各源的头人——“瑶目”，基本上各自为政，形成各立宗庙、各竖古碑的割据状况。道光十年（1831年）的《瓮塘瑶石碑古记》及宣统元年（1909年）和民国二十三年（1934年）的《高界、小源、芹菜石碑古记》，正是这种宗族关系的反映。民国十年（1941年）以后，这种宗族矛盾就更为明显和尖锐了，小源与高界打了一场山场官司，至今契书犹存。

［说明］恭城县新合村瑶族调查，1985年3月，刘冰等调查供稿。

田东县民族概况

（瑶族杂居区）

一、人口分布和民族特点

田东县①有汉、壮、瑶3个民族。住在中文、百中、上田、那考等村，有所谓“蔗园人”之称，专以种甘蔗为生，言语虽然与壮瑶异，而一切生活风俗习惯完全同于汉人。关于汉人情况于此不说。壮族在右江一带人数最多，算是一个大民族，凡汉壮杂居地方，往往是被压迫剥削者。田东全县分为9区，约有115 015人，除瑶族8827人及居县城少数汉人外，都是壮族。瑶族分布于二、四、五、六、八等五个区19个村，其中以六区解放乡10个村人口最多，且最集中，有347户6145人。

该县瑶族有蓝靛瑶、山瑶、黑衣瑶三种。蓝靛瑶、山瑶人数很少，散居于二、四、五各区等，生活习惯，接近汉化。黑衣瑶聚居于解放乡10个村，尚保有特殊的习俗。县府报告说：“他们住的是茅屋，穿的是粗黑色的土布，男多穿唐装，妇女穿裙或裤，衣服袖口和缘边，缝有红条。”其他民族，没有这种装饰，言语亦与他族异。他之名称，尽由于穿黑衣而来。至于他们之来源，陇家村代表蓝有叔说：“我们的祖宗是由北方渡过长江到广东，由广东迁入广西分了三支；一支到万岗②、凌云③等县，一支到田东、德保④等县，一支到镇边⑤、镇结⑥一带。最初皆在平地，后来被壮族赶上山去。”

民族特点，壮族大体上有如下数点：

1. 具中间性，无论在经济政治文化诸方面，他们都比汉族较差，而比苗瑶稍优。

2. 婚姻风俗，尚有女子不落夫家之风，苗瑶虽亦有此俗，但婚礼不重，壮则很重（要

---

① 田东县：今广西壮族自治区百色市田东县，据第五次人口普查，全县共有人口360 123，据2004年统计全县面积为2806平方千米。

② 万岗县：现为巴马瑶族自治县。

③ 凌云县：今广西壮族自治区百色市凌云县。

④ 德保县：1952年由敬德县、天保县合并而成，今广西壮族自治区百色市德保县。

⑤ 镇边县：今广西壮族自治区百色市那坡县，1953年10月改称睦边县，1961年1月改为那坡县。

⑥ 镇结县：今广西壮族自治区天等县，1951年6月，镇结县与向都县合并为镇向县，镇结县大隆区划给平果县，9月，镇向县又与龙茗县合并为镇都县。1953年镇都县将原属向都县管辖的甘荣区以及双燕、那雅、平马3个乡划给田东县，把原属龙茗县辖地的全茗区拨给大新县，把原属都结的镇结区划给隆安县。1954年，平果县的啬梨拨入镇都县。1957年4月，改为天等县。

猪肉几百斤）。

3. 女子劳动，往往比男人强，例如白日间，妇女多到田间岭上工作，而男子则在家抱小孩。男子劳动程度，比妇女差一点，比苗瑶人也差一点。

4. 生活方面，喜用玉米煮粥，每日必备。其他民族生活与他们不同，如湖广人，无论怎样穷都食干饭，食稀粥。

瑶族特点，亦有数点：

1. 向来不做匪，且剿匪甚力。

2. 极少人做乞丐，他们穷濒于死，亦不愿讨饭食。

3. 团结力量很强大（因向来受压），内部团结非常坚固。

4. 保守性很强，无论对于生产方式和风俗习惯都富保守性。

二、经济生活的贫困

壮瑶两个民族之经济生活，大体上可以这样说，壮人较好，瑶人尤其是黑瑶最苦。构成他们生活不同之原因，大约有下列数点：

1. 壮族除少数住山岭外，多数住平地，占有水田，如仁德乡上同村斜旁屯12家壮族，就有6家有水田。瑶族多数住在山上，无水田。生产受地理限制，生活较苦。所以今日八区仁德乡瑶胞代表李金荣等，都要求下山来住。

2. 壮族向居于统治地位，瑶人则居于被统治地位，政治压迫目的是为经济剥削。五区史芳村代表谭英说："过去史芳村瑶胞，养一头猪，被白鸟村壮族岑华林强取去。不给他，便使土匪来抢。"而一切捐税，反动官吏见他们易欺负，征收特重。他们常常为此贫穷下去。壮族一般民众，虽然也是负担苛捐杂税，但较轻一点。

3. 壮族生活困难时，多方设法解决，或做小生意，或做其他事业，多变通而少保守，每每"亿则屡中"。瑶胞因受压迫和言语民情不同，文化水平较低，多靠山地，安于贫苦，未能别谋生计，以致一代一代地穷下去，认为命该如此。瑶族生活之苦，可举出解放乡黑瑶为代表，兹将该乡瑶族之经济占有项目列表于后，可见一斑。

占有／村名	户数	人口	瓦房	茅屋	棉被	衣服	鸟枪支数	政府收回枪数
陇略村	714	579	4间	577	40户无被	30%占衣一套	40	20
石法村			12户				40	
坡造村	103		13户	90	60户无	许多人无衣	42	
平坤村	188	204	29户	175	70户有	4户无衣服穿 2套70户	82	
陇湾村	91	500	15户	76	50户无	1套50户	25	4
陇板村	111	523			40户无	一半人1套，一半人2套，4家无衣	29	5
陇图村	111	520	7户	104	50%无	每人1套	50	20
陇祥村	103		25户	78	50户无	每人1套	26	

依据上表，他们瓦屋棉被和衣服占有这样少，即可知道他们生活何等贫困。他们一套衣服，最少穿 3 年，坡造、陇湾等村许多人无衣。陇祥村何卜公两夫妻共 1 套衣服，一人外出，一人就要躲在家中。陇湾村蓝卜成夫妇，情况亦与何卜公夫妻同。解放乡有 90% 的人，从生到死，就没有穿过鞋。大部分人是无棉被，如平坤村 188 户，只 70 户有棉被。食的也很差，每年三四月青黄不接时能够有玉米粥食者，已算最好之生活。稍为困难者，就食玉米粥混野菜。最困难者，是山薯混野菜，或全食野菜。他们吃野菜，每年最少有两个月。多数人每年到十月，粮食即告缺乏，少四五个月粮食。缺粮时，向作登村壮族借债，借一还三，利息很重。

壮族生活大体上比瑶族好，无论在住、食、衣方面，都没有瑶族之苦况。住的多是瓦屋，极少茅房。食虽不是全体很好，但食野菜者很少。穿盖也有破烂不堪，但每人最少有一套衣服，每家最少有一床棉被。夫妻共衣，烤火过夜，殆未之见。兹由他们的阶级成分来比较，即瑶村无地富，中农也较少，壮村则有地富，中农亦较多。

村名 \ 成分		总户数	地主	富农	中农	贫雇农
瑶村	陇略村	141			12	129
	陇湾村	91			20	91
	陇家村	93			4	89
	平坤村	188			10	178
	陇画村	111			3	108
	内局村	180			2	178
壮村	永昌村	107	1	13	46	67
	福安村	138		8	40	90
	高平村	94		9	20	65
	高荣村	170	5	1	37	76

依上表来看，可得出两个结论：一是瑶村无一个地富，壮村有之，而且不少；二是瑶村中农少，壮村中农多。以户数相近之村来比，瑶族陇家村 93 户只有 4 户中农，壮族高平村 94 户就有 20 户中农。瑶族平坤村 188 户只有 10 户中农，壮族高荣村 170 户就有 27 户中农。

三、政治要求

壮族一向在政治上都有势力。所谓“民主建政”不成什么问题。但干部作风，群众有不满的。如中和村代表黄立初书面报告：“该村农会主任偏袒富农，隐瞒财产，贫雇农追问，反罚他们做工。又当群众大会，群众偶说错话，都被扣留，弄得群众不敢讲话”。又如隆银村代表黄大新书面报告：“该农会主任王玉肇，浪费斗争果实，并且行为不检，诱奸已经订婚之妇黄华值，使她与未婚夫解除婚约，取来作妾。”他们的文化程度，如点域村农会干部共 7 人，只有两个是高小毕业，其余都没有读过书。定阳村农会干部共 9 人，中农占 1 人，贫雇农占 8 人，只有 1 个读过高小，其余都未进过学校。

第六区解放乡有 6 个干部，是黑瑶同胞，但县政府和区政府尚无他们的干部，解放乡黑瑶代表蓝有叔、罗秀文等就要求入县政府工作，并希望成立县联合政府，如委员名额 50 人，主张汉族占 20 人，他们占 30 人，壮族占 10 人。最后又主张三个民族平均分配名额。

今日解放乡无论男女，学习文化极为积极，表面是文化教育问题，实际是因为他们知道要当家做主，参加政治工作，非有相当文化程度不可。他们对政治地位的提高表示满意。第八区瑶族 3 个代表和第二区一个代表都这样说："从前汉壮压迫我们，现在他们看见政府优待我们，不敢了。"又说："有毛主席领导，他们不敢看小我们了。"这是有事实证明的，解放乡陇祥村黑瑶，过去到汉族地区来耕种，汉族常偷取他们的农作物，并调戏他们的妇女，但今年汉族就不敢这样做。这次中央访问团特邀他们派代表来开会，分赠毛主席纪念章和许多礼物，并殷勤招待，县政府有些干部替他们递茶点烟，他们可以同代表毛主席之访问团首长交杯敬酒，可以同县长同桌吃饭，互相谈笑。他们的政治地位提高了，对于民主建政之要求，自然更加迫切。如该县基层组织为县区村，而无乡政府之设立，汉、壮族要求恢复，瑶族亦同样要求恢复，并希望民选乡长，以便参加乡政工作，这就是最好之例证。此外他们对于政治认识，亦提高很多，今年解放乡瑶胞参加解放军就有 35 人之多。

四、文化教育情况

田东县各村，现在普遍都设有小学，教育比较普及。据与我们接谈之各村代表，知道他们无论男女老幼白日夜间都有人读书，为向来未有之盛况。平坡村有小学一所，学生 40 人，妇女夜班学生 20 人。合塘村小学一所 30 多人，妇女夜班 30 多人。三联村小学一所 20 多人，妇女夜班人数未详。三川街有完全小学一所，学生 400 余人，妇女夜校人数未详。××街有小学一所，学生 80 人，妇女夜班学生 60 人。但各地学校课本难买，希望政府设法解决；有些学校教师缺乏，希望政府替请；有些经费困难，希望政府解决；有些校舍不够，希望政府增建。

瑶族求学之心比壮族更迫切。解放乡 10 个村，现在有 1 所中心学校，16 所初小。所有适龄入学儿童，90% 都上学读书。农民和妇女识字班，共有 7 个夜校，学生很多，晚上没有油灯点，他们就上山去砍柴来烧，当做灯油用。唯因他们发生两个问题，第一是书籍缺乏或无钱购买，第二是教师生活费无法筹措，都希望政府给予解决。

他们除读书外，还发动读报，如点或村壮族农会，组织小组读报，报纸若没钱买，又无公款可支，就从斗争地主富农胜利果实中设法解决。睦群村瑶族农会亦订两份报纸，给群众阅读。

五、经济要求

解放后，田东各民族之生产积极性提高很多，物质生产亦增加许多。例如壮族村庄中文村公有两个瓦窑，至今产值 700 万元。百中村亦公有两个瓦窑，至今出产买得4000斤玉米。

渡阳村公有4个鱼塘，将来卖鱼所获，谅必不少。上田村开荒百亩地，已种桐果。墓平村开荒收入约有700斤玉米。中和村男子开荒今年所得稻谷约达1000多斤，青年妇女集体开荒种谷子、红薯、花生等，约收入1000多斤。因为生产积极性高涨，他们要求改良生产工具，希望政府给予解决。

第一，解放乡14个瑶村全体代表要求政府发还他们被收缴的鸟枪，借以防禁野兽偷吃他们的苞谷。

第二，要求增加耕牛，第二、八两区瑶胞欲开荒而无牛，高平壮族亦因缺乏耕牛不能开荒。

第三，要求购买农具，平坡村因镰刀、锄头等缺乏，无钱购买。

第四，要求兴修水利，旧周村临近右江，可以安设抽水机。

第五，要求下山种田，第二、八区瑶胞希望下山与汉族住一起，与汉族受同等待遇，分地种田。

第六，要求实行土改，高平村壮族要求土改，其他各村，亦有同样要求。唯他们顾虑有些乡实行土改，地少人多，土地不够分配。

［说明］田东县民族概况，见1951年10月，中央访问团第一分团联络组所编资料。

江永七都人调查

一

湖南省江永县松柏乡①，旧称永明“七都”。

松柏乡，位于江永县城东南20公里。其东部、东南部与江华瑶族自治县接壤，西南部与广西富川瑶族自治县毗邻，北与本县黄甲岭乡相依，地处都庞岭与萌渚岭之间，铜山岭余脉，是石灰岩发育的低山、丘岗。地面海拔400米左右，石山海拔900米左右，最高的凉山顶1079米。全乡总面积188 990亩，其中石山109 300亩，水田11 358亩，旱土794亩，坡土62 953亩，14个村民委员会，一个瓷厂，87个村民小组，2230户，10 911人。

据《永明县志》记载，康熙十九年（1680年），恢复永明，分8乡19都。其中“七都”的范围是：南峰山、富素、西栎尾、松柏、大塘、秀家、水尾、塘锦、赤岭、潮水、山田洞②。县志记载的这些地方，除赤岭（石岭）现在归黄甲山乡管辖外，其余均属于松柏乡。故至今江永的本地人仍惯于把松柏乡叫“七都”。

由于石灰岩风化的结果，这里的土质属黏性灰红壤，适宜于松、栗、樟、枫等杂木生长，尤以松树苍翠密集。因而历史上有“枞柏岗”、“松柏岗”之称。据当地族谱记载：较早到此地定居的是何氏祖，来于北宋元丰二年（1080年），欧阳氏与胡氏祖来于北宋宣和元年（1120年），王氏来于北宋末。据多氏家谱记载，他们的祖先都是被迫“迁徙无常”的弱小民族，甚至有的被人“视为秦越”、“待若寇仇”、“视为非种”（王氏族谱）。欧阳氏祖则是在“会稽使守禹祀历千余祀，至越王无疆为楚所并”后，于北宋宣和元年（1119年）来部。到松柏定居的土著居民近30姓，大部分来自广西、浙江一带，也有来自山东，还有一部分来自千家峒，至今保留着“千家峒源流记”。全部“七都人”，从他们的口碑传说到现的生活习惯和崇祀信仰都认为是瑶族。

---

① 松柏乡：今为湖南省永州市江永县松柏瑶族乡，2004年统计内辖14个村委会，据第五次人口普查全乡总人口为12 147人。

② 大塘今为大同，秀家今为秀甲，水尾今为水美，塘锦今为掌锦。

二

解放前“七都人”居住的地区，地处偏僻，经济落后。据族谱及县志有关记载：较早来这里开发的何氏，距今有900年。在此以前我们可以想像这个地方是原始松杂木林地。以后，居住者陆续而至。至洪武初年（1368年），这里的居民才发展到一定的规模，形成了居住点及生长地盘。因他们历代受欺，故不服朝政。洪武四年（1371年），明朝施行“屯田驻所”、“以夷制夷”政策，在松柏村与西栎尾村之间一个较广阔地带设立了枇杷所。据县志记载，驻兵1115人。枇杷所碑文记载，朝廷命官为“千总官”，兵员姓氏繁多。由此，我们可以推测：

（1）洪武以前，州府对这里的居民很难实行有效的管理，因为他们是“夷”。

（2）洪武四年（1371年），派兵1115人，在“枇杷”设所管理他们。这些兵还开垦田地，保证一部分生活来源。其原籍，据当地群众所述，多是来自广西、江西，他们也是“夷”。以后，由于开垦了田地，娶妻繁育了子女，成为“户”了。以后，这些兵自然有迁徙的，而有些也因生活所迫留下来了。故“枇杷所”村的姓氏较杂，过去有28姓以上，现仍有罗、肖、王、阳、陈、于、顾、周、林、黄、毛、何、蒋13姓。

（3）洪武初年（1368年），明朝实行“屯田驻所”、“以夷制夷”政策，强迫瑶民同化，虽对开发松柏地区了一定作用。但是，地处偏僻，交通不便，生产落后。解放后，各方面才逐步有了变化。人民群众当家做主，觉悟不断提高，交通条件大为改善，修筑了从县城通至松柏乡的公路20公里，另外还有几条机耕道通“枇杷所”的西栎尾、水美、南峰山等村。但有些村庄交通还是不便，有单车也要背负着才能进去。

解放前以杂粮为主食。由于松柏一带是石灰岩地带，地势较高，溶洞很多，“地无三平”，地上水很少，能蓄水保水的也只有小塘、小井，水田栽稻只能在石山窝里。一下大雨，田里就洪水汪汪，晴上几天没有水了，又是干旱临头。所以，解放前松柏人民只有靠天吃粥。松柏的“粥”在湖广边界上是出了名的，一是360天，天天熬粥；二是一日三餐，餐餐有粥；三是粥水很稀，可以照上人影子。人们的生活全仗红薯、玉米、粟子、高粱等。当地人唱山歌道：“数我难，数我难，吃了上餐无下餐，罐子熬粥调羹滔，曾吃饱哪一餐”。“你莫愁，你莫愁，吃了红薯有芋头，红薯芋头吃完了，高粱糁子勾头”。可见当地人民生活是十分艰苦的。

解放后，在党的领导下，修建了大批山塘，一口山塘保几亩田，并逐步转向种植水稻为主。但是仍然经常受旱，生产条件仍未从根本上改变过来。

当地人民群众耕田出力，男女一样，“七都人”女子同样承担与男子一样的劳动。上下田，凡有男子做的事，就有女子去做。

当地人民以务农为本，耻于经商。“七都人”不提倡做生意，过去男人上市卖茶麸、辣椒都怕扬丑，杀一头猪，全部烘腊肉，一部分要卖的，在鲜肉皮上用墨写上斤两，到二月初赶鸟节，才从火炕上取下来擦开楼霉，现出斤两，在赶鸟节出卖，不再过称。他们流传的俗语是“好男不当差，好女不出街”，“种田种地为根本，生意买卖眼前光”。不经商还有另一个原因，就是怕外人欺侮他们，少出去，少惹是非。

三

大多数的瑶族集散在两广与湖南接壤的五岭南北地区，形成了“南岭无山不有瑶”的分布局面。“七都人”正是居住在这个大围之中。从小范围来看，与江华、广西富川瑶族自治县毗邻，左邻右舍一起形成了一个完整的瑶族活动区。《永明县志》记载：“永明毗楚粤，辖民瑶。”又记：“顺治元年（1644 年）副总兵曹志建窃据，六年恭顺王孔有德，帅师南征，遣走翼□镇将军马蛟□破走之，复明，领七乡，编户一十七里，瑶户四岗九源”。这四岗九源，“九源”已众人皆知；四岗从江永的地名中考察，“松柏岗”就是其中一岗。

四

共同语言是民族特征之一。“七都人”的土语，与江华瑶族自治县的上五保平地瑶和广西富川瑶族自治县麦岭乡平地瑶、恭城县平地瑶语，与本县的平地瑶的土语是相通的。基本语言对比如下：

汉字	汉字拼音				
	松柏土语	江华瑶语	江永平地瑶语	恭城瑶语	松柏官语译音
一	yī	yī	yī	re	衣
二	nāu	nāi	naì	nà	奈
三	shú	shèng	suo	suo	数 省
四	sāi	sā	sai	sō	筛 撒
五	āo	āo	嗯	敖（土音）	敖
山	xí	xī	xíe	xìe	细
田	dēng	dèng	ḍeng	dēng	等
水	shuǎ	shuǎ	suai	shuai	suài 帅
火	fǔ	fu	fu	fú	扶
木	máo	māo	mào	máo	帽
吃饭	yào mò	yì mǒ	yìu mo	yì mo	药莫、日莫
睡觉	zhōu fei	hun jìu	hu gou		飞周、昏旧
走路	zǒu lāo	zǒu láo	zou lao		走牢
父	dá	dà	dua	dò	打、大
母	ná	āo uei	ne	nē	那
配单员	何勉才	何勉才	杨仁里	李廷梓	何勉才

五

“七都人”的风俗习惯有：

（一）信奉盘古

瑶族的一个重要特征是祭祀盘古。《中国民族史》下册（林惠祥著，上海书店，1984 年 5 月）第 230 页记：“盘古为一般瑶族所虔祀，称为盘王”。“瑶人祀盘古，三年一醮，合招族类设道场，行七献之礼。男女歌舞，称盛一时，数日而后散”。在“七都”就有六座盘古庙，即：松柏小山盘古庙、秀甲盘古庙、水美盘古庙、大同盘古庙、潮水盘古庙。现庙宇虽已破败，但庙基石尚在，石碑字体斑驳陆离，大字历历在目，小字则较难辨认。

解放前祭祀盘古甚为隆重。松柏村现在还有一个师公名叫盘松华，现已 82 岁，能唱山歌，能跶鼓吹笙。庙期为农历三月初三、六月十六日，十月十六日还愿。小愿每年还 1 次，大愿 3 年还 1 次。请师公及跶鼓吹笙乐师，唱戏 3 ~ 7 天。至今还流传了一些盘王歌：

牯牛到春节节苦　人间有难奉盘古
开天盘古是一个　青山玉岭盘王座
有子不知腊月寒　谁知现在有人间
神台前面奉盘王　保我人间永平安
盘王叫我行天下　真心实意为人间
帝王将相个个晓　见我来之恶就跑
人间丑恶他不怕　请了盘王到我家
独屋庄厂我住过　千兵百将能挡驾
瑶人有冤人止泪　盘王显灵就心开

由于信奉盘古，崇拜盘古，过去松柏人都不吃狗肉。

（二）节日

松柏节日很多。二月初一赶鸟，四月初八牛王爷生日，六月六日尝新，初九奉祀九嶷庙，十月十六还盘古愿。

二月初一赶鸟，是这一带瑶族的共同节日，尤以松柏最为热闹。到这一天湖南、两广地方的人都来参加，人山人海，有斗鸡的，有相互交结友谊的，有做买卖的。

（三）信仰

“七都人”与周围的平地瑶人一样，崇拜多神：（1）普遍地祭祀盘古；（2）清乾隆二十九年（1764 年）前，深林多瘴气，民间痘麻流行，又立“三教院”。（3）奉尧舜立“九嶷庙”，九月九为庙期。（4）奉五婆，立五婆庙。（5）每年春节要“五岳”。五个人戴“五丘”大像，击鼓乐伴之。（6）信“社堂”，即以自然的大树、石头、井坊为对象，平素烧香化纸，松柏古有“三十六庙七十二社堂”之说。

（四）婚俗

过去“七都人”订婚礼节简便，男子1斗米、4个蛋、1斤盐为礼。新娘过门的习惯是：（1）“座离娘月”，即出嫁前一个月不外出做农活，专在家中学唱歌，做针线活。（2）“坐歌堂”，新娘出嫁前一天晚上坐小歌堂，第二天晚上坐大歌堂。请唱歌能手与“陪嫁”的女子对歌，一直唱到大天亮。坐歌堂，哭嫁甚为隆重。（3）出嫁前10天请女子伴陪，唱歌做女工。（4）嫁后3天，“回娘家“打三朝”，10天后再由男方把新娘接回去。

（五）装俗

“七都人”的装俗，具有浓厚的地方特色。男女上衣都是从右边开扣，矮口，宽大襟。衣边、袖口及胸至右扣衣边都以六色花绣大花边。袖口大，而且是三节式。男头巾为四方青布，女头巾为长条花巾。民谣说：“一条头巾三尺三，头巾上面绣牡丹，牡丹起闪闪亮，瑶妹心中喜浪翻”。男女裤子都是大裤头滚二条边，一条大边，一条小边。脚上绣二级花纹，男女都扎绊脚。平素在家穿尖鼻子绣花鞋。家用被面、背带、荷包都自织有花纹。现在上了年纪的人，大多保存了一些。

［说明］江永县“七都人”调查，是民族识别的调查资料，对瑶族研究亦有价值。调查人陈嘉文、杨仁里、盘子文、赵立华、吴纬、罗良助。调查时间：1985年6月21

第二　古代情歌部分

寄 情 意

出　报　句　　报仙顺意把交龙
接寒贱物在仙案　　出把仙央准贱言
初笔落台回情意　　扇转逍遥府案中
思着前言话得好　　试邮一纸会花容
戊寅年间多烦众　　难维贵意解忧愁
如今深年多月久　　朝时挂念月仙桃
造言不因何样事　　为着好花甲嫁郎
早日驾云到贱案　　无本暗时月久长
思着前言话得好　　句句话来糖样甜
为贼平生愁忧乱　　思妹金言挂肚心
难为月眉舍开亮　　黄金贴宝到寒园
得了天恩不问意　　舍意顾苗千万年
天下算仙舍得意　　千金万宝砌寒苗
为贱平生无根本　　无本暗时朝过朝
一来见仙有情意　　二见深文挂肚长
难为花仙好心意　　执笔造言寄过方
回话贵国牡花现　　花现几时贱不知
看尽山头仙村好　　不愁穿着不愁饥
莫话孤凄落仙份　　荣华富贵万千年
仙村广阔花多众　　比能北京闹热城
贱思又想仙村好　　四季花开似春来
贱小游街到贵国　　得见几多官秀才
游街过巷随路去　　游落仙村贵案庭
齐在筵中得相会　　比能七星砌步苗
贱苗游街到筵会　　遇逢七姐下凡来
一对画眉不会唱　　雄鸡初声不会啼
敲锣打鼓声声响　　心中慌乱肚中忧
手接横吹芦笛子　　千家门外拜投求
齐在筵中得相会　　齐齐谈笑解愁忧

算定共仙好修福　　未晓真心挂那州
回话贱苗小情意　　无物把仙为贱言
游街过巷到贵国　　望仙打发转朝园
游尽天下十二省　　无样礼物带转园
青天白日云多现　　空托深香庙里烟
难为深情报得好　　报苗留意妹留心
不使报苗留半意　　思念几多娘不知
贱处地头无花现　　贵处真花满地红
算定共仙林里住　　无缘枉憾盖朝人
久日飘行到先案　　逍遥闹热好花时
月头过天照平地　　情深意重也难移
憾尽月阳不照贱　　可相情眉奈里枝
置定七星配重水　　相思千万莫换心
声声报苗秀贱物　　秀来月头未开声
一心秀来给娘使　　未晓花仙抛贱苗
行到贱园暗抛贱　　问仙十句不开声
未晓外朝有暗事　　花仙比像旧抛苗
一肚连花配仙凤　　谈笑长情好过朝
细思细想有情意　　顾苗丹头未信时
千言万语陪不到　　报仙千万莫谈词
有心娇娥再添步　　后岁再来砌步时
石板合扰一世在　　石上雕花万岁音
水流长江千万秋　　莫瞒抛休丹贱林
天下算苗亏为贱　　不成开报贵花仙
有心顾苗陪不到　　能水下滩不断声
久日顾苗陪不到　　为着平世难会仙
贴样细物伴书去　　轻微千万莫传声
细小礼物不像样　　回转逍遥人笑声
有心接起挂身上　　无意便抛荒路边
造　不　尽　　初笔落台造不齐
亲口题言自立笔　　造错情由自改开
多见青山少见学　　多行山路小维情
造错情书改正读　　读书君子莫谈声
造　不　尽　　灯盏无油收了烟
风吹白纸交仙手　　过后相逢难见仙
万意深言写不尽　　我俩意情写不尽
有意开恩舍手接　　六步京书折不开
记　过　众　　记过仙村老嫩央
字错代为改正读　　千万莫传出外乡
回信之人天水号　　莫话造书不使饥

接信之人龙西号　　　　莫谈造错贱言时
收　笔　了　　　　　　口吹六笛手无闲
回转逍遥众官读　　　　千万莫谈今世间

［说明］寄情意，邓元东于贺县①瑶区收集。

① 贺县：今广西壮族自治区贺州市。1997年撤销贺县，设立贺州市，以原贺县的行政区域为贺州市的行政区域。2002年，撤销贺州地区和县级贺州市，设立地级贺州市。

献风歌

频步门前照四国　　绿水青山不改前
立眼便观天上月　　现影浪演时在天
阳身自在云中底　　朝日多愁度过年
闲守荒林多余岁　　思量无处去投筵
能比化苗阳寺里　　日日园林度岁年
闲向门前观万载　　闲回林上把丝连
久四则朝花艳影　　无由得书燕连前
想去思回无奈计　　恨难插翅去投筵
闲因便对园中禀　　声传回国好飘筵
装身游飘回朝去　　能鸟无林游四边
飘投广国废荒岁　　比如良燕去投仙
寒身投步广乡扎　　频观四国现花园
虽则仙姬现四国　　命虚难步杏廉前
能比云停相遇杏　　难敢移前度半言
自作丹心细奈想　　一遇如同万岁烟
装身步到莲台案　　稽前抽手遇情仙
可比花前逢一面　　借瞧半面喜心田
未度言词心偷憾　　思投又怕命无贤
想去思回难休舍　　可然杏意比贤仙
浪广思深谁不憾　　怕天不赐贱单边
今比长州遇幸道　　丹心久恋想投贤
立日频瞧清杏国　　花壁周围锦绣言
花园广阔停春鸟　　垂阳斜影现池边
身操府园礼不在　　又蒙舍意度情言
思量躬对廉前禀　　怕贱命虚难步天
比如花林逢仙杏　　将寒蹇命诉廉前
携手庭前共修福　　叩仙携贱共投天
喜戏台前将言发　　果然言意喜丹边
香炉托现案前摆　　供丝台上载花田
言意透谈真可憾　　声如鸟劝喜心边
思得天分转赐贱　　鹊桥共步落千年
又怕天宫不转赐　　花壁配言两隔天
虽然鸟扎园林上　　思投如隔万层云

花阴巷透凌云路　　巩声时操影花边
蓝街时时盼回国　　空见园林难遇仙
时时珠泪胸前洒　　对花长恨五更天
连理不知何日赐　　未审前程能样边
又怕玉容空相面　　难免珠前双泪连
花在眼前难遇幸　　悠悠春憾过才年
满腹愁饥何处度　　几度心迷无处言
心思叩杏携丹鸟　　难来启口度愁闲
前见几多情深者　　回时心意共相缠
花前诉表真心意　　绿阴喜戏过长年
如意便将丝罗配　　庭前执笔共挥篇
逢幸琼台传金盏　　果然欢喜乐青年
有日花阴相辞后　　齐将前意记心边
云山难言无相隔　　有幸相逢慢度言
想去思回心暗忆　　时把衷情腹里思
阳身紊度多余岁　　回朝未遇杏仙姬
明珠虽扎莲台案　　朗演回国影天眉
金池月影朝阳镜　　亏了凡苗偷感思
自观前朝到今世　　几多言意共牵丝
天国谁人不思步　　星评查过命丹稀
紊度光阴经样久　　未逢情杏赐寒儿
由命听天延过岁　　投修不晓守何时
贱比化几步仙府　　相频回国众仙姬
阳身自料难还义　　转结正如填谢时
想去思回无依处　　由命世间度过时
但守丹寒花甲满　　身步南柯心重思
百意前廉都度尽　　也当鹊桥共步移
可憾幽台禀未准　　正如今在两途思
清英可憾照阳境　　奈何早步鹊桥移
长叹一声心忧忆　　青山绿水世同机
连池有影留情梦　　碧海无因忆肠饥
幽山自隔莺声远　　风挠花卉缠园篱
绿阴回首偷垂泪　　度意相传风世思
连枝未审插何处　　依稀丝竹影云眉
庭前投影山河远　　锦艳满凉度贱机
立目频频观四国　　云飞正得见天眉
前如姚府灯前会　　便将言意共谈时
琼台共传无忧盏　　喜戏声传岁月移
有者齐将思言度　　恩深如海万年盼
透谈风月如流水　　意同飘游共相携

齐留思机长远记　阴阳二世不分思
有日半途遇破镜　途中森案共飘移
鸟鹬翚辉朝玉府　金马玉堂世艳眉
垂杨月影朝金色　林亭鸟步得相依
停扎花园将日久　算思未久意相辞
有朝抽手相辞去　依依难舍去飘移
良国虽好思难久　身飘心重记花时
约得天分转赐贱　得扎乡边都免机
花林几树多艳色　卉到相传共度词
云销稽山天难现　明镜朝阳一隙思
驻马斜阳观燕影　尽日看来暗自思
半点春心难化去　偏舟不久再飘移
久步相谈深情意　肺腑共联长久机
可恨前世天下赐　再好深恩难共离
同舟渡去绿修定　今世投思凤世丝
言意共谈千岁恨　难休贱步共分秧
身飘身步照阳府　天分得遇杏仙姬
舍思便把衷情度　果然都当共牵丝
在世投修虚度日　时思天地不怜儿
花阴度尽无休意　叩恩携贱步丹圩
相逢影杏丹心感　月国牵丝共系时
鸟步林亭遇春日　自思无翅去投时
烦机步正长丝路　玉国沙罗江杏丝
连眉立意稳修道　丹花流水万年机
远观杏舍金莲步　明镜朝阳回国聍
花阴共戏莲容色　欢眉喜意共投机
齐步园林观朗色　手执花笔齐共挥
谈尽世间无休日　频瞧金树缠金丝
久交可比鸾凤友　共度思言世不稀
就如途中逢浪涌　天南地北不休思
玉燕想投朝阳府　玉书麟吐赐莲池
斜阳月影朝金色　朗影天眉万国思
莺燕双飞朝玉殿　千朝案上现情机
卉花久艳洛阳现　艳影谁人不感思
投思若比屠幼主　洛阳别国共投机
凤世半思意未定　断发相投一世虚
瞑目心中重记恩　悠悠顺步落幽移
路途未饮迷心水　二天前意未休丝
丹飘由命逃游世　随命道情四国移
能比范丹世上守　但求天赐度荒饥

有时步到仙姬府　身步门前把眼聍
丹思自恨命虚浅　稽首有语不敢言
青杏花奁现满目　艳色光明万岁年
贱想投恩赐半点　身虚难敢现言词
满腹愁言无处度　连影空瞧未免机
思量久扎宽仙国　命虚不敢操仙时
卸愁抽手相辞后　暗垂球泪自飘移
身飘转眼时盼望　泪淋胸前谁得知
飘游心思意未免　扎香修福再投时
拜望天分转眼照　共度恩言都免机
若然再修天不赐　瞑日丹心重有机
在世逃游虚度日　思投连理二天时
丹心再修天不现　凡心逃世能青溪
明阳现天照万国　奈何天地不观眉
立眼便观天上月　时观玉兔共金鸟
金鸟玉兔轮流照　为某世间照不周
丹思当底云山府　朝朝愁忆泪飘流
心想投贤无处去　闲度光阴延岁秋
自在荒园偷声憾　憾贱无缘难奈修
时步门前观四国　思量无处好投求
云停久扎心思憾　绿水青山世现求
花园广透清溪水　锦艳清源自喜修
丹心思憾无投处　随命逃情世上游
随飘投步宽朝府　将身投步杏仙州
身步照阳思投道　未晓天宫赐贱无
未审光阴现那国　思投又怕命无修
丹花自在莲台案　朗演如能现明珠
相瞧杏影心偷恨　奈何鸿雁不传书
若比前时英信意　言意订联世不休
世上定修如流水　花亭言意定前途
自扎朝阳连宫内　花前言意共投修
久恋恩由难休舍　叩思舍赐贱丹鱼
有者相辞心重憾　心思腹遇憾无由
姬舍杏思携丹鸟　贱准阶前执绣球
细禀仙姬稳留意　稳正连船水面游
丹花守正随流水　遇容慢架世今求
庭前月照沙罗国　花阴有幸遇青幽
斜阳洞中现仙影　凌台寸地幸逢求
投修世上望天赐　顺修玉国现明珠
能比西游无虚地　胜境台前月现球

齐谈言意长思憾　　一度投贤云暗乌
不觉光阴真迅速　　思真岁岁不同流
日月如梭虚度过　　随便天分随命游
世上万般凭天赐　　天不赐福寒再修
丹飘操府相烦杏　　又舍言词共案游
透谈肺腑千年憾　　鹊桥共步遇清幽
操府谈情难休舍　　心中言意未谈周
一夜算思无几久　　未时眼泪自飘流
回得天分齐共案　　回时相遇可欢由
若然丹鸟天难赐　　心思珠泪世难休
言谈金乌飘西去　　玉兔游游现上州
庭前托现金盆水　　齐记青容千日修
庭前绿水金盆载　　花巾水面现连逑
有心移前共照影　　双眉现影水中游
盆中绿水蒙花色　　花巾能雾现明珠
有心移前齐共洗　　丹心万久记言由
立眼细观红艳影　　奈何玉兔相天游
心思再向廉前禀　　天眉又怕现金乌
拜禀廉前舍思量　　后逢依旧对前修
花前言您莫休忆　　天缘有份再投求
再好思机谈不尽　　有心留久莫抛休
天缘有份终须在　　相逢依对久前修
言意相谈难诉尽　　抽手相辞贱转州
多蒙青仙思量广　　丹心久重世难休
世上投修凭天定　　难从心愿自心修
堂前托香再修福　　天思不赐恨难求
能比花前栽百木　　艳色花亭月影州
世上几多妄心想　　命中无缘枉前修
愿尽世事随由命　　随便天分赐那州
执笔写言逃世乌　　为种花儿步广州
投扎广朝清杏府　　多烦玉国杏思由
清杏不嫌寒言贱　　但烦存在国中收
身闲执观细慢折　　透观正晚内因由
四国高贤相瞧见　　莫谈言意无情由
字错相烦执笔改　　开恩莫笑贱丹鱼
如今抽手寒辞去　　身游别国度年秋
言意再深谈不尽　　天缘有份再来游

［说明］献风歌，邓元东于贺县瑶区收集。

献 凤 答

难为广思照贱国　　青山绿水现花夜
投修世上团圆月　　现影丹边好步天
欢仙久在云中底　　逍遥快乐过长年
朝日相思遇燕道　　绿丝驾遇好投延
花林内里多快乐　　回得天分共度年
携手庭前观万载　　齐将言意把丝连
久憾四朝花现影　　今时得步贱丹边
好比长州鸾凤友　　插翅飞游贱杏前
细听众仙恩言好　　声传贱国好投延
贵贺游飘荒滩案　　同如杨鸟赐丹边
久憾投修相赐杏　　今比天分得遇仙
都算舍恩扎贱处　　果然都当现花夜
虽则四朝现到国　　投修舍步赐廉前
量广恩为相遇杏　　一便移前共度言
多蒙众仙恩量广　　今遇如同万岁烟
舍恩步到荒滩案　　近前携手好投连
今步移前齐相面　　共谈言意喜心田
齐度言词千岁感　　望投天赐贱丹边
义重恩深难休舍　　长恩挂念共相缠
量广恩为心偷感　　叩天舍赐贱单边
长州步驾相逢偶　　齐心久恋共投贤
得共逍遥永挂念　　难休难舍记心间
多为广照荒滩内　　离壁周围共度言
荒园峡窄停春鸟　　也能垂扬现映边
身步荒园赐道畏　　又舍金思来度言
齐修福现案前景　　后结姻缘共步天
荒林内里遇杏道　　相逢久恋伏台前
若意真情相赐伴　　携手共飘世遇天
谈戏投情望赐道　　可然舍量度情言
久思品品深情重　　同如台上栽花夜
蒙杏投文望赐道　　听仙量广喜心边

齐修福份望天赐　　得共逍遥喜万年
叩望天官转赐贱　　隔壁配言共一天
杨鸟近飞荒林上　　恩报又怕命无贤
久望花阴凌云赐　　闻声好比现金边
荒滩久日时思望　　四国高贤照贱园
时时思着仙情意　　丹心常恨过长年
连理准投分半道　　今绍投恩共步天
不怕化苗愁烦众　　不使珠前含泪连
比如花前相遇杏　　携手共飘好过年

［说明］献凤答，邓元东于贺县瑶区收集。

陈情意

壬子六月三十日　　偶逢洪水荡山田
起眼空见是淋地　　田维江水白连连
魂飞魄散朝欢看　　摆泪不通双泪忙
争效见厘抛生命　　欠点齐容落海边
山枯地败无方靠　　如同刀杀自心惊
思往外山满山水　　左想右思手无钱
有钱什下平基卷　　无钱恕命忆愁心
贵步安居京林府　　危苗忆死往凉亭
将身比己游街巷　　万丈成图鬼枉思
苗丹比能路边草　　一刀斩断无根机
雪五成群化街巷　　出门眼泪落魁魁
不知命落那山死　　十分道命也游移
定然落下深塘滩　　手巾提泪不存为
几似魂飘天波府　　肩魂不得护阳尸
秋过交冬春又到　　阳鸟吹枝杆上枝
江水有弯船再度　　苗也再投后进修
清水淋下细书信　　扇到角音府殿求
京上公候八步岁　　谈言解意都宽机
清条来杯遮为过　　待慢公卿为过时
舍风架赐酬苗地　　如同执室进京神
蒙了深情休莫谢　　就如抛水下滩游
拜望毛洪留照顾　　后也等念下厅求
七星也上月也上　　定守团圆齐过秋
河阳镜惟明天照　　二两田园守万秋
木蒙永守洪恩赐　　黄台案上进京灯
老君门外疾风贼　　不枉佛前不免休
架得桥梁若齐过　　合同羊印莫抛求
奈守逍遥洪恩赐　　重叩闰王齐共修
倒转日头重守照　　天子换朝重守忧
甲子安秋齐有盆　　莫活分亏羊盆秋
便看王亲配三姐　　半句目行细慢游

三五成群游街巷　　命虚谁晓又建修
四得姻缘齐相配　　重招二两供香求
翠鸟下滩来恐水　　遇着八仙结奈时
思来禀拜洪恩赐　　绣能玉音得赐焉
报情莫若抛荒浓　　舍表燕眉会共思
山外杨柳飘风转　　星照团圆也免机
那日绣为落仙案　　算定今朝掌印魁
有缘得会观音色　　断过灵师望秀为
望仙逍遥等腰带　　如同七姐在京为
不得团圆长年久　　留后传杨远永思
连仙不见这船量　　灵蒙天地谢恩时
式修比配水相合　　能水供流不断丝
文文报仙稳情意　　以后连桥莫放移
修修二妹共赐福　　齐齐得贱共京为
入结深文想条意　　伶俐金花又罢机
四得有缘天赐福　　结成双燕共天飞
将身本己游街巷　　万丈成团兄枉思
比能前朝浪英日　　万古千秋共路飞
修顺自然有顺福　　石板架桥世不离
要报大赐照贱茶　　舍开明镜照儿枝
天水堂前飘书报　　祥云架上蒙微山
深情向飘东阳府　　木源舍首按开看
修桥初飞无守贱　　化还先回无廷安
东园树上莲金镜　　玉皇阁上再开思
顺皇年间枉报州　　贫卷行善遇云山
因为庙爷木蒙肚　　良罩岁人奈遮还
寒燕飞来逍遥府　　东拜太阳西拜恩
选桥下断寒丹路　　烧错檀香无要时
莲藕思深根正稳　　四处飘风不退枝
结意交文糖抛水　　时时挂念凤龙为
准定六昌对学院　　左思右想并无钱
左思右想亏戳贱　　梦魂不到贱花园
山水离途隔万丈　　忆林忆得泪莲前
思情思得肝肠断　　贱意传阳报四边
按思绫细上保记　　犹如开镜照单英
归家又报洪芬姐　　学而先正叩天思
绣缘玉女林前案　　明心欢守奈遮为
增广秀文投天赐　　年间正投凤龙眉
音州化缘江南去　　定然无盆正伸词
叹凄可凉无逍燕　　三元三保住天居

算定乾坤三连卦　二燕双飞一燕亏
三元三保玉皇殿　水淹莲塘莲藕枝
坎挂六缘六水淹　舍情广亮赐丹时
再望天恩开广亮　四季飘风不退移
莲藕思深根正移　舍开明镜照几枝
要投太阳照贱步　万古千秋供路飞
比能前朝梁英日　旧旧连桥莫放移
文文报仙稳情意　齐齐得贱共京为
修修二林供胜福　朝廷挂榜不差移
如比乾隆正号印　石板架桥此不离
修顺自然有顺福　意得出身靠平为
唐皇陷在沙滩里　铜打眼眉都望枝
铁打肝心都思断　苗也再报缘再修
江水有弯船在度　扇到角音府殿求
清水淋下细书信　门前种杆望开枝
茶上烧香望神赐　歌纸望修凤配为
鲤鱼又望长江水　歌纸望修凤配为
离思离断愁丹路　邑死叩红丹桂枝
墨小水多奈思过　秀才押印奈遮为
墨笔错多遮为过　待慢公侯为过时
秀女高楼共京馆　结意因如能月为
四得缘齐守京道　能月浮游共照思
苗丹比能路边草　一刀斩断无根基
愁戳心中能暗露　难得齐国绣余旗
前在武宣浮沙地　反乱耐何出外京
游到寨沙永福界　冷水地头住一年
改移游到西乡洞　石墙安插困山林
天堂有路未思绣　地府无门颇命亭
孤鸟守山林中劝　仙爷舍福赐凡情
月眉天登舍量照　同能天堂太白星
家有公候八步岁　谈言解意都宽心
清茶未杯遮为过　待慢公侯回转园
雪上加霜被水淹　一年苦种没收成
三五成群游街巷　蒙恩度难众京仙
度到荔邑元背岭　同能船游水面停
申巳年间月连到　苗爷一难落头前
愿舍千钱照魂转　留魂不得转阳园
不知那神不作主　不知何圣坏良心
一时抛阳思阴路　亏了后人双泪淋
乙亥五年天大旱　八月求天不上云

师父交牒都奏尽　　天不开双泪思淋
奈何老死人老步　　左想右思并无钱
将身比能游街巷　　重靠天堂太白星
正得安宁人老步　　重有后人叹可怜
上奈付转修仁县　　南乡安扎度流年
靠国贤兄度过日　　不知那日忆还清
秋过交冬春又到　　阳鸟催春树上停
又怕天开红恩亮　　谁晓眼前下暗云
戊子五月初十日　　遇着洪水荡山田
起眼得见天连地　　四围江水白连连
魂飞魄散朝观看　　摆步不通双泪淋
争刻见厘抛生命　　久点齐容落海边
山枯地败无方靠　　如同刀杀自心惊
思往外州苗山水　　左想右思手无钱
有钱扎下平基巷　　无钱怨命意愁心
贵步安基牒元府　　危苗意死住凉亭
石榴花开游水荡　　望贵牡丹结配情
镜中美容情火凤　　同如七姐在西天
日游千秋紫微镜　　望舍亮情照四边
不晓洛阳无日好　　枉限千金赐外园
树高枉见青绿豆　　十指文章难点篇
何云飞过天堂里　　重游把笔会天弓
龙眉初飞会董永　　同如清水会仙龙
龙眉千里听风扇　　抽手拦脑相会弓
暗玉飞来滩头水　　两边里头出现龙
白胡初飞席林洞　　细听案检京巷书
花林现形连沙洞　　林中花发白寅寅
白胡初飞林中里　　未晓因游借问言
飞云落在仙云洞　　抽头未已四行人
白胡初飞广林洞　　飞落林中见风央
八门八仙在借路　　云中借对嫩花央
急水滩头立大庙　　湖南大海架仙梁
山高便看燕飞过　　水深思会一心焦
寒来一夜伏仙耐　　仙香同里好逍遥
思量思想寒思尽　　位水又深难架桥
深闻一现两基室　　林仙细右陆林时
花鱼深海现身亮　　推车扇到共云离
年世花堂半云凤　　杀案街前世架桥
今世投能无缘分　　好像情朋内里焦
林花苗起清游好　　细起花堂林里思

荣叶案上投仙国　　一世不离年久思
意念苗丹王林府　　得道回南满国为
头缘年国朝思亮　　月眉案上好遮时
两案国眉满两印　　挂榜州门烧广香
苗头两弓能手杀　　宽喜案抬头步欢
林荣案上观音殿　　立椅排抬文步看
把定基盘云目正　　重起两层纸上当
沙罗起尽音容意　　七朵层层共海飘
若尽自得红清度　　堂里清官一步桥
贱姐共京一对娥　　日里共街夜共飘
人反来时仙投海　　十重愁心不可摇
见仙同能无为地　　远目不抛州步林
月头挂岭齐同意　　深海两忠细奈寻
两广来力投文帅　　一把得朝会共林
抽头得见月明亮　　堂能青天露月齐
虽然阳州角州处　　望里三文去会逢
飘遥桃中到国里　　头仙京管度央荣
船来扎在花仙步　　投仙修福得宽凉
左脚踏桥为京学　　右脚踏桥南学云
凤仙同能人龙案　　右手难攀龙凤前
为城去会千交燕　　细耐同鱼担半齐
齐缘城遥千秋月　　时时挂念月桃容
细笔下抬苗文枯　　笔子便流浪便飘
为姐人投情游杀　　回意日投心里焦
回书回转深阳府　　还顺八宝燕双春
沙尽千层花红色　　十叩祥云遮贱林
细晒六京深阳案　　不叶龙珠现广焦
眼眉不能红云色　　手上沙朝并步飘

［说明］陈情意抄本，原存广西金秀瑶族自治县共和乡坤林村①赵文旺家。1956年4月17日收集。

① 今为广西壮族自治区来宾市金秀瑶族自治县金秀镇共和村坤林。

询　情　意

不　　在　　理　　　惊动深塘龙转腰
不当惊动仙村众　　　费不烦心会贱苗
江水游游随河转　　　北斗游游在上朝
在落朝中多烦锦　　　不当惊动众仙飘
江水游游随江转　　　北斗朦朦在上乡
未曾经过鲁孔圣　　　执线弹琶怕不长
入山听闻风摇树　　　比能五雪水样长
远行山林怕龙虎　　　要上天眉怕太阳
细听眉风树上燕　　　单苗树底忆心慌
手攀不上天堂月　　　脚踏乌云不上良
怕　　不　　念　　　细布纱兜怕不填
刘三敬言逍遥路　　　贵姐托书怕不篇
怕　　不　　念　　　细布纱兜怕不看
刘三敬言逍遥路　　　贵姐托书开看难
怕　　不　　念　　　金扇有文怕不开
思良意执仙言语　　　又怕接仙言不齐
怕　　不　　念　　　金扇有文怕不看
思良意接仙言语　　　又怕仙村不妹谈
燕鸟入山怕鸦鹩　　　无根云雾怕风吹
无根浮瓢怕水淹　　　青蛇下海怕龙围
井水流下广南滩　　　海里龙王角带湾
思良意执仙言语　　　又怕仙村老者谈
井水流下广南滩　　　海里龙王角带珠
思良意执仙言语　　　又怕仙村师妹谈
未曾开田先描水　　　未晓水源深未深
水源有水开田种　　　田基无水枉抽心
未曾开田先描水　　　苗过水源长未长
水源有水开田种　　　田基无水枉思良
金　　句　　好　　　龙华内里好停词

一夜逍遥先问过　　问仙何计定寒礼
天边远栽长年树　　报妹有心守存连
看尽江河龙杏凤　　正作长恩忆锦思
伏　问　锦　　十二经书落那园
十二经书落那县　　状元那县有朝天
伏　问　锦　　十二红旗插那边
东厅花椅几条杠　　几个秀才去那边
贵树种在井边里　　贱布贴条在四边
龙图车筒凤对凤　　车扇也园水也园
金童在水长年月　　龙坐深塘千万年
云过青天无万岁　　千年万岁坐天廷
行来未晓相借问　　几多龙凤几鸳鸯
白鸪借条仙人路　　几朵七星伴贱良
烦心细想思良着　　细报愁情贵姐知
思良出门无钱本　　无钱上路也难移
出门欲来欲不来　　爷娘不把自偷来
偷过一筒斑竹岭　　偷过九山出面来
大姐隔江偷送伞　　大姐隔河偷送衣
偷过一筒斑竹岭　　偷过九山人不知
过了九山出洞里　　行出洞头随路游
大路游游到街巷　　街头保正问因由
抽手胸前细声报　　因为无投正着游
听着人传有好案　　未晓贵仙在那州
过了街头上大路　　踏上一堂到二堂
二堂官人立保计　　桅杆门外立双双
二堂入到三堂路　　会馆三堂立十烟
十烟排排会馆里　　门前石壁化麒麟
三堂又到四堂路　　会馆四堂府县计
有事文书寄到案　　官人骑马赶州庭
铜钟挂在门楼上　　文书寄到打三声
过了五堂传到县　　听着高楼更鼓声
路上城门见文纸　　文纸年年守县城
县里官人丧盘问　　问锦为因到县城
抽手胸前细声报　　寻仙贵案到州廷
凡身游来到街巷　　游街过巷到桥头
水面浮桥宫人架　　水官把卡在高楼
过了浮桥船上岭　　踏上一乡到二乡
听闻洞头贱马反　　单苗思着忆心慌
洞头把卡也难过　　买香入庙去投神
投叩灵神保郎过　　问妹可怜未可怜

过了二乡到水步　　水步无桥思着慌
水深无桥也难过　　渺渺茫茫海中央
千人到步请船渡　　贱小无不思着忧
身上衣衫说一领　　便请船家渡入州
踏上船头船便去　　水面游游船上州
撑到步头无路去　　浮桥把断也难游
守到水官开关过　　过了关门船上州
赶　船　上　　赶船石上伏水滩
伏得水滩受寒冷　　五更思着忆心忧
初　入　州　　贵人格木架连游
架得车游车扇转　　车扇扇梁入贵州
初　入　乡　　贵人格木架桥梁
架得车梁车扇转　　车扇扇梁入贵乡
流　山　水　　山水流来入贵州
踏入州门玉犬吠　　鸟飞洞里树头游
流　山　水　　山水流来入贵乡
踏上州门玉犬吠　　鸟飞洞里树头良
流乡流过界　　流乡过界过山头
独自过山无同伴　　听鸟叫声心便愁
流乡流过界　　流乡过界过山边
独自过山无同伴　　听鸟叫声眼泪连
初　到　地　　不知贵府向南西
贵府向西门向外　　门前车转能金鸡
初　到　地　　不知贵府向南京
贵府向京门向外　　仙村水步能龙声
初　到　地　　不知贵地几层城
几层城门几副锁　　几副锁头共锁声
初　到　地　　不知贵地几层篱
几层篱门几副锁　　几副锁头共锁匙
屋底水声官船上　　上到仙村步水头
远乡行来能官锦　　无仙移入上高楼
初　入　州　　灯笼点火锦行游
灯笼点火两边照　　照贱光明踏入州
初　入　街　　灯笼点火两边排
灯笼点火两边照　　照贱光明踏入街
踏入一街到二街　　莲花凤朵两边排
门扇弯弯藤做锁　　金口门楼巷上街
左边门楼画龙凤　　右边门扇画麒麟
麒麟狮子相对坐　　正是清仙府上园
踏入仙园看仙屋　　得是圣台在面前

观音佛台殿上坐	香炉水碗万千年
香炉水碗龙缚边	金漆台盘在圣台
金漆台盘排金盏	万岁明灯照满园
清仙屋盖琉璃瓦	金漆屋梁龙转齐
东厅种树龙缠过	门前石壁画龙台
东厅四角排仙椅	金线金丝缠椅弓
清仙排排椅上坐	执扇挠风在案中
伏　问　锦	问锦家中有几齐
问锦家中几姐妹	几个读书成秀才
伏　问　锦	问锦家中有几人
问锦家中几姐妹	几个读书成秀官
仙家情由问不尽	世万逍遥好年忧
世访逍遥年愁忆	天仙担水养寒鱼
何燕飞过天堂里	登油把笔令天宫
龙眉初飞会董永	同鱼清水会仙龙
龙眉千里听风扇	拍手拦胸相会龙
白鸪飞来滩头水	西海里头初会莲
白鸪初飞广林洞	细听案台卷巷深
花林现影连台上	园中花朵白演演
白鸪初飞林中里	未晓因由借问言
飞出落在龙园洞	抽头不识四行园
白鸪初飞广林洞	飞落仙村看锦鸯
八洞八仙在几路	园中几对众仙央
急水滩头立大庙	湖南大海架龙桥
山高便看燕飞过	水深思念忆心焦
寒来搮口村好喜	龙乡洞里好逍遥
思量细想寒思尽	为水又深难架桥
深阳一镜两金宝	灵仙好结树连枝
花鱼深潭现身浪	良缘难共怕蒙灵
限世花堂伴月凤	投案殿前世架桥
世金无缘枉思恨	空望情贤内里焦
莲花描起情思好	细结花堂纸上番
龙华案上投文国	一世不离年久思
意念苗单成林树	得道何难入海园
投云一意朝东浪	目阳案上好停词
二案东眉满两印	挂榜州门声广乡
苗伏廷宫守好色	宽宽案上久赔央
莲菜挂尽观音殿	重起库门榜里番
把定棋盘月眉镜	立椅排台守伏中
沙罗合尽千层意	七朵层层共海飘

若是重得红十度　　齐合琵琶世不焦
守得团圆成科举　　一世不蒙情义章
游到仙村叩无照　　多惟舍意赐苗央

［说明］询情意，原存广西金秀瑶族自治县共和乡坤林村，见赵明品手抄本。1957 年 4 月 21 日收集。

会 情 意

离娘三朝未吃饭　　离妹四朝未点饥
限尽沙罗富贵女　　手巾抹泪两头湿
离娘三朝未吃饭　　离妹四朝未吃茶
下州去买沙纸长　　抄妹面容转龙家
四　舍　得　　思着面容四舍离
下州去买长沙纸　　抄妹面容转锦居
在落青山雾云底　　肚里无文无好章
未曾读书怕入学　　肚里无文怕说章
身能千金批过外　　眼看带正能龙围
缘能三村杨柳嫩　　双手接茶浪月飞
东抬云思随挠扇　　稳心思国也难寻
泪落脑前修心限　　天方下肠限人心
初　世　唱　　方能观音初发音
初行林中花宽众　　思想杏苗心吃惊
初　世　唱　　方能南安初发香
初行贵院怕老外　　声标挠扇又心慌
初行贵地排椅坐　　老锦情文肚不齐
手上无能怕入学　　肚里无文怕上台
抽头得见莲台会　　莲台排椅转阴阳
莲台排椅阴阳转　　肚里无文怕接章
怕　不　过　　白篾架桥怕不牢
达上船头怕无浆　　船头无浆也难游
深塘阳中月修现　　叩扇南阳赐步舟
东管深滩水游国　　云思相舍杏情央
若然天街共修道　　白云相会暗心思
修好恩情共拜殿　　叩望天街赐步时
白云飞入乌云内　　云思相会正欢心
笔架科堂苗思想　　不得共投修正林
踏入王母莲台案　　朝下府上遇好金
南游情思可有浪　　烦解苗林海里深
逍遥烦街连眉府　　沙罗明镜照丹央

文思细想随情路　抽手胸前空限修
花街遇缠解愁忆　风吹水面浪游游
太白远京成龙秀　不断条心修遇周
修缘游过广南岸　天赐花街限忆时
风吹乌云天上转　在两有情长久居
水底龙门朝天国　分凤四海杏情思
云凤京海龙合殿　水面龙宫扇上天
思情遇合共渝内　望水回湾月样清
烦苗投叩天仙府　望国连仙照贱央
荒街久投无月照　莲台修福结情长
云凤水府长年月　投叩连仙府殿台
得落花街龙游现　学道经文八步开
缘修京海连油石　花朵二杏等情思
京城算定真投道　人老修仙舍了思
云思不得叩天赐　缘分了修叩转林
随云连台会仙凤　留落南街会锦仙
何石烧香齐修福　佛台圣子世添香
龙为深潭起云路　海水朝天月样为
真金世接炉中火　世接金桥齐想思
千河万海朝京殿　云思扇起会台思
助起东台宽心照　荡海水翻云自飞
东游南街望仙赐　叩福齐游金步梯
东院游过广南岸　惊动龙王海里儿
花仙现发世今限　寒苗缘步意心思
寒苗细游京海里　千般月照竟心思
遇逢龙王三太子　造尽心机礼了乡
途落宽机仙宫殿　风吹花发满天游
进街落花齐相遇　现影缘阴可下修
天堂广海玉王案　立稳床心望扇凉
杏表天上助忆扇　海面烧香暗忆慌
移进烦街世朝殿　架起东街观步乡
贱福云思齐现影　京眉国上望情长
凤游扇上东京国　玉女金丝挂愁郎
贱少游到街屋里　叩仙赐福解心思
初游南街金仙凤　挠扇广京想会眉
脚踏云思扇不转　抽手胸前齐扇逢
出门脚踏流州石　流周石板转排林
车扇扇苗到贵地　脚踏沙州步步深
流落京眉海月国　报个舍意解愁慌
修情细报逍遥案　叩国明灯照贱央

东海水深青龙上　西海无风试架梁
云凤南阳花发现　细奈寻思入桂院
得见京州四处现　花身不海赐龙周
红堂细石赐龙殿　问凤可忧未可忧
塘里海千千层现　大州水石现鱼珠
飞到花街会董永　天云赐宝忆苗思
相会追思可桂限　共交深水会花儿
起风扇动红院内　世扇云思遇王仙
游落仙村观街府　元能塘王门虎城
前景南河多忧事　限尽京台路不通
海广情眉照世上　绿讽二世去情龙
天观不助逍遥府　细修缘分上宽朝
立定条心齐扇架　手接长丝齐共挠
路上天中立一扇　架起东街久现原
言文投叩连州府　南周天赐共谈情
东京投情游永现　福赐花街齐想思
前修贱缘多忧众　天恩叩扇北京城
沙罗寺里修缘分　叩广运这贱步中
苗林投叩王母案　转福朝思想念逢
四解花楼出金水　深潭海广万龙围
龙王花恩现在殿　叩福叩恩月步时
独　树　鸟　飞到仙村独树林
独鸟吹春站树上　莫把金弓弹死人
报仙行山行大路　报仙摘花大树枝
不信便看榕树木　榕树无花挂伏思
好　条　竹　好条丹竹细眉眉
听仙自有千歌曲　贱少不无歌伏陪
隔岸山头有井水　存望金鸡来洗身
巩桥架在为台案　存望起鸡来式新
一龙难等三江水　江边杨柳了成林
天堂罢下三十省　独鸟吹春春未深
天堂移云无水洛　东海投林水未深
贱少丹苗无投叩　叩娘贵国解宽心
龙在州廷花为县　天堂脚底水塘深
苗丹独林会投叩　报娘将竟解宽心
借　问　凤　问凤门前架前桥
问凤门前桥架起　那边架起接寒风
借　问　凤　问凤门前上赐街
问凤门前前赐起　那边赐起把寒来
问妹村头几个老　几个老人管几乡

问妹村头几老众　　庙神管下几炉烟
借　问　妹　　那人生下贵花仙
问妹世今金计表　　提言说报细愁慌
不曾开田先淹水　　描过水源深未深
不曾谈情先问计　　天光何计定寒心
世　连　接　　三声白鸟接娘言
世接门楼门后扇　　随风挠扇接娘声
世　连　接　　会能刘三世接言
接起娘言过大海　　随归圣子共恩情
四海龙门出金保　　海水朝天云自飞
初会京眉会月国　　叩光明灯留贱情
接扇挠风望贵地　　踏入京城府案台
天份遇逢好缘分　　缘能石榴花现开
缘能偶苗思贵国　　惊动京城楼上台
忆慌街多为愁众　　凤思京观会情仙
世今扇落东阳管　　则洛阳桥内里院
游落北京龙台殿　　条心万岁得宽心
仙人坐下五州府　　赛过南京玉女人
若有金花说我意　　一双娥杏共谈情
远看不带聪明子　　会着丹苗柱好开
仙人说出三分话　　贱者无文陪不来
爷姐生寒命带贱　　亏心限得好金言
那日天分助宽步　　在万思情陪半仙
生得丹身约约稳　　美美渺渺到殿朝
思妹姣娥来共枕　　思情一夜望相交
遇着殿期灵仙凤　　心中欢喜得观由
现日限仙不见面　　遇逢花香想报球
生得目蒙造贱外　　在落高山荒草坪
内无人挂思想浪　　良日得会好恩人
杏表深山无人过　　千人得见可抛休
贱少洛阳命带贱　　奈何不得共仙游
远者飞来杏不带　　在落丹挂好花开
新人题出三分话　　贱者无文陪不来
会着八仙开文意　　难遇南阳海里桥
仙人下凡赐街巷　　今逢谈情共逍遥
仙人永远好聪明　　文章提出当花开
言语提出通四海　　肚里文章累累来
仙杏目蒙未通晓　　题起深文来今陪
叩凤有心这为意　　杏贤烧香早圣词
西南有个灵仙庙　　烧香入庙去投神

求得灵神说我意　　共闻住庙片条心
四街延中齐谈叹　　苗杏在投仙助林
小杏洛阳慌见贱　　奈何不得守空心

［说明］会情意抄本，原存广西金秀瑶族自治县共和乡坤林村赵明品家。1956 年 4 月 19 日收集。

表　情　意

踏入京园问京管　　踏入京管问京章
北京凤殿说人玉　　说人引带去烧香
出门脚踏双燕子　　燕子游游天上飞
东京扇朵青云露　　留丹初会世深文
出门脚踏双燕子　　燕子游游天上排
画眉飞到天上府　　苗丹初会世深房
多　谢　锦　　难为抛下秀烟丝
双手托来贱手执　　吃落肚中再重思
多　谢　锦　　深深多谢贵龙浆
双手托来贱饮尽　　饮了三年肚重凉
贼苗不当到贵地　　惊到几多姐妹央
秀才骑马过街巷　　回转空船海岸凉
一对娥眉运金水　　乌云得饮重情齐
初　试　声　　脚踏花街世会情
初行不晓人多众　　大姐出声含众央
多　谢　锦　　深为多谢贵仙桃
贱人不当到贵地　　惊动仙人烧燃香
肚里蒙丹不道晓　　失了几多贵步章
贱人不当到贵地　　难为抽椅栏门干
坐落门干肚思转　　惊动众仙萱乱心
不　在　理　　踏上闹阳府殿前
一夜坐落花街巷　　惊动老人不得眠
未曾告情先伏问　　问过水源深未深
叩望东京扇云雾　　扇朵云飞会落心
寒在仙村贱船上　　撑到伏容水步凉
听着仙村闹阳热　　伏问仙人传报林
放行未晓相借问　　借问入仙传报丹
那样团圆过天底　　望仙细根贱寒央
初行未晓相借问　　问过仙人传报苗
怎样过天惊动地　　说人在后守留连
初行未晓相借问　　几条江水几条流

几条煮饭娘爷吃	几条洗面出风流
初行未晓先伏问	几条江水几条沙
几条煮饭仙爷吃	几条洗面出莲花
撑　船　上	撑船水上转番番
水上撑船番番转	怕未晓船入贵乡
撑　船　上	撑船水面转连连
水面撑船连连转	怕未晓船入贵园
飞来踏到仙乡里	踏入闹阳府殿街
初来未晓相借问	说入引带去行乡
飞来踏到仙乡洞	踏入闹阳府殿州
初行未晓相借问	说人引带去行游
世　接　意	情书世接贵情言
执得情言不枉乎	石板架桥千万年
世望桃容花现影	黄蜂思着守门秋
燕鱼奈守长青水	木榴树上结花球
鸟飞凤现桥中过	丹系花贱会仙姑
重情比能长青木	挠揽接船州过州
求情结意随个亮	下水台船随水流
姻缘重叩天砌定	前生二世命成求
七星下赐云头照	苗丹入寺再添香
算定成河合大海	供游连案配鸳鸯
守到花开共伏殿	恨情十样不心凉
重叩观音齐赐福	得福团圆齐供看
得道回朝仙配定	万谢六阳东海关
不见情仙多愁众	江河吃水不心干
吃饭思仙不见面	吃水思仙泪落身
思去思回不满意	思仙情意挂愁长
自想恨声谁人晓	愁尽千情难舍央
隔了路遥山水远	想着仙情难了难
若有红恩开半意	洞口沙罗万万为
河南二府离京远	不满仙情挂在饥
一来思着情思重	二来想着路头遥
思着娄身命中贱	罗魄不到忆心焦
水流也过仙门外	船流也过凤门楣
七星留心照世上	鸟下留心进树枝
若言海里龙仙赐	水仙花伴月游游
路遥隔山又隔水	十样想思挂在饥
离了六阳京明月	恨断肝肠人不知
月眉初照桥中浪	桃红花现在两京
心中思作情思重	想思世上吉为情

北斗金弓七姐妹　　七子团圆伴月游
容想情由忆休意　　思仙仙情眼泪流
下元甲子思不尽　　烧香望仙早赐周
父母落生贫伏贱　　披仙缘分供烧香
洛阳寺里好修顺　　青云雾底广遮凉
细水流来朝东海　　望国龙珠配贱央
天上断星莫断月　　金炉断火莫断香
得见观音南海现　　苗丹手恨挂愁央
奈叩执容抛亲缠　　青水供流飞满情
连桥架过西洋岸　　投成红燕供天飞
万步长情奈思想　　贱人留意不能移
连仙能比月阳道　　苗飞引若伴天眉
世上情由话不尽　　二人情意水般长
算定月梅供抬照　　团圆伏事凤爷娘
思量投天天又远　　想着仙极水又深
投仙有心齐留意　　留心世守配仙林
贱步蒙丹望无叩　　报凤有心架步桥
若言二两成林了　　龙凤香烟齐共烧
西天云开七星观　　女是龙王三太仙
月亮过天千人见　　邀仙四海看花园
月在天堂照广国　　水落海中淹巷滩
思想连台难得上　　修缘无分空心看
二十年间多愁众　　家中贫贱自干难
高明在天难得到　　蒙丹思想水中番
十字街头修缘分　　月在高天照万春
早日共在高天府　　朝朝修福守姻缘
夜睡龙床得情梦　　日恨思仙难舍逢
千恐云头落于世　　二两无缘恐命薄
山高连仙思修路　　无魂想去自干难
连仙比能张四姐　　宽喜心中空得看
月在天堂照广国　　心中思想挂愁央
木架金桥过海岸　　想思今世自心长
风吹扇上逍遥府　　月落西天想命终
入庙烧香再修福　　条仙世上得相逢
情仙一乡苗一国　　月落西天怕扇蒙
是思架上逍遥府　　奈情舍意赐贫穷
苗丹归转荒林国　　不见凤凰见手头
箱开得见心宽喜　　行愁不见自心愁
天分不到逍遥府　　死入阳泉再转阳
九思千想得情望　　眼泪赔流水样长

说抵情仙齐留意　　再修二世共花林
供秀连台吉天燕　　手拿月镜也甘心
一路思情到斗步　　一朵细眉红燕飞
怎得姻缘就肠断　　得央红台不枉为
细　思　尽　　想尽仙情心里凉
愁乱心饥仙不晓　　流落三魂相伴天
话　不　尽　　踏上西河望海分
由命安排在世上　　得套太阳不枉为
夫在城门种花朵　　鸳鸯赐福奈桥行
有缘共赐花街路　　不枉愁情修在心
二人共把白凉扇　　深思同能海样长
过合有缘亦合配　　不枉仙心乱翻思
水底离天高万丈　　难得龙央现上新
十步求天不赐福　　思仙不得配成林
细水流来合大海　　海水游游齐渡船
共主高楼拜贵国　　四得二人齐有缘
金花一朵种地记　　贱小木蒙命不安
看仙比能白凉扇　　无线难到手中抚
日出东门天底照　　西游结意攀思仙
齐齐都是半天照　　六合相同容易为
大结柴文致仙意　　伶俐舍花失口机
是得有缘天赐步　　结成双燕共天飞
九岁修仙案一守　　齐缘得福秀花林
六岁天思投下案　　台前案上在桃林
五百年间想仙意　　四得命同配一日
海底红花现上案　　齐结长情心不番
起手若风共把扇　　风吹花现挂心中
一心都是报仙国　　望吊仙央桥上飞
二林立意立大庙　　烧起深香佛案仙
天星照转当阳地　　望仙合水淹花开
南海观音共赐福　　正是车家寺里仙
踏水京庭齐吉意　　入洞里头金秀才
情仙舍意齐修道　　一世多愁年过年
水面开花共砌福　　一岸海洋看仙园
幸仙入洞莫话远　　慢慢抛心随路行
不信但看齐入洞　　仙砌金桥一样平
苗丹修久无缘拜　　样能舍情世满机
叩仙有心共踏去　　相伴珍仙世不休
仙人开口话得好　　不久人仙洞里园
龙手托灯挂上案　　又扎深香案下台

贱小留丹多愁众　　世手托香入洞游
贱小修心在世上　　二林巷里看花球
仙世舍心共开路　　三洞里头思架桥
修缘情望地仙样　　齐家千万莫抛心
大风来留真丝线　　放落街头难得齐
仙人洞头闹热府　　日夜弹琶惊动天
行过连桥把定意　　水底龙央现上齐

［说明］表情意歌，原存广西金秀瑶族自治县共和乡坤林村赵成保家，见癸丑岁冬月抄藏本。1957 年 4 月 27 日收集。

牵 情 意

春深飞个娥眉月	飞入州县过里乡
踏入府城学道爱	学道演演排回方
河南飞对金鸡燕	飞入金街巷里排
飞入向阳看花朵	苗丹初会世深牌
贱州飞来一双燕	一燕飞来插外街
丹燕初飞到广国	苗丹犹忆世深牌
不　在　理	踏入广阳到广乡
踏入广阳吵闹众	吵闹众村姐妹央
里　不　在	飞入广京里不当
不当贱苗到贵国	吵闹众朝未得安
难　为　尽	难为明镜照天圆
月道下凡修齐福	十子团圆光万年
难为明镜照天下	有缘修福共牛乡
考举红缘惟爷姐	北京皇帝共爷娘
龙叩秀才齐伏恨	娥眉修得叩青天
难为花金刀龙鸠	贱苗座落怕无言
多谢福仪信云露	缘抬现色能观音
观音殿上结了印	鸳鸯现影挂朝心
难为玉女下凡砌	守考潭图像汗连
若然入得仙人洞	步步观途好过年
多谢平天观音色	四姐下凡重了情
河水塘深进里谢	贱人得饮也欢情
难为细线为月宝	凡间守到共月缘
修到红桥月里想	时久一色海龙情
谢落龙城香油水	香油入国万年香
双信托来不舍饮	留转浅州重敬乡
难为注官贱了印	身转花闲永万里
双信托来未舍饮	留转饥荒焦肚饥
多谢桃源全世上	多谢阴罗世上传
双手托茶苗领了	留来年君定良缘
借问步头京林里	使官爱里惜同齐

惜个孔门考众贱　　惜个锁同供锁思
门前惜个天平石　　惜时为午众汗连
惜个老人立位下　　借个嫩荣主帝边
千山万水流落海　　万丈深塘山转游
极龙留稳长云路　　过后有缘回转州
刘三会着刘四姐　　会着桃源那路平
那路好引禀投线　　白马初飞报贱行
出门踏入柳州水　　未晓船飘怕不行
八庙红仇怕不念　　鲤鱼水底白萍萍
几对花金怕不现　　仙童玉女口含金
玉燕排行流水亮　　难来现道遇观音
世　执　意　　又怕执来心自慌
思着龙言心休忙　　脚踏船头肚又凉
八宝暗金难下席　　执里云飘怕来齐
细心挠船怕无浆　　架响执来暗来齐
空话有情未为意　　有亮齐心换一枝
齐家一色为平记　　正是真心有意思
难为抬帖真金宝　　同如金榜挂情丹
万步千秋重挂肚　　一世抛休东海关
大胆执仙金手计　　难谢沉情三太央
朝朝得见朝阳号　　比能月眉照现阳
飘行共架莲台上　　共板花扇守花枝
有缘来会天仙女　　难舍难抛情步思
为情世上从心恨　　十想南阳好色园
四得共恩分手别　　伏共莲台进宝烟
思尽金街难得到　　拜叩红云砌下州
舍着京园月仙凤　　细投明镜照花球
一心飞落花园案　　泪落方抬难舍容
思情比能珍珠宝　　难舍难抛挂贱胸
六水朝京修世案　　思情比能宝珍珠
难舍难抛挂贱案　　莫抛蒙林落下湖
细奈修为齐共案　　修起云桥忆断楼
修起云桥叩仙砌　　十指无思也难舍
思着为情海洋深　　急水滩头船难上
舍意留心登也世林　　奈守清官奈挂榜
提手情言世上思　　贱苗落在丹林具
慢慢修为共树枝　　手执条香无水碗
朝朝愁情过年秋　　算定学堂共科种
叩望禄阳分派游　　不晓贱修无缘分
文武有名共榜飘　　可　有　意

进士为官命未焦	有意不如种半贼
思着情人有好机	可　有　意
也当红堂受拜思	有前真心世不枉
能比里鲤共住河	叩仙有心稳留意
有意同如种半科	可有真心莫断步
有心留意挂愁牵	思想无思真有亮
断步同如断了行	真睡迷床自思想
思着有情重过山	真　难　舍
难舍难分情步恩	石壁花开情未断
一心难舍凤凰仙	世　未　舍
红绿叶断重交连	千两黄金抛下海
舍意不如舍万金	月头倒上莫抛意
难舍情由各自林	入林种竹留根稳
江水倒流莫换心	齐留世间共条意
入园摘叶重留衣	太阳面前种金树
阴阳二世莫抛弃	真灵伏花苗难舍
太阳殿上种沙为	可是蒙丹心落贱
万两黄金贝福思	好石红罗柱蕉恨
金里方为空恨滩	舍心来砌洪恩步
恨死无缘恨着时	若是奈留月眉照
算定修为结配仙	有心砌下六阳步
连抬结意万千年	无缘重叩天分赐
沉海游之万步年	京文内里齐心伏
四得妃央齐共园	贱丹柱托香炉水
齐手托香不到枝	东海修缘无福份
烧香不到枉心思	贱步丹丝口无份
董永朝思福上枯	万步朝思齐砌福
枉托沉香入庙烧	今世齐修观音道
抽手下抬齐念枝	细报鸳鸯稳晋意
齐家修福万年思	心中错乱难断吉
莫把心中错乱移	一心结下沉阳步
云苗难舍又难思	开庚配对合盆子
问锦真言是假思	枉　了　枉
合盆对得定心机	久闻南安封了贱
十样无缘枉造章	空见朝阳浪好色
亏了贱苗忆断肠	情仙上京贱了印
苗丹世上忆心荒	水淹洞中光流亮
金榜题名借旧房	今世无缘未得配
我俩真心投拜修	清水流来淹未过
重叩无恩世上游	燕丹半步桃荒世

有天无月照寒苗　千金义抛情难断
半步抛荒落下桥　情仙上京挂了榜
一世难抛抬上央　空声叹恨阴阳锦
苗丹愁忆卦心肠　贱命丹眉修不到
现影南阳卦树枝　十指排来苗思尽
亏了蒙月费了机　四得姻缘命相配
无缘难奈枉里量　左思右想苗思尽
佛前不枉贱烧香　七星落在西天国
千条路口贱思量　苗思卦起红情上
沉香洛在案中央　可惜贱苗丹林步
扇转奈京极太阳　千般言语不抛意
修为一世共香烧　奈叩阴无齐相配
定向元恩共照圆　十样想尽难抛意
花客砌福一千年　若是姻缘命相配
心想仙文一世恩　果然重想京林步
朝上思着挂苗心　千金易抛情难舍
重了情由海洋深　死入阴泉重挂心
将钱难买少年转　贫寒有事自抛休
二两有心修后世　再望阎罗分派游
细　想　尽　思想情人里肚饥
可惜姻缘修不到　口饮黄莲人不知
九京王城种金树　万岁留情伴太阳
四得天恩赐缘转　回回共船齐下滩
苗屋备在黄莲地　仙屋在高遮落园
黄莲地头仙难座　相遮林中好过年
鸳鸯久共南安住　回得修齐球对球
四得缘恩天砌转　得锦共连世不休
心中暗意案在肚　面容退色为思央
千两黄金苗未限　重态名阳贵步央
果然齐在为林案　无路行途难会逢
见尽情仙移案上　烧香难会见九京
滩头架车随水转　车同回转水回乡
有心退下条情意　千万留心守贱央
别处连枝苗不恨　利刀插肚断心肠
朝朝烧香拜三拜　得锦供连世不慌
谁晓情游多有意　十七细烧龙结香
四得姻缘天砌福　结配桃容案上仙
娇娥身带珍珠宝　贱小寒苗身带良
贱小初飞来相会　初会桃容龙凤央
莲抬人角烧香拜　内久路头不见仙

四　　舍　　凤	元能深潭四舍龙
二燕情由齐赐久	齐留月久得相逢
二两有心立天庙	烧起沉香佛案抬
四　　舍　　凤	元能深潭四舍龙
二燕情由齐留久	齐留月久得相逢
二两有心立天庙	烧起沉香佛案抬
佛在案台齐相会	叩仙金水汾花开
海水朝京天上路	地下苗丹重叩仙
京城挂榜缠桥案	望仙抽手慢来仙
思想金桥佛仙路	四季香炉不断烟
度本长林到京内	石板架桥万古秋
月头倒上莫抛意	江水倒流莫换休
齐家都是半边月	贱是太阳锦太阳
千条路口都行尽	思量无处得安身
月出朝东向天上	眼眉六路好投情
八各天门出石印	留计贱苗移上京
荒园里内移秋案	东海无风世上难
世执浅文到贵案	叩望真丝共结恩
得见仙央连台案	手里无香难到前
因为丹苗无投叩	正行南海去投仙
东海砌起金街殿	比能山高见太阳
齐家都是天边月	比能江河水样长
落难情由提不尽	提半烦言挂纸人
可恨朝阳无福份	空叹远乡好花林
九州连抬玉皇女	思着荒丹自挂心
天砌仙央未现影	宽过京园八宝金
蒙丹得见心观喜	一世不愁宽了心
月不离天守万岁	水不离河淹万年
苗丹一世不离锦	阴阳一世守情仙
世望身中海洋岸	龙凤花开天界边
十五年间好投道	落难不曾相会仙
蒙丹不晓相借问	借问仙人飘报言
仙屋家中有瓦盖	几层瓦盖锦仙园
相　　借　　问	借问家中几个官
己个官人在官屋	一年四季在良行
初行未晓相借问	问锦仙村几层城
问锦仙村几重锁	几村同共锁匙声
相　　借　　问	问锦仙村几步桥
桥头几个灵神庙	步头几个歇凉亭
相　　借　　问	问锦仙村几个园

问锦仙村几街巷　　几条街巷入仙园
借　问　锦　　问锦仙村几老人
几个老人高中职　　一年四季在官厅
借问仙村几条水　　几条冲水共条流
几条煎饭爷娘吃　　几条洗面出风流
借　问　贵　　问贵江河几步桥
贱小目朦未道晓　　仙人分派慢来连
大州门外种甘草　　贵州门外种仙桃
双信托来苗领弓　　比能凤凰沉海飞
抽手惹齐宽座下　　借问仙人那路行
仙人开口话一句　　便看金桥石砌平
初飞飘来广州县　　黄鸟声声到浅林
亚鸟飞入仙乡里　　烦仙贵意落江边
格木好合官厅椅　　金线白藤缠椅边
苗丹思想便卦意　　望仙细扇上桥连
大州细水深滩里　　巷中细水淹花街
劳碌官人费乱主　　官人乱主乃不皆
难为托香梁柱里　　劳仙秀起好烟丝
半天案圆明镜现　　吃了三年再重思
永落秀才娥眉殿　　竹林种树好花开
难为玉女花发早　　重在龙王凤尾滩
紫微乱飞广南洞　　白鸟过天落树林
苗燕飞落逍遥府　　惊动众村姐妹仙
亚鸟过天声声动　　黄鸟下当到树林
一却行来惊动县　　二来惊动众老人
隔壁未曾刘南架　　二水合船落下州
空船落在深滩路　　海里游游回转焦
脚踏东京流南水　　不知水路那条长
借问仙村路多众　　不知那路好烧香
脚踏东京流南海　　踏上东京街巷头
京来万金为阳发　　慢思开路出行游
黄丹好宝发计奈　　大海游游水面撑
风吹忆听路林树　　细水听声心自林
月仙过天官椅坐　　苗长流乱忆愁心
久闻弹琶芭林过　　久闻吹笛过林头
一林花发挠风扇　　回言执意贱心愁
初行踏入仙乡国　　在落园中心里惊
弹琶现口心暗忆　　肚里无文怕不声
朝朝坐落蒙林里　　风吹扇落广天根
蒙丹世道难投道　　扇起深堂溅步寒

八仙洞里闹热洞　　一夜弹琶惊动天
丹系投叩入仙锦　　陪伴弹琶惊动仙
寒林世上奈修顺　　到处世门烧起香
蒙苗初会入仙锦　　十样难为舍贵章
七星下坳云头照　　苗丹入寺再派香
算定成河合大海　　共游连案配鸳鸯
守到花开共伏殿　　恨仙十样心自良
来叩观音来砌福　　砌得团圆齐共份
得到回朝仙配定　　慢谢六阳未海央
日恨思仙不见面　　世投明镜广开阳
隔了路遥深水远　　想看情仙难了思
看有红思开半意　　供口沙罗慢慢为
齐想情由忆休听　　思看恩情眼泪流
下元甲子思不尽　　在望天堂砌下周
父母落生贫苗贱　　投仙无份共烧香
洛阳寺里好修顺　　青云雾底好遮凉
细水流来朝东海　　望国龙珠配贼园
天上断星莫断月　　金炉烧火莫断烟
得见观音南海现　　苗丹可恨卦愁央
奈叩桃容抛来缠　　清水流来正满乡
贱步蒙来无报叩　　报凤有心架步桥
看然二两成林了　　龙凤香烟齐共烧
山高连仙细修路　　无意良思百事难
见仙比能张四姐　　宽喜心中空得看
荒林自言无花插　　重叩天仙砌半央
水推沙州重留石　　月落西天在照光
票极情仙稳当意　　再修二世共花林
共秀莲台结天燕　　手扳月亮也心干
报情二两共修道　　南京殿上好烧香
修　到　转　　共个花园心也凉
三两齐留永情亮　　思仙今世挂心肠
就是今世无缘分　　再修后世共桥梁
有心舍情交一样　　同如金宝挂苗心
为家说报苗条姐　　有亮桃容赐宝分
一执情言二执计　　比能千金安笼箱
朝朝思着开笼看　　比能云开见太阳
一叹明阳广情亮　　执了六阳金宝珠
可惜南河离京远　　朝朝思着泪平铺
苗丹回转荒林国　　不见凤凰见手头
开箱得见心观喜　　行路不见贱心愁

细　思　尽	思着仙言心里凉
愁乱于心仙不晓	流落三魂相伴央
思仙金言执仙意	莲叶伏排水面撑
奈何今世无缘分	多思情意永留长
贱话思情情不晓	十样思情挂肚机
利刀插在寒心肚	十样痛心仙不知
仙魂挂在观音案	寒魂挂在锦心肠
朝朝吃饭抬头想	不断甘心也断肠
恩仙情由想不尽	执仙情意挂寒园
吃饭思仙抽眼看	想起面容眼泪连
千般情由话不尽	在叹娘娥十叹情
为家说报红爷姐	好良有心九恨声
龙宫洞里行不尽	抽手回行辞了仙
抽手二人辞别去	玉女送寒归转园
仙乡广阔行不尽	在入洞头路又长
借问洞头路又远	玉女送寒转贱乡
归　去　了	脚踏船头船便游
来时撑船八贵国	去时游游转贵州
世　执　意	又始执来心自慌
思着撑言心休慢	听着情由肚又凉
世　执　意	几步桥头世执为
执仙言文案在肚	步步深文世执丝
白石太高苗难架	大海水深难下篙
思量执意白连般	又怕白连缎价高
蒙林飞入州林洞	飞入州林洞里街
四边都是金砖砌	苗丹坐落世深牌
天　光　了	手拿铜镜照门眉
刘三歌言唱不尽	收转歌言安肚机
天　光　了	报仙收火转收言
贱小收言归转内	锦是真心收转园
天　光　了	到处寺门烧起烟
报锦收言收了凳	贱小收言归转园
天　光　了	水底塘干收转鱼
十样有名收转国	贼是收言世未休
初行踏入广阳洞	得见金盃能朵花
双信托来丹手执	多谢金童玉女茶
细小在落平阳地	落地三朝能合钱
双信托来丹手执	变成云雾上西天
得庙仇红为心色	北寒朝京为月园
蒙镜移思到贵国	北斗心思乱了言

出门脚踏柳州水　　未晓船飘到广言
未晓仙村开京馆　　苗林相则会恩情
飘行落在桃林案　　千愁万忆自心烦
京城排榜红职重　　看花容易种花难
几对花金来现色　　仙童玉女口含金
玉燕排行夫堂在　　难来现色遇观音
几对白莲来现影　　月赛花红几朵兰
几交现影排仙位　　绣女弹琶海岸边
起首街前一把扇　　手执纸中封不齐
仙村九会十人众　　首同锁过贱难知
执仙金言连仙案　　七星光亮在人眉
青砖细绣奈阳锦　　十奈阴缘守凤思
东京九发留情乱　　架国秦王架无边
京城巷里且吹唱　　抬头下理执书言
听着情仙话得好　　贱想荒丹真挂心
得见天明桃容步　　思想情仙海洋深
松烟点纸茫根听　　酬思不得转交开
奈在广西原田岭　　平乐立铺共广西
七姐里头现金宝　　绣女仙抬龙现珠
有缘遇着张三姐　　齐在桥头共下棋
南京殿上种金柱　　月赛花红红朵园
得齐起手共报扇　　九层云雾过天边
缘思奈秀修阳福　　龙台车案自逍遥
丹桂种在巷林里　　水浪修游入步飘
云思奈秀花龙殿　　远照红桃纸内声
奈阴得结红游殿　　长思久结化龙鳞
共在学堂秀京管　　久京明月照天眉
二燕修心彩世上　　不得团圆不满肌
红燕飞天能杂雾　　得文二燕共桥思
二林板丝凰桥过　　五百年间不断移
龙为南京七宝殿　　缘齐国上遇观音
共在城门绣花朵　　同如甘草配糖甜
月亮天堂照广国　　照亮广国众世间
四得缘齐重学道　　共巷排坳住不难
月照道现天堂殿　　铜钱入宝当千金
七姐暗在云中奈　　四得修齐照世林
共在城门种花朵　　鸳鸯赐福奈桥林
有缘共赐花街路　　不枉愁情修世心
二林共报白果扇　　深恩当能水边长
以后有缘六合配　　不枉思仙秀水良

八仙现照天堂殿　　明镜照阴又照阳
双手拱仙齐有意　　得共船中丹桂香
九州门外重丹树　　东海龙珠又秀金
树高枉现发六豆　　立锦逍遥枉造心
风吹车扇游游转　　日晒龙身万点金
十步思仙安在肚　　不断肝肠也断心
细水流来合大海　　海水游游齐渡船
共在高楼拜贵戏　　四得有缘齐共村
千山万水流落海　　流落浅塘龙转游
报仙留稳常同路　　过庙有缘重度桥
董永去求付知府　　玉女下凡伏赠仙
有缘得配苗董永　　十五团圆齐观天
白鸪飞去南海岸　　飘落海底望投村
六缘现色秀花朵　　抬上难移现金色
南云飞入桃源洞　　飘丹二子遇长弓
南园得道去投府　　丹燕双飞正遇逢
抽手摘花难投道　　龙抬起扇望仙眷
广海月眉投天赐　　长江三子起风凉
南海花开起风亮　　奈河桥上结深林
得重乾坤心宽喜　　得重金桃心也惊
六步年间去修道　　得道团圆能月音
一层城门种甘草　　两人得道结心林
九步年间修不正　　贱在九台偷恨心
得遇云边长情重　　飘思愁忆望投林
金树花开空眼看　　思量抽手也难攀
千两黄金无福受　　空得结情久万恩
起手着风共把扇　　风吹花现影心中
五百修心到世上　　四得命同配一弓
海底红花现上岸　　齐红长情心不烦
四得苗单东京馆　　得福团圆不枉寒
光亮遇仙在园内　　光亮月眉照下齐
南国久佛科仙步　　奈为修福共仙台
朝园八宝高抬现　　月伴七星照世年
我俩修缘世得福　　得道团圆重叩天
红旗万宝花现色　　天亮金花月女仙
叩步八仙流移赐　　得共花林千万年
月带光明照入宝　　贱在九台守世仙
烦了心中仙不晓　　以后时吹不枉连
共在莲台吹唱戏　　玉女光明照案台
万步修缘望上案　　结意情思望配齐

莲台修福望天赐　　守朵鸳鸯共一乔
万步千秋不断职　　结现情缘共团圆
单步苗林多思想　　报情案上守风飘
得职升科供蒙印　　不枉托香入庙烧
白鸪飞过南园岸　　有缘相上守花林
两姐得道叩伏殿　　当能太阳伴太阴
桃源花现多思想　　六步年间修世心
得道咪嗊长年久　　高台里内共桥阳
千层花开南海岸　　花林里内好鸳鸯
得福当天共结叩　　莲台二两共结章
蒙单想尽京文意　　愁连暗忆挂心中
太阳不断太阳路　　十五咪嗊齐遇逢
细听风声村头过　　细扇云头花朵连
得福投林叩天赐　　慢来修道配天仙
万步修心拜回福　　龙央海底现阴阳
贱在压间辛情想　　永后长情里挂鸯
抽头细看广南道　　鸳鸯贱福在桥中
好朵白云台上现　　叩情月道照桃容
桂花现影当阳地　　蒙林回得共为园
千层云雾飘天去　　共在九台千万年
抽手拔丝共桥过　　恨忆泪冷暗肚中
叩得月照广阳照　　攀丝尼线缠天弓
紫微里奈金花扎　　贱在几台修世心
得道成林叩仙贱　　结成缘燕变天金
风扇开阳花现色　　月淌下风照世间
得道穿在九层雾　　我两摘花共手攀
细现月头京文意　　起朵乌云东海飞
在落九台难捉世　　成林不得叩仙为
万岁修心天不赐　　左右贫穷由命移
台上排棋对入席　　难为眉雾共花围
石上雕花千年现　　二人修福共报金
水法照见龙宫案　　仙留情步贱留心
逍遥有意齐相会　　禄缘得配不移天
伏叩仙人望重久　　广海里头共一园
车桐运水执田上　　情丝久结万年长
叩步天仙齐进职　　共骑龙马过天堂
齐架长桥莫断步　　断步同如断了烟
贱是太阳仙是月　　十五咪嗊齐怨天
共在莲台绣花朵　　花朵也圆情也圆
烦了心中偷声恨　　万仙得道共齐村

手伏玉女完修足　　正是龙仙结愿成
花林内里现新色　　得福叩为月现天
莫话紫微岭上好　　当花岭上嫩花苗
思仙情内愁乱清　　姻缘可恨命不招
守世年间无缘分　　难得修来照半边
仙恨广南观音色　　四得叩为照步年
想尽京文思仙意　　秀女排文真挂执
香炉得配金水碗　　进在龙台世不移
抽手共抱摇钱树　　共在船中也不休
共在京城京学馆　　共手抄文齐苗机
五百年间守缘分　　四得齐今配案眉
明镜映光天堂里　　心情久结共桥丝
苗燕修心叩得道　　禄合齐国也满枝
一朵红云满天照　　蒙林贫富叩天分
望落几间愁年世　　红成久结望成船
秀女高楼共京馆　　结意犹如能月圆
四得缘齐东京道　　能月游游共照春
苗单同能路边草　　一刀斩断回根伤
愁了心中能暗雾　　修得齐园配太阳
守立明镜无修顺　　强如洪水万年长
得共东京九层雾　　共仙禄管不愁烦
无眉月道天庭照　　得仙言话当千金
在落东门十年守　　能月咪嗔天底寻
龙韦飘单为董永　　二林修正月咪嗔
抽秀惹风齐起扇　　九层云雾不够分
天眉秀结红丝步　　两海里头相会逢
重叩连眉齐修福　　天庭起转不移宫
桃眉广国投天赐　　飘丹二姐遇大官
东门种花西门现　　缘齐西河遇观音
扇带为思齐起意　　九层云雾过天门
二燕得道叩仙职　　重在阳台共考文
白鸟广飞南海岸　　十指齐为秀奈机
天台秀殿投情众　　玉女入仙齐下棋
天层花开游海岸　　万水游游落下东
鸳鸯齐全共拜福　　半边花朵半边红
飘京广国龙为殿　　失在桥头奈心连
失在桥头奈相侯　　要罗案上共烧烟
初伸具首龙投报　　移文得到上修仁
寻情向飘东洋海　　信落斗牛宫内前
情同飞京无别事　　烟前游化到凡仙

不要开言为虚命　　愁上加愁半路亭
细在情途难过日　　果然相会海龙仙
摆步不通千条路　　思来无姐便愁声
思来旧步不当礼　　二仙花色送沿程
贴下珍珠犀牛带　　同如半幸得相逢
陪苗二年当百岁　　领情旧记起为京
月眉天灯舍亮照　　苗飞外国永思仙
赔天舍泪出门去　　逃荒四海化游天
随命飘游那山死　　十分无命也由亭
定然落下深塘瘫　　手中抹泪不有停
十步落愁百步忆　　千优万忆亦愁声
青山木叶都吃尽　　奈向不得累烦仙
无天照应无何耐　　无何韩信也回天
长生二守前修定　　留长世代到仙京
龙事仙林桃红色　　恨色桃红难到前
若然年登封官职　　留丝里半代愁情
叹好桃红诗红色　　诗文一色能见仙
算定修为落仙案　　叩天不得赐良烟
正是可惜真可惜　　正是可情真可情
守考程途听几岁　　蜘蛛牵线张成仙
风吹扇落永安地　　外朝有命便由天
万世年秋再不放　　万休百岁守姻缘
非凡舍亮贴珠宝　　阴阳看管共恩仙
去得和时不枉可　　不知一世忆愁心
鸳鸯守京三元叩　　一世重苗四得清
洛阳命虑无福份　　求神不得叩青天
叹得仙图仙花朵　　花朵一色赛京前
仙娥西天望人殿　　比如百万上天仙
妙仙面容宽良日　　年间思想广前升
仙人赐金同赐我　　一世不满燕姐仙
前先出姓天罗网　　出往天罗算不灵
手拍胸堂真不着　　水流东海打翻身
贫为孔方者有份　　千金无份挂愁心
开腹天理良心报　　黄金无份也难寻
缘思一世千难得　　凤想可情真可情
阴阳二桥架不起　　报仙且看我无缘
五朝年间游四海　　龙王管岁正阴园
唐突九京龙仙众　　守虚浅薄空来连
莫得抛同黄门外　　执留存永远留情
二比前朝深台幸　　守叩天回诉顾仙

两广提督龙眼照　　断烟由同二世连
同体天地断二职　　阴化无福泪抛前
月游千秋紫微园　　清朝照顾化流辰
千里书文劝世上　　九十年修五百经
修到东京挟书印　　考文有名黄氏仙

［说明］牵情意抄本，原存广西金秀瑶族自治县共和乡坤林村赵明品家。1957年4月29日收集。

念 情 意

贱小初行林里路　　听着仙言心里焦
隔江抛丝难得过　　叩望企人架步桥
今楼一点花为外　　仙秀过台伏殿乡
思尽年尚在朗贱　　行游大胆过明央
天下入各贱行尽　　见帛明央挂贱心
四得天分地砌转　　照转情人黄浅林
四处山头贱看尽　　见凤聪明挂贱赐
比能太阳照天底　　投叩情仙照贱央
月出东早广京上　　照下凡间无万乡
今日有缘得相会　　莲台腰帛世烧香
今朝出门有缘分　　遇着仙人共路游
贱苗心思无计奈　　齐齐山林解忆优
千条路口行不尽　　空见太阳照贱方
贱不出世孤单了　　前世不修心里凉
桃林飞入水林里　　飞入水林洞礼来
四边都是金砖砌　　金砖耐礼世深牌
千水万山流相会　　列叩秀手面向西
人无当中齐相会　　齐齐相会世深牌
难为名央费广秀　　万移花林开礼香
玉女架车淹东海　　淹落塘中鱼重凉
贵州里头种金树　　开花结子能仙珠
难为明阳天仙现　　现照世间蒙燕图
大州里头出金宝　　贵州朝土面朝天
难为天道费心现　　抽手信中好宝烟
细　问　锦　　问锦游遥几步桥
光木架桥过海岸　　几对香炉对面烧
舍　仙　驾　　舍仙金驾到寒园
踏到寒园旧椅坐　　烦仙金价执粗烟
当初烟秧那人秀　　那人造下世间游
传下世间人代容　　二人又得解心忧
当初烟秧仙人造　　仙人造下世间游

仙人出世无人伴	思良吃口解心休
七十灵仙排行立	五海龙王排四围
飞来东京心暗忆	船盘面上怕排旗
太阳行游天上路	不怕七星照转州
神仙也爱七星伴	齐行天上转游游
意行深山怕离砌	想读经书怕不开
思量意执仙言语	又怕执来暗不齐
深山大路鲁班造	经书死是圣人亲
报仙莫嫌苗文浅	齐家抽手望花开
壁上点灯怕不稳	未有根基怕不深
情仙比能扬州锦	惊动几多绸缎青
裁尽几多细绸缎	传名挂职在州庭
青山石壁难下脚	急水滩头难下船
思良踏上白违市	又怕白违缎价高
白云脚底飘风过	报仙游游上案台
上园好插金花朵	望龙运水淹花开
手拿流罗怕打水	鲤鱼在水好心凉
天赐红云齐入洞	同如消水解心凉
世　留　意	抛丝下海缠龙桥
舍抛长丝下深海	世踏龙王深海桥
执得荒言问一句	问锦前行是后行
前行后行细开报	执浆滩头伏共撑
怕　不　念	白怕山高怕太阳
太阳怕行太阳路	不怕执仙言语长
赐起花街齐上案	一世行游天底深
桥林洞里好宽乐	强如花朵细滨滨
怕　不　念	白架山高怕太阴
太阴怕行太阳路	又怕执仙言语深
深河水飘荒园脚	比能七星违路飘
太阴难断太阳路	定守团圆齐过天
金鸡花在宽游府	秋冬四季世间寻
报仙齐上金桥路	不怕四边人笑谈
报仙齐修桃源洞	深沙细水海中深
八宝珍珠齐相会	滩头水步守花林
撑船过海惊动水	入庙烧香惊动神
小贱飘游到贵地	惊动仙村从老人
大船游尽四海路	神游仙尽四天门
神仙不乱下凡国	天分赐锦到寒村
小西开花龙砌福	麒麟海岸看花园
踏上京游抽头看	入洞里头惊秀仙

空白谈天可惜了　　苗挂情由一世思
报仙上台看锦凤　　四得鸳鸯共路飞
得龙现在深桥脚　　世不抛心挂心肠
在远执丝有路去　　当能月头照广乡
违台细思桃容现　　鸳鸯飞过九层球
刘三也有千条路　　问仙心愿那边游
开路不通难投道　　望叩京仙引带游
仙便行前看水路　　苗丹架桥行对行
相仙舍情相伴贱　　小贱飘风开路通
报林架起违桥案　　同如南海金仙龙
报林立祖违沙步　　安明天道步中深
步立天山为桥水　　世守天官得会林
细旗挂在东京地　　高在觉头当秀才
觉头亲手恨情在　　架落西扬京树林
出门脚踏千条路　　千条水步那条凉
刘三歌言在世上　　问仙那路好烧香
文章便是学堂出　　水来借问水根源
唱歌借问歌根本　　借问刘三出世言
唱歌又问那人造　　那人造下那人收
就是白炉收不稳　　刘三执得世间传
唱歌又问歌根本　　刘三出世在何州
刘三出世何州住　　死葬那州何岭头
自古老人传有话　　刘三出世在广州
歌主出世广州住　　葬在广山大岭头
歌王那朝正出世　　那朝那岁正养生
又到那年归阴了　　那人超度上西天
盘古当朝师出世　　丙戌年间正落生
丙辰年间归阴了　　今重朝度上西天
刘三那年修得道　　那年那日上西天
度下那人亲口教　　如今世上得金言
丙辰年间正修道　　八月十五上西天
度下曹三共蔡四　　传流世代解愁言
唱　　歌　　好　　唱歌成佛又成仙
不信便看刘三妹　　唱歌成佛上西天
刘三唱歌修得道　　三清封职得成林
叹恨神仙心超变　　手拿歇卷上西天
刘三世上三条路　　不知那条好修园
有心回桥点一步　　把笔提丹点步言
刘三出世无爷姐　　天分赐转秀花园
圣有经书传世上　　传来世上古情言

抽头细看违台案　　算盘笔架满高台
求思拜福入违洞　　手执檀香插案台
修行七千八万礼　　偶着爷娘违洞园
得见爷娘心宽喜　　思想金榜题花园
四边贱起金样榜　　今炉火光能灯笼
人人得见叹声恨　　四得入园造配龙
人洞修心三年半　　抄书帖出挂门前
千人过路抽头看　　思想看文推到边
左边画个高明月　　右边画个七星园
画来世上把人看　　千人得见万人围
四边画起麒麟子　　门前种得好梨枝
种得梨枝不得吃　　千条金钱厘金蝇
门前种对金花树　　后门立口好鱼塘
龙显转身金水喷　　鲤鱼吸冷配花开
违洞花开四人守　　苗州舍现守花开
守到花开或大叶　　慢慢担砖砌起台
正话紫微无月照　　水有根源言有良
苗把明锦天官照　　照见世情挂肚肠
路远逍遥各乡礼　　想回难得金仙乡
思龙不是把寻凤　　世久自愁意在肠
龙为天京久朝月　　则起时时伏礼慌
细想愁执无报叩　　难奈久天云露阳
奈造凡饥愁休意　　自晓通阳莫怕慌
有月不造贱财礼　　愁杀几多泪暗伤
千条想尽多愁意　　如同雪打万重凉
贱叩龙为塘里住　　浅水步头月晒慌
燕子飞落当阳海　　得中京文自暗中
苗心思想无计奈　　重叩八仙遮贱龙
贱飘细步到仙案　　万望仙花遮岁容
愁人回转贱林里　　想起时时莳落肠
初行踏到仙林洞　　嫩身初飞会海龙
守扇无风推云转　　奈造凤饥报会荣
鸯来云造花牌上　　慢运金花重伏龙
得伏仙花游世上　　流来后世得抛中
手中无扇挠宽意　　难奈番奈月照龙
太阳现在天眉案　　花鱼水底意心胸
难为朝沙烦贵意　　秀伏元花抛世中
大胆执仙重手计　　万步不抛东海龙
正是苗眉火恶意　　万盏青灯共案中
我两无能长流水　　守配架成万岁荣

泪落千重苗多戏　　烦心思想挂愁中
情仙落在宽林府　　手拍脑前难奈逢
愁人便是愁人肚　　月照东门等会龙
神仙出世多星伴　　觉中月晒九朝容
不话愁情难过日　　年长月久望心荣
东朝难转西阳国　　十万苗龙意在中
朝朝思想真难奈　　愁杀沙违挂万年
龙为玉根久朝月　　鱼戏青沙水浪中
投叩月照明贱步　　日晒出头四处红
今炉水碗黄台案　　阴阳相配得宽容
唐眉游戏伏宽浪　　双扇砌云一扇风
莲台内里挂仙案　　金像绣成自礼容
金花协协连台案　　门前一戏游双龙
苗眉世殿花街巷　　十条连荣弓对弓
九经学堂满多意　　万杀连台绣好龙
齐修南楼现好路　　大朝门外现台容
开经网意交今落　　金台书卷意深中
伏在园中逍遥好　　十指难抛六安令
偶见青飘仙落步　　低头细思好宽心
无扇挠风贱投福　　手拍胸前空恨林
今飘细容落到岸　　西海共为八海深
得投金花计为贱　　不枉天朝落世今
挠船水度手翻浆　　寺里烧香有伏阳
扇色千条思仙意　　挠起青风一万深
长年细根天桥路　　青水游游万丈深
手中自有青明石　　莫打弹沙落外今
水深照见青宫案　　阳苗交海万重深
细恋贱林龙运转　　难奈西林自意深
东京细鱼孤为永　　游身投正永为林
度步迷迷报为贱　　修文月度得宽心
奈为浮云遮根本　　落下深潭愁忆深
思想单村无计奈　　当能山林飘树林
愁人落在世间上　　空见娥眉照世林
手拿开国清洋镜　　愁杀几多海底金
天上云开月为照　　不枉世间照贱林
青龙海底苗投意　　可惜苗投愁慌心
九日人传明阳凤　　今世会逢风扇凉
可惜贱林无林奈　　无扇难挠伏共乡
叩企抽手遮明月　　百身落田看水凉
苗丹岭上随风长　　丝线千条厘树凉

今日云开得相会　　当能七星伴太阳
今水步头龙为逝　　三河六水万年长
云台案上仙人坐　　水碗金炉万岁香
贱能青龙游世上　　九比七星照广乡
过天榕树好遮月　　仙想吉子自心凉
寒能迷星暗云雾　　叩望月眉照对方
太阳不晓太阳亮　　月出东门四处光
一来花发世间好　　思想抛寒愁忆肠
落在龙园仙花众　　可惜无缘空望乡
鱼在深潭子年任　　桃李共园杏子香
石上绣花成龙凤　　空想龙居意断肠
贴样贱计在伏奈　　望仙执线得思量
有心回文望情案　　无心随便锦抛荒
因为田林多愁忆　　九望天恩照广乡
莫把寒村抛落海　　费了良心风万凉
千般言语话不尽　　百万安排九挂盼
九京洋堂沙罗意　　年后相逢在挂良
东海发风西海青　　湖南细水万深长
扇开九重云雾暗　　贱言飘上压情央
井水无风扇起浪　　月海深潭井里凉
莲藕种在秋月岸　　想起时时心暗慌
飘案提经定云月　　架朵朝言会海央
红燕交风天奈扇　　同如红鹤见宽胸
刘三情由唱不尽　　齐留情意水流长
我两留情在世上　　年长月久莫抛荒
刘三情由传世上　　我两真心久卦肠
年后相逢再看会　　同如红燕会鸳鸯

［说明］念情意抄本，原存广西金秀瑶族自治县共和乡坤林村赵成保家。1956 年 4 月 17 日收集。

访 贤 意

月出东门天底扇　两林给意手攀恩
齐齐都是半边月　六台相看半边为
细水流来合大海　海水游游齐渡船
共在绿指拜贵虚　二月四间共姻缘
新国天子较天下　甲戊年间正上京
九置八仙好投国　留下世间齐解情
新国皇帝管天下　遇作寒蒙独一林
李宝出世花树巷　正造八仙齐解心
新国年生四十八　情下凡间世上园
甲寅年间归阴了　李宝度林去看京
月京府上多愁尽　世若桃容上同园
当初李宝多愁尽　但游东海会逢仙
龙便抛心共路去　发开连案会仙林
听着抛丝边树上　便看八路报龙寻
青水流来八仙洞　投扬贵锦好修言
投文引锦朝阳案　远珠得见能花园
莲台八角烧香拜　不久洞头遇见仙
二三舍情游仙案　真珠莫断树头连
踏入林中抽头看　八仙洞口砌连逑
前行几步仙林路　正来回步投仙游
一心都是投仙国　望锦入林桥上飞
踏入林中抽头看　八仙洞口砌城围
东京林上烧香拜　真投连巷起身移
今世移身仙林坐　执得真丝边上桥
初入林中抽头看　一块遨游林内飞
仙人园里摇风扇　得见连台能朵旗
二两舍情齐去看　连台案上结缘由
便望仙园京凉伞　借开凉伞共仙游
南安寺门何东国　金盏戴茶甘味深
仙台万岁流风影　正若鸳鸯入巷寻
手便摇风脚移步　眼朝八洞好投仙

贵国莲台龙缠过　金漆台盘排案前
青水流来八仙洞　广船内里度天仙
投文引锦朝连案　远珠得见能双龙
二林齐意立天庙　烧得深香佛案台
七星照得当阳国　靠仙舍水盼花开
海水朝天翻落地　苗丹见福靠天仙
京林九步缠桥案　腰仙带引上天国
望仙凉伞团圆转　踏入仙格佫好仙
脚便移步眼便看　借条花巷度成仙
八仙莲台龙缠过　投仙入洞奈修心
广国仙园好投道　入巷修为能朵金
南安寺门向东江　海水移翻朝上天
水浪姣龙相对凤　摇扇人心凉透觉
双龙伏字观音寺　门前立树半天园
九步嫩去思十步　望仙带贱下台缠
洞头八仙八个殿　四季香炉不断烟
南海观音伏赐福　王是东京自里仙
路上京情抽头看　八仙洞里投烟缘
久等情林齐共案　修仙一世住京中
情仙舍意齐修道　世上多愁宽过年
殿上开花龙砌福　共游海岸看仙园
奈想金桥仙人路　金盏戴茶内里红
莲台光亮好修道　洞能离明照上东
水漂滩头且慢过　转朝东海众情林
八仙洞里要落案　仙桃共饮世甘心
投仙入洞莫话远　慢慢抛心随路行
不信便看齐入洞　仙砌金桥一样凭
桥头望见仙人案　仙家门外立莲台
桥头一对金鸡站　金水盼花朵朵开
门前石上立龙凤　龙凤鸳鸯朝转街
我两二林共修道　慢慢修绿摇扇来
踏入仙园第一洞　望见四边圣主台
多愁几年无投靠　会作八仙心正开
远远烧香托地拜　双龙现影外门前
到处寺门都修道　变了八仙千万年
投文得了八仙道　正寻玉女世间缠
抽手四行慢慢坐　番身二两转京园
抽手若齐宽坐下　借问仙人那路深
二林树在观音在　投仙修福上天桥
龙王赐福齐飞去　胸前抛扇手中摇

仙人抽茶饮一盏　　得来度仙桥上飞
苗丹久修仙人道　　一世舍情天不为
靠投仙恩共路去　　相伴荒林世不休
听着仙林京文现　　耐苦情央砌贱游
多谢恩茶下马巷　　美仙相送出门楼
四岁众行辞别了　　八仙得道不忧愁
八国游口云飘扇　　上洞好行下洞游
遮起凉伞朝月影　　抽头望见好花逑
仙人架沙车云内　　二两交丝云里缠
在落桥头听风扇　　千条路口得投仙
起脚不离要林洞　　仙桃种满路头边
八洞里头仙罗路　　朝朝修福谢恩天
投龙看花齐入洞　　细心修顺万千年
二人修仙望到案　　九鸣更鼓在楼园
起脚踏上莲台案　　开扇无风身自凉
长丝久结千秋亮　　金桥修得砌鸳鸯
桥头种对仙桃树　　日日开花望对弓
齐家行过桃林巷　　九结转伦重得逢
爱吃仙桃齐入洞　　梭罗树底好遮凉
想起林中好交日　　谁人修得万年长
齐吃仙桃修得道　　又游二洞看莲台
烧香案上望投国　　扇若四边云雾开
踏入仙林二洞里　　望见殿前花路街
到处青天起云暗　　四海黄龙朝水来
踏入仙园花街巷　　月影东门光过金
千步金桥砌满案　　万海修游投度林
手执红丝缠桥过　　入殿齐家进宝香
青油灯点壁上挂　　长照八仙洞里光
投靠观音手摇扇　　苗在东厅身自凉
齐贤深香手托拜　　一二开情报种章
殿前投道望上案　　靠仙相砌共桥林
仙人开口真话易　　不久八仙洞里人
手托灯笼挂上案　　共托深香下案台
借问假衫亦着起　　缪带双双一样齐
金信托茶流凤盏　　谁人饮了度成仙
执扇摇风云里去　　凉伞游游齐到园
十字路头佛子殿　　千人过路念观音
八洞游游云色现　　寺门六路种花林
到处街头桃发满　　十子团圆点肚饥
得吃仙桃修仙度　　当能高明天上飞

头戴金冠守住殿　　身着黄绸成秀丝
缪裙壮贴成仙道　　不种八仙世不为
蒙林想尽多愁众　　世托深香入洞游
细小修心在世上　　正看投林砌转修
二洞里头都看尽　　问锦有香那自烧
龙舍深香托上案　　共种金花飘住朝
二投洞里深缘榜　　万岁抛丝八巷寻
丹林独丝无天砌　　遇情砌福岁真心
二林修心缠游洞　　石板雕花行又艰
不信便看仙林里　　金打香炉排满堂
洞里接香添满殿　　金怀银盏白连连
修心三年就坐案　　正是洞中白里仙
真基共砌上桥度　　洛阳府里顺修为
立心上桥莫伏案　　同如红燕共林飞
八仙抛珠砌两燕　　共游八洞结缘情
金童玉女步架转　　双手托香共案烧
两林齐望成仙群　　万古流传上色心
云不离风相缠转　　正是八仙洞里林
齐游洞里为修道　　一世不离里案台
共托桥丹传古秀　　六路投缘优砌齐
八仙洞头闹游众　　一手弹琶惊动天
行过连桥仙林里　　一见观音二见天
金漆台盘龙便过　　东万四角化龙鳞
屋背白鸪翻飞转　　刘金更鼓闹京廷
七星伴月照上案　　凡间修通案台眉
遇昨红绿相交结　　伏供案台万古秋
修心万岁游仙洞　　一世逍遥不了时
观音佛殿耐相砌　　至断成料不断移
果然八洞齐游过　　人心平过水长流
观音面前莫抛意　　团圆边手上天游
踏上三洞看四洞　　不久行游就到边
仙人手托仙桃子　　二人食了变成仙
得上仙台共唱戏　　得半度仙舍意修
三个洞头都看尽　　起脚又思四海游
脚便朝林手摇扇　　十样有心满路飞
洞里台仙千般福　　莲台案上结情深
手拍胸前眼仙洞　　二林舍浪耐修元
千里抛思朝阳案　　投结桃容巷里仙
千般百事舍抛下　　留愁深基共路思
南岸折飘六阳案　　投插秧容不舍辞

八仙洞头阴思路　　细心莫错入阴泉
岁了深香求天砌　　得道游朝不枉元
水深耐思撑船渡　　山遥流浪架桥梁
入洞求仙啥水分　　七十老人成嫩容
不信众林齐游洞　　花朵包身色白红
踏上桥中抽头望　　玉洞连台百样齐
遇作凡间修心转　　砌福结交共案台
坐落桥头饮六酒　　便看八仙来下棋
天平石上桃棋子　　有意上台莫换执
殿前有个天平石　　千两黄金来下棋
来得上台排明子　　不是弹琴容易移
排旗各班齐有份　　食了仙桃人正知
满身现色仙人样　　得到游朝世不饥
舍修有日上仙案　　思想黄金慢慢寻
急水飘风流不转　　顺顺度林久挂心
九日烧香托地拜　　齐在台前守九年
一步行游望到案　　贴道八仙砌福元
好过金花在洞里　　投林二两在桥游
左右洞台砌渠意　　何罗一世共京州
八仙进下回阳海　　执保龙珠来砌朝
男缘扇交洛阳桥　　榜娥两燕过天桥
伏共金桥去修道　　脚踏青龙背上飞
步步执心来缠燕　　成林重靠八仙为
燕飞广阳投林住　　缘飘贵案望成逑
一日京天起云雾　　意念仙情好解忧
忆杀流州无情路　　正君桃容桥上游
不是枉林空去案　　修仙步步入花林
二两修条缘思路　　有两人传漆一桥
砌准东楣月样现　　七星伴月共游朝
洞里好交逍遥路　　凡姐也爱细修心
不久贰林像案转　　金花插满笑演演
八个天星长流照　　不枉凡音岁空心
报仙交情稳留意　　龙现明珠赐二林
仙人八洞游七洞　　重有一洞未行完
邀仙各托深香去　　步步投仙度上天
投仙抽头看真路　　园边有路入阴元
踏上一步着二步　　细心修福望天元
东桥几多里罗路　　冰泉路上也滩游
人话冰泉难转结　　朝朝思作泪双流
抛了阴元齐莫话　　求福舍游上洞寻

四角烧香仙排立　　分定元恩度二林
到处投仙洞里好　　朝朝南海去游园
行过桥林仙林众　　莫抛情意耐修心
慢等鸳鸯结成对　　伏共烧香慢谢天
千两黄金无福受　　空得结情永重恩
大州里头砌学院　　学院不完书又完
二两飞来齐共案　　飞来案上守阴元
七州八府苗看尽　　见凤明阳升贱心
若得情仙照贱步　　无茶吃水上甘心
千里无缘来相会　　万里架桥来会仙
又怕情仙投有案　　投仙今日未开言
大州石上生嫩草　　舍世抛丝过海边
细小深情难过水　　五湖过度正为仙
细问茶央下街巷　　吃了仙茶下巷寻
海里烟丝那人秀　　洞里仙桃重那林
细小珍珠度过海　　一世重情东海央
主上取来谈正意　　重在阳情阳世间
湖南起朵阑六雾　　千层云雾九层城
千金八宝苗饮了　　空过白连转院廷
海底烟丝现上岸　　红丝添福慢思量
观音面前金花现　　得福团圆靠凤仙
一对娥眉连金水　　乌云会着桂花香
海干白石团圆转　　白石团圆回转仙
众位仙爷莫谈笑　　蒙丹台上世交情
贱小苗丹吞语贱　　齐家莫笑贱苗吞
良缘会作光阳步　　同如明镜明苗林
赐福谁人靠天赐　　细求言语共花园
踏上桥头细修顺　　交情结意变成林
靠步天仙地砌福　　莫抛情意稳留心
今世多愁苗想尽　　四得天花日照元
望天砌苗能双燕　　元能黄风树上缠
枉恨千声明阳水　　江水倒流叹不为
莲花插在两天案　　无道枉为空报思
看仙比能青风扇　　好仙难得到舟边
思想枉为空得恨　　好花难得共寒园
贱云逃飞天底扇　　叹想美仙月亮光
远远遮为照丹世　　别国笛情砌共乡
六重情深真挂肚　　桃源洞里好逍遥
记情舍恩赛流亮　　莫得反心改换朝
八宝珍珠五色凤　　珍珠砌福过江思

四得情官广刘亮　　同如月影照紫微
九便投林手摇扇　　十样宽心正好看
修得仙人齐接福　　连台案上共烧香
北斗星官空见现　　几何得现照苗元
思情丹移苗半福　　想为贱命也难言
万里长云莫别国　　飘云久结莫抛离
二世转轮守到得　　英台三岁共桥飞
命贱之人难永福　　东拜日头西拜天
逍遥好结随人亮　　不枉思情遇少年
远看青山高照月　　近看观音造殿前
不是州廷官上印　　会合京管闹京元
踏正仙春愿合事　　会合玉管闹京元
京台内礼闹连戏　　连夜响长大同因
听文元思章文好　　贱在伞门空恨仙
金花演演插地记　　贱小苗丹未响连
二人排愿修不福　　贵州劣马听六辰
共行九宫六度女　　腾砌花街万岁深
刘三世上言话尽　　情意连连立稳机
修心行过阎罗殿　　龙着一条引路丝
千条路口人行尽　　阎罗地府无人知
情仙屋盖琉璃瓦　　石灰吩过能龙围
阎罗地府邀娘久　　又怕江河水又深
无人修得观音道　　连仙十个看花林
深深踏上阎罗殿　　七宝珍珠戴身上
连仙修得团圆正　　戴娘十个看花新
有心二人共修道　　一日烧香拜伏前
苗是添香仙换水　　阎罗千世配情仙
邀仙阳世配书卷　　阎罗地府去烧香
修道阎罗紫微岭　　阎罗地府去行香
修道阎罗紫微岭　　久望一分忆断肠
二人结情成双对　　阴罗地上正宽良
过了阎罗紫微岭　　由心行过造钱山
阳间世上人烧纸　　得见案前心不闲
千盘细言话不尽　　丹树在高难会逢
贱言造成在世上　　一解愁心二解林
东园里内挂仙榜　　贱屋门前出首时
龙为海岸千层案　　照到东京理半春
听着贵国仙花发　　出门脚踏细花球
细行落坐金园里　　听风起浪忆心休
听着仙乡有好我　　龙来水步架花球

架起花求在小步　龙慢寻思八锦州
听着仙乡逍遥府　出门案架细桥梁
珍珠抛丝过大海　细奈寻思八锦乡
一人到春千人浪　贱来愁杀好情仙
贱草风吹随风去　不知落在贵花林
五香禾到仙荔念　黄嫩下河急自流
在落逍遥贵国上　大风吹起种台良
听着人全逍遥府　世来案上内思量
不晓相逢八仙锦　抽手遮为花贱央
从小未行逍遥路　初逢抽手自心慌
贱心不能化微鸟　奈心引若贱花央
东海龙门出石印　现上云台能太阳
京城挂榜有名字　长照世间贱步央
听着风吹京书刻　愁忆心中心自慌
肚里无文来相会　贱了八仙龙凤央
初话京文未相赐　回能黑云暗太阳
烟位贱林不通晓　未曾相会桂花央
空得共仙齐作笑　不得连仙心未量
灯笼点火照不远　好花内里不开阳
水底黄龙现上岸　黄龙现上半天园
爷娘生苗无缘分　出门空见少年仙
抽头细看天眉案　八仙园里秀花为
四得共坐天仙案　二两交情九万秋
仙是贵花在贵地　龙是贱花坐贱园
九天月照逍遥案　十恨贵仙不得连
内靠八仙长照转　苗丹十恨共花园
明阳国上难得对　连台案上也难言
寒风错落连台案　重靠八仙戴贱元
久闻人传逍遥国　今夜初来交好言
从小未知逍遥子　双燕戴贱解宽言
久闻人传逍遥府　大胆行游入贵园
肚里无福难相会　重靠双明照贱元
京城挂榜飘名字　按上宽游年过年
贱鸣飞来落贵地　细内连台齐解言
逍遥贵国有明府　双龙现影半天圆
鱼在深塘花连案　六水朝东未见仙
一夜情游话得好　天光落在别人园
间情问到仙言路　花锦京言落那乡
有日苗思到仙国　金边龙椅不回乡
旧屋青砖扇落海　千金扇落海中央

四福回言进金宝　回转金银进宝香
二十年间好修道　兰断桥头无路游
桃源洞里绣花朵　思想多愁心忆林
月出东门照天底　云过西天风扇时
皇老娘娘坐圣殿　圣仙长情流稳机
月头便行天上路　云下飞游夫下寻
地下凡州行地路　白鹤原来行树林
世上修元无天砌　望投月道广遮为
深深深说深深说　深排深说落朝阳
出门脚踏沙滩水　燕仔游游花府街
听着京城开京馆　苗丹初会世深排
出门脚踏双燕子　燕子游游天上排
听着府廷开京馆　蒙林初会世深排
难　为　尽　难为仙央烧起烟
贱小不当到贵国　劳碌金童玉女仙
白鹤口含黄金宝　燕子口含补石良
苗丹细小来修道　难为贵步好烧香
难　为　尽　难为抽椅坐东厅
贱小不当到贵国　劳碌金童玉女情
难　为　尽　难为情仙费碌心
难为抽椅京城坐　坐落凳头来会言
未　在　理　贱小未当到贵乡
贱步不当到贵府　惊动朝中重行央
未　在　理　贱小不当到府园
贱步不当到贵府　惊动老人睡不眠
多　谢　贵　多谢金童玉女茶
吃了仙茶细声话　门前茶树上开花
月头游游随天转　水淹半边留半边
千金八宝苗吃了　空个日头回转仙
苗丹出声惊动众　伏天西子暗天街
细立西京难得到　蒙丹初会化良来

［说明］访贤意抄本，原存广西金秀瑶族自治县共和乡坤林村赵成保家。1957 年 4 月 7 日收集。

起　歌　堂

听着远乡好仙到　　愁苗得见好投情
几姐蒙央细心启　　投步远乡齐共声
三更半夜七星上　　听着仙央步到乡
蒙央想启投情意　　望投玉燕解愁慌
担斧入山寻木树　　问过深山樟木仙
深山也有好贵木　　担归贱地起科园
担刀入山细寻木　　问过深山樟木郎
深山也有好贵木　　担归贱地起斜堂
下州去请置瓦匠　　瓦匠游游随路来
鲁班有名匠有位　　齐来相合起斜街
下州再请鲁班匠　　挠船架浆上滩园
请到荒滩立科馆　　投修作笑度情言
可请匠人到单案　　踏地先生分正针
甲乙选回壬癸向　　立成科馆度情音
东北两边立木杵　　西南两角架砖墙
门前砌起石街路　　四边格木架桥梁
先砌门前后砌屋　　四边立杵对花球
立起科园琉璃盖　　盖成科馆贱投修
四角田园都盖尽　　立齐门扇转弯弯
圣台立起东厅位　　投修贵意解心闲
立起科园投缘赐　　东厅接榜两边排
为者荒滩多蒙困　　拜投贵步赐科街
小贱丹苗试合火　　红火起烟苗起声
合火投情叩天赐　　投仙舍意共谈情
火烟远远再相合　　照杏单苗都不光
明阳现到荒滩内　　叩合仙恩望照央
好　花　到　　好花到地地欢欢
好花到地无人接　　贱小丹苗接入村
好　花　到　　好花到地地欢良
好花到地无人接　　贱小丹苗接入乡
来　试　妹　　比能乌鸦来试珠

乌鸦试珠延飞过	来试风流图未图
来　试　妹	抛钩下河试钓鲇
抛钩下河钓鱼仔	试钓风流连未连
心　意　凤	比能乌鸦心意连
乌鸦意念天飞过	郎小意仙定口烟
心　意　凤	比能黄蜂心意花
黄蜂意花杵飞过	郎小意仙定盏茶
今步云仙舍贵驾	细想蒙央拜福修
感应天宫为月老	拜投舍量度言由
立笔写书细请意	细请远乡龙凤仙
细请远乡欢由燕	请到寒台谈笑言
架　桥　到	架桥通到主门前
投叩主人分丝赐	试接贵仙谈笑言
架　桥　到	架桥通到主门眉
主人有恩开广量	接步欢仙谈笑时
格木架桥千百步	条条通到主家园
架桥通到主家里	接步欢仙到案前
抽手投仙移出步	舍仙金架出门前
打起竹篱点火照	接仙到案度欢言
难为凤仙今驾到	贵驾移来到贱园
移到寒园谁坐位	齐齐坐位解心情
结福修缘望天赐	望叩仙恩赐步时
自久命虚多蒙日	今步缘齐世不移
靠广明灯照贱国	齐来相合共书台
舍驾连车共结意	同比莲花塘内开
若然未舍开恩量	费了条心偷憾思
可然京明照贱国	云遮难得见天眉
无福修缘望天赐	望叩双央照燕儿
天国谁人不思步	借照半面好投时
不怕荒滩愁烦众	舍解心烦万肚欢
有心谈情不论理	论理不无作笑人
思想投天太阳照	未曾抽手奉同烟
大州出得青铜镜	深山出得木叶青
多为京明照四海	舍仙金口吃同烟
上山手摘青木叶	随身带转贱寒园
烟　不　好	比能青山木叶青
不嫌贱烟慢接起	不使玉仙赔贱情
烟　不　好	四比大州八角香
舍手接同不枉可	抛落四边心也凉
烟　不　好	种在青山暗月凉

单手独人修不到　　无粪壅根烟未香
好　欢　意　　安禾心中万岁年
时度光阴多余岁　　多蒙广量吃同烟
烟　不　好　　接起一同都准情
青烟四比吃白饭　　多为凤赐好金言
烟　不　好　　种在青山暗月阴
无粪壅根烟不好　　吃了辣口又辣心
烟秧细小不为绣　　不为锈得同篱高
贵手接同贱烟吃　　吃了比能吃仙桃
茶是深山粗木叶　　随手摘归家内藏
凌云赐步荒滩内　　好比桃花种两行
茶在青山开嫩叶　　水在清溪久万年
移来寒村无礼义　　奉盏青茶都准情
茶　不　好　　粗碗奉杯四比花
舍手接来不枉可　　也当玉仙赐贱家
茶　不　好　　贱手奉杯贵凤仙
量广思深舍手接　　都当月明现上天
山河流下清溪水　　舍手接如都准情
接起贱茶都满意　　后步莫传声广京
顺味谈情叩天赐　　四比金杯龙凤花
吃落心中怕肚空　　烦意无情变孤凄

[说明] 起歌堂，邓元东于贺县瑶区收集。

深 牌 歌

六馆深牌落何赦　　深牌何赦落何街
听闻广京搬贵戏　　广京搬戏试深牌
六馆深牌落何赦　　深牌何赦落何京
听闻京园搬贵戏　　京园搬戏试开声
六馆深牌落何赦　　深牌何赦落京门
京门闹热搬仙戏　　灵仙搬戏试题文
三层深牌四层赦　　深牌审赦九遮为
题起深牌传明意　　齐两言文莫断思
深牌搬得好文戏　　踏入戏台心便蒙
立起高楼仙如众　　鼓响鸣锣花发红
深牌九京摆出现　　金花贴在面到胸
金丝花鞋好八宝　　深牌相伴试来逢
几层深牌几层起　　戏园更鼓几层声
二个戏官几台戏　　深牌唱出落何情
启声细听深牌好　　题言开出好深牌
京文深牌可现影　　未晓云飞渐那街
三层四任深牌现　　六馆京文摆满台
刘三歌言若深意　　蒙杏浅言四敢开
鸟燕独飞广林深　　飞去飞回到广街
听着广京闹热唱　　中央若意试深牌
五行六步金桥路　　七行八步试题情
细听明阳开京馆　　小燕飞来尖听声
九步移来看花朵　　十步移来相会连
步步修为缘仙赐　　又怕无缘心亿蒙
移到戏园其好看　　四边花朵白连连
装起金台排金盏　　丹央得见怕开言
大胆踏入戏园案　　无言无语试深牌
虽然朝京仙如众　　未晓声锣响那街
六层深牌唱贵戏　　深牌句句叹龙家
深牌起声多情谢　　深牌领谢贵仙茶
启手烦为龙贵凤　　深牌抽手领仙烟

提起深牌平为过　　小贱无言贵空情
南岭海岸听风过　　飘风扇过面前凉
南岸寺里十二任　　那任深牌好解慌
几层京明照燕鸟　　细飞蒙燕凤凰台
深京闹热朝京众　　六馆京文几任开
白手无香怕人庙　　空起深牌无意言
深牌闹热来相会　　肚里无文空会仙
鸣锣打锣声声现　　深牌添起那京林
闹闹热热开京馆　　深牌响亮闹京园
众官众府齐相会　　金榜题言文武名
贺尝蒙央多快乐　　可也修来不枉情
抬头细看戏园案　　瓦檐屋背起双双
四边都是金砖砌　　瓦檐水倒摆花行
到处齐传唱贵戏　　林中坐落忆心怀
得见明阳通四海　　小燕化飞怕遇逢
踏入戏台开眼望　　演演入宝摆台中
可挂京堂好欢度　　深牌无语怕难逢
得见四边金台排　　金盏高官任任进台前
为贱不带聪明份　　肚里无文不敢连
听闻众仙移文久　　开口无言难甲班
月亮光光照那样　　北斗游游照那滩
深京鸣锣搬贵戏　　何杏深文连那街
深牌起风何人案　　飘文那岸试深牌
白鹄飞入京城洞　　何层执得贵京文
当初起歌在那处　　观音投佛海龙门
执浆挠船入东海　　脚踏船头水面光
鲤鱼游海深潭底　　谁知今夜遇风凉
月出车门沙石则　　沙刀抛落插红园
红族插在南江口　　贱小飞来怕近前
花楼起在青龙背　　世今移落广南京
早换三朝金盏水　　倒落天门转少年
今夜共行八仙路　　七朵红央入栥园
龙珠光明无能比　　比像太阳飞过天
百花天子游天下　　飘到仙村水步高
正若掉丝落下海　　又怕鱼多线不牢
六马千般六连过　　遇龙水面听风流
丹竹织排初入海　　得见水深怕不游
苗落困滩愁忧众　　为贱无缘正度饥
外游飘到京仙府　　望仙舍意解愁思
听闻广京闹热国　　外游化燕到仙村

可然京村花现影　　试拜天思分不分
因为丹苗命落贱　　无缘思感贱多愁
回得天分地赐转　　日日望云遮过头
天底四边苗游尽　　不知那日正停时
想尽外游难过日　　想情眼泪淹眼眉

［说明］深牌歌，邓元东于贺县瑶区收集。

座地歌

南阳东海东京在　　刘印秀才到贱乡
六管深牌深柳谢　　深牌柳谢会鸳鸯
园中马头试立馆　　门前烧起一炉香
烧香门前云头拜　　拜开云雾会鸳鸯
刘三置歌又置曲　　置起江河又置山
置起山源对水口　　今夜试连广国央
好花初行到贱国　　试约玉仙齐解凉
约得道红齐解意　　试约好花作笑连
试　约　锦　　手拿六笛试抛球
手拿六笛抛球过　　试约玉仙齐合游
试　约　锦　　抛钓下河试若鱼
试若鲤鱼来吃钓　　约仙上馆解欢由
再　约　锦　　入庙烧香再约仙
约得道红齐上馆　　约仙今夜来香连
一请功曹到半路　　二请功曹到半街
三请功曹传报主　　传报主人引客来
第一功曹到半路　　第二功曹到半边
第三功曹传报主　　传报主人引到边
请　仙　到　　两边安下凳排排
贱苗起身接仙坐　　舍仙贵贺到园来
难　为　到　　坐落欢凳齐饮茶
一盏清茶托把锦　　饮了清茶结好花
饮了清茶苗接盏　　金仙金口吃筒烟
贱烟便是自己种　　退下烟筒作笑连
试　启　扇　　齐来启扇招风凉
脚踏戏台齐启意　　齐行世上解欢凉
贱表坐落荒园内　　今夜会逢玉鸳鸯
舍步行程到荒园　　要舍真心齐解凉
久日望天齐赐福　　开云月照到荒山

求得云开月现影　　老幼之人心也欢
朝朝空见月现影　　伶俐娥眉不共乡
思着一朝不吃饭　　心想情花愁乱肠
天赐烟缘齐共福　　比能太阴伴太阳
九叩连眉开明镜　　如同重水转阴阳
六明重在鸳鸯镜　　好合团圆万步良
八角天堂开半色　　舍情解意当开阳
初到苗园齐会着　　肚里烦思贵步仙
和阳仙情挂苗肚　　爱合团圆一世修
凤凰好飞连塘村　　连塘杵底守鸳鸯
海水朝阳配金色　　金杵望遮九样深
朝阳世上推云去　　无云遮水海中金
西阳海岸好金色　　案上烧香好解言
四为得比催文样　　七姐下凡结配珠
青云遮过白云雾　　深水排红案上思
启有芙蓉齐相念　　久望留系结配珠
当天结下名头号　　阴阳二路不抛休
千言诉尽靠仙照　　莫得推时空过秋
玉女天仙配董永　　二俩有缘结配修
单苗想尽靠仙道　　伏前不枉贱烧香
情由结下逍遥府　　永世不分结配长
二人修正逍遥路　　节上花开守世秧
西连洞里好仙杵　　南河海岸好鸳鸯
二林怎得齐相配　　掌正圆台京馆州
西河海岸连金色　　得配状元心满了
凌罗广海仙饥肚　　也当千金重案台
重福千金靠仙赐　　守正莲台齐合来
莲台一世投仙杵　　推云驾雾会鸳鸯
花园四季长年秀　　八方投东万岁长
海水朝宁难得见　　要连仙步也难逢
修心踏上天台府　　天平万岁守连容
四边排起金街上　　齐上京城见洞园
东海岸上修为定　　北斗云科会众仙
逍遥结下深情意　　齐掌真心莫改情
二人投科修为世　　掌正花林千万年
话　得　好　　提来真是病心候
言话提文不过锦　　思着千年难得抛
听仙提言诉散戏　　心慌肚乱断根肠
怎得天皇齐赐步　　结下戏台千万年
传　报　锦　　单身传报好双人

莫思拆散深情意　齐合歌言千万年
传　报　言　贱案提言报贵仙
今夜虽然天光了　重有明夜要思心
抽头得见天光了　思作歌言难舍休
刘三歌言唱不尽　言语相交齐共留
真钢打刀破苗肚　不断肝心也断肠
手托姻缘修为定　二人立志守恩良
留　住　锦　脱下马鞍街巷旁
脱下仙车且作笑　且来作笑解欢凉
留　住　锦　急水推头留住船
留得住船进水步　留转贵锦进贱村
真心真意话不尽　锦不停留挂贱身
十样留锦留不住　苗也舍心送锦归
留锦不住留脚印　留锦脚印进苗乡
不见情锦见脚印　见郎脚印当仙央
一送情郎上路去　刘三情意报龙知
几日路头郎慢去　归去路遥留意思
二送情郎归传国　久后相逢缠旧系
路远归家留心稳　齐留情意莫抛休
三送道红回转府　十分难舍锦归园
报锦归京留半意　稳定真心后进连
四送情郎大路去　无钱相送好情郎
贱了几多情郎意　舍驾到园空传乡
五送情龙船中去　口含眼泪路头蒙
情郎归去路遥远　永远路遥枉贱肌
六送情锦到府上　贱表也归锦也归
在家三日不吃饭　忆断肝心人不知
七送情郎游游去　抛把贱苗守空州
自想寒丹无缘分　手接衣衫泪便流
八送情郎思不尽　比能刀割断肠时
含泪十分难舍锦　二人共意莫分离
九送情郎上桥路　丹子愁慌肚里思
舍手离郎各自去　二人拆散各分离
十送鸳鸯归转府　细报情郎慢慢行
报锦修心敬父母　年后相逢才思量
在落路头话不尽　思着锦容肚里慌
那岁再逢情郎面　齐台情由百岁长
再　报　锦　报锦归府守花园
稳掌江山修心好　留把真心后世连
再　相　送　相送道红到案街

路上交情留借问　　借向道红那月来
抽手相分收歌转　　收歌转国守乡园
收歌回转圆台步　　安落心中千万年

[说明] 座地歌，邓元东于贺县瑶区收集。

出门唱

踏入京堂问京馆　　踏入学堂问童孔
借问天师周文武　　十部文章那部深
仁武年间退朝下　　永远宗支随化游
八角四方逃游尽　　逃游踏入幸京周
蒙苗踏入顺天府　　过存秀土习文言
阳墨曾曾化眉镜　　阴边玉不挂朝京
深山进上化粮子　　飘游东海府朝来
踏入朝中闹阳府　　谈笑相会世深排
东良云山架南斗　　思量易限府朝街
立幸未成启风云　　南阳初会世深排
先前盘古开天地　　开天立地世年来
则问仙京逍遥府　　丹宝蒙肚世深排
蒙丹飘来不晓理　　不当吵闹众龙宫
一朝老友香引带　　开眉莫笑细丹蒙
京城官姐广开亮　　扫扫宫门金椅子
扬边挂在朝京上　　当子起积梳子台
苗丹易限鸳金地　　朝阳明镜挂朝排
四方立起燕京殿　　立起一层成二层
孔夫面前真是叹　　胜朝立起赛京堂
初入京堂真是叹　　普天扇上共排行
仙园立京赛广滩　　排板桅杆立四行
太阳日照当天下　　七星北斗两边齐
君王玉女排京管　　红燕生罗慢谢文
东海启风南海扇　　此云壬祭启两龙
东南西北起了云　　今夜东龙暗洞槌
四得壬癸启风到　　扇开云雾见青龙
风神以顺勇天下　　忆死天门苗目蒙
清风苗入天河表　　使法神通下地容
不　在　理　　贱小不当到贵行
金扇奉茶单手执　　细燕蒙丹理不当
扇开云头能天镜　　扇开云见太阳□

扇开紫微见月影	月扇团圆千里光
飞过逍遥仙京府	赐下八仙玉女茶
赐下金钱为花朵	抽茶水面出莲花
里顺阳姻托茶到	槟榔开阴化流蒙
螺螺不当惊动县	不当吵闹像龙宫
左手托起金杯盂	右手托清玉女茶
金童玉女礼义重	化苗不赶起仙茶
吃茶便问茶出世	茶秧出在那州县
种下那仙那人秀	那仙秀起味真香
接宝化丹翻复回	九龙出在那山头
巧计原来那人置	那人赐下解愁思
金杯托盏银盃对	双凤朝阳朵朵花
十子双全齐起岸	玉女金茶流进家
不　在　理	吃茶多谢种茶仙
多谢种茶仙秧姐	多谢秀茶玉女仙
玉茶吃了烟又到	思量情义几多深
蒙林顺比何太姓	抽手执情美色烟
执起仙烟顺口问	烟秧出在那山望
种下那山那人秀	那人秀下解愁思
借攀黄良扇书到	那人种在那山头
普天那角种金树	那仙发下解忧愁
门前种条桂木树	香到九京香到天
玉女赐金贱手执	遍看像仙贱吃烟
茶烟来　花未谢	海岸槟榔摆满园
化留不是上亲容	姻缘劳神家义行
思量游到仙京府	赐下凤凰龙凤珠
执起叹声不舍吃	留来代转空烟由
龙珠出海在那岸	出在那州那县田
那时花开树结子	那人代转进花园
屋背种茶千金树	那百年间结那园
蒙蒙飞到仙京府	双胜托来到面前
细当多谢仙桃宝	多谢凤凰龙凤珠
多谢仙桃多谢主	后谢众仙四行珠
茶烟槟榔留饮了	回转琉璃进凤园
回转琉璃进凤国	交把情仙从转林
龙凤好烟留饮过	手执银条不舍休
使了官音苗金斗	将来送转报仙收
琉璃榜上天街贴	万古千秋世上兴
贱小不当到贵国	吵烦朝上几多青
逍遥起在神龙地	龙口开门向那山

门前几对桅杆树　　挂盏天灯照那人
顺京戏台那人起　　那人立起那京城
几朝书友上学管　　那朝书友上台边
孔夫圣皇出那国　　那朝出世那朝人
书林置下安那县　　那朝人使当千金
踏入仙县学堂众　　京管学堂笔架齐
孔夫面前不敢到　　不起众情遇戏台
抽脚细踏仙桥过　　又怕桥高心自忧
化命落难怕不去　　万丈深堂怕予休
将勇进朝带领姐　　言文武插满堂门
寒苗抽头打如看　　几曾贤姐撑京城
只为苗丹目蒙从　　蒙肚无文陪凤言
以后若有贵人到　　慢来准过贱丹身
寒苗未代聪明分　　空在莲台扇手金
明阳广照天灯路　　高挂月头广照天
思量执歌苗不唱　　听仙唱得贱心思
听着刘三每样火　　苗叶细接秀花归
未过从朝莫见谅　　衫袖广遮贱步身
贱小不如学京路　　吵烦朝上不安明
执起仙言相借问　　问仙那路好投交
不晓逍遥去那路　　那条喜路投苗修
一愿朝民莫换国　　二愿爷娘千万年
三愿国民安落地　　四愿太平姐妹修
五愿交情得年久　　六愿合般有共游
七愿不休紫微国　　八愿能人各老秋
九愿不休紫微国　　十愿七星北斗游
千朵花求苗不摘　　千条诉愿记京街
化到连音八宝案　　街前那榜发红批
若舍贴批题金口　　苗草舍福共朝排
永架金桥齐共福　　永行虎步七金街
千家门外化钱使　　化到逍遥八宝街
半天提句良心话　　不是强求缘分交
问仙诉愿慢配修　　不嫌禀报慢来修
朝之门前托头拜　　不见那人化到求
左思右想无投叩　　回路且因来念时
舍情修交有情义　　不美不甘又到周
想起情由真不美　　且条因路到逢修
意情齐修如此过　　金望留思修到头
不嫌再修共耕种　　免寒吊泪落离桃
仙话意修怕不准　　半官把部不清挥

修逢一仙真难舍	恐怕阴阳不舍归
贱苗意修心不修	长长留意贴苗飞
能那正话莫得耐	苗本连衣不见妹
本言共修忘情路	万般诉愿共桥飞
若是情仙舍得量	算定共朝共路修
明镜山前三条路	齐修一路共桥飞
奈何桥上烧香拜	在舍烧香求对光
苗丹烧香求神圣	灵神赐转结情思
朝东也共仙桥过	朝西也共架云梯
路路忿心留思路	顺手关门十八秋
若舍苗丹共贴福	禀报留恩记共修
修逢情仙算定稳	一身诉愿二身归
好遇明阳千里镜	邓望留思苗贱采
流水下滩非有意	云来飞过久留思
修缘守共团圆卯	团圆守那共桥飞
齐共修缘留千福	秀球供贱二桥游
看尽可有不能凤	不有能凤好投修
又共逍遥修结配	如同祖内共边排
守在广西长年久	未曾半句起深排

［说明］出门唱，原存广西金秀瑶族自治县共和乡坤林村赵成保家。1957 年 4 月 11 日收集。

出门行

风吹扇文有京管　　耐放玉皇玉女仙
王姐开恩说有话　　贵府人倩到贱园
贱苗爹娘齐思想　　投媒行到月仙园
苗爹供媒到仙府　　相会月仙姐面逢
贱爹立心安在肚　　回转贱园立肚中
耐放先生桃缘分　　结交上婚不敢提
想思天赐缘恩到　　前世姻缘稳定机
若言莫历木朦职　　天赐姻缘未到边
家穷命浅少天福　　七星共现照苗完
怕如天分未赐福　　多愁月九根仙央
月九年间难休意　　造言禀报贵阴阳
情有真心莫换意　　定稳乾坤莫放休
算定今世共桥路　　共海架船世上游
蒙丹想起愁情路　　家职贫困舍样难
月仙过天重思转　　仙锦衣庚那步凉
问情一句仙言话　　随仙京肚报寒央
冥皇会分六缘分　　会作六缘抬上综
有缘会作连桥记　　结下千情永万年
王姐开恩说有话　　定府入转扇上天
千里爷娘齐思想　　扇上天堂四角完
万里长江千里镜　　九州十县准为篇
永岁千州共学馆　　千金八宝上为田
舍指兰胸照世上　　细秀高风贱步完
莫陆情恩天赐步　　同能天仙守上官
白马丹央听仙记　　好本红旗供手攀
头带金弓大明月　　观音案上好烧香
洞里眉飞娥过路　　听闻园里好鸳鸯
抽头看天天又远　　四边明月上开阳
抽守若天照州县　　七星姊妹都烧香
林中有丹照上案　　久生娥眉照广乡
情仙一国苗一国　　月亮西天怕扇蒙

舍指不开随仙想　似开一指手蛟龙
仙姐金装命带贵　怕仙忆嫌贱未童
细报情仙莫嫌意　风打雨天月样红
舍样抛蒙飘落世　奈修千世望成林
手伏明镜穴修定　完齐案上共头金
火烧青山隔天举　风打山角机现深
耐看珍珠攀代线　几岁攀丝案上学
几纸京文问仙意　路口千条通报央
东京造纸双连久　二纸修缘能太阳
千条路口仙到尽　报仙留意莫飘阳
刘三京交仙晓尽　莫陆多文扇表央
留情挂在排榕案　慌丹回转锦抛思
两广合起共一省　又怕城边林笑谈
案上林中花发重　天河年后共船飞
月仙望落东南案　难得天分齐共圆
重叩皇爷开广扇　久岁千秋配月圆
耐守天根花树发　不枉天堂守空言
齐留金文内里守　九岁天堂结配央
二林天园齐结意　齐守绿缘共一园
重结天仙三太女　团圆架雾上西天
奈守天仙里府在　红燕飞天久步良
思奈亦精三太女　十指栏胸同样长
天眉四季园里在　同能梁山园里仙
贱自娥眉飞过路　脚踏青天守扇园
齐上龙船撑上国　手把红旗飘落行
原来太阳照贱步　万岁千秋能同行
一月求天天不应　飘云架雾望成林
二人齐守天门案　久万千秋结配央
京离天高地广阔　重叩天眉照转乡
遇着天仙思乱肚　逍遥把尾结天堂
久攀云雾半天转　二林结配望成林
十二个月头照上案　天子初生四国元
前岁太阳高天照　奈守门前共扇连
算定京文交见意　龙现东京不断弓
月仙落在天园案　手把铜金绣细文
北斗更行青天去　一层云雾暗天门
八仙种在人园里　志落门外共齐文
奈秀案照上云内　奈修书信上京园
天兵抛棋未相会　重叩仙央遮贱言
当初玉皇抛了印　千秋配定结鸳鸯

天园飞凤长石月　共交今世上宽量
东京种对天平树　种在天门四角完
立定条心久留意　甲子回头守风山
共结天仙交为月　清水开花誓不离
结到石头游水面　白纸合般二蒲飞
青天好有逍遥殿　七星姐妹下占完
好过京仙来会荣　难为开官齐寒连
仙连久立逍遥殿　广阔山苍好立光
丹完算定配情意　叩投六管守齐言
山高意着燕飞过　水深奈架洛阳桥
湖南清水起风浪　水深奈架一洞桥
伏内早修来缘分　抛扇挠化共手园
一心投仙共结意　花园案上望投林
南阳八仙照上案　正好烧香案上求
思尽前生无缘分　左思右想泪双流
肝肠想断如刀利　莫留情意忆心休
因为前生命带愧　苗正添香案上求
贱生一世草生秋　会看天仙正好修
随缘随命随时过　随命随时世上游
踏上水林桥一步　手扇出门心忆休
重叩金童伏前路　桥过路口解心优
细　恩　情　思尽情由水样深
邀仙共吃金杯酒　二两交情共一心
细　恩　情　思尽仙言心里慌
造乱心机仙不晓　休下三魂祖传央
思仙情言造意乱　连带伏桃水面量
想尽今世命无分　思仙情意断肝肠
苗话苗思仙不晓　舍样思仙仙不知
情仙在案莲台案　亏了苗丹意在机
苗魂挂在观音案　英作三魂扇下乡
朝朝执饭抬头共　云渐三阳就欢阳
抬头执笔抄仙意　爱抄面貌挂苗园
脸雄挂在苗身上　朝夜三魂现坐前
抬头执笔抄仙意　细招情意挂苗乡
朝朝吃饭抬头想　不见三魂现未央
二人结情话不尽　留条长线后来添
今世长情难了世　年后有缘似旧连
学堂读书望中举　平田种蔗望留思
今岁修缘不满意　那步有情万想思
壁上挂灯下地映　沙罗种在二林边

沙罗种在三街内　扬杆信天久万年
四得龙王赐转国　我俩团圆共月圆
门前杆高好落鸟　深塘广海好连流
现京上下长情步　水流东海不连鱼
二两结下长情步　天门四海万年深
连线抛丝意上案　二林结意正好新
一岁修心修不到　二岁修缘修不变
舍情柳福旧岁词　奈守二缘共殿台
七州八府成名字　齐来修福秀花园
扬福修仙配万岁　万岁修完守世仙
安心下马共抬耐　正能乾坤凉二园
有缘脚踏花未现　齐思相合能龙仙
几时守得天柳福　缘恩思想结情连
细小元游想仙意　谁是我情想坐仙
桃源水深船难上　留下长城万岁年
南国代笔抄文书　加下南安种九园
抬头立有京天杆　皇城立印满台经
京天柳福多好计　二两双龙能自圆
大国双龙朝天下　年后有缘重叩仙
水流天下为情记　万年落凡齐得连
流连为岁齐天下　龙皇朝上定朝元
皇城有缘安天下　会看花眉来对仙
抛了万般伏台殿　留离内里挂情深
二人踏上连桥耐　风吹仙记上京林
脚踏连桥修缘盆　齐修结情缘盆仙
一步长情元满了　得共花园千万年
我俩得情话不尽　抛了情由修到边
二两分立仙台内　年后不抛情步言
游尽街头修缘盆　家园抛了去投仙
水缘落在朝容案　是得鸳鸯齐共园
二林变成能双燕　双燕修成万岁年
鸳鸯修配共仙案　共结灭招配凤央
结配情恩长远意　莫放贱苗愁忆心
日照东京只留亮　云飞大路共投林
高台四方月押印　共游京馆结投仙
月出东京天堂映　游园四季照花园
起屋之年无瓦盖　抽头得见过天星
大旱三年不落雨　求天落雨贱求情
细听京仙言语好　叩望真心共结言
得见仙乡连台上　手上无香难见仙

东京立起娥眉殿　京城寺里现仙央
齐家都是丹林杆　比能江河水样长
月出朝风天上照　眼眉日晒水来淋
河阳云头好修道　叩上神仙开路寻
三宝连拾离京远　伏殿烧香难见仙
是得天分四苗国　十五团圆齐过天
贱纸抛落深塘里　随及风来起浪飘
想尽千般无计奈　望照寒央蜀杆桥
细投仙央贵花朵　未会欢文言不深
皇城府上官职众　莫谈莫笑贱花林
贵宝东京唯转案　山中林苍也难通
限尽仙台花抹众　月出山头园里红
思着当初共学县　莲台不久又相逢
见尽天仙多案坐　烧香难会又仙央
日出东门望赐福　龙回四海能花园
深情二燕齐有意　重叩天分长久缘
看风比能青风扇　贱思难定到苗连
歌仙修身逍遥案　亏贱寒央见水深
无风挠扇空自限　因风自挠空岁心
仙洞丹女多思限　红城绣结望成林
沙落恨情心宽喜　得福千秋叩月圆
脚踏桃丹河圆步　齐限江河今扇凉
现步何园齐攀扇　留思三两共烧香
春水流下广南滩　海衣珍珠现上旗
七□共在南京馆　是得六院倍案街
算　定　盆　今七抬盆算定连
有意情仙齐合印　今年算定贱来连
传　报　妹　极风莫愁真意愁
不信及看十二月　左右红无插凤头
清香不得共案信　檀香不得共炉烧
八各灯笼堂上挂　照上九州龙凤桥
是得天分地赐转　广里烧香正好寻
七州八府黄永福　四得有缘齐共林
可　惜　了　可惜花好不得连
四得天分赐苗国　得配贵花齐共园
可　惜　了　伶俐贵花不得连
贱花好去路逍遥　叩仙明镜照丹园
贵　花　朵　陆步花央空枉龙
听仙话来空枉贱　枉苗世上守寒园
听仙话来来提贱　可惜好花没得连

想尽贱苗无投靠	叩仙贵杆广遮园
叩步长情兄留意	奈何莫上共桥园
千条抛落思山意	得福齐园不枉难
京城案上齐有意	案上烧香得福齐
二人姻缘齐修道	修情定情共仙抬
有缘守到天赐福	成林叩步望天悬
得共京城一学管	二两团圆守世间
传　　报　　锦	花园内里共修仙
贱步修无望得福	得福投林共叩天
众圣闲文排金殿	台上绣花可有情
真仙难得现上殿	求天守福共存城
共仙抬上绣花朵	花朵也无情也无
董永修心齐得道	同能丹仙照广园
利刀牒木根重在	江水长流不了丝
如阳贵锦自心思	莫听寒言造乱机
新京立起逍遥府	廷前挂榜伴天凉
投上天园入仙国	世若金花发下乡
白鹤双双难得劝	红燕双飞海岸边
世间无缘投仙贫	奈何桥上会逢仙
东门挂起三行纸	十七细烧龙凤香
起眼观见天连地	青脚发云空限山
东园花开扇点日	陆阳海岸好花园
几步寺门细修须	廷里器香空限仙
经堂内里修龙须	南海太阳照广园
丹子出门入乡里	别离龙案路头长
起眼器系空得见	肚里插刀痛万肠
清龙头带双珠印	凉伞好遮出广乡
白鸟飞落京林里	心相器投自泪园
梭罗好遮齐年日	东海龙马扇六元
低丹扇落人院里	手里器香宝限仙
团鱼爬上三江口	草鱼撞下急江滩
贱修今世正逢道	苗岭今世正逢娘
东门挂起三榜字	四缘难舍贵鸳鸯
东海器门世挠扇	南海水深自架梁
初来初到仙园案	听着贵仙烧好香
一更若起摇风扇	七星伴道伴天廷
久听苗林吹好笛	丹子器文心里慌
湖南海岸种桃树	风吹树叶两边扫
风吹叶落入元里	得会娥眉仙凤央
今水细流湖南海	落阳海里好文章

听着仙林有好意　　肚里器文难上滩
久见青山少见学　　多行山路少见乡
六部经书未读过　　叩望情仙带贱央
贱在湖南青水上　　湖南清水浪翻翻
苗丹修道不知路　　正落四边相会央
修顺三年天下道　　正到湖南广阔乡
龙在湖南青水上　　摇船海里叩风凉
出门脚踏湖南水　　水面撑船难过滩
打过几多街前外　　正若贵仙到步乡
出门脚踏千条水　　不知水路那条长
众仙姐夫齐行过　　重叩情仙岸上央
白鹤口含田基米　　燕子口含沙石梁
龙遣细纱好修道　　舍来难为好烧香
水过龙门流沙石　　石上开花朵朵金
行到仙村逍遥府　　当能龙珠现影新
白鹤游游千里路　　水浪千年万岁长
今世投仙沙罗路　　青天月亮本天长
天鹅飞过街前外　　风吹花朵满园香
内河相尽器元盆　　器内难投贵步仙
金扇摇风千条亮　　日照天眉到处光
二两逍遥亦有意　　莫断莲台案上香
东扇龙门凤对凤　　金树开花扇扇圆
年年坐船不上岸　　日日烧香上案前
好花种在阳河岸　　结子年年同样完
天赐有缘投仙盆　　贱小烧香守万年
海门寺门秀官印　　西海寺门立好完
连仙无能英台样　　四得有园骨共园
水底种花上水面　　水面开花满地红
案上烧香拜两拜　　几时耐守得连仙
天堂寺礼种莲杆　　朵朵开花种满园
二断莫断沙罗路　　前书望对后书篇
莲堂花现河阳岸　　湖南四水沙头祸
二两有缘重相见　　器园各国及离逍
好花种在金桥上　　风吹花朵两头圆
看仙千世齐留意　　相会烧香扇上前
天眉陆路好修道　　水过龙门淹嫩秧
久闻天仙留远意　　强如京里进文章
思仙元能观音样　　元能山头竹样飘
连仙看笑齐有意　　歌言离别断逍遥
细笔逍言青云转　　同如园里进文书

洛阳桥上青云在　　难为重记月年谱
千般愁言话不尽　　全报贵仙金线央
二两莫断逍遥路　　重仙到案好烧香
千般万言话不尽　　刘三歌言话不完
万丈江河千年坐　　贵步留心久度船
起眼得见天光了　　舟子摇船水步滩
想思情仙言话好　　强如深海案中央
龙为信是照明样　　器文配锦解宽量
园招清单太照照　　龙凤花开同样深
可　惜　了　　路远抽头不见仙
起眼空见天连地　　抽头细望断头烟
思着仙央离路远　　忆忆愁愁造文章
有意情仙且收看　　二意留心万文长
清凉便离南海远　　起眼苗仙离路长
二两有心言话重　　久重难抛心里慌
河阳海岸龙秀月　　七星明月照中央
开箱得见仙言记　　强如龙面会鸳鸯
天边落下千条线　　落下地中思自园
得龙有扇平抛起　　沙罗皆上好花园
莲台案上好修道　　南案寺里好烧香
投仙着笑齐有盆　　细扇摇风心里凉
天上白云随风转　　水过滩头滩过滩
有事行来到仙国　　无事何曾得会央
天高地广心难奈　　共个日头各自乡
今世无缘投仙盆　　奈河桥上重思量
台头执笔造言话　　少部经书造不齐
言语不真细心想　　书字不真执笔脏
老君面前交手印　　阴阳二字配千年
一修二子起风亮　　台同伴印未离仙
六步深情话得好　　同能火烧灯火炉
二人相是灯火盏　　金口易行永远秋
一上天堂看上圣　　月现紫微慢架桥
日王带头天平帽　　易文世上配金钱
南阳海岸南海岸　　南阳海岸白连春
有心二字开恩路　　阳河线世无姻缘
变个天堂靠明日　　半朝天子坐京中
屋里攀经过万岁　　七柿桃来未了弓
鲤鱼上江不离水　　青山百鸟不离微
叹尽天朝收四女　　细万丝文苗执思
看得正春情十二　　红山百万伏官郎

桃容比能七星照　　得共为情东海光
一条黄龙半天树　　二保六阳见能浦
世上修行叩风扇　　思想深文细慢图
抽头细看起风路　　根由难过广江滩
是想坐朝好过日　　坐望日头砌转恩
落海手中投心恨　　洛阳桥树未开恩
结情未仙好情盆　　叹限仙元好朵央
连桥架座广南岸　　修元远远在来丝
共坐学堂京书管　　弓箭蒙叫自杆凤
好花插在京林里　　得共为林守世中
两子会云坐朝上　　不久分离难转弓
抽头细看天光了　　到处寺门烧起香
折散学堂朝休会　　弓寒树杆转回乡
苗蒙杀上化攀鸟　　贱坐仙林水步图
投仙有心易杀死　　记情世上解忧愁
远远思情苗坐肚　　想起苗元苗执丸
离内本乡好细容　　弓寒坐后忆愁思
一夜情由话不尽　　拆散学堂难了仙
世想共朝得是假　　落坐广南难是边
修世不逢桃花洞　　眼泪落断不现阳
云雾过天不见脚　　朦朦思想过年长
劳录君王带情意　　又是有年一品弓
背休易后齐有份　　细万重情苗重飞
易陆秀才多文重　　世上公侯共贱修
面面叹声话得好　　永世重情步未休
得贱深文船上度　　劳录仙情声好章
化攀飞来不在礼　　抽手遮为木贱央
世上情元话不尽　　共骑云马半天游
世上结情意断路　　易后相逢球对球
架梁年间无人过　　磨墨年间洪水流
开花年间兵马摘　　结子月间无我秋
北斗同下共台照　　现影南河海是深
见仙行来到贱国　　未经陪言成了仙
望福留音壬占上　　远远广遮秋意思
六阳色下常文到　　不满心机一世飞
得贱秋御今当色　　八保朝今架月为
乃日行游到仙国　　北斗烦思留乱飞
投正月中守万岁　　取转金眉照世龙
种起檀香齐拜福　　修顺前心配一弓
云中水府长为月　　投正桃红榜上开

得现千声守福上　　鸳鸯飞过凤凰台
天子难容朝阳上　　意种难抛事海桥
苗思起色烦心奈　　忆落西河月月焦
贱是依丹愁不尽　　叩锦天眉伴贱央
街前六管十人想　　扇起逍遥宽喜良
今世修缘不到步　　再修永世共桥梁
自仙那时得挂职　　考科重举报苗央
命贱无缘共林树　　苗丹恭贺凤连秧
手执官印面前使　　流条情意水边长
随挠亮情仙到案　　苗丹无样转回时
因为家中贫穷尽　　细小手头帖信移
大州六阳和六庙　　何在大州抬得朝
千里苗思金银水　　千两黄金案水桥
不　使　送　　贱小单身砌步长
送着贵人有水使　　送着贱苗沉了秧
不　使　送　　仙是送寒不到园
路上无言不无带　　回去莫全声了园
不　使　送　　寒是单身路又长
前行一步当千步　　又行二步到仙乡
不　使　送　　果是回家不舍央
抽头信看心思想　　舍仙不想断肝肠
打开州门苗通信　　又打县门贱记言
寄书寄到仙里县　　寄到仙村到凤园
贱书不有可言语　　少言回意到仙乡
凤凰结成通地久　　鸳鸯结能水边长
算定修来共一国　　珍珠现影在中央
珍珠现影仙屋底　　一夜又愁忆断肠
水底离天高万丈　　心想离仙路又深
得燕比能凤凰鸟　　飞上天上共陪情
四得有缘修仙道　　一日烧香佛殿前
苗是添香仙换水　　姻缘修到配千年
回　书　转　　回转情由把凤看
难为记得有意情　　回转仙村莫笑谈
回　书　转　　情书回转会情思
有心执起看书看　　无心抛下海中滩
左思右想心思尽　　违着情由挂在心
当能太阳照苗世　　无缘结配能仙林
旧岁结有沙罗路　　逍遥内里好思量
难为舍了真金保　　记把贱苗案手箱
十年开好投道去　　百年间种花龙央

中天水回情转意　　往造经书转回情
恐怕年间多世间　　世今不离千万年
两次烧香过天上　　转良心后世连情
一日出开千条水　　又知水路那条长
田仙姐妹齐行过　　文叩共情情上阳
不眼无学空得见　　口里插刀照远乡
田龙头带双珠印　　福伞好遮出广阳
一心架桥过海岸　　过到半滩水浪翻
月上离仙落路远　　日想自思真可园
江边水浅鱼不住　　花志仙间修未齐
意生同班配伴凤　　不久成林伴秀才

［说明］出门行，原存广西金秀瑶族自治县共和乡坤林村赵成保家。1957 年 4 月 13 日收集。

山　乡　歌

行出门前顺照映　　天官圣子满天游
听闻广州官唱戏　　红旗演演定何州
行出门前试深水　　比能鲤鱼协令堂
鲤鱼协令深潭内　　不知游过那条江
行出门前试深水　　比能鲤鱼协令田
鲤鱼协令深海内　　不知游到那江边
门前塘里种格树　　高山石壁种桃梅
下洲去买横吹笛　　不知引约那人吹
燕鸟飞入林街巷　　春深白鸟劝声齐
仙树立起逍遥馆　　出阵点兵闹热台
燕鸟飞入树街巷　　春深自鸟劝声双
仙起立村逍遥馆　　出阵点兵喜闹堂
行出门前自报句　　细报红堂花嫩央
爹姐生寒蒙心尽　　莫在门外受风凉
行出门前自报句　　细报红堂众仙央
爹姐生寒木蒙贱　　报凤千万莫思量
平滩水浅船来晚　　南岭山高月照迟
听闻娇娥谈言久　　寒丹不敢出声来
黄獭寻鱼正下水　　鸬鹚布销下深堂
六月鸬鹚不下水　　未曾经过唱歌行
抬头得见龙围月　　月映曾曾为过洲
月映曾曾为过县　　寒丹细问那情由
抬头得见龙围月　　月映曾曾为过乡
月映曾曾为过县　　寒丹细问那文章
今朝骑马过街巷　　街巷不通马转身
脚底无鞋难退步　　身上无衣难会双
伏　问　凤　　问凤洲廷福贵央
问凤有衣借一合　　无衣难会贵仙央
传　报　凤　　传报州廷花嫩仙
爹姐生苗贫难尽　　无衣不敢入花园
水深无桥也难过　　山高无路也难行

撑船下滩怕无浆　　潭深无浆也难撑
燕子入山投林树　　骑马上京随路游
小鸭乖乖真听话　　鸬鹚不听伏沙州
湖南初飞一双燕　　飞到仙村林里停
贵国林书花园众　　比能九京官里园
龙塘水深朝心限　　朝心细限结青园
细脚踏入娥眉殿　　观音殿上笑连连
乌云过天水便到　　水过滩头鱼便惊
四边仙人来看戏　　试来抽脚踏官厅
难为仙央赐伏殿　　五湖四海结花齐
行来仙村闹热众　　试来抽脚踏官台
随日登林随日到　　寻见梅山十巷街
礼拜圣人孔夫位　　又拜学堂京馆师
立起学堂教京馆　　执笔细思十二行
登山寻见华林地　　梅山街巷超书堂
伏　问　凤　　金凳排排在两边
四边金花排排在　　贱小问凤在那边
左脚踏入花林内　　右脚踏入官凳齐
苗丹在落黄金凳　　凳头亮尾插花开
打破一州成两县　　万百人马隔步河
七星姐妹共凳坐　　造合黄金有几多
不　当　里　　不当抽脚踏仙家
踏入歌园坐官椅　　不当抽手接仙茶
不　当　里　　不当抽脚踏歌园
踏入歌园坐官椅　　不当抽手接茶烟
吃烟问凤烟出世　　作笑问凤歌晓头
当初烟秧谁人置　　谁人置下解忧愁
伏　问　凤　　问凤茶杯几点红
问凤茶杯几个字　　几个落台解样红
贵宝种在北京殿　　移下南京天井边
贵手托来贱手接　　重如贱手接金钱
难　为　凤　　利刀下凳切烟丝
有缘接得仙烟吃　　六月无粮肚未饥
吃茶多谢种茶人　　吃茶多谢秀茶央
仙村种有仙丹竹　　比能贵州八角香
黄连细秀西河岸　　细秀黄连糖样甜
品过茶情品过凤　　品过逍遥府上园
一姐上界仙家好　　一步龙皇二步良
难为仙央秀烟叶　　手接烟筒口里香
手拿贵宝青山木　　龙头凤尾带有情

又拿红盆带丝缘　　红系带下好金钱
贵姐生落文炳女　　流落街头进步前
流落街头身边坐　　点火两道齐出烟
九带天门官案府　　十带流廷圣案排
四府天廷立香殿　　五圣花阳六圣街
那国地头出井水　　那州同口出连罗
竹排撑下深滩脚　　顺情烟味二情多
四方地头有井水　　一朵金花在面前
有心伏事当爹姐　　变成云雾上西天
贵宝种在当阳地　　背条黄草两条抬
三曾首靠楼上盖　　双手使刀两面开
贵宝种在当阳地　　翻山越岭路途长
那月团圆正出现　　九冬十月转回乡
身上无烟家贫难　　情仙送烟好情义
贱小接烟理不顺　　左思右想不当理
仙　烟　好　　比能贵州八角香
接得仙烟不舍吃　　案在身上久久香
贵宝种在当阳地　　开花结子满园香
不信打开细心看　　穷人无本架桥梁
广东出得贵人客　　一身装起白连连
东岸烧香西岸拜　　水底飘丝来遇情
那月带谷发落地　　那月移秧种下田
那月十五付床在　　文书挂牢仙门前
行过州廷添条路　　千条路口起官营
天门见得天仙在　　今信花盆多谢言
连盆广阔花街巷　　六同山茶满树青
手接仙茶寒饮半　　回份转仙正有情
黄莲自保西河岸　　细香黄莲糖样甜
双手接烟寒抽份　　半份回连思着连
未曾谈情先问主　　问过主人欢未欢
同过主人心欢喜　　贱小谈情心便欢
仙　家　好　　沙手条条来得齐
仙屋起在黄金地　　又中状元出秀才
仙　家　好　　门前江水九条弯
仙屋起在金銮殿　　九代聪明十代官
仙村条龙来得好　　屋背条沙动得齐
罗庚配定三行字　　不出清官出秀才
仙村条龙来得好　　屋背条沙来得圆
罗庚配定三行字　　不出清官出状元
打开地平起官屋　　打开天井起官台

四边墙壁金砖砌	黄金漆柱映秀才
踏入一街到二街	莲花几朵两边排
门扇层层都是锁	金漆门楼巷上街
左边门楼画龙凤	右边门扇画麒麟
麒麟狮子相对坐	比能青官府上园
踏入仙园看仙屋	得见圣皇在面前
观音伏台殿上坐	香炉水碗万千年
香炉水碗龙缠过	金漆台盘在面前
金漆台盘排金盏	万岁明灯照贱园
情仙屋盖琉璃瓦	金漆台椅龙缠齐
东厅扇插龙缠过	门前石壁画龙台
贵客先生来定地	定在东南西北州
龙在贵园有花插	后园黄鸟欢悠悠
三个清官案上坐	四个画眉飞入园
观音殿上能把扇	燕子担泥来淹田
一必殿刀飘过海	二必只乃插下泥
观音殿上能把扇	燕子担泥来砌街
东厅四角排仙椅	金线银丝缠椅中
情仙排排椅中坐	安扇扇风在椅中
怕　不　念	高山插禾怕太阳
思良意机仙言语	肚里无文恩着慌
怕　不　念	金扇无文怕不开
思良意按仙言语	不怕仙村姐妹齐
伏　问　凤	问凤家中有几人
问凤家中有几老	有几老人伴在身
伏　问　凤	问凤家中有几人
问凤家中几姊妹	几人读书成秀官
仙村情由问不尽	自想逍遥好解休
自想逍遥好解意	望妹担水养旱鱼
细　报　句	逍遥游到仙老村
世上平情改换世	天崩大败赐姻缘
踏上逍遥第一步	第二看花朵朵思
贵村京城立道馆	贱小思良怕不移
置地寒丹命里贱	上街投印下街游
东楼起火西楼馆	细问众仙休未休
踏上逍遥第二步	白鹄飞过看广林
看尽花园千般好	丹苗延到望千年
踏上学院看三步	街上看花思起楼
燕鸟飞游京城县	贱燕飞游心里愁
世今年情未同样	无粮过夜自心慌

在落园中无投叩　望仙打发正心良
朝夜烧香投圣主　灵神不赐贱寒丹
入府京城无苗份　贵花现影照寒丹
初一十五龙换水　添香拜福望灵仙
京上花林修道杳　叩望主皇赐贱边
比能天堂无月照　好比海中无水流
等达缘思天无赐　沙滩无水也难游
上到天堂就天意　立定条心赐福齐
月出东门照西岸　几时照到步头台
日出东门天底照　杨树花开守世台
榕树花开影村外　几时现到贱花园
上到天堂求天意　立定条心赐福边
月出东门四边照　各树花开守世园
踏上逍遥好作笑　言语深义好文章
行来仙村好作笑　一世不思央本乡
一年四季有花摘　比能黄蜂不舍花
行来仙村闹热众　一世不思转贱家
逍遥林中闹热处　好意谈情世不离
贱小烧香投拜福　天恩分赐合双思
门前砌石垫过底　谁尤说话过苗心
韭菜开花情由亮　过后相逢情世音
上街种树下街凉　葫芦装糖不知甜
三村急事急落水　十八芙蓉挂空心
上街种竹下街凉　四水游游难度番
得见命虚无仙连　塘中无水养鱼难
不是白鹄飞不过　不是鲤鱼不下塘
水大难推三两宝　贱小难思作笑行
金　言　好　龙王会妃好连时
一夜共娘话得好　问凤何计定寒居
行来仙村好作笑　一夜亏凤伴贱央
问凤那样贴留意　慢慢思量谈笑章
逍遥林中好作笑　天光鸡子伏门眉
天光得见广林洞　未久分别各自思
天　光　了　得见风吹门扇离
门扇离开重相合　离了言语难得思
天　光　了　天光得见凳排排
思良共凤齐修福　天光得见别人双
天　光　了　天光得见凳排排
共妹谈情话得好　天光得见别人妻
天　光　了　四处人家烧起烟

得来贵村吵闹主	一夜主人不得眠
金　盆　水	金盆载水浪连连
娘是有心正有主	巷上排来凤洗先
难　为　主	托盆金水出门街
报凤有心接起洗	推久水凉难得来
金　盆　水	金盆水中浪演演
报凤有心一便洗	娘是洗前龙后收
金　盆　水	金盆载水浪连连
谈情一夜天光久	龙洗一边娘洗边
金　盆　水	金盆载水浪演演
深情好意难舍别	共盆洗面正有心
金　盆　水	金盆载水浪阳阳
白布手巾铺水面	比能北京金带银
金　盆　水	金盆载水浪齐齐
金盆一对金鱼了	比能北京仙殿台
金　盆　水	金盆载水浪金鹅
金鹅不饮金盆水	妹是未连不奈何
主人内里托盆水	见盆金水问因由
水源世出那州府	得洗面先谈笑连
有心洗面共盆水	共盆洗面正心良
报仙洗面莫推托	齐齐洗了转回乡
金　盆　水	金盆载水浪连连
盆中可是也养宝	问妹金盆几个钱
金　盆　水	金盆载水浪飘沙
三尺纱巾齐洗面	问妹横更有几纱
金　盆　水	金盆载水浪游游
共盆洗面娘嫌意	枉了修缘眼泪流
金　盆　水	金盆载水浪批批
共娘洗面娘不洗	烦苗一世受孤凄
打开一分打一寸	七寸金盆打到齐
细心细看盆中内	四角盆边双手开
盆中案有珍珠宝	托把回娘自便开
下州去买珍珠盖	水在金盆娘去开
再请上人来打锁	水在金盆娘锁齐
铜锁锁有十二层	叩凤聪明打得开
再请贵人来打炮	水在金盆要炮开
千层珍珠都泡过	泡开盆内结缘开
下州去买青铜转	再请师傅打锁匙
千条锁匙去开锁	打开金锁共娘思
南岭山头下深雾	云雾层层盖水中

金鸡打落盆中内　　难得云开见水中
下州去买白浪扇　　上扇挠风下扇凉
盆中云雾扇散开　　金鸡飞过岭千层
南岭山头下雾深　　云雾层层盖江边
金鸡打落盆中内　　难得云开见外天
下州去买白凉扇　　上扇挠风下扇仙
盆中云雾扇散开　　金鸡飞出见青天
下州去买铜钟转　　铜钟重有千百斤
元宝金砖合得稳　　请娘打开不打难
饮了东海青龙水　　千斤之力打铜钟
铁锤打炼铜钟去　　报龙洗面共盆中
仙话不舍龙不舍　　仙话不离龙不离
连仙连到无名月　　连到江河水断流
娘话不舍龙不舍　　娘话不休龙不休
连娘连到无名月　　连到山源无水流
娘话意舍龙意舍　　娘话意离龙意离
等到大州马出角　　铁树开花慢分离
意舍意离三丈纸　　三丈白纸写文章
写起文章来谈过　　齐齐谈过慢离寒
折散歌堂央盖屋　　折散歌堂央本州
出门连双连不得　　点灯吃饭泪双流
拆散歌堂央盖屋　　折散歌堂回本乡
算定成双得过世　　谁知分散各自乡
收　歌　转　　十本文章九本收
娘收一本龙收本　　过后相逢细慢修
收　歌　本　　十本文章九本齐
娘收一本龙收本　　过后相逢细慢开
收　歌　转　　收起柴火扫净灰
收起红堂阳中火　　收起茶盏收起杯

［说明］出乡歌，邓元东于贺县瑶区收集。

出路歌

湖南初飞细双鸟　　飞到仙村林里停
贵地仙村花园众　　比能九京官扎营
小贱不当到贵地　　惊动众朝天子夹
天子开京立学院　　单苗会官忆心慌
不　在　里　　惊动深塘龙转朝
不当惊动众姐妹　　费了烦心会贱苗
江水悠悠随河转　　北斗游游在天上
不曾经过鲁班手　　接仙谈言怕现阳
路长弯弯随山盘　　天星游游天上留
贱苗坐落仙朝内　　不当烦累众天朝
入山听闻风挠树　　比能五雷振天响
抽头怕看起銮殿　　怕上京城广付乡
意行青山怕龙虎　　意上天眉怕太阳
细听狂风树上过　　单苗树底忆心慌
手攀不上天堂月　　脚踏乌云难上乡
思量意接仙言语　　又怕仙村姐妹谈
怕　不　念　　细布线沙怕不填
未曾识得逍遥路　　贵妹托书怕不篇
怕　不　念　　细布沙眼怕不看
刘三歌头逍遥路　　贵姐托书拜读难
怕　不　念　　金扇有文怕不开
思量意接仙言语　　又怕接仙言不齐
燕子入山怕鸦鹩　　青蛇下海怕龙围
浮萍无根怕水淹　　无根云雾怕风吹
踏上滩头怕水急　　执桨滩头怕不挠
单家挠船怕水急　　执桨船头怕接礁
出门脚踏州庭里　　官人押令忆心惊
开门得见能龙殿　　单身怕入贵州庭
出门脚踏州庭里　　千条路口起官家
开门得见能龙殿　　单身怕入贵朝家
出门脚踏州庭内　　千条路口到官家

开门得见能龙殿　金盏龙杯怕领茶
出门脚踏州庭内　东西南北起官庭
众仙姐妹托好茶　金盏银杯怕领情
两广砌道移文到　听着府园官进班
府园进班读经书　单苗会官忆心烦
湖广移文前来到　听着府园官扎营
官人扎营开科教　单苗会官忆心惊
怕　不　念　黄杆托排怕下滩
未曾读书伯造状　怕入官府使钱难
雪结青山怕红日　霜打平田嫩草央
踏上船中过大海　有船无桨转弯难
井水流下广南滩　海里龙王角带弯
思量意接仙言语　又怕仙村姐妹谈
泉水流下广南州　海里龙王角带珠
思量意接仙信语　又怕仙村姐妹图
未曾开田先瞄水　瞄过水源长未长
水源有水开田种　田中无水种粮难
金　言　好　仙村同里好逍遥
一夜万物先问过　问仙那样定寒苗
记过众朝多君子　踏入官船试上朝
贱小踏入官船内　众朝君子莫谈苗
记过朝上多君子　踏入官船试上州
贱小不当踏入内　众朝衫袖广遮苗
东岭山头起云雾　南海龙王听水声
听闻刘三如连竹　郎小合心试接情
黄龙鱼在石中砌　郎在石中听着声
听闻刘三如连仔　郎小心思试接情
龙骨架桥过大海　南海龙门听水声
听闻刘三如连仔　移步桥头金水边
洛阳桥头金手过　长思接仙接凤言
贵树种在井水边　根深叶茂遮四边
龙骨车同同对转　车扇也还水也还
金同车水长年月　龙在深海万岁年
初行不知相借问　几多仙凤几仙央
飞过几条仙人路　几朵七星伴贱央
烦心细想思量着　细报愁情贵姐知
思量出路无本钱　无钱出路也难移
今朝若来若不来　爹娘不给仔偷来
偷过一片千竹岭　偷过九山出面来
过了九山出洞里　行出洞头随路来

大路悠悠到街巷　　街头保证问因由
大姐隔园来送伞　　小姐隔园来送礼
偷过一片千竹岭　　偷过九山人不知
大路悠悠到街巷　　街头保证问因由
抽手胸前细声报　　因为无投正去游
听闻人传有好花　　未晓金花在那州
久持广难朝阳燕　　寻路通行到凤州
过了街头上大路　　路上一堂到二堂
二堂官人立保记　　芦根门外立双双
二堂又到三堂路　　三堂会官立会情
为词排排会官里　　门前石壁画麒麟
三堂又到四堂路　　四堂会官守州廷
有事文书寄到案　　文书到案打三声
四堂又到五堂路　　五堂会官守州廷
过了五堂船到县　　官人骑马赶州廷
踏上州门见文子　　文子年年守县城
县里官人来盘问　　问仔何因到县城
抽手胸前细心报　　寻仙贵案到州廷
州廷院里有好花　　几时修得凤官厅
贱小游来到街巷　　游过街巷到桥头
水面铺桥官人架　　水官把卡在高楼
过了浮桥船到岸　　踏上一乡到二乡
听闻垌头戒马根　　单苗思想忆心慌
垌头把卡也难过　　买香入庙去投神
投叩灵神保郎过　　问妹可怜未可怜
过了二乡到水埠　　埠头无桥思着慌
水深无桥也难过　　渺渺茫茫海中央
千人到埠请人渡　　贱小无钱思着忧
身上衣衫脱一件　　便请船家渡入州
撑到江中无路去　　铺桥把断也难游
守到水官开关过　　过了水关船上州
大江水急船难上　　水面茫茫思着休
踏上船中过大海　　心中忆乱永飘游
撑　船　上　　撑船不上伏沙滩
伏得沙滩受寒冷　　五更思着忆心慌
撑　船　上　　撑船不上伏沙洲
伏着沙洲受寒冷　　五更思着忆心休
初　入　州　　灯笼点火两边游
灯笼点火四边照　　照贱光明入贵州
初　入　州　　贵人上路驾车游

驾得车游车扇转　　车扇扇苗入贵州
初　入　乡　　贵人格木架车梁
架得车梁车扇转　　车扇扇苗入贵乡
流　山　水　　山水流来入贵州
踏上州门月伏背　　鸟飞垌里树头游
流　山　水　　山水流来入贵乡
踏上州门月伏背　　鸟飞垌里树头上
流落过界到贵地　　步水过界到山头
独自过山无同样　　听鸟欢声更忧愁
初　到　地　　不知贵地几层篱
几层篱门几把锁　　几把锁头共锁匙
初　到　地　　不知贵地几层城
几层城门几把锁　　几把锁头共锁匙
初　到　地　　不知贵府向南西
贵府向西门向外　　门前车对能金鸡
初　到　地　　不知贵府向南京
贵府向京门向外　　门前车对能龙声
屋底水声舟船上　　撑到仙村水埠头
远乡行来到仙宅　　望仙接入贵花楼
踏上一街到二街　　莲花伏朵两边排
门扇扣了几层锁　　金漆门楼巷上街
左边门楼画龙凤　　右边门扇画麒麟
麒麟狮子有相对　　正是青仙府上园
踏入仙园看仙屋　　得见圣台在面前
观音伏台殿上在　　香炉水碗万千年
香炉水碗龙缠过　　金漆台盘在圣前
金漆台盘排金盏　　万岁红灯照满园
情仙屋盖琉璃瓦　　金漆屋梁龙缠齐
东厅四角排仙椅　　金线银丝缠椅台
伏　问　妹　　问妹家中有几台
问妹家中几姐妹　　几个读书成秀才
伏　问　妹　　问妹家中有几人
问妹家中几姐妹　　几个读书成状官
仙家情由话不尽　　自想逍遥好解优
自想逍遥好解意　　望仙担水养旱鱼
何曾飞过天堂里　　灯油把笔会天龙
听闻人传逍遥府　　大胆行来会贵仙
肚里无文来相会　　全靠朋友照贱园
京城挂榜标名字　　案上欢游年过年
贱鸟飞来落贵树　　细奈莲台宽解言

逍遥贵国有名字　　双龙现影半天游
抽手细看元明上　　远远留宽照贱园
思量飞落深京国　　嫩草叩仙烧好香
白鹤初飞京林里　　听风摇扇自心慌
重叩苗仙相带贱　　二两沙罗交好章
丹子花开河阳岸　　丹树花开扇了凉
孤单飘落人林里　　起眼情思未会仙
南楼花开龙凤带　　邹火大海好青苗
思想天仙命无照　　无逍现阳遥远天
清京案上白芝秀　　请容扇底细红丹
投仙逍遥修得道　　路远山遥难会逢
水流东海龙门外　　六扇细摇万里凉
得投云案苗龙道　　细落龙案结情长
东海湖南西海岸　　花开海岸两边拍
得投明阳高荣意　　当能龙珠现海央
龙王现在六山岸　　金飘水底两边园
四得投仙有缘分　　南楼一殿好烧香
限尽仙眉命无照　　无奈太阳双照园
青龙仍现书阳海　　龙秀珍珠海岸缠
起眼空见天连地　　城脚无云空限仙
书阳花开扇贴月　　六队海岸好花园
几步寺门细洛顺　　肚里无文空限仙
经堂内里修龙顺　　南海太阳亮广苗
丹林行游县过县　　十样相思自可怜
丹苗出门人乡里　　仍离即案路头长
起眼无亲空得望　　肚里插刀断了肠
青龙歌戴双珠印　　凉伞凉遮出广园
白鸟飞落京林印　　心想无投泪自连
红罗好遮千年月　　东海龙围六扇园
孤单飘落人园里　　手里无文（缘）空恨仙
鲤鱼漂上三江水　　寻鱼潜落急江滩
龙修今世正逢道　　郎修千世正逢娘
深京立起逍遥府　　廷前挂榜满天飞
头上天眉八仙锦　　世若金花发下乡
有缘得会天堂月　　同如清水会春龙
紫微山头好挠扇　　抽手胸前初会逢
白鹤飞来广林垌　　广海里头万锦龙
白鹤初飞闹热乡　　细听案台京营深
花园现影连沙上　　园中花发笑演演
白鹤初飞林中垌　　未晓因由问几言

飞游落在仙园里	抬头未识四行仙
白鹤初飞林中垌	飞落仙村相会央
辞垌别仙在几路	园中几个嫩仙央
急水滩头立大庙	湖南大海架高楼
山高便有燕飞过	水深思着意心愁
寒来贴石伏龙路	凤村垌里好逍遥
千情细想苗思尽	为水潭深难架桥
听　闻　着	京城花发满朝园
共国朝林仙多众	问凤京文落那仙
思量叩天天又高	下海投龙水又深
听着京朝金花发	未晓情文落那林

［说明］出路歌，邓元东于贺县瑶区收集。

相会歌

水底攀桥过龙海　　来是容易转是难
东海龙王齐出动　　现上元台能太阳
京城挂榜有名字　　长照世间花贱央
听着风吹京书到　　愁忆案中心自慌
肚里无文来相会　　断了八仙龙凤章
正会京文来相识　　同能写元暗太阳
因为贱林未通晓　　未曾相会贵花央
抽手种对沉香树　　空听花并不见香
空得共仙齐作笑　　不得成双忆断肠
灯笼点火找未远　　好花叶里听闻香
十限思娘不得念　　空得话连心不良
水底黄龙现上岸　　黄龙现影海中央
爷娘生郎无缘分　　出门空见少年娘
山高不过紫微岭　　水深不过路头长
唱歌不过刘三妹　　读书不过孔夫人
抽头细看天眉案　　八仙洞里好花球
四得共仙天星照　　二两交心九万秋
山高月照紫微岭　　九江内里水塘深
千年结意眼眉水　　思外言语不宽心
娘是贵花在贵地　　苗是贱花在贱园
九天月照逍遥案　　十限八仙不共园
初入深京逍遥府　　庭前挂榜满天飞
金飘国上共名字　　到处人传不了时
初入京园未相会　　未知内里作龙围
从小未行逍遥路　　用能利刀插断肠
初来相会八仙锦　　细奈想投遮贱苗
正若逍遥无路去　　眼泪暗流淹满溪
初入逍遥贵国上　　抽手会仙双泪连
奈报人到贵步意　　龙肚广遮花贱园
明旧园上青净锦　　莲台案上双宽言
寒风借问遭遥府　　全叩人仙带贱前

久闻人传逍遥国　　今夜行来交双言
从小未知逍遥事　　双龙细奈解欢言
红鹤双飞南海岸　　红燕双海岸缠飞
今世无缘投仙分　　奈河桥上会逢仙
东门挂起三行字　　十五细烧龙凤香
有缘得会苗龙凤　　切肉烧香拜万年
屋脊伏龙遮地水　　龙王结化地歌齐
案上细修苗龙凤　　四得有缘共案台
鲤鱼不断清水底　　连仙不断案中央
齐仙不断沙罗路　　六能潭龙盏上阳
月歌照见河阳寺　　廷前花发能龙围
年深步步一添意　　沙交细布世无离
一对白鹤飞南上　　二对金鸡树上啼
石上开花千年记　　离仙月能月落西
青眉月照贱林里　　寒苗投锦好逍遥
无缘难会苗龙凤　　霜雪山花竹自飘
花开现影河阳岸　　金秀娥眉龙凤央
投仙耐守青燕鸟　　高明耐照贱寒园
七宝珍珠京广里　　水过龙门滩又滩
太阳耐照寒眉月　　不断青书好结双
东京种对月丹树　　风吹花扇两边扬
龙弓修思沙罗路　　六能娥眉广现乡
东海无风世起扇　　南海水深世架桥
初行漂到苗阳案　　听着娘仙烧好香
一更世若起风扇　　七星现道半天阳
听着仙林吹好笛　　丹子无文心里慌
湖南海岸种李树　　风摇绿树两边扬
风扇漂落龙廷案　　得会娥眉仙树央
金沙细水西海转　　绿阳海里好连央
听着娘仙立好案　　肚里无文难上香
多见青山少见饭　　多行山路少行乡
六部经书未读过　　重叩开眉莫六添
郎在湖南清水上　　湖南清水娘良良
丹林修竹几步路　　正到西天会太阳
郎在湖南清水上　　摇船海里靠风凉
出门脚踏湖南水　　水面撑船渡过滩
行过几多街前外　　正若苗仙到贵乡
出门脚踏千条水　　未知水路那条长
众位贵仙共修道　　报贱好烧龙凤香
白鸽口含田基米　　燕子口含砂石银

龙修今世几逢道　　十样难为烧好香
水过龙门流砂石　　石上开花朵朵金
得投苗龙逍遥好　　当能龙珠现海新
白鸪游游千里路　　水浪千年万岁浪
得投苗仙开好路　　青天月亮伴太阳
红罗细布交龙伏　　京馆里头意里深
今世投仙沙罗路　　久挂天机半忆心
天鹅飞过街前动　　风吹水浪半天园
奈何想尽无缘分　　无耐得投贵步仙
龙凤本身对相对　　海里连苗朵朵园
世今枉在京廷下　　无奈得投其上仙
金扇摇风千条亮　　月照天眉到处园
二两逍遥齐有意　　莫断连仙察上烟
东扇龙门凤对凤　　今树花开扇扇园
年年望船不上岸　　一百烧香上案前
莲台青净太阳照　　广阔寺门伏好香
今世无缘投仙分　　月是路上重思连
天砌有缘投仙分　　切肉烧香拜万年
好花种在河阳岸　　结子年年月样园
南海寺门修官印　　西海寺门烧好香
连仙无能英台样　　太阳星照共思量
水底种花上水面　　水面种花贴地园
花开尽是人园种　　丹子空思暗泪连
莲塘寺门种林树　　朵朵开枝插满园
二意沙罗莫断路　　前书望断后书篇
抽头细望回龙寺　　清净莲塘好出苗
无缘奈修共林住　　檀香不得共炉烧
莲塘花开河阳岸　　湖南江水两头飘
两意有缘重相见　　无缘各国信离遥
好花种在金园内　　风吹花扇两头摇
望娘后世齐留意　　相会烧香扇在摇
天眉六路修行道　　水过龙门荫嫩央
久重天仙齐有意　　强如京里进文章
六阳桥上青书国　　深海苗龙烧好香
思娘几年难奈见　　共个月头各自乡
那岸重连千重路　　共个月头离路长
重本经书细思想　　可惜年中不共乡
青龙在落中央地　　明镜照阴又照阳
十指排尽算盘子　　难奈多同共一乡
东海有条月亮路　　西海烧有千岁香

心中思尽命无照　　六岁年间重想外
湖南好赐花街路　　当阳海岸度船宽
连娘元能青书重　　寒鱼交水万重深
地离天眉八国远　　京离四海路头长
有缘共在青书国　　月里交为万岁长
龙离在远别海岸　　重思案上好花央
旧龙远别凤交鹤　　七星明月伴太阳
七星仍落天廷外　　金鸡拍起自心慌
鸡啼未久天光了　　随心龙肚自思量
一更风扇心撩乱　　二更风发自心慌
问仙细手细无计　　有心交样贱回乡

［说明］相会歌，原存广西金秀瑶族自治县共和乡坤林村赵成堂家。1957 年 4 月 1 日收集。

云梯情

金合台盘四四方　贱步行来到贵乡
贱步行来到贵府　深排柳谢在远乡
试声唱　园中鸡子试声啼
手拿白米胸前洒　试台一条龙凤街
试起扇　脚踏学堂试起声
踏上戏台试开口　试来开口上园京
试造意　京馆戏台试造牌
造得深牌来试水　学得半言试声来
多谢凤　多谢凤仙抽凳来
有心立起莲台戏　四边安下凳排排
多谢凤　舍心安凳接苗来
凳头画有花蓝凤　凳尾画有龙凤鸡
多谢凤　深深多谢贵仙茶
仙茶比能长生水　七星茶盏伴连花
金手拿来贱苗接　仙茶现出好双身
富贵之茶敬苗饮　回转茶杯难结连
回茶转　饮了半杯留半杯
手托茶杯回敬凤　凉茶齐饮正甘嘴
多谢凤　深深多谢贵仙烟
仙烟吃筒暗在肚　回转烟筒难接言
多谢凤　深谢贵仙好装烟
得吃仙烟心欢喜　双手托回贵步烟
吃烟好　久久吃筒烟味香
烟烟熏天变云雾　烟味落地变花央
回烟转　得吃仙烟回转情
不信便看江河水　撑船过海送船回
多谢凤　深深多谢凤仙央
舍抛余工来作笑　舍立欢台齐解凉
多谢凤　深谢贵仙众姐亲
行到仙乡多烦累　难把恩情谢众人
南阳东海东京在　刻印秀才住满乡

脚踏东京赛阳府　　赛阳院里好欢由
一来踏入赛阳府　　二来踏入贵花街
踏入花街逍遥路　　正来相会试深牌
传　报　主　　舍手茗香把贱烧
凡间在世佛神圣　　修宗敏祖保人丁
再　报　主　　谢主把香烧一炉
烧香敬神真为贵　　人传千里好心肠
一把茗香敬太祖　　二把茗香敬众神
三把茗香贺众圣　　赐福主人千万年
重有门前天香火　　烧起天香保众亲
保得家财赐满屋　　又保外财赐满庭
一拜香坛众神圣　　二拜家中众老人
三拜东京太阳照　　家财也进外财添
恭　贺　主　　深深恭贺主人家
人丁也旺财也旺　　五谷丰登十步收
恭　贺　主　　贱苗再贺主家珠
一年耕种三年吃　　欢度光阴永万秋
再　贺　主　　深深恭贺主香炉
左边立起大罗镜　　右边点起凤凰村
再　贺　主　　深深恭贺主家前
众宅人丁都兴旺　　富贵荣华千万年
再贺到堂众姐妹　　恭贺众亲欢肚修
一年四季齐兴旺　　众妹欢心好过秋
恭　贺　凤　　深深恭贺众仙央
国上升有聪明号　　家里连有富贵双
今夜行来到贵村　　惊动主人心未闲
抛声起意烦心乱　　费灯费火费油钱
未　当　理　　未当劳碌众朝央
一来惊动花林内　　二来惊动众朝乡
未　当　理　　贱苗起意乱谈思
吵闹一乡众君子　　望仙抽手广遮围
入　贵　地　　投插石榴入贵州
堂斤四角官高椅　　门前立起能花球
入　贵　地　　投插石榴入贵京
两边立起大罗镜　　门前立起好京城
初　到　地　　比能鲤鱼初到塘
鲤鱼初到深塘内　　单苗初会贵花行
初　到　地　　单苗初到好连塘
初会莲花难结义　　初会花林难结双
怕　不　念　　抽手拦胸怕会仙

思量受接仙言意　　不有那个伴单身
怕　不　念　　贱步初来怕会情
木叶合船怕不过　　贵步好双怕不连
初会龙央怕不念　　霜打山头怕太阳
手里无钱怕过渡　　肚里无文怕接章
怕　不　唱　　四处州门定五更
四处州门产有卡　　贱苗何处去投生
嫩草未曾经过雪　　韭菜未曾经过霜
贱苗未经逍遥路　　未曾经过唱歌行
东京贵国仙央众　　风吹花发满园香
细听娥眉开声好　　不敢抽头来会央
脚踏京园花街路　　全望七星伴太阳
独树单苗初行到　　手中无本怕思量
初　会　凤　　比能火烟初上天
火烟上天变云雾　　单苗难陪贵凤仙
入山砍竹惊动地　　下水挠船惊动滩
入园唱歌惊动老　　惊动老人心里烦
单　竹　单　　单竹合排撑下滩
单竹合排撑下海　　心中思想出声难
未　经　事　　不使歌师来教歌
有心交情自开口　　自已开口正为真
见仙有师引路去　　贱小无师投靠书
投靠引思齐有份　　莫怪贱苗投靠书
难　为　凤　　难为立起好逍遥
难为贵仙立京馆　　把苗招上起深牌
初来试门深牌事　　借问深牌何样排
立馆逍遥有几步　　今夜逍遥长未长
在落戏台未晓事　　未晓深牌何样排
天上落水千条缠　　流下江河源那来
初行未晓相借问　　借问南天几嫩花
南阳东海何京在　　刘三歌曲那州来
借　问　凤　　深深借问贵仙央
园中逍遥那人起　　那人立起试深牌
借　问　凤　　炉中金火那人烧
今夜逍遥那人起　　那人立馆结欢由
借　问　凤　　六馆逍遥影那央
闹热逍遥花兴重　　不知爱约那仙央
踏上戏台齐相问　　深深试问妹年庚
那日那时见明月　　那岁便连富贵双
传　报　凤　　贱苗生世在寅年

卯日辰时见明月　　今夜正连富贵双
借　问　凤　　再问玉仙那姓珠
那姓生身在世上　　禀报单苗齐路游
唱歌便问歌出世　　歌皇出世那洲廷
歌皇出世那州府　　那年那岁上西天
不　使　问　　歌皇出世在杭洲
歌皇出世杭州府　　寅卯二年上西天
初行未晓相借问　　借问园中几老人
几个老人把春事　　几个秀才庄好身
初行未晓相借问　　一条江水几条源
园中马头几条路　　几条路口相对逢
初行来晓相借问　　几双凤凰几鸳鸯
西天几条仙人路　　几时七星伴太阳
初行未晓相借问　　不知水步几层桥
门前街巷有几节　　贱步不知行那桥
初行未晓相借问　　世上高楼有几层
北斗云中几天仔　　问仙家里几鸳鸯
试　问　凤　　贱小单身问众仙
奈何桥上有双众　　那人伴贱过桥中
初行未晓相借问　　几条江水几条梁
天门几个金铜锁　　几个七星伴太阳
借　问　凤　　问凤起屋几条树
几对琉璃排面过　　几块石头庭里铺
借　问　凤　　四海里头有几滩
几个花船滩头住　　船里花鱼有几双
借　问　凤　　世上排来有几州
国内划分有几省　　几个秀才国上游
借　问　凤　　地面离天有几高
江水长流有几转　　几龙运水上青天
那样过天不见面　　那样见面手难攀
那样行山不行水　　那样行水不行山
那样出来能把伞　　那样排来能串珠
那样在天照下地　　那样水面起高楼
坐落戏台相借问　　手接深香烧一炉
金漆香炉那金水　　那个香炉伏供修
灵神赐福护转主　　深香留把主人烧
苗是游乡行程客　　到国一时难会珠
灵神不保游乡客　　坛香不到客人烧
贱是初行到龙庙　　不敢烧香佛圣修
炉上烧香换金水　　灵神吹转出珍珠

坛香烧起回把主　推回送转主人收
好香烧起就回转　交把凤仙手上铺
游客闲人福分浅　命贱难修富贵炉
怕　结　意　贱苗性结贵仙珠
一等鲤鱼一等水　贱苗蠢笨怕相交
怕　结　意　脚踏学堂怕接言
一怕朝中众妹笑　二怕仙有贵步双
传　报　凤　细报仙央莫乱思
金水留来好娥洗　情意留来好娥修
单仔初来到贵地　听作娥眉起好声
肚里无文空听义　未晓经文难结丝
脚踏逍遥花街路　传望贵仙带贱言
独树过林黄山鸟　望仙引带解欢情
东海花开四季现　桃花落地变珍珠
有道之人正敢念　无道之人不敢图
抽头得见云遮月　不见月头现影州
那日云开太阳照　苗慢思量齐结珠
心想丹林未当理　未当劳碌众仙央
脚踏园中拾眼看　众仙排排现满乡
四边立起官高椅　听着弹琶心里慌
听着弹琶心思乱　未晓歌言何路长
初未会逢连台戏　会逢戏子更愁慌
当初在落山林内　自古未经歌路行
今夜初来会戏台　心慌肚乱也难思
若是仙央有真肚　耐烦带贱试歌诗
贱小未知逍遥路　未曾经过唱歌行
深鱼乱跃东海上　又怕风吹难现阳
初飞花园怕老笑　如同单子落明阳
深鱼乱跃东海上　花鱼难上急江滩
贱小初飞到贵府　如同鸡子落园乡
自从行到逍遥府　正晓逍遥出好章
珍珠不到贱苗使　檀香不到贱香炉
鲤鱼含珠在东海　枉憾珍珠不得回
有缘得着凤衫好　无缘空憾凤凰珠
府上门前种金树　空见开花又得修
贱是单身寻珍宝　得会珍珠真好脸
天门种对沙罗树　二人树底好遮凉
若是真心齐修路　求叩玉皇齐结鱼
玉皇开心齐相结　永世不休各自游
十叹娥眉共山水　正有欢喜无愁忧

若是天分有缘分　　齐守山林也满候
九听天仙声到海　　苗想寻丝来结珠
怎得天分地齐赐　　二人双双好过秋
单苗座落逍遥府　　会着逍遥心欢畅
得今仙央心欢喜　　同云结开见太阳
白鸟过山投林住　　鲤鱼过海听风浪
秀才上京望考职　　黄蜂过岭望花开
山高望仙前开路　　水深望凤架桥梁
若是有心齐相结　　耐烦引带解欢凉
听着仙央话得好　　要比英台山伯连
山伯英台好缘分　　阳世无缘阴世连
山伯为何压气死　　就为英台结配珠
有缘不怕风吹散　　无缘对面也难修
世上人传梁山伯　　结配英台永万秋
二人双双好过日　　抛下马家守空州
世上花鱼有多色　　息比英台山伯珠
真心交情真为贵　　莫得含糊对面修
七姐下凡配董永　　二姐下凡配宝香
三姐下凡配龙凤　　同如山伯配英台
再比崔文［瑞］张四姐　千秋永世不分休
四姐崔文［瑞］好缘分　下使行媒自作主
仙是有心定下肚　　苗也定心结配珠
愿守情仙在世上　　守到江河水未流
世上真花齐比尽　　那朵鲜花尚对图
怕仙空比真花色　　哄苗空憾不成球
禀报行媒耐烦赐　　金锁开箱结下台
六合经书也相合　　茶水也通缘也齐
六合经书团圆转　　姻缘结定是真双
那个九十七岁死　　奈何桥上守三秋
燕子含泥来扶殿　　白鸟排排飞半天
仙是画眉苗是燕　　十五团圆齐共修
一对珍珠前定案　　二对鸳鸯后定交
一桥二定齐定过　　后日不有反乱修
得见仙央真心好　　愿结深情千万秋
有心齐上天堂路　　齐行六国看花球
踏上天堂紫微镜　　照下花街七十条
七十二条花街路　　随便仙央行那条
有缘会着天仙道　　天仙下地架云梯
比能崔文［瑞］张四姐　约仙上馆解欢思
白云世上齐看尽　　不有那样解心肠

重有天堂下得到　得上天堂心正凉
圣人声传天堂好　思量脚踏无云梯
怎得仙央齐赐福　起朵青云下地寻
二人立心共结拜　拜叩玉皇圣主知
玉皇赐驾云梯步　我俩双双齐共飞
仙央踏上云梯步　比能凤凰一对飞
情仙比能张四姐　贱是姓崔文号思
踏上云梯第一步　传报仙央莫忧愁
金童玉女齐相伴　相送二人随雾游
踏上云梯第二步　言话三姐报凤知
邀仙齐上天堂里　齐架一条道路时
踏上云梯第三步　二人天上看花街
两边梯柱黄龙缠　手攀梯榄结成妻
踏上云梯第四步　如同一对天上龙
天云内里欢由在　世上凡间难得逢
路上云梯第五步　龙凤鸳鸯在半天
二人在高齐修道　齐来修路上天园
踏上云梯第六步　六郎姐妹现开阳
我俩有缘修到步　成双结配上天堂
踏上云梯第七步　手执花扇得扇凉
当初在地齐修道　未修难得上天堂
踏上云梯第八步　会着天仙齐路游
今得天仙齐路去　爱看天门花对球
踏上云梯第九步　双龙运水上青天
抽头得见紫微镜　照见天堂九步园
踏上云梯第十步　望见天堂在面前
传报门官打开锁　得见天堂行对行
天门提起龙虎榜　万卷金书邀凤开
我俩上天齐相合　正是姻缘修得齐
邀仙齐上玉皇殿　手托深香烧一炉
二俩双双礼拜伏　天堂里内结成偶
玉皇圣主开金口　传报世间人园知
有缘修到天堂内　愿断成双不断离
二人主心齐结配　老君殿上写年庚
写得年庚来合印　思郎名字伴娘行
合同结印齐相对　交下文书字点红
老君殿上立有案　永世姻缘相对同
邀仙齐入皇宫殿　九宫八卦定阴阳
便是前修天地赐　共吃仙桃百寿长
三百年间种桃树　八百年间结配珠

二人守到仙桃熟　　吃了仙桃永不老
天仙玉女齐共坐　　万本经书任对行
连仙有缘正为贵　　阴魂相合结成双
天堂逍遥好过日　　七星相伴在天宫
抽头望见案台上　　相配情仙世不穷
头品天仙念经本　　二品天宫中状元
三品修为天地赐　　天堂里内好团圆
天宫种条千年树　　四季花开月月红
千条黄龙缠树尾　　太白游游照广洞
天堂四角都行尽　　辞别天堂苗起身
我俩双双拜天子　　又拜天宫众祖仙
报仙起身齐退步　　回出天门共一心
辞别门宫打开锁　　莫把世间人乱寻
来时也易回也易　　来时欢喜转时慌
来时天堂高万丈　　回转天街看地长
退下云梯第十步　　二俩双双能朵花
立定真心齐退步　　重留梯柱在天上
退下云梯第九步　　离了天门阴殿堂
二人下界欢由在　　太阳天上照下凡
退下云梯第八步　　离了八仙各自归
想着情由难休舍　　七姐团圆天上飞
退下云梯第七步　　比能太阳照满天
天堂案上各有字　　生死不离娘面前
退下云梯第六步　　离天别地一般长
江水长流通四海　　天底人民在方乡
退下云梯第五步　　传报仙央莫乱愁
得仙一句真心话　　今世留心后世图
退下云梯第四步　　得见太阴伴太阳
修顺连仙齐得道　　齐行世上得欢凉
退下云梯第三步　　归家传好莫传虚
天宫四角都看尽　　传报世间人花知
退下云梯第二步　　仙留情义贱留心
合成仙双游天转　　万岁阴魂齐护身
退下云梯第一步　　二俩双双不舍休
报仙归家留心稳　　久后留情莫放休
朝夜烧香拜神圣　　得道日阳谢转天
报仙莫放金丝断　　后世阴魂再缠连
金竹种在青山里　　担归屋里绣花园
二人姻缘齐修到　　今世修来后世连
盘古开天又置地　　先置江河后置田

太阳置起沙罗殿　太阴又置月光天
月头出早照四海　五湖四海龙现珠
造本上天玉皇殿　回纸下台也作图
金花种在桃园洞　花园里内变珍珠
水底离天高万丈　太阳照下九江洲
生上半天照下地　不添黄土自生根
六月太阳晒不死　九月白霜打不枯
天园里内立有案　八对金花守两边
仙桃千年正开叶　万岁花开能朵金
一夜交情话不尽　折散戏台难舍珠
二人结下深情重　难舍仙央各自休
千言万语都数尽　掌稳深情永万秋
报仙有心留稳肚　年后相逢重对书
鸡啼未久天亮了　拆散戏台泪便流
山远路长难相会　可惜无缘齐共洲
深情结下千年路　莫把单苗抛水流
齐为世上团圆路　报仙千年莫抛休
修心太阳照天底　太阳也会自己修
生在世间齐相顾　死下阴泉也共游
细报情仙齐相照　莫放海干石现州
阳世莫抛阴世路　留下真心后世图
比能英台梁山伯　阳世无缘阴世修
黄沙板木共一对　死入阴泉共路游
交情不使多言语　齐同情义莫分休
稳掌深情对后步　二俩留心永万秋
光　天　了　思着离仙眼泪来
一夜交情是苗娥　天光便是别人妻
天　光　了　门前鸡仔叫连连
思着情仙难分舍　拆散戏台难舍言
天　光　了　门前娃仔闹秋秋
思着情由深转海　难舍仙央各自州
天　光　了　北斗也游苗也游
六馆戏台都拆散　难舍天仙眼泪流
天　光　了　得见天光气断肠
一优无船过大海　二优无言伴转乡
收　歌　转　收转歌人肚里收
莲藕拆断丝未断　歌曲断休意重留
收　歌　转　收转歌言暗肚收
歌言收在笼箱里　久后相逢再缠丝
收　歌　转　收转歌言暗肚肠

莫放歌言流乱去	歌言流乱更愁慌
多　谢　凤	交情多谢贵仙央
行到仙乡多烦累	无样恩情谢众乡
贱苗细报仙夹表	有心稳肚莫分离
园中花鱼现多色	莫听闲风扇乱时
传　报　凤	单苗细报贵仙夹
归家掌稳家庭事	稳守家庭永世昌
再　报　凤	家里有双爱耐修
耐守真双配为世	莫得乱思外步求
双　燕　仔	一双燕子行门眉
天光开门燕仔去	复问仙央思末思
话　不　尽	分离有话也难言
贱苗退步仙慢坐	舍手相分各自园

［说明］云梯情，原存广西金秀瑶族自治县共和乡坤林村赵成堂家，1957 年 4 月收集。

引 度 意

初行踏上天桥路　　细则天河奈里焦
船到天京巷林里　　无浆摆船响不飘
两眉天帅抛落印　　十殿库官意尽桥
分明十官不断任　　把正天河莫乱飘
月王东门挂了榜　　天居月镜广遮凉
凤凰得科重京考　　逢水长居睡广乡
天河推扇西居室　　考正深科细会京
京馆学堂题为道　　又游四府国投情
苗丹现在仙林洞　　怀忆仙村洞里凉
清朝贵国两广案　　会管清官说细章
寒风细相思量尽　　天居高照无缘边
初行贵国逍遥府　　丹鸟初飞怕落园
水落四塘难过日　　月殃思着自心焦
四海龙门游八角　　推东扇转佛林桥
二林齐游过龙殿　　贱来试上再来修
再若二京六名管　　未游六管怕行列
七星七上月也上　　北斗推云照巷边
北斗推云八仙园　　动和守世初交连
守试难逢天京道　　难逢月凤自心烦
有缘飘落仙林洞　　抛落胸前深海凉
难为月演居照案　　东拜大朝相配仙
西广题文共修道　　伏起神灯龙凤前
撑船便探深海处　　竹篙插在四边沙
船来落在朝城外　　长要园上好交花
月映细投清朝国　　六官烧香万岁恩
朝朝八仙拜万岁　　十叩逢科齐共园
生在林中吃嫩草　　死八黄竹肉藏身
飞过江南去吃禾　　惊动几多富贵人
五更三点龙王殿　　会官逢科说秀情
桥述贵国好文意　　供管桃林齐看京
二林修道遇船渡　　细望深科齐共游

沙罗案上投文道　　投仙案上再来修
西天阁老管天国　　再来佛前下礼求
西天佛前下礼拜　　灵神保祐好宽游
案上几多桥官姐　　丹林思着急心慌
齐齐去修船官福　　七姐话修上桥梁
阴罗四海尚游尽　　海岸又游船奈来
金望八仙说八话　　再来修道八天街

［说明］引度意抄本，原存金秀瑶族自治县共和乡坤林村赵文添家。1957年4月7日收集。

游山歌

踏出门前顺照影　天宫星子满天游
州门内里好连寺　红旗任演定何修
红旗进上六游洞　七姐牡丹会进班
喜听文班朝门现　戏台六色落何滩
手拿细石桥街过　六阳六馆启深牌
六朝玉女天眉现　六般任任落何街
紫云进中何处起　六馆深牌落何滩
题词接禀何深是　海广深深在那关
百鸠飞进滩头上　拍翅庭前心便惊
意思飘上紫微殿　又怕风吹割断情
天梯万丈难缠树　水面无云难合宫
团圆珍金海底影　意良攀丝月又容
十宝绣桥临街洞　六朝圣子闹台前
分下戏班何般意　六馆戏台在那边
八步灵官分好意　深塘喜见九层天
那仙执得灵深火　阳间那个立情言
那人置得青山木　那人用木斗戏台
斗起戏台成几角　八宝真金有几千
登台闹闹起连戏　演演人宝起连台
一声现影连中透　那人立意起情齐
立起情园几多阔　几个金砖砌外边
六阳深牌有几品　金椅排行有几边
立起戏台成几所　几班戏子几班仙
几个天仙先起馆　那人署火映连天
当初歌头那人起　那人和气火开阳
今遇科堂得照影　到处修情得照光
真仙立戏虽然久　闹闹沉沉在馆中
散发林问为命浅　游乐道州怕会容
量广明火照千里　天下开阳怕水飘
踏上桥头相张望　愁船意度那人摇
门前金桥那人架　国洞烧香插那边

摆戏台前立那岸　望海分丝引若领
初游广京修遥洞　路口蒙蒙怕不移
桥街二洞修连意　憾为月照誓登思
投天表现当阳境　浪映舟边好步天
若然有恩奈带杏　正得婚缘配遇连
左脚踏上为京学　右脚踏上为学园
协眼四方太阳椅　莲花凤朵满台筵
玉堂胜品千红色　牡丹富贵满园齐
四面戏仙排朝位　草色分流怕不开
那州出得青铜镜　那木清凉好架桥
那人置得忧愁宝　世上执如那口飘
好宝种在当阳位　水推执起面朝天
金线架桥通炉脚　香烟扇起上西天
那国寺里出金水　那州洞口起青罗
齐会瓶中好青味　顺时完味义情多
何罗寺里好金水　龙王开口望山西
龙船挠入深滩脚　宝味里情奉赐来
聚过天宫当明月　聚过地中海里龙
莫笑言虚朝阳现　试执情思违海中
聚过众朝先君子　老幼明通奈照为
众众君臣开眼照　莫笑言虚流乱飞
安　乐　主　安乐主人府上停
莫听愁人言高操　小老年间流乱声
安　乐　主　安乐主人一便眠
游落京街投道畏　主仙莫听贱闲情
初游京街试执扇　试执云头定四方
试执言词投经本　一水飘湖怕又慌
初执言担阳执意　试接刘三歌段言
执起云头颈天道　试修福份会长情
千丈竹篙摇夜路　虾鱼过海会逢浪
紫微山高太阳照　鸥贤拍翅怕开阳
海深挠船浪风涌　入洞烧香怕圣休
青石水中四方起　格树无花难聘球
今处大小何如政　那州县府出朝乡
住在何都第几里　风发东南度顺慌
二两思缘风扇驾　遇如广照共逍遥
虽然天分赐贤日　出外游方鹊砌桥
初架桥梁高万丈　抛丝缠线也难游
谓如命生多蒙日　望海分弯活月鱼
久闻广京逍遥好　意憾仙去好度年

也好烟缘齐修现　　有意科筵得会言
烧香齐入深阳庙　　敬启雷轰肯照中
国林园树倍春色　　虚芳细月步云宫
起烦为困潮入洞　　秋风吹散白连乡
只见月演光如水　　人话天宫好遇良
细想佳期还不会　　人生何苦受风凉
正遇筵时得快乐　　何妒孤日共偷香
山水有情能聚会　　多情恩义共谈章
但是世间有情者　　半途会首架桥梁
无缘孤脚花问世　　从此相逢陌路人
里情意诉凭维记　　玉容惟忆命无真
憾为广府多深意　　久恋思修步情长
现今游落吾花府　　意憾投好国安凉
芸香自觉多思意　　潜来花下顺投芳
好鸟枝头迎客劝　　百花林内喷花香
桃花片片随流水　　空得游人忆断肠
花因春去多零落　　人貌何曾得久长
月府桂枝原不远　　望留金榜寄情香
独愁困在燕京内　　家事何人代主张
矣生近日真情好　　蟾官不日桂枝香
又劳厚礼多烦主　　寸心复步后云芳
书史层层堆满架　　四围花气喷人香
桌上弹琴安玉殿　　金炉一个声名扬
起来室外观风景　　曲栏斜椅自连塘
白鹤随人快步月　　风摆杨花贴水凉
塘上横桥通内园　　又见紫微洋水光
两岸垂杨相对舞　　缆连船脚限难芳
孔雀双双游月下　　金笼鹦鹉叫声长
门前一所藏春月　　千叶桃花种两行
扇着浮云度朗月　　命错如丝日日慌
远望牡丹亭上坐　　花边斜影好灯光

［说明］游山歌，邓元东于广西贺县瑶区收集。

答 游 山

难为度思来照映 同如星子满天游
蒙滩则□多如久 投拜红思定下修
月明照下荒焦上 戗姐望修会月观
多为文船朝门现 投修舍量解愁慌
灵仙于拿珍珠宝 难为舍意启深牌
蒙困忧烦投情赐 投拜红思结赐街
游云案中细相启 蒙杏投文试遇关
试投红恩灵云赐 四海灵官挠上滩
杨鸟养春世树劝 亭前拍翅好交缠
试投灵仙今驾到 回得风吹扇会声
云架天梯缠过脚 水面撑船相合宫
仙赐真金可现映 望叩红恩赐福逢
久修千憾临台燕 试班化子度愁言
四处顺投修情意 正立烦台在一边
投步灵官深思义 游情贺喜得欢天
修缘试执灵仙意 细投赐福度情言
木是当初刘王种 凡人用木斗科园
立起烦园成四角 投仙相合赐情言
蒙滩忆意愁情重 投为八宝赐莲台
一心修投来赐福 蒙央投意起声齐
立起烦园未几阔 三个石头砌外边
六阳深牌投仙赐 借仙金椅摆台前
戗立烦园有一所 一般蒙燕去投仙
当初刘三置歌曲 竹王造火映连天
当初歌头京飘置 鲁班接起火烧烟
传下世间年多久 远望赐情得照光
困愁拜修年多久 愁愁忆忆在园中
林间散发修缘赐 望投舍置解愁蒙
千日修缘浪广照 天下开阳随水飘
多为鸿云来赐福 叩杏龙船齐共挠
投意桥梁格木架 入庙烧香杆圣前

拜共台前立单案　　叩广分丝齐共声
欢仙步架荒滩案　　路蒙重叩舍情飞
困处荒林修连戏　　叩为月照共登思
月镜现游当阳照　　同如月映到丹边
果然深恩舍赐福　　共结姻缘下枉天
多为广恩金车驾　　金驾红恩步上园
协眼禀明照单案　　能比金花凤朵廷
烦回蒙央都快乐　　难为广意舍情开
同能桃花千红色　　拜投结赐共园齐
广州出得青铜镜　　格木将来好架桥
王家女人置烟子　　传把凡人口上飘
独杵出门双手托　　双手托来头向天
姐生洛阳不带逍遥份　　叩凤有思思内连
山河流下清溪水　　苏州洞口出青罗
相会瓶中不成味　　烦意无情不奈何
何罗寺里难行到　　回得龙王开口来
挠船难入深滩脚　　贱情淡味受孤凄
广恩品品礼情重　　般般喜贺贱林中
果然经文多品现　　难为赐福解愁蒙
贤君文言通四海　　可解愁烦老幼饥
细想思接深情重　　望修贵意好欢吋
好　言　意　　安乐心中好度情
贤君广照荒滩内　　难为赐福解愁声
好　言　意　　安乐心中万岁年
多种广恩赐道位　　四边爱听好金言
难为广恩来接扇　　齐合云头定四方
广意言词当经本　　逍遥共度好欢良
得共言词好深意　　也能刘兰歌段言
修结云头京天道　　多为福现共长情
千日修缘望赐福　　正得仙恩赐度良
云开太阳照下案　　难为十量解愁慌
摇动龙船上东岸　　得共烧香不枉修
水中青石千年在　　格木开花情不休
今处中华京为政　　广西贺县共朝乡
本住地道第二里　　北风顺度好风凉
共度恩深望扇驾　　多为舍置共逍遥
都算天分赐贤日　　北斗飞游赐步桥
灵仙舍案金桥路　　牵丝缠线得欢由
多为仙恩现照到　　分丝共合好投修
久困荒滩无休日　　难为舍赐度情言

天分福分修缘赐　　会结姻缘千万年
深阳庙里好修福　　雷轰惊启至神中
园树倍春现好色　　同如月步照丹蒙
烦执拜投朝阳凤　　风吹英散别人乡
光月演演照下水　　共台结福也心惊
修得齐相佳贤会　　人生由命听风凉
相会延时快乐日　　孤月偷香随命妨
山水相逢比聚会　　交情结义共谈章
叩望欢仙舍情赐　　架桥修路得心凉
早步修缘望赐福　　今比天分遇贵人
恩情重深永惟记　　玉容心话命中真
难为驾驶心情意　　得合恩由心正良
北斗游道荒林内　　得遇修情世不慌
多蒙芸香赐情意　　难潜命虚下花芳
春至扬鸟枝头劝　　空见花园难听香
桃树开花又结子　　欢游玉燕意心肠
好比芙蓉倍春色　　观音嫩貌万年长
月中玉桂千年在　　家中百事好欢良
同比七仙赐董永　　金榜提名现远乡
相逢近日真情好　　同如投得桂枝香
烦劳礼多情不在　　过心思步现云芳
书史孔师登穹架　　叩分花气喷人香
弹琴宝殿龙居上　　金炉富贵声名扬
难免欢风窗外影　　花开卸下结连芳
白鸩飞游谁不憾　　风赐杨花贴水凉
伏共架桥通四海　　紫微高照水中光
重阳金鸟有相对　　挠船共缆比云芳
难为孔明游四界　　敕成鹦鹉叫声长
何期有所藏春月　　正得桃花满两行
难得浮云度明月　　命真带贵好名扬
牡丹坐椅不为远　　斜月花明映不光

［说明］答游山，邓元东于广西贺县瑶区收集。

问宅居

未曾唱歌问龙屋	问过分针向那边
东西南北向那子	舍报蒙央欢喜声
甲乙丙丁座那位	乾坤巽水那边飘
秋龙墨虎那边合	沙水分针来合飘
枉话谈情未问世	问锦今年地母经
春夏秋冬四季月	那季天旱开报情
那官砌福庚午岁	子丑已申合那弓
十二命弓合那字	寒仙细问锦花龙
那样书案开报贱	今年那样正当年
墨字通书皇置定	天师置地定母京
初　到　地	不知贵府向南京
问龙分针向那方	贵水流来入那厅
大州几个码头铺	路边几个砌京城
地下中国有几省	几个秀才人贵京
禀　问　锦	问锦行来第几街
问锦今年皇出世	那人出世在江来
大河游游几条路	山地弯弯几路来
几条通到北京殿	几个骑马飘入街
几个秀才得殿座	几个骑马天底游
天底游过几个省	那人骑马在阳州
那人得道在京殿	那个秀才管纳钱
管纳钱粮在金库	白榜排排在那边
伏　问　凤	中庸大学有几篇
论语千字有几本	初入学堂学那篇

[说明] 问宅居，邓元东于广西贺县瑶区收集。

茶 烟 歌

飘遥移到戏台里　　四边摆满嫩花仙
京城灵仙好椅位　　不当来占一边天
坐落金鸾仙高殿　　灵仙金信托金茶
托起金茶来奉贼　　金盏四边龙凤花
多　谢　仙　　深深多谢贵茶情
一来多谢金花礼　　二来多谢托茶仙
贱身坐落仙贵椅　　贱手接娘贵凤茶
接起仙茶抽心看　　茶盏四边龙凤花
天上七星光明照　　单理化不皆苗奉
众仙齐饮金茶水　　齐饮金茶心里开
多　情　谢　　深深情谢贵茶芽
仙人托茶贱手接　　接轮茶树又开花
捧起金茶提言意　　吃了心中万岁香
坐落京城官高椅　　金杯银盏满园光
果然京城礼义大　　单奉贱苗独自家
贵宝礼规奉单杏　　饮落心中当种花
果然深京恩情重　　礼义布来到燕央
贵手奉来贱手接　　吃了仙烟世不慌
不　在　礼　　饮了仙茶又奉烟
未底礼规深第一　　理理有如重二情
接起贵宝青阳镜　　龙头凤尾配有环
绣起红罗油丝线　　中心串起好金钱
众巷连仙未共吃　　寒夹吃落口贤香
吃落宝烟养苗世　　也满姻缘命又长
真　多　谢　　深深多谢宝香烟
奉把闲人欢接谢　　吃了仙烟转少年
多谢主人好礼义　　几多受苦绣烟秧
龙凤香烟来奉我　　苗丹步步好思量
白云秋色好心长　　初起凤登花气香
有缘千里来相会　　满天星斗照云光
须来有意意深深　　八宝光香永照来

礼义奉高多如众　　偏过七星众秀才
红鸟飞天照在边　　手执莲花朵朵新
种下红南年多久　　奉转朝东玉女仙

［说明］茶烟歌，邓元东于广西贺县瑶区收集。

思 连 歌

逍遥林中好过日　憾尽好花心里慌
细报月仙行游色　不得共园这贱央
桥梁内里看花朵　齐家挠扇结情姻
生在共园不得见　能比花林相会仙
初行仙村会着凤　得会相逢朝上仙
共仙谈情话得好　归转寒园思憾仙
难　会　凤　木蒙难会嫩花仙
门前堆起高灯盏　高灯月照广州廷
先拜投天望月照　叩得阳天赐贱园
龙言不能成文状　不能成文状又清
寄书为报车文殿　车文殿里出真言
京馆先生开书看　莫笑木蒙不会言
聪　明　妹　聪明人面白演演
会着有缘娘舍世　见凤聪明难舍心
真砖真石街前赐　比能金花下地台
娘有真心来连锦　销过三同龙世开
看娘正是金花朵　月晒金花朵朵香
得娘成了龙妻对　没着操心挂锦肠
黄蜂过岭为花朵　鲤鱼为水着风浪
黄蜂因为贪花死　蜂为贪花龙为娘
黄蜂行过莲塘里　得见莲花无万多
莲花水面团团转　转里水深难奈何
好花插在庙门背　花球落在庙门前
朝朝得见庙神接　入庙烧香不得连
邓娘隔山又隔洞　隔山隔水又难逢
得龙变成白鸪子　年年飞下妹家中
白纸凿钱连又远　单身无偶叩娘连
得龙变成银扣子　朝朝扣上妹胸前
叩　心　妹　比能秀才心叩官
秀才叩官入府厅　龙今心叩妹成亲
全　望　妹　抛落桥头转望凤

龙是园边嫩韭菜　　望妹手摘入园中
令朝行过庙门外　　得见观音现在前
双手胸前拜三拜　　庙里观音板锦连
飞　燕　子　　担泥屋背绣瓦檐
瓦檐瓦脚都绣尽　　娘不留心把仔连
聪　明　妹　　聪明仙妹伞伴行
能得金纸龙来接　　能是红丝接得领
归家揲出三更看　　聪明人面忆心愁
见仙谈情能白纸　　白纸写书按枕头
龙　思　妹　　比能黄蜂流乱飞
黄蜂乱飞有路去　　贱小思娘无路归
憾娘憾到肠根断　　思娘思到眼皮穿
门前石壁泪流过　　未见好花到贱村
石榴花开能朵金　　桂木花开朵朵新
望娘成了龙妻对　　家中百样不操心
作　笑　好　　邓娘作笑在心肠
嫩茶好饮久留肚　　归家不话自思量
好　花　树　　朝朝黄鸟树头看
风吹黄鸟满山去　　得把凤连世不难
好　花　树　　随根生在尾花枝
人家有钱上树摘　　年年生子叶青时
门前好种仙桃树　　屋仔无双寒难言
得龙变成仙桃树　　年年生子把娘连
石榴花开朵朵新　　桂树花开朵朵开
得娘成了龙妻对　　十个笼箱共锁开
石　榴　树　　落下水边成水台
秀才不信下马看　　正是金花畎地齐
火烧指头心里痛　　十个指头痛到心
三春急高抛下水　　十八娇娥音在心
鲤鱼四季在水底　　黄鸟朝朝在树停
有心莫放歌言断　　归家未欠又未连
金　花　树　　望娘得逢便摘回
摘花不怕花多叶　　连双不怕着风吹
今夜劝娘共村住　　明日分散各山头
邓娘共村不久住　　话着分别心便愁
入山斩木架桥过　　架在花园花巷边
架桥不到望娘接　　唱歌不到望娘添
思娘含泪老人问　　问仔因何含泪多
所因含泪为别事　　命贱真心不奈何
水过滩头能白纸　　风过树林能扇挠

得娘作笑望成园　　鲤鱼下水共塘飘
全望天分地来赐　　龙凤姻缘成仔双
心想架桥到娘屋　　思想架桥到凤堂
邓娘怕爷未开口　　怕娘开口锦无缘
贱小修缘来到步　　几时得到月团圆
花发原明天分下　　儿意原明求样齐
不信且问龙爷姐　　依本年庚句句开
听词娘言易为得　　言语歌词欢仔心
归家请媒上娘屋　　叩妹年庚开得真
屋背种树望风过　　门前金井望沙泥
报娘不使请媒问　　一心连妹来成妻
高岭开田望天水　　无圳不通望水来
蒙苗单身不无园　　叩妹真心成锦妻
白鸟树头欢悠悠　　望妹年庚落锦州
本当不留人定了　　难为留心齐共求
鲤鱼放下深塘里　　娘言放在锦门前
鱼多报娘捉鱼吃　　花多报妹入花园
牛梔弯弯随牛转　　耙齿深深落地山
切龙骨肉娘送饭　　吃了无心也舍闲
贵姐报龙龙报妹　　思着蒙丹细报娘
为去园乡难奈等　　怕娘离久各自乡
细　报　妹　　思着蒙丹细报娘
桃花年年开红色　　韭菜年年心共长
今夜邓娘话得好　　娘语句句是真言
听闻娘言易为得　　世上人双不欠新
水过龙门娘便看　　屋背花开娘正寻
唱歌报娘出罗帐　　仔去西天依旧回
意念红桃嫩花朵　　千年不断不思边
报娘好双连一个　　解娘谈忆能花园
塘水满了龙不放　　杉木生藤死也缠
千里鲜花园里插　　担粪雍根望久长
聪　明　妹　　吃了珍珠糖样甜
口吃珍珠当金使　　郎小也知娘义深
连双要连有情妹　　十分人笑也心凉
白纸写书寄报妹　　寄报世间年少娘
眼泪落身无投叩　　朝夜相思未共州
义尽苗愁在世上　　细思想着贱因由
心愁暗在肚中上　　报娘舍解贱苗忧
若仙一时当一岁　　共仙一日当三秋
五更鸡啼眼泪落　　思着独自过年长

百样思着龙爷姐　　多愁眼泪在心肠
龙家比能神坛庙　　好比神坛庙里词
受尽孤凄人不晓　　肚里多愁人不知
思龙独舟孤凄了　　含泪出门含泪归
退了面容人不识　　愁忆心中人不知
千般百样龙思尽　　为寒单独受孤凄
人家不晓龙多忆　　不知前世不安排
出门听人话得好　　声声话出解寒忧
百计思来寒独自　　无可奈何双泪流
人家烧火煮茶饭　　便看龙园无火烟
比能清水灵坛庙　　亏龙独自无双连
娘屋门前种金树　　结子半天排对排
亏了寒丹无人顾　　留寒独自受孤凄
世上亏为命不好　　为苗丑命受愁思
朝夜想思无投靠　　受尽孤凄人不知
人家世情好过日　　憾娘团圆一样思
世今思着亏为份　　孤寒贱命无路移
寒家苗园灵坛庙　　一年四季受孤凄
不知那日由命断　　由命分断命亏为
思龙独舟难过日　　好比风吹云过天
飘行天底无能比　　化儿出门年过年
独自孤妻无能比　　比能浮萍水面缠
有心守等当凤思　　死在西天云雾边
寒言传报单身好　　报娘过后细思量
细思细量连仔园　　莫连丑园断根长
报妹连双莫连错　　有缘连双不怕迟
富贵连双由命算　　缘分到齐正配妻
寒言传报天仙妹　　连双也要肚聪贤
聪明也要心中好　　能得龙心娘正连
连双莫愁面容丑　　单要聪明意何京
聪明心中真顾妹　　一世长情好过年
今年世上莫算贵　　单选长情要好心
选个人双能娘样　　共妹饮茶真好甜
连双莫论面容丑　　选双莫论富贫人
单要好心长顾贱　　顾贱过世正为真
连双莫论贫穷屋　　富贵莫怨贱寒林
世上为人寿命好　　年后福贵小龙心
报娘选个聪明锦　　年老难回转少年
连着丑双姊妹忆　　回身看娘路难行
寒丹思着天恩好　　推算寒丹心未欢

思娘一世龙无份　　无份后世慢来连
齐心意愿结共路　　五百年间共祖园
聪明得妹多思憾　　空枉蒙丹不得连
金板架桥过海岸　　正算有名广量央
贱小算尽天未赐　　二人一世不抛荒

［说明］思连歌，邓元东于广西贺县瑶区收集。

广 南 歌

东街铺里买细纸　　西街学院请回书
恳望宗兄替首笔　　墨味下台先泪流
替苗申条难情路　　复转那拉会姐书
系会同台亲姐妹　　开封耐着细根由
未叹正东龙门阵　　未叹杨刚破广州
未叹天门杨宗保　　未提董永受愁忧
未叹唐僧取经本　　未提行者温山垃
自古从今叹不尽　　春秋永世划有图
盘古开天置立地　　先置京城对县州
上置玉皇千年主　　下置阴罗十殿州
中置君皇看天底　　三品人间共一蔸
京定元年洪水发　　天底人民一个无
重剩伏羲两姊妹　　要合为婚无处求
隔岸当天礼拜伏　　手把深香烧一炉
火烟也来成一朵　　梳头发也结成球
娣妹正来为婚合　　七朝花朵上身游
生下血盆无名姓　　看来能个大葫芦
手把铜刀破两面　　一发入山二发州
置出五音并六郡　　六国九州共一丘
天仙正分阴阳事　　孔夫置得万行书
伏羲置发人民路　　男婚女嫁本平徽
父母所生七姊妹　　洪河分下共根流
三男四女共爹姐　　团圆齐整好欢由
男长正当顶家事　　女当不嫁误年秋
十指排来姐落长　　先来定考外乡游
一步桥梁砌未稳　　根虚水荡落阳桥
再嫁二宫配为偶　　夫妻和气秋过秋
数久年间无音信　　要去寻丝未晓途
隔海离天高万丈　　怎得会逢谈解由
怕姐身容不念戚　　谁知重念旧香炉
请人代造难情路　　鸿鸟迎飞到旧州

皇榜迎到茅檐洞　　跪下烧香执姐书
书头读得肝肠断　　书尾提来眼泪流
条条听透姐难话　　铁打肝心都断休
正晓姐今难情路　　则想烦思天暗鸟
想起几秋不回本　　如同无意望仁姑
寒岁过了深春到　　亥年秋季正投书
下街买得连行纸　　请人代笔造回书
贱书回转那拉洞　　望姐亲手接起书
众国先生开书读　　姐慢详情内里由
细小共锅吃白饭　　闹兴几多不忆忧
东岳先生苗落小　　姐妹年高嫁外州
各自登科升官职　　亏苗独住守山枯
光阴如箭吹人老　　日月如梭未了秋
青山绿水年年在　　人有改换正愁忧
到了庚子冬月内　　瘟皇下降本平缴
谁晓翁爹寿源短　　不知恶鬼强拉钓
求请灵童救不转　　头牲杀败纸烧枯
月落紫微西天井　　马过竹桥难转州
重剩半边太阳照　　泪流海面百愁忧
亏了余香余秀哥　　各自齐齐地府游
寡嫂重有嫁出外　　自古塘浅难住鱼
人生似鸟同林宿　　大难来时各自游
水汤青蒲根重在　　火烧茅苗根未留
亏苗孤单难掌世　　年幼谁知事半途
到了年当十九岁　　慢慢思量度过秋
结配娟妻又遇牵　　街方买卖不知游
只有红花无男子　　后来那个顶香炉
一又花苗年重幼　　不知打算那条途
朝夜工夫自打算　　春务抛荒懒未修
千事挂在细苗肚　　贫寒到底无钱收
事务连连暗心想　　玉门六路都抛休
寺远不闻铜钟响　　姐远不知舅忆忧
一部愁文诉不尽　　再提二部报仁姑
天皇造反未鲁了　　地皇僚乱更愁忧
庚子过了辛丑岁　　都可含候过得秋
到了壬寅三月内　　初七贼人回处铺
打败同坡到里那　　炮响连天地暗鸟
兴启英雄猛列将　　恶杀层层门外游
本土头人和丹了　　银钱道外出平缴
重有瑶人约齐准　　同心稳守掌江州

传启瑶兵就对战　　游匪不赢就退休
退下百朝就围困　　连天炮响闹隆隆
一阵破了三五日　　游匪英雄官正忧
困陷黄官凑才贵　　关卡不通面都乌
孔明罢计七十二　　算来早计赶逃游
途中撞作白金住　　正救黄官转富州
有命回朝升官职　　无命原来刀过喉
有到冬来十一月　　游匪再来围富州
合共贼人八千几　　黄官对阵不停留
靠得游鱼白统领　　连夜调兵救富州
官兵一起贱兵败　　尸塞江河水不流
杀死贱人三千几　　正得太平转旧州
一连几岁遭磨难　　不有那日得欢由
不知前身错那步　　贱苗今世正愁忧
一怨祖宗无灵墓　　二怨坟山坏那墓
乾坎艮巽不公低　　震兑坤离不护墓
共日天光共时夜　　见人欢喜贱愁忧
姐话标言无亲仔　　接来掌世当珍珠
接得蝗蛉耐烦带　　长大定言巧计谋
无亲当比有亲样　　奉人鸿鸟半欢由
产生男女满堂宝　　变成人品不愁忧
标言禀报宜长姐　　爱来会面谈愁忧
不重人亲重纸意　　破碗烧香念旧炉
就然年老难行往　　重有男子舍身游
有亲有戚正当认　　莫得生疏踪迹无
无因且条有因路　　要行六国看花球
隔远程途难相会　　有事难来照顾奴
有凶有古不知晓　　有红有喜不齐周
怎得姐来齐凑准　　架锅无米不愁忧
再禀言文报长姐　　早要寻丝会面姑
春来要去不空闲　　夏来要去有工夫
秋来要去不晓路　　冬问闲空慢来游
只因家有娘姐老　　寸步难行心挂忧
有亲不怕千丈远　　脚步腾云就到州
报姐欢心莫忧忆　　时时愁忆面黄乌
愁得一时喜半日　　解开散闷免愁忧
千言万语难多现　　九旬回文复转州
报姐有心耐接起　　拆开正晓内根由
约会远朝仁台凤　　读来散闷解愁忧
造意之人小京官　　墨少水多子糊涂

约会珠家开呈榜　　海咸河淡广遮鱼
人老脏幼字粗浅　　翰林龙肚莫谈书
若是那个不在理　　赦在高山免在州
明理不敢当堂破　　宗牵将力对面修
孔子龙山师人众　　笑死番帮一洞州
作者众朝开口笑　　错者众家闭口收
冒造吴天开怜悯　　后生忧忆奇愁书
代笔之人依口造　　不是非文假造书
吴天替道云空内　　茅檐滴水不偏休
宣统排来辛亥岁　　七月初旬信转乡
公元一九一一年　　八月风吹桂花香

［说明］广南歌，邓元东于广西贺县瑶区收集。

游　天　堂

初来未晓相借问　　几多龙凤几鸳鸯
天上几条仙人路　　几个七星伴贱行
何云飞来天堂里　　灯油把笔令天宫
龙风初行会董永　　重如清水会清龙
黄獭跳来滩头等　　西海里头细现凤
龙眉千里听风扇　　抽手在胸相会连
白鸪初飞广林洞　　细听案台京巷深
花鱼现影池塘内　　园中花发白演演
入洞八仙在几路　　园中几对嫩仙央
白鸟初飞广林洞　　飞落林中看嫩央
急水滩头立大庙　　湖南大海架龙桥
高山便看燕飞过　　水深难过忆心焦
寒来揲石铺仙路　　仙乡洞里好逍遥
里娘细想寒思尽　　为水又深难架桥
深塘一镜细仙保　　遇仙细结柱连枝
花鱼深海现身亮　　推车行到共园时
千世花堂伴月凤　　细案街前试架桥
今世无能缘分事　　好想情明奈里焦
连花苗起情由好　　细结花堂纸上翻
苗伏两官守能色　　欢喜英台九岁看
那处县门排仙位　　得道湖南满国维
投云念色朝东亮　　手攀黄赶泪双流
二案同眉文两印　　挂榜州门声广乡
连容挂尽观音殿　　立椅排台九岁看
把正台盘言为止　　动起两宫纸上留
深罗红金千曾金　　守朵金花共海游
深情重德红金色　　当中科馆一步桥
前姐能金共对鹤　　日里共行夜共眠
九飘来是龙投海　　十众愁声不共鸣
抽头细看高明月　　细投月风广遮阴
逍遥途中到别国　　细奈推车到步林

湖广二府离京远　自渡船来上京园
有缘意尽三村水　古木龙桥渡过天
左脚踏桥为京馆　右脚踏桥南学园
见仙动能桥龙案　右手难攀龙仙凤
离情驾燕千秋会　细奈行逢相伴龙
深桥立架正十月　时时挂念月桃红
北京殿前排下印　玉皇排印在当中
天官京眉千灯照　望海学文言语章
三保天师行元帅　照尽凡间众巷人
凡人重叩天堂水　飘丝过界会情仙
深云飘游千秋月　六阳国上扇逢金
二人手执光油扇　欢由桥上能双龙
齐齐留心守正意　手执连花弓对弓
看尽逍遥不则意　再架天河一步桥
仙林也为一双鸟　再把深香共会烧
邀龙条心齐下海　齐齐下海打龙时
杀死龙王使龙骨　使龙毙骨斗云梯
敕梯架把天门入　齐入天堂看桂花
广海挠船齐游过　游尽天河慢转家
天子在朝天门守　黄龙水底影珍珠
船来停在朝庭外　贱小飞来人不留
月出车门冉冉照　照下湖南重秀官
郎在街头守缘分　妹是何文守执金
月出东门冉冉照　照下湘南重秀才
郎在街头守缘分　妹是真心手执齐
抬头细看南山岭　龙信托把抛下厅
有缘托入龙厅内　龙家托起叹三声
抬头细看南山岭　龙信托把抛下台
有缘托入龙箱内　无缘空憾贵英台
看娘比能天仙女　一层云雾二层天
思得变成天仙女　随云架雾上西天
玉女天仙不下凡　骑马出门不下巷
细小思量寒思尽　无缘难奈得成双
踏上天桥排椅位　空听滩头水浪声
邀娘脚踏园中内　湖南江口闹热营
踏上天桥一步行　风吹花朵美飘飘
天堂仙椅排行行　脚踏东门三步游
踏上天堂一步行　风吹花朵白连连
二人齐坐天堂椅　齐在天堂千万年
邀娘共在天堂内　万岁欢由不了时

共椅排排守两案　望案遮为顺挂时
邀娘天堂排椅位　稳稳留条长远思
云过三朝天堂动　马过竹桥怕桥离
七星姐妹天堂里　郎在九州街巷边
共娘修心天堂里　邀娘二人齐变仙
船上有花邀娘摘　思着天河一步桥
逍遥案上排仙位　手接青龙缠过腰
初投世间仙村里　细看天河内里瞧
船到天京港里停　无桨搭船怕不挠
玉皇殿前发下印　十殿宝官意架桥
分明十官不断市　把定天河一步桥
天堂立椅排仙位　考正深科投会朝
经营学堂题内道　又游四府国投情
七星世上月也上　北斗转回照巷林
北斗推云八仙国　重如守世嫩交情
撑船便把深海上　竹篙重在四边沙
船来便达朝城外　长安城上好安花
我两二人修道燕　七姐老人正话言
天上高皇守等路　船到天门下礼前
二人齐到落阳洞　得见落阳广洞滩
守等几多天门路　高皇开口贱行乡
二人意游天堂路　七姐话修桥上梁
阴河四海都游尽　海岸游游动飘来
多情相会众仙姐　保佑苗丹踏入园
踏入天街经馆坐　有眼便抄六巷边
有个仙人来引带　过了一关踏入街
二关三关上开扇　踏入天堂龙凤妻
桥头种树遮围月　桥边种树能花开
桥头遇着天仙女　苗丹骑雾到天台
九经动靠深文意　天水朝阳东海飘
高明便照深东浪　抽脚踏船心又焦
天堂便交龙王道　到海官船入能烦
云头便修五雷道　好朵金花插凤园
天堂游游好修道　云中守印能花开
左右挂有深文章　两案同眉望到齐
二人世修观音道　脚踏桃园重秀观
桃园洞里好修道　齐齐入洞得成林
邀娘立心世修道　桃园花朵能官人
齐齐修得桃园道　扇娘背上能个人
邀娘若意相修道　思得桃园洞里庭

投娘有心且修道　　修上北京重殿前
一年二岁在修道　　桃园洞里便成双
河阳洞里好修顺　　草竹花开行对行
七星飘遥天堂路　　思得广寒踏入州
二人共行天堂路　　天堂六路圣人游
寒丹修齐缘分事　　踏上天堂内里求
果然游尽天堂路　　齐齐过日共桥游
天堂游游看不尽　　白想回头转世间
看尽天堂众仙娘　　又想凡间心不闲
话　不　尽　　六事多思不得闲
天堂内里谨移计　　千万回头转世间
月出东门照四海　　四海悠悠官渡船
乾坤置定阴阳月　　邀仙下海去修缘
修　到　了　　修到桃园洞里仙
修到桃园众仙姐　　带仙归转伏香烟
修　到　了　　修到花园花朵央
修到阴罗花仙姐　　带仙归转伏爹娘
辞　别　了　　辞别云头姐妹央
辞别云头众仙姐　　带仙归转伏香炉

[说明] 游天堂，邓东于广西贺县瑶区收集。

乞丐歌

花子游游到街巷　　到了街巷到桥头
桥梁本是众人架　　水官把卡在高楼
花子游游到街巷　　游街过巷打招牌
花子游游官厅底　　重叩官人发下街
水官把卡也难过　　有香入庙叩投神
靠得投神保龙过　　问妹可怜未可怜
说会年间无伴好　　一夜多愁在贼州
四处山头斩败了　　不无那处好投修
说会年间无伴好　　一夜多愁在贱乡
投江过日无寿主　　眼泪出门人不知
愁忧半忆在世上　　便逃便化便园飞
三百串钱立平杆　　经过月头当过天
抛兵写下十三岁　　笔头点水自相连
运着东京按落泪　　案上移官七姐明
七姐移官好安东　　且架胜车红下桥
久日烧香天未赐　　一位命喜落空忧
夜姐所生未好日　　感情十仔得愁烦
十五年间修缘分　　早赶内修龙凤央
贱小不照柱修道　　久一年间愁忆流
董求英台命置定　　推传世上命洞球
不信何情过得意　　随命化巨落那州
久日年情多忧忆　　流水下滩推命游
点水渡船舍不得　　寒丹点水长久流
贱小命丑游世上　　过了山村入洞州
龙　命　贱　　上街抛印下街游
东楼吃饭西楼坐　　问妹可忧未可忧
仍在林桥花六路　　踏楼金水向堂深
珍珠落在红肉案　　无缘难奈也难寻
至今命落无花照　　无人带燕入阴桥
富贵成林无象样　　变成鬼魄我烦秋
贱苗落在荒林国　　靠妹推水淹情苗

南岭山头无月照　　花子由命守荒庙
口念连堂泡酒来　　言语对洞齐挂心
言语谈情在口中　　五百年间共条心
君子谈情苗遮过　　流锦面容转本州
共仙谈情在世上　　千万莫飘条路修
想着深文不忧忆　　只燕想飞不舍离
屋底放有长思带　　难得燕子双双飞
清水流来未相合　　远水飘行未共流
二人意共学堂里　　一夜深文未共言
比能天堂四姐样　　脚踏天边星不明
金桥头在内宝殿　　城头洞心安在边
江水游游随河转　　清水流来州过州
点水渡船望过海　　叩仙有意共船游
天上玉皇份道杏　　正来结配共行桥
手托坛香入庙拜　　灵圣开言齐共朝
置定一男配一女　　婚姻一世不分离
有意同心龙坐寨　　四海龙王来步时
得见仙央四边坐　　金怀银盏四边排
有缘遇着龙王女　　天赐鸳鸯下地来
桂仙也有殿上坐　　前步花街修世演
娘手立在学京馆　　怕个喜般来护林
仙桥架在那东海　　海水演演向那飘
望娘引带千金宝　　贵水流来有那条
金花向在那京馆　　时正挂念北京城
身带黄金随手转　　得赐寒丹谈笑声
望仙引来南海岸　　舍意引寒脚踏朝
有缘得遇情仙份　　望仙舍意带寒苗
贱小寒丹有缘分　　求会花仙谈笑言
仙女街头来相会　　结下恩情在世闻
寒来飘到富贵地　　遇着贵仙缘分真
结下深情过万岁　　十样忧愁宽了心
便看贵仙玉皇女　　仔是寒丹世上人
思得天恩也赐福　　得结成双世上连
今夜相会金花女　　遇着真仙下地寻
见娘面容黄金样　　思得赐苗百岁年
思得天恩分道燕　　也见黄金挂肚心
憾尽玉皇三太女　　赐下姻缘能朵金
手接金花随手转　　脚踏红堂百样齐
一夜唱歌共条意　　路口条条到凤台
仙村种对摇钱树　　树高丰天花发开

重能天堂四姐样　得合成双谈笑齐
贵园重能道州衬　后门有个好花园
想尽仙村道河好　现水流来淹那田
齐齐得共来唱戏　得共当初结义深
枉憾北京京城好　东厅排椅好抽心
开箱搛出金杯盏　安在高台百样齐
娘是贵园珍珠宝　结下良缘心无愁
开嘴言语好心意　千样不愁重宝金
细看红堂好仙女　红堂地道也难寻
抽起马头想思尽　便看娘村过仔人
今夜谈情千条路　得见仙园细巷深
比能花园今道燕　贱步寒丹贱苗央
一来思娘珍珠宝　二来思妹好文章
归家想起深情份　也着修心转面容
枉憾娇娥不共案　不是秀才难得连
抬头钦得贵仙意　那角秀才能朵金
思知天恩心欢喜　玉女得知挂在心
贱小寒丹无投靠　叩凤想思到安前
见娘重能珍珠宝　玉女得知双泪连
手执铜钱定八卦　铜钱八卦定阴阳
说报仙央锦莫去　不信细行上马行
且起马头郎便去　脚踏门楼门扇开
玉皇得知秀才到　排椅东厅百样齐
一日行来到半夜　不知安乐在那园
得个秀才养寒苗　好比旱禾得水浇
口里珍珠吐出外　随风飘行出外离
官人检得珍珠宝　花子思仙不着时
不是寒苗投租信　朝上仙恩多谢情
正自当初齐同意　难得玉皇谈笑声
能得成双绕仙转　花子行来归本乡
归宗相思贵仙凤　圣上君皇在案上
君皇条心暗气死　回转寒丹问六亲
寒苗思仙共条意　便看仙村姐妹人
贱苗难得金轮殿　州廷县府得欢情
殿上红园有红字　那人怨子共谈言
四处金花洞仙路　重扇飘文上府朝
阳禀文思细心看　赐起龙船千万条
京城官府贵仙意　合成双双共行桥
得仙不嫌花子贱　马头回归齐共飘
细推深情仙央语　花子得见笑演演

秀才条心共贱案　手面随身到凤园
能得花仙聪明妹　来赐寒村丹贱林
天恩地福远处凤　细心远望能朵金
无万恩情舍开量　舍意思量赐步州
手拿琉璃黄金样　纷飘落地处处收
归家想起心意乱　官起六阳说到京
京城细听玉皇女　舍听金楼欢喜声
断定三朝报言去　且望太阳说报苗
不是洋文连姐信　朝上深情云上飘
重在天恩使赐福　报步深情案上飞
舍驾到园伸月女　千万莫飘寒贱苗
临时驾到仙村案　脚踏红园九奈来
协起红恩千般宝　细望京文难对妻
说报花仙心莫忆　难对姻缘多谢情
口含珍珠想思去　路远文深细卷声
路远谈情难相会　奈看半天架上桥
三头二句踏云去　二人相合半天游
不奈得到花街巷　当如命贱世愁忧
天上起风吹下地　水府殿前风浪流
苗阳真珠来赐贱　四处游云脚踏朝
且起马头到仙屋　行到仙村脚下留
二人跑到仙村内　李姐逢春天上游
遇着贵仙天女娥　可然也会八园州
不满红河杨家步　会着凤仙心也甜
玉女有心且配贱　百岁姻缘也无难
为着求偶心莫忆　地下云飘满堂开
临时吐思追缘分　缘分不知花杏齐
见尽花林无计奈　姐奉无云心便愁
十样思来到步了　且转恩情到步头
红园办起随风去　细望行来不放休
口里珍珠发出扇　玉女面容落那州
手拿金伞到门外　清水流来眼落身
贱水流来到贵府　不知清水那条真
殿上红恩不计奈　十分愁忆泪连连
不知仙村有道杏　东风红恩无万千
英憾莫客到仙案　殿上君皇开报言
有旧苗文伸手去　云飘脚底上西天
打开天门启拜殿　万岁面前奈禀词
万岁天恩准细意　我两恩情不舍离
何人飘落六阳洞　舍飘寒苗未着时

玉女听闻多愁忆　　回巷天官齐上思
齐齐得自殿上坐　　不无那个去飘云
照尽当初齐共拜　　何人得赐共台连
叩圣灵神分道杏　　前世得修满步情
四园排马回意转　　金殿玉皇旧结情
果然未飘园头在　　便看红罗七姐园
红连台头管未稳　　自顾飘行下地连
北斗正知齐同意　　便看红园守伏林
四处行来京文去　　意会夜娘当能金
久龙现影天官在　　仙姐齐齐身上连
玉女抽头齐结意　　因为命喜落旧园
贴在云头能姐样　　害了几多人不知
声声话来偷信事　　言语不平造乱飘
四处申园来下利　　福赐不有大伯分
林架桥到仙村案　　飘影扇飞世上人
红阳回能共夜姐　　手接珍珠抛半天
得见桥林真好事　　舍步翻身意共园
结配良缘千万岁　　守世姻缘未共香
久岁年间无计奈　　难得相思天上良
说报花仙心欢喜　　齐动深情父母思
莫在凡间交情意　　口话谈情手不攀
天上七星共台照　　千万莫抛圣路飘
飞落京城多愁忆　　不赛共台万本朝
东厅金轮殿上坐　　思量难舍转回园
赐步深情多愁忆　　未曾得大拜花园
自飘游情落东海　　晓得江河未得闲
四处山头千万路　　义重情深父母恩
爹姐双双无投靠　　也着修心意上恩
说报花仙自守案　　自守珍珠莫得离
照尽当初在世上　　敕赐看来郎不知
娘是上界仙家女　　云旧恩良云上思
寒月谈情真不舍　　十样难离飘断休
四知寒江庭流树　　金口得知前世人
驾驳飘到仙村内　　苗丹无路望投庭
天府算来可怜尽　　活着分离双泪连
也看架桥邀娘上　　齐来上职看珍珠
皇母不知双对现　　款得内前龙马妇
得见黄龙有马去　　打落里投无路思
黄蜂飞入深井内　　自叫得知来款情
玉皇架起天桥路　　担木架桥扇上京

北斗得知齐同意　　天子合云扇上天
开庚结配齐同意　　风飘脚底细行去
姐问爷娘开庚算　　砌步寒村金殿前
玉皇金花第一女　　女子也来投一言
老姐投林苗阳凤　　爹姐便是同意仙
飘落仙村停留步　　正来赐福上云廷
万岁长恩上照尽　　齐齐案上守投时
行到仙村烦费累　　车台好意解愁连
贱苗深谢众姐妹　　花子成双万岁年

［说明］乞丐歌，邓元东于广西贺县瑶区收集。

死　心　恋

试　邀　妹　　抽手在胸试邀仙
试邀深潭嫩鱼子　　试邀好双连不连
试　邀　凤　　抽手胸前试邀娘
试邀深潭嫩鱼子　　试来邀妹解好凉
左思右想都思尽　　思着凤仙真心恩
思着贱央多愁忆　　寒丹真扑无心闲
思着情恩话不尽　　断定龙仙后世寻
重有草林多无主　　细贱再思投步林
可　怜　了　　枉费二林操乱心
今世情恩枉费了　　在抛后世配齐心
看尽世今花一朵　　可惜姻缘修不齐
果然世今无缘分　　不知那时结偶来
解　愁　忆　　解开愁忆莫多思
便是独林无爷姐　　妹有七姐好安身
寒　央　投　　便报情仙留稳基
情人留意守缘分　　九挂桃园金树枝
红　思　树　　红恩树底好相缠
红思树底立定意　　靠望龙仙把贱连
拒央愁言不报凤　　今世姻缘总莫招
量定太阳无缘分　　留情阴府配齐齐
世今多愁不为那　　思着心思泪便淋
贱小文言拜上妹　　年后有花莫换心
再　报　妹　　再报七星姐妹人
思仙无缘又修福　　再报仙央后世连
二林在港三唐案　　黄王现影半天阴
怎奈炼成天仙样　　九九投林齐共心
二人在落林中内　　五百年间齐共修
吾话歌诗空憾妹　　在守柴林心未休
思着情恩无计奈　　叩仙奢意把寒苗
有心美传初慕妹　　无心便把火来烧
平地种葱菜油协　　风吹离眼油演演

逢情共饮瓶中水　　水流不过妹有心
郎　思　妹　　不向天地锦思央
思央重在深滩内　　重憾龙仙一姐央
相　思　妹　　日日相逢心里欢
会逢交话心欢喜　　心中难合好情仁
左思右想心里乱　　因为修缘不到头
有心投仙雷旧日　　无心空共妹心愁
逢情贵花游世上　　游尽世间无路寻
有缘思尽千条路　　为央操乱万条心
憾　尽　了　　逢情世上锦无缘
前思无缘空憾了　　在抛二树上仙村
刘三歌言传报妹　　二两有情人话诗
前世无缘连不得　　叩抛二姐配林机
为尽逢情多思比　　百事行游思妹多
思尽鸳鸯不成对　　自思一对好娇娥
可怜今世郎思妹　　一对情双无贱恩
寒苗重有多无主　　叩望六林共仔机
真　心　报　　真心报妹投贱林
手世黄金天为远　　为远齐齐莫换心
逍遥东乡一山水　　便有一树好投林
细少不知投林事　　在抛二扇定寒心
今世逢央情深了　　一日思仙心不休
鲤鱼得道天官去　　无计奈何投细鱼
得问多心郎心晓　　枉费多心思乱心
真情真意郎心晓　　再好想思难得知
逍遥南林一山水　　重有一树好投林
细少不知投缘道　　靠望仙恩伏锦仁
逍遥西林一山水　　不比一树好投林
章凤相交一千日　　半同投仙莫换心
逍遥别乡一山水　　不有一树好投林
东乡便有仙妹安　　九宝天子重长情
到处山头逍遥过　　缘能龙仙意自丝
龙远东海投仙案　　思着投林忆死心
逍遥郎乡一山水　　便有一龙真好思
龙乡得遭投林去　　重有一树在世人
逍遥娘乡一山水　　便有一树好相交
贱小不知逍遥事　　今世逍遥不舍抛
枉思逍遥在水村　　不有姻缘枉费心
十样逍遥难舍妹　　思着投林泪连淋
望见一乡心便忆　　得见二林心便思

阴魂相交齐相会　　得妹成双世不离
望见一乡双流泪　　比能太阴望太阳
朝思暮想多愁忆　　流尽眼泪断肝肠
细理思量无缘分　　思着龙仙心便慌
十样金花郎思尽　　得妹成双心正良
前者逢情千万岁　　鲤鱼水底听风浪
细少不知逢情意　　世今思着情仙难
便过九州山一岭　　手拿细扇扇风凉
奈何修尽姻缘路　　后世姻缘伏共乡
左思右想心思尽　　因为修缘不得连
有心邀娘共世游　　我两齐去得相缠
今世多愁不为那　　因为姻缘修不当
二人心中都愿尽　　游阴地府共阴阳
憾仙长情无计奈　　投妹有心共一乡
有心共行阴泉路　　共过阎罗心正良
叩妹要舍龙仙意　　不舍龙仙邀贱央
针娘手血二人饮　　今世炼成后世双
萌萌思仙多愁意　　郎心九挂妹心肠
千般恩尽难交意　　邀娘断尽后世乡
断定行过阴罗殿　　改转姻邀成仔亲
没能世今齐空憾　　齐家偷憾妹情人
相　　思　　妹　　朝思夜想忆心肠
朝日挂心无计奈　　叩天后世锦连娘
千条路口郎思尽　　便望阴州好相连
阴府有缘连得妹　　厚板架桥千万年
便过界牌山一岭　　烦思连妹忆心慌
千般逢情都话尽　　心中忆死断肝肠
过了阴司界牌岭　　细心行过奈何桥
世今逢情正得念　　想思阳世费寒苗
便过滑油山一岭　　细想连妹共阴司
阳世无缘连不得　　滑油山下结情思
过了滑油山一岭　　邀娘行到造钱山
阴司连妹同路去　　改转姻缘心正闲
过了造钱山下岭　　邀妹修心偷到悬
修心正过阎罗殿　　今世连成后世亲
过了造钱山下岭　　连娘上到案台前
望香高台抽头看　　望见阴司物发开
过了望香台一面　　便见阴司卖茶汤
迷魂茶汤娘不饮　　饮了不知后世双
过了卖茶门外道　　修心行到鬼门关

二人修心行阴路　　过了鬼门心正闲
过了鬼关门一扇　　望见阴司月伏多
人活阴司月犬恶　　修心舍过嫩娇娥
过了门前犬下里　　想思行到太阴边
奈何修心阴泉路　　阴司路上合十仙
过了奈何桥步步　　便见面前明镜山
明镜上前三条路　　齐行一路解心闲
明镜山前都过了　　不知逢着平等山
便问游阴因何事　　因为结情心不闲
平等王关便过了　　又到邦都山下游
邦都未远到十殿　　结定真心十殿游
世今修缘修不到　　引若情央共一心
邀娘齐入阴州洞　　改转姻缘正满心
今世无缘连不得　　赶萡牌入阴同乡
齐入阴泉路上道　　阴司断转解心慌
今世姻缘连不得　　修心齐入洞阴乡
共行阴泉齐题意　　阎罗断转便邀娘
阳泉路上邀娘断　　当在月头断定心
断定千年齐留意　　今世断成后世亲
阴泉路上邀娘游　　当在月心断定央
当在阎罗十殿断　　阴司断转仔连娘
阴司断转连娘份　　断转姻线心不良
当在阎罗十殿断　　阎王断转结情央
且断金言怕无定　　相交手记正为情
断定情央无万岁　　断定阎罗齐会情
相　断　定　　断定情央共万乡
断定千年齐留意　　齐家断定月中央
相　断　定　　当在月头断定情
针娘手血二人饮　　饮了正成后世连
相　断　定　　断定千年共一乡
二人相断怕无定　　阎皇断转子心良
相　断　定　　断定千年共案台
邀娘相断阴泉路　　千世姻缘伏共齐
当在阴罗十殿断　　有心我两结成妻
阴阳会处结成印　　老君门下定成双
夫仙屋盖琉璃瓦　　石灰刷过白连连
路上阎罗陀桥路　　七宝珍珠带上前
结情连娘成妻对　　奈何桥底共这园
阴桥路上仙人置　　天下行人心正欢
邀娘有心在修道　　手托檀香入庙前

娘便烧香郎换水　　姻缘千世结长连
朝朝烧香低头拜　　修缘地府共阴园
歌河便是刘三造　　连娘拜靠凤留情
邀娘阳兰对头巷　　阎罗地府去游乡
二人修得观音道　　行过阴泉就转阳
安心行过阴泉路　　有心不怕路头长
二人结下成妻对　　生死不离旧庙香
双林得过滑油岭　　修道二人齐结林
今世连娘成妻对　　生死不离意正深
入仙齐林游东海　　思着东京情仙意
我两姻缘修得到　　有缘情深不分离
娘是平天太阳月　　锦是江边连柳枝
我两姻缘修得到　　思着东京文帅儿
别仙齐林游东海　　光木合船水面流
杀死君皇三太子　　虾鱼鳖子满江游
二人路上阎罗殿　　抽手二人齐结情
我两姻缘修得到　　齐齐游海看龙园
踏上阴罗二殿里　　二殿看花朵朵思
花红枝头朵朵鲜　　生世不别死不离
三殿四殿欢游过　　二林接靠定愁忧
若是阎罗修不到　　有心我两共门州
五殿六殿邀得过　　邀妹二林共结情
若是阴泉修得到　　二林游海过长年
七殿八殿宽犹过　　邀妹欢欢世结情
今世姻缘修得到　　长情千万莫抛心
九殿十殿团圆了　　我两修心齐结情
十殿阎罗团圆了　　问仙心中离不离
不离锦仙齐结意　　二人抽手架云桥
十殿阎罗团圆了　　思着奈何正步桥
有心听闻暗心意　　细意听闻心不焦
二人齐齐游下海　　二人下海到龙朝
杀死海龙收龙骨　　手拿龙骨斗云梯
奈何金桥都过了　　细心行过造钱山
思量二人烧张纸　　金鸡拍翅怕声啼
刘三歌词得唱了　　听闻言话好情由
随风推云平天下　　随水渡船水面流
听闻娘言声声好　　果然比能画眉声
心机能云通天底　　敕令白鸟海上飞
望成天分护得到　　一世不抛情意人
思量齐结长情意　　共海游完到边岸

架桥通到广南岭　　邀妹齐游水国乡
齐修禁情等云念　　一世有缘连得娘
驾步金桥齐齐上　　齐齐抽脚上桥梁
架步金桥齐结意　　合齐情意万年长
架起金桥齐齐去　　齐齐同路上金桥
金桥路上金花现　　现阳世上共逍遥
驾起金桥齐齐上　　齐齐同路上桥游
金桥架到南海岸　　望成缘分结情由
架步金桥邀娘去　　齐齐邀妹共桥游
交心齐能太阳月　　同能太阳伴月村
踏上金桥看金水　　踏上金桥看飞云
金桥里头共结意　　结齐情意守欢凉
过尽金桥有情意　　又到四海看仙央
今天看桥都看尽　　看尽金桥好欢由
金桥看尽相邀妹　　邀妹行桥又渡舟
折桥渡船邀娘去　　挠船四海等姻缘
折了金桥游四海　　要妹挠船水面连
渡船两两游入海　　撑船四海靠仙行
渡船游游水面去　　问妹愿心未愿连
渡船游游水面去　　急水汤流在海深
汤开急水邀娘上　　稳定肝心齐共心
渡船入海东边上　　细奈寻丝龙殿中
细问海园去得见　　奈心细看海恶龙
游　到　殿　　细步龙仙到殿乡
伏问龙仙共修道　　齐家修道共烧香
游　四　海　　共娘躲雨得相逢
二情结意深海上　　结成一世能双龙
两共龙仙投佛殿　　恭手深深拜靠仙
得燕引龙见太子　　靠龙明镜照基园
好殿贴金龙仙在　　寒鱼入殿共情修
共合贴金花一朵　　世今合水水长流
龙王殿花发现早　　花枝罗子港江边
洪面凤花赐一朵　　太官龙思意女仙
殿前四角龙仙国　　贱苗独林到殿前
龙珠池港投一道　　得见共过嫩娇仙
细奈报龙上平道　　伏共烧香在案前
修得天分连得妹　　共游四海看花园
鲤鱼花凤深塘坐　　一群白鸟上树枝
小官四季管连远　　长流水底等龙围
四个水官守塘坐　　一群白鸟上仙园

北岸江边寻草树　　共龙为月上西天
出州共朝千州殿　　北海砌街金砌朝
千朝万海花为远　　金灯高照共香烧
吾丹共朝千州殿　　西海矫娥留稳情
渡船过海随水流　　渡过四海见童仙
得见童仙花一朵　　扇风花朵满园香
那里投情千般意　　能龙明镜照寒香
得见龙珠花现色　　贵恩今靠好灵仙
太阳高照广南岸　　水推沙石在沙州
见仙面貌如桃花　　现影龙皇殿上齐
金花好种深情海　　龙仙合貌秀钱财
天云盖过吾龙殿　　靠仙舍心共投缘
好桃金水长情内　　演演好过共仙村
林园案仙修细道　　同盏明灯照远乡
远见天开吹云散　　风吹推过万重浪
黄河四季长流水　　桂树年年开好花
丹苗共缘多思缠　　郎能青山摇树花
二人踏上梁园看　　等到殿前修到还
行出深塘算定算　　齐齐今世共鸣声
邀娘今世齐结意　　过海又回仙凤央
齐齐同心世上念　　结思情意万年长
叫　娘　转　　邀娘世上看云边
水里有花娘莫念　　莫在水底看花仙
叫　娘　转　　郎今挂半贵人乡
二人共行长情路　　又回世上看爷娘
叫　娘　转　　抽脚二人归转乡
前世姻缘齐话尽　　比能天堂月样光
齐　齐　转　　四海团圆转世间
阳世若有天分念　　十样有心也团圆

［说明］死心恋，邓元东于广西贺县瑶区收集。

留 客 歌

天下算苗命落贱	无国缘恩步贱边
小贱蒙丹无道燕	亏寒愁忆在凡园
命贱孤凄无投靠	十步想思难奈何
入国杏仙可然众	不合赐苗空憾多
得会东台齐相见	月照东京花色中
都算天恩分照到	遇逢国仙投贱蒙
急水滩头留不稳	流下滩尾难扎船
浅水沙滩难停步	待慢月仙转广州
滩头架浆留船转	滩尾扎锚留转船
试留天仙舍停步	留转贵仙进贱村
门前种茶班定竹	竹尾挠风转地缠
得见四边花仙众	投仙舍意解愁言
早步烧香不枉可	有缘遇着圣贤仙
因为丹寨愁烦众	拦仙舍意解愁边
多为天恩地赐转	当能太阳月照亮
都算情仙开广凉	舍仙广谅解愁慌
试　拦　路	拦街入巷试投仙
试投欢仙舍开浪	叩仙舍意度愁情
再投金童舍开浪	叩天舍福赐寒林
为贱荒居多爱众	缘恩贱步得欢心
细小修缘不枉可	也算舍心照贱苗
贵意深恩贱寒国	齐游情意度逍遥
试　苗　风	小燕抽声留住仙
一为寒村无欢日	且来停步贱荒园
留　住　凤	比能黄蜂留住花
留步连车托贱处	留转贵仙进贱家
再　留　凤	小贱飘文留凤仙
留得凤仙舍停步	不枉愁苗早拜天
试　留　住	然能船家留住排
留得住排进水步	留转玉仙进贱街

［说明］留客歌，邓元东于广西贺县瑶区收集。

送 别 歌

留仙不住送仙去	留凤不安送凤归
路上逢蛇莫打死	贱小寒魂伴凤移
留娘不住送娘去	路上马鞍细慢抛
路逢蜘蛛莫打死	寒小三魂伴凤归
细　慢　去	踏上马鞍细慢飘
行来寒村无礼义	待慢凤仙莫怪苗
细　慢　去	踏上云车细慢移
抽眼见仙移远去	寒丹自想受可思
留娘不住留脚印	脚印排排在贱街
能样留仙不舍进	亏单独自受孤凄
情仙回转心欢喜	丹寒浅步无欢时
齐度恩由仙言好	无舍分系各自移
欢仙深文可然好	憾思不得共朝中
为命亏为分定世	天赐不齐心忆蒙
左思右想真无奈	双手帕胸偷憾心
有心稳正秋红色	莫改体心亏贱林
玉仙马头急仅去	如后相逢再慢游
若然舍恩稳心计	留情世上万年秋
谈情当比长远水	过后相逢再慢修
多为天恩广照到	得共谈情千日游
有心留稳长情路	千年万岁莫抛休
得见欢仙好过日	折休分去贱心忧
留心重情莫休步	齐家愁正二情由
天下果然十八省	算杏想机难舍休
仙去广朝心欢喜	寒转空滩蒙则园
十情想尽难休舍	泪流如水淹胸前
贵仙情由话得好	十步想思双泪流
为单贱命无缘分	望修后世再来求
阳宫齐无相结配	阴罗府上对连球
姐生我俩未同去	齐家稳正二情由
今步阳观无奈配	二修阴府对相行

当壁合同相交意　　玉皇殿上案有凭
阳观二俩对经过　　后飘天上对言金
得对阴词千百岁　　天子换朝不换心
给配缘系莫退色　　留思后世万年长
阴宫齐换手思计　　二情万古对阴阳
阴阳公处齐收内　　后则阴词带照游
当天对过玉首印　　共飘相配也不忧

[说明] 送别歌，邓元东于广西贺县瑶区收集。

梁山伯与祝英台

盘古置天又置地　　置起江山又置田
三姐置歌又置曲　　置给凡间传世言
千般言语都置尽　　试唱今言歌一篇
别处歌言且不唱　　且唱英台出处言
当初有个英台女　　十指排来十五年
爱去闾山寻学院　　思尽千般面样言
女人改换男人样　　便由闾山寻学院
出门担起光油伞　　手里托书扇面前
穿起男衣无能比　　比能皇宫天子人
爹姐近前细报尽　　行路细心安乐眼
爹姐相送出门外　　相送英台出巷边
路上行来日过日　　比能风吹云过天
行过青山又过水　　执扇挠风在面前
抽头得见山伯到　　抽手胸前问一言
山伯听着英台问　　停下路边松树边
英台会着梁生伯　　抽手二人正问言
英台问句梁山伯　　山伯亦来问一言
借问山伯去那处　　又问英台去那边
英台抽手正开话　　一个秀才细听言
郎在本山无学院　　便去闾山寻学院
山伯听着英台话　　亦报英台来听言
郎今亦去寻学院　　今日会着到路边
二人路上相逢着　　抽手二人断宝言
会着子人相识了　　又问年庚有几年
路途上路排年庚　　山伯年高大二年
英台便问梁山伯　　山伯年高便走前
抽手齐来相断定　　立意真心懿喜言
天分会着好缘分　　比能会着云天上
山伯年高当前去　　英台在后托书篇
二人齐去寻学院　　十分喜欢读书言
去到学院读书卷　　日里共行夜共眠

写字二人共柄笔　台上读书共一篇
二人坐落学堂里　读书写字共三年
读尽经书千百卷　英台思想结友情
一来思着郎爹娘　二来思着无人连
街头买得细张纸　台头写字万书言
辞别先生当阳去　二人抽手泪连连
分手二人便难舍　山伯相送过街边
送到路头不舍了　二人抽手断金言
英台报尽梁山伯　年后千万到家园
送到路头各自去　二人抽手各家园
山伯旧归学堂里　英台回到自门前
家里爹姐心欢喜　得见英台到面前
身上衣衫都换了　装起女人年过年
山伯旧归学堂里　心中无意看书篇
夜里独自床中眠　望中思着泪连连
天光早起不见面　心中愁忆不开言
口便读书心便想　收心夜愁转家园
山伯思着收心转　书箱担超出门前
回到英台门外坐　胸前抽手问君言
英台听着山伯到　满身装起出街边
山伯抽头不相识　便问英台不好言
日日读书便是好　山伯心中不信言
不信开箱楪书对　正信英台共学园
台上二人对书字　山伯正信妹金言
山伯心中便愁忆　忆思眼泪落胸前
英台爹姐问女子　那人乱得上门前
便问那洲那县坐　因何乱得到帘边
英台抽手报爹姐　爹姐来听妹金言
便是同窗梁山伯　学堂共坐得三年
二人共坐学堂里　同行同坐共床眠
山伯世今正寻妹　二人正对旧书言
爹姐听着英台话　家中烧起执茶前
山伯接茶口中饮　十分多谢托茶人
英台相送金钗子　又送绣鞋贴脚边
山伯低头多谢了　行出门前泪便连
抽手胸前便去了　英台相送出门前
胸前抽手辞别了　二人眼泪落连连
世上无缘连不得　阴阳路上慢来连
英台报尽梁山伯　归家莫忆挂心机
左右因何正得念　因何得念过长年

山伯心中便愁忆　　眼中流泪到门前
爹姐得见山伯到　　爹姐得见泪连连
家中爹姐问山伯　　心中为那愁偏边
因何落了面容去　　为何愁忆那边言
坐落学堂为那事　　为何多愁开口言
山伯听着爹姐问　　口也话言泪便连
心中多愁不为那　　爹姐近前细听言
当初在家去学院　　会着英台到路边
路上二人相断定　　学院读书共一篇
扇凉二人共把扇　　日里共行夜共眠
读书三年来相识　　今日才知英台仙
世上正识是女子　　不得英台到手连
爹姐听着山伯话　　请莫多愁思乱言
后日爹姐慢去问　　如是有缘亦得连
山伯爹姐自去问　　便问英台爹姐言
英台爹姐话可惜　　山伯无缘空憾仙
山伯爱连加早问　　今世马家下定钱
领了马家清茶信　　山伯今世空憾言
马家早来得连去　　可惜媒人空到边
山伯有钱别处念　　莫憾英台不得连
英台听着媒人话　　报句媒人听妹言
当堂禀报梁山伯　　莫憾英台挂肚边
早到三朝得连了　　爹姐世解领了钱
二人今世无缘分　　留下真心后世连
媒人听着英台话　　口中有话便难言
左右心思不得念　　就来移脚出门前
英台有言不好话　　身上衣衫脱一边
衣衫写成亲笔信　　托把媒人归转边
归家便把山伯读　　细开阅读妹金言
马家阳世得连了　　二人阴世慢来连
山伯见书到手里　　你思明世守家园
便把衣衫吞肚死　　床头忆死不知天
爹姐得见山伯死　　十分可惜又可怜
郎姐心思留不转　　强如利刀斩断肠
又请先生来踏地　　葬在大州大路边
葬在大州大路上　　便守英台到手边
英台出嫁大路上　　望见路边立葬烟
行过面前话一句　　山伯有缘开墓边
山伯有缘便开墓　　接去英台到手缠
当初二人原断定　　今日有缘便是连

二人变成鸳鸯去　　飞上天堂一世连
马家接得娘裙脚　　十憾英台不得连
便见英台连山伯　　飞上半天树底缠
马家不信担锹掘　　便见鸳鸯飞上天
生是黄凉共把伞　　死是二人共结缘
守得阴司正连得　　造起古言世上传
造起古言传世上　　世上人传年过年
山伯有缘得连去　　二人抽手上青天
变成鸳鸯天上过　　马家得见又可怜
山伯英台好缘分　　二人飞起入青天
飞打马家门外过　　马家得见泪连连
英台古言造不尽　　那人聪明添一篇
那个聪明添一句　　留把子孙世上言

［说明］梁山伯与祝英台唱本，用瑶族古意歌编成。邓元东于广西贺县瑶区收集。

梁祝唱本

当初有个英台女　十指排来十五年
浙江州廷无学院　要去杭州寻学园
要去杭州就学院　思尽千条百样言
爹姐听着英台话　便问英台话那言
生身便是红粉女　因何说话去学院
英台听着爹姐话　跪下烧香细报言
禀报爹娘听妹话　细花扶地诉金言
南海观音生一女　朝朝夜夜念圣经
北京皇帝生一女　统管江山千万年
娥眉祝家生一女　要去杭州寻学院
女身放变男身样　同能朝中八洞仙
佛前烧香敬神圣　保妹杭州寻学园
手把黄凉伞庄果　便托经书面向前
出门着起男衫样　比能太阳遮过天
爹姐听妹细报尽　在屋欢由莫细心
听着英台话伶俐　提言伶俐好欢心
抽手达妹门前去　娥眉飞过五州云
过了几多山源水　又过几多水面桥
路上行游几日远　山遥路远好欢由
千年平田依然在　未见娥眉现影州
过山听闻黄鸟叫　过水船蓬风浪声
行过青山并绿水　执扇挠风榕树前
抽头得见山伯到　抽手拦胸借问言
山伯听闻英台问　停下路边接细言
英台借问梁山伯　山伯也来问细言
听着英台话伶俐　二人抽手正开言
齐谈情由正知晓　正晓山伯来路前
借问山伯去那路　又问英台去那园
英台抽手正会话　山伯正来听妹言
住在本州祝家寨　家中富贵有金钱
只为本州无学院　要去杭州就学园

山伯听着英台话　　抽手胸前正诉言
贱是本州梁家仔　　东南西北有田园
也是齐行寻学院　　今日会逢在路边
天分有缘齐相会　　抽手齐来断定言
会着二人齐相识　　又问年庚有几年
路上二人排年纪　　山伯年高大二年
山伯年高向前去　　英台在后扎书篇
十字路头齐话尽　　二人共路莫抛休
行过路头无样比　　比能鸳鸯飞过天
齐行去到闻山府　　得见城中好学园
人传说得杭州好　　不是乱传可是真
上街也有猪肉卖　　下街煎鱼抬上行
一时去到南街府　　南街一个好学堂
先生原是张家仔　　名字排来张凤元
踏入学堂礼拜伏　　跪下烧香拜圣前
一拜先生为父母　　深深二拜当爹娘
三拜学堂众兄弟　　结为姐妹读书言
学堂案台齐共坐　　先生金口教书篇
二人共在学堂里　　日里共行夜共眠
写字二人共柄笔　　台上读书共一篇
学堂读书三年半　　台头写字共书篇
读尽经书千百本　　英台思想转家园
一来思着亲爹娘　　二来思着无人连
街头买张细凉纸　　台头写出万书篇
辞别先生郎归去　　二人抽手泪连连
抽手二人难休舍　　山伯相送出门前
送到城中无言话　　城头有个石榴仙
英台摘给山伯吃　　吃了正知花果甜
山伯全然未知晓　　提亲句句不知天
英台得见传未晓　　思良心里再提言
再报山伯来相送　　再送英台到井边
英台报句梁山伯　　池塘一对好鸳鸯
一个公来一个母　　中央细小做媒人
山伯不知英台话　　未晓提来那样言
英台得见传未晓　　再送一时到井前
送到井中难休舍　　井中齐照好容颜
有缘千里齐相会　　无缘对面也难逢
山伯得知真言意　　共仙一世不分休
四句试言想不出　　名自分休当水流
英台报尽梁山伯　　归乡千万到家园

送到路头各自去　　二人抽手各家园
山伯就归学堂里　　英台回到自门前
祝家爹姐心欢喜　　得见英台到面前
身上衣衫改换了　　装转女仙年过年
英台山伯且慢唱　　齐把马家唱一篇
马家暗思安在肚　　差发媒郎来问仙
提起礼仪马上背　　扇到门前脱下鞍
祝家拦胸门前接　　厅前排掎托茶盘
媒郎执茶拦胸饮　　借问英台金口言
祝公听着心欢喜　　马家富贵有金钱
开箱揲出年庚字　　六合相对配千年
马家礼物多办尽　　十月初八合婚姻
山伯住在学堂里　　心中愁忆不开言
夜伏烦床抽声泪　　天光早起泪连连
抬头提书来开看　　正晓英台是女仙
天光早起收书转　　书箱提起出门前
千步行程当一步　　十里扇风到面前
扇到英台门外在　　胸前抽手问金言
祝公抽头来相识　　山伯抽手正开言
英台听着山伯到　　满身装起出门前
山伯抽头来相识　　英台抽手正开言
旧日读书便是妹　　山伯心中不信言
不信开箱揲书看　　正晓英台是女仙
台上二人相对字　　山伯正晓妹金言
山伯心中便愁忆　　思来眼泪落胸前
英台爹姐便问妹　　那人乱到屋园边
便是那州那县在　　因何乱到上门前
英台抽手报爹姐　　耐烦细听妹金言
不是那州那县在　　便是本州姐妹人
便是姓梁字山伯　　学堂共在过三年
二人共在学堂里　　日共读书夜共眠
山伯世今正寻妹　　二人正对旧书言
爹姐听着英台话　　家中烧火接茶前
山伯接茶挡胸饮　　十分多谢在台边
执茶拦胸话不尽　　抽头思想转家园
英台相送金钗子　　又送绣鞋贴脚连
山伯十分多谢了　　行出门前泪连连
抽手胸前山伯去　　英台相送出门前
胸前抽手辞别了　　二人眼泪落连连
阴世无缘连不得　　阳司路上慢来连

英台报尽梁山伯　　归家莫憾挂心边
左右阴司正得念　　阳间今世枉交情
山伯心中便愁忆　　眼中含泪落胸前
爹姐得见山伯到　　前来抽手问金言
借问山伯为那事　　因何愁忆不开言
为那落了面容色　　心思那样不知天
在落学堂为那事　　多愁挂肚不开言
山伯听着爹娘话　　口中说话泪连连
心中忆愁不为那　　只为英台挂肚边
当初在家去学院　　会着英台在路边
路上二人相断定　　学院读书共一篇
风扇二人共柄笔　　日里共行夜共眠
读书三年未相识　　今日正知不得连
今日正知是女子　　十憾英台不得连
爹姐听着山伯话　　十分可惜挂心边
明日爹姐慢去问　　重怕有缘也得连
便请媒郎前去问　　便问英台爹姐连
英台爹姐真可惜　　山伯无缘不得连
若是要连不早话　　今世马家定了言
领了马家情茶信　　山伯世今空憾言
马家早来得连了　　可惜媒人迟到园
山伯有缘别处念　　莫憾英台挂肚边
英台听着媒人话　　禀报媒人细听言
当堂禀报梁山伯　　莫憾英台到手连
早到三朝得连了　　爹姐世今领了钱
二人世今无缘分　　留下真心后世连
媒人听着英台话　　口中有话也难言
左右心思不得念　　就来抽手出门前
英台有言不好话　　身上衣衫脱一件
衣衫写成亲手字　　托把媒郎转归园
归家开把山伯读　　拆开书信看金言
今世马家得连了　　二人阴世慢来连
山怕执书到手里　　手执好书泪便流
阳世无缘连不得　　等到阴世结成亲
世上好花苗来憾　　单憾英台不得连
当初早知得连了　　不到世今愁忆心
不得英台成妻对　　枉在世间寻空园
山伯无奈吞衣死　　床头气死不知样
十分思想留不转　　爷娘气死断肝肠
含泪双双留不转　　比能利刀过肚边

便请先生来踏地　　寻落大州大路边
地龙合在大路口　　要葬山伯年过年
墓堂立起山伯号　　在守英台行嫁年
英台行嫁大路上　　踏上墓前说一言
山伯有缘今世念　　不嫁马姓万千年
当初二人齐相断　　今日有缘便得连
山伯听着英台到　　灵魂开墓得双连
山伯英台得连了　　抛下马家在路边
马家执得娘裙脚　　十憾英台不得连
手把金锹来挖墓　　变对鸳鸯飞上天
飞把马家门外过　　马家拍手叫黄天
马郎气死归阴府　　阴司路上去寻仙
马公请师来超度　　度郎阴府变珍珠
造得阴状千万纸　　随郎身带转阴州
玉印盖下红硃帖　　禀报礼都十殿州
告禀山伯行凶恶　　争战英台阴府州
拜叩礼都千年主　　俴提山伯对因由
天下何曾有此理　　争花占朵打鸟面
呈上公文秦广殿　　判官接纸便开言
便提山伯英台到　　案台相对假真由
冥官案上对审事　　借问山伯为那由
争占马家亲妻对　　理上排来不对行
英台听着判官话　　踏上厅前说一言
禀报判官耐听意　　不是山伯争占边
便是当初去学院　　二人断定万千年
学堂二人共柄笔　　日里共行夜共眠
不是山伯来争占　　便是姻缘定断连
判官听着英台话　　退下案台不对言
呈文递上楚江殿　　判官双手接文书
门官把手相借问　　为那因由诉一遍
无常传言报圣主　　英台山伯有语言
只为马家来存案　　禀报山伯争上人
争占欺凌英台女　　亏了马家使空钱
马家呈文秦广殿　　表行诉意有根由
冥官差提梁山伯　　英台山伯上官厅
三人跪下来诉意　　判官接笔挂根由
冥官把案来判定　　准指英台山伯修
前世姻缘相断定　　今世学堂齐共游
马家有钱别处念　　莫望英台结配珠
马家听闻断此意　　正不抽头执指由

冥王也难判此案　　禀报判官界案由
批案解游宗王殿　　门官执禀报冥皇
宋帝冥皇来登案　　详文批案假真样
左右传公来通报　　因该山伯有根由
前世修为齐修定　　今世学堂结配珠
冥皇执镜通天照　　鸳鸯相对好欢由
天上七星配北斗　　犹如山伯配英台
圣皇开口哈哈笑　　准指团圆结配珠
判报马郎莫思憾　　有钱别处去投珠
天底不单英台女　　别处重有伶俐珠
马家听着高声怨　　圣皇为那判因由
把苗金钱使空了　　将钱结配别人移
阎王无计退下案　　便叫判官把指游
无常送上第四殿　　四殿金街官管喉
五色黄凉留连榜　　留连红榜好因由
把文迎上第五殿　　文状随表到王州
阎王执笔便开看　　便报判官排案由
五官冥皇升下案　　把薄判官执笔勾
审问山伯因何理　　又问英台为那由
为那马家来迎禀　　诉下真假好评由
山伯听着跪下诉　　英台就来诉一语
圣皇高台龙耳听　　耐听两苗诉细言
学堂识字三年半　　齐行共眠共书篇
日里写字共柄笔　　夜里铺床齐共眠
只因当初齐断定　　生死二人共合缘
马家因何来争占　　因何反占断姻缘
奉请圣皇龙耳听　　详情此理那因由
判官执笔案头挂　　从头卦起两金言
分断马家莫恩憾　　有钱别处再投仙
莫怨山伯争占福　　前世姻缘修到边
马家听闻不欢喜　　心中怨气不开言
阎王看尽真无计　　便叫判官退案游
退下公堂就敕指　　敕令文书提状游
无常送上第五殿　　五殿金街钟鼓图
抽头看见金街案　　牛头马面好江州
高声借问何人到　　那人乱到外门游
山伯英台就禀报　　有事正来叩圣主
禀报门官传文入　　阎罗天子听真由
听诉因由批下指　　慢慢详情内里语
便叫马家停住下　　山伯英台住一边

案头游游迷魂诉　半年由案诉根言
诉尽当初因由事　真假好来判案由
案由就提门事去　圣皇执指下街游
无常提文前途去　提名十殿到齐周
十殿冥皇齐会案　齐到案头策计谋
文书寄到第六殿　六殿冥皇判定由
左右门宫执书到　摆开公案看因由
一看马家原告案　二看山伯被告由
明镜照清二人案　就案文书七殿留
太山街前多愁忆　神差鬼使把门敷
不怕那人英雄汉　无常到案泪排排
四边铁门高万丈　黄泉二路忆愁忧
神差执得文状到　送入太山案上游
太山冥皇来升案　临时登案判因由
看尽二人情由路　就把文书解案由
文书寄到八殿案　八殿冥皇把状敷
敷照马家原告案　又判山伯被告图
判定二人因由路　临时送案不停留
谨请文书向前去　踏上圣皇九殿州
文官执得文书到　送到官门内里由
玉皇听着文书到　临时升案把文铺
手抽因由先来定　团圆结配万千年
临时解把案言去　寄到圣皇十殿前
十殿冥皇执书到　摆开龙案看因由
拆开细看阴阳状　阎罗天子有根由
书头提有天子号　书尾印有玉印图
因为马家有事到　告禀山伯争占夫
今且山伯齐到案　英台一路到齐周
出指约期齐开会　齐来会案判因由
即日十殿冥君到　摆开筵会饮杯酒
饮了杯茶下席散　摆开红案审因由
传公便传马家到　冥皇敕令问根由
审问阳间为那事　因何告状到阴府
马郎听着判官令　临时跪下诉情来
禀诉杭州梁山伯　半途争占祝英台
使了金钱与珠宝　收娶英台结配珠
英台出嫁大路上　被作山伯争占修
山伯开墓争妻对　亏了马家使空钱
无耐气死归阴府　送文拜叩圣皇面
指令便审梁山伯　因何强娶马家仙

先提山伯来到案　又提英台齐到边
三姓阴间为那事　阎皇审案对真言
借问马家原告案　又问山伯被告情
为到争妻到阴府　惊动阎罗十殿州
英台听着圣皇话　跪下案前诉原由
圣皇莫怪梁山伯　耐听英台诉一遍
不是山伯强争占　便是姻缘断定言
当初山伯去学院　英台也去读书言
齐去杭州寻学院　学堂共在过三年
日里写字共柄笔　夜里念书共一篇
上有先生作证见　下有学管把为评
不信圣皇开镜照　无缘不敢结为妻
玉皇听着英台话　就差鬼使到杭州
判官查清因由事　话不虚传可是真
飞云驾马下地府　禀报圣皇十殿前
山伯英台好缘分　不为强娶枉争亲
阎皇听尽判官话　临时判案把分明
山伯英台前世定　禀报马仔别处连
莫望英台配为妻　别处重有伶俐仙
敷天广海姻缘路　莫望木梅现影上
马家爹娘多愁忆　三年不见子回阳
气死迷魂落阴府　扇到丰都十殿前
听着阎皇批下案　准指马家别处连
娘子二人不领旨　跪下案前不起身
使了千金并万宝　因何结配别人连
天府何成有此理　不使金钱得配仙
阎皇不奈难结案　退下案台不对言
临时关起天庭路　驾启云梯到天宫
各人手执挠风扇　挠风启扇到天宫
扇上昊天通明殿　玉皇圣主把分明
玉皇分明批结案　阴阳二路各分明
东斗木星来驾路　启朵青云飞上天
青龙运水青天路　两边梯柱起连连
南斗火星起云路　赤云扇起到南天
赤龙立起云梯柱　双双驾起到天边
西斗金星造天路　金砖砌起到天朝
金砖驾启西天路　金龙白斗影修修
北斗水星架水路　车同运水上天庭
脚踏龙车扇云去　推云驾雾到青天
中斗土星立天柱　云梯驾起到天堂

两边梯柱黄凉缠	踏上天堂念好双
踏上云梯第一步	邀仙齐上看天堂
地下离天高万丈	齐上天宫念好双
踏上云梯第二步	两边梯柱起修修
黄龙缠过双梯柱	齐上天宫万岁由
踏上云梯第三步	手攀梯柱到云州
山伯英台心欢喜	天堂结配万千秋
踏上云梯第四步	一年四季看花球
四姐下凡配文瑞	齐上天宫结配珠
踏上云梯第五步	五龙运水上西天
西天仙人架云路	踏上天堂千万年
踏上云梯第六步	半天云雾暗蒙蒙
山伯英台心欢喜	天堂万岁看花行
踏上云梯第七步	七星北斗在天边
七星姐妹挠扇接	团圆七姐守花园
踏上云梯第八步	八洞天仙在四边
天仙挠扇来相接	英台山伯在四边
踏上云梯第九步	九郎门外共拜齐
宫门挂起红凉榜	提名山伯祝英台
踏上云梯第十步	抽头看见到青天
天门种对沙罗树	沙罗树底好相连
踏上云梯十一步	十一宫天踏入天
得见昊天通明殿	金花现影万千年
踏上云梯十二步	金童玉女笑演演
天师把字天门外	山伯英台心里惊
天师借问有那事	因何乱上到天堂
马家跪下来诉意	山伯世间争占双
有事正来叩圣主	脚踏昊天上圣州
住在阳间马家村	娶妇英台结配缘
婚姻断定十月内	初八团圆合共连
英台行嫁大路上	会作山伯立墓前
山伯就来扇开墓	强娶英台到手连
山伯得连英台女	抛下马家在路边
无耐迷魂归阴府	扇下礼都十殿州
十殿冥皇没断定	驾云扇到天府州
叩明昊天玉圣主	差提山伯到街前
对圣面前讯明案	莫把马家使空钱
使了金钱并万宝	为何英台未得连
玉皇听着马家诉	临时提案出街前
判官便提山伯到	并叫英台齐到边

二人跪下龙案外　圣皇审案对真言
先对马家原告案　又审山伯诉假真
英台听着圣皇意　跪下圣前诉一遍
玉皇高台敕开令　英台开口诉真情
不是山伯强争占　圣皇龙耳听真言
只因当初去学院　会着山伯在路边
二人路头相断定　学堂共在得三年
日里写字共柄笔　夜里念书共一篇
前世修为齐结配　今世读书共路前
不信圣皇把镜照　阴阳二世结成球
圣皇耐听英台诉　都难分派案头由
虽然马家使珠宝　难断英台结配夫
临时把案来分断　冤家折散各分休
山伯英台修为定　马家别处再投珠
托把三杯回阳水　醒转阳间敬祖炉
回转阳间敬父母　行心孝顺万千年
圣皇敕令投主路　阴阳二路本平敷
山伯英台礼拜谢　深谢龙皇龙案周
马家听着批文话　圣皇准指二人修
娘仔二人心不服　玉皇分派不平敷
天堂抽脚漏罡步　踏错金盆水浪流
玉皇得知马家意　敕令马姓是糊涂
圣主面前踏破水　在落阳间重了交
不准马家转阳世　迷魂阴府万千年
准指英台梁山伯　夫妇和偕转世间
回阳醒转阳间府　双双二两敬双亲
辞别圣皇天堂路　二人装着出门前
游过天堂无广阔　香花富贵不愁忧
游尽天堂看尽戏　齐齐退下转阳州
退下云梯十二步　十二天门宫对宫
山伯英台好缘分　修为二世合成双
二两辞别出门外　双双抽脚出门前
金童玉女齐相送　相送英台退下天
退下云梯十一步　十一天星照满天
天星敷天年年在　英台山伯转阳间
二人天台欢由在　天边去雾守连姻
连姻禀名梁山伯　二人得道下天边
退下云梯第十步　十五团圆月照园
天仙玉女齐相送　相送二人离了天
天园牡丹千年影　英台山伯不思归

空守天边看花朵　　检花摘朵解愁忧
退下云梯第九步　　九郎门外共烧香
街前挂起黄凉榜　　提名山伯转阳凡
手贴白扇挠风出　　二人抽脚出门前
门官抽手齐相送　　相送二人入洞园
退下云梯第八步　　八洞天仙齐起身
天仙姐妹齐相送　　英台抽脚出门边
云边下地高万丈　　怎舍云中八洞仙
有缘得会天仙女　　二人修道转阳间
退下云梯第七步　　七星姐妹在天台
七姐下凡配董永　　犹如山伯配英台
辞别天星郎归去　　七姐齐齐相送游
北斗七星齐抽手　　相送二人下地修
退下云梯第六步　　六合团圆下地敷
六合姻缘齐相合　　芙蓉结配牡丹花
山伯英台好缘分　　名扬世下好欢由
亏了马家落阴府　　阴魂难得转阳州
退下云梯第五步　　五郎修道上西天
为人难比梁山伯　　阴阳二世共炉烟
青云飞入白云路　　双双二两得相交
青山绿水齐相会　　莲台花朵结成球
退下云梯第四步　　四姐下凡结配夫
结配文瑞飞天上　　升名升主管江州
开眉见地未几远　　二人欢喜笑由由
有缘得归阳凡路　　无缘天井万千秋
退下云梯第三步　　山伯有缘得配珠
马家扇落西天井　　不得回阳愁忆忧
二人天上回转阳　　堕名天底万千秋
世上逍遥解愁忆　　提名山伯英台女
不枉英台梁山伯　　阴阳得配正为修
天上经平玉圣主　　地下名阳十殿州
退下云梯一二步　　一年四季得欢由
脚踏门前见父母　　烧香礼拜敬父母
山伯英台齐话尽　　那个聪明添一语
那个聪明添一句　　代留传后解愁语

［说明］梁祝唱本，用瑶族古歌意改编而成。邓元东于广西贺县瑶区收集。

崔文瑞

高台闺女四边坐　　金杯银盏四边排
有缘结下深情意　　天赐鸳鸯下地来
娘是南京殿上坐　　前步花街修世演
四边金屋朝南殿　　心思六路好花林
座桥架在南海岸　　龙街步步使龙钱
思锦带了千般宝　　庭前架雾上天园
东边起屋向南京　　情妹来合龙花园
身带黄金随手转　　千金万宝带开边
架云飞来南海岸　　龙信托金抛下台
有缘遇着情思份　　遇着龙天赐福齐
身带黄金随缘分　　有缘得遇好花林
仙女街头来相会　　结下恩情在世今
龙在东京花六路　　遇着情仙缘分真
结下深情过了岁　　十样多愁宽度心
娘是上界皇帝女　　仔是东京世上人
不知天分地赐福　　结下双连解度宽
情步身带千般宝　　遇着真仙下地寻
手拿琉璃黄金样　　踏起逍遥赐步林
四姐打开奈箱笼　　牒出黄金憾死人
杀死龙皇三太子　　结下崔文在世间
手拿珍珠随手转　　敕化天堂百样齐
一夜起成千间屋　　路口条条到凤台
上堂种对摇钱树　　金家钿巷好罗衣
文瑞得连张四姐　　龙家殿上好心思
前来杀败道州府　　后门立有看花楼
相思十样逍遥尽　　果然也宽度仔愁
黄家得闻来看戚　　空共当初结义深
文瑞重情牵入内　　东厅排椅好金言
开箱牒出金盆盏　　安在台盘百样新
文瑞话出珍珠宝　　员外抛情换了心
抬头人仙好情意　　十样多愁重宝金

细着龙双好仙女　　天堂地道也难寻
黄员抽手上马去　　转面看娘挂仔心
一夜相思千条路　　得见东京细巷深
四姐珍珠也知宝　　细看黄员不是人
一来思郎珍珠宝　　二来思妹结成亲
归家便起离龙计　　也请文瑞饮酒情
枉连娇娥十二个　　不赛秀才好意情
抬头饮酒黄员外　　秀才情步能塘深
四姐来朝识宝了　　黄家便起杀人心
归家写信邀龙去　　红纱托起到门前
秀才接下心欢喜　　玉女得知双泪连
四姐得钱定八卦　　铜钱八卦定阴阳
出报郎夫锦莫去　　不信细行上马良
且起马头龙便去　　脚踏门楼门扇开
黄家得见秀才到　　排椅东厅百样齐
一日饮酒到半夜　　黄家半夜起刀心
揲出连罗抛路去　　生押害郎偷挖金
两个行谋半路去　　文瑞饮酒外门声
黄家临时来造状　　台头生押害郎情
省城县里出票意　　官人会合翻鱼思
黄员手带黄金子　　交把官人定准词
生押秀才牢里唱　　朝朝押令不由情
东牢抛过南牢去　　西牢抛过北牢停
铜丝铁练都经过　　木浸石灰抛下江
写信归家来报妹　　九磨十炼仔难当
四姐起风拨云去　　千里拨云来救双
打开州牢带双转　　连风放火入官堂
归家杀死黄员外　　杀到县门打破城
官人抬头扇本去　　扇去扇回信上京
门风盖各路廷案　　奈叩清官准一言
红旗演演随风飘　　三所红兵满地停
声声要杀张四姐　　马面抛刀云便开
四姐驾官因何事　　有眼无珠不识人
娘是上界玉皇女　　也来把妹当凡人
意得早收红兵转　　杀输不赢费枉心
马面抛刀炮声响　　四姐看来刀杀人
口里珍珠开半去　　拨风乱飘下地行
手销宫人挂梁上　　风飘地下杀红兵
文瑞劝双且放下　　杀死又愁京上番
四姐听言挠官转　　马面收刀归本营

归案京台传京本　　扇上君王连案前
君皇惊心暗情死　　回转番生问四边
得知东京反乱了　　红旗打破便难生
圣主难招金銮殿　　乱了州延不太平
殿上红云开金口　　那人杀得换朝廷
四姐晒天难杀死　　重扇飘文上府中
投禀杨天好仙意　　红旗演演在天空
京城一官三千马　　合成九销共行连
红旗协协随南上　　马面金弓来杀人
文瑞得见情心死　　郎双得见笑演演
秀才怒双无情意　　打破红旗乱了情
一十六岁张四姐　　手面随身郎莫惊
说报秀才心宽在　　四姐飘风去杀赢
四姐执花养刀镜　　珍珠花发待开时
天昏地暗无云路　　脚踏云飘不落地
杀死红兵无千万　　血水长流能浸州
手拿珍珠琉璃宝　　定抛云上随风飘
杨家好手收入内　　琉璃关起六台央
京城听风无信转　　无信回归说报郎
断定七朝车扇转　　事望太公限杀贱
不是阳文连姐信　　朝上乱情百姓难
重飘红云阳家步　　投步阳家奈姐思
四姐腾云架雾去　　千兵万马云上飞
临时架到东京案　　红兵协协能远查
李三红兵飘云上　　脚踏云飘天上来
红兵协协随东上　　为过东京细巷街
为过东京杀四姐　　脚踏云雾天上来
说报文瑞心莫忆　　耐看半天双架桥
口含珍珠拨去起　　二人相对半天游
李三也会路云上　　也会拨风地下流
扇起大风吹木倒　　大木连根吹上州
天上发风落下地　　水府殿前风也流
苗杨晒花刁头杏　　四姐收云脚踏朝
马面红兵踏云上　　风飘下地不留情
二人抛刀车样转　　李三画虎半天廷
杨家出得天女将　　果然也会入云飞
四姐满身化恶虎　　杨家李姐问东归
王母原生七姐妹　　六妹天堂守殿台
四姐叫声天上应　　地下云飘八步开
临时肚思化恶虎　　恶虎斑斑守路头

李三得见无计奈　　想尽无谋心便愁
十样思来错步了　　且转马头归本州
红旗协协随东上　　四姐抛刀不放休
口里珍珠发出扇　　寒女面容红色深
手拿金瓶收入揾　　李三水底泪落身
连旗红兵打死了　　不有一半转回京
殿上君王无计奈　　十分愁忆乱州廷
不知东京出精怪　　杀死红兵无万千
芙蓉好花收入意　　殿上君皇开一言
君皇天子查天下　　君皇欢喜在高台
又怕邪精忧乱了　　现杀东京看秀才
不知天堂地道怪　　不知地府出天神
又怕龙台水精上　　乱情杀死万良民
封台天子查天下　　京词安手上床眠
番魂金床打一梦　　则飘地府问金言
京殿不有反乱意　　又问龙王水底人
不无一样邮情去　　番转回魂归本身
殿上君皇开金口　　太子话来妹乱情
左右留文伴手去　　云飘脚底上西天
打开天门齐拜殿　　万岁面前内禀词
万岁天恩准细意　　低头细意伏丹时
何人飘落东京去　　乱了朝廷不太平
玉皇协声雷鼓响　　四巷天官齐点兵
齐齐得在守佛殿　　不无那个去飘云
照尽天堂天官管　　何样烦赐下台缠
圣主临时重官意　　一声雷鼓满天京
四园排马回云转　　金殿玉皇问虎情
可然未飘烦台安　　又看沙罗七姐园
玉母莲台管未稳　　自女偷飘下地连
北斗金弓七姐妹　　重有六姐守天营
四姐飘落东京去　　偷了爷娘九大金
九龙现满天色底　　燕子翻身便在前
玉女抽头问天意　　因何协燕下凡园
帖在云头骂四姐　　刻色深情娘不知
声声话来捉央去　　言语不平造乱饥
四姐抽云来论理　　福赐齐台多已分
阳桥林案重望管　　风飘影扇上天门
苗阳架云骂四姐　　手带珍珠抛半天
得见娇娥好仙女　　且步翻身转旧园
金轮殿上守万岁　　在现下台寻好央

九太问言无计奈　　难得修心台上良
说报皇母大台劝　　六姐齐齐来下桥
莫在凡间交情意　　天堂十样好逍遥
七姐今营共台照　　千金万宝莫抛荒
游落东京多愁乱　　不赛天官欢度良
金銮殿上本然好　　思良难舍转朝天
赐步文瑞深情意　　未曾得拜九花园
自飘游情落东国　　挠得江山不得闲
姐妹思尽千条路　　齐重深情父母恩
爹娘双劝言话尽　　也着修心云上恩
说报文瑞自安守　　自守珍珠处便时
思尽当初深情意　　十样思来寒不知
娘是上界仙家女　　仍旧思良云上飞
文瑞得知真不舍　　十样难离抛断林
郎妻四姐九太女　　今世正知天上人
架云离别自飘去　　寒央无路望投林
四姐看来可怜尽　　话着分离双泪连
也着架桥邀龙去　　齐来上界看珍珠
皇母打破琉璃宝　　救出皇兵无万数
得见黄家好人马　　打落里头无路前
黄蜂飞入深井内　　北斗金星来投情
皇母架起云桥路　　李三含口细达京
北斗得知来救急　　七姐合云扇上天
文瑞爹姐齐同去　　风飘脚下细行云
四姐赐双车样转　　踏入天堂金殿前
玉皇金言问女子　　女子也来报一言
老君投林苗阳凤　　爹姐便是太白星
飘落便招崔文郎　　正来赐福上云连
万岁天堂开恩照　　齐齐案上守天廷
前飘扇落费憾尽　　车台苗意转回京
皇母金台守女意　　合双过世万岁年
水清得见龙现色　　杨官移步归报央
龙骨金床睡七夜　　七朝七夜未回阳
四姐腾云转天国　　安乐太平天底良
四姐转天得安乐　　回转天廷心也甘
郎小造歇依旧故　　万古流芳秋过秋
世上后人接得唱　　造起歌词传世流

［说明］崔文瑞唱本，用瑶族古意歌按故事内容编成。邓元东于广西贺县瑶区收集。

唱 董 永

历代君皇管天下　　凡堂二首伴京园
董永卖身陶州府　　玉女下凡伏砌仙
天上七星配董永　　十五年间抛下言
情仙有心在世上　　修元二意共同行
凤比玉女下凡砌　　贱比东龙鱼会央
天旱三年无耕种　　田塘无水自愁慌
国朝愁尽桃州府　　有田耕种不无收
付爷慌居无计耐　　董永街前逻外州
东街逻想南街巷　　贫寒无惜泪连连
苗想闷身难开口　　街前无借转回园
有钱买得补中宝　　无钱街上空心看
只为红爷身有瘫　　贫居清匠无人看
红爷未曾身亡死　　无钱安葬卖苗身
董永气死园中内　　惊动玉皇砌下言
园中想尽无计奈　　自卖苗身街上游
东街游想南街巷　　无人答应泪双流
双膝下跪街前上　　抽手京园泪颜容
太白星君云头坐　　回宫圣主扇朝龙
仙人下凡砌龙意　　抽头抽手泪连连
二苗游想东街巷　　付爷手肉扇朝阳
贫寒路上朝东府　　深深礼拜付爷娘
只为红爷身亡死　　无钱安葬卖苗身
付爷姐留修恩凤　　报央修起东贫园
回园修青红图路　　三月便行府上园
三百贯钱立凭据　　笔头点水泪连连
红爷朱辛亡身死　　当过日头当过天
写定为凭十三岁　　再不移设话伏园
抽手辞别付爷姐　　难为倍起转回园
街前买起亡灵树　　雕龙化凤两边排
又请道师来修路　　七朝照道都修元
又请先生踏寻地　　踏着东门巷久边

想尽丹阴无好地　只有付京花礼中
说报东龙无计想　踏尽桃州无好龙
只有东街付京府　莲花贵地落园中
董永愁心抄京管　仙人北斗定阴龙
再投二位伏爷姐　借买园中安葬金
借买后园廷花地　补葬亡灵借贯金
付爷开声莲花地　五百贯钱照步林
董永抽京难万倍　名竟照阳又照阴
修有二路红爷姐　园中安葬两平阳
答谢先生思情路　抓丹一仔泪连连
想尽几多难为凤　今世难还真可怜
今朝烧香惊天地　付爷园里去通钱
行游想起心愁闷　气死怀王树底边
董永情由且抛下　太白情由奏上天
玉皇殿上立耳听　星官奏本拆情言
只有湖广桃州府　母阴修顺永平园
卖身葬姐付京府　气死怀云半路边
玉皇便差七姐凤　百日姻缘砌下龙
玉女贫心多愁问　独自扇凡真可怜
众姐说报月仙凤　身带青香扇下凡
若有闷身便烧起　众姐听闻扇下看
玉女辞别爷路去　辞别天宫众姐仙
说报庙凡莫久住　断定回宫思谢林
玉女架云三天界　步平云开见地仙
扇风游到愧荫树　星宫相伴在身边
气死东龙无计耐　耐限回阳相会言
董永回阳怕相会　好像鸳鸯在面前
玉女便问情由路　董永拆名真可怜
二两世修河名顺　同如董永配天仙
槐荫树底扇相会　无媒二意怕交姻
天上无雷不落雨　地下无媒空枉言
董永回园寻媒凤　二人可赐配婚姻
槐树开声便会话　前世姻缘修砌元
不使寻妹惟凭计　一树为媒配告仙
二苗修元十星样　槐荫树底配婚姻
二两游想东街巷　便踏付爷门外行
双双踏上付京府　同如云露扇西天
行游踏上朝门外　平阳二部卦朝天
反堂相会付爷姐　双膝跪上诉情姻
付爷京堂开金口　便往单苗上府中

街前班起鸳鸯凤　答应双龙不敢收
玉女凡堂拆禀主　主上立耳听细言
当初部给平居凤　相伴部恩早扇凡
水底种花根重在　天地交河一样深
月出东京照西国　云雾层层扇开阳
张爷二声李花姐　园中龙凤便为加
琉璃盖屋金砖砌　园中四季见花开
董永卖身下凡砌　下凡相伴早部恩
晋部丹人修清路　惊动下凡几世年
千般手头也会绣　衫袖扎内伴双尖
清白也会白云配　扇被太阳伴大阴
付爷开声也难测　人心难测水难量
若言会绣连罗殿　砌凡手计现朝边
心中思想在宫内　只有西天玉女仙
一夜断绣成莲色　百锦三朝绣不完
想尽世间凡堂凤　无人淘沙难淹滩
烧起檀香扇宫内　众姐听闻扇下看
一架推东云头面　二架云单扇半天
青云架过白云内　风吃云雾扇开阳
众姐下凡付京府　推云里内会思量
抽头相会七星凤　北斗云开见地仙
从头折禀众朝姐　付府情由不敢收
二苗想尽无计奈　便话连罗绣缎衫
便把衣衫交罗手　想起丹苗绣不完
一夜断绣抬莲殿　众姐下凡赞秀完
四姐开声报众凤　十被连段又何难
南海观音会千手　就绣千被都未难
青净堆云抽聚忿　东京相扇转连连
锁稳扇宫朝龙殿　堆外付京止听声
一夜绣成抬连缎　又绣龙衣五色京
锁稳扇宫朝龙殿　便把东龙界上京
众姐一夜绣连缎　鸡啼众姐绣齐完
天明辞别七妹凤　齐架云梯扇转天
天光董永进院内　十匹连缎绣齐完
果然玉女仙家凤　双双提出付京园
付爷开便抽头想　可是真灵巧妙仙
上绣天堂仙人国　下绣凡京四处光
天明执起抽眼看　看来不通过一朝
果然都是天仙凤　五色云丹厘过桥
当初立定十三餐　一夜仙人步砌责

八百贯钱还清路　二意宽心到外声
付爷说报赛今姐　交心二意共同行
在花楼上绣花朵　毛丹花朵配莲容
董永安心交情路　完送学堂读细章
二苗重在付京府　宽路安心□不慌
二苗久住付京府　百日月期意转天
玉女说报凡情凤　交情水路走回园
说报赛金为兄奉　便是天宫玉女仙
董永卖身凡砌福　今世姻缘百日无
回宫可配东龙凤　前世姻缘千万年
推云交把赛金姐　不久学堂高照元
辞别凡堂付爷姐　抽头抄手泪连连
辞别赛金也难舍　双双二意转回园
踏上东门花街巷　便踏槐荫树底行
玉女说报东龙凤　二苗分散泪连连
仙妻交义龙衣宝　五色云丹扇扇京
说报朝阳高声戢　步步朝龙解上京
董永便话仙妻凤　相带苗情齐上天
便往苗贱丹丹步　二苗正好结婚姻
玉女说情报凡凤　不使多愁世在年
苗丹上界玉王女　不敢伴龙久住凡
可恨一声天无众　愧荫树底泪连连
玉女辞别驾云转　东龙气死地中眠
七姐驾起红云色　四边云雾都无元
心中思尽凡情凤　眼泪长流扇转天
七天游云青天耐　抽头细想自心烦
得见东龙气死路　且转云头归扇凡
玉女手攀仙丹药　槐荫树底敢回仙
不久成龙在世上　不种状元中翰林
仙妻凡说凡堂凤　莫上天堂不好看
不久得官京州坐　富贵成龙世不难
玉女回朝天宫府　游凡赐福走回朝
愿断回朝谢仙凤　金童六管两边排
龙抬罢起仙丹宝　双双玉女凤今杯
玉女得情又得案　东树龙衣泪暗荒
立眼未见诚心意　无计愁情回转乡
董永尤走付京府　付爷无了看花弓
抽头便见东龙凤　眼泪长流扇入宫
付爷未知便相问　东龙何义闷愁中
董永从言拆禀主　仙妻半路扇天林

说报情由意挂肚　　重有凡龙结配仙
仙妻扇宫枉蕉恨　　奈想学堂读细章
东龙仙妻玉皇女　　弟七天仙步砌央
只谓单人多修顺　　惊动玉皇砌下情
玉皇断女百日生　　不可下凡久住停
愿断下凡修清路　　押定之时归转天
今朝仙妻回宫殿　　贴样龙衣五色京
重有绫罗衫袖缎　　交把下凡传世间
付爷从头便来想　　可是真灵巧妙仙
若然界上北京殿　　不重状元中翰林
又有白缪裙一面　　雕龙化凤两边园
提是一首为媒凤　　百日姻缘交赛金
付爷想尽首定意　　仙人苗起不非轻
绫罗提诗为谋风　　留传世上万千年
董永配交赛今姐　　安落宽心世不慌
读尽世间京交路　　意考京堂齐走乡
学堂读书年长久　　八宝龙衣意界京
浮身禀主朝龙殿　　界上顺天到处声
董永踏上北京殿　　朝龙二部挂京文
双膝下跪街前上　　阳倾提起禀经文
禀上顺天朝龙殿　　承伴闻京齐会龙
国朝群王开金口　　凡人扇保上天宫
董永便话群皇听　　主上立耳听细言
家在湖广桃州府　　母阳修顺永平龙
自责寒身葬爷姐　　惊动玉皇砌部园
便差圣主玉王女　　百日姻缘旧扇天
配凡付京三国玉　　在落天宫砌下凡
回宫交样龙衣转　　报龙扇上挂朝天
裙龙执起龙衣看　　枉丹贴定堂连金
上绣天堂两阳国　　下绣京龙东海凉
果然都是仙人绣　　五色云丹扇扇京
付爷贴在三江口　　四海各山贴两京
八洞八仙天河渡　　花果山林都绣衣
又看水府龙娘境　　三太龙娘水境园
阴落水府奈何步　　丰都宫官拖两边
八国天抬北斗现　　地下四京到处元
果然都是仙家绣　　看起在朝解世荒
君皇烧香京天色　　众起东龙升转乡
朝门挂榜东龙凤　　步步吉为地下仙
双膝下脆谢恩主　　仙人砌福太平年

董永辞别回朝国　　主上在朝万岁年
仙人砌凡传世上　　流落世上解愁言
一首情由唱不尽　　石上开花球对球
抛落情由在世上　　流传世上万千秋

［说明］唱董永抄本，用瑶族古意编成。原存广西金秀瑶族自治县大樟乡新村三义寨，书有“赵福责手抄本”。1972 年 5 月 19 日收集。

盘诘歌

初开天地乜人先　　乜人炼石补去天
又问乜人造五谷　　乜人数发作耕田
盘古人皇第一先　　女娲炼石补去天
神农王帝造五谷　　后人教发作耕田
初开天地是盘古　　盘古亚公叫乜名
盘古生来几个子　　寿数算来已老成
初开天地系盘古　　盘古亚公系木精
生来系有十二子　　寿来一万捌个零
五湖四海乜湖大　　乜湖住在正天心
九河又系何人造　　四海挑来乜样深
五湖又系洞庭大　　洞庭湖内正天心
九河又系禹王造　　四海排来东海深
你咁聪明我问你　　修行条路乜人开
江水又系乜人造　　江边杨柳乜人栽
你咁聪明论你清　　佟行条路古人开
江水又系九龙造　　江边杨柳水来推
你咁聪明我问你　　乜人得见古人开
乜人得见九龙造　　乜人得见水推来
你咁聪明论我听　　神仙得见古人开
龙王得见九龙造　　石头得见水推来
乜人起屋雷公住　　又请乜人踏地场
又请何人来敕水　　又请乜人来上梁
唐相起屋雷山住　　又请周师踏地坊
太上老君来敕水　　又请鲁班来上梁
开天立地乜王当　　木叶遮头系乜王
又问乜年洪水发　　乜人进入葫芦藏
开天立地系盘古　　木叶遮头盘古王
龙庄二年洪水发　　伏羲走入葫芦藏
天上乜人为王主　　地下乜人为地尊
乜人识尽西天路　　乜人游尽四天门
天上玉王为王主　　地下阎王为地尊

如来识尽西天路　　公曹游尽四天门
何人识得天星尽　　何人识尽海中鱼
何人识尽深山木　　何人读尽九经书
玉王识得天星尽　　龙王识得海中鱼
鲁班识得深山木　　颜回识尽九经书
生来乜系青乞表　　生来乜处系天心
生来乜处系天脚　　生来乜处系天根
日头初出系天脚　　日头落岭系天根
天上乜人不吃饭　　地下乜人不读书
又问乜山不种木　　又问乜塘不养鱼
天上神仙不吃饭　　地下愚人不读书
又系火山不种木　　官府大塘不养鱼
又问何年洪水发　　水没天门几日夜
剩出何人两姊妹　　先造人民后造朝
龙庆二年洪水发　　水浸天门七日夜
剩出伏羲两兄妹　　先造人民后造朝
乜人出世头发白　　乜人出世头发披
乜人世世坐庙阁　　乜人抬住去登基
老君出世头发白　　北帝生来头发披
土地生来坐庙阁　　万历抱住去登基
乜人胆大拦官路　　乜人胆大坐官厅
乜人胆大共官坐　　乜人胆大写官名
石头胆大拦官路　　琴抬胆大坐官厅
靠椅胆大共官坐　　笔头胆大写官名
又问何人造礼义　　何人出世造诗书
又问何人声气大　　何人出世在灶厨
周公出世造礼义　　圣人出世造诗书
天上雷公声气大　　司命灶君在灶厨
又问何人法术大　　乜人得道坐江莲
八仙去共乜人战　　乜人奏表上西天
尼罗伕祖法术大　　观音得道坐江莲
八仙去与龙王战　　公曹奏表上西天
乜人识得桃园垌　　桃园垌里几丘田
又有几丘田种糯　　又有几丘田种粘
八仙识得桃园垌　　桃园垌里七丘田
又有三丘丑种糯　　又有几丘田种粘
何人得到桃园垌　　桃园垌里有几家
几姓姓桃几姓李　　谁屋门前生好花
八仙识得桃园垌　　桃园垌里有七家
三姓桃来四姓李　　李屋门前生好花

你咁聪明我问你　　桃园垌里几多羊
又有四千去吃草　　又有三千反挞墙
唱歌就讲桃园垌　　桃园垌里凡多仙
几个八仙几样宝　　乜人八宝底眼前
你敢聪明论你听　　桃园垌里八个仙
八个仙人八样宝　　铁拐葫芦宝底钱
你敢聪明我问你　　何人兄妹结鸳鸯
又问何人造麻布　　何人裁剪做衣裳
你敢聪明论你听　　伏羲兄妹结鸳鸯
九天玄女造麻布　　唐吴裁剪做衣裳
何人出世造天地　　何人出世造人民
何人出世造衣裳　　何人出世造婚姻
初开盘古造天地　　伏羲兄妹造人民
神农王帝造衣裳　　周公出世造婚姻
靔上天门有几扇　　几扇关起几扇开
乜人又在天门坐　　乜人几乎托茶来
笔上天门有八扇　　四扇关起四扇开
观音又在天门坐　　金堂玉女托茶来
何人开学民山教　　教得几多子弟兄
何人十二为丞相　　何人第一好聪明
仲尼开学民山教　　教得三千子弟兄
甘罗十二为丞相　　颜回第一好聪明
乜人识得十五尽　　七人识得十五经
乜人识得十五殿　　乜人识得十五名
神仙识得十五尽　　乜尚识得十五经
日连识得十五殿　　笔头识得十五名
何人开乱十五殿　　何人打得石山崩
何人打得天山动　　何物打得石如炉
唐王开乱十五殿　　雷公打得石山崩
大风打得天山动　　石凿打得石如炉
何人大反山东省　　又个何人破瓦岗
插血为盟那个造　　何人归顺扶谁王
秦琼大反山东省　　便系咬金破瓦岗
插血为盟徐茂公　　后来归顺扶唐王
你咁聪明我问你　　何人挂帅去征东
何人去摆龙门阵　　得胜回朝立乜功
你咁聪明论你清　　征东挂帅尉迟公
仁贵去摆龙门阵　　得胜回朝立大功
何人去战摩天岭　　又请何人去年弓
杀死何人托箭上　　何人兄弟把关通

仁贵去战摩天岭　　又遇梓贞来年弓
杀死崇祯托箭上　　周文周武把关通
何人去征木角寨　　又被何人捉上山
何人兄弟也无计　　乜好英雄难得返
宗保去征木角寨　　又被桂英捉上山
孟良茬且也无计　　敢好英雄难得返
何人破得天门阵　　扇个有缘取桂英
何人使得诸侯剑　　后人斩子有留情
桂英破得天门阵　　宗保有缘取桂英
六郎使起诸侯剑　　辕门斩子有留情
何人结义三兄弟　　父母同生有右亲
孔明借得东风到　　气死周瑜大将军
关公结义三兄弟　　父母同生有敢亲
正月十五闹花灯　　撞崩圣驾里谁人
擂台又系何人造　　何人三祭铁丘坟
正月十五闹花灯　　撞崩圣骂薛家人
起造擂台忽浮鲁　　薛家三祭铁丘坟
女人至恶乜人恶　　乜人猎走卢凌王
薛刚又被何人捉　　乜人救撮上山岗
女人至恶则天恶　　则天猎走卢凌王
捉到薛刚又薛斗　　后人救撮上山岗
何人生来天咁大　　何人生来大过天
何人生来硬过铁　　何人生来柔过棉
父母生来天咁大　　养育功劳大过天
兄弟不和硬过铁　　夫妻和顺柔过棉
何物平平生有草　　何物尖尖又出孙
何物出义冇出叶　　何物出叶又开花
水回平平冇出草　　牛角尖尖冇出孙
鹿角出义冇出叶　　锯齿出叶冇开花
何物有口冇会讲　　何物有耳听冇闻
何物有脚冇会去　　何物无脚去纷纷
水缸有口冇会讲　　镬头有耳听冇闻
抬盆有脚冇会去　　大船冇脚去纷纷
何物条条企落地　　何物条条向天上
何物着绹又着挟　　何物中间企几年
箍脚条条企落地　　箍表条条向天上
箣带着绹又着挟　　箍柄中间企几年
何物头顶被人捉　　何物屎弗被人烧
何物教人打两掌　　饭凳被人揽下腰
镬盖头顶被人捉　　镬头屎弗被人烧

筒箨被打人两掌　　饭凳被人揽下腰
何物入弗凭毛卒　　何物入弗头灵门
何物入弗拈毛坐　　何物入弗反园完
老鼠入弗凭毛卒　　田螺入弗头关门
蛤蟆入弗拈毛坐　　青蛇入弗反园完
何物班班飞过岭　　何物班班飞过天
何物班班梁上坐　　花被班班床上眠
何物不堆娘屎弗　　何物不推娘肚皮
何物被娘抛出抬　　何物肚里出长丝
织机未推娘屎弗　　麻布未推娘肚皮
线梭被娘抛又抬　　表梳肚里出长丝
何物出世花风岭　　何物又穿补膊衫
何物头上色络布　　何物又红身着蓝
班鸠出世花风岭　　鸦雀又穿补膊衫
麻卒头上色络布　　水顶嘴红身着蓝
何物生来一把伞　　何物生来口向天
人人都说莲花好　　不当家婆更值钱
莲叶生来一把伞　　莲叶生来口向天
人人都说莲花好　　不当藕瓜更值钱
何物生来幢幢企　　何物生来横过天
何物生来汤到洞　　何物生来换得钱
蕉木生来细丝企　　蕉叶生来横过天
蕉雷生来汤到洞　　蕉叶生来换得钱
何物出世尾梭梭　　何物出世着绫罗
何物会打三更鼓　　何物会唱北山歌
野鸡出世尾梭梭　　班鸠出世着绫罗
田鸡会打三更鼓　　画眉会唱北山歌
何物带胎带在肚　　何物带胎在口生
坷物带胎在头上　　何物带胎在脚生
母猪带胎带在肚　　田螺带胎在口生
蕉木带胎头顶上　　竹笋带胎在脚生
乜藤生来会唱曲　　乜竹生来会唱歌
又系乜刀对面斩　　乜石整来对面启
丝索整来会唱曲　　横丝整来会唱歌
又系割刀对面斩　　石凿整来对面启

［说明］盘诘歌，原存广西金秀瑶族自治县罗香乡罗运村盘达枝家。1957年5月收集。

敬　酒　词

一、亲朋入席敬酒歌

喝过夜晚头杯酒
喝过夜晚二杯酒
喝过夜晚三杯添行排行酒
喝过夜晚四杯四季发财酒
喝过夜晚五杯五色登科酒
喝过夜晚六杯六合成双成对酒
喝过夜晚七杯七仙姊妹酒
喝过夜晚八杯八仙莲花姊妹酒
喝过夜晚九杯九同万代酒
喝过夜晚十杯十合成双成对酒
喝过夜晚十一杯添丁进福酒
喝过夜晚十二杯美花赐福酒
喝过夜晚十三杯满堂进福酒
喝过夜晚十四杯荣华富贵酒
喝过夜晚十五杯状元赐福酒
喝过夜晚十六杯鸳鸯成双成对酒
喝过夜晚十七杯上楼先（仙）家赐福酒
喝过夜晚十八杯八仙姊妹进福酒
喝过夜晚十九杯合妻团圆进福酒
喝过夜晚二十杯成双成对合妻合户添丁进福酒

二、娶媳酒席筵中敬酒词

九亲六戚个个喝过夜晚头杯酒
九亲六戚个个喝过夜晚二杯酒
九亲六戚个个喝过夜晚三杯济行排行酒

九亲六戚个个喝过夜晚四杯四季发财酒
九亲六戚个个喝过夜晚五杯五色登科酒
九亲六戚个个喝过夜晚六杯六合成双成对酒
九亲六戚个个喝过夜晚七杯七仙姐妹酒
九亲六戚个个喝过夜晚八杯八仙莲花姐妹酒
九亲六戚个个喝过夜晚九杯九同万代酒
九亲六戚个个喝过夜晚十杯十合成双成对酒
九亲六戚个个喝过夜晚十一杯添丁进福酒
九亲六戚个个喝过夜晚十二杯美花赐福酒
九亲六戚个个喝过夜晚十三杯满堂进福酒
九亲六戚个个喝过夜晚十四杯荣华富贵酒
九亲六戚个个喝过夜晚十五杯状元赐福酒
九亲六戚个个喝过夜晚十六杯鸳鸯成双成对酒
九亲六戚个个喝过夜晚十七杯上楼仙家赐福酒
九亲六戚个个喝过夜晚十八杯八仙姐妹进福酒
九亲六戚个个喝过夜晚十九杯合妻团圆进福酒
九亲六戚个个喝过夜晚成双成对合妻添丁进福酒

［说明］敬酒词，原存广西贺县鹅塘乡明梅村①土瑶地区。邓元东收集。

① 即今广西贺州市八步区鹅塘镇明梅村。

第三　宗教神唱部分

良愿酬书

说，铜铃兴兴，惊动神明，大皇交过□年□月□日时已来，不因大功小事，何路烧香。因未（为）一童家主，□人家门头上，许有一许几帮部书良愿，进落家堂，请师到坛，酬还部书圣席头上。烧起太白茗香，江南清水，备办钱扛钱串，座位挂位银钱，担泥红猪四脚牲头，糕按粽糕，抬盘脚底大酒一缸，要来挠动三帅三庙圣王，回头转面，酬还部书良愿。吹转合家人丁，众宅人口，吹转栏△猪财，青山五路求财，转财相应，收禁伤神，收禁耗神，安神排坐，请圣登临。说，第一香烟拜请，第一香烟奏到，连州唐王圣帝，奏到连州大庙，奏到出世庙庭。说，第一香烟奏到，香烟拜请，请上连州唐王圣帝，唐一郎，唐二郎，唐三郎，圣王留教四王，起刀五王，造天六王，盖天七王，托天八王，南楼九王，献神十将和尚十郎。大王出门，托带金殿，后殿夫人，龙衣唐十七官，贵衣唐十八官，里头唐十四娘，花宫唐十五娘，出门刘领唐衫九娘，唐圣十娘。立庙把庙都还，起立双双，一行圣尚，快马停车，法水停流。说，香烟拜请，香烟和在连州大庙，广西出世庙庭。各人有车庄车，有马庄马，下车归降，不降何人已位，降下一童家主，□音男女□人，家门头上，杀牲高台已位，烧起太白茗香，龙江青水，排起莲花酒盏，莲花酒杯，备办钱扛钱串，座位挂位银钱，担泥红猪四脚牲头，糕粽粽糍，台盘脚底大酒一缸，摇动三州三庙圣王，回头转面，酬还部书良愿。吹转合家人丁，众宅人口，栏禄猪财鸡财，转财相应，收禁伤神，收禁耗神，安神稳坐，请圣登临。说，第一香烟拜请，香烟奏到，行平十二游师，奏到行平大庙，广西里头，奏到出世庙廷。说，第一香烟奏到，香烟拜请，请上行平十二游师，祝高刘教仙师，上庙便请大堂高贤师主，下庙便请大堂师位，请上高师，奉家师，盘家师，赵家师，邓家师，勒家师，勤泥三教，勒泥四众，上有便请十二步刀梯，下有便请十二步勒床，上瘟行病功曹，退病使者，师公师母，师子师孙，唱歌有段无段，刘三妹娘八起立双双，一行圣众，快马停车，发水停流。说，第一香烟拜请，香烟和在行平十二游师，和在行平大，庙和在出世庙廷。各人有车庄车，有马庄马，有车有马，无车无马，退车下降，不降何人已位，降下一童家主，□音男女家门头上，杀牲圣席头上，烧起海岸太白茗香，南江清水，排起莲花酒盏，莲花酒杯，备办钱扛钱串，座位挂位钱，担泥红猪四脚牲头，糕粽粽糍，抬盘脚底大酒一缸，摇动三州庙圣王，回头转面，酬还部书良愿，吹转合家人丁，祈保人口，吹转猪财鸡财，青山五路求财，转财相应，收禁伤神，收禁耗神，安神在位，请圣登临。说，第一香烟拜请，香烟奏到付灵五婆圣帝，奏到付灵大庙，奏到出世庙廷。说，第一香烟奏到，香烟拜请，请上付灵五婆圣帝，和在付灵大庙，广西出世庙廷，各人有车庄车，有马庄马，下车下降，降下一童家主，□音子孙□人，家门头上，杀牲圣席头上，烧起枯木茗香，龙江清水，排起莲花酒盏，蓬花酒杯，备办钱扛钱串，座位挂位银钱，红猪四脚牲头，糕粽粽糍，台盘脚底大酒一缸，摇动三州庙圣王，酬还歌堂行相部书良愿。吹转台家人丁，众宅人口，栏禄猪财鸡财，转财相应。收禁伤神，收禁耗神，安神排坐，请圣登临。说，第一香烟拜请，香烟和在，奏到付江盘王圣帝，奏到付江大庙，广西出世庙廷。说，第一香烟拜请，香烟奏到，香烟拜请，请上付江盘王圣帝，东方盘王圣帝，南方西方北方中央五方付江盘王圣帝，盘古圣王，郎老圣人，禾花姊妹，五谷小娘，左边金童，右边玉女，擎凉打扇黄赵夫人，刘一刘二仙童，脚底五旗圣众，起立双双，一行圣众，快马停车，发水停流。说，第一香烟拜请，香烟奏到五旗兵马，奏到众王勒床脚底，瓦灶里头，奏到出世庙廷，阳州宗祖家先。奏到阳州殿上，香案殿上，阴王阴将，奏到龙宫殿上，龙像里头，七星姊妹，奏到半天高楼殿上，沙少殿前，阴阳师傅，奏到师男梅人殿上，奏到出世庙廷。说，第一香烟奏到，香烟拜请，请上厨司五旗兵马，东门五旗，南门五旗，西门五旗，北门五旗，撑船过海，打马过街，五旗路上，暗路五旗，置粮置料五旗，红凉摇扇五旗，出州入县，把笔磨墨二郎，许愿童子，把愿判官。说，第一香烟奏到，香烟拜请，请上阳州宗祖家先，阴王阴将，上楼七星姊妹，下楼姊妹十二先（仙）姑。说，第一香烟奏到，香烟拜请，请上对庙阴阳师傅，下坛兵马，下坛兵将，下坛天门白虎李十五官，梅山法主九郎，扬山法主九郎，转天三郎，护身四郎，上元唐将军，中元葛将军，下元周将军，云头仙女，明月龙凤三娘，半日五通，左边排马郎君，右边排马先师，太尉六院都巡，下庙都巡，十七十八郎君，黄衣使者，白衣判官，太尉南朝李十六官，部兵李十二，走马通天李十一官，前路坐坛，后路祖本二师，拿鬼五粗。春季春雷兵，夏季夏雷兵，秋季秋雷兵，冬季冬雷兵，一年四季蛮雷兵将，麒麟狮子，猛虎毒蛇猖兵，公父爷父，开教引教，度法书表证盟。说，第一香烟拜请，香烟火在，五旗兵马，和在众王脚底，瓦盖里头，和在出世庙廷，阳州宗祖宗先，和在阳州大殿，香炉脚底，香案殿前，阴王阴将，和在龙宫殿上，金像里头，七星姊妹，和在半天高楼殿上，沙笑殿前，阴阳师父；和在师男殿上，和在出世庙廷。各人有车庄车，有马庄马，各人庄马宽宽，推本下降，不降何人已位，降下一童家主，□音子孙，法□家门头上圣帝，高台已位，烧起海岸太白茗香，江南清水，排起莲花酒盏，莲花酒杯，备办钱扛钱串，坐前（位）挂位银钱，担泥红猪四脚牲头，糕粽粽糍，台盘脚底大酒一缸，要来摇动三州三庙圣王，回头转面，酬还歌堂行像部书良愿。吹转合家人丁，众宅人口，吹转栏禄猪财鸡三财，青山五路求财，转财相应，收禁伤神，收禁耗神，安神排在，请圣登临。说，第一香烟拜请，第二香烟奏到连州唐王圣帝，奏到连州大庙广庙，奏到出世庙廷，行平十二游师，奏到行平大庙广庙，出世庙廷，付灵五婆圣帝，奏到广西出世庙廷。说，第二香烟奏到，第二香烟拜请，请上连州庙王圣帝，唐一郎，唐二郎，唐三郎王，刘教四王，起刀五王，造天六王，盖天七王，托天七王，南楼九王，献神万丈和尚十郎王。大王出门，托带小王，小主出门托带金殿夫人，龙衣唐十七官，贵衣唐十八官，里头唐十四娘，花宫唐十五娘，唐衫唐圣九娘，唐圣十娘，立庙把庙都巡，起立双双，一行圣众，快马停车，法水停流。说，第一香烟奏到，香烟拜请，请上行平十二游师，祝高刘教先师，上庙便请大堂高巡师主，下庙便请大堂高延六位师父，高家师，奉家师，盘家师，赵家师，邓家师，勒家师，担泥三相，勒尼四相，上有便请十二步刀梯，下有便请十二步勒床，止瘟打病功曹，退病使者，师公师母，师子师孙，后生年少唱歌，有段无段，刘三妹娘，起立双双，一行圣众，快马停车，发水停流。说，第二香烟奏到，第二香烟拜请，请上付灵五婆圣帝，付灵五婆圣公，付灵五婆圣母，头白圣人，置鼓一郎，置鼓二郎，长腰三郎，沙板四郎，横吹竹笛五郎，歌头六郎，歌尾七郎，杀牲八郎，解牲九郎，献神万丈和尚十郎。前门铺台，后门立椅，后生年少唱歌，十二医药郎中，起立双双，一行圣众，快马停车，法水停流。说，第二香烟拜请，香烟和在连州唐王圣帝，连州大庙，和在出世庙廷，行平十二游师，和在行平大庙，和在出世庙廷，和在付灵大庙，和在广西出世庙廷，和在各人出世，各人有车庄车，各人有马庄马，移车转官归降，不降何人已位，降下一同家主，□人家门头上，杀牲圣帝，高台头上，烧起枯木茗香，龙江清水，排起莲花酒盏，莲花酒杯，备办钱扛钱串，在位挂位银钱，担泥红猪四脚牲头，高粆粽糍，台盘脚底大酒一缸，拜请三州三庙圣王，同头转面，酬还一许部书良愿，吹转合家人丁，众宅人口，吹转栏禄猎财鸡财，十二牲财，吹转相应收禁伤神，收禁耗神，安神在位，请圣登临。说，第一香烟到奏，第二香烟拜请，请上福江盘王圣帝，盘古郎老圣人，禾花姊妹，五谷小娘，左边金童，右边玉女，擎凉打扇黄赵夫人，刘家田师，祝家祝田案，把瓶童子，献瓶郎官，起立双双，一行圣众，快马停车，发水停流。说，第一香烟奏到，第二香烟拜请，请上五旗兵马，东门五旗，南门五旗，西门五旗，北门五旗，中央五旗，撑船过海，打马过街，五旗红凉摇扇，五旗出州入县，五旗许愿童子，把愿判官，大州小笔，磨墨二郎起立双双，一行圣众，快马停车，法水停流。说，第一香烟奏到，第二香烟拜请请上阳州宗祖家先，阴王阴将，七星姊妹，十二仙姑。说，第一香烟奏到，香烟拜请，请上对庙小师，阴阳师父，下坛兵马，下坛天门白虎李十五官，扬山法主九郎，梅山法主九郎，转天三郎，转身四郎，上元唐将军，中元葛将军，下元周将军，云头仙女，明月龙凤三娘，半日五通，左边排马郎君，右边排马先师，太尉六院都巡，十七十八郎君，黄衣使者，白衣判官，部兵李十七官，前路坐坛，后路祖本二师，拿鬼五猖。春季春雷兵，夏季夏雷兵，秋季秋雷兵，冬季冬雷兵，一年四季蛮雷兵将，犀牛白象，麒麟狮子，猛虎毒蛇猖兵，公父爷父，开教引教，度法书表证盟。说，第二香烟拜请，香烟和在盘王福江圣帝，和在福江大庙，广西出世庙廷，五旗兵马，和在众王脚底，瓦灶里头，厨司庙门，和在出世庙廷，阳州宗祖家先，和在阳州大殿，香炉脚底，香案殿前，阴王阴将，和在龙宫殿上，龙像里头，七星姊妹，和在高楼殿上，沙笑殿前，阴阳师父，和在师男芳人殿上，和在出世庙廷。各人有车庄车，有马庄马，推本下降，降下一童家主，□音子孙，杀牲高台已位，烧起海岸太白茗香，龙江清水，排起莲花酒盏，莲花酒杯，备办钱扛钱串，座位挂位银钱，担泥红猪四脚牲头，糕粆粽糍，台盘脚底大酒一缸，摇动三州三庙圣王，回头转面，酬还部书良愿，吹转合家人丁，众宅人口，吹转栏禄猪财鸡财，青山五路求财，转财相应，收禁伤神，荡入耗神，排神在位，请圣登临。说，请神一便，请神二便大筵大会，请神二便，回头转面，宽宽在位，意听东方来奏，莫听西方使者乱言，且听小师说破三头二句马头意者，不敢升州升县，升在大王，交过□年□月□日□时已来，一同家主，请师到坛酬还部书良愿。不因大功小事，不因何意风情，因（为）前者以来，□年□月□日□时以来，家门头上，因未（为）人丁不旺，□人得病在身，求神不应，求鬼不灵，大位问卦，小位投师问卦相对，二卦相问，卦中问出祖宗香火，三庙圣王，年深月久，相乃一同家主，思量思着门路，无人为圣为大之人，担得人了（丁），保得人口，男人立心，女人立意，要来许上部书良愿，担得保得子孙口状，拜请一名许愿童子，来到家门头上，一同家主，倒杀大位高头凤子，扫净香坛里内，烧起宗祖茗香，排起莲花酒盏，蓬花酒杯，备办得完，烧起宗祖茗香，排起一名童子，踏上香案殿前。合筈三声，惊动神明，请神一便，请神二便，小筵小会，不敢马头意者，马头意者又怕金车阻挡大神，庄车车不到，小神庄身装体未完，连连过衙三请，回头转面，下车归降，下马齐临。来到有香未曾相捡，有事未曾通知，且看马头意者，得见马头作揖，马头三拜，一拜下车，二拜下马，三拜领过，一名许愿童子郎君在拜，拜人成双，拜圣成行，各人出门带有金銮木凳，金魁铁甲，龙凤衣衫，排神坐落高台已位，大神座位，小神人矮，人座一尺，圣坐一寸，人座相排，圣座相哀。胜筈请出酒中斟献，第一下车之酒，第二下马酒杯，第三宽游之酒，宽游酒杯，请出三头两句，许愿马头意者，意者回头转面，一吹二保，三来收禁，完全交纳银钱，下车银钱，担患保病银钱，磨墨银钱。经过祖宗香火，本祖家先，阴王阴将，相邓祖宗香火，许上一封部书，请出大州小笔，磨墨二郎，许愿童子，把愿判官。磨起珍珠细墨，执起兔毛细笔。磨上第一，许上第一，许上一炉茗香，一炉木碗，许上还愿童子，行师官将，许上进坛高花味酒，许上完盆头上梗子七筵，蒸笼物气，四角完蒸，许上三名保老，还许牲头，许上一层白纸银钱；上坛三十六分，下坛二十四分，吹转三十六分，所保三十六分，保求三十六分，求孙求媳收禁二十四分，担患保患六十分白纸银钱，部书良愿。磨上第一，许上第一，磨上第二，许上第二之便，小位部书，不敢许上第三，许上第三，又怕变成千（年）进宅良愿薄书，子孙难解难还。左手许愿，右手把杯，的断不断，何崴只断，十年打上，二十年打下，人丁兴旺，人口平安，五谷丰登。子孙有心许愿，有意奉还，前来不得生口，后来不得色（塞）没，簿书交把一童家主，扎在笼箱里内，篋盖收成，度化银钱，众圣收领银钱，上坛赴归上坛，中坛赴归中坛，下坛赴归下坛，名人伏归出世庙廷。一名许愿童子，退落一时，不敢移门退步，一童家主，思着门路，重有三庙圣王部书良愿，也有同日相愿，同日相还。备办关代（带）米粮，高山玉女，清茶清筵小菜同厅，高台已位，烧起枯木茗香，龙江清水，备办得完。一名许愿童子，踏上同（东）厅高台已位。合筈三声，惊动神明，不敢摇动三庙圣王，摇动五旗兵马，本祖家先，阴王阴将，回头转面，相邓三庙圣王，许上部书良愿。请神一便，请神二便，小筵小会，不敢马头意者，连连过牙三请，回头转面，下车归降，下马登临。来到有香未曾相捡，有事未曾通知，且来马头得见马头三拜，一拜下车，二拜下马，三拜领过，一名许愿童子郎君再拜，拜人成双，拜圣成行。名人带有金銮木凳，金魁铁甲，龙凤衣衫，排神坐落高台已位。胜筈请出高山玉女，青茶斟献，第一下车之茶，第二下马杯茶，第三宽游杯茶，缓再如宫，说破三头两句，许愿马头意者，回头转面，一吹二保，三吹回禁，回头转面，交纳银钱，吹转所保收禁银钱，许愿银钱，担患保患银钱，交纳不曾度化，一名许愿童子，手执一封一扛白纸银钱，经过五旗兵马，本祖家先，阴王阴将，相邓三庙圣王，许上歌堂部书良愿，请出大州细笔，磨墨二郎，许愿童子，把愿判官，磨起珍珠细墨，执起兔毛小笔，磨上第一，许上第一，许上第二，磨上第二，许上一炉茗香，一炉木碗，许上还愿童子，对庙阴阳。小师铜铃一个，牙筒一支，许上钱扛钱串，座位挂位银钱，许上海岸太白茗香，龙江清水，莲花酒盅，许上担泥红猪四脚牲头，糕粳粽糍，台盘脚底大酒一缸，许上三姓花郎，三姓花娘，青衣女人，长沙（腰）木鼓，琉璃沙板，横吹竹笛，相伴之人，许上出世歌章，出世歌曲，许上下席头上，七星银盏，七星银筷，金鹅细瓶，光油细茶，六杂盘筵，许上七围歌词，二十四（路）歌曲，许上坐席老人，坐席后生，许上一层白纸银钱，吹转五扛，所保五扛，求苗五扛，求孙求媳五扛，担患保患六十扛银钱。簿书磨上第一，许上第一，磨上第二，许上第二，小位簿书不敢许上第三，又怕变成大排部书良愿，子孙难解难还。左手许愿，右手把笔，的断不断，何成不断，何成不断，何岁只断，人丁兴旺，人口平安。有心许愿，有意奉还，前来不敢生口，后不得塞断，部书交把一童家主，扎在笼箱里内，篋盖收藏，度化银钱，五旗兵马，说报三庙圣王，欢欢喜喜，担保子孙收领银钱。各人赴降，各人本位，一名许愿童子，退落一时，为奉一双，一度完全。又来交年交岁，交过□年□月□日□时以来，一童家主，因未（为）□人得病在身，求神不应，求圣不灵，医药不效，点药不消，少位投师问卦，卦中问出祖宗香火，要亲生仍子孙酬还旧位部书良愿，一同家主，思着门路，许有部书进落家堂，不敢拖年，不敢拖岁，拖过今年，又有后岁，拖过今岁，又怕后年，男话立心，女话立意，要来酬还部书良愿，小欠日子相用，一同家主，口状所请乖巧力（玲）亮之人，打开通书王历，随年排上，随月排行，选得□月□日正是大王下降之日，黄道之日，还愿吉日，良时记在心中。交过□日以来，思着门路许愿之日，许愿童子，欠师相用，无船过海，无马过街，有师所请，有路所行。备办海砂盐信，交把行信二郎，扎在麻袋里头，行罡走马，前去□方□人家门头上，抽头便看香坛里内，有师所请，无人所请，牒出海砂盐信，丢落香坛，还愿童子，正话还愿，又怕卮意行师官将，又怕阴阳师父，又怕卮意还愿一童家主，又怕卮意行信二大郎，大胆领了盐信，坛内为师，备办一分二分，谷花味酒，奉待行信二郎。台头饮酒，台尾留杯，出门三步，限定日子，带圣到家，回头转面。思着门路，当初以来，老公家先鸣扬傅度，升名加职，名头广大，小欠阳拔修斋，祭兵三戒童子，备办海砂盐信，前去□方□人家门头上，入门三步，便看香坛里内。有人所请，无人所请，牒出海砂盐信，丢落香坛，一名三戒童子，正话不领，又怕卮意，三清证盟高真大道，天堂四府，又怕卮意还愿家主老公家先。大胆领了口状，坛内为师，备办一分二分高花米酒，奉待行信二郎，出门三步，限定日子，带圣到家，回头转面。思着门路，重有本祖家先，死故不明，重有神明神鬼，衍连本祖家先，少欠阳拔修斋三戒童子，备办海砂盐信，所请一师二师，为共一师盐信，丢落香坛。扬拔修斋童子，正话不领，又怕卮意三清证盟高真大道，天堂四府，又怕卮意阴阳师父。领了盐信，坛内为师，备办高花味酒，奉待行信二郎，出门三步，限定日子，袋（带）圣到家。同日以来，所请阴拔天兵童子动用之人，所请齐全，思着门路小欠高花味酒，家门头上，□人打开仓笼里内，仓库里头，牒出粳禾糯米，滔滔米粮，酝酿高花味酒，双双出坛以了。小欠还愿白纸银钱，黄班白蓝疏纸，打开笼箱里内，牒出金银财帛，前去广州泥洞，将钱所买，回头转面，进落家堂。交过□日以来，行状修良，得见风吹日子时候到坛，来到家门头上，备办还愿银钱。□日以来，还愿祭兵，扬拔修斋，已名童子，得见风吹日子时候到坛，各人移途庄马，点兵出坛，还愿师扬拔修斋，阴拔天兵童子，拜请祖宗香火，回头转面，注照家堂，行师官将，三清证盟高真大道，天堂四府，阴阳师父，回头转面。移途庄马点兵出坛，三四名童子，来到还愿廷前门外，行状修良，声动云富（雷）鼓乐，承执三四名童子，入门三步，扎兵扎将，退下火炉头上，过烟一口，过茶一杯，便问一童家主，牒出黄班疏纸，备办文书文状，还愿童子，备办庆贺祖宗大疏一通，墨表一函，修斋三戒童子，备办参王大疏一道，追魂一道，抽魂二道，生天功据。阳拨三戒童子，备办阳拨大疏一通，阴阳二据，追魂一道，抽魂二道，攻状一支（纸），墨表一函，封印完全。交过申酉二时，阴客也到，阳客也齐，众官齐全，行状修良，承接众王，请下大厅高台头上，声动云雷鼓乐，顺降天兵，弟子接齐雄兵恶将，祭过圣王，祭兵也过，祭将也完，行状修良，备办红猪四脚牲头，备办高台凤子东厅头上，高台已位，排起莲花酒杯，烧起枯木茗香，备办得完。赏兵童子，踏上东厅头上，高台已位。合筶三声，惊动神明，拜请四方四位奏请功曹，拜请祖宗香火，阴王阴将，先祖家先，行师官将，三清证盟，四府功曹，众师阴阳师父，回头转面，赏兵赏将。请神一便，请神二便三便，回头转面，下车归降，下马登临，有香未曾相鉴，有事未曾通知，且来马头作揖，马头三拜，拜人成双，拜圣成行。胜管谨出，三巷酒中斟献，第一下车之酒，第二下马酒浆，第三宽游之酒，宽游酒杯。且听一名赏兵赏将童子，说破三头二句，赏兵马头意者，回头转面，交纳赏兵赏将，安途落马，和兵和将银钱，度化银钱，众圣一赴二扎香案殿前，一名赏兵童子，退下一时，行状修良，备办过夜落脚，高花味酒，奉待阴师阳客，拿捉动用之人。台头饮酒，台尾留杯，退下一时，行状修良，扫净大厅东南西北，壁上定挂，行官大将，大道真容宝相，铺起请圣帝郎床，依口打赖，深房里内，牒出一分二分高花味酒，交把还愿童子，不敢餐饮，推把八坛保老，穿破三头两句，马头意者，回头转面。回钟回酒，回酒回钟，把愿童子，开坛二师，着起罗衫，戴起法帽，行罡执诀，摇铃请圣。请神一便，请神二便，回头转面，大筵大会，请出三分还愿初筵，马头意者，回头意者转面，祭兵阳拨修斋三名三戒童子，门中头上，着起罗衫，戴起罗帽，一姑二请众圣齐临。发差文书文状，祭兵童子发差五谷关文，五谷牒文脚引一支，通到五谷置粮大庙，十万兵仓官库里头，关归禾公禾母、禾魂禾魄，回头转面，回运一童家主。阳拨童子，发差追魂牒一道，通到旺乡殿上，明镜路头，追魂已名，本祖家先，三魂七魄，回头转面，鸣天超拔，拆散冤家。修斋三戒童子，发差修斋追魂牒，通到阎罗地道酆都地狱，追归老嫩家先，回头转面。修斋正道，洗浴解结，三门位下，入坛保老，拜请合炉众圣，回头转面，祈求丰熟，传归禾公禾母、禾魂禾影（魄），回头转面，押上五谷魂幡，回运一童家主，一度完全。已过马头意者，回头转面，发角洁净香坛，跪落东厅，过牙三请，回头转面。请出献香，请出三头两句，还愿上情意者，回头转面。大疏宣通，小疏宣明，交纳和兵合（和）将银钱，条破鬼门，条破鬼路，奉贺众圣一度风情。又来声起鸣锣，顺降天兵弟子，回头转面。庄曹向卦，点问伤神。开坛小师，上光已位开坛，接受一宵一晚道场，交纳开坛，接受银钱，度化银钱。阳拨三戒弟子，关下雷霆官师将，谨把法坛，一作相邓，本祖家先，鸣天招拨，三捉三审。第一提审押下铁牢里内，当坛承过花签，立起花牢，第一提审押下花牢里内，敕起变化船一只。第二提审押下花船里内，一度风情，以过修斋三戒童子，上光已位，相邓本祖家先，修斋正道，洗浴解结，一度风情。阳拨三戒童子恭拜众师，起解伤神，还愿童子，上光已位，接圣归坛，祭兵三戒童子，上光已位，恭拜众师。三声鸣角，已位天门相邓，一童家主，招归禾公禾母，意者回头转面，交纳上圣银钱。架桥路通到五谷置粮大庙，招归禾公禾母，禾魂禾魄，回头转面，回运家主。添桥添路通到大罗梅人殿上，老君九郎门下王母衙前，招归老公家先，五央兵马，回头转面，押上青笼背上，度化上圣银钱，送圣归宫，回头转面，送兵归案，送马归坛。祭兵二师，相邓一童家主，祭过老公老奶家先，五央兵马，祭兵也过，祭将也完。回运一童家主，一度风情。还愿师登上法坛，小师请出上元二圣先锋二将，请下完盆献酒，拿捉三名保老，川通还头马头意者，还愿阳拨二师，交纳银钱，还恩答谢银钱，当许银钱，勾愿银钱。还愿童子，牒出祖宗香火黄秆部书，龙台脚下，一笔勾销，部老意者，回头转面。回钟回酒，回酒回钟，□把两三名童子，赏浪兵头，赏浪兵将，运钱归库，脱童归去，收拾香门，完盆头上，一童家主。思着门禄许有二命牲头，一命牲头，奉贺祖宗香火，一命牲头，奉侍三庙圣王。思着门路，上山求财不得，下水求鱼不上，自已栏禄头上，拿捉红猪四脚牲头，开喉放血，身上退毛，肚里退肠，江边洗净，完盆头上，备办红猪四脚牲头，阴拨师宽劳礼谢众圣兵头，还愿归坛。阳拨三名童子，脱童归去，收什（扎）香门，一度风情已了。对庙灵师，备办钱扛钱串，在位挂钱银钱，厨人备办红猪四脚牲头，女人备办糕粄粽糍，备办得成，备办得完，烧起海岸太白茗香，龙江清水，铺起请圣郎床，古打利深房内，牒出一分二分高花味酒，交把对庙灵师，不敢餐饮，推把入坛部老，踏上圣席头上，川通许愿马头意者，串破龙门。回钟回酒，回酒回钟，回把对庙灵师，拿提相伴之人，不敢铺床过夜，着起衣衫，戴起罗帽，摇动（铜铃）请圣。请圣一便，请神二便，回头转面，大筵大会，众圣宽宽座位，且听一名对庙灵师，请出三头两句，还愿马头意者。马头意者，未知回头转面，不知来临，出处不知，来路不明。意者回头转面，正知来临，出处得知，来路分明。意者回头转面，正当吹转，还愿家主家门头上，吹转老人，添起六十甲子乙百二十岁，同天到老，伴月同行。嫩人吹转花根，端正花叶，围请通到桃园洞里头。上楼吹转好男好女，下楼吹转好孙好媳，乖巧聪明，笔头守和（锐利），从师学法，出州入县，进落州廷。女人聪明，比如日头初出，白净风凉，赛过刘三姊妹，肚里会言，口里会章，九冬十月人家十方来请，让贺人家歌堂，吹转所养栏禄猪财牛财，槽头吃梢，槽尾长标，日长千斤，夜长万两。吹转牛财上山吃草，青云遮过，青草遮身，化变白象，神鬼不知。吹转鸡才，养成无沙无数，日里放出比能黄蜂飞去，夜里收归回头转面，比能九州鸦鹣燕子排行。吹转五谷禾母财粮，春季打开平田水土耕种，抛撒谷种，一粒落地，百粒开枝，随根苞出，无根随地暴芽，依泥傍土，依土开枝；夏季以来满过畲头，盖过畲尾；秋季以来，有胎同出，个成个宝，个个成排，黄过柑子，重过铁铊，长过马尾，妻花男花，备办钢刀铁镊，前去东向畲头，南向畲尾，田（前）头收得千百担，后头收得千百担万百担。阳人收归，大车车归，牛马拖归，收得一仓为本，二仓为利，三仓为本养男养女，四仓出卖金银财帛，绫罗绸缎，伏养一同家主。酝酿高花味酒，比能无底深潭，千年龙浆，万年老酒，吹转良筵里内，三姓花郎，三姓花娘，意放声气，乐声渺渺，唱歌庆贺三庙圣王，随外吹转紫微山头，大肉堂、小肉库，大财莫放流乡，小财莫放流注（往），过山一年四季，出门求财，人去就财，财来就人。炮是不敢乱发，箭不敢乱行，铳发箭行，四脚向天，求财得大财，红毛祭过，求得小财，偏赔银钱。随家所保老人，添粮添福添禄，嫩人所保花根，手攀千年榕树，脚踏万岁花桥，出门三步，使大功夫，使刀用斧，高是过天，矮是过地，意得错罡漏诀，错马漏蹄。所保大畜牲头，出门上山吃草，莫得行过高山陡岭，行过平阳地处，养活地头，不叫自转，不收自归。所保五谷苗稼财粮，春季所保禾秧，夏季所保禾苗，秋季所保禾扇（线），春季耕种，冬望收归。收归仓笼里内，满仓满库满粮。女管千仓，男管万库。随家收禁，一年四季瘟哭之气，又怕世界流乱，天地流行，天界差来随风荡散，地界差来随地埋藏，水界差来随水荡流，收禁家门头上二十四位。东角化为东海，南角化为南海，西角化为西海，北角化为北海，屋化为中海，屋柱化为大铁柱、小铁柱，屋角化为大南蛇，琉璃瓦片，化为天（大）官厅、小中官厅，香坛化为金楼玉殿，男人化为金童，女人化为玉女。收禁苗稼财粮大耗，收禁山猪马鹿小耗，收禁金牙老鼠黄蚕白螭，差去上岗吃草，下水捡石。阳人耕种阴间收禁，男丁女口，又怕运限不通，男人禁注黄泉，女人收禁伏泉，瘟灾禁去，病患禁移。仓笼禁鼠，苗稼禁蚕，畲园禁耗，官符禁散口舌，禁消火星，禁灭四季平安。一催二保，三催四禁，马头意者，回头转面。大筵大会，跪落圣席头上，要来过牙三请三庙圣王。说，连州唐王圣帝，行平十二游师，付灵五婆圣帝，福江四路五旗兵马，阳州祖宗家先，阴王阴将，七星姊妹，十二星仙姑，对庙阴阳师父，大筵大会，跪落圣席前头上，过牙三请。说，第三香烟拜请，香烟奏到连州唐王圣席，奏到连州大庙，广西出世庙廷，行平十二游师，奏到行平大庙，广西出世庙廷，付灵圣帝，奏到付灵大庙，广西出世庙廷，福江盘王圣帝，奏到福江大庙出世庙廷，厨司五旗兵马，奏到众王脚底，瓦灶里头，本祖家先，奏到阳州大殿，祖墓里头，阴王阴将，奏到龙宫殿上，金象里头，七星姊妹，奏到半天高楼，八图沙笑殿前，各人奏到世庙廷。说，第三香烟奏到，香烟拜请，请上连州唐王圣帝，唐一郎王，唐二郎王，唐三郎王，刘教四王，起刀五天，造天六王，盖天七王，托天八王，南楼九王，献神万丈和尚十郎五。大王出门拖带小王，小王陀带金殿夫人，龙衣唐十七官，贵衣唐十八官，里头唐十四娘，花宫唐十五娘，着衫唐衫九娘，唐王十娘，立庙把庙都巡，起立双双，一行圣众，快马廷（停）车，法水廷（停）流。说，第三香烟奏到，香烟拜请，请上行平十二游师，祝高刘教先师，上庙便请大堂高巡六院师筵，高家师，奉家师，盘家师，赵家师，邓家师，勒家师，勒尼三相，勒尼四相。上有便请十二步刀梯，下有便请十二步勒床，止瘟打病功曹，退病使者，师公师母，师子师孙。后生年少，唱歌有段无段，刘三妹娘八起立双双，一行圣众。说，第三香烟奏到，香烟拜请，请上付灵圣帝，五婆付灵圣母，头白圣人，置鼓一郎，置鼓二郎，长腰三郎，沙板四郎，横吹五郎，竹笛六郎，歌尾七郎，杀牲八郎，解牲九郎，献神万丈和尚十郎。前门唱歌，后门吹笛，前门铺台，后门立椅，唱歌歌十二乐师，起立双双，一行圣众。说，第三香烟奏到，香烟拜请，请上福江盘王圣帝，盘古郎老圣人，禾花姊妹，五谷小娘，左边金童，右边玉女，擎凉打扇黄赵夫人，刘家刘田师，祝家祝田案，把瓶童子，献瓶郎君，起立双双，一行圣众。说，第三香烟奏到，香烟拜请，请上五旗兵马，东门五旗，南门五旗，西门五旗，北门五旗，撑船过海，打马过街五旗，塞路暗路五旗，红凉敕扇五旗，八州把笔二郎，许愿童子，把愿判官，起立双双，一行圣众。说，第三香烟拜请，香烟奏到，请上本祖家先，阴王阴将，七星姊妹，十二仙姑，请上对庙阴阳师父（傅），下坛兵马，下坛兵将，阴阳师傅，公父爷父，传开教引教道法，书表证盟，前代挂灯，后代博法师爷。说，连州唐王圣帝，行平十二游师，付灵五婆圣帝，三州三庙圣王。当初以来，置有天界，置有地界，三庙圣王，路头遥远，要求流乡过界，连州唐王圣帝，和在天界，和在地界，地界和在火界和在水界，天界随云，地界随车，水界随船，洪船界上，洪水界流，戒上连州唐王圣帝，戒上连州大庙，和在出世庙廷。各人有车庄车，有马各人庄马，下车归降，不降何人己位，降下一童家主，□音男女法□人家门头上，杀牲大厅，高台头上，烧起太白茗香，龙江清水，排起莲花酒杯，备办钱扛钱串，在位挂位银钱，担泥红猪四脚牲头，高粽糍，台盘脚底大酒一缸，挠动三州三庙圣王，回头转面，酬还良愿，几许几帮簿书良愿，催专（转）合家人丁，众宅人口，吹专（转）栏禄猪财鸡财，青山五路求财，转财相应，收禁伤神，荡于耗神，安神宝座，请圣登临。说，行平十二游师，请神一便二便，三便回头转面，要来流乡过界，行平十三游师，和在天界，和在地界，地界和在水界，天界随云，水地随船，洪船界上，洪水界流，行平十二游师，界上行平大庙，和在行平大庙，和在出世庙廷，各人有车庄车，有马庄马，移车下降，不降何人己位，降下一童家主，□音男女家门头上，杀牲高台己位，烧起太白茗香，南江清水，排起莲花酒杯，备办钱扛钱串，担泥红猪四脚牲头，糕粽粽糍，台盘脚底大酒一缸，挠动三庙圣王，回头转面，酬还一许己帮簿书良愿，吹专（转）合家人丁，众宅人口，吹专（转）栏禄猪财鸡财，青山五路求财，转财相应，收禁伤神，荡如耗神，安神排坐，请圣登临。说，付灵五婆圣帝，请神三便，回头转面，要来流乡过界，付灵五婆圣帝，和在天界，和在地界，和在水界，天界随云，地界随车，水界随船，洪船界上，洪水界流，付灵五婆圣帝，和在付灵大庙，和在出世庙廷，有车庄车，有马庄马，转车归降，不降何人己位，降下一童家主，□音男女家门头上，圣席高台头上，烧起太白茗香，南江清水，莲花酒杯，备办钱扛钱串，坐位挂位银钱，担泥红猪四脚牲头，高粽粽糍，台盘脚底大酒一缸，摇动三州三庙圣王，回头转面，酬还部书良愿，吹专（转）合家人丁，众宅人口，栏禄猪财鸡财，专（转）财相应，收禁伤神，荡如耗神，安神稳坐，请圣登临。说，连州唐王圣帝，行平十二游师，福江盘王圣帝，行平十二游师，福江盘王圣帝，和在福江大庙，和在出世庙廷，五旗兵马，和在众王脚底，瓦灶里头，厨司太庙，阳州宗祖家先，和在阳州大殿，香炉脚底，香案殿前，阴王阴将，和在龙宫殿上，龙像里头，七星姊妹，和在半天高楼，沙笑殿前，对庙灵师，阴阳师傅，和在师男梅人殿上，和在出世庙廷。各人有车庄车，有马庄马，移车归降，不降何人己位，降下一童家主，□音男女，杀牲敬请圣帝高台几位，烧起太白茗香，南江清水，排起莲花酒杯，备办钱扛钱串，坐位挂位银钱，担泥红猪四脚牲头，高粄粽糍，台盘脚底大酒一缸，摇动三州三庙圣主，回头转面，酬还哥（歌）堂行相部书良愿，吹转合家人丁，众宅人口，栏禄猪财鸡财，转财相应收禁伤神，荡如耗神，安神稳在，请圣登临。说，连州唐王圣帝，行平十二游师，付灵五婆圣帝，福江四路五旗，阳州宗祖家先，阴王阴将，七星姊妹，对庙阴阳师傅，请神三便，回头转面，要来协进圣席头上。三分白米双双，协进神堂，三分白米排排，协进神街，三分白米兴兴，协进神厅，三分白米分分，协进神门，船来扎在江河水埠，马来扎在马栏街头，蓑衣笠子，刀枪铁器，风流罗带，仙头罗领衣身，带来依身，协进依壁，相排协进第一，起立第一之便。三分白米双双，立起神堂，三分白米排排，立起神街，三分白米兴兴，立起神厅，三分白米分分，立起神门，立起三封坐位，四封挂位银钱，钱扛钱串，担泥红猪四脚牲头，高粄粽糍，台盘脚底大酒一缸，大筵大会，立起一朝一夜，小筵小会，立起一时一刻，立起第一，能来立起第二之便。三分白米双双，立起神堂，三分白米兴兴，立起神厅，三分白米分分，立起神门，立起神椅，立起三封坐位，四封挂位银钱，钱扛钱串，坐位挂位银钱，担泥红猪四脚牲头，糕粄粽糍，台盘脚底大酒一缸，东方协进东方立起，南方协进南方立起，西方协进，西方立起，北方协进北方立起，中央五方立起，大筵大会立起一朝一夜，小筵小会立起一时一刻，协进第一，立起第二能来，协进第三之便。三分白米分分，立起神门，东方协进，南方协进，西方协进，北方协进，中央五方协进，中央五方立起，立进神椅，船来扎在江河水埠，马来扎在铺街马巷，蓑衣竖子，刀枪铁器，青衣凉伞，捧在门前廷前门外，风流罗带，仙桃罗领，依身带来，依壁相排，协进第三，立起第三之便。三分白米双双，立起神堂，三分白米排排，立起神街，三分白米兴兴，立起神厅，三分白米分分，立起神门，东方协进，东方立起，南方协进，南方立起，西方协进，西方立起，北方协进，北方立起，中央五方协进，中央五方立起，三封坐位，四封挂位，钱扛钱串，坐位挂位银钱，担泥红猪四脚牲头，糕粄粽糍，台盘脚底大酒一缸，立起第一第二第三之便，连州唐王圣帝，行平十二游师，付灵五婆圣帝，盘古圣王，福江四路五旗兵马，阳州宗祖家先，阴王阴将，七星姊妹，对庙小师，阴阳师傅，各人下车归降，下马登临，来到要香，未曾相鉴有事未曾通知，且来马头得见，马头三拜。说，一拜下龙车，二拜下龙马，三拜领过，小师对庙郎今再拜，拜人成双，拜圣成行，各人出门三步，托带金銮木凳，龙牙金椅，龙凤衣衫，排在圣席头上，下车第一第二第三之便，大神在高，小神在矮，人坐一尺，圣坐一寸，人坐相排，圣坐相依，男人坐左，女人坐右。太阳之筶，打开酒中斟献。说，献上连州唐王圣帝，唐一唐二唐三郎王，刘教四王，起刀五王，造天六王，盖天七王，托天八王，南楼九王，献神万丈和尚十郎王，大王出门托带小王，小王出门托带金殿后殿夫人，龙衣唐十七官，贵衣唐十八官，里头唐十四娘，花宫唐十五娘，唐衫唐圣九娘，唐圣十娘，立庙把庙都巡，一行圣众，献上十二游师，上庙便请大堂高延师主，下庙便请大堂高位师巡。献上高家师，奉家师，蓝家师，邓家师，赵家师，勒家师，勒卮三相，勒尼四相，上有便请十二步刀梯，下有便请十二步勒床，止瘟打病功曹，退病使者。师公师母，师子师孙。后生年少，唱哥（歌）有段无段，刘三妹娘，一行圣众。献上下车之酒，下马酒杯，献上付灵五婆圣帝，付灵五婆圣娘，圣公圣母。掌首云头白圣夫人。置鼓一郎，置鼓二郎，长腰三郎，沙板四郎，横吹竹笛前五郎，歌头歌尾七郎，杀牲八郎，解牲九郎，献神万丈和尚十郎，前门唱歌，后门吹笛，前门铺台，后门立椅，后生年少唱歌十二段，医药郎中，一行圣众，献上下车之酒，下马酒杯，献上福江盘王圣帝，盘古郎老圣人，禾花姊妹，五谷小娘，左边金童，右边玉女，擎凉打扇黄赵夫人。刘家刘田师，祝家祝师案，把瓶童子，献瓶郎官，劝上下车之酒，下马酒杯，献上五旗兵马，东方五旗，南方五旗，西方五旗，北方五旗，中央五门五旗，撑船过海，打马过街，五旗塞路，暗路五旗，红凉赤扇五旗，许愿童子，把愿判官，一行圣众。献上下车之酒，下马酒杯，献上阳州宗祖家先，阴王阴将，七星姊妹，十二仙姑，献上小师阴阳师傅，下坛兵马，下坛兵将，献上前代挂灯师父，后代博法、师爷，献上下车之酒，下马酒杯。第一下车之酒，第二下马圣帝酒杯，第一醉微斟献，第二不敢随名斟献，献上连州唐王圣帝，行平十二游师，付灵五婆圣帝，献上坐席之酒，坐席酒杯，献上福江盘王圣帝，五旗兵马，宗祖家先，阴王阴将，七星姊妹，十二仙姑，小师阴阳师父，献上坐席之酒，坐席酒杯。第一空茶难饮，第二空酒难餐，第三献上宽游之酒，宽游酒杯。五谷龙车，就献就香，五谷酒浆，就献就醉。一盏化为二盏，二盏化为五盏，五杯化为十杯，十杯化为百盏，百盏化为千千万万之盏，千人同一盏，万圣同一杯。人多酒盏相排，圣多酒盏相表（依），人人有份，圣圣有名。捡过圣席头上，海岸太白茗香 ，龙江清水，捡过莲花酒盏，莲花酒杯，捡过三封坐位，四方挂位，钱扛钱串坐位银钱，担泥红猪四脚牲头，糕粽粽糍，台盘脚底大酒一缸，捡过第一第二第三之便，来到有香有席，捡席不香，无席不敢移宫退步，不敢移马退鞍，莫听东方功曹来乱奏，莫听西方使者乱言，且听一名还愿童子，说破三头两句，还愿上情意者。说，铜铃兴兴，跪落东厅，共圣说话分明，跪落圣王龙宫脚底，得见良筵里内，众师临光朋友，都是一齐上等之人，也有帮言赐语，大家抽手遮为。小师吃饭年高，从师学法年迟，大胆着衫衣带戴，进上圣席位前，替行家主声明上情意者，未曾川通还愿上情意者，先来说破三头两句。当初以来，飘湖过海还愿答谢。当初以来，开天立地盘古圣王。盘王出世，高王置天，平王置地，天置四方，地置八角，神农置米，五婆置衫，燧王置火，置有阴阳神圣，小无侍奉，鲁班置屋置下江河社稷，立下州廷，置立州官，一管钱粮，一管万乡，到于洪水荒芜年间，景定元年（1260）四月初八日，洪水发过，淹死万民百姓，天下无民，重有伏羲兄妹二人，为婚结配，置下万民，先置猺（瑶）人，后置万民百姓。分清仁义礼智，孔子置书，读书上考，一管钱粮，二管万乡。又到尧舜商汤，天子换朝管世，平王坐位，出有外国高王，起计占朝，平王无计奈何，出榜朝门，谁人整得高王，将女交配，出有盘鹤（瓠）花笼（龙），飘湖过海，杀高王死，天下太平。平王欢喜不敢悔言，将女交盘配鹤（瓠）花龙，封为盘王圣帝，会启（稽）山上，起造花厅，盘王安在，所生六男六女，分为十二姓猺（瑶）人，六音六眷（郡），分下双（商）音、未（羽）音、雷（宫）音、征音、角音、圣音。置种苎麻，高机织布。男置手巾沙帽，女置平板银钗，油蜡梳头。置下十二面榜图（过山榜），猺（瑶）人承领为记，圣王登仙，齐爷归海，花衣花领庄身，安葬完全，子孙世代依宗接祖，承受香烟。天子换朝，连（轮）流掌世。改换明朝出世，洪武君王，反乱天下，猺（瑶）人退朝，也有流行天下，也有飘落南海八万乡安居落（乐）业，随山耕种，年存（成）荒乱，寅卯二年，天下大旱三年四岁，蕉木出火，格木出烟，官仓无米，百姓无粮，海底无鱼，人民荒乱，君吃君，民吃民，十二姓猺（瑶）人无计奈何，约准飘湖过海，过了三个月了，船行不到岸，马行不到街，花排不上岸，十二姓猺（瑶）人愁忆愁心，又怕大风吹下海底龙门，思量思着门路，前者以来，盘王圣帝，置有救生救死五旗兵愿，安在船中里内，倒杀高头风子，拜请五旗兵马，阳州宗祖家先，阳王阴将，回头专（转）面，许上歌堂行相簿书良愿，未经三朝两夜，船也到案（岸），马也到街，人也到山，移上广东韶州府罗（乐）昌县竹林坪安居落（乐）业，随山耕种。七月十三日众等子孙，置立连州大庙、行平大庙，付灵大庙，各置金相，坐落金相庙堂；七月十五日，众等子孙正来庙里内酬还旧位部书，子孙世代依宗接祖，存（承）受香烟。广东地头，人多马众，山头斩败。交于景泰元年（1450），分上广西粤西地头，移上广西桂林府□州□县□乡□里□社立宅，得见山头也好，平地也宽，正是前龙后脉，罗盘定准吉方山向，起造龙居屋宅，上盖天星雨木，中盖大坛香火，下盖人丁。交年交岁，交岁交年，交过□年□岁月□日□时以来，家门头上，人丁不旺，因未（为）□人得病在身，大位投师问卦，卦中问出祖宗香火，日久水深，小无薄书良愿，担保人丁旺兴一童家主，思量思着门路，都是当初以来，景定元年（1260），洪水发过，依宗接祖，存（承）受香烟，不欠官粮，不欠官钱，只欠圣王神恩良愿，男话立心，女话立意，不敢说破一声，所请一名许愿童子，来到家门头上，一同家主，倒杀高头风子，扫净香坛里内，烧起枯木茗香，排起莲花酒杯，备办得完，一名许愿童子，踏上香案殿前。合告三声，惊动神明，请神一便，请神二便，小筵小会，不敢马头意者，又怕金车阻挠，大神庄车未到，小神打马未行，连连过牙三请，回头转面，下车归降，下马登临。来到有香未曾相捡，有事未曾通知，且来马头得见，马头三拜，一拜下龙车，二拜下龙马，三拜领过，一名童子郎君，今来再拜，拜人成双，拜圣成行，各人出门拖有金銮木凳，金牙铁帽，龙凤衣衫，排在香坛里内，下车第一第二第三之便，排在第二第三之便，大神坐高，小神坐低，人坐一尺，圣坐一寸，人在相排，圣在相哀。胜筶请出酒中斟献，第一醉迷斟献下车之酒，第二下马之酒杯，第三宽游之酒，宽游酒杯。且听一名许愿童子，说破三头两句，许愿马头意者，马头意者回头转面，一来呗转，二来所保，三来收禁，交纳白纸银钱，下车银钱，吹转所保收禁银钱，担患保患银钱，许愿银钱。交纳未曾度化，一名许愿童子，手执一封一扛银钱，经过祖宗香火，本祖家先，阴王阴将，相叩祖宗香火，许上黄秆簿书，许愿童子，把笔判官，磨起珍珠细墨，执起兔毛小笔，磨上第一，许上第一，许上一炉茗香，一炉水碗，许上还愿童子行师官将，许上进坛高花米酒，许上簿书，许上完盆头上，席头七筵，蒸笼物器，四角完蒸，许上部老三名，许上还愿门斋牲头，许上上坛三十六份，下坛二十四份，吹转所保三十六份所保求苗，求孙求媳三十六份，担患保患六十份，收禁二十四份。磨上第一，许上第一，许上一炉茗香，一炉水碗，许上还愿童子，行师官将，铜铃一个，牙简一支，许上进坛高花味酒，许上完盆头上，席头七筵，蒸笼物器，四角完蒸，许上部老三名，许上门斋之分，红猪四脚牲头，许上白纸银钱，许上上坛三十六份，下坛二十四份，吹转三十六份，所保三十六份，求苗三十六份，求孙求媳三十六份，担患保患六十份，收禁二十四份。磨上第一第二之便，小位部书，不敢许上第一第三，许上第三，又怕变成千年进宅良愿，子孙难解难过，左手许愿，右手执杯，的断何年，的断何岁，只断人丁兴旺，人口平安。有心许愿，有意奉还，前来不得生切，后来不得塞没，簿书交把一童家主，扎在笼箱里内，篾盖里头，收藏度化银钱，各人收领，各人收纳，上坛赴归上坛，中坛伏归中坛，下坛伏归下坛，各人赴归出世庙廷。一名许还童子，退落一时，为奉一双。一名许愿童子，不敢移门退步，一同家主，思量思着门路，重有三庙圣王歌堂簿书良愿，部书也有同日相许，部书也有同日奉还，备办关代米粮，高山玉女，青茶青筵，小菜六杂盘延，烧起枯木茗香，龙江清水，备办后成。一名许愿童子，踏上东厅高台位下，合筶三声，惊动神明，摇动三庙圣王，拜请众王脚底五旗兵马，阳州宗祖家先，阴王阴将，回头转面，相邓三庙圣王，许上歌堂部书良愿。请神一便，请神曾便，庄身不到，庄角不齐，连连过牙三请，回头转面，下车归降，下马登临。来到有香未二相捡，有事未曾通知，且来马头得见，马头三拜，一拜下龙车，二拜下龙马，三拜领过。一名许愿童子，郎今再拜，拜人成双，拜圣成行，各人出门拖带龙牙金椅，金銮木凳，龙牙金椅，龙凤衣衫，排坐东厅高台己位。下车第一，排在第二，排在第二，下车第三，排在第三之便。胜筶请出高山玉女，清茶斟献，第一下车之茶，第二下马茶杯，第三宽游之茶，宽游茶杯。且听一名许愿童子，说破三头二句，许愿马头意者，回头转面，一吹二保，三吹四禁，交纳银钱，下车银钱，吹转所保，收禁银钱，许愿银钱，磨墨银钱，交纳未曾度化。一名童字，手接一封一扛银钱，祭过五旗兵马，阳州本祖家先，阴王阴将，惊过大州细笔磨墨二郎，许愿童子，把愿判官，磨起珍珠细墨，接起兔毛细笔，磨上第一，许上第一，许上第二，许上海岸茗香，江南清水，许上对庙灵师，铜铃一个，牙简一支，许上三封坐位，四封挂位，钱扛钱钏，挂位银钱，许上莲花酒杯，担泥四脚牲头，糕粽粽糍，台盘脚底大酒一缸，许上三姓花郎，三姓花娘，青衣女人，长沙（腰）木鼓，琉璃沙板，横吹竹笛，相伴之人，许上世歌章，出世歌曲，许上下席头上，七星银杯，七星银筋，金鹅细瓶银筋，光油细菜邋杂盘筵，许上大路歌词，七围歌词，二十四段歌曲，许上坐席老人，坐席后生，许上白纸银钱，吹转五扛，所保五扛，求苗五扛，求男求女，求孙求媳五扛，收禁五扛，五五二十五扛银钱，担患六十扛银钱。部书磨上第一，许上第一，磨上第二，许上第二之便，一炉茗香，一炉水碗，对庙灵师，铜铃一个，牙简一支，许上三封坐位，四封卦位，钱扛钱钏，坐位挂位银钱，担泥红猪四脚牲头，糕粽粽糍，台盘脚底大酒一缸，许上三姓花郎，三姓花娘，长沙（腰）木鼓，琉璃沙板，横呗竹笛，相伴之人，许上出歌章，出世歌曲，许上下席头上，七星银杯，七星银筋，金鹅小瓶，银筋双双，光油细菜，六杂盘筵，许上大路歌词，七围歌曲，二十四段歌曲，许上坐位老人，坐席后生，许上一层银钱，吹转五扛，所保五扛，求苗保苗五扛，求孙求媳五扛，收禁五扛，五五二十五扛银钱，担患保患六扛银钱。磨上第一，许上第一，磨上第一，许上第二，小位部书不敢许上第三，又怕变成千年大排部书良愿，子孙难解难还许（良）愿，在手把杯的断不断，何年何岁，只断人丁兴旺，人口平安。子孙有心许愿，有意奉还，前来莫得生端，后来意得杀没，部书交把一同家主，扎在笼箱里内，篾盖里头，度化银钱，五旗兵马，回头转面。说破三庙圣王，欢欢喜喜，担保人丁子孙，各人收领银钱，各人伏归，各人伏位，一名许愿童子，进落一时，回奉一双，交年交岁，交岁交年。交过□年□岁□月□日以来，一同家主，家门头上，因未（为）□人得病在身，求神不应，求鬼不灵，医药不灵，饮药不消，大位投师问卦，卦中问出祖宗香火，思量旧位部书，一同家主，思量思着门路，许有部书良愿，进落家堂，不敢拖年拖岁，拖过今年又怕后岁，拖过今岁，又怕后年，要来酬还良愿，少欠日子相用，一同家主，自己打开千年通书皇历，随年排上，随月排行，选得□年□月□日□时以来，正是大王下降，黄道之日，吉日良时，计落心中，思着门路，许愿之日，许有还愿童子，欠师相用，无船过海，无马过街，无师所请，无路所行。思着门路，有船过海，有马过街，有师所请，备办海沙盐信，交把二郎，札在心脑里内，马带袋里头，行罡走马□地方，□人家门头上，入门三步，便问香坛里内，有人所请，无人所请，有师所请，少无同日，少无同时，牒出海沙盐信，丢落香坛，一名童子，正话不领，又怕卮意行师官将，阴阳师父，大胆领了口状，坛内为师，备办一分二分，高花味酒，奉待行信二郎，台头吃酒，台尾留杯，出门三步，限定日子时候登临，带圣到坛。思着门路，前者以来，老奶老公，鸣（名）扬广大，小欠祭兵三戒童子，备办海沙盐信，交把行信二郎，行罡走马，去□冲地名□人家门头上，入门三步，抽头便看香坛里内，有人所请，无人所请，少无同日，少无同时，牒出海沙盐信，丢落香坛。一名三戒童子正不领，又怕卮意三清证，盟高真大道，大胆领了口状，坛内为师，备办高花味酒，奉待行信二郎，出门三步，限定日子，带圣到家，回头转面。思着门路，重有本祖家先，死故不明，重有邪神恶鬼，衍连本祖家先，捧在内中，鸣天抽拔，修斋正道，小欠阳拔修斋三戒童子，一师二师，为兵一师，备办海沙盐信，交把行信二郎，行罡走马，前去□地名□人家门头上，便看香坛里内，有师所请，小无同日同时，牒出海沙盐信，丢落香坛口状，坛内为师，备办禾花味酒，奉待行信二郎，出门三步，限定日子带圣到家，小贝阴拔童子，备办海沙盐信前去□地方家门头上，抽头便看，龙宫里内口状，坛内为师，盐信所清齐全。思着门路，小欠白凉纸疏，打开龙箱里内，牒出金银财宝，前去广州泥洞，将钱所买，白良疏纸，灯油之草，回头转面，进落家堂，少欠高花味酒，一童家主，掌事之□人，打开仓龙里内，牒出黄秆糯禾，踏出米粮，箱酿高花味酒，双双出□以了。交过□日以来，行动修良，得见风吹日子，时候到来，来到家门头上，备办还愿龙连财马、白纸银钱，交过□日以来，还愿师、祭兵师、阳拔师、修斋师，两三名童子，得见风吹日子，时候到来，各人烧起宗祖茗香，拜请祖宗香火，回头转面，照顾家堂。还愿师拜请行师官将，阴阳师父，移途庄马，点兵出坛、祭兵、阳拔、修斋师，拜请三清证盟高真大道，阴阳师傅，回头转面，移途庄马，点兵出坛。阴拔师，拜请鸣角过度，阴阳师父，阴王阴将，回头转面。移途庄马，点兵出将，两三四名童子，来到还愿家主三朝门外，行状修良，声动云雷鼓乐，存（承）接两三四名童子，入门三步，札兵札将，退下一时，过烟一口，过茶一杯，便问一童家主，牒出白纸，交把两三名童子，还愿师，备办庆贺祖宗香火，大疏一通，祭兵三戒童子，备办五谷关文、五谷牒文脚引一支，五谷大疏一通，墨表一函；阳拔师，备办大疏一通，阴阳二处，追魂一道，抽魂一道，功状一支，墨表一函；修斋师，备办恭王大疏一通，追魂抽魂二道，文书齐全，封印完全，疏入筒，表入筒，交过申酉二时，阴客也到，阳客也来，行状修良，存（承）接众王，请入东厅高台头上，声起鸣锣，重降天兵，弟子回头转面，接齐兵头，祭过众王众将，行状修良，大厅摆起高台，备办红猪四脚牲头，排起莲花酒杯，烧起枯木茗香，备办得完。赏兵童子，踏上大厅高台几位。合筶三声，惊动神明，拜请四方五位奏事功曹，众神众圣，回头转面，赏兵赏将，众圣交纳下车银钱，赏兵赏将银钱，合兵合将银钱，启运道场银钱，度化银钱。众圣收领银钱一付三札，札在还愿坛前，赏兵童子，退落一时，为奉一双，行状修良，备办落脚，高花味酒，奉待阴师阳客，拿捉动用之人，台头饮酒，台尾留杯，退下一时，行状修良，扫净东厅，东南西壁，定挂行师官将，大道真容宝相，铺起请圣郎床，依古打利，深房里内，牒出一双高花味酒，交把还愿童子，不敢贪饮，推把入坛保老，踏在上圣帝位川通，许愿马头意者，回头转面。回钟回酒，回酒回钟，回把开坛还愿童子，着起罗衫，代（戴）起罗帽，行罡执诀，摇铃请圣。请神一便，请神二便，大筵大会，要来请出马头意者，三门位下，祭兵阳拔修斋，三名三戒童子，发差文书文状，祭兵师发差五谷关文，五谷关牒文，脚引一支，通到五谷置粮大庙，关转禾公禾母，阳拔修坛发兵差将，阴拔追修坛追魂，通到阴泉路口，明镜路头，生死殿前，追归己名家先三魂七魄，回头转面，鸣天超拔，拆散冤家，修斋修道，洗浴解结，三朝门外入坛，部老祈求丰熟，傅归禾公禾母，回头转面，押上五谷禾魂，回运一童家主，请圣马头意者，回头转面，发角洁清，香坛跪落大厅头上。过牙（衙）三请，回头转面，请出献香上情意者，回头转面，大□通交纳银钱，条破鬼门，条破鬼路，奉贺众神众圣，一度完全，行状修良，添起茗香 ，声动云雷鼓乐，顺降阴拔天兵，回头转面，庄曹问卦，点问伤神。开坛小师，上光已位，执齐众圣开坛，执受一宵一晚道场，度化银钱，阳拔师管下雷霆元帅，谨把法坛敕变，法坛发差唐、葛、周三将沙场大地，拿捉伤神，三提三审，折散冤家。修斋三戒童子，上光已位，相邓己名先祖家先，修斋修道，洗浴解结，抽上逍遥快乐地方。阳拔师上光已位，执齐众圣，祭兵三戒童子，上光已位，恭拜众师，三声鸣角，开立天门，招归禾公禾母，禾魂禾魄，回头转面，回运一童家主，添桥添路，通到大罗梅山殿上，老君九郎门下王母衙前，招归五央兵马，回头转面，踏上青龙背上，度化银钱，送圣归宫，踢兵归案，踢马归鞍。祭兵二师，相邓老公老母家先，祭过一堂二堂，大圣五央兵马，祭兵也过，祭将也完，回运一童家主，还愿开坛二师，请出上元二圣先锋二将，完盆头上，琉璃献酒，拿捉三名部老，川通意者。阳拔二师，龙台脚底，交纳银钱，众圣下车银钱，还恩札谢银钱，当许银钱，买苗银钱，勾愿银钱，部老意者川通，回钟回酒，回把两三四名童子，赏浪兵头兵将，完盆头上。一童家主，思着门路许愿之日，许有二命牲头，上山求财不得，下水求鱼不上，自己栏内头上，所养二命牲头，重有阴厨在前，阳厨在后，拿捉牲头一命，奉待祖宗香火，一命奉待三庙圣王。东厅头上开喉放血，身上退毛，肚里洗肠，江边破净，行状修良，备办宽牢礼谢，阴阳师傅，摇动众圣，回头转面，宽牢礼谢，众圣兵头还庙开坛，一名童子，运钱归库，脱童归去，收入香门，一度完全已了。厨人备办红猪四脚牲头，女人备办糕粄粽糍，师人备办钱扛钱串，坐位挂位银钱，堂堂牒牒，铺起请圣龙床，行状修良，依古打利，深房礼内，牒出高花米酒，交把对庙灵师，不敢贪饮，推把入坛部老，踏上入坛部老，踏上圣席头上，川通许愿马头意者，回头转面，回把对庙灵师，拿捉相伴之人，不敢铺床过夜，着起衣衫，代（戴）起罗帽，摇铃请圣。请神一便，请神二便，回头转面，大筵大会，请出还愿马头意者，回头转面，跪落圣席龙台脚底，过牙（衙）三请，回头转面，要来流乡过界，协进第一，立起第一，协进第二，立起第二，立起神堂，立起神椅，协进第三，立起第三之便，众王归降，下马登临。来到未曾相签，有事未曾通知，且来马头得见，三马头拜，一拜下龙车，二拜下龙马，三拜领过，对庙灵师。郎今再拜，拜人成双，拜圣成行，圣王托带金銮木凳，金牙凤椅，龙凤衣衫，排在圣席头上，下车第一，排在第一，下车第二，排在第二，下车第三，排在第三之便。大圣坐落高台，小圣坐落低台，人坐一尺，圣坐一寸，人坐相排，圣坐相哀，男人在左，女人在右，太阳之箸，打开捧头为计，牒出高花味酒斟献，献上连州唐王圣帝，行平十二游师，付灵五婆圣帝，福江盘王圣帝，福江四路五旗兵马，阳州宗祖家先，阴王阴将，七星姊妹，十二仙姑。第一下车之酒，第二下车酒杯，第三宽游之酒，宽游酒杯，且听对庙灵师还愿上情意者，回头转面。前者以来，许愿之日，许有三姓花娘，三姓花郎。说，连州唐王圣帝，行平十二游师，付灵五婆圣帝，福江四路五旗，阳州宗祖家先，阴王阴将，对庙灵师，阴阳师傅，要来依古打利，捡过三姓花娘，捡过三娃花郎，三分白米双双，捡过花郎，三分白米良良，捡过三娃花娘，捡过第一，再来捡过第二之便。说，连州唐王圣帝，行平十二游师，付灵五婆圣帝，福江四路五旗，再来捡过第二之便，三分白米双双，捡过三姓花郎，三分白米良良，捡过三姓花娘，捡过第一第二第三之便，在（再）来捡过第三之便，三分白米双双，捡过三姓花郎，三分白米良良，捡过三姓花娘，捡过第一第二第三之便，连州唐王圣帝，行平十二游师，付灵五婆圣帝，福江四路五旗兵马，阳州本祖家先，阴王阴将，小师阴阳师傅。前者以来，许愿之日，许有出世哥（歌）章，出世哥（歌）曲；世今以来还愿之日，上情意老，回头转面，要来相邓刘啰姊妹，刘三妹娘，打开藤箱篾盖，藤箱篾笼，牒出哥（歌）章，出世哥（歌）曲，请出第一之便，请出拜神圣（歌）章，初出世哥（歌）曲，进席唱歌章，相伏问歌章，容易话歌章，过几岭歌章，过几洞歌章，离客久（歌）章，送神去（歌）章，不唱了歌章，男人出唱歌章，女人出唱歌章。有所犯入席三拜，礼谢大王，无所无犯，出席三拜，礼谢一双，请出第一第二第三之便，交把三姓花郎，三姓花娘，起手相连，一夜唱歌运曲，庆贺三庙圣王。世今以来，专有刘罗道场，一名对庙灵师，上光已位入换歌章，入庙拜请，入庙求请，后生年少，破歌堂，打了空头，打了空尾，湖南江口，伮破歌堂，回头转面，伏曹下降，签破盘筵，请出贺圣歌章，解意歌词，圣王面前头上，借下筶头，得了筶头筶尾，为物歌词，砂盐歌章，谢花谢朵出换歌词，赏浪兵头，脱童归去，收什香门，一度风情以了。前者已来，许愿之日，许有下席头上，七星姐妹银钱，七星银筋，金鹅小瓶，光油小菜，六杂盘筵，若下第一，捡过第一，若过第二，捡过第二之便。说，连州唐王圣帝，行平十二游师，付灵五婆圣帝，福江四路五旗兵马，阳州宗祖家先，阴王阴将，小师阴阳师父，若下第三，捡过第三之便，捡过福席头上，七星银钱银盏，七星银筋，金銮小瓶光油，小菜邋杂盘筵。若下第一，伏下第一，到若下第二，伏上第二第三之便，三庙圣王，赴上上席头上，宽宽在位，守听歌堂，请出六段歌词，七围歌词，交把坐席老人，坐席后生，上席饮酒，下席饮酒，唱歌庆贺三庙圣王。唱到三围歌词，五围歌曲，开坛小师，流连相替，对庙灵师，圣席头上，一奏二请三庙圣王，回头转面，抽出愿头，拆散愿尾，回头转面。三段歌词，七围歌曲，曲完满以了。打破三姓花郎，对庙灵师，圣席上请二姑，二请三庙圣王，回头转面，下宫容纳纸钱，相送大王归宫，人出留情，圣去留意，回乡转面，一了百了，行状修良，高台头上，烧起一炉茗香，备办红罗肉段，备办得完。还愿祭兵阳拔，修斋阴拔，五名童子，要来拜请祖宗香火，回头转面，起身送客行师官将，三清证盟高真大道，阴阳师傅，回头转面，移途庄马点兵归坛，事事完周，各人回头转面，安途落马，度化祖宗香火，偏赔银钱以了，百休万是（事）具休。未通上情意者，不知来临出处，不知来路分明，意者通知得知，来路分明，意者回头转面，得知三百年前，四百年后，正当吹转家门头上，老人添粮添禄，添福添寿，一百二十岁，同天到老，伴月同行，福如东海，寿比南山；嫩人添起花根，端正花叶端青，手攀千年榕树，脚踏万岁花桥，上楼吹转好男，下楼吹转好女，好孙好媳，乖巧聪明，从师学法，进落州廷；女人聪明，比如日头初出，白净光明，赛过刘三妹娘，肚里造言，口里造章，九冬十月，人家十方来请，庆贺人家歌堂。吹转牛财猪财，耕种养物，出买金银，鸡财个个成气，个个成双，一百二十个，日里放出，比如黄蜂飞去，夜里收归，比如燕子排行。吹转五谷苗稼财粮，春季打开平田水土，新畲旧地，抛撒谷种，一粒落地，百粒开枝，有根随地根抱（暴）出，无根随地暴芽。夏季以来，满过畲头，盖过畲尾，远看比能黄茅丛铺，近看比能木林大树。秋季以来，有胎同胎，有出同出，禾扇（线）出来，长过马尾，黄过柑子，重过铁铊，个个成米，妻花男女，前去畲园里头，平田水土，收成千百担、万百担，阳人担不归，大车车归，收得一仓为本，二仓为利，三仓出卖金银财帛，伏祝一童家主，钱财满堂，五谷满仓。吹转男孙出门生意买卖；东求也得，南求也得，进得千百两万百两，买田置地，子孙有耕有种，世代繁华。吹转宅堂里内，左青龙，右白虎，照顾家堂，人住也旺，圣住也安，人财二旺，四季平安。随外吹转紫微山岭，大肉堂、小肉库，大财莫放流乡过界，小财莫放流树过山，一年四季，男孙出门求财，财不乱发，炮不乱放，箭不乱行，炮发弹中，心破胆裂，四脚向天。求得大财红毛祭过，求得小财赔奉银钱，阳人得财，阴间得钱，正是有灵之圣，有道灵神。随家所保，随外所保，所保家门头上，老人添上六十甲子一百二十岁，只添长生不老之日，莫逢五墓三丘病灾，不惹百事安宁，所保男花子花，一年四季，头红面白，手攀千年榕树，脚踏万岁花桥，出门三步青云遮过，云雾遮身，灵神不侵吾师，不见吾师面，一年四季，大功夫使刀用斧，高是过天，矮是过地，意得错罡漏脚，打马漏蹄。所保养血牲头，上岗吃草莫得行过高山崩岭，行过平阳地处，养活地方，阳人所养，阴人所保。耕种五谷青苗，春季所保禾秧，夏季所保禾苗，秋季所保禾扇（线），□□耕种，冬季望收，仓笼满宝，仓库满粮，女管千仓，男管万库。所宝（保）良筵里内，请来客，自来客，姑嫂姐妹，来是青云遮过，云雾遮身。三来收禁，一年四季瘟哭之气，又怕世界流乱，天地流行，天界差来随风荡散，地界差来随地埋藏，水界差来随水荡流。男人收禁官符，女人收禁口舌，收禁良筵里内，光顾和尚，赤脚亡师，翻刀自斩，翻火自烧，一年四季收禁。会说会话之人，光棍油大之人，铜钉钉口，胆子塞心，说不成话，话不成句，千人话来，主人化散，收禁天火星、地火星，火飞火浪，火德星君。水里禁出西天门外，空处收藏，一年四季，花男花女，不怕运限不通运气差讹，男禁黄泉，女禁伏泉，瘟灾禁去病患，禁□牛财、猪财，禁瘟仓笼，禁鼠苗稼，禁蚕畬园，禁耗官符，口舌禁消，火星禁灭，一年四季，安乐太平。投叩众圣有灵有道，灵神担保子孙，意者回头转面，又怕一童家主，前愿以来，酬还不过疏愿不完，又怕使用之人，备办还愿龙连财马，白纸银钱，又怕糊涂备办，马头向后，马尾向前，马背向地，马脚向天，酬还不过。世今以来，酬还部书良愿，意者说过，都是天无忌，地无忌，又怕前愿以来，行状修良、备办还愿牲头，东厅头上，倒杀红猪四脚牲头，又怕打落刀砧明血泥土里头，六畜损着莫得说得，有禁有忌，都是百无禁忌，又怕江边破洗打落肉零肉脆江河水埠，都是无禁无忌，又怕请圣马头意者，上情意者，师兄朋友帮言，寸语莫得说得，对庙灵师言语不到，言语不齐，师兄朋友帮言寸语，正是从师学法，依宗接祖，承受香烟。又怕三姓花娘，谈谈笑笑，都是无禁无忌，有谈有笑，阳人得欢，阴人得喜，都是阴阳同喜。又怕有（意）者之人，不识高低，谋章饮酒，谋章贪吃了高声吵闹良筵，说得和和意，口气风情，都是阳人说话，不关阴间之事，都是天无禁忌，地无禁忌，百无禁忌，又怕行状修良，俵破牲头，分俵不完，也有俵多，也有俵少，不识高低，说破三头两句，阳间说话，不关阴间之事，天无禁忌，地无禁忌，百无禁忌。又怕外里生意买卖之人，良筵里内，只有得吃，也无得吃，出门三步，说破三头两句，都是阳人说话，不关阴间之事，三庙圣王，莫挂神思里内，都是百无禁忌，有禁有忌，子孙难来伏事，无禁无忌，子孙好来伏事，依宗接祖，存（承）受香烟。年后以来，前愿未过，后愿也完，四十年打上，五十年打下，担保人才两旺，耕种全收，脱赖三庙圣王，有灵之圣，有道圣王，保佑子孙三头两句，意者回头转面，马头意者不到，重有上情意者说到，上情意者不到，重有大疏拔当意者回头转面，重有胜□押在圣席龙台脚底。说，连州唐王圣帝，行平十二游师，付灵五婆圣帝，福江四路五旗兵马，阳州宗祖家先，阴王阴将，七星姐妹，十二仙姑，对庙灵师，阴阳师父。前者以来，许愿之日，许有三姓花郎，三姓花娘，世今以来，还愿之日，上情意者，回头转面，依古打利，检过三姓花郎，三姓花娘。世今以来，三分白米双双，捡过三姓花郎，三分白米良良，捡过花娘，捡过第一之便，有所有犯，入席三拜，礼谢大王，无所无犯，出席三拜，庆贺大王，捡过第一，能来捡过第二之便。说，连州唐王圣帝，行平十二游师，付灵五婆圣帝，福江四路五旗兵马，阳州宗祖家先，阴王阴将，七星姐妹，对庙阴阳师傅。前者以来，一童家主，许愿之日，许有三姓花郎，三姓花女，世今以来，还愿之日，上情意者，回头转面，依古打利，捡过三姓花郎，三姓花娘。三分白米双双，捡过三姓花郎，三分白米良良，捡过三姓花娘，青衣女人，长沙（腰）木鼓，琉璃沙板，横吹竹笛，相伴之人。捡过第一第二之便，有所有犯，入席三拜，礼谢大王，有所无犯，出席三拜，庆贺大王。说，连州唐王圣帝，行平十二游师，付灵五婆圣帝，福江四路五旗兵马，阳州宗祖家先，阴王阴将，七星姐妹，十二仙姑，小师阴阳师父。前者以来，一童家主，许愿之日，许有出世歌章，出世歌曲，世今以来，还愿之日，上情意者回头转面，相邓刘罗姐妹，刘三妹娘，打开藤箱箧盖，牒出出世歌章，出世歌曲，请出第一第二第三之便，拜请歌词，引歌出歌词，起声唱歌词，初出世歌词，离客久歌词，过几岭歌词，过几洞歌词，相伏问歌词，容易话歌词，不唱了歌词。请出第一第二第三之便，交把三姓花郎，三姓花娘，大厅头上，起首相连，一夜唱歌庆祝三庙圣王。太阳之筶，打开阴声阳气，唱歌庆祝三庙圣王，唱到四围歌章，五围歌曲，开坛小师，流连相替，对庙灵师，圣席头上，一奏二请三庙圣王，回头转面。相邓许愿童子，把愿判官，打开藤箱篾笼，滔（掏）出愿头，滔（掏）出愿尾，交把三姓花郎，三姓花娘，湖南江口，游破愿头，折破愿尾，回头转面，三十六段歌词，七围歌曲，曲子完满已了。说，连州唐王圣帝，行平十二游师，付灵五婆圣帝，福江路五旗兵马，阳州宗祖家先，阴王阴将，七星姊妹，十二仙姑，小师阴阳师傅，香是旧香，水是旧水，添香添水，众王齐位，众圣齐临，圣席头头，拜请三庙圣王，回头转面，下宫容纳钱纸，相送大王，人去留情，圣去留恩。吹轻合家人丁，众宅人口，栏禄猪财鸡财，轻财相应，收禁伤神，荡入耗神，安神坐位，请圣登临。说，第一茗香 拜请，香烟奏到连州唐王圣帝，奏到圣席头上，奏到出世庙廷，行平十二游师，奏到圣席头上，奏到出世廷，宗祖家先，奏到圣席头上，奏到出世庙廷，阴王阴将，七星姊妹，十二仙姑，奏到圣席头人，奏到出世庙廷，小师阴阳师傅，奏到圣席头上，奏到出世庙廷。说，第一香烟奏到，香烟拜请，请上连州唐王圣帝，唐一郎王，唐二郎王，唐三郎王，刘敬四王，起刀五王，造天六王，盖天七王，南楼八王，楼上相公，地下刘郎秀才，刘廷进坛十将，龙国圣人。大王出门托带小王，小王出门托带金殿后殿夫人。龙衣唐十七官，贵衣唐十八官，李头唐十四娘，花宫唐十五娘，出门刘领，唐衫唐姓九娘，唐姓十娘，立庙托庙都巡，起立双双，一行圣众，快马廷（停）车，发水停流。说，第一第二奏到，茗香 拜请，请上行平十二游师，上庙便请大堂高佥筵主，下庙便请大堂高位师筵，请上高家师，奉家师，盘家师，邓家师，赵家师，雷家师，勒家师，勒尼三相，立尼四相，上有便请十二步刀梯，下有便请十二步勒床，扫瘟打病使者，师公师母，师子师孙，后生年少，唱歌有段无段，刘三妹娘，起立双双，一行圣众，快马停车，发水停流。说，第一第二香烟奏到，第二香烟拜请，请上付灵五婆圣帝，五婆圣公，五婆圣母，付灵五婆圣娘，置鼓一郎，置鼓二郎，长腰三郎，沙板四郎，横吹竹笛五郎，歌头六郎歌，头尾七郎，杀牲八郎，解牲九郎、献神十郎，和尚十郎。前门发沙，后门吹笛，前门铺台，后门立椅，唱歌十二，医药郎中，起立双双，快马停车，发水停流。说，第一第二香烟奏到，香烟拜请，请上福江盘王圣帝，盘古圣王，禾花姊妹，五谷小娘，左边金童，右边玉女，擎凉打扇黄赵夫人，刘家刘田师，祝家祝书案、把瓶童子，献瓶郎君，起立双双，一行圣众。说，第一第二香烟奏到，香烟拜请，请上五旗兵马，东门五旗，南门五旗，西门五旗，北门、中央五旗，撑船过海，打马过街，红凉赤扇，五旗大州，把笔磨黑二郎，许愿童子，把笔判官，起立双双，一行圣众。说，第一第二香烟奏到，香烟拜请，请上宗祖家先，阴王阴将，小师阴阳师父。说，第一第二香烟拜请，香烟火在连州唐王圣帝，火在连州大庙，和在出世庙廷，行平十二游师，和在行平大庙，和在出世庙廷，付灵五婆圣帝，和在付灵大庙，和在出世庙廷，五旗兵马，和在众王脚底，瓦灶里头，阳州宗祖家先，和在阳州大殿祖墓里头，阴王阴将，和在龙宫殿上，龙像里头，七星姊妹，和在半天高楼殿上，沙少殿前。小师阴阳师父，和在师男茅人殿上，十洞街前，和在有车庄车，有马庄马，退车下降，降下一童家主，□人□音男女，法△家门头上，圣席位前，烧起太白茗香 ，龙江清水，排起莲花酒盏，莲花酒杯，备办钱扛钱串，坐位挂位银钱，担尼红猪四脚牲头，糕粄粽糍，台盘脚底大酒一缸，摇动三州三庙圣王，回头转面，下宫容纳银钱，相送大王，送圣归宫，神去留情，圣去留恩。吹转合家人丁，众宅人口，栏禄猪财牛财，青山五路求财，转财相应，收禁伤神，荡如耗神，安神宝坐，请圣登临。说，第一第二转面，台盘脚底大酒一缸，拜请三州三庙圣王，回头转面，酬还部书歌堂全散，小师全穷圣席头上，拜请三州三庙圣王，回头转面，下宫容纳钱纸，相送大王，送圣归宫，神去留情，圣去留恩。吹转合家人丁，众宅人口，栏禄猪财牛财，青山五路求财，转财相应，收禁伤神，荡如耗神安神坐位，请圣登临。说，请神一便二便，下宫容纳钱纸，一勾二请，回头转面，下车归降，下马登临，来到有香未曾相签，有事未曾通知，且来马头得见，马头三拜，一拜下车，二拜下马，三拜领过，一名童子，郎今再拜，拜人成双，拜圣成行，各人出门带有銮木凳，龙宫金椅，龙凤衣衫，排神坐落高台已位。下车第一第二之便，大人在高，小人坐低，人坐一尺，圣坐一寸，人坐相排，圣坐相哀（挨），男人坐左，女人坐右。大圣之筲，请出酒中斟献，献上三庙圣王，第一下车之酒，第二下马酒杯，第三观游之酒，观游酒杯。五谷龙浆，就献就香，五谷龙味，就献就醉，献上一盏化为二盏，二盏化为三盏，三盏化为四盏，四盏化为五盏，五盏化为十盏，十盏化为百盏，百盏化为千千万万之盏，千人同饮一盏，万人共饮一杯，人多酒盏相排，圣多酒盏相表，人人有分，圣圣有明。捡过圣席头上，海岸太白茗香，江南清水，捡过莲花酒盏，捡过钱扛钱串，坐位挂位银钱，还愿红猪四脚牲头，糕粽粽糍，台盘脚底大酒一缸。捡过第一第二第三之便，来到有香，未曾相捡，有席捡帝，无香无席，不移宫退殿，移马退鞍。且听一名还愿童子，说破三头两句，下宫容纳银纸，相头大王，马头意者，不敢升州，不敢升县。大王交过□年□月□日以来，一童家主，还愿童子，家主□人法□人圣席头上，添起海岸太白茗香，龙江清水，不因大功小事，何路添香，因未一童家主，前者以来，□年□月□日以来，因未（为）人丁不旺人口不安，许有一许部书，进落家堂，又来交年交岁，交过△岁以来，一童家主，思着门路，得见男孙，年高长大当婚，小欠一女，前去□方地面□人家门头上，投门年庚，年庚相合，六合看同，□日行亲过礼，定准婚姻，交过□年，今岁以来，一童家主，思着门路。前岁以来，许有一许簿书良愿，进落家堂，不敢拖年，不敢拖岁，要来酬还部书良愿，捧在内取妇归坛，小欠日子相用。一童家主，打开千年通书，万年万历，选得□月□日以来，正是大王下降黄道之日，记在心中思着门路，小欠师父相许愿之日，许有还愿童子，行师官将，思着门路，无船过海，无马过街，无师所请，无路所行。思着门路，有师所请，有路所行，备办海沙盐信，交把行信二郎，前去□地方□村□人家门头上，入门三步，便看香坛里内，有师所请，小无同日、小无同时牒，出海沙盐信，丢落香坛，坛内为师，回头转面。思着门路，前者以来，老公家先，名扬傅度，升名加职，来头广大，小欠祭兵师三戒童子，备办海沙盐信，交把行信二郎，行罡走马前去□冲地名，□人家门头上，所请祭兵三戒童子，同日以来，所请开教长生师爷，阳拔修斋，三戒童子，阴拔天兵童子，开坛小师，同日以来，所请齐全，小欠还愿高花味酒，还愿家门头上，打开仓笼里内，牒出黄秆糯米，蹈踏米粮，蹈踏米料，酝酿谷花味酒，双双出罈，以子小欠黄班疏纸，灯油纸草，打开笼箱里内，牒出金银财钱，前去圩场洞上，铺中礼内，将钱所买，回头转面，进落家堂。交过△日以来，行状修良，来到还愿家主，备办还愿龙连财马，白纸钱，交过□日以来，还愿长生师爷，祭兵阳拔，修斋阴拔，天兵童子，得见风吹日子时候到来，各人移途庄马，点兵出坛，来到还愿三朝门外，行状修良，声起云雷鼓乐，承接五名童子，入门三步，唱话三声，札兵札将，退下一时，过茶一盏，过烟一口，各师备办文书，文状封叩完全，申酉二时，阴客也到，阳客也齐，行状修良，扫净大厅高台已位，存（承）接众王众将，请下大厅高台头上，声起云雷鼓乐，重降天兵弟子，回头转面，接齐雄兵恶将，祭兵也过，祭将也完，行状修良。备办红猪回脚牲头，排起赏兵大厅高台头上，排起莲花酒盏，莲花酒杯，烧起枯木茗香 ，入坛部老，拜请合炉众圣，回头转面，赏兵赏将，交纳度化银钱，众圣一护二扎，坛愿二前，行状修良，备办落脚，高花味酒，拿捉动用之人，台头吃酒，台尾留杯，退下火炉，行状修良，众师定卦，行师官将，入坛部老，川通许愿马头意者，回头转面。回钟回酒，回酒回钟，回把还愿开坛师爷，开坛小师，两三名童子，行罡接诀，摇铃请圣，马意头者，阳拔祭兵修斋‘两三名童子，三朝位下，发差文书文状，阳拔修斋二名童子，发差阳拔修斋追魂牒一道，通到阴罗地狱，明镜路头，生死殿前，关归本祖家先，三魂七魄，回头转面，鸣天招拔修斋，正道祭兵，三戒童子，发差五谷关文，五谷牒文，脚引一支，通到五谷置粮大庙，关归禾公禾母禾魂禾魄，三朝门外，祈求丰熟，马头意者，回头转面。发角洁净香坛，跪落大厅，过牙三请，请出献香，献上情意者，回头转面，大疏披宣交纳银钱，条破鬼门，奉贺众神众圣。阴拔童子，庄曹问卦伤神，开坛小师，开坛执受一肖一夜道场，关下雷霆元师，谨把法坛，相邓本祖家先，鸣天抽拔，折散冤家。开教童子，关下六院帅官帅将，谨把香坛相邓新卦，师男太卦，三台七星护命银灯，修斋童子，相邓本祖家先，修斋正道。阳拔童子，上光己位，起解伤神，祭兵童子，上光己位，招归五央兵马，开教师爷，引教师男，上光己位，恭拜众师，带宫游圣，□望相邓，新卦师男，招归六十分，兵头度□化上圣银钱，送圣归宫，提兵归坛。祭兵二师，祭过老公兵头，五央兵马，回运一童家主，还愿关坛二师，请出上元二圣先锋二将，请下完盆头上，赏浪兵头，拿捉三名部老，川通马头意者，回把众师，赏浪兵头，还愿童子，交纳还愿，答谢银钱，还愿银钱，当许银钱，吹转听保银钱，收禁银钱。还愿童子，牒出祖宗香火，黄秆部书，龙台脚底，一笔勾清。一童家主，思着门路，许愿之日，许有二命牲头，一命牲头奉待祖宗香火，二命牲头奉待三庙圣王，差有阴厨在前，阳厨在后，前去栏禄拿捉二命牲头，大厅头上，开喉放血，身上退毛，带去江边洗净，行状修良，备办一命牲头，完盆头上，阴拔天兵弟子，宽劳礼谢众圣兵头，四名童子，运钱归库，脱童归去，收什香门，师人各办钱扛钱串，在位挂位银钱，厨人备办红猪四脚牲头，女人备办糕粽粽糍，备办得成，排起得完，铺起请圣郎床，依古打利，深房里内，牒出一双高花味酒，交把对庙灵师，不敢贪饮，入坛部老，踏上圣席头上，川通还愿马头意者，回钟回酒，回把对庙灵师，拿捉相伴之人，不敢铺床过夜，着起罗衫，带起罗帽，摇铃请圣。请神一便，请神二便，请出还愿马头意者，回头转面，跪落大厅，过牙三请，回头转面，统乡过界，立进圣席头上，起立神堂，立起神椅，众位圣下，下车归降，下齐临。胜筶请出酒中斟献，捡过圣帝头上，海岸太白茗香，钱扛钱串，在位挂位银钱，红猪四脚牲头，糕粽粽糍，台盘脚底大酒一缸，请出三头两句，还愿上情意老，回头头转面，捡过三姓花郎，三姓花娘，请出出世歌章，交把三姓郎花娘，唱歌庆贺三庙圣王，行状修良，备办下席头上，备办得成，备办得完。对庙灵师，上席下席头上，捡过七星银盏，七星银筋，光油细菜，邋杂盘筵，若下第一第二第三之便，要来赴上席，宽宽坐位，守听歌堂，请出三十六段歌词，七围歌曲，交把坐席老人，坐席后生，上席唱歌庆贺三庙圣主，唱到五围歌词，开坛小师流连相替，滔出愿头，滔出愿尾，交把三姓花郎，三姓花娘，湖南江口，游破愿头，折散愿尾，回头转面，三十六段歌词，七围歌曲子完满了。打破三圣庙门，还愿小师圣席头上，一勾二请三庙圣王，下宫容纳钱纸，圣王下车归降，三拜在前，三巷酒中甚献圣王，宽宽在位，且听一名对庙灵师，说破三头两句，下宫容纳钱纸相送大王，马头意者，未曾回头转面，不知来临出处，不知来路分明，意者回头转面。正当吹轻老人，添起六十甲子一百二十岁，同天到老，伴月同行；嫩人添起花根，端正花叶，端青通到桃园洞里头上，上楼吹转好男好女，下楼吹转好孙好媳，吹转男人聪明乖巧，从师学法，执笔成行，师门兴旺；女人聪明比象日头初出，白净风流，肚里造言，口里造章，九冬十月人家来请，庆贺人家歌堂。吹转五谷禾稼财粮。春季耕种，冬望全收，仓笼满宝，仓库满粮，女管千仓，男管千库，五谷满仓，子孙满堂，牛财满栏，猪财满禄，鸡财满笼。二来所保人丁兴旺，人口平安，着物得成，耕种有收，所保六畜牲头，出门上崗吃草，莫得行过高陡地，行过平阳地处，养物得成。所保良筵里内，众亲众客，来是青云盖头，回是白云盖脚，来是到筵，去是到屋。三来收禁家门头上，男人收禁官符，女人收禁口舌，收禁养物牲头，大耗收禁过山花□皮龙虎豺狼虎豹，收禁五谷苗稼犲粮，大耗收禁山猪马鹿，小耗收禁金牙老鼠，无骨青蚕，琉璃蟆蛇，差出上山吃草，下水损石，阳人耕种，男花子花，运气不通，差讹男禁黄泉水，女禁伏泉水，瘟灾禁去病患，移官符口舌，禁灭火星，畬苗禁耗，仓龙禁鼠，重扣（叩）有灵圣之圣，禁得阳人安乐太平。阳人运气差讹，重圣之力，阴王阴将保佑。一吹二保，三来收禁，三头两句，意者回头转面，胜筶押在圣帝龙台脚底，意者不到，酒中献到，意者不明，酒中献朋，意者不通，酒中献通，请出交钱之酒，交钱酒杯。连州唐王圣帝，交纳下车银钱，行平十二游师下车钱，付灵五婆圣帝下车钱，福江盘王圣帝下车钱，厨司五旗兵马下车钱，本祖家先下车银钱，阴王阴将下车银钱，十二仙姑下车银钱，小师阴阳阴将父，交纳下车银钱。吹转五谷青苗，阳人耕种，阴间吹转，交纳五谷青苗银钱，吹转栏禄头上，牛财满栏，猪财满禄，鸡财满栖。阳人所养交纳阴间，吹阳转银钱，吹转一同家主，相邓男孙，利年利岁，取妇结婚，配成夫妻，同天到老，伴月同行，交纳所保银钱，所保家门头上，男花子花，头红面赤，出门三步敢起龙虎之威，逢蛇过路，逢虎归山，随家所保，随家收禁。所养六畜牲头，阳人所养交纳阴间，收禁五谷春苗，阳人耕种，交纳阴间，收禁银钱，三庙圣王，一同家主，请师到坛酬还歌堂部书良愿，连州唐王圣帝，下车一百二十扛银钱，行平十二游师，下车一百二十扛银钱，付灵五婆圣帝，交纳下车一百二十扛银钱，伏江盘王圣帝，下车六十扛银钱，五旗兵马交纳下车一百二十扛银钱，本祖家先下车一百二十扛钱，阴王阴将下车一百二十扛银钱，还恩答谢一百二十扛银钱，买苗一百二十扛银钱，定筶六十扛银钱。当许银钱，吹转五扛，所保五扛，保苗五扛，求男求女孙求媳五扛，收禁五扛，五五二十五扛银钱，收患保患六十扛银钱。一名还愿童子，小师吃饭年高，从师学法年迟，请圣马头意者，上常师席朋友，帮言寸语，意得说得，小师言语不到，言语不齐，师兄都是从师学法，都是依宗接祖，存（承）受香烟，交纳五扛，无禁无忌银钱。又怕完盆头上，倒杀还愿牲头，刀砧明血，江边洗净。又怕打落肉零肉脆，江河水埠都是，天无禁地无忌，交纳五扛银钱，又怕酒筵里内，人多客众，吵闹良筵，交纳五扛，无禁无忌银钱。又怕世界干难，分俵不完，有者之人，不识高低，出门三步，说破三头二句，都是阳人说话，不关阴间之事，说过在前，交纳无禁无忌五扛银钱，交纳勾愿银钱。又怕一名小师分钱不到，俵钱不完，阴间请出分钱童子，俵钱郎君，分钱也到，俵钱也完，人人有分，圣圣有名。又来折散神倚。说，连州唐王圣帝，行平十二游师，付灵五婆圣帝，付江四路五旗，阳州宗祖家先，阴王阴将，七星姊妹，十二仙姑，小师阴阳师父，要来折散神堂，圣席头上。三分白米双双，折散神堂，三分白米排排，折散神街，三分白米兴兴，折散神厅，三分白米分分，折散神门，折散三封坐位，四封卦位银钱，折散红猪四脚牲头，糕粽粽糍，台盘脚底大酒一缸，折散第一能来，折散第二第三之便。说，连州唐王圣帝，行平十二游师，付灵五婆圣帝，福江四路五旗兵马，阳州宗祖家先，阴王阴将，七星姊妹，十二仙姑，阴阳师父，要来折散第二第三之便。三分白米双双，折散神堂，三分白米分分，折散神门，折散三封坐位，四封挂位，折散还愿红猪四脚牲头，糕粽粽糍，台盘脚底大酒一缸，折散第二第三之便，太阳之筶，折散神堂凳椅。说，连州唐王圣帝，行平十二游师，付灵五婆圣帝，福江四路五旗，阳州宗祖家先，阴王阴将，七星姊妹，十二仙姑，小师阴阳师傅，请出化钱之酒，化酒之杯。白纸银钱，过炉度化，白纸白连连，不化不成钱，白纸白红红，不化不成铜，化钱化纸，吹转一童家主，欢欢喜喜，化纸化钱，所保兴旺千年，千筶万筶，不当化钱之筶，千杯万杯，不当化钱之杯，化钱头上，要来定过一童家主，有种有收之杯。交纳求苗买苗一百二十扛，定筶六十扛，阳人命耽薄，拾钱买归重财，求财望重，求病望轻，酬还部书良愿。求财之日，只断有种有收之杯，筶头落地，千斤万两，定过第一之杯，再来定过第二之杯，只断土木之杯，三庙圣玉，谨把筶定过第三之杯，定得好杯好筶，正当吹转人丁兴旺，人口平安，养物得成，耕种得收。春季耕种，冬望全收，一年四季，仓笼满宝，仓库满粮，女管千库，男管万库，钱财满库，五谷满仓，子孙满堂。随家所保，人口兴旺，人丁太平，所保养物得成，耕重全收，收禁一年四季瘟灾，禁去病患，禁移官符，禁散口舌，禁消钱财，禁贼偷窃，万事禁完。众圣众王，来是庄车之酒，去是庄马酒杯，来是平平一杯，去是满满一双，来是衣衫检点，去是伏排收领，收纳圣席头上，海岸太白茗香，龙江清水，莲花酒盏，莲花酒杯，收领坐位银钱，红猪四脚牲头，台盘脚底大酒一缸，收领白纸银钱，当许银钱。上坛三十六分，下坛二十四分，吹转三十六分，所保三十六分，求苗三十六分，求男求女求孙求媳三十六分，收禁二十四分，担患保患六十分白纸银钱，求苗一百二十分，买苗一百二十分，定筶六十分，收领第一之便，吃酒不了，红缸瓮在，吃糍不了，麻蓝装在，吃肉不了，刀枪举归，使钱不了，黄杆串归，收领第二第三之便。说，连州唐王圣帝，行平十二游师，付灵五婆圣帝，福江四路五旗兵马，阳州宗祖家先，阴王阴将，七星姊妹，十二仙姑。小师阴阳师傅，收领圣席头上，海岸太自茗香，江南清水，收领莲花酒盏，莲花酒杯，收领钱扛钱串，在位挂位银钱，收领担泥红猪四脚牲头，糕粽粽糍，收领台盘脚底大酒一缸，收领下车银钱，吹转所保，收禁银钱，收领还愿银钱，答谢收患保患银钱，勾愿银钱，当许银钱。上坛三十六分，下坛二十四分，吹转三十六分，所保三十六分，求男求女求孙求媳三十六分，收领二十四分，担患保患六十分，买苗一百二十分，定筶六十分。收领担泥红猪四脚牲头，糕粽粽糍，收领莲花酒盏，莲花酒杯，收领台盘脚底大酒缸，收领第一第二第三之便，吃酒不了，缸瓮庄归，吃糍不了，麻蓝在（载）归，吃肉不了，刀枪举归，使钱不了，黄秆患归。收领第一第二第三之便，太阳之筶，串起白纸银钱，胜筶阴筶，纳钱归库，纳纸归案，收领第一，伏归第一之便。三分白米双双，送圣出厅，三分白米分分，送圣出门，三分白米排排，送圣出街。说，连州唐王圣帝，伏在连州大庙，伏在广西里内，行平十二游师，伏在行平大庙，伏在广西里头，付灵五婆圣帝，伏在付灵大庙，伏在广西里头，伏在出世庙廷，三州三庙圣王，伏在天界，伏在地界，伏在水界。伏在天界，伏在天堂门外，玉皇圣女远远添香，伏在水界水底，龙王圣女远远添香，福江盘王圣女，伏在福江大庙，伏在出世庙廷，五旗兵马，伏在厨司大庙，伏在出世庙廷，本祖家先，伏在阳州殿上，香炉脚底，香案殿前，阴王阴将，伏在龙宫殿上，金像里头，各人赴在出世庙廷。伏在第一，再来伏在第二第三之便。说，连州唐主圣帝，行平十二游师，付灵五婆圣帝，福江四路五旗兵马，阳州宗祖家先，阴王阴将，七星姊妹，十二仙姑，小师阴阳师父，收领第一第二第三之便。三分白米双双，送圣出堂，三分白米兴兴，送圣出厅，三分白米分分，送圣出门，三分白米排排，送圣出街，连州唐王圣帝，伏在连州大庙，伏在广西庙廷，行平十二游师，伏在行平大庙，广西出世庙廷，付灵五婆圣帝，伏在付灵大庙，伏在广西出世庙廷，三州三庙，伏在天界，伏在地界，伏在水界，天界随云，地界随车，水界随船。伏在天界天堂门下，玉皇圣女远远添香，伏在水界，龙王圣女远远添香，福州盘王圣帝，伏在出世庙廷，五旗兵马，伏在厨司大庙，广西出世庙廷，阳州宗祖家先，伏在阳州大殿，香炉脚底，香案殿前，阴王阴将、伏在龙宫殿上，金像里头，七星姊妹，十二仙姑，伏在半天高楼殿上，沙少殿前，师阴阳师傅，伏在师男茅人殿上，伏在出世庙廷，伏在第一第二第三之便，太阳之筈，各人伏在，各人伏位，来是烧香关请大筵大会，去是托香相送抽手立别，起手相辞，回奉一双。说，连州唐王圣帝，行平十二游师，付灵五婆圣帝，福江四路五旗兵马，阳州宗祖家先，阴王阴将，七星姊妹，小师阴阳师父，一童家主，请师到坛，酬还良愿部书，三十六段歌词，七围歌曲，完满以了。下席头上，打破三圣庙门。酒是何人酒，台是何人台？酒是大王酒，台是大王台。何人声声还愿良，何人世上作分明？家主声声还良愿，师人世上作分明。人败归东，神败归西。家主菜碗砌砖都空了，有头出，无头处，未曾得吃大皇圣席耳多（朵）红，得吃大王圣帝酒耳朵白，未曾都吃大王圣席酒面向天，得吃大王圣席酒面向地辞别大王主人公，辞别大王主人婆，日里主人公，夜里主人婆。今年今岁，烧钱纸以后，化钱已了，也有置吉置利，置金置宝，也会置得神街十宝街，也会置得神厅十宝厅，也会置得神堂十宝堂，也会置得一同茅盖屋，二同茅盖床。一朝不富，二朝不富三朝富，出庭前门外，执得三百两金，四百两银，拖归家里无处藏，带下广州泥洞，买得一个贫薄（婆）娘，一更卜上床，二更卜下地，三更卜得三男四女，第一童男出来骑白驴，第二童男出来骑白马，第三童男出来无处安无处藏，化（带）下广州泥洞，求官得官，求职得官职，求马得马骑，真子出言，利子出口，六笛报（暴）芽，皮捧椿，椿捧泥，三圣庙下街门，行深今年今岁，烧纸以后，化钱以了，也会置得神堂十宝堂，也会置得神宝街十宝街，也会置得神厅十宝厅，置得一同茅盖屋，二同茅盖床。一朝不富，二朝不富三朝富，出门外接得三百两金，四百两银，托归家里，无处安无处藏，拖下广州泥洞，买得一个贫薄郎，一更卜上床，二更卜下地，卜得三男四女，七子团圆，第一童男出来骑白驴，第二童男出来骑白马，第三童男无处安无处藏，拖下广州泥洞，买得一个读书童，出路莫忘开书读，千般言语在书中，真子出言，利子出口，六笛报（暴）芽彼崩坑，打破三圣庙门下街行。买得一个大银锅，执下广州泥洞，买得三笼鸡、四笼鹅，朝放出披放飞，六笛报（暴）芽彼崩坑，打破三圣庙门下街行。一条骨（苦）油竹，竹头相对缠，聪明执起随手转，秀才接起绣花园，六笛暴芽皮崩坑，打破三圣庙门下街行。

得筈了，吃散席酒。

说，连州唐王圣帝，行平十二游师，付灵五婆圣帝，福江盘王圣帝，厨司五旗兵马，阳州宗祖家先，阴王阴将，七星姊妹，十二仙姑，小师阴阳师傅，一童家主，请师到坛，酬还歌堂部书良愿，三十六段歌词，七围歌曲，曲子完满以了。下席头上，打破三圣庙门，行状修良，备办散席高花味酒，捡过三分禾大秆，阴领在前，阳领在后，就领就退。

坐席老人，坐席后生，吃酒了，多谢了。

［说明］良愿酬书，原存广西临桂县宛田瑶族乡东江村茅针屯赵金贵家。

圣经喃词

（一）

紫微紫微，三清大道，除邪辅正，护国救民，押转师逢山过山，逢水过水。阴阳相见，以鬼相来，是无踪去，时去（迹）白云山上腾腾，去口含云雾盖吾身。口是五雷霹雳火，身上魏魏不通转，脚踏高真来拥护，高高踏上太清宫。王字点头你为主，日边着月你为明。着起青衫不敢拜，回来又拜南山姊妹，又拜南山姊妹兄，郎今打落歌堂内，担面白旗是何人。着起青衫不敢拜，回来又拜祖师傅、太师爷。拜得小师像你样，风吹白表闹邪邪。二对金鸡生对卵，父母生郎独一人。奉请姑娘师唱起，仙大师唱接兵回。一拜老君众安主，二拜杨山十九郎，三拜众村郎姊妹，四拜兵马转回坛。众神众圣排列坐，宽宽（欢欢）喜喜护师童。拜通拜得通，回来又拜老师傅、老师爷。去时三拜，盖正师男，三魂盖头，四魂盖脚，三七灵兵，护我吾师左右，天见不灵，地见不灵，人见堂堂，鬼见灭亡。

差光歌

通通道道，道道通通，吾行一步化为青龙，吾行二步化为白虎，吾行三步化为五雷公，五雷霹雳不留踪，感应化为应，三七灵阴去阳回。

踏上众圣坛前，祖师差一光，本师差二光，差光便差坛前灯火光，坛前灯火不为光。差光便差桐油蜡烛光，桐油蜡烛不为光。差光便差珍珠玛瑙光，珍珠玛瑙不为光。差光便差柴头火把光，柴头火把不为光。差光便差大罗明镜光，大罗明镜不为光。差光便差高山明月光，高山明月照天照地光。上照三十三天界，下照一十八重地狱门。

神头歌

人话神头无出世　　神头出世在广州
神头出世广州庙　　香烟里内得风流
请有匠人来绘画　　匠人画得好神头
一个神头一个鬼　　二个神头二个神
神头里内排神坐　　红红赤赤是金庄
两边都是灵神鬼　　左边排马又排行
一魂付上祖师傅　　二魂付上本师庄
有事便来头上戴　　无事脱下在歌堂
上光已位蓝头缚　　都来拥护小师男
一声声在众宫殿　　行罡退步转双双

罗带歌

人话罗带无出世	罗带出世在织机
罗带出世织机出	红纱打布绣罗衣
人话红纱无出世	红纱出世在广东
便有客人贩来卖	主人买得在家中
交把女人多会挑	女人挑得像花红
罗带原来七个字	七星明月在天宫
神头原来匠人画	罗带原来女人缝
女人挑得龙凤眼	枝枝朵朵对芙蓉
两边都是灵神鬼	都来拥护接神通
一魂付上祖师傅	二魂赴上本师中
有事便来头上戴	无事脱下在坛中
上光已位兰头缚	齐来今夜会神通
一声声在众宫殿	香烟爵（熏）得眼睛红

十二歌

日头落岭照归东	鲤鱼海内入双洞
四直功曹殿上坐	望见王母对双龙
师傅行前我行后	师男肚里暗蒙蒙
靠我祖师来护我	回来说话一般同
立齐众圣香坛坐	上光几位在坛中
夜黄昏　夜黄昏	手拿牙筒过娘门
问娘里头不会话	学法年迟不会传
吃饭年高不会话	枉担名字在香门
立齐众圣香坛坐	上光已位在香门
夜深深　夜深深	不好也行真竹林
不好也行真竹表	一条真竹两头担
行罡不着你莫笑	言语不真你莫谈
十字路头人敢管	见者容易学者难
立齐众圣香坛坐	上光已位一时间
五更时　五更时	乡村姊妹睡迷迷
乡村姊妹迷迷睡	小师坛内请神思
行过山头路又暗	有马借匹把我骑
立齐众圣香坛坐	上光已位有一时
今朝来早真来早	来到娘村鸡未啼
金鸡未啼先拍翅	白马未骑先动啼
立齐众圣香坛坐	上光已位祖师来
日头出早郎来晏	无船过海我来迟
踏上街上打一望	望见太阳日照齐

吾师打马同来到　　功曹骑马下门楣
立齐众圣香坛坐　　上光已位有一时
今早来晏真来晏　　午未二时正到坛
因为我今贪酒吃　　歌堂里内贪一餐
立齐众圣香坛坐　　上光已位一时间
月落红　月落红　　重有岭上照堂堂
太阳便把紫微山上过　　小师月夜在歌堂
立齐众圣香坛坐　　都来拥护小师郎

引先歌

踏上一阶第二阶　　引光童子双边坐（排）
引光童子双边转　　铜锣铁器两边声
踏上一厅第二厅　　引光童子两边声
引光童子两边转　　铜锣铁器两边声
一变吾师为天子　　二变吾师万丈高
三变吾师头上发　　四变吾师脚下毛
脚踏铁鞋戴铁帽　　全身金甲带金袍
飞云走马为天子　　化身下海接龙王
日月天星我儿子　　酆都山下灭邪魔
回畔岸山无万丈　　铁城围过十三重
立应化为黄茅岭　　黄昏黄土一堆泥
祖师一夜游山过　　巡游天下不回归
一条大路堂堂去　　回来又护小童身
一变金鸡飞上天　　二变黄龙水里眠
三变犀牛过东海　　四变仙人找我来
父母生郎年命大　　连地覆地盖吾身
护命童子变吾身　　五雷霹雳四边寻
若要邪师来斗法　　五雷霹雳九天晴
打得铁船过几海　　化作鹅毛水底行
各放毫光千万丈　　玉皇治鬼不曾停
去时同化三间屋　　万丈铁柱化我来
玉皇得见传天下　　邪魔小鬼走无踪
玉皇大帝殿上坐　　小师下界请神通
小师踏上坛前去　　坛前香火起纷纷
王母得见奏上界　　玉帝三界度师男
度得师男是我样　　带兵下界救良民
今朝上在阳人内　　于今入泉不商量
风吹心头真真冷　　三魂七魂入为身
三魂扇扇为身内　　七魂忙忙上本身
未带面衣上意者　　带了面衣使者心

起头望天天不见　低头望地地茫茫
正好着衫拜父子　白纸父子在何方
佛子六神交付我　叫我着衫拜九郎
拜得九郎开方便　叫哥顶上放毫光
前放毫光一丈二　后放毫光八尺长
两边合来共二丈　小师学法在中央
拜请祖师随我去　又拜本师随我行
祖本二师扶左右　阴功又付入歌堂
新花紫微为国职　化着娥眉列两行
大神行过大神庙　小神行过小神通
若有邪神不服者　押赴刀梯见勒床
左手踏上老君案　右手踏在老君门
老君见子偷含笑　立歌顶上接都兵
踏上功曹殿上去　踏上功曹殿上行
上界功曹李文尧　为吾览状上天迢
中界功曹李文贞　为吾览状上天庭
下界功曹李文官　为吾览状上天门
四界功曹骑四样　回来说话一般同
三条通到郎坛上　四条通去有根由
且说功曹初出世　功曹出世有根源
父母本钱三百贯　相邀做客贩盐斤
贩得盐斤三百担　未曾经过海洋滩
海洋滩头有伤鬼　海洋滩下有灵神
上下客人贩卖到　也有杀猪又杀羊
只有我兄不信鬼　空买猪肉两三斤
三斤猪肉都吃了　空钱钱纸祭灵神
大王面前打筶子　筶子分分转太阳
我兄便问庙祝道　这般筶子有何因
庙祝答言我兄道　这般筶子有金银
我兄拍手呵呵笑　借箩买卖进金银
初一开船有伏断　初二开船着暗金
开船未经两三日　东厅湖里打沉船
大哥骂弟不会水　弟又骂哥不小心
兄弟二人下水死　海洋滩下作灵神
日头出来礼七拜　夜里出来里七巡
里得七层七十七　得见玉帝坐金轮
玉皇临时便借问　问你何州何县人
大哥面前下半跪　小哥在后便躬身
三哥后头再万拜　四哥眼泪落纷纷
玉皇封官我不做　愿在马头走水人

年直月直四功曹　身骑白虎佩双刀
天堂地府郎奏报　一时传报不思劳
或在凡间或在天　或在三清玉帝前
凡间有事申奏请　红旗艳艳到街前
脚踏铁鞋都踏破　走尽凡间千万年
飞马八郎为本位　马蹄落地不曾停
闻说今朝要（有）状请　引光童子领凡情

引光献歌

正月邀娘去种竹　二月担粪去壅根
三月竹根出大笋　四月竹笋脱离身
五月竹头出大叶　六月经今是半年
七月邀娘去斩竹　斩归平地坳金轮
坳得金轮金一张　地曹下马接灵神
功曹到了灯花献　立坛接了献茗香
茗香献了灯花献　灯花献了献龙浆
十字路头挂大榜　正是遗书字不真
借问坛前家主子　问你有书无有书
有书便把书来读　有状便把状来看
无书无状口意者　口中意者说分明
口中意者说得真　众官殿上你皆闻
乾焊客人有几个　何方去请伽兰人
上堂财马几多分　下堂财马几多分
清筵味酒几多分　独筵味酒几多分
未是清筵未是蜀　蜀蜀清楚便是文
功曹到了功曹到　功曹到了震雷声
雷声不是雷声样　正是仙宫坐上厅
坐落凳头又觅碗　借你龙盃手里来
你把酒筵来献我　献我引光童子神
献我引光童子鬼　献我四直功曹神
引光童子都来献　都来献我酒丰情
化身变身童子都来献　都来领过酒丰情
藏命护命童子都来献　都来领过酒丰情
变求童子都来献　都来下马领凡情
化求童子都来献　都来下马领凡情
扶命童子都来献　都来下马领凡情
扶命将军都来献　都来下马领凡情
年直功曹都来献　月直功曹来领情
日直功曹都来献　时直功曹来领情
第一盅酒郎来吃　第二盅酒脱草鞋

第三盅酒郎正吃　　偏倍四边乾焊人
光处得来暗中吃　　谁知深里有人来
正话把盃分一盏　　又怕人多分不完
今日吃茶又吃酒　　借问过江渡了钱
今朝行过江华渡　　渡过声声问取钱
身上有钱解无脱　　渡了把郎裙脚牵
裙脚不是牛皮做　　脚下绫罗更抵钱
借问坛前家主子　　去了翻归还渡钱
谁知便钱无路了　　光中去了暗中来
未下桥　未下桥　　执得银钱缠过腰
后生过路买茶酒　　老人过路买柴烧
一文也是过街宝　　二文也是过街钱
三文四文为功德　　便将红火化为天
红火化钱归阴府　　化归阴府结良缘
你把南山来落地　　南山落地领凡情

祖师黎十六歌

太尉南朝黎十六　　住在本州平乐乡
少年胆大学无良　　老来修道爱烧香
一世长斋不吃肉　　未曾造罪杀猪羊
每日差兵把坛界　　邪魔不敢入坛场
生在人家善恶子　　上天下地我为强
亲爱祖师真点典　　除邪辅正我为强
师人差我去点卦　　点卦原来点卦人
师男差我去救病　　救男救女得平安
风来也是我担过　　雨来也是我担当
若有邪魔来斗法　　除头落地挂门床
治病打瘟神鬼服　　含犁火砖及淘汤
闻说今朝有状请　　飞云走马入歌堂

李十六歌

启请部兵李十二　　部兵十二降歌堂
报你莫行下条路　　下条大路到□王
报你莫行上条路　　上条大路到天堂
报你莫行中条路　　中条大路到梅山
又叫兵部李十二　　正是部兵十二官
公祖葬在仙人地　　四方山岭地方原
葬祖未经三年半　　二郎肚内自聪明
亲爱祖师真教典　　日夜听闻铃角声
铃角声声不乱叫　　声声叫到二郎兵

人家葬祖出官职　　我家葬祖出师公
三条罗带都缚断　　香烟爵（熏）得眼睛红
闻说师男叫着你　　轻移脚步到坛中

李十一歌

唎唎啰啰李十一　　说话蹊跷李屋儿
去了三年便得道　　变作乌鸦面里书
过水要娘但作笑　　马在水底暗相思
路上逢娘相借问　　我是同天小一郎
上村买得好男女　　下村买得好女娘
买篾打桶随水上　　投天学法救良民
舜天尧地郎得道　　破鼓拦街声向前
初降二年戊寅岁　　七月十五降出身
闻说师男叫着你　　好生拥护小师男

神师歌

又叫十贤高案主　　前传后度及人师
祖师去到闫浮界　　得见闫浮人使牛
深山曲木作犁箭　　乌鸦生铁作犁头
曲木将来做牛栀　　两边把手起修修
金牛犁得金田熟　　手把金秧插满田
金火煮得金饭熟　　金瓶托上祖师前
谁然不是亲生子　　三世修来命有缘
人家有子便传子　　我家无子便传孙
若然无孙便传媳　　子孙代代传香门
偷得鸣钟真教典　　破碗烧香念旧炉
先师本师齐下降　　贵州杉木作来图
闻说师男叫着你　　鱼子下塘正着时
前路坐坛前路到　　后路坐坛后路来
中心接起黄龙颈　　两边接起鲤鱼腮
你来我来都来了　　罗带缚门不敢开

上坛歌

启请三清高大道　　又请三清大道神
三清大道大清宫　　北极紫微同一宫
唯有三清无上圣　　邪来吓怕鬼神通
元始天尊为第一　　灵宝天尊第二名
道德天尊第三教　　老君殿上好行兵
高上玉皇身姓魏　　玉皇头戴紫金鸡
玉皇头戴平天帽　　两边帽带一般齐

塞断黄河五路口　　黄河水底不曾停
张天大法李天师　　赵后三郎是我儿
我儿收得五瘟鬼　　五瘟无遭尽□依
叫着天蓬都元帅　　押着天游付将军
龙虎将军两边立　　左排黄赵二真人
财禄二库判官鬼　　水府三官降道场
启请三官三个佛　　又请三官三个人
上元一品天官到　　中元一品一齐临
下元三品都来到　　解□水官一齐临
启请观音娘菩萨　　又请观音大姐娘
梳起青龙盘丝发　　风流当代二分香
四州大圣大慈悲　　救得众生无尽期
十殿冥王齐下降　　一天星斗尽口依
启请北方高真武　　里杀旗头我向前
闻说今朝有状请　　马上牵弓同赴坛
同共四坛四个将　　一齐一整下坛前
启请海翻张赵二　　圣主打瘟赵后三
南蛇缠头下海去　　海水翻波不缠身
启请上元哥二圣　　罗鼓喧天是武官
闻说今朝有状请　　齐齐整整降香坛

下坛歌

梅山白虎李清官　　白马不骑骑大虫
日里黄龙背上坐　　夜里黄斑背在（上）眠
闻说师男叫着你　　堡上买鱼郎赶前
太宝相公李屋子　　飞云走马入歌堂
邓公元帅官雷府　　手提铁剑取分明
玄坛上将为□使　　手提刀剑灭邪精
时刻不回申奏请　　雷霆老帅降歌堂
闻说师男叫着你　　日边着月取分明
又叫黄赵二总官　　买银打筈得成双
郎郎协协两姊妹　　急水滩头黄尾鱼
蛋家打网滩头立　　大姊话真妹话虚
叫得五通肖屋子　　左边排马右边行
青面使者便使我　　黄面使者降坛心
伏同灵王都相请　　脚踏麻鞋丁秀才
秀才不是秀才样　　卖药先生过路来
先生不是先生样　　正是新官坐上厅
叫着金牙三魂鬼　　大水流来无不头
五个秀才去中举　　三个得官两个空

三个得官厅上坐　　刺赐金牙身着红
我请南朝黎十六　　住在本州平乐乡
每日差兵把坛戒　　邪魔不敢入坛场
又叫上天李十一　　屋底变成大急滩
且说师男叫着你　　东人放火一时间
一魂交去祖师父　　二魂交去六郎身
三魂七魄都交了　　上☐点气在心头
请我上元唐将军　　又请中元葛将军
又请下元周屋子　　水底沉沙周屋☐
又请先锋哥同八　　急叫旗头名四宫
师男出门叫着你　　好生金押第三魂
又叫十贤高案主　　前傅后度及师人
祖师去到闫婆界　　得见闫浮人使牛
深山曲木做犁根　　乌鸦生铁作犁头
曲木拿来做牛厄　　两边把手起修修
金牛犁得金田熟　　手把金秧插满田
金煮得金饭熟　　金盆托上祖师前
虽然不是亲生子　　三世修来命有缘
人家有子便传子　　我家无子便传孙
若然无孙便传媳　　子孙代代接香门
偷打明钟真教典　　破碗烧香念旧炉
生神祖本齐下降　　贵州杉木特来图
师男出门叫着你　　放鱼下塘正着时
天兵部将起纷纷　　千兵万马斩邪神
大将黄斑吞小鬼　　斩断海中无水流
闻说师男叫着你　　马上牵弓同赴坛
同共回坛四个将　　一齐一整上坛前
左边甲子请童去　　甲子起头请起身
沙地下马勤边过　　莫说是非来路长
我接口言来问你　　同心协力镇乾坤
闻说今朝有状请　　飞云走马入歌堂

盘王歌

盘王出世立王国　　红衣包过正风流
盘古起初置天地　　阿罗世上置人民
置得男多女又少　　后生一半作单身
盘古出世是何日　　盘王出世是何时
何人担水归洗面　　何人裁剪作新衣
盘古出世是寅日　　盘古出世是仙儿
黄龙担水来洗起　　匠人裁衣作新衣

闻说今朝有状请　　盘古移步降歌堂
盘古出世在西天　　两个金童在两边
手执铁扇两边立　　立在月边千万年
两个金童玉女鬼　　裙脚有条水对花
身着罗衣十八帽　　一双裙带九斤麻
头上便插金钗子　　两边又插石榴花
盘古有病是何日　　盘古着病是何时
何人担水归洗面　　何人裁剪作孝衣
盘古有病是辰日　　盘古着病是辰时
孝娣担水归洗面　　匠衣裁剪作孝衣
盘古何年何月死　　盘古何年何月埋
几百贯钱请和尚　　几层礼拜狱门开
盘古辰年辰月死　　又到巳年巳月埋
三百贯钱请和尚　　七层礼拜狱门开
天下凡人都敬奉　　儿孙代代接根原
闻说今朝有状请　　盘王移步降歌堂

灶神歌

灶鬼奴　灶鬼奴　　人身着白你着乌
皇帝封官你不做　　你做凡间吹火奴
日里又着锅来盖　　夜里又着压柴头
只有女人不晓事　　又把儿童问灶君
人话灶君神不好　　一时病应上娘身
鬼谷先生会点卦　　点出五龙司命神
若要经文来礼谢　　一时病魔脱离身
闻说今朝有状请　　灶君焰焰降坛心

宅神土地歌

土地公　土地公　　老来头发白蓬蓬
人老便是头上白　　木老便是脚下空
土地低　土地低　　尺布作衫拖到泥
三尺高床上不得　　又请鲁班来作梯
铜盆戴水郎洗脚　　去到床边鸡又啼
公又嫌婆头有虱　　婆又嫌公脚有泥
中心打条横杠过　　管你两头齐不齐
我在家中为土地　　儿孙个个甚聪明
我在牛栏为土地　　保你大财去耕田
我在猪栏为土地　　保你养猪三百斤
我在鸡笼为土地　　鸡儿磊磊得成双
我在鸭笼为土地　　鸭颈长长向上天

我在鹅笼为土地　鹅公叮破野狸头
我在羊栏为土地　羊牯呵呵笑出门
我在塘中为土地　养得鲤鱼十八斤
我在田中为土地　保你田禾熟十分
我在山中为土地　管下虎狼不作凶
我在房中为土地　日里进财夜进金
闻说今朝有状请　凶神退位吉神临

到家歌

昆仑山上安土鬼　杨州殿上请家先
不信男童及女鬼　六月早禾熟满田
上和下睦人家去　离别尊辈拜六亲
夫唱妇随你莫认　孝当协力正为人
家先磊磊来赴位　粟沙蝴蝶载盐梅
那岸得见一个墓　空见泥堆不见人
公住家先郎第几　婆位家先第几娘
梳起盘龙青丝发　风流常带二分香
闻说今朝有状请　家先磊磊下香坛

阴王歌

出世阴王真出世　阴王出世在广东
阴王出世广西道　原在游乡大庙来
阴王阴将有真圣　流下天下降子孙
降得子孙真灵应　流行天下救良民
上村救男男安好　下村救女女平安
日里便把书来请　夜里便把火来寻
子孙有意雕你像　立起龙像在香坛
众王众将有圣真灵圣　有圣灵王救万民
道场里内若有事　便降新兵来传阳
道场里头若无事　便降子孙护道场
阴王阴将都拥护　子孙欢喜庆道场
闻说今朝有状请　阴王阴将一齐临

唐王歌

唐王出世先出世　唐王出世在广州
唐王出世广州庙　良筵开位听风流
闻说今朝有状请　推车下马出行游
游师出世先出世　游师出世在行平
游师出世行平庙　良筵开位听聪明
治病打瘟神鬼服　雷霆六帅认吾声

闻说今朝有状请　　游师艳艳赴歌堂
五婆出世真出世　　五婆出世在付灵
五婆出世付灵庙　　良筵里内听歌声
大筵小会都来降　　莫来失落我歌堂
闻说今朝有状请　　飞兵走马降歌堂
盘王出世先出世　　盘王出世在福江
盘王出世福江庙　　良筵里内听歌声
会写之人添两字　　会唱之人添两行
闻说今朝有状请　　五旗出世在厨司
五旗出世厨司庙　　良筵里内听歌时
闻说今朝有状请　　推车下马降歌齐

三清歌

三清原在青云出　　原在青云化出身
青云化身神不见　　如今坛内得安身
闻说今朝有状请　　元始天尊降来临

灵宝歌

金炉里内是炉烟　　大圣帝成奉七星
北极紫微管大道　　南曹北斗像神仙
日里又发千兵去　　夜里又发万兵行
抽头望见高宫殿　　东鬼几多解玉帝
日里在前夜在后　　踏上天庭日照前
闻说今朝有状请　　灵宝天尊降齐临

道德歌

太上老君李老君　　身骑白马入青云
住在肚里生牙齿　　落地三朝成好人
落地三朝无人养　　送到后园干竹根
山猪马鹿偷送奶　　黄龙含水洗郎身
九条青龙含水洗　　头发当时白如银
一岁不吃爷娘奶　　二岁借着玉皇衣
三岁偷钱去学法　　四岁抛兵度六师
到处山头都一世　　到处山头服鬼神
闻说今朝有状请　　道德天尊降来临

三清劝酒

人话三清不吃酒　　三清吃酒我心惶
寅卯二年吃酒醉　　着人扛去作天仓
天苍天无水　　人人说得我无买

天苍天有水　　人人说得我灵神
茶来我也吃　　酒来献我吃三杯
如今打落闾梅案　　一个鲤鱼上九滩
平地晒禾翻覆转　　晒了翻归奴枕眠
双斟酒来郎双吃　　双筒吹出双火烟
多多斟　多多斟　　多多斟献献神灵
干焊二郎有几个　　十万请来个师人

四府出世歌

天府出世桂林府　　王违下降不知天
早朝年少食土地　　食了土地食灶砖
天下架桥投四府　　天府骑鹤急传言
闻说今朝有状请　　发开天府降香门
地府出世梧州府　　州上年年出大官
百姓耕田乡下住　　早朝骑马过人村
闻说今朝有状请　　发开天府降香门
水府出世广州府　　州上年年出大官
上水有条白滩洞　　下水广东大海门
撑船过海上船旺　　发开水浪出府桑
闻说今朝有状请　　发开水府降香门
阳间出世阳州府　　州上年年出大官
生时爱过死爱过　　州门更鼓闹喧喧
闻说今朝有状请　　发开阳界降香门
天府功曹骑何样　　地府功曹骑何儿
阳闻功曹骑何样　　水府功曹骑何龙
天府功曹骑白鹤　　地府功曹骑虎儿
阳间功曹骑白马　　水府功曹骑青龙
四府功曹骑四样　　回来说话一般同

本命歌

启请东方庚申鬼　　又请南方辛酉神
南斗六星兄弟少　　北斗七星姊妹多
太白星君独自坐　　手提明月照江河
七星也上月也上　　北斗星行月也行
七星叫郎作年少　　北斗叫郎作后生
三十六人同一宫　　有人富贵有人穷
有人着衫绫罗缎　　有人麻布作拦胸
闻说今朝有状请　　各人本命一齐临

高王歌

开天立地高王置天地　　平王置地置江河
天子置得金銮殿　　刘三置得万条歌
鲁班仙人置木匠　　孔子文王置学堂
孔子置得学堂院　　七十二贤在身边
老君置得传天法　　唐王置得着罗衣
玉皇原来宫里坐　　鲁班置得像牙床
阎罗大王管地狱　　五海龙王管江河
闻说今朝有状请　　开天立地圣齐临

五谷王出世歌

人话五谷无出世　　五谷出世有根源
五谷出世根源处　　出世置粮分州来
寅卯二年洪水发　　胡芦浮起到天门
洪水通天改换过　　天下全无一个人
伏羲协协两兄妹　　天下无人真是难
重有伏羲两兄妹　　天下无人自合亲
南海烧香来礼拜　　结成夫妇置人民
置得人民无米吃　　五谷大王置禾粮
鼠王过海偷禾种　　黄龙含水养禾粮
神农置得五谷米　　雷祖三郎置禾粮
禾花姊妹管禾线　　禾线小娘管禾粮
畲堂父母管五谷　　五谷大王管禾仓
平天四角有米粒　　十万禾库好米粮
粳米原是煮饭吃　　糯米原来作酒浆
糯米原来作酒药　　三朝两日听闻香
五谷正是养人宝　　玉女担归踏米粮
世今玉女多便应　　过水正当好酒浆
一来奉待圣官吃　　二来奉待圣官人
六部状元都吃酒　　五帝老君饮酒浆
三十六人同一时　　有人富贵有人饥
有人米谷吃不了　　有人告（叫）化站门楣
闻说今朝有状请　　五谷大王圣齐临

社王歌

社王神　庙王神　　住在青山大木根
日里出来岭上坐　　夜里便归大木根
木屋　真　木屋　　脚踏铁鞋钉秀才
又把泥来妆作像　　又怕日头晒你身

又把木来雕你像　又怕虫来蛀你身
又把纸来画你像　又怕火来烧你身
又把石头雕你像　石头雕像正为神
三个石头对面坐　不知石头有灵神
住在村头管村尾　如何管得四行人
一年四季来拜设　社王庙王一齐临
闻说今朝有状请　社王庙王降香坛

土主歌

启请本方土地鬼　又请本方土主神
你在一方为一所　我在一方为主人
吃水便寻龙地脉　吃饭便思禾稿根
东方无子便寻子　西方无子落西边
一画二画不成画　三画四画变成王
王字点头你为主　主人落地在何方
闻说今朝要状请　本方土主一齐临

接请歌

一字二字不成字　三字四字里头藏
五字画上六画下　七字八字里头修
九字平弓谢明月　十字架横飞上天
公字里头添本字　本字香火降香坛
十字里头添公字　六十公公爱少年
本字里头添刀字　本家香火降歌堂
刀字里头添圣字　上元下圣生坛前
圣字里头添车字　车简车水上高田
天下大州分大国　六国长安分九州
州门原在十三路　路上翻归落两头
州大也是长州大　州长也是贵州长
十二金鸡共条线　琵琶挂壁共同弹
闻说今朝有状请　各人祖本下坛前

上元歌

启请上元官第一　莫来惊动我香门
上元官第七　七州七县七沙台
五官装饭七官吃　长望金盘成万来
五官有钱去买马　七官无钱去买牛
去得南安及雷化　半是买来半是偷
打在湖南半路上　赶村不到宿沙州
买米不来吃沙子　入肚不容死便休

三番白席铺床睡　　旁见娘村眼泪流
正话向前去不得　　回来后路斩郎头
舍身投入三清殿　　三清急叫我兵头
当初细小偷鸡卵　　如今长大转偷牛
眼睛粒粒偷牛贼　　黄昏看见在栏边
手把铜铃敲牛脚　　主人瞌睡不知天
庭前狗儿兴兴叫　　偷得牯牛心便嫌
细细思量心不忿　　磨利沙刀再去偷
七官吃大真吃大　　一个牛儿做半餐
又把牛脚做称架　　又把牛皮做大锅
又把牛头去祭鬼　　又把牛角做刀头
一更哨指上大路　　更哨指得入娘房
铜盆载水郎洗脚　　洗了上床共妹眠
眠得一更真是好　　眠到二更真是愁
眠到三更人来捉　　锣声鼓响到床头
不觉八郎走得快　　七尺长枪飘过篱
不觉人主在篱外　　斩郎头断血淋尸
血　淋　尸　　血淋头断为相思
莫放上村巡捡听　　莫放下村月老知
老人得知不好事　　一时写状便行移
一条竹　两人抬　　扛去阳州洞口埋
埋了三年尸不烂　　口面强如北斗星
北斗七星骑马过　　叫郎出圣管兵头
大喊一声天地动　　回来打破十重城
闻说今朝有状请　　先锋艳艳降来临

七官歌

启请押兵官第七　　倒担旗棍转香门
左手发兵发万千　　右手发兵发万千
身上着斑斑到腿　　腿上着斑斑到胸
戌午年间不见面　　壬子二年不见踪
未曾担上抛鸡卵　　未曾骑马过人乡
赌钱吃酒都是我　　十个指头都是泥
邋遢便是我邋遢　　笼松便是我笼松
路上逢娘不放过　　手拿娘奶笑无容
邋遢便是我邋遢　　□□便是我□□
路上逢娘不放过　　手拿娘奶笑微微
邋遢便是我邋遢　　喽啰便是我喽啰
路上逢娘不放过　　手拿娘奶笑无由
人话是白真是白　　人话是红真是红

是红是白对面话　　破篾条条是篾青
红红赤赤是官印　　白白红红向前行
大喊一声天地动　　回来打破十重城

勾愿歌

主人许愿当初许　　相请小师不奈何
师人到坛还良愿　　勾了良愿唱条歌
当初许愿便张纸　　于今还愿纸万张
师人到坛还良愿　　师人还了亦无翻
主人许愿在当初　　相请小师不奈何
今日到坛还良愿　　勾消良愿唱条歌
当初许愿半边月　　如今还愿得团圆
家主今日还良愿　　家主吃文师吃文
当初许愿是张纸　　如今还愿无万千
今日家主还良愿　　家主吃粮师吃粮
第一判官身姓欧　　朝朝把笔去台头
人话簿书勾无了　　把笔判官点台头
第二判官身姓朱　　朝朝把笔去行书
人话簿书勾无了　　把笔判官去台书
那岸有迹真有迹　　过岸有沟真有沟
人话簿书勾无了　　把笔判官一笔勾
当初许愿何人许　　如今还愿何人知
何人到坛还良愿　　何人还了得分明
家主今日还良愿　　千年万代不来寻
当初许愿请师许　　如今还愿请师还
师人到坛还良愿　　师人还了亦无翻

赏郎师傅歌

去时有功好声赏　　好声赏郎我兵头
每日带兵轮流转　　未曾来落我兵头
太尉南朝黎十六　　兵部李十六
通天李十一　　好声赏郎我兵头
坐坛一堆鬼　　祖师连本师
塘里有鱼獭便到　　屋里有花郎便来
角叫一声还二愿　　金牌打落邪神门
你若急时急来应　　我在家中守法门
人屋后生人屋众　　官屋后生官屋儿
不信但看茅檐水　　滴滴依还落旧时
祖师父本师爷　　好声赏郎我兵头
每日担酒寻师父　　不知师父在何方

今日人家轮流请　两个眼睛做一堆
鸟怒真鸟怒　几多鸟怒为香门
水碗生毛为功德　马头生毛为祖宗
三条罗带都缚断　香烟熏得眼睛红
今日正话无来了　又着同伴过街催
无来事无了　使者层层门下催
叫门更鼓栏街打　手拿六笛过街吹
有女便嫁师公屋　着病时时救得人
人屋耕田一般过　十月禾仓望望空
一日打挂三碗米　不使耕田也过年
人话师公得钱使　不见师公买洞田
人话师公得酒吃　生铁犁头得嘴光
人话师公得肉吃　几多留练得成师
深山便有祖师屋　四海便有祖师家
执得老君祖师一个诀　不通何处得劳华
桃园洞头一洞田　借我师男耕一年
桃园生子郎生李　子能出金光报春
十字路头卦大榜　榜上有名郎正来
桃园洞里无人种　人话不生郎但栽
一图香花得富贵　不图米碗不耕田
不图手巾作被盖　且图名字得流传
年当十五投师父　十六明朝去众村
十个香炉都救尽　芦狄暴芽出子孙
千孙万媳好男女　子子孙孙接香门
偷打鸣钟真教典　破碗烧香念旧炉
生神祖本齐下降　贵州杉木接来图
师父便是藤缠树　师男便是树缠藤
藤缠树　树缠藤　生生死死不离分
师父便是云边月　师男便是月团圆
师父便是塘中水　师男便是水中鱼
师男便是海中浪　师男便是海龙王
人话师父会起浪　时时开浪盖郎身
今朝出门门不遮　又叫五雷下火车
前门又立三重锁　后门又立四重关
若要邪魔来斗法　押落天牢地狱门
翁父坐坛好声赏　好声赏郎我兵头
爷父坐坛好声赏　好声赏郎我兵头
开教师父好声赏　好声赏郎我兵头
引教师父好声赏　好声赏郎我兵头
度法师父好声赏　好声赏郎我兵头

证盟书表师父好声赏　好声赏郎我兵头
上光化光童子好声赏　好声赏郎我兵头
藏身化身变身童子好声赏　好声赏郎我兵头
变桥化桥童子好声赏　好声赏郎我兵头
明阳师父打开十二条香花路　好声赏郎我兵头
上家救男男兴旺　下家救女女平安
门前狮子叫爷爷　师父莫放两头蛇
你把南山来落地　筶头落地保师男
正是祖师真教典　谢师灵法救良民

运钱发角

犀牛角叫去连连　众官下马领银钱
领得银钱归纳库　保安醮主旺千年
犀牛角叫去畓畓　众官下马领钱幡
领得钱幡归纳库　保安醮主旺无难
犀牛角叫去哀哀　众官下马领钱财
领得钱财归纳库　保安醮主旺无灾
犀牛角叫去容容　众观下马领钱铜
领得钱铜归纳库　保安醮主得松容

小运钱

家主侍奉祖宗香火都有位　请出运钱童子郎
运钱便问钱出世　此钱出世有根由
钱是紫微山上竹　下水槽中运得钱
一来便得鉴钱使　二来又得写文书
写书也爱书字见　鉴钱也爱鉴分明
书字分明有落着　钱纸分明保万年
运钱便打东方去　东方水德出钱
运钱便打南方去　南方火德出钱
运钱便打西方去　西方金德出钱
运钱便打北方去　北方水德出钱
运钱便打中央去　中央土德出钱
运钱到　运钱童　背着衣衫童子宫
破衫也未运钱破　裤穿也来运钱穿
两个肩头都押破　头背衣衫押出烟
快乐何曾得日好　若耐时时捡得钱
竹壳合船撑过海　经过几多风浪来
吃过几多夹生饭　烧过几多水浸柴
踏上一阶第二阶　库宫艳艳两边排
你且低头通万福　库宫艳艳领银钱

踏上一厅第二厅　　库官艳艳两边声
两个库官来借问　　问你何人来运钱
童子　言传报你　　我是商音来运钱
运钱到运钱来　　金鸡玉犬闹喧喧
金鸡玉犬喧喧闹　　童子运钱入库门
多也莫把家主减　　少也莫把家主添
多多少少纳归库　　纳归阴府结良缘
闻说今朝有状请　　库官艳艳领银钱

收斋歌

三日三夜守空台　　请出鉴斋使者来
收斋使者都来到　　于今来到守空台
鉴斋使者身姓哀　　我今来早守空台
千错万错爷娘错　　起屋犯着九梁星
犯着九梁杀死我　　如今叫我鉴斋筵
未鉴斋筵席席好　　鉴了斋筵席席空
荔枝子荔枝子　　上枝好吃下枝酸
人话上枝果好吃　　吃了下枝同一般
撑船便把东海上　　竹篙插在荔枝根
手把竹篙打一朵　　爱吃便来根下寻
撑船便把南海上　　竹篙插在荔枝头
手把竹篙打一朵　　好吃便来根下搜
撑船便把西海上　　竹篙插在荔枝园
手把竹篙打一朵　　好吃便来根下闻
撑船便把北海上　　竹篙插在荔枝边
手把竹篙打一朵　　爱吃便来荔枝连
撑船便把中海上　　竹篙插在荔枝中
手把竹篙打一朵　　爱吃便来根下丛
爷娘出门多说口　　说了翻归便是空
闻说今朝有状请　　鉴斋使者到坛中

回来赏歌

去时有功回来赏　　回来赏郎我兵头
三月红豆抛落地　　我今常念旧师爷
太尉南朝黎十六　　竹叶堂堂十六郎
祖师问前作问　　红盆洗脚上娘床
部兵李十六　　部兵十二降歌堂
通天李十一　　屋底变成急水滩
师男出门叫着你　　好声金押第三魂
一魂交去师男子　　二魂交去本师身

祖师去到阎浮界	得见阎浮人使牛
每日差兵轮流转	未曾来落我兵头
人屋后生人屋众	官屋后生官屋儿
不信但看茅檐水	滴滴依还落日时
祖师傅　本师爷	回来赏劳我兵头
日日担酒寻师父	不知师父在何方
今日人家轮流请	两个眼睛做一堆
鸟怒真鸟怒	几多鸟怒为香门
水碗生毛为功德	马头生毛为祖宗
三条罗带都缚断	香烟熏得眼睛红
今朝正话无来了	又把同伴过街吹
无来事无了	狮仔层层门下催
年当十五投师父	十六明朝去众村
十个香炉都救尽	芦荻暴芽出子孙
千孙万孙好男女	子孙代代接香门
偷得鸣钟真教典	破碗烧香念旧炉
今朝出门门不遮	又叫五雷下火车
前门又立三重锁	后门又立四重车
今朝出门门不关	又叫五雷下大轮
若要邪魔来斗法	押落天牢地狱门
翁又坐坛回来赏	回来赏劳我兵头
爷又坐坛回来赏	回来赏劳我兵头
开教师父回来赏	回来赏劳我兵头
引教师父回来赏	回来赏劳我兵头
度法师父回来赏	回来赏劳我兵头
书表师父回来赏	回来赏劳我兵头
变化童子回来赏	回来赏劳我兵头
护命童子回来赏	回来赏劳我兵头

脱童歌

师男逢蛇蛇不咬	回时逢虎虎不贪
龙虎便是我兄弟	正是同班一路人
去时又过黄河岭	回时黄河岭上回
口渴莫吃黄河水	肚饥莫吃黄土泥
去时得见人揽子	回时得见火烧岗
借问江边黄雀子	问你收乐得几仓
去时得见人揽子	回时得见火烧田
借问江边黄催子	问你收禾得几千
去时得见爷藏子	回时得见子藏爷
爷少仔多藏不过	又把五雷下火车

你把头魂交还我　　师男头上自兴惶
你把头魂交还我　　头发变成马尾丝
你把耳魂交还我　　师男闻听九州锣鼓声
你把眼魂交还我　　两眼同如北斗星
你把鼻魂交还我　　师男鼻内听闻香
你把口魂交还我　　师男口内说文章
你把头魂交还我　　师男透气得转阳
你把手魂交还我　　师男手内写文章
你把衣魂交还我　　仙衣化作白云藏
你把肚魂交还我　　师男肚内自聪明
你把脚魂交还我　　师男起脚便行罡
头上三魂头上立　　脚下三魂脚下安
脱便脱　童变童　　脱了金锁脱金童
脱了金童脱金锁　　脱了金锁返回童
神面纳归交案主　　罗带纳归笼里收
铜铃纳归阴府殿　　三朝一七（夕）又闻声
师男脱童无火了　　三朝一七（夕）又相逢
带郎去　带郎回　　你莫打落鬼神坛
打落神坛无路去　　打落鬼坛无坛翻
带郎去　带郎返　　你莫打落鬼神门
打落神门无路去　　打落鬼门无路回
莫把三魂打流乱　　神坛社庙也难翻
一打鬼魂廷廷退　　二打鬼魂速速上郎身
牙简便是天师造　　日里定阳夜定阳

贺星歌

启请南方本命鬼　　又请南方本命神
南斗六星姊妹女　　北斗七星姊妹多
七星也上月也上　　北斗也移月也移
太白星君独自坐　　手提明月照江河
七星叫郎作年少　　北星叫郎着后生
三十六人同一去　　有人富贵有人穷
有人身着绫罗缎　　有人麻布卦身胸
闻说今朝有状请　　各人本命一齐临

大运钱歌

证盟高真大道都有位　　请出运钱童子郎
运钱童子齐下降　　齐齐整整降醮坛
来到坛前完满了　　星主收斋郎运钱
踏上一陛第二阶　　金牌榜上两边排

正要回归退下步　　众官齐笑失郎时
借问坛前新度师　　问你舍钱不舍钱
你若舍钱来请我　　着起衣衫来运钱
运钱便问钱出世　　问钱出世有根源
钱是紫微山上竹　　下水槽中造得钱
一来便得鉴钱使　　鉴钱也有鉴分明
书字分明有落着　　钱是分明求大官
运钱便把东方去　　东方木德变银钱
运钱便把南方去　　南方火德变银钱
运钱便把西方去　　西方金德变银钱
运钱便把北方去　　北方水德变银钱
运钱便把中央去　　中央土德变银钱
运钱便打东海去　　望见东海水洋洋
运钱便打南海去　　望见南海水洋洋
运钱便打西海去　　望见西海水洋洋
运钱便打北海去　　望见北海水洋洋
运钱便打中海去　　望见中海水洋洋
海水洋洋去不得　　童子运钱心里忙
运钱便把河步去　　渡子排排水步边
唱喏之声佛子鬼　　借你金船渡过郎
渡子问郎谁家子　　有何急事到何方
我今实言说服你　　我是运钱童子郎

送钱歌

证盟高真大道师有位　　请出送钱童子郎
来运之时不敢送　　运钱分明郎送行
送钱街头弹一指　　几多辛苦为香门
衫破只为运钱破　　裤穿上为运钱穿
送钱踏上高洞去　　松柏排排大路边
唱喏三声松柏树　　借条大路郎送行
运钱踏上大路去　　佛子排排大路边
唱喏三声都是鬼　　借条大路把郎行
送钱踏上游游去　　几多体力泪双流
快活何曾得顾饱　　苦累时时捡得钱
竹壳夹船撑过海　　经过几多风浪来
吃过几多夹生饭　　烧过几多水浸柴
上岭送钱气又急　　下岭送钱脚又酸
两个膝头打半跪　　几多辛苦在心头
消散歌堂我去归　　我来惊动九州兵
送钱便过木桥去　　望见木桥在眼前

木桥原在木山出　　木匠架桥郎送钱
送钱踏上木桥去　　望见竹桥在眼前
竹桥原在竹山出　　竹匠架桥郎送钱
送钱踏上竹桥去　　望见篾桥在眼前
篾桥原在篾山出　　篾匠架桥郎送钱
送钱踏上篾桥去　　望见藤架在眼前
藤桥原在藤山出　　藤匠架桥郎送钱
送钱踏上藤桥去　　望见石桥在眼前
石桥原在石山出　　石匠架桥郎送钱
送钱踏上石桥去　　望见铁桥在眼前
铁桥原在铁山出　　铁匠架桥郎送钱
送钱踏上铁桥去　　望见铜桥在眼前
铜桥原在铜山出　　铜匠架桥郎送钱
送钱踏上铜桥去　　望见银桥在眼前
银桥原在银山出　　银匠架桥郎送钱
送钱踏上银桥去　　望见金桥在眼前
金桥通到三清殿　　三清殿上好行兵
送钱到　送钱童　　金鸡玉犬闹喧喧
金鸡玉犬喧喧闹　　童子送钱入库门
两个库官来借问　　问你何人来送钱
我今实言说报你　　我是商音来送钱
圣王问郎钱好说　　我送三千七贯钱
三千七贯归纳库　　一圣赏我七贯钱
送钱童子吃不得　　城皇说得你心忙
有茶有酒闲时吃　　送钱童子莫分明
多者莫把家主改　　小时莫把家主添
多多少少归纳库　　有明交纳库门前

（二）

手接铜铃，开话牙简朝声。龙凤鼓乐，焚香转奏。如奏如真，如笔谨通众圣。龙其八宝，远在高台，近在案前。锣声鼓响，惊动神明，当坛接请弟子来迎。摇铃接圣，伏为众圣，头带金冠，身着龙衣，脚踏云车，飞云走马，退车下降，鉴事香坛。起手一转宣香，通到行罡三步，串破龙门。日头进上，北斗初行，日出东方，莲花步朵。晒牛岭上，奏事江河，鲜鱼伴水，串破龙门。香烟妙妙，坛极分分；香烟哀哀，急成华盖。敬茶三杯，下降道场，还愿家主，有事当行。一炉上香，谨请初拜，情理情理。保安家主，伏闻神通广大，声德万里天边。有感有愿（应），千年祖宗，万代高真，双童玉女，伏羲置民，神农置米，造成五谷财粮，阴能谷花米酒，奉待阴官。还愿家主，共议商量，备办茶钟酒盏，双龙物器，四角元真。备办第二炉茗香，香不是非凡之香，香是奉还部书保命茗香，深理深理，保安家主还愿有案，水源有源，青云有路，榕树有根。前者以来，许有完盆部书良愿，进落家堂，得见人丁不旺，人口不安，部书一许二帮三转四限，不敢拖年拖岁，奉还部书良愿。深礼还愿童子，备办大蔬一通，龙鳞财马，还愿银钱；声云动雷鼓锣，宝卦真容宝像。备办一炉二炉三炉明香，香是不是非凡茗香，是奉还部书保命茗香，水是不是非凡之水，水是奉还部书保命九龙之水。第三炉茗香，炉上有香，炉上无香，炉上添茗香，谨请回归退拜。

香烟妙妙，南极分分。道场初起，法事初行。一炉茗香，谨请初拜，二炉烧香，谨请再拜，三炉添香，谨请回归退拜。太极分高厚行，极上属天，王母三天界，特来千万年，丹台开宝殿。金口永流传。人生似不皈，人心只为老。坛内少道场，惟吾请圣不得流停，净口神咒，丹是口灵，罗成舌神，凡间等人，凶稷荡散，道气长字，火甲师流令（元始三清咒用）。

皈依天正法教神，下通庙上案微十极内，天心正法力威容，回召下坛宫天宝相。祥云化化魏魏，照见两天广大道，阎浮也界度人民。天下灭邪精，文召请元始降齐临，大急甲师流令（元始赞用）。

一心赞请，启部之敛之时，破为同共之时，上答无好座，临之时之初宝生，伏为玉清正境元始天尊，伏任天尊，海翻两口，上界大道安身是临。下降道场，急令清净。

灵宝咒

皈依法，青云化化魏魏，变化三天，广大道度人无数，变河沙宝相，座莲花楼台，内高万丈，金下装身，着仙衣数百领，坐天照地，管人民天下灭邪精。闻召请灵保降齐临，大急甲师流令。

一心赞请六合词神，五面化为十面，并落三请，安下降邪小鬼，三宝初生。伏为上清正境灵宝天尊，伏任天尊，海翻两口，上界大道安身，急令清净。

道德咒

皈依师感，道德天下尊，老母怀胎八十岁，九龙含水降阳间。头发白如银，道高龙虎伏，如夫里贵依真。有道天仙知善知凶真有力，玉皇殿上降童身，玉帝灭邪清，闻召请道德降来临。

皈依师赞用，一心赞请，三迎三请，眼日三刑，飞行头白，二十八夜明王，伏为太仙真境道德天尊。伏任天尊，海翻两口，上界大道齐临，赴降道场，下降为凡着证，急令清净。

皈依礼

庙演相真有君，四十二年功果满，武当山上架青云，玉帝勒真君。身着皇袍金锁甲，飞法显神通，脚踏龟长轮转，天尊赐我灭邪精。闻召请玄天上帝降来临，火急甲师流令。

北斗咒

北斗七星，天中大神，上朝金阙，下护昆仑。调理康已通道，贫狼巨门六存，文曲廉贞武曲，破转大朝细媒真，何存不灭，何福不生，阎玉正起，来合我神。天罡所起，书夜长存。各居小人，好道来临。弟子转仪，愿草长生，高上玉皇紫微大帝，三胎护我来，三胎养我来。魈魑魍魉魋魁魅，五方小鬼走飘，火急甲师流令。

李十六

奉请初法李十六，启请仙师小一官，付领猛将造其烈，威风痴速到坛来。

五七朝官为大将　　统领三兵六院兵
世上人民多敬奉　　三郎会上有郎名
显起神通天地动　　敲枷打锁鬼神通
小一付同来保应　　须将作法救良民
投伏到坛来接请　　行罡脚步不曾停
上帝行前我行后　　便将法水变师身
开坛接请吾师到　　威风揽揽镇乾坤
若是邪魔为魍魎　　收入牢中罪不轻
白衣使者身着禄　　伏归本院陀罗弥

李十二

启请部兵李十二　　两个星君作证盟
头戴五雷及九变　　脚踏大车及大轮
造邪世界走邪魔　　打开地府超亡魂
火急甲师流令　　火急甲师流令
启请通天李十一　　统领三请降世来
紫袍猛将万万福　　出入有名
番车世上天雷烈　　金甲我神
庚申甲子闻召请　　来降香坛化利民
雷霆元帅定元官　　作好风流猛烈神
手拿越斧随天转　　斩天斩地邪妖神

都天咒

都天火雷辟历镇虚，都天火雷辟历镇空，统兵三十万，严驾紫云中。若有不真者，雷廷实中容。若有荡下江，化为清净紫云中，火急甲师流令。

康元帅咒

玉皇康元帅官，敕国救良民。上朝亡天将，下界斩邪精，风雷前后奏，扫荡镇乾坤。手接治邪剑，脚踏黑青云，声天动到地，收斩恶邪魔。走入金阙案取来，坛下化微塵，痴速你其词，康元帅降来临，火急甲师流令。

祖师坛前齐下降，包含万象作坛前，若有家中不信鬼，家中正鬼乱邪精。若有邪师来斗法，反刀去斩邪魔神，玉帝殿前亲取我，灵兵十万救良民。祖师坛前执起诀，如今魍魎走分分。

云坛咒

云坛上将、手执邪精铁鞭，挂起金鼓喧天，八王猛将，拥护坛前，闻召请圣，速降来临。

梅山咒

太上种竹，接得龙虎，皈依之胎便（变）化，王不留存，神通手内，执得空亡。

太阴咒

太阴法生，水自来青，李魏上应，鬼说名兴，取有小鬼，钩去钓兴。吾岳现一现，岳文判官，火急甲师流令。

坛前功曹到，地神是有灵，升天通到地，出入幽冥。有功之日，字命长生，为吾本家家主，今日今时交角完盆。解释部书，救王逢迸，救一午安好，为吾请圣，不得留令。

上坛名

一焚真香，二焚火香，三分炉中，八宝表真香。香在金炉，香烟哀哀，结成华盖，香烟妙妙，传到东南西北，上下不敢奏天庭，下不敢奏地府。一心拜请，年直功曹，月直功曹，日值功曹，时直功曹，揽香奏请功曹，传奏大罗殿上，开请本家香火，三清大道，玉清正境，大罗元始天尊，上清正境灵宝天尊，太清尊敬（正境）道德天尊，昊天金阙玉皇大帝，东极长华大帝，南极长生大帝，西极伏灵大帝，北极紫微大帝，中极黄恩大帝，日月两宫，天子南北，二斗星君，天蓬都元帅，天猶伏将军，海翻张赵二郎，圣主打瘟赵后三郎。上元甲兵，都头七官，中坛稂迹金关（阙），南天榕树，北方真武玄天上帝，观音菩萨，将旗奉印，金童玉女，四员猛将，下付（赴）香坛。

下坛名

下坛天门白虎李十一官，吕山法主九郎，杨山法主九郎，巡天三郎，好声四郎。上元唐将军，中元葛将军，下元周将军。云头仙女，明月龙凤三娘，变显五通。左边排马郎君，右边排马郎君，金牙三石太尉，六院都巡。鉴兵太宝李十二官，村州，伏同星君，上庙都巡，下庙都巡，雷廷六院都巡，十七十八郎君，黄衣使者，白衣判官。左殿先锋，同时（明）四官，右殿沙刀，同明八官。太尉南朝李十六官，部兵李十二官，前路坐坛，后路祖本二师，拿鬼五猖，坛上下五猖。春季春雷兵将，夏季夏雷兵将，秋季秋雷兵将，冬季冬雷兵将，犀牛白象，麒麟狮子，猛虎伤兵，下坛降下坛场。

请盘古王

请上福江盘王圣帝，盘古圣人，禾花姊妹，五谷小娘。左边金童，右边玉女。擎凉打伞，黄赵夫人，刘一刘二仙童，脚下五旗圣众。

灶鬼名

请上东方五龙司命灶君，南方五龙司命灶君，西方、北方中央五方五龙司命灶君。熟（热）灶，冷灶、石灶、瓦灶，前张相公灶，后李氏夫人婆灶。男灶女灶，孙灶媳灶，六六三十六通天大灶。

请住宅龙神

请上东方住宅龙神，南方住宅龙神，西方北方住宅龙神，前朱雀，后玄武，左青龙，右白虎。禾仓禾瓮，十二时辰，男人本宫，女人本命。猎禄土地，鸡禄土地，日里进财，夜里进宝郎君。

请了洒净

左手接起老君功德水，右手接条杨柳枝，脚踏金罡手接，诀口中常念弥陀。谨请东方甲乙木青帝青龙将军，身着青衣，骑吾青马，住在青云山上，腰带双刀宝剑，万兵服从，运水入吾盏中，来洒香坛内，秽急急速灵清净。谨请南方丙丁火赤帝赤龙将军，身着赤衣，骑吾白马，住在赤云山上，腰带双刀宝剑，万兵服从，运水入吾盏中，洒来香坛内，秽急急速灵清净。谨请西方庚辛金白帝白龙将军，住在白云山上，腰带双刀宝剑，万兵服从，运水入吾盏中，洒来香坛内，秽急急速灵清净，谨请北方王癸水黑帝黑龙将，军身着黑衣，骑吾黑马，住在黑云山上，腰带双刀宝剑，万兵服从，运水入吾盏中，洒净香坛内，秽急急速灵清净。谨请中央戊己土黄帝黄龙将军，身着黄衣，骑吾黄马，住在黄山云上，腰带双刀宝剑，万兵服从，运水入吾盏中，洒净香坛内，秽急急速灵清净。谨请东方水源童子，南方水源童子，西方、北方、中央五方水源童子，身着紫衣，骑吾五色之马，住在乌云山上，腰带双刀宝剑，万兵服从，运水入吾盏中，洒出香坛内，秽急急速灵清净。

此水不是非凡水，水是江中取来长流之水，流过田中养苗之水，流过井中养人水，玉女担归之水。来是金鸡未啼，玉犬未叫，玉女未梳庄（妆）。玉女担归伏前，化为老君洒净之水，五当归差七十二令兵去之水。天师在吾前，地师在吾后，三七灵兵护我吾师左右。吾奉太上君急急如律令勅。

此剑不是非凡之剑，剑是太上老君斩鬼之剑，八炉三变出炉，三变未打成刀，打起成剑，未磨成刀，磨起成剑，指山山崩，指石石裂，指人人长生，指鬼鬼灭亡。吾奉太上老君急急如律令勅。

法水堂堂，万里吉康，何人敢抵，何鬼敢当。当吾者死，逆吾者亡。吾奉太上老君急令勅。

法水洋洋，万里吉昌，观洒坛场，一洒山崩，二洒地裂，三洒人长生，四洒鬼灭亡。吾奉太上老君急令勅。

逐一随一，洒过香坛内，出门陀带行师官将。当初以来，匠人雕画牛膠角之秽，打落笼箱里内，行箱里头，金将五龙清水。洒过付灵清净，洒过香坛里内，茶盏酒盏，铜锣沙柄，四角斋筵，灯笼笏去，四角元晶。洒过龙鳞财马，金白银钱，洒过入坛部老，尺高出大眼中，见秽口中含秽，肚中庄秽，脚中踏秽，生死二秽，生秽当生，死入地里埋藏。今将五龙清水，洒过伏灵清净，解秽童子，破秽将军，阳筶荡了秽浊。

铜中咒

铜中现出光明大神，北方秽去，是我自然灵宝，伏命留苦，九天乾罗达罗同降，大神斩妖伏邪，杀鬼万千，中身神咒，元始玉闻。吾岳现一现，兵父判官，闫王速手，道去长存，为吾解秽，不得留停，大急甲师流令。

破了一边留一边，磨烈（利）沙刀出两边，沙刀斩鬼断妖邪神路，邪神恶神上西天。破一边缸留一边缸，磨利沙刀出两行，沙刀斩断邪神路，邪神恶鬼上天堂。坛前山高水也高，邪魔小鬼闹嘈嘈，天上玉帝，地下丁罡，斩头七分挂门堂，黄龙出得三江口，鲤鱼出得四江滩。是吾童兵，入吾师龙坛，不是入吾龙兵，不敢入吾龙坛。邪魔小鬼入吾龙坛。入我一坛，还我十坛，破我十坛，千千万之坛。大是官厅，小是学堂。好人面白，恶人面赤。前门庄刀，后门立剑，只图枪刀向出，不图枪刀向入。家神出外鬼，不得乱入，紧把梅山界。

功曹咒

坛前功曹到，地神是灵神，升天通地神，是罪灵有功之日，名字长生，火急甲师番令。逐一逐二洒过香坛里内，茶盏酒盏，铜锣沙柄，四角清筵。开坛迷酒，龙鳞财马入坛部箓，尽高寸大，眼中见秽，口中含有秽，肚中藏秽，脚中踏秽。吾奉太上老君急令勅。

东方有秽解东方，南方有秽解南方，西方有秽解西方，北方有秽解北方，中央有秽解中央，天上有秽翻天去，地中有秽埋庄，人生有秽归罗帐，畜牲有秽各归栏。鲤鱼有秽归江海，抬盘不净洒净抬。五方五秽都洁净，五龙三水又清纳。香坛清净清净了，乌鸦又叫百般声。若有千兵来无到，吾师执角又相催。

东方发角请大将军
南方发角请大将军
西方发角请大将军
北方发角请大将军
中央发角请大将军

二声锣鼓镇如雷　　猛角神通不敢吹
家先定祖宗也定　　定司司命定龙神
莫敬凶　莫敬亡　　敬凶敬王不吉昌
一声鸣角去堂堂　　住宅家先你莫亡
众圣闻知归本位　　安排酒礼及酒缸
部老香坛知众圣　　证盟案主及当方
闻吾师男法角请　　急差兵马赴歌堂
二声鸣角去刑刑　　阅请天兵及地兵
金童玉女相借问　　宝盖林林去接兵
正明案主归本位　　鸭纳鸡公结啼声
闻吾师男发角请　　急差兵马赴龙坛
三声鸣角去连连　　关请村头社令公
大者说行同协力　　少者少钱便要从
河泊水官修条路　　江山水路洗开通
马草安排千百担　　马料安排千万槽
等我上请兵马到　　莫叫兵马闹嘈嘈
回声鸣角去游游　　伏念主人见蘸修
接请上元诸众圣　　三元唐葛赴坛头
点齐兵马无千万　　五瘟小鬼尽皈依
闻吾师男发角请　　急差兵马赴坛头
五声鸣角去云云　　父母生郎年命存
父母生郎年龄大　　舍身拜入老君门
一拜老君众安主　　二拜闾山十九郎
三拜行村郎姊妹　　四拜兵马赴龙坛
十二功曹来解奏　　拜迎众圣赴歌堂
六声鸣角去连连　　关出上元库里钱

关出上元库里去　关出上元头上装
关出生捶及铁夹　关出长枪及短枪
临时关弓弓有箭　急时关弩弩有弦
弓　有　箭　各人排箭下坛前
七声鸣角去生生　西海牯牛头上生
景定二年龙甩角　黄龙甩角海中央
生得有口又无鼻　匠人剔托得成吹
又把红缪缠通口　又把紫缪缠过弦
借我师男吹一曲　声声吹到老君门
一吹一交天翻伏　二吹二叫地覆翻
三吹人民长安乐　四吹兵马伏龙坛
五吹五雷霹五庙　六吹六同正皈依
七吹七角分香请　醮人有心街下排
发　角　完　满　发　角　完　成
第三跪炉请圣驾　炉上无香炉上香
炉上无香炉上添　炉上无香烟野鬼相连
炉上无香野鬼商量　第一入门关请
第二执角去相催　第三跪炉请圣
炉上无烟炉上添烟　炉上无香上添香
去时云雾层层　回去云雾层层
通到四十二年　武堂（当）山上驾青云
红旗滔滔太极分分　指手香拜请鬼神
接请起手弹胸复鬼留邪
又到第三请

献香回来，上情意者，交兵钱条鬼。正月请神神不到，二月请圣圣不来，男人便有前门入，女人便有后门来。

中心接起两花开　香来排献众神仙
香在金炉初开岸　表在白藤树上生
白藤树上多龙脑　龙脑烧香家主神
烧入炉中多鉴纳　百般变出好庄筵
家主有钱收买得　今将坛内献神仙
伏望众官香奉献　香来排献众神仙
香过无居水来献　水来排献众神仙
此水不是非凡水　水在桃园流出来
一条流过东沙海　二条流过海龙门
三条流过郎坛下　四条流过庙门前
家主拜还良愿会　水来排献众神仙
水过无居花来献　花来排献众神仙
花在高楼高各造　今将坛内教刀裁
守到春间花正开　秋间花落面虚红

枝枝朵朵对芙蓉	半红半白好花色
半红半白好莲花	便有红莲及枝锦
便有枝锦及红莲	摘花娘子近花前
玉女托花献神仙	伏望众官花奉献
花来奉献众神仙	花过无居灯来献
灯来排献众神仙	一盏明灯是明月
二盏明灯是柳星	三盏明灯轮天照
上照三十三天界	下照一十八层地狱门
一照一变天翻覆	二照二变地覆翻
三照人民长安乐	四照兵马伏龙坛
伏望众官灯来献	灯来排献众神仙
灯过无居醮来献	醮来排献众神仙
五谷便是神仙造	玉女担归到水边
堂前吹散白如银	用钱去买纱罗斜
罗斗纷纷落两边	世间玉女多变现
过水成塘作醮筵	一个将来是明月
两个将来月样园	不信众官食一个
用钱醮主万年宽	伏望众官醮来献
醮来排献众神仙	醮过无居果来献
果来排献众神仙	桃源梅果仙人种
石榴梅果圣人栽	便是仙人梅果树
子熟翻黄取得回	正月含花未结子
二月含花到雪开	三月花面紫云色
金盆托上祖师前	红盆滔滔在神案
今将坛内献神仙	伏望众官果献奉
果来排献众神仙	果过无居酒来献
金瓶肚内长酒醉	纳归家里甚分明
你两双双共一盏	我两双双共一杯
杜康造酒琉璃饮	琉璃饮酒醉三年
伏望众官酒来献	酒来排献众神仙
酒过无居钱来献	钱来排献众神仙
紫微山头有条竹	连根斩断火来燂
种烂便把槽中过	又把纸中背上乾
也好写书去请客	也好作状请众官
也好打钱进北斗	也好凡间脱厄钱
左手执捶右手打	文文相对贯相连
齐齐排来作小钱	九九排来作百钱
众官也好买茶酒	老人有命过长年
四个便雕四个字	中心黄杆串川钱
通字便交通万福	宝字便交宝万年

开字打开长年库　元在老君在库门
伏望众官钱来献　钱来排献众神仙
马过无居马来献　马来排献众神仙
此马不是非凡马　马在阳州骡子村
骡子村头有一马　说价取钱无万千
金打马鞍银打镫　满身都是宝珠妆
有者千钱也不卖　买归阴府结良缘
马便抽头脚便动　驴骡犊特马行前
陀钱便有陀钱使　分明交纳库门前
陀钱托到玉皇殿　钱纸归纳千万仓
醮家有钱来解库　如今莫放库门开
伏望众官马来献　疏来排献众神仙
大疏原来鼓木皮　蔡伦造纸送三司
童子造书无留落　众官名字也分明
大疏从头读归尾　小疏从尾读归头
前头便是大明国　中心便有众官名
面前便有茶共酒　醮主名字在里头
伏望众官疏来献　疏来排献众神仙
紫微山头置铜铁　大罗山下置铜锣
一来便有铜锣打　二来便有置铜铃
今日还愿/光灯道会场　锣来排献众神仙
此鼓不是非凡鼓　鼓是青山樟木空
皮是犀牛背上皮　出世鲁班多计较
已多计较得团圆　中心造起两头鸣
今日吾师来勅变　将来排献众神仙
鼓过无居角来献　角来排献众神仙
此角不是非凡角　角是犀牛头上生
景定二年龙甩角　黄龙甩角海中央
出世鲁班多计较　几多计较及成吹
初一吹得娥眉月　十五吹得月团圆
未吹上界呵呵笑　吹了下界百宗由

大堂神明

请上三清大道，玉清正境大罗元始天尊，上清正境玉振灵宝天尊，大清仙境坤元道德天尊。大清太上，昊天金阙，玉皇上帝，中天星主，北极紫微大帝，承天教法土主神祇，东极长华大帝，南极长生大帝，西极福灵大帝，北极紫微大帝，中极皇恩大帝。北表二位真君，献花玉女，黄赵夫人，南斗六司，北斗七星，上道星君，灵宝云中教主，大法司官，北极四圣真人。上元一品赐福天官，中元二品赦罪地官，下元三品解厄水官。大帝天蓬都元帅，天游赵元帅，神兵康元帅，邓紫盐沙张元帅，注薄判官马元师，大道将军先元帅，张天李天大法师官。北方真武，玄天大帝，太上圣祖圣母，太极三清大帝·南极玉皇大帝，长生保命天尊，支粮接命天尊，无粮度命天尊，天曹财禄二库判官，龙凤左右真人。南斗六星，北斗七星，罗家仙女，白鹤仙姑，诸佛回刘（州），救苦观音菩萨。北方真武玄天上帝，四贤天将，张旗封印，护剑金童。上元五官，都头七官，上元唐将军，中元葛将军，下元周将军。海翻天将，圣主张赵二郎，五显灵官，化身十九郎，明月三娘，罗黎二相公，雷廷都元帅，黄衣使者，白衣判官。太尉南朝黎十六，官走马通天李十一官，感应长斋李十六官，赵进三十九郎，白马三姑，五将侯王。五福下坛元帅，左殿先锋，通明八官，右殿沙刀，通明四官，学法祖本宗师，小师佩奉禄中官将，张蒙十五官，太婆十四娘，护身天将，八万雷兵，二十四万蛮雷兵将。东狱取兵，南狱使兵，西狱枪兵，北狱灵应兵。犀牛白象，麒麟狮子，猛虎毒蛇兵，邪兵，鹩兵，罗兵，鼓兵，修山开路兵，开炉打铁兵，铜盆托扇兵，担伞二郎兵，请客排客兵，五炼大将，含黎火砖，刀梯勒床，金毛狮犽，万里破庙，长沙金刚军，芽山十五郎，杨山十九郎，雪山十二郎，开教炉山十九郎。九宫法主，大路法主，将法犯法护法，斩鬼天师李十五官，打开罗城大将，移山塞海，番坛到立，五伤上仙女下九宫，白鹤仙姑，拷鬼拿鬼彰鬼，塞路断路，五伤出州入县，搞枷打锁，治病功曹，退病使者，三十六万千兵猛将，三清殿上，部箓众兵。

请上东极长华大帝　　南极长生大帝
西极高灵大帝　　北极紫微大帝
中极皇恩大帝　　上元一晶天官大帝
中元二殿赦罪大帝　　下元三殿解厄大帝
中元二殿地官大帝　　下元三殿水官大帝
李天李王大帝　　富天富王大帝
正一灵兵马元帅　　提薄判官辛元帅
投带铜兵康元帅　　雷霆大元帅邓元帅
祖师将邪张元帅　　玄坛执法赵元帅
不降何人已位，降下法坛。

皈依法赞

一心赞请，六合词神，五面化为六面，六面并落。三清安下，除邪小鬼，三宝初生。伏为上清正境灵宝天尊，伏任天尊，海翻两口，大道安身，念急令清净。

皈依师赞

一心赞请，三请三迎，眼目三刑，飞行头白，二十四夜明王。伏为太仙真境道德天尊，海翻两口，上界大道齐临，赴降道场，下降为几着证，念急令清净。

皈依天赞

一心赞请，启部之剑之时，破为同共之时，上答无好座，临时之宝初生，伏为玉清正境元始天尊，伏任天尊，海翻两口，上界大道安身，是临下降道场，念急令清净。

金日吾师来勒变　　将来排献众神仙
鼓过无居角来献　　角来排献众神仙
此角不是非凡角　　角是犀牛头上生

景定二年龙甩角　　黄龙甩角海中央
出世鲁班多计较　　几多计较及成吹
初一吹得娥眉月　　十五吹得月团圆
地府一界金刚圣众　　地府一界牛头眉则大神
地府一殿初降冥王　　地府二殿初广冥王
地府三界宋帝冥王　　地府四殿五官冥王
地府五殿阎罗冥王　　地府六殿变成冥王
地府七殿太白冥王　　地府八殿平安冥王
地府九殿变高冥王　　地府十殿转轮大法冥王
地府一界鉴斋鉴表降伏道场
阳间一界廿四庙禾王　　阳间二界同州圣王
阳间一界本乡大帝　　阳间一界复降灵童
阳间一界本乡社庙　　阳间一界复降灵童
阳间一界本方土地　　阳间一界本岭大帝
阳间一界阳葛真仙

阳间一界鉴斋表，运钱使者，一行圣众，伏降道场。

水府一界酆都大帝　　水府一界狱主判官
水府一界真升判官　　水府一界马伏主帝
水府一界金刚圣众　　水府一界扶角龙王
水府一界五付水官　　水府一界玄吕教主
水府一界四圣文王　　水府一界河河下真人
水府一界七十二年圣众

水府一界，鉴斋鉴表运钱使者，一行圣众，降伏道场。

大堂神明列下：
西天佛教
陆压道人
执引道人
准题道人
如来道人
如来挟龙山飞云洞
衢晋孙终南山玉佳洞
云中子　雷震子　门徒道教
太上老君　八景山　大罗宫　玄都洞
元始天尊　昆仑山　玉虚宫　桃园洞
灵宝天尊　空峒山　桃园洞
广成子　九仙山　桃园洞
道德天尊　青峰山　紫阳洞
黄九真人二仙　麻姑洞
文殊广法天尊　五龙山　云交洞

太乙救苦真人　乾隆山　金光洞
普贤真人　九功山　白鹤洞　阳拔门徒
玉鼎真人　玉泉山　金霞洞
道贤真人　金廷山　玉虚洞
慈航道人　灵鹫山　园觉洞
度厄真人　九鼎铁钗山　八宝灵光洞
仍为道教赤精子　大华山云霄洞

［说明］圣经喃词，原存广西临桂县宛田瑶族乡东江村毛针屯赵金贵家。

盘 王 散 曲

唱盘王一段

家中少欠官前愿　　不得禾熟还愿头
东厅白纸白修修　　家中少欠官前愿
不得禾熟还食愿　　东厅白纸白连连
更深夜深客来到　　主人担凳下街迎
空身坐落龙贵凳　　龙浆龙贵贵龙浆
更深夜阑客来到　　客人下马陈雷声
客人来到不逢雨　　满身装果是龙鳞
黄桐好合官船板　　送官归去到连州
来时不使郎相送　　银匙银筋十三双
黄桐好合官腰带　　满身装裹是龙鳞
官人会饮长行酒　　厅前白马动啼声
厅前种莵枫木树　　红鹤飞来心里思
朝朝夜夜不抬头　　今朝今夜还良愿
说报儿孙安乐愁　　朝朝夜夜不思眠
今朝今夜还良愿　　说报儿孙安乐眠
来到主人门下奇　　迎得客人入贵厅
空口饮娘龙贵浆　　归去声传富贵乡
抽凳下街客下马　　四边人看雷发声
立起马头高丈五　　贵客出来愁杀人
合得船成送官去　　手把金牌双泪流
去时不使白帛扮　　啰嘀排行送上江
撩起官身官人爱　　贵客出来初杀人
四边官子立衙前　　啰嘀排行送上京
随根㞷子尾退垂　　红鹤飞来又飞去
飞下湖南七里路　　扬雀催春随路来
到处深潭入不下　　格木年年企岭头
流去流回入潭州　　无我能回归本乡
日头出早东江照　　手把银瓶斟老酒
郎来饮盏是茶牙　　郎在湖南起船上

抛在湖南水结交　照见远乡好船上
贵客出来初杀人　厅前了箭落分排
铜铃灵了好请圣　且唱歌词无万句
歌词唱得好心肠　大王得闻心眼喜
一世不来惊动娘　辞别郎家归转乡
辞别爹娘去世人　老人着人欺来凌
泪落胸前心里思　辞别郎家宅地屋
人来客去进请茶　随郎十五少年少
等怕人多立不完　五更饮酒在高楼
湖南江口插条牌　厅前动得木皮过
开箱牒出好金言　郎是远乡流来客
潭州打事会思量　心中欢喜归转乡
照见客人远路来　千斟杯劝劝客饮
莫说郎今不在家　船头船尾浪修修
船头点灯光流亮　远乡船上是龙鳞
马背挪弓龙为月　打破湖南州县人
拍拔排了好听声　使唱歌词无万条
大王得闻心里冻　心中欢喜转归乡
郎在湖南身为宅　床头帖枕起梅尘
随郎十五少年少　着人言语报郎知
郎在湖南身为宅　辞别郎爷去世人
莫说郎今不在家　朝朝抽手立胸前
郎是远乡来饮酒　手砌梅花来插戴
爷娘问姐行哪路　水深路远摘花来
高楼望见蕉叶断　开门得见秀罗官
大官爱看大衫段　有条缪带尾垂垂
当初翁爷骑白马　陀色相公儿自归
第一鸡啼正半夜　一双杨鸟欢秋秋
初出厅前看云雾　南风细雨细微微
官人会饮长行酒　莫说郎今不在家
手拿茶盏泪抛沙　前饮龙浆后饮茶
手拿笛子泪抛沙　前饮龙浆后饮茶
官人会饮长行酒　马劝三朝郎不知
手拿笛子引郎吹　引郎吹去又吹归
寅卯二年贼马反　州县官府不太平
衫破转来去报师　不得太平归本乡
马过门前不使鞭　思着当初年少时
那路也遥水也遥　百廿丈黄缠身上
望见蕉叶门扇开　儿面宽宽好做官
小官爱伏绿线条　正是官人饮酒归

后世儿孙陀色师　一变着衫二变思
第二鸡啼天大光　思着爷娘在远州
云雾斩山地下身　立起马头郎转归
郎来饮盏是茶牙　郎来饮了主人酒
心谢主人上马茶　坐落凳头凳尾转
斟谢主人上马茶　郎来饮盏也茶牙
吹下刘三刘岭归　坐落凳头凳尾转
百姓也休官也休　一夜抛刀马上行
报师报法事思量　船过滩头不使浆
一心作笑二心思　出少不曾离父母
离了父母几多难　白鹤无生一对卵
偷连偷嫁落人乡　不信便看正二月
思着爷娘在远乡　思着爷娘痛心肠
月亮光光照下海　眼王执镜拦胸照
出世唐王先出世　唐王出世连州庙
出世唐王先出世　僧家烧香连州庙
翁爷出世着寅年　命着刘王改换屋
出世盘王先出世　盘王出世福江庙
出世盘王先出世　盘王头戴平天帽
出世盘王先出世　盘王出世福灵庙
出世信王先出世　信王出世无衣着
出世盘王先出世　释迦再得三年半
高楼望见紫微镜　盘王元生一双女
玉女梳头不乱发　玉女梳头是佛样
离了父母步步难　娘姐生郎郎一人
磨利沙刀烈断肠　一双杨鸟劝愁愁

刘歌王一段

照见刘王书案前　照见刘王出世中
唐王出世在连州　手把金牌泪双流
唐王出世百般新　得见唐王在庙台
命着刘王改换郎　世代儿孙习细书
盘王出世在西江　两个金盖在两行
盘王出世在福州　帽戴修修朝上天
盘王出世在西江　厅千书案十三千
信王出世不遮蚕　路逢金骨拗遮香
释迦相刻在江河　盘王殿上出红莲
龙儿花粉在龙州　一年四季出行村
圣女梳头不乱飞　随着盘王不了归
邀娘买笠娘不买　郎是单身不是我

担伞则担伞　　邀娘则担香油伞
担伞过桥来照影　　解衫搭上桥梁上
担伞出门伞对伞　　担伞出门风打破
白　凉　伞　　得郎抛已成郎我
起计盘王先起计　　水底鲤鱼偷恨喜
五雷又共黄龙熟　　黄龙又共五雷生
起计盘王先起计　　立得春暖也定了
起计盘王先起计　　置得犁耙也会使
起计盘王先起计　　鼠王过海偷禾种
起计盘王先起计　　蕉麻织布不成宁
起计盘王先起计　　和得宁麻儿孙织
起计盘王先起计　　置得高机织细布
邀娘买伞手无钱　　茅带遮头也过年
邀娘则担伞底阴　　谁知伞底有秀才
竹篙下水影无良　　生死爱过桥底人
摇扇出门风对前　　重晋伞棒门眉
香复两边都是亲　　香复两边都是家
盘王起计立春秋　　专望五雷转一声
守到春间来认亲　　春间认亲春更新
盘王起计立春明　　屋背旱禾洞洞青
盘王起计斗犁耙　　屋背大塘谷报牙
盘王起计斗犁更　　龙王含水喷禾生
盘王起计种宁麻　　宁麻织细不成花
盘王起计种蕉皮　　儿孙世代绣罗衣
盘王起计斗高机　　布面有条李柳丝
着宁盘王先着宁　　盘王着蕉（罗）世也好
鲁班置得千歌曲　　田作阴声还不过
鲁班置歌三江口　　出世凡人抛不得
鲁班置唱歌又曲　　便是喽啰多得唱
喽　啰　好　　喽啰出门不便信
喽啰出门不便水　　石头往南不担水
盘王流传十三曲　　出世凡人弹不得
单琶听闻心里意　　琵琶声落众相思
三面竹篙削落地　　三百贯钱买弹子
出世凡人弹不得　　三百贯钱买弹子
吹笛邓家会吹笛　　拍板原来五郎造
拍板原来四行押　　石崇富贵传天下
着蕉盘王先着蕉　　盘王着蕉喽啰肖
盘王隷木作阴声　　又请外人来唱歌
凡人抛起在江边　　将来撩起四行人

置把凡人起子孙　　不是喽啰春过春
喽啰言语好防身　　踏上州门世不难
郎是真金不使多　　田螺细小等江河
初押琵琶十二条　　藤下石头听水愁
弹背听闻心里愁　　琵琶弹背不弹头
还过双阳声气愁　　又添四百买弹头
玉女弹琶心里思　　又添四百故人吹
吹下刘山刘岭边　　偷过炉中又过连
四行押了守不归　　可惜岁寒奇路边
人生一世莫争强　　石崇富贵传天下
人生一世莫争秋　　草生一世根重在
当初富贵真富贵　　三斗碎金使会了
贫贫伙伙成郎我　　起屋沙州水浸过
富贵打银造饭碗　　富贵打金造双筷
当初富贵正富贵　　富贵打银做饭碗
当初富贵正富贵　　富贵拿银做饭碗
当初富贵正富贵　　银桶载水金扁担
当初富贵正富贵　　拿银亲汗又嫌白
当初富贵正富贵　　富贵又共贫人话
富贵自连富贵女　　富贵又共富人话
富　贵　龙　　人家富贵般般有
天子得知天下事　　阴阳偷道寒逢过
死人黄泉共路行　　有钱无路买长生
人生能有九个头　　人生一世讨风流
三斗碎金又话贫　　富贵变成贫贱人
起屋沙州石上眠　　富贵变成贫贱民
吃饭长闻银气秋　　银筷银碗挂金钩
富贵拿银起个灶　　吃饭长闻银气收
富贵打银做饭匙　　吃饭长闻银气香
富贵打银汗凳头　　银篮洗菜挂金钩
富贵打银汗枕边　　拿银来汗又嫌光
富贵打银汗大城　　贫贱邓娘话不真
贫贱自连贫苦人　　贫富共娘话不真
人家富贵我家穷　　我家贫穷百般无
老人得知古来因　　玉女得闻偷恨声
楼上点灯地下暗　　当初得见娘嫌子
甘蔗过篱十二节　　三个小娘共凳坐
甘蔗过篱十二节　　楼上伙门七棒开
锁匙又是共同熟　　女是楼上大婆女
十五年间风样大　　女是楼上大婆女

十五年间风样大　　昔早嫁过人为媳
又昔嫁银千百贯　　昔早嫁过人为娘
又昔鲤鱼林门板　　又昔金鸡岭中飞
女是楼上大婆女　　十五年间风样大
三千（箱）随娘出嫁　　秀福秀才爱修福
大祖爱行高低路　　着白秀才爱着白
秀才着白对官坐　　秀才着白随官行
师人出来头戴帽　　师人出来邓鬼话
十二游师齐出路　　地下点灯楼上光
世今到转子嫌人　　不知哪节是真人
不知哪个是真圣　　不知哪本是真经
心中一节是真情　　伏了依还圣女声
锁匙开得板开声　　又是五婆养出身
对巷排来对十人　　正是五婆养出门
留把唐王来对外　　又着大外昔嫁长
又昔嫁银平崩长　　正是大外昔嫁多
又昔象牙龙角梳　　庄稼荒凉有七千
四箱在后守爷娘　　秀才修福爱修行
便是金花石上收　　道士看青爱看青
道士看青对佛无　　道士出游爱着青
道士出来头戴青　　铜铃请得鬼分明
六师得法六师空　　六师得法微微醉
十二游师十二存　　也会吹得歌堂散
六师不得强丰杯　　也会弹琶也会吹
也会吹得引双去　　也会弹琶引双归

鸡出世一段

唱鸡便问鸡出世　　鸡在红京白鹤县
红鸡公　红鸡公　　今日将来执照招
鸡呀鸡　鸡呀鸡　　昨夜游来起啼早
一来多谢抱人家　　一日便吃三手米
一更鸡啼不作时　　二更鸡啼不作时
三更鸡啼不作时　　四更鸡啼不作时
五更鸡啼不作时　　谨请东方青帝衣
身着青帝青罗帽　　谨请南方赤帝鸡
此鸡出世有根源　　玉女金鸡来劝娘
生得头红脚也红　　三魂七魄归身了
命如明月出山头　　昨夜游来早早啼
无爷无女受孤恓　　朝夜开笼放来鸡
五更睡醒也作啼　　官符口舌上门楣

崔傀小鬼上门欺　　也无虫蚁也无知
古今原是五更啼　　大喊三声天大光
身着青帝青罗衣　　脚踏青罗鞋一双
身着赤帝赤罗衣　　头戴赤帝赤罗帽
谨请西方白帝鸡　　头戴白衣白罗帽
谨请北方黑帝鸡　　头戴黑衣黑罗帽
谨请中央黄帝鸡　　头戴黄衣黄罗帽
寡郎闻着是鸡啼　　寡妇闻着是鸡啼
六十公公闻着是鸡啼　　六十婆婆闻着是鸡啼
十八客姑闻着是鸡啼　　客人闻着是鸡啼
和尚闻着是鸡啼　　官府闻着是鸡啼
秀才闻着是鸡啼　　身着赤罗鞋一双
身着白帝白罗衣　　身着白罗鞋一双
身着黑帝黑罗衣　　身着黑罗鞋一双
身着黄帝黄罗衣　　身着黄罗鞋一双
思想无妻共枕头　　思想无夫共枕头
早起堂前教训儿　　起早洗面作风流
早早起身赴路程　　早起打鼓念诵经
当思三尺作君为　　三更灯火谨朝回

［说明］盘王散曲歌三段，原存广西金秀瑶族自治县共和乡坤林屯赵明品家。

还愿疏表

禾仓札

（右表上奏昊天金阙玉皇上帝陛下，投进奉真师、道二教，戒弟子事臣法□谨表）

天运□皇□年□月□日，奉神祈求五谷青苗□人，合家等拜表上奏。

北极驱邪院大坛，给出禾仓札牒一道。

今据□□大清国广西道承宣布政司桂林府管入□乡□洞□村立宅居住舍。奉神祈求福保安青苗五谷，信士□□人合家等，即日投诚，冒干洪造。具陈意者，伏为□人以来，播畴禾稼不多丰熟，却被山猪、马鹿、老鼠、蝗虫、蚱蜢，天地差出，五音大耗之食，侵夺凡民五谷，连年坎坷耕种，虚空无收，耗尽饥荒受苦，诚恐口粮不足。于今各家耕种五粳米谷，播种禾苗，已发觉被山猪、马鹿、鼠耗，损坏禾苗五谷。又见上仓，求乞五谷，救济凡民，饥寒耕种，有种无收，日食艰苦。有皇恩乾坤有感有灵，补请师人子弟，于家修设盛筵，奏请高真，普敬四府证盟，修设太上祈苗五谷奏章，集福青醮一供，已于先日一夜道场。□□人日关明府吏，表奏三天，申关四府，牒请阳至日计坛开启，请奉

圣真齐临，净坛解秽过迎圣驾登临，陈献花茶几供，拜请正宥，于得一道上开玉皇御前，呈进衣粮，收赎赈禾苗，押赴信士□人仓库里内，赈济一家备粮准此，代行给出札牒一道，给在本家增内，登下仓库封号收守，随仓四时赈济凡民，当坛投下府吏，差落各处播园土地看管，不许攒受野鬼耗神，不得损害凡民，播老鼠讫消，早赐五谷，龙山和如达，押赴天庭。自臣□人，今春种早，赐随人财迪吉，各保平安。具札牒准奉□太上老君律令天尊施行。

须至札牒者各路。右牒札付与当境土禾仓管库大王二十四位，方验谨札准此。天运乾隆皇□年□月□日谨牒。

右札付当境土地禾仓大王，三十四万山神大将军准此。

五谷黄表脚引

北极驱邪院，本坛给出五谷黄表脚引一支。本坛取回向今□月□日吉良，赴请师人，正奉修设。

太上正一祈苗五谷奏章墨一函，脚引一支，拜进九天三十三天门下，高真上圣雷长生大

帝陛下，呈进关接禾魂随仓库，养下凡民，众民家口本粮。本料天庭遥远，凡信难通，虔备墨表一函，经过神坛社庙，不得阻隔。如违，如有不遵阻隔呈送脚引一支，三十三天昊天金阙玉皇大帝御前活罪不恕，律令施行，须至引者。

右补给行，当日四直功曹准此□□邓法会。天运□年□月□日，奉真师道二教，为任弟子事臣□人拜引上申。

又是五谷投收。

今据大清国广西道承宣布政司桂林府□州□县□村，豪居住舍，奉　祈求禾苗，五投保安。信士□人合家等，诚向今年□月□日吉良，命请师人于家筵，奉高真上圣，祈求保关承接五谷青苗，救济凡民，合家男女儿家，自于□年□月□日，事损仓米，献酒三十三天，坐拜进雷祖长生大帝御前，投进开天立地盘王大帝、神农大王陛下，投进五谷大王、雷王陛下，投进正法三郎、禾花仙娘、种谷收仓大王众圣位下。呈进右伏以雳霹于天，声闻万里，有感有灵有应，有通有道，常为求投，以奉圣真，仰保养生，不见成群。每年香火，粟麦，播畴连边，又恐邪师作害，又恐强贼来偷，又恐恕鬼相侵十分无靠。叩见丰登大熟，仰投圣慈妙力，圣眼开彰，拜望天意，赦祐迎熟。今春赤子为叩，衣良而供。惟因百亩樵（焦）枯，不得安生，惶惶无计。窃思愁忆，伏望天星降驾，打开上天（仓），求出五谷，充盈仓库，赈济凡民，而饱食餐，养妻育儿，合家安泰，顺保平安。驱除山猪马鹿，远送别方，驱魔不染，伏顺正邪，集福迎祥，四时康泰，入节安享。臣家主□下情，无任百拜，谨表上奏。

□□将水多用口吃，口粮不敬，以后不见多种，只见多收。又被山猪、马鹿、鼠耗，损害仓粮。家主得见，饥饿不安，处备清醮一供，当番给出投状一纸，到各州各县、广东、广西、广南、广北，南北二京，通到禾仓库里内，关转十二姓禾魂，随仓赈济，万民为叩，四时康泰，八节无灾。今春端种，禾苗焦枯，不多丰熟，缺少雨水，十分焦枯，不见回生。全家大小男女忧愁，十分饥荒，滋姓耗散，养畜不成，官灾口舌，入土埋藏，无灾无患。但家主法□下情无任仰叩圣慈，激切屏营之至，以闻谨状。

大清□皇□年□月□日，奉真求苗家主□□□拜上。

收耗札

北极驱邪院，本坛给出收耗文札一道，玉符诏敕令下界诸府县乡村，有旧人家古骨，已年深月火，三魂七魄带落此处作精，变成鬼神作耗，侵害凡民五谷财粮之音生命，求耗散耗。赖天恩雪曹降驾打瘟扫瘟，通昊天玉皇大帝，上界知悉，奉闻追上耗神，上申上奏。天运□皇□年□月□日，谨上奏。

香火疏

今据

大清国广西道承宣布政司桂林府□乡□里□村，立宅居住舍，奉□□神，祈福解释和献酬还良愿保安。沐恩信士□合家等，即日诚心冒干，圣造日月照瘟罪。承主家年年解说，岁岁祈求，并无过犯之愁。言念意者，伏为□人，自从祖代以来，一心敬奉，九年特奉本家万代祖宗香火，合炉圣众，年年求，岁岁拜，多蒙感应。曾有误之心，因为□年□月□日□□人得患在身，到处备鬼不见患退，日见加添，变成五急大患，眼泪纷纷，无门解设，使药无功。祈求香火内外拜鬼神，祈求不见安好，又见加添。恃思忧鬼，恐惧难当。不见草鞋朝朝踏破，又是草木贱生。忆着人身难得种土，□□家中有圣，凡民不自知，将带香信，多方占卦，问卦云是家奉香火众神，自在□年□月□日以来，未酬还所保良愿，□事得犯香火众神，有误圣心，追藏□人病患在身，于是求神不应，服约无功。今来家主□人，要来求解病患，患好全解，耿香倍醮财马礼供之仪，选择□月□日吉良，命请□□师人恭就，家奉香火相前，修设祈祷，解释酬还保安道场一供，进礼三仪，满散化炼，解释财马几十分，上进家奉香火，合炉圣众御前投进，恭望圣慈，府赐鉴纳，以善果上答圣真。今时设散，具疏百拜上伸，伏望三宝垂光众圣，鉴纳设散，一会完满，向后谨祈，保佑□人身中病患解除，早赐安康，魂归身田，解散分离邪魔远走，永久不侵，大运大吉，小运昌延，福远寿远。敬真之路，明逢恭庆，莫逢五岳三兵，天官籍尚，重添不老之年。本命三尊，注掌长生，凶星善退，吉星扶持，度脱千灾，寿命延长，合家男女，各护平安，宅舍光辉，迎财进益，养畜成群，官府荡散口舌，埋藏下界，消除恶鬼不侵，各日之消，公移吉利，万事亨通。再后，梦中不见中室，不来解除，日后不逢，合家清吉。今日拜还良愿，不敬吉时，大吉大利，圣慈鉴纳，谨疏。

天运□皇□年□月□日，奉神解释，祈祷还愿，拜设保安，家主□人合家等，拜疏上伸。

五谷关疏文

北极驱邪院，本坛给出五谷关文各一道。今据大清国广西道承宣布政司桂林府□乡□里□村，立宅居住舍。奉神祈求，关照五谷保安青苗道情。信士□人合家等，于今年□月□日吉良，命请师徒于家延奉高真上圣，祈求五谷投关接青苗，保安青醮，一共当坛，给关文一道，前去各府各州各乡，广东广北，南京北京，十万禾仓里内，关转十二姓禾魂禾恙，随仓归纳。

右牒仰差当日四值功曹准此。

天运□皇□年□月□日，奉真给出牒引，恭叩太尉祖师。

五谷脚引

北极驱邪院，本坛给出五谷脚引一支。据今大清国本坛滔向□年□月□日吉良，虔备命请师友□人，于家修设筵席。奉三十三天高真上圣，启建乞求五谷道场一供一霄，当坛给出脚引一支，仰差四值功曹，有积绩一驰。有疏文功牒前去关出，今禾苗五谷早收仓库，赈济凡民。经遇神坛社庙，不得留停阻隔。如有不遵，呈送三十三天昊天金阙玉皇上帝御前治罪施行。须至知者，右引仰差当日四值功曹，唐葛周三将军准此。

天运□皇□年□月□日发行。

五谷疏文

今据大清国广西道承宣布政司桂林府管入□乡□里□村，立宅居住舍。奉神祈禳灾用，保安青苗五谷。信士□人合家等，即日诚心冒干洪造，藉日月照瘟，荷向乾坤盖载之。思念之德意者，伏为□人生居中土，添注人伦，仰赖天地衿生。春季以来，雷公准动，百草济生，鲤鱼嬉水，百鸟迎春，百木生芽。思着一年过岁，日月延长难过，保安各家，许有三春良愿，担保人丁，畓节深播，旧地播种五谷田禾山禾，度活妻儿男女。春播专望秋收。切见□季以来，又见禾苗不发，禾秧不长，百亩焦枯，五音耗蔽，十分无叩。切切愁心，隍隍（惶惶）无计，又恐有种无收，饥饿难当。仰叩神明为力扶持，虔备一供之仪，滔向今年△月□日吉良，处请命师来家修说，正奉三十三天昊天金阙高王上帝、真王上帝，祈求五谷青禾，保安青酒一供，拜进九天门下，开天立地盘古大王，神农皇帝。三十三天雷祖，长生大帝，五谷圣主，雷祖民皇，正法三郎御前，投进十万禾仓里内，请奉花云坛殿上，敬请禾花仙女，五谷仙娘，种谷撒谷大皇，十二姓瑶民，祈求禾公、禾母、禾父、禾妻、禾子、禾孙，投进祈求心应，保安青苗五谷众神门下，乞赐求救，养育饥饿凡民。伏望众神赦佑下民，伏望众神赦佑关出禾粮禾料，五谷已多，恩养饥民。为叩用保五谷，人节平安。天府门下，关出若干；地府门下，关出若干；水府门下，关出若干。家奉香火，合炉众圣门下，关出若干。三四庙城隍门下，关出若干。开天立地，盘古大皇门下，关出若干。神农皇帝门下，关出若干。三十三天雷祖长生大帝、正法三郎门下，关出若干。今庚太岁过姓天下、众位神通门下，□庙皇门下，关出若干。□地主门下，关出若干。三代祖先门下，关出若干。伏望洪恩赐福，流思皇恩，急度各引门下，给予五谷救济下民为叩，并即有感有灵，通行祈求伏念，今春耕种丰登大熟，救赐农人，如饱薯食，祈保禾、栗、麦、薯、盘藤瓜菜，有逐经过，达念今春，赤子为叩。今春人来，又恐山猪、马鹿，天地五音六耗神，损害五谷财粮，使看五音作害，邪神强盗恶之人作害，凡民无计，叩望圣慈妙力，圣眼开彰，照管天下鬼神，莫得作害凡民。五谷看苗，家助外财拨转，养畜成群，合门青古，祈保平安，求财多有买卖得成，禾米丰登大熟，随仓归库，十部全收。耗神远送，百怪离门。正是众神有灵有应，有感神通，四时康泰，八节无灾，诸般吉利，万事亨通。臣家主□情无之至，以闻谨疏。

右谨具疏上奉三十三天雷祖长生大帝陛下投进，恭望圣慈，妙力回举，谨疏。天运□皇□年□月□日，奉神祈求五谷青禾，□人合家拜疏上申。

五谷黄表

奉行太上老君门下，戒诚□隍诚恐，稽首再拜。上奉九天外伏神间广大，声德万之威风，道德天边有感意青云之路，遮得人民安乐延长。奉今据大清国广西道承宣布政司桂林府管入□州□县□里□洞□村，立宅居住舍。奉神祈求五谷保安青苗。信士□人合家等，提词释取，向今年□月□日良辰，诚请师友于家修□筵。奉十极高真上圣，请（修）设祈福五谷保难青蘸一供一宵、一书，是极（投）降拜五谷表文一函，上请（下缺）

追魂解伤疏

法△诚隍诚恐，稽首顿再拜，臣闻行动奉文，凡有来词，理当较奏。臣奏为，今据大清国广西道承宣布政司桂林府□县□乡□里□村立宅居住舍。奉真折解追魂解伤，替连冤家咒祖分神，保安苦主□人，同妻□氏者，合家等词陈，伏为远、近故家先，□生于原命□年□月□日时建生，上属得受阳间，已今思□处，被□伤死故。每年邪神过引兰门，积及人财，自从死故，各家屡岁遭逢坎坷，财畜退失。又为家先□积舍出遭，被□家先带神到，扰害太多，是家先不认祖宗，忙行具奉□年□月□日□时，死故魂随落神司案下，就于□年□月，又见□人，积舍出家，遭被□家先带神到扰害太多，是家先不认祖宗忙行，具奉□年□月□日□时，死故魂随落神司案下，就于□年□月□日□时，又见□人染成大患，请司祈求云称，家先几名，责及载永折解招，以家先去世不明，魂有各神案下，合成鬼伴勾引来家。今经再教受欺，苦主楚祸连骨肉，又求安康，不职拜□邪，自投好生之日，太上好生之德，广开超投之门。切见家人丁，坎坷耕种，大收大财退出，口角横生，夫妻结仪商量，苦神拆解，虔备几供之仪，治向今年□月□日吉良，命师于家庭，奉太上卢梅朝天，畨解分神折解追魂，保家虔备解墨奏一函，财马一百二十分，断摹刀一张。右谨小师臣诚隍诚恐，稽首顿首再拜，上启贴昊天金阙玉皇上帝御前，陛下投进，右伏以天师开教典当天誓，职一变取太阳斜上，二变取江水倒流，三变取猫儿头生角，四变取葫芦沉水底，五变取白满江浮，六变取牯牛生白子，七变取糠粒搓纯三丈，八变取清水点得灯，九变取铁船流东海，十变取木梳相合（十变取竹篾再翻生）。十誓职如变不得，你神可等鬼，二家不得勾连。从此善心广度，人开折解冤，削罪之门，放开咒咀被伤情悃买赎苦。叩高真言念苦主□人，家门兴旺宁家，今日削除，高真再行颁降敕旨，告下缠神司案愿，伤死勾连，墨尊除御枳判冤家，尤开锁，解散人鬼分离。伏望高穹上圣，赦度解脱家先，冤家伤鬼放解，托往原日出世灵坛，宁断绝，日后宅舍平安，大财兴旺，耕种丰登大熟，官非削除，一动百福，护为全凭庇佑。

臣苦主□人下情，无任之至，以闻谨奏，恭叩望，圣慈俯赐，同鉴谨奏。

大清□皇□年□月□日，奉真师道二教弟子事臣法□谨奏。

奏怪疏表

表有根具或疏者在明处。

诚隍诚恐，稽首顿首再拜上言。臣闻百拜，昊天金阙，玉皇上帝，救得下民几多、如去解怪消罪。下界凡民，不知何神作怪情，不知日后吉凶，叩望王恩大赦方便之门。凡民知得上界圣真，赦得人民安乐，阳民无计，伏望上圣赦右消罪，遣送解怪。凡在阳之人词缴司同。今据。

大清国广西道承宣布政司桂林府□县□乡□里□村立宅居住。奉神香火，司命解遣送消罪保安。信士法同□妻□氏者合家等，即日冒干洪造，日月照瘟□神案前，祈申田解怪之得意者。伏为□人守于□年□月□日□时以来，忽然家下鸡鹅鸭畜犬蛇虎鼠，旦怪看事人意。

口人命兽不知鬼神，敬奉不到，变作精怪。□处又见声鬼叫，野影变怪精现出口处，在□人恐虑日后未知有祸有福。凡在阳民，肘思难明，诚恐日后变精作怪，算害人丁财屋。窃思皇慈恐有香火司命□神，凡民无计，合当□神仰叩圣真解散之妙力。涓向今年□月□日良吉，虔备财马华（花）船，命师来家修设筵。奉□神写立解怪文疏一封、墨奏一函，玉皇上帝详情，明镜照是何精何怪神行凶，送怪之精行凶，仰叩金阙上圣之怪神，叩望皇恩赦右，变凶作吉。不得作吉，为凶解者得吉，为财不得，为祸改福成群。乞赐上天之并，祛除百怪，邪再精灭绝。邪鬼作之正神，莫得斜心重追，日后永扰侵害人民。伏望众圣消灾散重瘟，稽首顿首拜，圣慈妙力，圣限昭彰。野鬼精遣送之后，再祈用保人物平安康泰，老幼安宁，合家兴隆，人财迪吉，六畜成群，五谷丰登大熟。求前（钱）进益，买卖得成，官符口舌埋藏，分散火盗水消。凡有所求称意，求谋诸般吉利，万事亨通。奏怪、解怪消罪，再祈家门清吉，男女平安之庆。日后重追，墓中不见，卦中占不出，日头倒上，江水倒流。望圣阴力扶持，解怪消除罪，徙追送离，百事分明解散。法师□传为同作证盟，合家之时、大吉大利。但臣家主□，下情无任，百拜具疏表上申上奏，具疏上申，具表上奏，右谨具疏表，恭望贴王，昊金阙，玉皇上帝御前，投进家奉香火，合炉众圣前。投进五帝司命，管口万福灶君位前。投进恭叩圣慈妙力，瞻天望圣消罪同鉴，谨疏谨奏。大清□皇□年□月□日，谨疏、具半职。墓葬地头为号

追魂牒

今据大清国广西道承宣布政司桂林府□县□乡□里□村立宅居住舍。奉真祈保安，现病追魂信士□谨启，丹成冒干，圣造言念意者。伏为□求□年□月□日□时建生，行庚□十岁。自于今岁□季□月□日以来，行往东甲四路，回家得病在身，十分苦害难当，日久流连，不得身轻退好，水米不思，求神不应，服药无功。多方问卦，称说三魂去远，七魄灵空。家主△人，谨发诚心，虔备香信果供财酒食之。旨向今年□月□日，谨请三清门下，给追魂牒。一道仰差众神香火，急领文牒，手拿铜锁，连同本家祖宗，同心协力，前去泰山黄河桥头，九州界内，千州界外。右台札佛师入座，上十度花园等处，限寻□人三魂七魄性命，对取□年□月□日时间相同，定阳人赍□二时，火速来广冲。又仰赍刘元（玄）天大将准此。

乾隆□年□岁□月□日，追魂谨牒一道，有半职。

右牒仰差玄天大将追魂，河桥童子摄魄，将军使者准此。

大皇疏

又是解释大皇疏意用。

今据

大清国广西道承宣布政司桂林府管入义宁县州义宁县管入双江司双洞管入丁岭隘管入龙胜府管入□乡□里□村立宅居住舍。奉□神祈福解释和献，保安家主□人，即日诚心拜干，圣造言念意者，伏为□人，自从祖代以来，一心敬奉三、四庙诚隍众神，年年祈求，岁岁拜

设，多蒙感应，并不曾有犯。向取□年□月□日吉良拜还良愿，为因口语得犯或唯恐人头得犯或恐酒浆不净得犯或恐冷脚之人带酒不醉，污说乱语了孙或恐前后得犯，意度不开，是以家下人丁坎坷，男女各人有病在身，无门解释。于是谨发心备办香灯、茶酒、果供、红猪、明油、堆鸡，松食几供之仪，诣向今年□月□日吉良，处请命师人法□，人家写立文疏，解释和献礼，谢化炼钱财文疏，专伸上一神礼谢。敬请连州大庙，唐王圣帝唐一郎王，唐二郎王，唐三郎王，留教四王，起刀五王，造山六王，托天七王，盖天八王，覃楼九王，楼上相公，地下疏流秀才唐十相公，圣天游国金殿夫人，龙衣龙十七官，贵衣唐十八官，唐沙唐圣九郎，唐圣十娘，王寄历唐十四娘，内堂便请唐十五娘，花亏便请唐十娘一行众圣。

收灾耗疏表

今据大清国广西道承宣布政司桂林府管入义宁州义宁县双江司丁岭隘龙胜府北门外管上里五塘、寨纳塘、龙殿塘、水银塘管入□□村立宅居住舍。奉沂祭庙王地立祠。下舍奉高官上圣，奉推今岁，不知天意，蜢虫无骨之耗，虫蚁损害谷物禾苗，凡民出所无耐。不知官差下地府，出圣洪恩灵显，达信士□□人，合家众等意者，伏为生居中土，添入人伦，承乾坤盖载之，日月照临之德。众等信士□□人，况干今岁以来，耕种五谷青苗，只望春种秋收，蚁民有靠，生活有计。且不知又被无骨土黄虫、尖牙老鼠、高脚山牛、矮脚山猪，飞禽走兽，五圩六耗，损坏五谷青苗焦枯，有种无收，蚁民无靠，众姓人等，夫妻男女老少，受饿受饥，家家户户叹息，洒惶惶哀哀，祈天除害，救济众生。诣向今年□月□日吉良，众等信士□□人，虔心谨请□□师，人家备墨表一函，大疏一道，脚引一支，恭祝□日□修设，迎王圣驾光降齐临，献陈几供意者，疏宣众圣住札。小师□□人护佑，当天叩明，玉帝鉴知，收耗财马一百二十分，具表上奏，昊天金阙玉皇上帝陛下，投进上圣开彰圣恩，谨收虫蚁飞跳耗神，收归案前，另发放别方行游，毋得作害五谷青苗，蚁民有靠，收除耗神，向后可保平安，耕种五谷丰登，十倍全收，温饱养活众等性命，感赖圣恩怜宥。具臣众等□□人下情，无任之至，以闻谨疏，表上伸、上奏。

皇上□年□月□日，奉高真收除五圩六耗保安。信士□□人众等拜疏上伸，若是表师丰贰写用，奉真师二教初戒，弟子事臣法□□、□□□政为号，具表上奏。

求雨疏

今据

大清国广西道承宣布政司桂林府管入永宁州义宁县管入双江司双洞丁岭隘分入龙胜府□乡□村立宅居住舍。奉神祈求云雨，急救五谷青苗，保安众等子孙。正月各人修整地土，二月各个人补种五谷，三四五月，五龙付水，黄茅铺岭，百草丛木齐生，天子扶犁，玉女当春，鱼龙相会，五六月龙仓农夫，各人修整地草，七八月眼见天庭，苦无雨水，云散九州，龙归四海，天红眼照，各处畲土，禾苗旱焦枯干，恐怕一年有种无收。众等子孙，若不甘心，今得会首头人，有说话起，百口齐心，结义得缘会□人，前去青天在祠堂处备，几供之仪，诣向今年□月□日吉良，虔备请师命带圣来到祠堂，安途落马，请圣光临，献神几供酒净祠堂，具疏备办雨状细餐，仰差四值功曹，急奏天府，发在天府门下，云庭圣众，地府发在地府门下，王庭圣众。阳间发在阳间门下，请庙侯土位下，水府发下水府门下，龙庭圣众。限刻发雨水至□日□时到坛，急救五谷青苗，养生众等性命。守在雨水祠堂，答谢神恩，银钱交纳众圣札兵，至日雨水到坛，众等子孙社堂启建盛筵。奉高真上圣，奉真雨水表一函，伏望众圣开波放浪雨水，急押乌云，闭暗青天，四方押起云雾，急发雨水，急救五谷青苗养命百姓。又叩鸿恩托赖圣真，速差四直功曹，前去水府，天子五海龙王，急告开波放雨，再押起云雾侵（播）雨水，救生五谷，百姓欢心。托赖神恩，众等子孙下情，无任至雨疏上伸。

天运□年□月□日，奉真求雨，众等子孙拜疏。祈云大庙王地主管人陛下，投进圣真，众等子孙合家拜疏上伸。求雨疏。

求雨状意

照据

大清国广西道承宣布政司桂林府管入永宁州义宁县双江司洞丁岭隘龙胜府□乡□里□村立宅居住祠堂。奉诣向今年□月□日吉良，命师于雨社堂。筵奉高真大圣，祈保关告雨水，急救五谷青苗，赈济凡民，叩养舍众等子孙，大小男女老幼，见天地干旱，指害青苗，又见有种无收。众等子孙，见得饥饿不安，虔备青醮一供祠堂，□日给投状一纸，投到高真上圣门下，又是各府状同，各府各用。又右仰叩四真（直）功曹，急告奏水府天子、五海龙王门下，急开波雨水，营求畬生百姓青苗，养之性命。又叩神恩，托赖圣真，天望起雾，急降雨水纷纷，急救五谷青苗，众等欢心。子孙文状下情，无任之至，上告。

皇上□年□月□日，奉真等拜状上告。

求雨关意

北极驱邪院，祠堂给出雨关文一道。

今据

大清国广西道承宣布政司桂林政管入□州□县□□乡□里村立宅居住舍。奉真祈求云雨，关出雨水，众等子孙，诣向今年□月□日吉良，命请师徒。于祠堂，廷奉高真上圣，四府群仙圣众，急差四直功曹使者，前去水府五海龙王天子门下，关出雨水，急救五谷青苗保安青醮，当祠堂给关文一道，仰叩圣真，打开天子堂水眼，关出接青云扇风降雨，救番下界凡民五谷青苗，百姓欢心。托赖神恩圣慈协力，押起雾会，降雨纷纷，急救五谷，度养各人妻几男女。为叩伏望圣慈，俯洞鉴察各人下情，无任之至以开。

谨关，又仰叩四直功曹使者准此。

皇上□年□月□日，奉真三天府教。左右真君将诸坛证盟。

求雨黄表

奉行太上老君门下，封敕注管雷霆，诸司州县，为任师道二教，初戒弟子事臣李法林上政为号。百拜上奏九天，如伏开神通广大，声德万里之城。奉道得到天边，有积青云雾，遮得人民安乐，迪望雨水降落，木棉五谷丰登大熟。农夫凡民，切切愁心，性命难当，十分无靠，农民投词檄奏。

今据

大清国广西道承宣布政司桂林府管入□州□县□乡□里□村立宅居住舍。奉神祈求云雨收□保安。众等子孙，各人修整地禾，二月各人播种五谷，三四五月五龙付水，百草齐生，天子扶犁，玉女当春，七八月云散九州，龙归四海，天红干旱，五谷青苗焦枯。众等投词择取向今年□月□日吉良，虔办诚命，请师于祠堂修设，延奉太极高真上圣，修设祈求云雨保安青醮一供一尽一宵，是投拜进雨表一函，上谐（诣）三十三天如真拜进雷祖长生大帝陛下，投进天府门下雷霆圣众陛下，投进地府门下王霆圣众陛下，投进水府门下龙霆圣众门（陛）下，投进阳间门下诸庙神王陛下，投进水府天子五海龙王圣真，协力急押起乌云，闭暗青天，四方押起云雾，急发雨水，急救五谷青苗养命之恩。托赖圣真，速差四直功曹前去水府五海龙王天子，打开天堂眼水，忽忽发放出十分雨水。速至今日到坛，救生五谷，百姓欢心。右伏以威震音天心，声闻万里，有感有应，有道常为永投，以奉圣真。仰保养生，不见成群，每思香火田禾熟麦田畴，今春又恐邪师作害，又恐强盗来偷，又恐怒鬼相侵，十分无靠，不见丰熟。拜投圣慈妙力，圣眼开彰，天恩赦祐。迎就今春赤子为叩，俵粮而供百亩焦枯，不见畜生，惶惶无计，切切愁心。伏望天星降驾，打开上仓五谷，求出禾谷粮料，酬表仓库，赐农凡民而饱食，免教（叫）妻女饥荒，合家众等康泰，愿保平安。但却被（把）山猪，马鹿运送别方，邪魔不染，伏望天星降驾，正除补政，夙风守静，教来集福迎祥，四时康泰，八节平安。但众等下情，无任百拜，具表上奏天廷。

天运□年□月□日，奉真师道二教，人伴□□。

求雨表脚引

北极邪驱邪院，当祠堂给出黄表脚引一纸，本日给出□月□日吉良，虔办请师于祠堂，廷奉高真上圣，启建祈求云雨道场祠堂，给出黄表脚引一纸，仰差当日四直功曹，各府天堂，水眼关出十分，至□日到坛，急救五谷，赈济凡民。经过神坛社庙，不得停留阻挡。如有不遵，呈送（占王）昊天金阙玉皇上帝御前治罪不便，须至引者。

右引给付当日四直功曹使者准此。

天运□年□月□日，奉真师道二教，初戒事事臣法□政为号上奏。

求雨关文

北极驱邪院，祠堂给出求雨关文一道，奉真师道二教，初戒弟子事臣法□政为号上奏。

今据

大清国广西道承宣布政司桂林府管入□州□县□乡□里□村立宅居住。奉本祠庙王各下，有道灵王，前去申请东方青帝得道行雨龙王，南方赤帝得道行雨龙王，西方白帝得道行雨龙雨龙王，北方黑帝得道行雨龙王，中央黄帝得道行雨龙王。文牒申奏云中风伯水司，迎风云，施接雨。仙师各处有道，仙娘飞天接雨，仙郎飞天接雨，白马仙娘，白马仙师。谨请东方行雨雷公，南方行雨雷公，西方行雨雷公，北方行雨雷公，中央行雨雷公大王。右仰叩三元将军，呈送各处，古迹得道仙师，行雨龙王，云中骑龙仙女，闪电取雨仙娘，各处得道。谨请接雨迎风仙师，各处本方社王，得道行雨龙王下降云坛，川通湖四海；满剡仙师下降，赴云同心协力，扰搏风伯飞鹤仙师，扰搏风车雨闪电、五雷闪电，大赐洪波大雨，云中限刻三日三夜，降雨满池塘，禾稼苏生，五谷十部成收黍禾粟麦。祈求人丁兴旺丰登，求财得进，养畜成群，官非消散，火引埋藏，八叶苏生，陈斋筵供，惟鉴受纳，伏乞准此。

又差当日奏事功曹上奏天庭，照验关牒准奏，火急施行，不至为误。须至关牒者，右差当日奏事，谨牒准此。

天运□年□月□日，奉真祈求云雨保安众等□人，百拜上申。

求雨移

一起带圣到祠堂安下，办落脚酒吃了，请师家圣完了。（四读）

疏众神知了五一姑二请众圣

齐意者过了六差兵头发状

四府回喃七请众圣完，又是发关前去了

又承表了

开天门奏表了传水三变

关三变化大了送神了

又到杀狗祭龙塘了回祠堂了

就收兵，恐怕坛路上有庙有雷祖王，出雷祖兵，恐怕神坛社庙路上有社公，各有位安烧纸。雷祖兵同到祠堂了。就请五海龙王，水源童子，晶王师父立雨罡了。雨到谢众圣了，恐怕雨再不到，师又请众出兵到别处请雷祖王问告，不肯来变剑棍，变身所倒。来祠堂奏黄表，求雨到堂就谢，恐怕雨不到又变棍身剑绳，打三剑所谨。又普奏黄表雨真到堂了就解绳，和雷祖王赎雷祖魂，付雷祖身了。就绸鬼庆贺解意雷祖意了。用鸡公祭雷祖王了。又到有言到家，请要落马赞上光。又是不要到家，请莫落马不上光。

具办杂廷谢雨堂，恐怕春旱。

留谨雨罡后慢放谢师父完了。

又同雷祖王赎雷祖魂，用东方雷祖兵将，速上身雷兵雷将，三魂七魄，祝付雷祖大王身了。

附求雨符咒用术语

变身法用

此身不是非凡之身，化为鬼打之身，汤鬼之身，葛得十八雨水，足付祠堂。吾奉太上老君急急如令敕。

变剑法用

此钮（剑）不是非凡之剑，化为太上老君杀灭之剑。轻打是张纸，重是文钱。杀作邪魔小鬼速灭亡。准我吾奉太上老君急急如令敕。

变绳法用

此绳不是非凡之绳，化为铜炼铁锁，是雷祖大王，十分雨水足付祠堂。准我吾奉太上老君急急如令敕。

变海法用

此海不是非凡之海，化为大海小海，化为五湖大海，江水化为四方大海。吾奉太上老君急急如令敕。

变棍法用

此棍不是非凡之棍，以我小师变身之棍。邪魔小鬼，不得和我王师打斗，吾师身灭亡。吾奉太上老君急急如令敕。

求雨完了

光绪二十一年（1895）乙未岁又五（闰）五月二十九日拙笔。

李法林抄写求雨疏表一本，子孙看用，不得抛（丢）落。

拔赎排解疏表

诚惶诚恐，稽首赖首再拜上言。臣闻叩行功教，佩奉灵文，凡有来词理邈，敦奉臣奏为

今据

大清国广西道承宣布政司桂林府管入□州□县□乡□里□村立宅居住舍。奉真分神拔赎追魂，解伤偬连家咒祖分解保安。若主□□□合家等，词陈意者，伏为远、近故家先几名，原命生于□年□月4日□时建生，得受阳间几十岁，不幸殁子□年□月□日□时，在家□病死故，住外被伤神死故，每年邪神过往，引鬼临门，涉及人丁。自从死故，每年邪神过往，各家屡岁遭逢灾祸，人丁坎坷，财畜退失。又为□□家先积舍出家，遭被□家先带神到家扰害。太灵是你□家先不认祖宗，忙行具奏□年□月□日□时，死故亡命，堕落神司案下，就于口年□月□日，染成大患。请师祈求云□家先几名，责及戴永焉。收赎当坛招认家先，去世不明，魂堕□□处神司案下，台成鬼伴，引鬼来家，令经数载，爰斯若楚，祸连骨肉，又求安泰，不愿拜耶，愿皈投好生子之日，太上好生之德，广开超度拔赎之门。切见家下坎坷，耕种失收，大财退出，口舌横生。兄弟夫妻结议谪量，一心收赎几供之仪，向今年□月□日□时诣吉良，命请□□□师于家筵，奉高真四府案前，修建太上虞梅，明天翻折今神拔赎追魂保安道场。中分虔备拔赎墨表函，财马一百二十分，具篡上奏告明，断篡刀一张。右谨法师，诚隍诚恐，稽首顿首再拜天，上启昊，金阙玉皇圣帝陛下，投进右伏以天师教典当誓愿。一变取太阳斜上，二变取江水倒流，三变取猫儿头上生角，四变葫芦沉水底，五变取白石满江浮，六变取牯牛头上生白（角）子，七变取糠粒搓索三丈长，八变取清水点得灯，

九变取铁船撑过海，十变取木梳再相合，十一变取纸竹签头再相接，十二变取竹纂再畲生叶。十般誓愿如变不得，你等鬼神司同伴家先不得勾连，从此善心焉。太平之岁，广度人间，拔赎解冤家，削罪之门，放开咒祖牵连之难，叩天望圣德垂祥，能放开冤家咒祖被伤，情困买赎，苦叩高真言念，苦主□□□家兴旺，遣送□□伤神，死冤今则消除。高真再行颁降敕旨告下，连神司案下，原伤神死勾连，墨□□独名，除积判冤家，□开锁，解脱人鬼分离。伏望高穹上圣，放度解脱家先冤家伤鬼，放解脱往原日出世灵坛，冤断绝，日后宅舍平安，大财兴旺，耕种丰登，官非削散口舌人地埋藏。全赖圣恩庇佑，但臣苦主□□□合家等下情，无任之至，以闻谨表上奏，恭叩圣慈俯赐部纳同鉴具。

皇上□年□月□日□时吉良。师入半职，当招拔超择墨一函，谨呈昊天金阙玉皇帝陛下，投进奉真师二教，初戒弟子事臣□□□拜表上神，封天认拔赎广解表函。

送魔表疏语

奉行太上老君门下，注管雷霆诸司州县，师道二教，初戒弟子事臣△△△政为号。诚隍诚恐，稽首顿首再拜上言。臣闻百拜，昊天金阙玉皇圣帝，救得人民已灵，如去解怪削罪下界世凡民不知何神作怪，不知日后吉凶。叩望皇恩大开放方便之门，凡民得知界圣真，放得民安乐，阳民无记。伏望上圣放古削罪，遣送解怪，凡在阳人之词檄奏。

今据大清国广西道承宣布政司桂林府管入□州□县□乡□村立宅居住。奉香火司命解怪遣送削罪保安，信士□□□人同妻□氏合家等，即日诚心明干洪造，日月照监（临）□神案前，祈申明解怪之德，意者伏为□人，守于□年□月□日□时以来，忽然家下，鸡鹅鸭猫犬畜，龙蛇虎鸟鼠怪。又看事人意□卦□□□人，命尤不知鬼神，敬奉不到，变作怪精□据，又见声鬼嚎叫，野影变怪精现出，□人恐虑，日后未知有祸有福。几在阳民村□处，卦中寸思难明，诚恐日后变作精怪，捏害人丁财物。切思圣慈香火司命□神，凡民无计，今当□神仰叩圣真解散，妙力莫测、诣向□年□月□日□时吉良，虔备财马花命、船命，请□师来到家说，筵奉写立解怪之疏一封，墨表一函。是何精积，何神行凶，送怪之精行凶，仰叩金阙上圣之怪神，叩望皇恩大放，变凶作吉，不得作为解凶得吉，为财不得，为祸解福成群。乞赐上天之佑，祛除百怪邪精，绝灭野鬼，作之正神，莫得斜心重追，日后永无侵害人民。伏望众圣削灾散祸，稽首顿首再拜，圣慈妙力，圣眼昭彰。野鬼之精，遣送之后，再祈人丁平安康泰，老幼安宁，家舍兴隆，人财迪吉，六畜成（群），五谷丰登大热。求财进益，买卖得成，官府远送，口舌埋藏，分散火水瘟。凡有所求称意，求谋诸般吉利，万事亨通，奏怪解怪消罪，再祈家门清吉，男女平安之庆。日后重追，魂中不见，卦中占不出，日头倒上，江水倒流，望圣阴内杖持解怪，消除罪愆，遣送离门，百事分明解散。法□师父为凭同证盟，合家之时大吉大利。具臣家主□□人下情，无任之至，百拜疏表上申具，琉表上奏。

右谨具疏、表上申上奏。恭望昊天金阙玉皇圣帝御前，投进合家香火，合炉众圣御前，投进五帝司命万福灶君御前，投进恭望圣慈妙力，望圣消罪同登，谨疏、表上申。皇上□年□月□日□时，奉真□□□□人半职。

和司具职

今据

大清国广西道承宣布政司桂林府管入□州□县□乡□里诣□村立宅居住舍。奉真平和折解二家愿具和词。因为前岁以来，二家为事不清，叫天争理、争口差禁，口语有冤，家德连。□家先，打落□□伤神司案下，吃苦留连，不得脱体，离身变成德连咒祖冤家，不何□□奈□□苦主男女，不愿拜邪，自愿投靠好生之日，好生之德。苦主□□家先，自投□圣□神，其师随缘在案，主人□□得犯上圣□神，各天德月德吉方，解开前后甲岁无迪，两相不得勾连。就日诣向今年□月□日吉良，命请□□师于家拜说神圣，献和折解，投进昊天金阙玉皇圣帝陛下，投进又付以□□圣神，小师随缘案主，谨作证盟。当天誓愿二家愿具，和词一纸，奏上玉皇圣帝御前，日后当凭具过折解和后，不许二家勾连□禁。如有二家再勾连□禁浩罪，勾连外鬼人家，申明玉帝，执出和词一纸，穴夺私过，以为千条玉律，押下千年火锅，万岁火炕里头，不是动作。右给付□玉帝高穹至圣，小师随缘案主，谨作证盟。谨呈和词一纸，准此为凭．皇上△年△月△日，奉真小布（师）半职在尾。

大门话语

弟子灵符一道，镇门当边边□廷□头，万鬼除邪，不敢当□连□成□收，若有一神不伏者，斩头解送上天堂□边□廷头。

断篡话用

仰叩玉帝高穹上圣，竹纂一条，一刀两断，神鬼分离。神归神路，先祖归宗。

断了千年为祸鬼	断了万年为□神
千年冤家今日断	万岁冤家今日离
剑是除邪杀鬼剑	刀是天师断纂刀
千冤万结都迷绝	冠家拆手各分离

上断神，下断鬼，上分神，下分鬼，神离鬼离，正明证盟。叩仰玉帝高穹上圣，当天破竹，纂五方五块断复。一变取太阳倒上，二变取江水倒流，三变取猫儿头生角，四变葫芦沉水底，五变取白石满江浮，六变牯牛头生白（角），七变取糠粒搓绳三丈长，八变取清水点得灯，九变取铁船撑过海，十变取木梳再相合，十一变取纸竹篾头再接，十二变取竹纂再沓生开叶。如变两相不得勾连，若要勾连者，急甲急奏。

玉帝御前，守禁治罪，打死变下油锅火炕地狱千丈，速犁万火坑，为犯千条玉律。证盟证盟。

沓扛语

右般告下弟子高门，佩奉行司官将，三清大道，九帝高真，三官大帝，中坛天门，白驴山茆山法，变九廊六院，师将海翻张赴二郎，下坛太尉，祖本二师，通行之令。阴筶颁降□命，至告下本家香火，合炉众圣，家行司官将外鬼，本方社主灵神颁降。告下阴筶颁降□，右般告下本家香火，司命住宅，翁爷父母，宗祖家先，各人本命星君，通行之令。阴筶降□意者过了，交玉帝下车纸一百二十分、六十分、三十六分、二十四分，十扛纸保禁（敬）交。

交上纂纸马一百二十分、六十分、三十六分、二十四分；帖纂一百二十分，帖表一百二十，断冤家一百二十分，折解各家先一百二十分。

封门符

开天门，闭地户；关人门，塞鬼路。

只许人过，不许鬼过；人过人生，鬼过鬼灭。只闭外神，不闭家神。家神有路当上，外神无路无踪。速变速化，无踪无迹。速化速变，无迹无踪。吾奉太上老君急急如令敕。

关上东方罗城，云雾五方同说。祖师下有千斤铁奏，本师下有万斤杨家铁奏。千斤石盖面，万斤石板盖面。灵神扛不动，灵神搬不移。吾奉太上老君急急如令敕。

送瘟疏表

写疏各入字看事，写表成位在头，写疏成位在尾。

诚惶诚恐，稽首顿首再拜上言。臣闻圣恩，消灭除瘟瘟灭彰之德，人民多安乐，叩圣赦皇，慈乞开免迪之咎。

今据

大汉民国广西道承宣布政司桂林府管入义宁州义宁县顶（丁）岭隘管入龙胜县北门外管入□乡□村立宅居住舍。奉祀登神主庙皇祠下，奉神祈送瘟瘟气息，消灭保安家等。信士□□□人，会首□□□人，合家众等，即日虔诚一心拜圣，造洪恩意者，伏为□□□人众等，蒙天地盖载之恩，日月照临之德。又于众等今岁以来，得见或□□□村人丁丁坎坷病患，人民难求神圣，拜说不应，服药无效，反转变成五色病患，无处投叩。诣向今年□月□日吉良，命备处财马花船。会首□人，命请□□□师，来到庙廷，家内设筵，奉□□神写立大疏一通、墨表一函，叩玉帝圣恩，家恩开张缴纳祯祥，瘟瘟灾瘴收扫各界案下，另放别处行游，生珠作宝，推送向后。保□□村各户老幼人丁清吉，宅舍光明，瘟瘟速退，病患离门，身魂归旧，体魄归身，官符口舌入地埋藏，火盗水消，五谷丰登，六畜成群，求财进益，百事亨通，万般遂意。俱卧众等会首士□□□人下情，无任之至，以闻谨疏，谨表上申，上奏昊天金阙玉皇圣帝陛下，投进恭望圣宇，仰叩圣慈妙力，鉴天望圣消罪同堂。谨表上奏皇上□年□月□日，奉真推送瘟瘽时气。信士□人同妻□□□氏，合家等拜疏上申，谨表上奏，若表半职在尾。

驱灾保安疏

民国年间，兵丁邀同劫抢，思量无靠，另造新立打劫表之奏上帝，方可太平，后代看用，职位在头。

诚惶诚恐，稽首顿首再拜上言。臣闻叩行功教，佩奉文灵牒疏，凡有求词，理邀檄奏。

今据

中华民国广西省桂林区管入龙胜县管入□乡□□村甲立宅居住舍。奉真政恶归正道，遣送消灾保安。信士众等□□□人即日诚心，冒干洪造，信念意者，伏为□□□人，守於今岁以来，岁前因世乱之情，以前之事，君王有道，人寿年丰，天地盖载之恩，日月照临。承蒙护佑之恩，民等喜之有靠。今乃民国无主，各者独立，章程受欺，苦累参灾，府主贪心不足，不行正路，只想各逞英雄，争占江山之勇，肥私利已兵戈兴动，税空钱粮不分，挫败太平，安稳难成。至今兵丁邀同劫杀，吓取银钱，抄抢财帛物件，爱多嫌少，得贪不足，恶心再行绑人，计捉到一人，即是一宝，有财者多得银钱，方可退归；无财之子，丢别父母，恶同行有；青年妇女，任由强拉强配，胆大如天，明抢明要，不从天理良心，人人可恨，性命难逃，四路无门。可奈有冤难申，有理难明。今我穷乡□□□姓同营结议，请师齐至庙堂，叩请庙堂做主，祈保众等平安。即日职向今年□月□日吉良，命请师于家、庙拜设神鍌，知写墨函财马一百二十分，具表上奏昊天金阙玉皇上（圣）帝御前，投进更祈圣皇保佑，圣德垂祥，犹恐凡民奸杂意乱，多有不明礼义，不敬天地，不忌戊土地母正神，一无片善之功，二无不平之罪，冒犯圣神，土冒天皇，下冒地脉龙神。凡敬不恭，略备香钱答谢神恩，望祈赦宥。如有蛮贼兵丁胜众，异多巧疱甚多，威风显功，一掌遮天，善民无计，谁敢奈何。叩望皇恩上圣，保救凡民，赦放恶匪，迁移别处，远去他方，日后答谢神恩，祈保□村□□众等，合家人丁清吉，六畜兴旺，男增百福，女添千祥，官灾远避，火盗潜藏，百事亨通，大吉大利。俱呈家主人下情，无任之至，百拜具表上奏，奏望圣慈妙力，叩天望圣消罪，同鉴谨表。大汉民国□年□月□日吉良，入半职，具表上奏。

中华民国十九年（1930）庚午岁又（闰）六月二十三日。

邓永明抄写疏表文书一本，以后子孙永远记用，千急不得失漏。

［说明］还愿疏表，原存广西龙胜各族自治县江底云江底村茶冲李家。

上情意者根

水出有源，树出有根。当初以来，周朝车间，平王世上，因为东洋海外高梨国王（朝），高王瞒占天下，要夺中原万里锦绣江山。发到文书，平王得见，满心忧愁。调集满朝文武官员，人人无计奈何，不敢开声。只有太祖盘护（瓠）公爷，当堂盖头领令，漂洋过海。占入番邦，不上半月，消灭高王，得胜回朝，平王得见满心欢喜。太祖盘护（瓠）公爷，平息畨邦有十大功劳，当过众朝文武大部官员，招为驸马，结配秀鸾公主。平王办起五花金马。七香金车，相送太祖夫妻二人，踏入江东会稽山造府第安身。平玉当朝赐下过山皇榜，交把盘护（瓠）公爷，过后子孙人丁多众，应由托男带女，依从过山皇榜，随山耕种，有榜为凭。

太祖（盘瓠）夫妻二人，年当四十，全叩天分地赐。连连养得六男六女，长大成人。六男娶妻，六女招郎（婿）。平玉钦赐分为盘、沈、包、黄、赵、李、邓、冯、胡、雷、郑、蒋各姓。分出商音、角音、征音、宫音、羽音，分出十二姓瑶人，任由对亲，结配婚姻。平王坐位八百五十三岁，崩下龙驾。

八百年成春秋战国，出有五霸七雄，嬴政秦王兼并三十二年，楚汉争玉，楚（灭）汉兴，四百年间。重有十二姓瑶人，共有一十六代子孙，本身人丁多众，粮料亏为。众等子孙开口结义商量，分开老幼人丁，各人托带男女，接（执）起过山榜文，离了会稽山上，周游天下，游国过州，随山耕地种州过州门，县过县门，耕田不能纳粮，耕山不能纳税。过了魏、蜀、吴三国五十一年，东西两晋一百五十六年，南朝宋齐梁臣（陈）一百七十二年，隋朝三十二年，唐前唐后（前唐后唐）三百一十三年，五代残堂（唐）五十三年。又到赵家太祖匡乱（胤）登基，众姓瑶人一概归转中原，受皇职。过了南二宋三百二十一年，元朝八十九年，又到明朝天下，洪武登基，以（认）为瑶人谋乱，子孙受图谋害。瑶人素来本份（分），得见朝廷起计不良，不敢争强打斗，赶信到处通知众姓瑶人，退出中原，投（逃）到东海外八万南山，仍旧执起过山皇榜，随山耕种，度过春秋。明朝二百十七年，江山一统归转清朝。

盘护（瓠）公爷，保邦坤龙，共有二千七百年情（成），得（搭）邦坤龙听闻老人话到，傅有三十六代家先，不能得见书簿，有三十六代名号，所以后来子孙无由查考。后代立起学堂，读书上考，一管钱粮，二管万乡，随一随二开名，众名到位，请得一代，众代齐全，子孙千年万岁，为其烧香敬奉，服侍香烟，祈求保佑人丁，照顾人口。邓姓保邦，听闻顺治王（清世祖）有道，初登龙位，邀集众姓人丁，托（拖）男带女，仍旧归转中原。交于寅卯二年，天旱三年四岁，官仓无粮，百姓无米，海（河）底无鱼，蕉木出火，榕木出烟，人民荒乱，君吃君，民吃民。十二姓瑶人难得停留，要（又）来漂湖过海，过了三个月，船路不通，水路不通，得见风吹船篷反（翻）转，不能向前。叫天不应，叫地不灵，又怕大风吹落海底龙门。众姓子孙，开口商量，船中里内许起部书良愿，杀起高头凤子，龙凤金鸡。船头船尾，烧香祷告，拜请五旗兵马，本祖家先，阴王阴将，回头转面。许上歌堂行像部书良愿，天也顺人，船也顺风。未经三朝四夜，船行到岸，漂上广东道韶州（韶关）府罗（乐）昌县竹林坪安居落（乐）业，随山耕种。交于年七月十三日（旧历），众姓子孙，思着过海之日，许有歌堂部书良愿，要来立起连州大庙、行平大庙、福灵大庙、福江大庙，各置金像，坐立庙堂；交于年七月十五日（旧历）。众等子孙来到庙堂，酬还部书良愿，思着盘主登仙之日，所请三姓花郎，三姓花娘，束着盛装，行贺歌堂。子孙世代，依宗依祖，承受香烟。大筵大会，三年四岁酬还答谢，小筵小会，一年四季进奉银钱。

交年交岁，交岁交年，交过康熙元年（1662）广东地头人多马众，难得停留，又来漂上广西道桂林府承宣布政司永宁州义宁县上乡里碗田铺，进入黄河、蕉岭、东圳（洞头）、三渡江、金钱坳、白石烂竿、茶岭村立宅居住……

［说明］上情意者根，原存广西龙胜各族自治县和平乡白石村茶岭寨。

香火三庙圣王大疏

今据大清国广西桂林省田林县□区□乡管人本屯祭平社王祠下，立宅住居，奉

神祈求解释酹还良愿，保安家主。法□同妻□氏合家眷等，谨发诚心昌干。

圣造光中，音念具情意者，伏惟家主，自祖奉以来，本家香火三年五载，一宵良愿，答谢神恩。多蒙感应不存，有错之心。先于□年□月□日，奉还大小良愿之后，又于□年□月□日开春求苗，祥叩香火四坛，出心许起大小良愿在案。又于□年□月□日入春，求苗叩奉香火，四坛出心，帮起大小良愿在案。又于□年□月□日或入春或人丁不旺，家主准备拜叩香火四坛，出心邦起弟二任旧规财马在案。又于□年□月□日，因为家下不安，疾病多端，牲口不旺，耕种不丰，五谷虚厄在异，本宅家主，处备拜请香火四坛，立志转起大位元盆良愿，释罪所犯拜认黄金财马文疏一通，连墨表文引一函在案。

一许大、小愿或已转起大位良愿在案，情因连今已岁家下，人丁轮转有病多端，卦中云是，□年□月□日奉还良愿有犯，又恐家主早晚处备米粮酒酱柴豆火把，吉语多端，又恐对人书备办不周，失落牲头钱马米粗酒浆，又恐师人言语不周，游神不正，敬午不真，疏文不正墨，差讹诉愿不清，培植不足，许多还小，有冒犯触怒神恩。又恐进中秽污不清，冒犯圣慈；又恐邪鬼隔骗银钱，又恐中音评多端，又恐有人贪花恋色，秽污筵中不净，又恐有人怪师怪食，分俵不完，又恐筵中有人饮酒高声，言语粗糙，冒触神圣，又恐家主合家，未有虔心备办，大小男女言语多端，恐有冒犯，今已叩祈祖宗香火回坛，求恩保佑家下人口齐全，五谷有收，应当还恩答谢。若是书愿不明，有犯家主，深深礼应忏悔，若不添倍解释，则难保平安，而恩求生之路，能求开赦之恩。谨发诚心香油钱纸、财马、红猪酒礼供之餐，取自今月□日吉良，命请师人□□，于家恭奉家先香火案前，奉还良愿，解释保安请醮。一共进礼三行，满散化炼，解释黄金财马一百二十份，纸财马六十份，拜认黄金一百二十份，白纸财马六十份，上进祖宗香火位前，投进恭望李凤文本家香火大圣御前，开恩大赦，开笼放雀，开网放鱼，如云开见月，火到水消，赦宥家主，□□，奉还前愿，触犯多有干罪，书行赦免。伏愿叩祈

圣慈俯赐受纳。圣造今时设散，具疏百拜，上申三宝垂光，依神鉴纳，一会完满，向后谨祈叩保佑家主，合家人丁清吉，福寿荣昌，宅舍兴隆，求财广进，养畜成群。春耕播种五谷丰登大熟，十倍全收。招财进宝，富贵荣华。官符请散，口舌埋藏，火盗水消，公私两利。自今奉还良愿之后，梦中不见，卦中不出，康泰平安。合家诚心奉还良愿，答谢神恩，阴阳大吉大利，百会禁忌，诸般吉利，万事亨通。

全凭□□托赖圣恩，怜悯家主下情，无任再拜跪，疏表上申

□皇上□年□月□日，奉佛圣百拜，具疏上申。

三庙圣王大疏意文

今据大清国广西桂林省田林县□区□乡管入□屯，本祭平安社王祠下立宅居住，奉神祈求解释，酬恩赏还良愿，保安家主法□同□妻同氏合家眷等，即日诚心昌干，圣造光中言念具情意者，伏为家主□□，自祖以来，侍奉三庙圣王在在案，三年五载，一宵良愿，答谢神恩，多蒙感应，不曾有误之心，先于□年□月□日，拜还良愿或大小良愿之后，酬还在案，担保人丁。又于□年□月□日，入春求苗，虔备拜请五旗神将，合家齐心，帮起一任钱纸在案。又于□年□月□日，入春求苗虔备拜请五旗神将，回有齐心，帮起二任钱纸在案。又于□年□月□日，入春求苗，虔备拜请五旗神将，回家齐心帮起三任钱纸在案。又于□年□月□日，为因家主□人得病在身，心身十分苦重难当，请师来家问卦，云是先于□年□月□日，家主奉还前愿不周，有犯灵圣。家主准备拜请上申五旗神将回家，存心将小愿酬还，转起大位赵敬堂良愿，释罪所犯，拜认黄金财马纸文疏通连墨表文引在案，一许或大小位良愿或帮已转起大位在案。情因家下，轮流有患，怪异多端，投师问卦，卦中云是先于□年□月□日奉还前愿，有犯未知，家主自干禁戒不净，冒触多般有犯。又恐请师准备疏文不清，言语不同，游神不正，敬午不真，冒触有犯。又恐请厨人虔备办钱纸不足，失破钱文不周冒犯。又恐请女厨备办米粮酒浆豆腐糯糍，言语多端，身招秽污不净，不清冒犯。又恐筵中各师言语粗糙不清，几恐请来三姓花郎三姓花娘，敬午不真，胡行乱为，冒触神圣。又恐庙来人各客，身招（带）秽污，贪花恋色，秽污筵中不净。又恐邪鬼隔骗人钱。又恐有人请师、怪厨、怪食，言语异端。又恐家主自连三灾八难缠身，连今一载叩求（冯亮二郎）三怪圣王、五旗神将，回家求恩保佑家下人口齐全，苗稼收成。理当还恩答谢神恩，若是为愿不明，有犯家主，深深里认，若不祈求植培，难保平安。而恩求之路，能求开典之恩，谨发诚心，虔备香油钱纸红猪酒礼几供之仪，取自今年□月□日，吉时古吉良，命请师人，于家具立文疏解释和献礼，谢化奉牒文表疏专申上进。

一申礼谢

连州大庙，唐王圣帝，唐十一郎王，新敬四王，举刀五王，造天六王，托天七王，巡逻九王，唐十相公，圣公游国秀才，金殿夫人，龙衣唐十五郎，唐衣十八娘，上朝带来使者，下朝带来六院将军，唐宫花姐，唐十四娘，一行圣众。

二申谢礼

行平大庙，十二游师，上庙带请大堂高贤师主，下庙便请大堂高位师尊；高家师，李家师，禄家师，袁家师，冯家师，朱家师，黄家师，刘家师，孔家师，奉家师；落家主，落泥三丈，落泥四丈；上有十二步刀梯，下有十二步勒床，红犁火砖，雪山法水，治瘟打病功三曹，退病使者，师公师母，师孙师媳，一行圣众。

三申谢礼

付灵大庙，五婆圣帝，申手入云，九江龙骨圣人，付灵圣公，付灵圣母；开锣一郎，执鼓二郎，长腰三郎，连踏四郎，沙板五郎，横吹六郎，敬头七郎，鲜衫八郎，和尚十郎。前门铺台，后门排椅，斑花女人。前门打鼓，后门吹笛儿郎，扶板客姑年少，唱歌刘三妹娘，一行圣众。

四申礼谢

福江大庙，盘王圣帝，盘古圣王，左边金童，右边玉女，禾花姊妹，禾扇小娘，五谷郎君，擎凉打扇，黄造夫人，五骑兵马，过斯神将马官，一行圣众。

行散和献师法请圣齐临，陈三奉献，进礼三行，虔备替请三姓大娘，□□□□□□□□□一夜，消愁解意。（李进朝）

三庙圣王，满散化炼释罪所犯，黄金钱纸一百二十扛，六十扛，拜认黄金一百二十扛，御前投进，各各上进。

连州大庙唐王圣帝　　一行圣众御前投进
行平大庙十二游师　　一行圣众御前投进
付灵大庙五婆圣帝　　一行圣众御前投进
付江大庙盘王圣帝　　一行圣众御前投进
五旗神将对司马官　　一行圣众御前投进

三庙圣王，开恩赦宥，如云开见日，血点红炉，开笼放雀，开网放鱼，赦宥家主。

奉还前愿不周触犯，恐有万罪，书行赦免，用保家主门中请吉，人口平安，五谷丰登大熟，十倍全收，六畜成群，求财广进，官符口舌火盗入地埋藏。千般吉利，万事亨通。

全凭托头皇恩，怜悯家主下情，会任万代王恩，急切营屏。祈求之至以闻，跪疏上申，谨奉百拜。

皇上□年□月□日，谨奉百拜，恭叩太尉祖师，证盟和献。

香火三庙共通连墨表式

太上奉行南极都法院，为任事臣师道二教三戒弟子冯法亮，诚惶诚恐，稽首端祥上言，申奏。据大清国广西桂林省田林县□区□乡管人□屯本祭平安社王祠下，立宅居住，奉真奏明上□□恩良愿，解释消罪，保安家主大合同妻□氏合家眷等，即日诚心昌干，圣造光中，伏惟意者家主，自祖以来，侍奉本家香火三庙圣王在案，三年五载，一宵良愿，答谢神恩，多蒙感应，不曾有侍奉之心。先于□年□月□日入春求苗，出心许起或小或大良愿在案。又于虔年□月□日入春求苗，出心按例旧规，虔备钱马在案。又于□年□月□日□人得病在身，十分苦重难当，卦中云是不出，心转忆起大位敬堂完盆良愿释罪所犯，拜认黄金钱纸财马在案，一许二帮三转，大位良愿释罪在案。情因连几载，家下人丁，轮流有病，卦中点出，云是先于□年□月□日奉还良愿，未知家主有夫妇，男女早晚备办米粮酒浆柴火，言语多端，又恐失落糁糍米粮，又恐失落牲头又恐钱纸财马不足，又恐言语不周，又恐来人怪食，又恐筵中秽污不净，又恐邪师鬼隔骗钱纸，冒触香火，三庙圣王多端未蒙做主，因比家下不安，家主要好人丁兴旺，谨发善诚心，是用祈求香还答谢，可保平安。若不植培还愿解释，难保平安。而恩求坐之路，能求开赦之恩，谨发诚心，虔备几供之仪，取用今月□日吉良，命请师人，子家奉还良愿。虔备黑表一函，文引一纸，财马一百二十份，随师上进玉帝案前，为几证明，大开方便。和献祖宗香火，三庙圣王，御前投进，开恩大赦，如云开见日，雪点红灯，开笼放雀，开网放鱼。有家主六合奉还前愿不同，口语百般触犯千罪，必行免同保合家人丁兴旺，五谷丰收大熟，求财广进，六畜成群，官非口舌火盗入地埋藏。

再望上案玉帝赦宥家主□徒，今奉还良愿，植培答谢神恩，犹虑办备不周，望圣赦宥，

免以后梦中不见，卦中不出，一泰平安，诸般吉利，万事亨通。（李进朝）

全凭托赖皇恩怜悯家主下情，无任瞻仗，望阙激切屏营之至，以闻谨表上奏。

皇上□年□月□日，奉神圣解释再拜。

保安疏

祖师三清大道火祖案前，投进奉神酬愿解释，保安家主六合等跪疏上言，上申证盟具表祖师，三十三天昊天金阙玉王大帝陛下，投进奉直解释香 火
三庙王保安家主，□合等，拜上奏证盟，通表引，北极驱邪院，本坛给出文引一纸，本主取向今月□日吉良，请师子家奉良愿，虔备解释黑表一函，文引一纸，财马一百二十份，仰劳当日三界四值功曹使者赍驰，擎请上奏三十三天昊天金阙玉皇大帝陛下投进，如遇沿途关津河渡把截去处，半天云雾之中，火急奉行勿违，不遵呈赴玉帝案前，治罪施行。

右引仰差当日三界四值功曹使者准此。

皇上□年□月□日给引，具师职位，太上奉行，南极都法院串通间，梅师道二教，三戒弟子冯法亮，职位陛在陕西道西安府正任知府，肯管天下鬼神。

冯法亮寿字为号。

白口疏文

申据

大清国广西桂林省田林县□区□乡□屯，本祭平安社王祠下，立宅居住，奉真赛还良愿，具呈意者，伏惟言念家主□等，即日诚心冒上，虔备请师带圣来家，又恩拜谢，预备白口疏文一通，申明大坛火祖，三庙圣王鉴知。今日家主奉还良愿，又恐前后请来师人，筵中使用厨宫，村中男女郎不知禁忌，戒贪花恋色，蜚言冷语，冒秽污筵。又恐家主大男小女孩童乱语，白口多端。阳人自了，自有分明，不遵阴间之事，列位众圣神明，切莫说怪，免卦圣心。又恐今岁以来，家主□同妻△氏，身中不旺，与人备办米粮、龙浆酒水，花男自备米粮酒浆，恐有不周全，失漏酒浆米粮，鸡犬先尝。又恐请师到坛，饮食无味，各说不好，或有外来人客五姓之人，颠心乱手，恶下无良，暗丢抛谢。圣点羔蒸、酒肉、糯糍，阳人损失，叩圣请发阴厨收展，展点齐全，免后多端，莫乱损失。恐有筵中称强居心恶毒之人，下有邪师收了钱纸，恐有筵中众等老少师人，各说乱言，谈笑高声，□□（糊涂）说，口语多端，莫说阴间得怒卦心，莫怪阳间。至今天下说人，人多学法，人小不知礼义，叩请圣众莫怪，散午不真，宵散筵中，免卦圣心。今有家主□夫妇，合意诚心，承接祖代发心，备办健全，几供之仪，取向今月□日吉良，请师于家，起建□恩良愿，修改求安家主，存心答谢道场，满散各师回家，自说白口狂言，阴间莫准，切莫怪怒，家主传明。托赖本家香火，三庙圣王，御位众神诸主位前投进，奉真立写解释求安，免罪疏文一道，先申后明，自先解后，诚恐有筵中会内，敢有乱撞贪谋，乱食乱啼乱说，乱说闲言莫怪，罪如高山赦免，干地玉笔勾销。届向后护祐子孙，人丁清吉，老幼均安，干灾脱体，百病消除，官符口舌火盗入地埋藏。凡在时中，庇佑下情无任之至，以闻谨疏申明跪献。

皇上□年□月□日谨疏申明百拜上申。

冯法亮书

说意者

铜铃兴兴，摇铃三声，惊动神明。本是吾皇所管，□年□月□日□时，进在还愿家主，□音家门头上，高台几位，备办剪起莲花宝朵，龙凤花鱼，二十四花园撒散花枝。台头台尾，油麻糯糍，烧起一炉大州海岸太白明香，备办三双三对，对庙连杯，备办倒杀牲头，摆在圣席面前，高台几位，拜请圣皇父母，回头转面，奉还良愿。本音家门头上，升丁兴旺，升口平安，吹旺养育也，或耕地种也，买卖也，以安神位，宝座登临。

第一香烟拜请，第一香烟奏到功曹，奏到功曹殿上。(李凤文号)

铜铃游游，奏到连州大庙，唐王圣帝，三世庙廷。铜铃平平，奏到行平十二游师出世庙门。铜铃兴兴，奏到付灵大庙出世庙廷。铜铃双双，奏到付江盘王圣帝出世庙堂。铜铃魁魁，奏到五旗兵马厨司立床脚下，瓦灶里头。□支本祖家先，奏到师男梅贤殿上。

第一香烟拜请，奏到弟子香烟拜请，请上天界功曹，地界功曹，阳间水界功曹，请客使者，排客功曹。功曹拜请，请上连州火庙唐王圣帝，唐一郎王，唐二郎王，唐三郎王，刘教四王，起刀五王，造天大王，托天七王，盖天八王，巡楼九王，楼上相公，地下秀才。刘廷进坛十丈，就众圣神。大王托带小王，小王出门托带金扇，众升后圣皈依，唐宫花姐，唐十六娘，四边双双，一行圣众。请上各州出世庙宫功曹，拜请行平十二游师，上庙便请大唐高贤师主，下庙便请高位师尊，高家师，袁家师，刘家师，冯家师，黄家师，赵家师，李家师，奉家师，祝家师，陈家师。落泥三丈，落泥四丈，上有十二步刀梯，下有十二步勒床，畲犁法水，舍黎法沙，治瘟打病功曹，退病使者，师公师母，师子师孙，起立双双。功曹拜请付灵圣公，付灵圣母，串手对云，大公圣州，至鼓一郎，开鼓二郎，长腰三郎，笙板四郎，横吹五郎，歌头六郎，歌尾七郎，解衫八郎，着衫九郎，和尚十郎王，前门弹琶，后门吹笛，前门唱歌，后门吹笛，唱歌有段，会歌有词。起立双双，一行圣众，各州出世庙宫。功曹拜请付江盘王圣帝，盘古圣王。左边金童，右边玉女，擎凉打扇黄赵夫人。刘家刘书廷，祝家祝书案，刘家刘三妹娘。起立双双，一行圣众，功曹拜请五旗兵马，东南西北，五旗撑船过海，打马过街，五旗珍珠细笔，磨墨二郎，许愿童子，把部判官，起立双双，一行圣众，请□家先。□师父完盆。一奏二请三和完，又到马头意者完，又大王过界完。又第三奏，第三请。（先列圣众，一庙一庙的来听讲马头意者)。□□圣王父母排左排右，排在还愿家主中厅，高台几位。（此处一请一奏一和）又奏请和二便完，一咕二请完，就讲马先到马头意者起根，头意者完。就列圣众，一庙一庙听，列过上庙连州唐王圣帝。一分扎在马鞍背上马背之中，二分扎在船头船尾车背之中，包袱凉伞，二分卦在三朝门外。三分卦在席厅前在（坐）落。且听一名童子，代通三头两句马头意者，圣王父母，高高立耳听声，列过平行十二游师先众，列过付灵五婆圣帝一行圣众，列过付江盘王圣帝一行圣众，列过厨司五旗兵马一行圣众列过众位本祖家先一行圣众。一分扎在马鞍背上马背之中，二分扎在船头船尾车背之中，包袱凉伞，卦在三朝门外，三分扎在圣席厅前在落。但听一名童子，代通三头两句马头意者，大神众圣，高高立耳听声意者不敢升州报县，在□皇所管，□年□月□日□时，进在还愿家主，家门头上，合泥洞处里头，圣席头上。烧起一炉大州海岸太白明香，二炉湖南郎床清水，备办三双三对，对庙连杯，拜请圣王父母，回头转面。奉还部书，答谢圣王父母。不因大功小事，不因那路风情，正因得为还愿家主，前者以来，□年□月□日奉还，一共大位小位，部书完满已了，少无部书在案。又于□年□月□日，家主入春求苗，出心许起一任，当许银钱在案，但题白有几帮，就满几帮，合家主帮。□家主□人，得病十分苦重，卦中云是前愿不明，有所有犯，意度不关要用家主，和目释罪礼，以转上天，大位部出，不知关姑真何段度，当起迷魂，灵师执领言语，得有患之州，观凉就感，断水就停。家主就选皇恩大赦之日，备办拜请圣王父母，回头转面，和回释罪礼，认就未转上大位歌堂，凉伞部书答谢圣王父母。当初许有，不敢转上转下，莲花宝朵，龙凤花鱼，二十四花园，散撒花枝。转上流罗一宵一夜道场。转上游天转地，游地转天，付曹下降，鉴破盘筵，消愁解意，敬贺圣王父母。转上三姓邓娘，转上流乐沙板，长腰木鼓，横吹竹笛。转上释罪大疏一通，了连墨表一函，文行一纸。转上当许银钱，旧观钱纸。转上弟一，第二部书，不敢转上弟三，转变成千年大排良愿，子孙世代难还部书。左手执杯，右手切断部书。不断何年何日部书，愿断今年冬季以来吹得升丁兴旺，升口平安。家主有心转愿，有意奉还，答谢圣王父母家主，男升立心，女升立意，勾各部书。今年春季以来，托带黄风谷种下泥插种，夏季依根秀草，秋季丰黄大熟收归，回头转面，押在仓库之中。交冬以来，合家商量，倒踏米粮，酿出高花米酒，一应齐临。所请读书识字之人，打开通书万历，选得今年冬季□月□日大王下降之日，记落在心，就来将钱所买好油草纸，白凉细纸，一应备临。来就备办盐信，请师请对三姓邓娘，一应齐临。风吹日子到坛，四名师到齐，备办释罪疏文，男女行状求粮，备办钱马，当用米粮，水花豆腐，一应齐临。备办落脚高花味酒，教阳拿阴，作相用之心。（就要请净水酒手，卦像、烧香，大师傅着衣请圣）一姑三请，马头意者，路路川遍，回头意者，祈保升丁良筵里内，一十升丁，二十升口。来时青了，回时得禄。来是青云遮盖，回是云雾遮身。一亦无灾，二亦无难，行状求良。使用锅头碗盖，琉璃碗碟，莫得打落泥土里头，打落泥土里头，化为鹅毛。落地不许损盅坏碟，损盅坏碟打破三四名童子，五路香门，家主奉还，勾各部书。鸣锣打鼓，收禁天瘟地将，孤寒男女，荡开西天门外，送外流行。又来收禁游途，光棍贼盗之心，强心恶肚之心，收禁别乡，好去百洞，好游马头意者，不敢代通释罪意者。马头意者不多言语，快马不用多鞭。流罗君子，语头晓尾。圣王领了马头意者，记落分明。

（李进朝永留）

又到大王过界用

又忧圣王父母香门，话话路路相求。又忧打落天堂地界十殿前，阴间三十六庙堂，天庙天堂大庙。又忧打落地界四角天下位门，又忧打落水界龙廷大庙关转。又忧打落天下欢由之处，快乐地头关转。又忧打落升家娶嫁男女，就筵大会酒筵中。又忧打落山像、装像、降像地头关转。又忧打落和尚寺里，看经打醮，大州小府，林中唱戏。地头圣王父母带起，当初升天立地，着起朝衣，带起朝帽缪裙波呵，带起了衫领，排卦起云缪带，踏上龙鳞大桥，天界装车推云，地界随路同行。前阵排车，后阵排马，前行开路修山，后路打鼓吹笛，两边排马相伴之升。拿印判官，不降何州几位，亲身降下□音男女堂厅，高台几位。三分白米双双，立起神堂，三分白米排排，立起神街，立起神堂，立起神厅，立起神椅。立起第一，立起第二，立起第三之便，团圆齐立，一度风情。大王过界，和完到此。奏到第三，奏上第三，和拜下车。三分白米排排，请入神街，三分白米轻轻，请入神厅，三分白米双双，请入神堂，请入饮酒龙厅。人坐一尺，圣坐一寸，人坐相排，圣坐相挨。就来开口依心点意，依心点纳。点过一炉大州海岸太白明香，二炉湖南郎康之水，点过三双三对□□□□庙连杯□□□，台头脚下大酒一缸，立过还愿四脚牲头。台头台尾高粽糯糍，点过钱扛钱串坐位银钱，点过莲花宝朵，龙凤花鱼，散上花枝。点过第一，点过第二，点过第三之便，胜筶打开，酒中斟劝。（六名劝圣王完）

圣王父母，莫听东方功曹来请，莫听西方使者来迎。再落东厅一名童子，代通大位上情意者圣王。父母高高，立耳听声，意者良良，跪落谪量，意者劳劳，跪落诵读。大木不斩不断，江水不塞不停，铜钟不打不响，意者不说不明。意者灵灵，升到州廷。据大民国广西省田林县□区□乡□村□屯，本祭平安社王祠下，立宅居住奉。当初以来无计，找到本方地名，法□托带妻儿男女，来到本方地名，得见山头也好，江水也宽，打开旧文来龙，立起龙居屋宅，上盖天堂雨水日月天星，中盖大坛祖宗香火，连州三庙圣王，下盖头牲六畜，一度风情。交年交岁，交岁交年，交年交过□年□月□时，进在□音□男女家门头上，中厅高台几位，含泥旧处里头。烧起一炉大州海岸太白明香，二炉湖南郎康清水，备办三双三对，三庙连杯，台头脚下大酒一缸，一命红猪四脚牲头，台尾高粽糯糍。备办莲花宝朵，龙凤花鱼，二十四花篮，散上花枝。拜请圣王父母，回头转面，奉还歌堂凉伞部书，答谢圣王父母。不因大功小事，那路风情，正因还愿家主，前者以来，□年□月□日，奉还勾各部书，一共小、大位部书，答谢圣王父母，完满以了，小无部书在案。又于□年□月□日，入春求苗，出心许上部书一任在案。又于□年□月□日，家主人春求苗出心，许上部书一任在案。又于□年□月□日，家主入春求苗，又再帮上一任银钱在案。又于□年□月□日，家主□春求苗，又再帮上一任银钱在案，又于□年□月□日，为因家主人丁不旺，人口不安，又再法□，得病在身，十分苦重难当，求魂报卦，云出前愿不清有怒，要用家主释罪，礼认不知，关极真何破报家主。也当求魂报卦，执领言语，得见有患之人，观凉也感，塞水也停。家主就来依卦修求祈福，就造福生皇恩大赦之日，备办拜请圣王父母，回来和睦释罪，礼认意者给了串通，路路鉴知。请出白纸银钱，交纳阴间，交纳下车钱纸为龙做主，收灾汤患银钱，交纳转愿银钱，交纳剃刀磨墨钱。就来转上起堂凉伞部书，转上莲花宝朵，龙凤花鱼，二十四花篮，散上花枝。转上流罗一宵一连道场，转上游天转地，转上游地转天，功曹下降，盘鉴消愁解意。转上三姑邓娘，转上当许银钱，转上赦罪黄金纸线，转上担患黄金银钱，拜认黄金钱纸部书，一许二帮三转，进落家门头上，家主有心转愿，有意奉还，答谢圣王父母。男人立心，女人立意，正话不敢拖年过月，□□商量，今年冬季以来，奉还勾各部书，落谢圣王父母。春季以来，托带黄风谷种下泥耕种，夏季依根修草，秋季丰黄大熟，收摘回头转面，押在仓笼仓库里头。冬季以来，合家老幼人丁合家商量，倒踏米粮蒸酿高花味酒，一应齐临。口中所请读书识字之人，打开通书万历，觅得今年冬季□月□日，大星下降之日，吉良告愿之日，记落在心。思着门路，就来将钱所买灯油之草，白凉细纸，一应齐临。思着门路，少欠还愿名师，备办一令盐沙细信，拜请还愿名师，又少欠祭兵名师，备办一令盐沙细信，拜请还愿名师，又少欠赏兵名师，备办一令盐沙细信，拜请马头，谨请赏兵名师，又少欠五谷名师，经请□□到坛为作五谷名师，又少欠男女二位形状求良，一应齐临，又少欠三姓大郎三姓少娘，备办一合二合三合盐信，所请三姓郎娘。得见风吹日子，事务到坛。还愿祭兵赏兵五谷名师，约齐来到还愿家门头上，备办释罪大疏一通，了连墨表一函，文引一纸，文印齐完，行状求良。备办当许银钱，当用米粮，落脚高花味酒，教阴台阳，拿捉相用之人，一应齐临，备办拜请家主祖宗香火，大祖家先，合炉众圣，回头转面，勾各部书，答谢祖宗香火，大祖家先，还恩也过，答谢也完。送圣还宫，东厅高台几位，备办烧起一炉大州海岸太白明香，二炉湖南郎康清水，备办三双三对，对圣连杯，备办台头台尾，高粽糯糍，台盘脚下，台底大酒一缸，前起莲花宝朵，龙凤花鱼，二十四花园，花篮散上花枝。钱杠钱串，坐位银钱，团圆齐全。五谷祭兵名师，着起衣衫，带起缪帽，三姓大郎，相部相伴之人。一名童子，摇铃三声，惊动神名，请王一便，望王见面，请王二便，望王降殿。马头意者过了，请王三便，望圣来齐。上情意者，路路串通，路路鉴知。请出释罪大疏一通，遇言开读，就来点过三姓大郎。三姓大娘宣嘱三拜，入席三拜，唱歌连曲，敬贺圣王父母。还愿名师，着起衣衫，带起缪帽，上光几位，流罗一宵一夜道场。游天转地，游地转天，付曹下降，鉴破盘遥，海愁解意，完满以了。脱童为去，赏郎兵头，完满以了，行状求良。备办下席头上，求来黄油细菜，蜡杂盘筵，七双银盏，七双钱筷；求来黄油细羌，黄油细菜，腊杂盘筵。坐席后生，吹唱三十六段歌词，七王曲子，完满以来，打开众圣唐门，散了上退下席头上，折纸下宫，交纳当许银钱，散折部书，汤散历部书了了，批笔勾销，度化银钱，送圣还宫。起手相辞，为奉一双，形状求良。备办散福高花味酒，散阴怠阳，还愿祭兵二师，移途壮马，点兵回坛，完满以了。说，一中意者过了，二中意者又来，意者求官望官得职，种树望树开花，读书秀才，求圣望恩，一童家主，未曾勾各乃供部书，答谢圣王父母。一童家主，人丁不旺，人口不安，得见苦灾太重，八难太多，病患多端，魔怪多端，怪异显灵。因为法□得病在身，十分苦重难当，卦中开出在于□年□月□日，勾各一共大小位部书，答谢圣王父母，有所有犯，意肚不开，阳州口含珍珠白米，不知冒犯何条之事？为因家主奉还，乃供部书，冒犯阴间，未知家主恐怕备办柴头火把，拖柴累木，言语高造，冒犯阴间。家主招当招忍，又怕家主教男教女，高声冒犯招忍，又怕倒踏米粮，蒸酿高花味酒，言语多般冒犯，意肚不开，招当招忍，师对冒犯，家主招当招忍。一条所犯，十条来忍，百条、千条、万条来忍。错者在前，忍者在后，有所有犯，求劝抛下；江火水旱，有所有犯，抛下江河水滩，当比天上云开见日，地下开龙放鸟水，水底开网放鱼，要用打开地赦，打开皇恩大赦，打开十二条就案广浪之心。阳筶开心转意，阴筶赦轻一罪，胜筶执领小师言语，阴筶吉良。卦中不出，梦中不见，永远安乐太平。家主奉还勾各乃供部书，答谢圣王父母，欢喜在心。过后以来，吹转家主人丁兴旺，人口平安。家财也进，外财也添，养畜也成，耕种也丰，买卖也兴，耕春做务，祈保山头寨尾，平田水土。五谷春苗，满过人家畲园头上，盖过人家平田四角，满地盖青，东成西就，南种北合，步步高升。家主自心奉还勾供部书，答谢圣王父母。过后以来，而无说得，有所有犯，有所有恕，意肚不开。家主备办勾备部书，施柴累木，教男教女，倒踏米粮蒸酿高花味酒，工夫迫紧，高声乱说，免无说得冒触阴间。说过在前，话过在后。又怕乃供部书，有人怪师所请，怪对所求，怪饭怪酒怪肉，分俵完无。说得有禁有忌，意肚不开，阳人自怪自了，不关阴间之事。说过在前，话过在后，又怕下等之人，贪花恋色，踏入良筵之中，秽污当许银钱，不得归库，里当阴间，自干差起上元先锋二圣勇兵恶将，妖刀取斩，王法不可容情，或者告诉地府十殿冥王，减他寿阳，定断改算。阴间有灵，圣王有道灵神，勉无怪者。一童家主，有心转意，有意奉还。说过在前，话后回转意者，祈保良筵之中，一十升丁，二十升口，来也青青，去也青青，来是青云遮盖，回也云雾遮身。一亦无灾，二亦无难，行状求灵。使用锅头碗盏，琉璃碗碟，打落泥土里头，化为鹅毛落地，莫得损杯损碟，打破五师五路香门，各人使用柴头火把，收禁火星火浪将军。家主奉还勾各敬堂凉伞部书，鸣锣打鼓，收禁回地，将天界差来，随地界荡去，差来随水荡流。又怕年情不等，世界不同，天王造反，地主流乱，收禁别乡远处流行。家主奉还勾各部书，答谢圣年王父母，还愿名师，还愿也过，许愿也明，还恩也过，答谢也完。祭兵名师，请王也到，请圣也完，陪王也过，陪圣也完。赏兵名师，主愿也过，把愿也还。二三四名童子，陪王也过，陪圣也完；唱歌也过，运曲也完。三姓邓郎，三姓邓娘，拜神也过，拜神也完，贺神也过，贺圣奉还，勾各部书答谢圣王父母。前来不许番师，后来不罪道主，番师道主，天下难做主，番主道师，世上难来做师。园中地头，移则无师所请，无道所求，经过三百年前，四百年后，卦中不出，梦中不见。甲子乱排，不见阳间安乐，无事太平，借杯所保，一名童子头上，无帽脚下，无鞋衣衫单薄，灵神不用多话，快马不用多鞭，完满上情意者，就申大疏。

就点三男三女。（完）（李进朝记）

亲手李凤文抄本，大疏意者，留后代子孙传用。

[说明] 香火三庙圣王大疏、三庙圣王大疏意文、香火三庙共通连墨表式、保安疏白口疏文、说意者等民间宗教抄件，原存广西田林县盘瑶地区，李进朝、盘进金收集。

奉还大位元盆良愿财马批分

愿堂当许财马

先交祖宗一甲，三庙、行司、三清、天府、地府、社王、地主、上界下界。

第一交下车

第二交还愿吹进纸

第三交还愿散愿结愿纸

第四交愿吃酒纸

第五交求、吹、保禁纸

第六交结前结后纸元

就点当许财马

先交一车家主祖宗点清，乃便当许。

太祖位家先，一车点清。

愿根财马，上坛三十六分，下坛二十四分。求财买财三十六分，求庙三十六分，求男求女三十六分，所保人丁三十六分，所保五谷育苗三十六分，保猪财、鸡财三十六分，收忌禁二十四分。

一任当许，二任还恩答谢，开手执颂，批炼三十六分。

又弟帮财马数用。

就交求财买财三十六分，求苗买苗三十六分，求男求女三十六分，所保人丁三十六分，所保五谷三十六分，所保猪财鸡财三十六分，收耗忌禁二十四分。

一任当许，二任还恩答谢，开手执领批炼童子玉笔勾销。

（若是家主有几帮，依照此交清，家主有病解释邪也照此。此次有释罪黄金一百二十分，保患黄金六十分，收灾白马三十六分，荡患二十四分。）

就到转要当许财马。

交点十四个三十六马，先点释罪黄金财马一付二十分，所犯黄金六十分，白马三十六分，担患黄金一百二十分，保患六十分，收灾白马三十六分，荡患二十四分，就交求财买财三十六分，求苗买苗三十六分，求男求女三十六分，所保人丁人口三十六分，保五谷青苗三十六分，保猪鸡财三十六分，收耗忌禁二十四分，释罪黄金一百二十分，六十分所犯，礼忍三十六分，担患黄金一百二十分，保患黄金六十分，收灾白马三十六分，荡患二十四分。

一任当许，二任还恩答谢，开手执领玉笔执部勾销。

提白填培旧愿财马。

提白小愿有就填，填培三牲丁礼三十六分，填培米粮酒浆三十六分，填培上坛三十六分。下坛二十四分，填培一许二帮任了，填培求财买财三十六分，求苗买苗三十六分，求男求女三十六分，所保人丁三十六分，保苗三十六分，保猪财、鸡财三十六分，收耗二十四分，阴间执部勾销。

提白大愿有犯填培大愿。

填培愿根上坛三十六分，下坛二十四分。填培一许二帮三转任了，填培求财买财三十六分，求苗买苗三十六分，求男求女三十六分，所保人丁三十六分，所保财保苗三十六分，保猪财，鸡财三十六分，收耗忌禁二十四分，开手执领玉笔勾销。

填培元盆头上庚子十二筵三十六分，橹木胵四角元祯三十六分，米粮酒浆三十六分，填培红猪四脚牲头一百二十分，六十分，三十六分。

上库一百二十分，封库六十分，锁库三十六分，开手执领，把部勾销。

提白出心交还愿吹进财马。

祖宗香火一百二十分，六十分，三十六分，还愿吹进上坛三十六分，下坛二十四分，三界一车，七星六十分，三台三十分，众王三十六分，众仙二十四分，还愿吹进，行司六十分，海幡六十分，太尉老师六十分，家主阴阳师父三界一车七星六十分，还愿吹进三台三十六分，白衣二十四分，家主三清大道一百二十分，玉皇圣主高真六十分，九帝高真六十分，四府群仙四条一百二十分，四府功曹四条三十六分，还愿吹进。还愿名师佩来行司官将六十分，海幡大将六十分，太尉老师六十分，还愿散愿结愿。下坛凶兵将三十六分，祖本开教保举二师一车，还愿师爷、散愿师父一百二十六分，祭兵师出门佩奉三清大道一百二十分，玉皇圣主六十分，十殿冥王六十分，九帝高真六十分，把坛大师六十分，四府群仙四条一百二十分，四府功曹四条三十六分，迁愿散愿结愿。下坛凶兵恶将三十六分，祖本开教保举二师一车，元灯三戒一车，拨法一车，老师证明一车。求天师爷奏表师父一车，散愿结愿三十六分，赏兵师下坛祖本开教保举师父三十六分，散愿结愿。五谷名师，下坛开教保举拨法师父三十六分，散愿结愿。

交外里社主六十分，地主六十分，播德大王六十分，雷苗畲主五谷大王一百二十分，禾花娣娣六十分，收耗童子二十四分，迁愿散愿结愿。

上界开天立地盘古大王一百二十分，九天雷祖出圣灵王一百二十分，广福灵王一百二十分，散愿结愿。

黄巢大将六十分，黄巢地州三十六分，伏羲姊妹金扇娘娘三十六分，下界答财土地三十六分，飞山弹子三十六分，打猎仙娘三十六分，踏车装车三十六分，把界大王三十六分，寨门土地，把寨郎官三十六分，村头土地村境老师三十六分，干旱二郎二十四分，散愿结愿。

又提白第二任交求。

随祖宗一百二十分，求黄豆熟。

随家到大小，依名交请，一任结前结后依名交完，就唱勾愿歌。

叩师父齐来拆愿。

还愿家主祖宗合炉众圣，立耳听声，请出圣王旧立愿章，就来拆散部书，荡散部书分列拆散。还源师行司官，将金衣龙像梁散，一炉明香，二炉水碗，莲花酒盏，进坛高花味酒，折散青筵果供，水花豆付，折散铜锣沙板四角，锣鼓二面，锣带一双，折散元盆头上，团圆补席，庚子十二筵橹，水胵四名元祯；折散出世歌章，拆散脱斋红牲头，拆散释罪大疏一通，了连墨表一函，文引一纸；拆散当许财□年□月□日，入春求苗，许有小位部书良源，当许财马上坛拆散三十六分，下坛二十四分，拆散求财买财三十六分。又于□年□月□日，入春求苗，帮有一任拆散，有几帮拆几帮。或是人丁不联卦中问出，源天才请，释岁殿出心寸，帮任了拆散，又子□年□月□日，人得病在身，卦中开出，大罗殿上钱纸干枯，要同家主奉还，勾各大位元盆解释部书良源。转有当许财马，折散求财买财三十六分，求苗买苗三十六分，求男求女三十六分，所保人丁三十六分，保苗三十六分，保猪得财三十六分，收耗二十四分，拆散一许二帮三转部书，折消拆散，拆消拆灭，拆敢释罪黄金一百三十分，所犯黄金六十分，礼忍白纸财马三十六分，拆散担患黄金一百二十分，保患黄金六十分，收灾三十六分，荡患二十四分，拆消拆散，拆消拆灭，折散第一，折散第二之便，就磨二便完源五书。落阴阳了，落阳阳了，落胜胜了，部书了了，执笔勾销。

提白奉还三庙圣王大位良愿。

第一交下车纸。

第二交还愿吹进纸。

第三交还恩答谢纸。

第四交还愿散源结源纸。

第五交还愿吃酒纸

太祖□位家先，交点一百二十扛，点清当许钱纸，就来交求财买财五扛，求苗买苗五扛，求男求女五扛，收耗忌禁五扛，释罪黄金一百二十扛，所犯黄金六十扛，礼忌三十五扛，才患黄金一百二十扛，保患黄金六十扛，收灾三十五扛，荡患二十五扛，执笔勾销。

若是小愿，就填大州海岸大白明香五扛，二炉湖南郎康清水五扛，三双三对了庙源连盆五扛，台头脚底大酒一缸五扛，还愿四脚牲头一百二十扛，台头台尾高粄糯糍五扛，钱扛钱串座位银钱五扛。

填培一许二帮任了，填培求财买财五扛，求庇买苗五扛，求男求女五扛，所保人丁五扛，保举五扛，保猪财、鸡财五扛，收耗忌禁五扛，阴间执笔勾销。

又填培大州海岸太白明香，二炉湖南郎康清水五扛，三双三对庙筵五扛，台头脚底大酒一缸五扛、还愿牲头五扛、台头台尾五扛，糕粄糯糍五扛，串位座位银钱五扛，莲花宝朵龙凤花鱼，三十四花园上散花枝三十五扛，七双银盏，七双银筷五扛，求来如山如水，黄凉大席，金鹅细鸭，黄油细羌油菜杂盆良筵，共三十五扛。填培一许二帮三转住了，填培求财买财五扛，求苗买苗五扛，求男求女五扛，求保人丁五扛，保苗五扛，保猪财、鸡财五扛，收耗忌禁五扛，阴间把部勾销。

交纳上库一百二十扛，封库六十扛，镇库三十五扛，批笔勾销。各位阴阳众，交还愿散愿告愿钱纸。

就得阴阳师父拥护，通到南山竹园，请出旧源章，拆散部书，荡散部列。上庙连到庙王圣帝，本祖宗先，高高立耳听声，拆散部书，荡散部列。拆散一炉大到海岸太白明香，二炉湖南郎康清水，拆散三双三对，三届连环，台头脚底大酒一缸，拆散还愿牲头，拆散台头台尾糕粄糯糍，拆敬钱扛，钱串座位银钱，拆散莲花宝朵，龙凤花鱼，二十四花园，花枝拆散，男厨、女厨，三姓邓娘。拆散长腰木鼓、流乐沙板，横吹竹笛，拆散流乐一宵一夜道场，拆散游天转地，游地转天功曹下降，鉴破筵消。拆愁解忆，拆散下席头上，七双银盏，七双银筷，金鹅细瓶，拆散黄油细羌，黄花油菜，腊杂盆筵，拆散三十分段歌词，七任曲子，拆散释罪大疏一通，了连墨表一函，文引一纸，拆散当许银钱，拆散一许二封三转任了，拆散求财买财五扛，求苗买苗五扛，求男求女五扛，所保人丁五扛，保苗五扛，保猪财鸡财五扛，收耗忌禁五扛，拆散释罪黄金一百二十扛，所犯黄金六十扛，礼忍二十五扛，担患黄金一百二十扛，保患黄金六十扛，收灾白纸三十五扛，荡患二十五扛，拆消拆散，拆消拆散第一，拆散第二之便。

部书落阴了，落阳了，落胜胜了，部书了了，执笔勾销。

提白：在流罗起头时，每车开头用

一花谢了二花生　　起屋门前门对门
一神得饮迷了睡　　再来入庙清行平
一花谢了二花前　　细缘串钱千万年
一神得饮迷了睡　　再来入庙请付灵
一花谢了二花双　　鸦鹩飞来黑又双
一神得饮迷了睡　　再来入庙请付江
一花谢了二花枝　　排神坐位莫推时
一花得饮迷了睡　　再来入庙请五旗
一花谢了二花前　　任胜缠树能花园
一神得饮迷了睡　　再来入屋清家先

提白：在烧财马钱纸时用。

里了拉了，阳人把火来烧纸，拉利连阳，把火来烧钱。天上有缘造得水，地中有火造得钱。钱造水，火造钱，保安家主旺千年。

附列咒语数则

弥罗咒

太上弥罗火上天，渺了是金阙太尉玉清宫，四极四像，保老化光明，君吾用火，化得分明，上得天廷，保安家主照千年。

北斗咒

北斗咒，北斗七星，天中太神，上朝金阙，下护昆仑，琉璃康祀，统在乾坤。贪狼后门，禄学文曲，宗贞武曲，破军补星，大呼天界，细入弥罗，何灾不灭，何福不生，玉皇正祀，来合我身。灭罡锁捎，昼夜长存，前见传仪，高上玉皇紫微大帝，三台生我来，三台护我来，三台养我来，道德原行下宝表，五方小鬼走飘遥。

李十一咒

启清通天李十一，统领天兵降师来皂袍，猛将万民福，出入幽冥，畚车进上天列兵，经押我神，庚申甲子闻招请，来降香坛化灵冥。

李十二咒

奉请部兵李十二　　两个星君做正盟
头带五雷经救度　　脚踏火轮及火车
降临下界走一疾　　打开地府拓亡魂

李十六咒

奉请敕法李十六　　启请六师小一官
伏灵猛将走旗宿　　七宿到坛来敕映
各领排兵下坛前　　收入河洞作香清
吾七小官来往道　　吾师发角作感应
叶了作法救良民　　师主到坛来点水
三坛猛将显威灵　　奉请部兵六院兵
世上人民多敬奉　　三坛位下有郎名
开坛守法吾师到　　威风惊了进乾坤
若有邪师为魍魉　　收入炉中罪不轻

白衣使者神作禄　　付扫本院大罗弥

师父咒

奉请祖师及师本　　开教传师度后师

传度留行传筵上　　流行法教不思议

启请三请三教曲　　邪患小鬼走分分

弟子一心专拜请　　三元教子一齐临

财马咒

财马神咒，天有天灵，地有地灵，阴阳造化，贯得分明，红火化炼，上到天廷，不得留停。容师教、师有灵。

功曹咒

坛前功曹到地，神是有灵，声天通到地，出入幽灵，为五传奉，不得留停。有功之日，文书相请，为因家主今日，启请登临。

［说明］奉还大位元盆良愿财马批分与咒语数则，原存广西田林县①盘瑶地区。李进朝、盘进全收集。

① 田林县：今为广西壮族自治区百色市辖内。

后 记

本册共收入瑶族社会历史调查、古代情歌、宗教神唱等68篇。本册资料来源，除了黄钰同志和部分瑶族干部调查整理部分外，还有一部分见于解放初期中央访问团、广西省民族事务委员会等收集整理的资料。该调查资料翔实，对研究瑶族社会历史有一定的参考价值。但是宗教神唱部分的封建糟粕较多，希望读者注意分析批判。

本册由黄钰主编；协助编辑的有韦振辉、邓元东、黄方平，最后由韩肇明审查定稿。

由于时间仓促，编者水平有限，谬误和疏漏之处在所难免，敬请读者批评指正。

广西壮族自治区编辑组

1985年9月

修订后记

《广西瑶族社会历史调查》为国家民委民族问题五种丛书编辑委员会编辑的《中国少数民族社会历史调查资料丛刊》之一。20世纪50年代至60年代初，国务院、原广西省人民政府、全国人民代表大会民族委员会先后组织过有关部门的专家学者组成少数民族访问团和广西少数民族社会历史调查组对分布在广西的瑶族开展了全面深入的社会历史调查，《广西瑶族社会历史调查》1至9卷便是这些具有重要历史意义的社会调查的成果之一。参加广西瑶族社会历史调查、资料收集和整理的一大批专家学者，以他们富有开创性的辛勤工作，为廓清广西瑶族社会历史渊源、梳理广西瑶族历史文化脉略、传承瑶族社会历史文化、促进瑶族和瑶族地区社会、经济、文化发展以及瑶学研究做出了历史性的贡献。20世纪80年代初，广西壮族自治区编辑组将这些宝贵的社会历史调查资料编辑整理并由广西民族出版社正式出版。

书中所收录的广西瑶族社会历史调查资料，较为全面、真实地记录了广西瑶族的分布、迁徙、风俗习惯与文化、社会经济结构和政治制度状况，对研究瑶族社会历史文化具有较高的史料价值和学术价值。

此次《广西瑶族社会历史调查》修订、校勘由中央民族大学朱雄全负责牵头，李金花、王许红、张大成、彭中胜、宋培、董晓蕊、王剑利等参加。修订工作按照国家民委《民族问题五种丛书》总修订编辑委员会的工作部署，仅对语言文字、人名、地名以及计量单位的换算等作了相应修订和补充注释，其余均保持历史原貌。修订工作中的疏忽和错误在所难免，祈请读者批评。

《中国少数民族社会历史调查资料丛刊》修订编辑委员会

2009年3月